中国人民大学
刑事法律科学研究中心系列丛书

探寻至善的刑事法治

中国人民大学刑事法律科学研究中心
专职研究员代表作选集

刑事程序法学卷 1999—2019

中国人民大学刑事法律科学研究中心/编

中国法制出版社
CHINA LEGAL PUBLISHING HOUSE

序

2019年，是新中国成立70周年，也是中国人民大学刑事法律科学研究中心（以下简称刑事法中心）获批教育部人文社会科学重点研究基地20周年。这部文集的编辑出版，是对刑事法中心成立20周年的纪念，更是对新中国成立70周年的一份致敬和献礼。

作为第一批教育部人文社会科学重点研究基地，刑事法中心始终坚持服务中国特色社会主义法治建设的宗旨，以推动中国刑事法学发展为使命，积极为中国刑事法学界搭建优质的学术合作平台，努力构建中外刑事法学学术交流机制，在以高铭暄先生、王作富先生等为代表的老一辈法学家的引领下，秉持初心、勇于开拓，在过往20年里推出了一大批高质量的、能够代表我国刑事法学领先水平的学术成果，为完善我国刑事法制提供了大量的研究咨询意见，培养了一大批优秀的刑事法治人才。通过20年的努力，刑事法中心已经成为中国国内最重要的刑事法学研究机构之一，在国际刑事法学界的影响和地位也日益显著。

总结刑事法中心20年的发展历史，可以归纳出三个基本导向，这既是刑事法中心的创建初衷和发展目标，也是刑事法中心全体同人的初心和情怀所在。

一是始终从中国社会思考问题，从中国问题出发推动刑事法学发展。我国刑事法学基本理论框架、学说来自苏联、德国等国家，我国刑事法制的现代化受西方影响比较大。然而，中国社会的发展已经走上与西方不同的道路，因而需要符合中国社会发展的社会科学给予理论支撑。借用著名经济学家林毅夫教授的话，我国刑事法学研究也要“从‘西天取经’到‘重回东土’”。[1]如何构建、形成符合中国社会治理实践、文化特点和未来发展的基本理论和目标，并探索、确定具体的发展路径，应当是现在乃至今后几代刑事法学人共同思考的问题。老一辈刑事法学家最大的学术贡献之一，就是从中国政治制度和社会实际思考法律问题，提出解决方案。这种精神值得后辈学人继承并发扬光大。刑事法中心始终强调刑事法学研究的“中国意识”，研究的课题及成果都注重解决中国现实问题，举办各类研讨会也聚焦当前重大的理论和实践问题。

二是始终坚持实事求是的学风。“实事求是”是中国人民大学的校训，也是刑事法中心建设的精神特质。毛泽东同志对实事求是曾做过精辟的论述：“‘实事’就是客

[1] 林毅夫：《从“西天取经”到“重回东土”》，载《人民政协报》2019年10月29日，第1版。

观存在着的一切事物，‘是’就是客观事物的内部联系，即规律性，‘求’就是我们去研究。”[2] 刑事法中心几代学人始终坚持这一学风，务实求真，关注犯罪整体发展趋势和刑事法制调整，从实践中发现真问题，在科研中研究真问题，为法律实践提供解决真问题的有效方案。最近几年，刑事法中心大力推动犯罪学、刑事政策学和刑事执行法学的研究，其目的也正是希望能够以更为科学的方法来研究犯罪问题，洞悉当前犯罪的发展态势，进而为预防和惩治犯罪提供更具说服力、更为有效的解决方案。

三是营造融汇贯通的科研氛围。刑事法中心创建伊始，就打破学科壁垒，整合刑事法学、犯罪学、刑事政策学、刑事侦查学等各学科，以全新、全面的姿态推动对犯罪治理的研究。这一格局构造，令当时国内法学界为之耳目一新。这一崭新格局为刑事法中心快速发展创造了先机，也为之后成立的法学研究机构提供了范本。在创造学科之间融汇机制的同时，刑事法中心也实现了各种学术理论的和谐共处、相互促进。目前刑事法中心很多专职研究人员有海外学习或研究经历，在开展比较研究中会“嵌入”自己的学术经历和偏好的学派、学说。刑事法中心发扬学术研究“兼容并包”的精神，鼓励学术创新，鼓励各种理论竞争并存、相互借鉴、相互促进。作为法学科研领域的“国家队”，刑事法中心通过举办各类学术会议、开展合作研究等方式，加强与海外研究机构的深入学术交流，引入输出双向推进。最近几年，开始大力推动与刑事领域国际组织的合作。

这三个基本导向，集中反映在刑事法中心的科研教学活动中，在本套文集所收录的论文中即有充分的展示。这套文集收录了 20 年里在刑事法中心工作的专职研究员的代表性论文。文集分为刑法学卷和刑事程序法学卷。出于编辑出版的考虑，将犯罪学、刑事政策学、刑事执行法学和刑法史学的论文归入刑法学卷中，将犯罪侦查学的论文归入刑事程序法学卷。严格地讲，这种分类方法是不太严谨的。不过，如此可以比较好地展示刑事法中心专职研究员研究的广度和深度，更好地展示刑事法中心研究领域的多样性。需要说明的是，文章收录时仅做文字错误和格式规范的更正，内容基本上保持发表时的原貌。

本书在编辑过程中，迎来了刑事法中心 20 年历史上最大的好消息：高铭暄先生获得“人民教育家”国家荣誉称号。刑事法中心每位成员都有“与有荣焉”的感觉。这一荣誉将激励刑事法中心继续前进，坚持老一辈刑事法学家的学术精神和学术道路，以更优质的学术成果、以培养更多的优秀法治人才回馈国家和人民！

时延安

2019 年 11 月 10 日

---

[2] 引自毛泽东：《改造我们的学习》，载《毛泽东选集（第三卷）》，人民出版社 1991 年版，第 801 页。

目录
CONTENTS

第一部分　诉讼制度

第二部分　证据制度

第三部分　司法改革

第一部分

诉讼制度

认罪认罚从宽制度研究

陈卫东

中共十八届四中全会通过的《中共中央关于全面推进依法治国若干重大问题的决定》提出，“完善刑事诉讼中认罪认罚从宽制度”。按照中央的部署，2016年中央有关部门将提出认罪认罚从宽制度试点方案，经全国人大常委会授权后，选择有条件的地方开展试点。从宏观层面而言，司法改革顶层设计者提出完善认罪认罚从宽制度（为行文方便，以下均简称认罪认罚制度）的改革举措，旨在推动刑事司法领域自上而下的体系化变革，建立和缓宽容、繁简分流的刑事司法制度，既有对刑事实体法的冲击和影响，也有对刑事诉讼程序多元化的更高要求。目前有关部门并未就“认罪认罚制度”的概念给出权威性界定，学术界、司法界对此亦有不同解读。结合改革初衷、制度功能等内容，最高人民法院出台的《关于全面深化人民法院改革的意见》指出：“明确被告人自愿认罪、自愿接受处罚、积极退赃退赔案件的诉讼程序、处罚标准和处理方式，构建被告人认罪案件和不认罪案件的分流机制，优化配置司法资源。”[1] 这是理解认罪认罚制度的一个合理角度。我们认为，认罪认罚制度是建立在侦控机关指控犯罪嫌疑人、被告人有罪的基础上的一种制度延伸，它适用于任何案件性质、诉讼程序类型，广泛存在于刑事诉讼过程中。它不是脱离于刑事实体法、程序法规范而独立存在的一项诉讼制度。因此本文主要立足于当前全面深化司法改革的大背景，结合我国现有刑法、刑事诉讼法以及相应司法解释，着眼于宏观层面的制度建构角度，对犯罪嫌疑人、被告人认罪认罚情形的从宽处理改革方案予以探讨。

一、认罪认罚制度改革的时代背景与价值取向

新一轮司法改革中提倡认罪认罚制度，与其紧跟特定的时代发展态势紧密相关，是我国法治进步在当前阶段的直接体现。同时，该项制度之所以能够得到我国刑事司法实践的青睐，是其兼具多重价值内核共同作用的结果。

（一）时代背景

认罪认罚制度的改革探索，高度契合当前我国刑事司法稳健运行的迫切需要。理解该项制度改革的意义与作用，应当以了解制度产生的时代背景为前提。

---

[1] 《最高人民法院关于全面深化人民法院改革的意见》，载最高人民法院网：http：//www.court.gov.cn/fabu-xiangqing-13520.html，最后访问时间：2016年2月19日。

1. 宽严相济刑事政策的法治路径

自新中国成立以来，我国的刑事政策经历了一个显见的发展路径。有学者将我国的刑事政策发展分为了四个阶段：初步发展时期（1949—1965）；遭受破坏时期（1966—1976）；恢复与发展时期（1977—2005）；最新发展时期（2005— ）。[2]“建国初期，面对数量较大的历史反革命和现行反革命，为了维护新生的革命政权，既要严厉打击罪行严重的反革命分子，又要分化瓦解反革命营垒，所以提出了‘镇压与宽大相结合’的政策。”[3] 到三大改造完成，社会主要矛盾由阶级矛盾转变为内部矛盾后，我国的刑事政策也随之改变为“惩办与宽大相结合”[4]。在法律虚无主义时期，特别是“文化大革命”的冲击下，我国整个刑法法治体系都处于“失灵”的状态，“惩办与宽大相结合”的刑事政策根本无法运转。十一届三中全会以后，尤其是刑法典颁布后，“惩办与宽大相结合”的政策得以恢复发展，同时通过结合国内社会实际状况明确了一系列具体的刑事政策内涵。进入 21 世纪后，随着法治文明的不断发展，我国刑事政策也逐渐转入突出“宽缓”精神，强调宽字当头。[5]“应当说‘宽严相济’刑事政策的提出，是一种科学、理性的回归，是我们正视社会稳定与犯罪增长关系后的理性回应。”[6]

作为指导我国刑事司法实践的基础理念，宽严相济的刑事政策强调“根据犯罪的具体情况，实行区别对待，做到该宽则宽，当严则严，宽严相济，罚当其罪”“要正确把握宽与严的关系，切实做到宽严并用”。[7] 在我国，理解从宽处理，最为直接的是将其作为宽严相济的刑事司法政策的应有内涵。就此而言，从宽处理一直广泛存在于我国理论认识、刑事法律规定和司法实务中，为贯彻宽严相济的刑事政策提供较为具体的、可供执行的规范依据。因此，完善认罪认罚制度成为当前推进我国刑事诉讼制度改革的有力举措之一。推动认罪认罚制度的深化发展，正是突出彰显了宽严相济刑事政策的核心价值。

认罪认罚制度与宽严相济的刑事政策紧密相连，但后者以原则化的政策形式存在，唯有将后者的政策内涵具化为法律制度并贯彻适用，方能凸显刑事政策的实践效果。同时，认罪认罚制度进一步改变以往从重从严打击犯罪的传统诉讼观，

---

[2] 参见马克昌主编：《中国刑事政策学》，武汉大学出版社 1992 年版，第 48-62 页；卢建平主编：《刑事政策学》，中国人民大学出版社 2007 年版，第 124-136 页。

[3] 马克昌：《论宽严相济刑事政策的定位》，载《中国法学》2007 年第 4 期。

[4] 时延安、薛双喜编著：《中国刑事政策专题整理》，中国人民公安大学出版社 2010 年版，第 100-104 页。

[5] 参见张正新、吴加明：《宽容地对待犯罪——和谐社会视域下刑事政策的必然选择》，载赵秉志主编：《和谐社会的刑事法治》（上卷），中国人民公安大学出版社 2006 年版，第 297-298 页。

[6] 黄京平：《宽严相济刑事政策的时代含义及实现方式》，载《法学杂志》2006 年第 4 期。

[7] 《最高人民法院印发〈关于贯彻宽严相济刑事政策的若干意见〉的通知》，载最高人民法院网：http://www.court.gov.cn/fabu-xiangqing-174.html，最后访问时间：2016 年 2 月 20 日。

提倡刑事司法的人文情怀与理性关怀。可以说，认罪认罚制度是充分体现刑事政策精神的制度样本。

2. 犯罪轻刑化与犯罪数量的增长

以“刑法修正案八”“刑法修正案九”的出台、劳动教养制度被废除等为突出诱因，我国刑事司法领域凸显出犯罪轻型化倾向，同时，结合“立案登记制”改革等一系列举措的适用，有限的司法资源与解决司法纠纷的社会需求之间的张力愈发明显。仅以近两年的司法数据为例，2013 年，“全国法院全年受理的刑事一审案件具有以下特点：一是严重危害社会治安犯罪案件明显下降……二是暴力犯罪案件全面下降……”[8] 到 2014 年，“全国法院刑事一审收案 104 万件，比上年上升 7.09%，占刑事一审、二审、再审案件总数的 89.32%……判决生效被告人 118.5 万人，上升 2.24%。”[9] 可见，仅仅一审刑事案件收案数量即已突破 100 万件，案件数量不断增多的趋势愈发明显。在严重危害社会治安犯罪案件和暴力犯罪案件全面下降的特点下，轻微刑事案件的数量呈现逐年上升的趋势，且占总体刑事案件数量的比重越来越大。面对增剧的案多人少的办案压力，如何从被追诉人认罪的角度寻找突破，法学理论界、实务界均对此高度关注，从理论研究和实务探索两个维度延伸寻求解决方案。因此，针对刑事案件的新变化，对于这些案件的处理已经不能再按照既有的老套路、老办法，有必要创新司法程序，乃至统筹改变审查起诉程序和审判程序以适应刑事司法新常态。

较之于常见的犯罪类型，某些犯罪手段比较隐蔽的案件，侦查机关开展侦查活动以获取充分证据材料的难度更大。例如，利用网络实施犯罪案件、“一对一”隐蔽性较强的犯罪案件，等等。所以，出于有效恢复被害人损失、打击犯罪、维护社会安定秩序的目的，在立法层面健全法律规范、完善认罪认罚制度，为引导被追诉人积极认罪认罚而获得从宽处理提供立法支持，具有迫切的现实必要性。

3. 员额制改革的诉讼机制配套

与简单轻微刑事案件数量增势明显状况相联系，推行法官、检察官员额制改革举措促成司法机关办案力量趋向精简干练，但案多人少的办案压力在一定程度上有增无减。按照员额制改革的试点方案，法官、检察官约占中央政法专项编制人数的 39% 以下，司法辅助人员约占 46%，司法行政人员约占 15%。从目前试点省份的改革效果来看，尽管大部分试点省市达到了这一要求，但在部分试点地方出于办案压力的顾虑，仍旧坚持在较大入额比的前提下推行法官员

---

[8] “故意杀人案件 11700 件，比上年下降 24.91%；抢劫案件 37737 件，比上年下降 30.12%；故意重伤案件 1925 件，比上年下降 25.1%；强奸案件 23057 件，比上年下降 7.52%；绑架案件 1197 件，比上年下降 45.74%；拐卖妇女儿童案件 1143 件，比上年下降 41.77%。”《中国法律年鉴》(2014 年)，第 131 页。

[9] 袁春湘：《依法惩治刑事犯罪守护国家法治生态——2014 年全国法院审理刑事案件情况分析》，载《人民法院报》2015 年 5 月 7 日，第 5 版。

额制改革。如何破解办案负担居高不下的难题成为深化员额制改革取得实效的核心问题之一。

而完善认罪认罚制度对于缓解司法资源的有限性和日渐增长的案件数量之间的紧张关系有其特殊意义。案件进入检察机关后，从审查起诉到审判程序，犯罪嫌疑人、被告人为得到从宽处理，对犯罪与量刑均不持异议，减少了司法机关大量的工作量，节省了办案的人力物力，加快了办案周期，使更多的司法资源投入重大复杂疑难案件的办理过程中去，据此认罪认罚制度的改革不失为支撑员额制改革的诉讼机制配套措施。

（二）价值取向

阐释认罪认罚制度的价值取向，实则亦在解读设置该制度的意义与作用，从而有利于我们清晰地勾勒出该制度的运行脉络。

1. 公正基础上的效率观

我国刑事司法体系的构建始终以公正作为最终追求，然而，对公正过度追求可能耗费大量司法资源致使诉讼效率下降，却并不能取得预期的公正效果。缺乏效率的公正难以满足社会发展的需要，这种“公正”实际上也是从根本上对程序公正的背离。“一个社会，无论多么‘公正’，如果没有效益，必将导致社会集体的贫困，那也谈不上什么公正，即使有这种‘公正’，也是社会和人们所不取的。”[10]“审判程序的改革不能一味地去追求公正，公正也不是刑事审判的唯一价值目标。其实，能否对效率进行充分的关注以及能否在公正与效益之间保持适当平衡也是衡量程序公正的一项重要标准。”[11]

当下，提高诉讼效率已成为当代各国刑事司法领域的主流导向，有鉴于此，各国的主要做法之一便是结合案件特点创设与之相适应的简易处理程序促进案件繁简分流。通过节省简单案件耗费的资源，将优势资源集中于复杂案件的处理，确保案件审理质量以维护司法权威。这种对司法资源的再分配方式使得对资源利用趋于最优化，从而在整体上提高诉讼经济。“公正为本，效率优先”应当是认罪认罚制度改革的核心价值取向。在这一制度下，大约 80% 以上的被告人认罪案件，有望通过被告人的认罪认罚，实现审查起诉与法庭审理的简易化，缩减办案期限。刑事司法之目的在于通过恢复社会正义来修复被犯罪所破坏的社会秩序，所有关乎刑事诉讼的具体制度都必须以此为本，一旦偏离了刑罚及时性基础，整个制度就将变得毫无意义。然而，与前述犯罪轻刑化及犯罪数量的增长状况相结合，只有在系统性改造刑事诉讼运行机制的基础上合理配置司法资源，才能实

[10] 陈正云:《刑法的经济分析》，中国法制出版社 1997 年版，第 337 页。

[11] 陈卫东:《公正和效率——我国刑事审判程序改革的两个目标》，载《中国人民大学学报》2001 年第 5 期。

现案件处理的高效、迅速。

2. 承载现代司法宽容精神

司法宽容作为人类社会进步的直接体现，是法治社会司法伦理的基本要求。随着人类文明的发展，法治国家早已逐渐摒弃残酷复仇的司法理念，转而彰显司法的公正与人道。世界范围内死刑这一刑罚受到严格的程序限制甚至被明确废除即为典例。在刑事司法中，宽容精神已逐步深入我国各种具体制度的内涵之中。如对未成年犯罪处置的宽容，刑罚的逐步轻缓化，简易程序的设置，社会行刑化运动的展开，恢复性司法的发展等，都在极大程度上体现了现代司法的宽容精神。认罪认罚制度通过调动犯罪嫌疑人、被告人主动认罪认罚的积极性，使其获得宽大处理的司法判决后果，既能够体现对犯罪嫌疑人、被告人权益的充分尊重，也利于彰显刑事追诉的人文关怀。

3. 探索形成非对抗的诉讼格局

认罪认罚制度的另一重要价值在于探索一种新的非对抗式的诉讼格局。诉讼的直接目的在于解决纠纷，而纠纷引发的诉讼通常是对抗式的。传统的刑事诉讼控辩双方往往针锋相对，对罪名、罪数、刑罚等一系列问题展开激烈辩论。虽然这有利于正义的实现以及被告人的权利保障，但这种交锋需要占用较多的司法资源，且易产生被追诉人与国家、与被害人的对立，不利于社会的稳定，也不利于被害人合法权益的保护。提倡犯罪嫌疑人在审前阶段即主动供述并选择与控方协商达成认罪认罚协议，将在很大程度上改变过去传统诉讼的对抗局面。在认罪认罚制度中，由于被追诉人认罪、控方与其协商协议，控辩双方形成了刑事诉讼的非对抗格局。一方面，这种格局使得刑事诉讼的部分环节得以简化或者省略，促使国家不再将较多的资源耗费在庭审的控辩过程中，必将有效提升诉讼效率；另一方面，通过此种方式形成的刑事判决能够获得被告人及其家属的认同，减少刑事案件的信访申诉发生概率，从而有利于恢复被犯罪所破坏的社会关系，同时有利于服刑人员的教育改造与生活再社会化。

4. 实现司法资源的优化配置

推行认罪认罚制度的改革试点工作，紧紧围绕刑事司法实践之需求，着眼于合理优化司法资源的迫切需要，积极推动诉讼程序多元化程序构建，使认罪的案件进入快速“绿色通道”，不认罪案件精雕细琢。依据案件复杂程度设置与之相适应的处理程序，推动案件繁简分流，解决案多人少的矛盾。设置被追诉人认罪认罚从宽处理制度，以此为纲统筹协调速裁程序、简易程序和普通程序的适用，建构分别适用于审前阶段、审判阶段的不同诉讼机制，以是否认罪、认罚为判断标准，拓宽简单轻微刑事案件、较为重大刑事案件处理形式的多元方式，在尊重被追诉人、被害人等主体的意愿表达与利益需求的基础上，广泛调动特定主体参与纠纷得以迅速解决、罪行得以充分惩戒、损害得以最大恢复过程中的积极性，从而发挥诉讼程序多样化、制度运行精细化的优势以应对实务案件的烦冗复杂，降低诉讼过程中不必要的效果减损，进而谋求司法资源配置效果最大化，从这一角度来说，认罪认罚制度的广泛适用有着显著的改革新意。

二、认罪认罚制度的内涵与制度边界

回归认罪认罚制度改革试点的初衷，践行宽严相济的刑事政策、推动案件繁简分流、优化配置司法资源、合理缓解司法机关工作人员办案负担以及充分保障诉讼当事人合法权益，在系统改造既有刑事司法运行体制之时，必须明确该制度的内涵及其功能，方可从顶层改革顺畅延伸至具体机制转型以此夯实此领域改革的基石。

（一）制度内涵

较之于宽严相济刑事政策，认罪认罚制度作为政策的制度化、规范化，集中于被追诉人在自愿基础上的认罪、认罚，并选择特定程序处理案件，它充分体现了实体上的从宽与程序上的从简。

1. 何谓“认罪”“认罚”

在充分保障被追诉人认罪认罚和程序选择自愿性的同时，还需要精准确定何谓“认罪”“认罚”的法定情形，一方面确保嫌疑人、被告人供述的预期判断正当性，另一方面也利于办案机关在处理案件时准确把握和适用。认罪、认罚的判断集中在检察院审查起诉阶段和法院审判阶段。

何为“认罪”？ 2003 年颁布的《最高人民法院、最高人民检察院、司法部关于适用普通程序审理“被告人认罪案件”的若干意见（试行）》第 1 条第 1 款规定：“被告人对被指控的基本犯罪事实无异议，并自愿认罪的第一审公诉案件，一般适用本意见审理。”这表明有权机关将认罪的前提设定为“对被指控的基本犯罪事实无异议”，而“并自愿认罪”的重点在于“自愿”，即被告人自愿将供述其所犯罪行、自愿接受法庭审判，而不是出于被胁迫等因素。此外，根据法律的语境解读，“认罪”作为一种广义的概念，其理应包含刑法中规定的“坦白”与“自首”以及其他可能之情形。根据《刑法》第 67 条的规定“如实供述自己的罪行”是构成自首与坦白的基本条件之一，另根据 2004 年《最高人民法院关于被告人对行为性质的辩解是否影响自首成立问题的批复》指出，“被告人对行为性质的辩解不影响自首的成立”，可以认为只要犯罪嫌疑人、被告人如实供述了被指控的行为事实，并在后续的协商过程中达成了承认罪行指控的协议，就应当被认定为符合“认罪”的要求。

何为“认罚”？现行刑事法律、司法解释并未对其予以权威规范。根据语义解释，“认罚”即愿意受罚，结合认罪认罚制度的内涵，首先，“认罚”应当理解为犯罪嫌疑人、被告人在认罪的基础上自愿接受所认之罪在实体法上带来的刑罚后果。在认罪的基础上，检察机关应提出较拒不认罪更轻的量刑建议，若嫌疑人同意并达成协议，则可以认定为“认罚”。其次，在程序上，“认罚”应当包含对诉讼程序简化的认可，即放弃其在普通程序中所具有的部分法定诉讼权利，同意通过适用克减部分如法庭调查与辩论等诉讼环节的诉讼权利来对自己定罪量刑。最后，犯罪后嫌疑人的退赃退赔也应当是“认罚”中的应有之义，认罪认罚制度需要体现犯罪嫌疑人的悔罪性，而积极主动的退赃退赔、弥补已经造成的损失正是悔罪性的体现。只有与检察机关达成了有效的认罪协议，并满足了上述三项条件才能被认定为“认罚”。

2. 兼顾实体性与程序性

尽管我们所讨论的这一概念被冠以“制度”的名号，但针对认罪认罚制度是实体性制度还是程序性制度的争议并未停止。认罪认罚制度同时兼顾实体与程序的双重性质，但同时该制度又并非作为一个相对独立的制度而存在。它既存在于刑法适用定罪量刑过程中，同时也存在于刑事诉讼不同程序以及程序的不同阶段。认罪涉及的是刑法中罪名的认定，认罚涉及的是犯罪刑事责任的承担，必须依据刑法及相关司法解释综合判断。不同的罪与罚的追究须在不同的诉讼程序完成。结合目前刑事速裁程序试点工作，犯罪嫌疑人、被告人刑期在一年以下的案件，通过认罪选择适用速裁程序而获得量刑方面的“优惠”，其他案件则在简易程序或普通程序从简处理。由此不难看出，认罪认罚制度的实施既离不开刑事实体法也离不开程序法。

3. 认罪认罚制度与辩诉交易制度的关系

由于认罪认罚制度与英美法系国家的辩诉交易制度有相似之处，而我国法学理论界、实务界长期保持对辩诉交易制度研究的热情，且多有主张引入该制度的声音出现。那么，我国在推行认罪认罚制度之时，是否意味着必然推行美国式的辩诉交易制度？答案是否定的。辩诉交易制度作为美国处理刑事案件的主要方式，在美国大约有 90% 以上的案件以此种方式办结，即控辩双方通过交易的方式就定罪量刑讨价还价，以被告人的认罪达成某种协议，换取被告人从宽处罚的结果。不可否认，我国在推行认罪认罚制度中借鉴了某些合理因素，但二者是不同的。认罪认罚制度是我们党和国家长期贯彻实施的宽严相济刑事政策的体现，是该项政策的制度化新发展。认罪认罚制度以契合中国刑事司法实践需要、特点为基本导向，是具有中国特色的刑事司法制度。尽管不同国家的刑事司法及其运行有其普遍共性，但并不意味着我国推行该项制度改革就是辩诉交易制度的翻版。同时我们还需认识到，美国的辩诉交易制度适用案件范围非常广泛，而且所交易的内容既包括罪名也包括罪数。而在我国的制度设计中，控辩双方的协商只能是在检察机关指控犯罪嫌疑人、被告人有罪的前提下，控辩双方就犯罪嫌疑人积极认罪而获得的可能优惠达成协议。在此过程中禁止交易罪名、罪数，应当是我们坚持的基本底线。此外，美国的辩诉交易很多是在案件事实有争议或者证据有疑问的情形下，换取被告人的轻罪轻罚认可，我们推行的认罪认罚必须在案件事实清楚、证据确实充分的条件下进行，不允许司法机关借认罪认罚之名，让犯罪嫌疑人、被告人承受事实不清证据不足情形下的罪与罚，以此减轻或降低检察机关的证明责任。

（二）制度边界

除前文所述认罪认罚制度在价值取向方面的特殊意义外，还需进一步厘清其适用过程中的制度边界，这主要表现在侦查阶段适用的禁止性、检察机关证明责任和证明内容的新变化以及适当简略法庭部分审理环节诸方面。

1. 侦查阶段不适用认罪认罚制度

认罪认罚制度的适用应当有严格的诉讼节点限制，只能在审查起诉阶段和审判阶段发挥特定优势，而不能适用于侦查阶段。原因如下：

第一，认罪认罚的前提是事实清楚、证据确实充分，侦查机关只有全面侦查取证，才能够达此目的，因此侦查阶段的主要任务是取证而不是认罪协商。

第二，若许可侦查机关促成犯罪嫌疑人认罪协商，则可能导致侦查人员放弃法定查证职责，不去收集能够证明犯罪嫌疑人无罪的各种证据，过分依赖获取犯罪嫌疑人的口供定罪，冤枉无辜。

第三，由于侦查机关公权力的天然优势、侦查活动的秘密性等，一旦侦查机关在办案过程中承担此项职能，可能会出于减轻办案压力或者其他目的，而采取威胁、利诱等方式迫使犯罪嫌疑人选择认罪认罚，进而成为造成冤假错案的诱因。

因此在侦查阶段，办案机关的主要任务是适用法定的各种侦查措施，依法全面收集证据材料、查明案件事实、抓捕犯罪嫌疑人归案等方面。只有在案件经由公安机关侦查终结，满足犯罪事实清楚、证据确实充分的法定条件，公安机关将案卷材料、证据一并移送检察院审查决定，检察院在审查起诉阶段通过审查案件后才能确定是否采用认罪认罚制度处理此案。但是，这并不意味着认罪认罚制度并不会对侦查机关的侦查活动产生影响，相反，认罪认罚从宽制度的推行，可以使处于侦查阶段的犯罪嫌疑人积极配合侦查机关的侦查，主动交代自己的犯罪事实，以利于侦查机关顺利收集有关证据，通过后续起诉程序、审判程序实现认罪认罚的从宽处理。

2. 控方证明责任的变化

在犯罪嫌疑人、被告人主动认罪认罚的案件中，我国刑事司法仍须坚持“案件事实清楚、证据确实充分”的证明标准，与之同时，控方在证明被告人应受刑事制裁的过程中证明责任发生相应的变化。这一变化体现在减轻控方审查起诉、准备公诉活动、参与庭审举证、质证等方面的负担，但不意味着降低证明标准或者取消庭审程序。考虑到认罪认罚制度并非仅仅适用于简易程序以及当前正在试点的速裁程序，而是可以扩大适用至包括普通程序在内的所有诉讼程序类型，控方证明的内容、方式均会由此发生不同的变化。但总体而言，控方仍需移送下列证据材料以达到定罪量刑的证明标准，主要包括：（1）能够证明被告人有罪的各种证据；（2）被告人承担刑事责任的各种量刑证据；（3）被告人自愿认罪、认罚的证明文件；（4）其他应当证明的内容。需要重申的是，尽管在法庭的审判阶段法官认定被告人构成犯罪的证据材料较之于被告人不认罪的案件有所不同，但这并不意味着在侦查阶段、审查起诉阶段公安机关、检察机关可以省却收集、固定、移送某些证据材料的法定责任，各办案单位仍需依法定程序全面地收集能够证实犯罪嫌疑人有罪或者无罪、犯罪情节轻重的各种证据。

3. 法院庭审环节的简略

在适用认罪认罚制度处理案件过程中，法院主要审查认罪认罚自愿性以及控辩双方协议的合法性等基本内容，这是坚持以审判为中心的诉讼制度的必然要求。而且，与控方证明责任和证明内容新变化相适应，法院庭审环节同样体现简略的新变化，表现为普通程序法庭调查、法庭辩论的简化或者省略，[12] 简易程序、诉裁程序可以省略法庭调查、法庭辩论程序，重点听取控辩双方的量刑意见，法官通过询问被告人等方式形成对被告人自愿认罪、认罚的内心确信。

同时还须明确，认罪认罚制度倡导诉讼效率必然会带来诉讼环节的简化、省略，但是出于司法裁判正当性的顾虑，法院适用认罪认罚制度审理案件时某些特定的程序是不能简化和省略的，包括审判长宣布法庭的组成、诉讼权利的交代和被告人最后陈述环节，如若被告人获得辩护律师的帮助，法院审理案件时还需保障辩护人提供辩护意见的权利。

三、认罪认罚制度的体系化建构

在论述认罪认罚制度的改革背景、价值导向与运行规则的基础上，为确保该制度适用的科学性、规范性，还必须探讨立法与司法维度的体系化建构。由于这一制度的改革试点尚在研究阶段，相关理念、思路并未成型。因此，本部分谨作尝试性分析。

（一）参与主体

设定认罪认罚制度的运行路径，首先应当合理划分参与主体的范围，明确有权参与主体的活动内容或者履职界限。

1. 犯罪嫌疑人、被告人

“无论是从保障被告人权利的角度，还是从与刑事司法内在的真实主义相协

---

[12] 《最高人民法院、最高人民检察院、公安部、司法部关于在部分地区开展刑事案件速裁程序试点工作的办法》第 11 条规定：“人民法院适用速裁程序审理案件，应当当庭询问被告人对被指控的犯罪事实、量刑建议及适用速裁程序的意见，听取公诉人、辩护人、被害人及其诉讼代理人的意见。被告人当庭认罪、同意量刑建议和使用速裁程序的，不再进行法庭调查、法庭辩论。但在判决宣告前应当听取被告人的最后陈述意见。”

调的角度，被告人的程序处分权都必须正确而公正地行使。”[13] 随着社会的进步，强调人权保障的基础性价值越来越受到国家的重视，确认刑事被追诉人的主体地位随即成为刑事司法活动的基本内容。概括而言，主体性是与人权的基本含义分不开的，具体到刑事诉讼活动中，其内涵主要有：第一，维护被追诉人的人格尊严；第二，其意见可以得到充分表达，并能够得到反馈和救济；第三，其诉讼行为能够对诉讼活动产生应有的影响。在犯罪嫌疑人、被告人主动选择认罪认罚时，办案单位应当充分尊重和保障其程序选择权和反悔权（亦可称为撤回权）。相应权利的内容同样也是犯罪嫌疑人、被告人参与认罪认罚制度的基本活动内容。

（1）被追诉人的程序选择权

被追诉人行使程序选择权的基本含义包括：第一，被追诉人做出认罪认罚的供述，应当出于自愿，不得受到胁迫或者欺诈等；第二，被追诉人自愿做出相应供述，应当获取与之相称的信息以供其做出选择是否认罪认罚。为保障自愿性、降低控辩双方对抗的风险，该项制度的适用实际上要求办案机关有义务向被追诉人公开有关己案的证据材料，保障犯罪嫌疑人、被告人获得实质的而非形式的律师帮助和咨询。

（2）被追诉人的反悔权

被追诉人一旦认为前期的认罪认罚供述有损其利益，则可行使反悔权，也即有权主张撤回认罪认罚的自白供述，可从以下角度理解：①撤回时间要求。一般认为在一审法院裁决做出之前，被追诉人均可主张撤回。②撤回条件要求。被追诉人选择撤回原则上不应当设置条件，即使在协商时有援助律师参与并对其提供咨询的情形下，被追诉人选择撤回同样应当被允许。③撤回的效果。第一，对于被追诉人而言，撤回认罪认罚属于被告人的诉讼权利，不能将其视为认罪态度不好的表现而“罪加一等”；第二，一旦被追诉人选择撤回，检察机关需要向其说明撤回的效果，包括可以被采取羁押措施、不再享受量刑优惠、不得再主张适用特定程序等内容，确保被追诉人对是否撤回以及撤回的效果做出理性判断；第三，由于被追诉人选择撤回认罪认罚，那么，检察机关应当重新审查公诉证据材料，在程序转换阶段可有权申请补充侦查等，确保指控犯罪达到“事实清楚、证据确实充分”的法定证明标准。

2. 检察官

检察官作为认罪认罚制度适用过程中的控方代表，在审查起诉中与犯罪嫌疑人展开协商，在法庭审理中，承办检察官必须出庭，履行支持公诉的法定职责。

---

[13] ［日］田口守一：《刑事诉讼的目的》，张凌、于秀峰译，中国政法大学出版社 2011 年版，第 217 页。

（1）开展与犯罪嫌疑人的协商活动

为妥善实现司法公正的根本追求，应当将认罪认罚制度适用时间节点置于检察院审查起诉阶段。检察官在获取侦查机关移送的案卷材料后，通过审阅案卷对案件证据材料充分了解，通过讯问犯罪嫌疑人了解其认罪认罚的主观意向，并向其详实地解释认罪认罚制度对其案件处理的法定影响。在此基础上，通过一系列协商过程，检察官依法与犯罪嫌疑人及其辩护人就特定认罪认罚事项达成协议。

（2）提出程序适用建议与认罪认罚协议

在控辩双方达成协议的基础上，检察官依法向人民法院提起公诉，在移送案卷材料的同时移送认罪认罚协议书，提出适用认罪认罚从宽处理程序建议，程序适用建议主要是根据案件的不同情形建议采用速裁程序、简易程序或普通程序审理。

（3）履行检察监督职责

在认罪认罚制度适用领域，检察机关可以遵循一般的监督权行使模式，由检察院内部不同监督部门针对不同办案环节，专门对犯罪嫌疑人、被告人程序选择自愿性、控辩双方协商合法性、法院审查确认的正当性等阶段重点予以监督。但同时，考虑到认罪认罚制度的特殊价值导向，检察机关履行监督职能时应当侧重在侦查阶段办案机关可能发生的权力滥用行为，确保案件处理公正；另一方面，则需要完善检察院内部监督制约机制，将协商权力真正关进笼子里。例如，结合当前推行检察官办案责任制，借鉴类似于决定案件不起诉的审批程序，强化检察机关内部对办案检察官做出协议的制约和监督。

此外，为确保该项制度适用的司法公信力，还需进一步探索建立检察监督公开机制，引入社会公众监督、提高民众对该项制度适用的理解和支持，夯实该项制度的公正基础和社会基础。

3. 辩护律师

认罪认罚制度中辩护律师的参与同样不可或缺。一方面，辩护律师需向犯罪嫌疑人、被告人提供有关认罪认罚制度的法律咨询，向其解释、说明选择该制度对其利益的得与失；另一方面，则突出体现在控辩双方是否达成认罪认罚协议以及为犯罪嫌疑人争取最大限度的从宽处理方面提供专业意见。当然，辩护律师也可向犯罪嫌疑人、被告人提出不选择认罪认罚制度的建议，供犯罪嫌疑人、被告人参考。

针对域外部分国家设置强制辩护制度以提高认罪认罚的正当性问题，[14]我们认为，被追诉人较之于追诉机关本身处于弱势地位，尤其是在促使被追诉人选择认罪认罚以争取从宽处理的过程中，为彰显控辩双方平等对抗的诉讼精神，设置专

---

[14] 参见陈卫东主编：《被告人认罪案件简化审理程序》，中国检察出版社2004年版，第253-324页。

门的强制辩护制度有其合理性。但考虑到我国刑事司法领域辩护制度现状，现阶段直接推行这一制度仍面临较大阻碍。特别是我们还需质疑：在简单轻微刑事案件处理过程中设置强制辩护制度是否违反诉讼经济原则？这在当前试点的刑事速裁程序中已经成为一个亟须回应的难题。而且，为确保强制辩护制度的适用取得实质效果，有必要探讨侦查讯问阶段律师在场的可行性。此外，还需要明确认罪认罚制度中律师充分阅卷、向犯罪嫌疑人、被告人核实证据材料的法定限度，否则，辩护律师在认罪认罚制度中的参与并不能达到改革的预期效果，反而可能成为损害制度适用合法性的消极因素。

4. 法官

适用认罪认罚制度处理的案件，检察院经过审查起诉活动将该案件移送至法院，由法官通过司法审查予以裁判确认。在此过程中，考虑到司法活动属性的本质要求，在设置科学的从宽处理规定时，需要在立法层面明确法官对适用认罪认罚制度处理的案件享有最终审查权，这是维持该制度适用正当性的保证。

法官作为适用认罪认罚制度的司法审查裁判者，在整个制度适用中占据核心地位。在认罪认罚制度的适用过程中，法官审查职能的具体内涵由于程序类型、案件性质等因素的差异而有所不同。法官对于程序适用建议和认罪认罚协议享有是否同意的最终裁判权，如果法官认为案件处理存在禁止适用该制度的情形的，可依法直接拒绝检察院的建议、否定认罪认罚协议的效力，转由其他法定程序审理此案。同时，如果发生被告人主张撤回认罪认罚供述或者检察院主张撤回认罪认罚协议等情形的，法官则依职权审查相应主张的合法性、正当性并作出是否准许的决定。

5. 被害人

关于被害人是否应当作为认罪认罚制度参与主体存有争议。例如，有观点即主张“在认罪协商时应当征得被害人的同意，其重要条件就是应当由被告人对被害人在精神、物质两个方面予以补偿，被害人同意并且愿意接受赔礼道歉和物质补偿”。[15] 诚然，强调被告人对被害人予以恢复性补偿有其必要性，被害人作为刑事犯罪的受害主体，有必要参与到犯罪嫌疑人、被告人的追责程序中。但是，为确保认罪认罚制度适用的效率性，防止因被害人主观情感的变化而导致协商过程随意变更损害诉讼程序的确定性，被害人不宜作为参与主体而对案件协商过程产生实质影响。当然，在适用认罪认罚制度阶段，被害人的利益仍由代表国家行使追诉权的检察官代为主张，可将被害人的受损利益获得弥补作为认定被告人认罚、积极退赃退赔的合理条件之一，且将被害人获得赔偿的程度与被告人可能获得的从宽幅度直接挂钩，调动被告人积极赔偿被害人的主动性。

---

[15] 陈国庆:《试论构建中国式的认罪协商制度》,载《环球法律评论》2006年第5期。

（二）案件适用范围

针对从宽处理制度适用范围，学界、实务界亦有不同声音，有观点指出，从宽处理制度仅能在现有简易程序适用的轻罪案件中发挥作用，也有观点认为从宽处理制度只能适用于可能判处五年有期徒刑以下刑罚、拘役、管制或者单处罚金的案件。由于我国刑法并未专门做出轻罪、重罪的划分，但通常而言，判处五年以下有期徒刑的案件即轻罪案件。

笔者认为，从宽处理制度不应当有案件适用范围的限制，包括可能判处死刑刑罚在内的重罪都应当适用该制度。只有确保无论轻罪、重罪案件都有适用从宽制度的可能性，才能维护法律适用的公平性。只要被追诉人在刑事诉讼过程中选择认罪认罚并符合条件的，就应当获得从宽处理的机会，尤其是某些重罪案件直接关乎被追诉人的生命权益、重大财产权益，认罪认罚的适用无论是对案件的正确处理还是对被告人自身都关系重大，强调该制度适用案件范围的广泛性、普遍性，都有利无害。应该在保障司法公正的基础上，以适当的效率追求为目标并公平适用所有类型的案件。

（三）程序构造

为保障诉讼活动顺利进行、妥善协调各参与主体的权利、权力关系，认罪认罚制度应当以检察院审查起诉阶段的协商建议为基础，以法院司法审核确认为最终归宿。虽然该项制度的适用范围广泛，但仍具有制度建构的共同点。因此，以刑事案件处理的诉讼阶段为分界点，贯彻落实认罪认罚制度的程序构造可大致遵循以下路径：

1. 侦查阶段

与前所述相结合，在案件的侦查阶段，侦查机关负有查明案件事实真相、收集固定证据的法定职责。公安机关并不负有促使犯罪嫌疑人认罪认罚的职责。当然，这并不意味着在侦查阶段犯罪嫌疑人不得提出自愿认罪认罚的表示。犯罪嫌疑人通过律师帮助等方式充分知晓认罪认罚制度的性质及其对已案处理的“益处”时，出于对从宽处理的期待，犯罪嫌疑人可提出认罪认罚的意思表示。侦查机关获知后专门记录在案，并交由犯罪嫌疑人核实确认。随着案件侦查完毕，侦查机关将此类案件专门标注并移送至检察机关审查起诉。而且，通过对该案件侦查结果的整体把握，侦查机关亦可同时提出适用认罪认罚制度的建议。

2. 审查起诉阶段

案件移送至检察院审查起诉后，负责办理此案的检察官在审查案卷材料的基础上，初步形成审阅意见。同时，检察官应当讯问犯罪嫌疑人，向其充分说明适用认罪认罚制度的法律后果，包括审理程序的差异、上诉（申诉）的权利限制等，在核实确认犯罪嫌疑人选择自愿性之后，检察官应当提出可能的量刑建议，并与犯罪嫌疑人协商。在此过程中，犯罪嫌疑人可主张获得律师帮助。除了犯罪嫌疑人主动聘请的律师参与进来以外，犯罪嫌疑人还可以提出获得法律援助的主张。除特定简单轻微刑事案件外，其他案件中的协商应当有律师的参与和帮助。

律师通过阅卷、会见犯罪嫌疑人，知晓其对认罪认罚的意见和态度，在获得犯罪嫌疑人首肯的前提下，可以代表犯罪嫌疑人与检察官共同协商，最终协商结果应当得到犯罪嫌疑人的书面确认。控辩双方的协商内容包括但不限于以下方面：第一，犯罪嫌疑人自愿认罪，承认检察院指控的各项犯罪事实；第二，犯罪嫌疑人接受检察院提出的量刑建议或与检察院达成量刑协议；第三，犯罪嫌疑人自愿选择适用某一诉讼程序来审理己案，如速裁程序、简易程序等；第四，犯罪嫌疑人自愿接受因适用认罪认罚制度后的法定后果，包括上诉权受限等内容。协议书需要经过控辩双方的签字确认，有辩护人参与的还需辩护人签字。在协商过程中，检察官应当保证律师充分阅卷并了解案件情况，所提出的协商建议应当遵循罪刑法定原则，符合法律、司法解释的规定。经过若干轮的协商回合，检察官最终与犯罪嫌疑人达成一致协议，检察官在此基础上准备程序适用建议。在比过程中，犯罪嫌疑人可主张撤回认罪认罚的供述。

在审查起诉阶段，有两个重要问题须予以明确：

第一，检察机关可否撤回原来的从宽决定或者建议？出于对公权力机关决定权威性的考量，一般而言，法律不应当允许检察院对认罪认罚协议的撤回。但在特殊情形下，如检察院发现新证据、新事实足以改变案件实质结果（如实际罪名与承认罪名不一致，或发现能证明被告人无罪、罪轻的证据）时，应当允许检察机关撤回承诺。但该撤回也需在法院确认之前作出，否则应当按照审判监督程序处理。

第二，检察机关能否对犯罪嫌疑人认罪认罚的案件作出实体性处理，比如作出不起诉或者暂缓不起诉决定？结合《刑事诉讼法》第 173 条等条款之规定，普通刑事案件中如果存在符合法定不起诉等适用条件的情形，检察机关可以依法对此类案件作出包括不起诉决定等方式在内的实体性处理。但是，由于在适用认罪认罚制度处理案件中有控辩协商协议等特定内容，则此类案件必须经由法院审查，如果被告人符合相应的法定条件，则法院可以对被告人作出缓刑或者免予刑事处罚的判决。

3. 法院审查确认阶段

检察院将适用认罪认罚制度的案件材料移送至法院，并向法院移送程序适用建议和认罪认罚协议，供法院全面审查该案件是否达到适用认罪认罚制度的法定条件，特别是需要对认罪认罚协议的合法性、正当性予以审查，只有在同意控辩双方协议的前提下方能审查同意适用认罪认罚制度。

需要说明的是，案件类型的差异、可能判处刑罚的差异等均会影响案件处理的诉讼程序类型，因此，在审判阶段是否需要开庭、开庭审理的环节等也需要区别分析，而这直接决定了法院审查确认的方式。例如，对于适用速裁程序审理的简单轻微案件，法庭审理直接省略法庭调查、法庭辩论环节。而对于可能判处较重刑罚的案件，尽管控辩双方达成一致协商，但由于案件性质的差异，法院仍须在被告人及其律师、检察院公诉人同时到场后，开展讯问被告人是否充分知悉适用认罪认罚的法定后果等一系列活动，促成法官审查后形成内心确信并依法作出裁判。

对于法院审查的内容，可归纳为以下几个方面：

第一，被告人认罪认罚的自愿性。结合被告人在侦查阶段、审查起诉阶段的综合表现，并听取其辩护律师的意见。

第二，被告人是否满足认罪认罚制度适用的法定条件。包括是否构成认罪、认罚，且符合相应案件类型的特殊要求。

第三，控辩双方达成认罪认罚协议的合法性。主要是定罪量刑在实体法上的考量，重点审查法院认定事实与协商认定事实是否相一致、认罪认罚协议是否违反刑法实体法律规定。

第四，检察院移送程序适用建议的合法性。由于认罪认罚制度的适用在速裁程序、简易程序中均有体现，法院应着重审查是否满足不同程序类型的法定条件，有无存在程序转换的可能。

第五，是否存在其他不得适用认罪认罚制度的法定因素。

为确保法院待审查上述事项的全面、真实，法院须借助科学、合理的审核方式，包括：

第一，案卷材料的审核。办案法官对既有案件事实的审查确认需要结合检察院移送案卷材料作出判断。

第二，庭审上的讯问。这一方式对于法官确认被告人是否自愿认罪认罚、是否真实地了解该制度适用的法定后果，起着至关重要的作用。法官通过审查案卷材料和检察院移送认罪认罚协议等内容，存有疑问的，须在法庭上对被告人口头讯问确证，疑问无法排除的，法官仍有权拒绝适用该制度而选择开庭的方式。

第三，社会调查报告制度。结合我国现有刑事诉讼法等法律对社会调查报告制度的适用条件，有利于法官全面了解被告人的社会危险性、再社会化可能性等。

第四，法院依职权调查。对于特定情形存有疑问的，法院应享有依职权调查的职能，防止出现可能遗漏关键事实而影响法院的裁断。

第五，其他可行的法定审查方式，等等。

针对法院审查确认并作出裁判，是否允许被告人上诉或者申诉？我们认为，申诉权利是宪法赋予公民的基本权利，不允许对其进行限制减损。现阶段，不允许被告人进行申诉弊大于利，即使不允许其申诉，提高了案件的结案效率，被但告人还能通过信访等其他途径向有关部门反映问题，造成社会资源的更大浪费。

而对于是否可允许上诉的问题，有必要分而论之。

第一，适用刑事速裁程序予以审理的案件，而该程序的适用以省略法庭调查、法庭辩论为前提。那么，在该程序审理的案件中，由于是经协商处理的简单轻微刑事案件，且被告人也已经认罪认罚，再允许其上诉将严重影响该制度带来的效率价值。但被追诉人的申诉权利仍应得到保障。

第二，适用普通程序审理的案件一般都是比较重大的案件，结合我国刑事诉讼法“第二审程序”“审判监督程序”等章节的规定，尽管存在部分审判环节的适当减免，但仍有别于速裁程序的庭审方式。因此，仍有必要赋予被告人上诉的权利，但需要重新限定提出上诉的法定情形。

（四）从宽的界限和幅度

在依法认定被追诉人符合认罪认罚条件的同时，保障被追诉人获得与之相符的从宽处理结果，是这一制度得以正确实施的关键。最高人民法院《关于贯彻宽严相济刑事政策的若干意见》第 14 条至第 24 条专门就“准确把握和正确适用依法从‘宽’的政策要求”提出要求，[16] 无论如何对犯罪嫌疑人、被告人予以从宽处理，我们认为，均应当遵循“罪刑法定原则”，以刑法的既有量刑条款为限度，控辩双方不得突破法律而任意协商。罪责刑相适应原则作为我国《刑法》第 5 条所确立的一项基本原则，主张法院裁判所做出的刑罚轻重应当与被追诉人所犯罪行和应当承担的刑事责任相适应，尽量避免畸重畸轻裁判带来的消极效果。从宽处理规范的制定和适用，应当以满足罪责刑相适应原则为基本前提，防止实务中可能出现的“花钱买刑”“雇人顶包”等损害司法权威的情形发生，避免从宽处理反而导致降低司法公信力、难以有效惩罚犯罪的负面效应。

从宽处理制度是在认罪、认罚两个基本维度层面的适用，因此，设计认罪认罚制度中从宽处理的界限和幅度应当充分照顾不同程序差异性的层级化改造需求，笔者认为可从以下角度理解：

1. 从宽处理体现层级性特征

在改革阶段，从刑法修改角度的设计，针对我国从宽处理的规定，设置具体从宽处理幅度的层级性，针对不同案件类型、不同时间节点、不同认罪认罚的具体方式（如自首、立功、退赃退赔等）来设置认罪认罚的从宽幅度，体现不同层级的差异性。出于对诉讼效率的考量，尽管在案件移送至法院审理后，被告人仍可以有认罪认罚的可能，但是为尽快实现审前程序分流、节约司法资源，有必要设置审前认罪认罚从宽处理的幅度要明显高于审判阶段认罪认罚可获得的从宽处理幅度，甚至在具体从宽处理的方式上也可有差别。

---

[16] 参见《最高人民法院印发〈关于贯彻宽严相济刑事政策的若干意见〉的通知》，载最高人民法院网：http://www.court.gov.cn/fabu-xiangqing-174.html，最后访问时间：2016 年 2 月 20 日。

2. 从宽处理是否包含罪名和罪数的协商

“从宽”的具体含义，能否包括罪名和罪数的交换？考虑到我国刑法规定犯罪与英美法的刑法罪刑等级差异较大，因此，一般而言，不得通过罪名变化来作为办理案件的交换条件。即使犯罪嫌疑人、被告人选择认罪认罚，也不得在协议过程中降格指控，将重罪协商改成轻罪，或协商减少指控改变罪数。这是我国探索认罪认罚制度的一个基本底线，也是与国外辩诉交易制度的明显区别。

3. 从宽的幅度与限制

从宽处理的幅度除程序上体现从简以及可能带来依法不捕等后果外，主要体现在刑法规定的从轻、减轻处罚。为充分体现从宽处理精神，一方面，增加“应当从轻、减轻处罚”条款的具体适用情形，实现“应当型”从宽与“可以型”从宽的协调适用，保障犯罪嫌疑人、被告人尽早认罪认罚的合理期待；另一方面，遵循《刑法》第62条、第63条之规定[17]，在最高人民法院《关于常见犯罪的量刑指导意见》(以下简称“量刑意见”)[18]等司法解释的基础之上，进一步明确从宽量刑指导原则，设计科学的量刑基本方法最终确定宣告刑。从宽处理幅度的设置体现在最低限度和最高限度两个方面，与前述“从宽处理体现层级性特征”之内容相结合，细化不同限度的具体标准和适用情形。例如，在“量刑意见”规定的有关自首从宽处理条款[19]基础上，则需进一步明确“40%以下”“40%以上”等幅度的具体层级，且需规定“应当减少”的情形，从而合理限制法官自由裁量权，并为检察官与被追诉人协商提供明确指引。同时，如果存在有数个从宽量刑情节的，则应当结合案件中可适用从宽规定的各类情形，仍需坚持“同向相加、逆向相减”的方法，同时提高可能获得最大从宽的幅度，便于区别适用于不同类型的复杂案件中。

---

[17] 《刑法》第62条规定：“犯罪分子具有本法规定的从重处罚、从轻处罚情节的，应当在法定刑的限度以内判处刑罚。”第63条规定：“犯罪分子具有本法规定的减轻处罚情节的，应当在法定刑以下判处刑罚；本法规定有数个量刑幅度的，应当在法定量刑幅度的下一个量刑幅度内判处刑罚。犯罪分子虽然不具有本法规定的减轻处罚情节，但是根据案件的特殊情况，经最高人民法院核准，也可以在法定刑以下判处刑罚。”

[18] 该意见针对常见犯罪中可从轻、减轻处理的部分情形分别设置一定百分比的量刑减少“优惠”，如关于非法拘禁罪的量刑，有下列情节之一的，可以增加基准刑的10%-20%：（1）具有殴打、侮辱情节的（致人重伤、死亡的除外）；（2）国家机关工作人员利用职权非法扣押、拘禁他人的。关于走私、贩卖、运输、制造毒品罪的量刑，有下列情节之一的，可以增加基准刑的10%-30%：（1）利用、教唆未成年人走私、贩卖、运输、制造毒品的；（2）向未成年人出售毒品的；（3）毒品再犯。而有下列情节之一的，可以减少基准刑的30%以下：（1）受雇运输毒品的；（2）毒品含量明显偏低的；（3）存在数量引诱情形的。

[19] 该条款规定：“对于自首情节，综合考虑自首的动机、时间、方式、罪行轻重、如实供述罪行的程度以及悔罪表现等情况，可以减少基准刑的40%以下；犯罪较轻的，可以减少基准刑的40%以上或者依法免除处罚。恶意利用自首规避法律制裁等不足以从宽处罚的除外。”

四、制度发展与趋向展望

认罪认罚制度的适用是一项涉及面非常广泛的系统工程，既有刑事实体法、程序法层面的法律修改、完善，又有司法机制、体制的建构、调整和发展。认罪认罚制度的改革无疑会对我国整个刑事司法体系的发展产生不可估量的影响。但是，以认罪、认罚、从宽处理为核心要素的刑事司法体系自我修缮之路，无论是理念认知还是程序架构，无不需要较长一段时期的转型和塑造。

然而，该制度适用的阻力之大也需要我们给予充分重视，其适用仍有诸多有待解决的难点，如控辩双方协商法制化、法院审查实质化、律师参与正当化等无不呈现牵一发而动全身之特点。同时，还需立法回应的核心问题之一即疑罪案件中能否协商？笔者认为，在当前阶段存疑的案件不能协商。认罪认罚制度的适用应当以侦查机关、审查起诉机关已经收集、获取犯罪嫌疑人有罪的证据材料为前提，应坚决摒弃“口供中心主义”的不当影响。在坚持“疑罪从无”基本原则前提下，考虑到当前司法办案水平仍显参差不齐，尽管有律师提供咨询帮助、检察监督、司法公开等积极因素的引导，但是一旦打开疑罪案件可以协商的大门，则很难保证不会发生冤假错案，甚至将会为权力滥用打开新的窗口。因此，现阶段我国还不适合探索疑罪交易的制度形态。而随着认罪认罚制度的不断完善，在积累丰富经验并促成司法体制、机制较为完善的前提下，我们才有探讨某些特定类型案件能否进行疑罪交易的可能。

（原载《中国法学》2016 年第 2 期）

论刑事诉讼当事人辅助制度

王新清

一、刑事诉讼当事人辅助制度的基本内涵

刑事诉讼当事人辅助制度（以下简称刑事辅助制度），是指刑事诉讼法规定的由与当事人有一定亲属或法律关系的人担任辅助人，在刑事诉讼中对当事人的诉讼给予陪伴协助的制度。

《中华人民共和国刑事诉讼法》（以下简称《刑事诉讼法》）没有明确规定“刑事辅助制度”，但有20个条文[1]规定了刑事诉讼当事人的监护人、法定代理人、近亲属可以代替当事人进行诉讼行为，或者为当事人提供各种诉讼帮助的内容，这些“代替”或“帮助”，实际上都是为当事人的诉讼进行的辅助或协助。例如，《刑事诉讼法》第33条第3款规定：“犯罪嫌疑人、被告人在押的，也可以由其监护人、近亲属代为委托辩护人。”第95条规定：“犯罪嫌疑人、被告人及其法定代理人、近亲属或者辩护人有权申请变更强制措施。”第112条规定：“对于自诉案件，被害人有权向人民法院直接起诉。被害人死亡或者丧失行为能力的，被害人的法定代理人、近亲属有权向人民法院起诉。”

对这些条文进行归纳和总结，我们发现它们有以下几个特点：第一，可以为当事人提供辅助的人，有的条文规定是“监护人、近亲属”，有的条文规定是“法定代理人、近亲属”，还有的条文仅仅规定是“法定代理人”或“近亲属”。不论是法定代理人、近亲属还是监护人，他们基本上都与当事人有密切的血缘、法律关系，一般是当事人最亲近、最值得信任的人，也是对当事人的诉讼最为关心的人。第二，辅助的对象涵盖了所有的当事人。在上述条文中，有的条文规定为犯罪嫌疑人、被告人提供辅助，如根据《刑事诉讼法》第97条的规定，法定代理人、近亲属对于被采取强制措施超过法定期限的犯罪嫌疑人、被告人，有权要求公安机关、人民检察院或者人民法院解除强制措施。有的条文规定为被害人提供辅助，如《刑事诉讼法》第218条规定，“被害人及其法定代理人不服地方各级人民法院第一审的判决的，自收到判决书后五日以内，有权请求人民检察院提出抗诉”。有的条文规定为附带民事诉讼当事人提供辅助，如《刑事诉讼法》第99条规定，“被害人死亡或者丧失

---

[1] 这些条文包括《刑事诉讼法》第33、34、41、44、95、97、99、106、112、216、218、241、270、271、274、281、282、286、287、288条。

行为能力的，被害人的法定代理人、近亲属有权提起附带民事诉讼”。可见，在我国，凡是当事人皆可从辩护人、诉讼代理人以外的其他关系密切者那里获得辅助。第三，法定代理人、近亲属、监护人为当事人提供的辅助，有以下几种：（1）委托辩护人或者诉讼代理人（第33、34、44条）；（2）申请变更或者解除强制措施（第95、97条）；（3）代替或协助行使一些诉讼权利，包括自诉案件、附带民事诉讼案件的起诉权、上诉权、请求抗诉权、申诉权等（第99、112、216、218、241条）；（4）到场陪伴并发表意见（第270条）；（5）在特别程序中参加诉讼并行使一些维护当事人实体权利的诉讼权利（第281、282、286、287、288条）。

我国《刑事诉讼法》的这些规定，不同于辩护和代理制度。《刑事诉讼法》第一编第四章专门就辩护和代理进行了规定。根据规定，所谓辩护，是指犯罪嫌疑人、被告人及其辩护人为了反驳控诉，根据事实和法律，提出有利于犯罪嫌疑人、被告人的证据材料，论证犯罪嫌疑人、被告人无罪、罪轻或者应当减轻、免除处罚的诉讼活动。所谓代理，是指除了犯罪嫌疑人、被告人以外的当事人或者他们的近亲属、法定代理人，与法律允许担任诉讼代理人的人订立协议，代理这些当事人依法进行本来应当由当事人进行的刑事诉讼行为的一种制度。之所以说上述条文规定的制度不同于辩护和代理，是因为有以下几点理由：第一，这些条文的内容，散见于《刑事诉讼法》的各个章节，基本上不在《刑事诉讼法》第一编第四章规定的范围之内。第二，这些条文规定的活动内容比较复杂多样，不像辩护、代理那样单一。辩护和代理的核心是在诉讼中取证、举证、质证，发表有利于相关当事人的意见，在诉讼的核心问题——“罪与非罪、当事人诉讼主张能否成立”等问题上，维护他们的实体权利和诉讼权利。而这些条文规定的内容，主要是为当事人的诉讼提供多种事务性的帮助。第三，除犯罪嫌疑人、被告人自行辩护外，其他的辩护、代理的进行，事先应当经过一个委托或者指定（指派）的程序，而这些条文所述及的监护人、法定代理人、近亲属为当事人进行协助，法律并没有要求经过委托或者指定的程序。

根据上面的论述，笔者认为可以把我国《刑事诉讼法》规定的监护人、法定代理人、近亲属等人为当事人提供刑事诉讼协助的内容，命名为“刑事诉讼当事人的辅助制度”，简称“刑事辅助制度”。把上述规定概括为“刑事辅助制度”是非常妥当的。首先，从字义上看，用“辅助”概括这些条文的内容是比较贴切的。“辅，形声字。車（车）表意，其形像古时的车子，表示辅是车轮外的两条直木；甫表声，甫是男子的美称，有结实直挺意，表示辅结实直挺，增强车辅的承载力。形旁简化。本意是绑在车轮外侧以加固车辆的两条直木。引申为帮助、辅助。”[2]“助，从力，表示出力帮助……本意是帮助。”[3]“辅”和“助”合起来，可

[2] 顾建平：《汉字图解字典》，东方出版中心2008年版，第712页。

[3] 前引，顾建平书，第711页。

以理解为“陪伴在侧，出力帮助”。其次，从内容上看，上述20个条文规定的监护人、法定代理人、近亲属等人为刑事诉讼当事人所作的一切，都可以概括为“为当事人诉讼所作的协助、帮助与辅助”。

刑事辅助制度的内容，可以包括以下几个方面：（1）在当事人的监护人、法定代理人、近亲属等诸多人员中，通过当事人申请，公安、司法机关确认的方式，明确一人至两人为当事人的辅助人。（2）辅助人辅助的对象，是犯罪嫌疑人、被告人、被害人、附带民事诉讼的当事人。（3）辅助人依法在刑事诉讼的各个阶段为当事人提供协助。辅助人身份确定后，如果没有当事人明确表示反对，或者辅助人要求退出辅助的，不得更换。（4）辅助人依法在诉讼中陪伴出庭、接受讯问（询问），帮助当事人处理申请法律援助、参与刑事和解、申请变更强制措施等与诉讼有关的事务。

“刑事辅助制度”作为与“辩护制度”“代理制度”并列的第三种帮助当事人诉讼的制度，其核心功能是帮助当事人处理诉讼事务，加强当事人的控诉或辩护力量，抵御公安、司法机关及其工作人员侵犯当事人诉讼权利和人身侮辱行为，多方位维护当事人的合法权益，防止当事人在诉讼中受到侵害。“刑事辅助制度”的功用有以下几项：第一，亲情陪伴功用。依照刑事诉讼法的规定，陪同当事人出庭，陪同未成年和其他限制行为能力当事人接受讯问或询问，并表达不违背当事人明示意思的意见。第二，诉讼事务处理功用。协助当事人在诉讼程序内外处理与诉讼有关的事务，包括委托辩护人、代理人，申请法律援助，缴纳保证金，接受诉讼文书送达，建立与公安、司法机关的沟通联系等。第三，维护诉讼权益功用，包括申请变更强制措施，申请撤销羁押措施，提出申诉、控告等。第四，诉讼行为代理功用。根据法律授权或当事人授意，代表当事人参与刑事和解、诉讼调解，提起自诉、上诉等。

二、刑事当事人辅助制度的必要性与可行性分析

2013年是我国新的《刑事诉讼法》实施的开局之年。根据以往的经验，凡是大家认识到位的制度，在实践中就容易贯彻执行，凡是大家认识模糊或者不到位的制度，实践中就难以贯彻落实。对于初具雏形的刑事当事人辅助制度来说，如果大家对它的意义缺乏深刻的理解，在司法实践中很容易受到忽视，这不仅不利于全面维护当事人的合法权益，也不利于推动刑事辅助制度的完善。理解刑事当事人辅助制度的意义，要从以下几方面去认识。

（一）刑事诉讼普通程序中的当事人需要辅助

《刑事诉讼法》第106条第2项规定，当事人是指被害人、自诉人、犯罪嫌疑人、被告人、附带民事诉讼的原告人和被告人。当事人必须具备两个条件：第一，与案件事实和诉讼结局有着直接的利害关系。说当事人与案件事实有直接的利害关系是指，当事人或者因犯罪事实的发生而受到伤害，或者因被指控为案件

事实的实施者，要求他对案件事实负法律责任。说当事人与诉讼结局有直接的利害关系，就是说当事人的合法权益会受到刑事诉讼结局的直接影响，这个影响可以是有利的影响，也可以是不利的影响。刑事诉讼一旦开始，当事人的相关实体权利即处于待定的状态，刑事诉讼的结束会使“权利损、益”最终确定。第二，当事人通过行使诉讼权利，对诉讼过程和结局能够发挥比其他诉讼参与人更大的影响。当事人在刑事诉讼中要么处于控诉方（原告）的地位，要么处于被告方的地位，他们的诉讼活动对诉讼的启动、进行和终结发挥着关键的作用。

根据刑事诉讼法的规定，从总体上而言，普通诉讼程序中的当事人，除需要亲人的感情慰藉外，还面临以下四个方面繁重的事务：第一，行使诉讼权利，进行诉讼行为。比如，被害人要进行控告、收集控诉证据，在法庭上与被告人辩论等诉讼行为，行使申请回避、法庭辩论等诉讼权利。被告人要进行辩护、上诉等诉讼行为，行使申请回避、提出申诉、法庭辩论、提出上诉等一系列诉讼权利。第二，处理与诉讼相关的事务。与诉讼相关的事务虽不是直接的诉讼事务，但是关系诉讼权利能否顺利行使，诉讼行为能否合法、有效进行的事务。这些事务包括：委托辩护人、代理人；申请法律援助；交纳保证金；与对方当事人进行和解谈判；与公安、司法机关的沟通联系，了解诉讼进程等。第三，在诉讼中，当事人还面临很多需要决策（做出选择）的事情，如公诉案件的被害人在公安机关不予立案、检察机关不起诉的情况下，是否要提起自诉；被害人、犯罪嫌疑人在诉讼中是否要与对方当事人达成和解协议，自诉案件的当事人是否要接受法院的调解；附带民事诉讼的原告要决定是否提出赔偿以及诉求赔偿的数额；一审判决宣告后，自诉人、被告人要决定是否上诉，被害人要决定是否申请公诉机关抗诉等问题。第四，在诉讼中，随着诉讼情势的变迁，当事人时常面临及时采取措施，维护其合法权益的问题。

例如，当公安、司法机关及其工作人员侵犯其合法权利时，要进行申诉、控告；犯罪嫌疑人、被告人在符合取保候审条件时，提出申请取保候审；当强制措施法定期限届满，犯罪嫌疑人、被告人要申请解除强制措施等。

然而，在刑事诉讼中，当事人自身的诉讼能力会受到各方面因素的限制，成为一个迫切需要帮助的弱势群体，如果没有他人的协助，当事人在诉讼中将处于极其困难的境地。刑事诉讼与民事诉讼、行政诉讼不同，它基本上是一个由国家设立的刑事诉讼专门机关主导的诉讼，也是一个关系到人的最基本权利（生命、财产和自由）的诉讼。在刑事诉讼中，当事人不论是处在控诉一方或者在被控诉一方，必须按照侦查、控诉和审判机关的指挥进行诉讼行为，如果不能按时进行这些诉讼行为，或者进行的诉讼行为不符合法律的规定，他们将会面临不利的法律结果。就一般公民而言，卷入刑事诉讼可能是他们一生中经历的最大事情，也是他们面临的最难解决的问题，如果没有人从旁帮助，他们往往会感到孤立无援，无法招架和应付。

对犯罪嫌疑人、被告人而言，在刑事诉讼中对他人的依赖尤甚。根据我国现行的强制措施制度，绝大多数犯罪嫌疑人、被告人在刑事诉讼中要被限制甚至剥夺人身自由。“从最近几年最高人民检察院的工作报告的数字来看，2002 年至 2007 年，共批准逮捕各类刑事犯罪嫌疑人 4,232,616 人，提起公诉 4,692,655 人，逮捕率为 90.2%；2008 年全年共批准逮捕 952,583 人，提起公诉 1,143,897 人，逮捕率为 83.3%；2009 年全年共批准逮捕 941,091 人，提起公诉 1,134,380 人，逮捕率为 83%；2010 年全年共批准逮捕 916,209 人，提起公诉 1,148,409 人，逮捕率为 80%。”[4] 那些被逮捕、拘留的人，一无时间和自由去做聘请辩护人等事务性工作，二无法律资料去研究如何应对临身的诉讼，三无平静的心态衡量与选择正确的诉讼行为，四无条件向有关机关和人员及时交付有关的诉讼费用。如果没有人来予以协助，他们基本上只能被动应付，在另外一些特殊的程序如死刑复核程序、死刑执行程序中，被告人面对被处极刑的境地，其本人所有救济手段几乎穷尽，唯一希望即寄托于最为关切其生死的亲属。[5]

对被害人而言，虽然有公诉人帮助他们控告犯罪，不是主要的控诉主体，但由于他们受到犯罪行为的伤害，精神状态不佳，心理难以平复，而且时常会有犯罪能否得到惩罚、案件能否得到公正处理的担心，这种焦虑的心情也会影响他们正确行使诉讼权利。再加上还会出现公诉转自诉、是否要提起附带民事诉讼的选择，因此也需要他人的协助。另外，在我国当前刑事诉讼距法治的要求尚有相当大差距的情况下，刑事被害人的意愿亦有可能受到追诉机关的胁迫，在很多时候也会陷入与刑事被告人同样的境遇，受到威胁、引诱、欺骗，[6] 这就更需要他人的协助。

总之，刑事诉讼中的当事人，如果没有他人的辅助是难以完成诉讼任务的。

（二）设立刑事诉讼当事人辅助制度，是完善某些特别程序诉讼结构的需要

2012 年，我国刑事诉讼法进行第二次修改后，设立了四个特别程序。其中“犯罪嫌疑人、被告人逃匿、死亡案件违法所得诉讼程序”“依法不负刑事责任的精神病人的强制医疗程序”，更是“特别程序”中的“特殊程序”。这两个程序之所以特殊，是因为它们有着完全不同于其他刑事诉讼程序的结构。在其他刑事审判程序中，诉讼由控诉、辩护和审判三方构成，三方形成一个等腰三角形结构，审判机关居中裁判，法律对控诉、辩护两方平等武装，使他们的力量大体均衡，以

---

[4] 陈卫东主编:《刑事诉讼法修改条文理解与适用》，中国法制出版社 2012 年版，第 190 页。

[5] 在“曾成杰案”中，是其女儿和辩护律师一直在不停地寻找和提交新的证据，进行申诉。参见刘俊:《曾成杰的死刑之路》，载《南方周末》2013 年 7 月 18 日。

[6] 参见赵旭光:《刑事被害人陈述的证据学思考》，载《证据科学》2011 年第 1 期。

保障审判的公平和公正。然而，在“犯罪嫌疑人、被告人逃匿、死亡案件违法所得诉讼程序”中，犯罪嫌疑人、被告人不是逃匿就是死亡，他们不会参加审判，审判中少了辩护一方。尽管《刑事诉讼法》第 281 条有“犯罪嫌疑人、被告人的近亲属和其他利害关系人有权申请参加诉讼，也可以委托诉讼代理人参加诉讼”的规定，但笔者认为这个规定并不能够真正解决“诉讼结构不完整”、难以充分保护犯罪嫌疑人、被告人合法权益的问题。其理由是：第一，《刑事诉讼法》第 281 条规定的是“犯罪嫌疑人、被告人的近亲属和其他利害关系人有权申请参加诉讼，也可以委托诉讼代理人参加诉讼”，因而存在没有人申请参加诉讼的情况。在没有人申请参加诉讼的情况下，审判变成了两方构造，这如何能够从程序上保证“没收的财产是违法所得”而不是犯罪嫌疑人、被告人的合法财产呢？第二，即使有“犯罪嫌疑人、被告人的近亲属和其他利害关系人”参加诉讼，但他们往往都是以“利害关系人”的身份参加的，关心的主要是把自己的合法财产与犯罪嫌疑人、被告人的违法所得划清界限，以保证不被当作违法所得没收，至于犯罪嫌疑人、被告人的合法财产是否会受到侵犯，则不是他们关心的主要问题。第三，“犯罪嫌疑人、被告人的近亲属和其他利害关系人”参加诉讼，是以当事人身份还是其他诉讼参与人的身份，在《刑事诉讼法》第 106 条中没有规定，这不利于有效保证他们的合法权益。

我们再来看“依法不负刑事责任的精神病人的强制医疗程序”。从现行刑事诉讼法的规定来看，该程序虽然具备“审判、控诉、辩护”的三方构造，但处于“辩护方”的被申请人、被告人，可能是“依法不负刑事责任的精神病人”，也即“无诉讼行为能力”的人。如果他们“无诉讼行为能力”，则不能进行任何诉讼行为，即使进行了诉讼行为，行使了诉讼权利，也应当是无效的。因此，《刑事诉讼法》第 286 条规定的“被申请人或者被告人没有委托诉讼代理人的”云云，存在严重的逻辑错误。也许有人会说，被申请人、被告人可能无诉讼行为能力，但《刑事诉讼法》第 286 条规定了“通知法定代理人到场”，这可以保障被申请人、被告人的合法权益。可是，这里有一个悖论：假若被申请人、被告人不是“未成年人”，他们在这时是不存在“法定代理人”的。因为法定代理人是为限制行为能力和无行为能力人准备的，一个还没有被法定程序确定为“依法不负刑事责任的成年精神病人”（即无诉讼行为能力的人），是没有法定代理人的，所以，这时“通知法定代理人到场”，在法律上是不合逻辑的。

如果我们设立了“刑事当事人辅助制度”，以上这两个程序中存在的问题都能够顺利解决。在刑事诉讼之初就为犯罪嫌疑人、被告人确定了一名至二名具有诉讼参与人身份和地位的辅助人，当案件进行到上述特别程序的时候，辅助人自然而然参加到诉讼中来，作为被控告一方的代表，依法行使被控告一方的诉讼权利，这既能解决诉讼结构不完整的问题，也能够维护被申请人、被告人的合法权益，岂不两全其美？

（三）辩护和代理制度代替不了辅佐制度

辩护与代理是现代刑事诉讼法专门为当事人设计的帮助他们进行诉讼的制度。上文论及的当事人需要的辅助，仅靠辩护和代理是不够的。因为辩护和代理尽管在维护当事人合法权益方面成效突出，但就全方位、持续性为当事人提供帮助而言，也有一些欠缺之处，使得不能单靠他们承担维护当事人合法权益的任务。

首先，辩护和代理工作，具有明显的阶段性，难以在维护当事人合法权益方面进行全面的考虑与把握。除犯罪嫌疑人、被告人自行辩护外，委托辩护、指定辩护最早开始于侦查阶段，代理也仅存在于审查起诉、审判阶段。而且从司法实际情况来看，不少案件的辩护人、代理人往往只在一个阶段上为当事人服务，比如，只在侦查阶段为犯罪嫌疑人辩护，到了审查起诉阶段，可能要另行委托他人作辩护人；只在一审阶段为公诉案件被害人代理，到二审阶段可能不请代理人或者另行委托他人。这种阶段性的工作对当事人的辅助不可能是全面的，比如在立案和侦查阶段，被害人就不可能得到代理人的帮助，而这个阶段，被害人会遇到诸多的诉讼问题，比如，提起民事赔偿请求问题、公诉转自诉问题以及前面提到的受到追诉机关的强迫陈述等。阶段性的辩护和代理工作使得辩护人、代理人把工作的重点放在本阶段的控、辩、攻、防上，不会考虑前、后阶段维护当事人合法权益工作的衔接，系统维护当事人合法权益。

其次，辩护和代理工作有明确的内容，辩护人、代理人不可能为当事人做繁杂的事务性工作。辩护人辩护的工作重心是收集证据、举证、质证，论证并发表犯罪嫌疑人、被告人无罪、罪轻或者减轻、免除其刑事责任的意见；代理的工作重心是根据事实、证据和法律论证被代理人的诉讼请求（要求）成立，代理被代理人进行诉讼行为。因此，辩护和代理的工作主要是在法庭上、在与侦查、审查起诉和审判机关交涉上，发表辩护或代理意见。至于当事人遇到的大量的事务性工作，比如，到哪里委托一个比较好的律师，如何申请法律援助，未成年犯罪嫌疑人在接受讯问时到场，甚至要不要申请变更、解除强制措施，辩护人、代理人不可能或者不会进行这方面的工作，甚至不能予以全面、充分的考虑。

再次，辩护和代理的实际效果不尽理想。尽管我们的辩护与代理制度在立法层面已经相当完善了，但毋庸置疑，司法实践中辩护和代理制度的作用发挥得还相当有限。出于各方面因素的影响，刑事诉讼中有辩护人、代理人参加诉讼的案件比例仍然不高，[7] 当事人的合法权益难以通过辩护人、代理人来维护；另外，辩护与代理的实际效果也是有限的，辩护和代理走形式，无效辩护、无效代理的现

---

[7] 据一些数据统计，我国刑事案件的辩护率不到30%，参见李娜：《我国刑案辩护率不足30% 高风险促律师规避刑诉》，载《法制日报》2011年8月8日。

象比较常见。在这种情况下，设立刑事辅助制度，在弥补辩护与代理的不足，充分维护当事人合法权益方面具有积极的意义。

最后，刑事辅助制度具有的独特功能，也是辩护与代理难以取代的。刑事辅助是当事人的监护人、法定代理人、近亲属以辅助人的身份，在刑事诉讼中为他们提供的诉讼协助，它贯穿于刑事诉讼的全部过程。刑事辅助制度从报案、控告开始，到执行完毕结束，甚至执行完了还要帮助申诉。所以，辅助制度具有系统、完整维护当事人合法权益的功能；刑事辅助对当事人合法权益的维护是全方位的。当事人在刑事诉讼中，有许多合法权益需要维护，有实体权利，也有程序性的权利。辅助人作为与当事人关系最亲密，对当事人利益最关切的亲属，依照法律规定，可以为当事人物色、委托优秀的辩护人、代理人，申请变更解除强制措施，考虑是否起诉（公诉转自诉）、提出赔偿要求、与对方当事人和解、上诉、申诉，还要到场发表意见，帮助被害人决定是否接受辩护律师的调查等。所以，辅助制度具有全面维护当事人合法权益的功能；刑事辅助还具有情感陪伴功能，补强当事人的诉讼能力。

（四）刑事辅助制度在我国有成长、发展的“肥田沃土”

我国是一个讲究“人情”的社会，“家”“家族”观念在人们的心目中根深蒂固。一个人不论在外面如何打拼，如何风光，只要他遇到人生的挫折，首先就会想到家，想得到亲人的关心与呵护。家是人生的避难所，父母、配偶、子女、兄弟姐妹是人生伤痛最好的治疗师。同时，当一个人遭遇刑事诉讼时，除他自己外，最替他着急和难过的就是家里的亲人，最愿意为他付出的也是家里的亲人。只要诉讼一日不结束，父母、配偶、兄弟姐妹的关注也就一日不会放松。此外，刑事判决、裁定不仅影响当事人的利益，也能影响当事人的监护人、法定代理人、近亲属的利益，让他们以辅助人的身份参与到诉讼中来，对判决、裁定的形成施加某种程度的影响，既是维护当事人利益的需要，也是间接维护他们自身利益的需要。所以，建立在亲情基础上的刑事辅助制度，能够在维护当事人合法权益方面，发挥辅助人最大的主观能动性，这也是辩护和代理所无法比拟的。

三、刑事辅助制度与“刑事辅佐制度”之比较

我们这里论述的刑事当事人辅助制度，不能等同于域外[8]和我国历史上刑事诉讼法规定的“刑事辅佐制度”。

（一）刑事辅助制度与德、日“刑事辅佐制度”之比较

“刑事辅佐制度”是大陆法系的一些国家和地区规定的一项刑事诉讼制度。如德国《刑事诉讼法》第149条规定：“（一）对被告人的配偶，应当准许作为辅佐人参加审判并依他（她）的要求听取他（她）的意见。审判的时间与地点，要及时通知被告人的配偶。……（三）在侦查程序中是否准许这样的辅佐人，由法

[8] 这里讲的“域外”，是指中国大陆法域以外的国家和地区。

官裁量决定。”日本《刑事诉讼法》第412条规定：“被告人的法定代理人、保佐人、配偶、直系亲属及兄弟姐妹，可以随时成为辅佐人。担任辅佐人，应当将其意旨在每一审级提出。辅佐人，以不违反被告人明示的意思为限，可以进行被告人有权进行的诉讼行为。但本法有规定的，不在此限。”

从德国、日本两个国家刑事诉讼法的规定来看，“刑事辅佐制度”是为被告人进行辅助的制度，有资格担任刑事辅佐人的，是被告人的配偶，在日本除配偶外，被告人的法定代理人、保佐人、直系亲属及兄弟姐妹，也可以成为辅佐人。这些人都是与被告人有亲属关系或者有监护、保佐关系的人。辅佐人不需要委托，只需向法院书面呈报即可。辅佐人可以进行被告人有权进行的诉讼行为，在法庭上发表辅佐被告人的意见，但以不违反被告人明示的意思表示为限。辅佐人不享有辩护人那样广泛的诉讼权利。

本文所述的刑事辅助制度与德、日两国的“刑事辅佐制度”，都属于法定代理人、监护人、近亲属为当事人进行诉讼帮助的制度，它们在性质上是相同的。但是，从法律规定来看，我国刑事辅助制度的内容与德、日刑事辅佐制度有较大区别：第一，帮助的对象不同。德、日辅佐人帮助的对象仅限于被告人，而不包括其他诉讼当事人。第二，帮助的内容不同。德、日辅佐人对被告人的帮助，主要是在法庭上发表辅佐被告人的意见，进行被告人有权进行的诉讼行为，而本文论述的“辅助人”对当事人的帮助，既有程序内的帮助，也有程序外的帮助；既有诉讼行为上的帮助，也有诉讼行为以外诉讼事务上的帮助。

（二）刑事辅助制度与清朝末年、民国时期“刑事辅佐制度”之比较

我国历史上的刑事诉讼法也规定有“刑事辅佐制度”。清朝末年（1911年）的《刑事诉讼律》（草案）第62条规定：“被告人之法定代理人或其夫于提起公诉后得随时为辅佐人，独立实施被告人所得为之诉讼行为。”当时的“立法者”在解释本条法律的立法理由时说，“法定代理人及夫，均有保护无能力人及妻之权利义务，故本条特许此等人为辅佐人，以保护被告人之利益。盖辅佐人非代理人亦非辩护人，乃居于被告人之侧而补助其诉讼行为者也”。[9]中华民国时期的刑事诉讼法，也都有“刑事辅佐制度”的规定。例如，1928年《刑事诉讼法》第177条规定：“被告之法定代理人、保佐人或配偶，于起诉后，得为辅佐人。”第178条规定：“辅佐人得在法院陈述意见。”[10]1935年《刑事诉讼法》第35条规定：“被告或自诉人之配偶、直系或三亲等内旁系血亲或家长、家属或被告之法定代理人于起诉后，得向法院以书状或于审判期日以言词陈明为被告或自诉人之辅佐

[9] 吴宏耀、种松志主编：《中国刑事诉讼法典百年》（上册），中国政法大学出版社2012年版，第124页。

[10] 前引9，吴宏耀、种松志书，第354-355页。

人。辅佐人得在法院陈述意见。”[11] 清朝末年《刑事诉讼律》（草案）规定的“刑事辅佐制度”，是为限制行为能力的被告人和女性被告人提供辅助的制度。民国时期的“刑事辅佐制度”，辅佐对象由被告人扩展到被告人和自诉人。有资格担任辅佐人的，从法定代理人、保佐人或配偶，扩大到配偶、直系或三亲等内旁系血亲或家长、家属或被告之法定代理人。辅佐的内容都是“向法院陈述意见”。

本文所述的刑事辅助制度与我国历史上刑事诉讼法规定的“刑事辅佐制度”，在功能上是一致的，都是由当事人的法定代理人、亲属为当事人的诉讼提供协助。但是，两者的区别也是明显的。首先，本文所述的刑事辅助制度的辅助对象比历史上刑事辅佐的对象广泛。清朝末期辅佐的对象仅限于被告人，民国时期扩大到被告人、自诉人。而本文所述的刑事辅助制度的辅助对象，除被告人、自诉人外，还包括公诉被害人、附带民事诉讼的当事人、特别程序中的当事人。其次，担任辅助（佐）人的资格也是不同的。在清朝末年，有资格担任辅佐人的，是被告人的法定代理人或者其丈夫，这体现了“男尊女卑”、夫妻地位不平等的封建思想。民国时期有资格担任辅佐人的，是被告人、自诉人的配偶、直系或三亲等内旁系血亲或家长、家属或被告之法定代理人，这个范围比本文所述的辅助人范围要宽泛一些。

（三）刑事辅助制度与我国台湾地区“刑事辅佐制度”之比较

我国台湾地区的“刑事诉讼法”是在中华民国时期《刑事诉讼法》的基础上经过 20 多次修改而形成的。因此，我国台湾地区“刑事诉讼法”一直以来就有“刑事辅佐制度”。我国台湾地区现行“刑事诉讼法”第 35 条规定，“被告或自诉人之配偶、直系或三亲等内旁系血亲或家长、家属或被告之法定代理人于起诉后，得向法院以书状或于审判期日以言词陈明为被告或自诉人之辅佐人。辅佐人得为本法所定之诉讼行为，并得在法院陈述意见。但不得与被告或自诉人明示之意思相反。被告或犯罪嫌疑人因智能障碍无法为完全之陈述者，应有第一项得为辅佐人之人或其委任之人或主管机关指派之社工人员为辅佐人陪同在场。但经合法通知无正当理由不到场者，不在此限。”我国台湾地区“少年事件处理法”第 31 条规定：“少年或少年之法定代理人或现在保护少年之人，得随时选任少年之辅佐人。犯最轻本刑为三年以上有期徒刑之罪，未经选任辅佐人者，少年法院应指定适当之人辅佐少年。其他案件认有必要者亦同。前项案件，选任辅佐人无正当理由不到庭者，少年法院亦得指定之。前两项指定辅佐人之案件，而该地区未设置公设辅佐人时，得由少年法院指定适当之人辅佐少年。公设辅佐人准用公设辩护人条例有关规定。少年保护事件中之辅佐人，于与少年保护事件性质不相违反者，准用刑事诉讼法辩护人之相关规定。”第 31 条之 1 规定：“选任非律师为辅佐人者，

[11] 前引 9，吴宏耀、种松志书，第 296-397 页。

应得少年法院之同意。”第31条之2规定：“辅佐人除保障少年于程序上之权利外，应协助少年法院促成少年之健全成长。”

通过对我国台湾地区“刑事诉讼法”及其相关规定进行分析，我们可以发现我国台湾地区的“刑事辅佐制度”有以下特点：（1）辅佐制度内容丰富，不论在普通案件或者特殊案件的刑事诉讼中，均规定有辅佐制度。在普通刑事案件的诉讼中，被告和自诉人的配偶、直系或三亲等内旁系血亲或家长、家属或被告的法定代理人，都可以通过向法院提交书状或口头声明的方式，担任被告、自诉人的辅佐人；如果被告或犯罪嫌疑人因智能障碍无法完全陈述的，除由法定亲属担任辅佐人外，还可以委任或由主管机关指派社工人员等专业人士担任辅佐人；在军事审判的案件中，除法定的亲属可以担任辅佐人外，被告的直属长官也可以通过申请担任辅佐人；在少年犯罪的案件中，少年被告的法定代理人或保护人可以选任律师为辅佐人。如果少年被告犯最轻本刑为三年以上有期徒刑之罪，法定代理人或保护人没有为其选任辅佐人的，少年法院应当为其指定辅佐人。（2）辅佐人的“权限”广泛。按照我国台湾地区“刑事诉讼法”的规定，辅佐人的权限有三类。一是“得为本法所定之诉讼行为”，是指辅佐人可以进行我国台湾地区“刑事诉讼法”规定的辅佐人能够进行的刑事诉讼行为。比如我国台湾地区“刑事诉讼法”第107条规定的声请法院撤销羁押的权利，第163条规定的声请法院调查证据的权利，第288条规定的辩论证据证明力的权利等。二是在法院陈述意见，是指辅佐人在法庭上，就事实、证据和判决发表自己的看法，但是辅佐人发表的意见，不能和被告或自诉人明确表示的意思相反。三是侦查讯问时的在场陪同权，这项权利仅限于“被告或犯罪嫌疑人因智能障碍无法为完全之陈述者”和少年犯罪的案件，其他案件的辅佐人一般不享有此项权利。（3）出现了职业化的辅佐人。在辅佐制度出现之初，辅佐人都是由亲属担任的。随着刑事诉讼专业化程度的提高，出现了社工人员、律师担任辅佐人的情况，我国台湾地区的“少年法院”还设有“公设辅佐人”，以备法院为少年被告指定辅佐人。

本文所述的刑事辅助制度与我国台湾地区的“刑事辅佐制度”，有以下共同之处：第一，从性质上讲，都属于对当事人的诉讼协助制度；第二，辅助或辅佐的对象，都包括被告人和自诉人；第三，有资格担任辅助（佐）人的，都包括法定代理人、配偶等近亲属；第四，辅助（佐）人产生的方法一致，即由有关当事人声请，司法机关确认。本文所述的刑事辅助制度与我国台湾地区的“刑事辅佐制度”区别如下：第一，本文所述的刑事辅助制度涵盖了法定代理人、监护人、近亲属在诉讼中对当事人所做的所有帮助与协助行为，而我国台湾地区的“刑事辅佐制度”并不涵盖亲属对当事人进行的所有的帮助、协助行为。例如，我国台湾地区“刑事诉讼法”第27条规定的被告或犯罪嫌疑人的法定代理人、配偶或家长、家属为被告、犯罪嫌疑人选任辩护人，就不包含在辅佐制度的范围内。第二，辅助（佐）对象不同，本文所述的辅助对象，是所有诉讼当事人，除被告人、自诉人外，还包括公诉被害人、附带民事诉讼的当事人、特别程序中的当事人，而我国台湾地区辅佐制度中的辅佐对象，仅限于被告人、自诉人。第三，担任辅助（佐）人的资格不同，笔者认为，当事人的法定代理人、监护人、近亲属有资格担任辅助人，而我国台湾地区“刑事诉讼法”规定，有资格担任辅佐人的，在普通案件中是被告或自诉人之配偶、直系或三亲等内旁系血亲或家长、家属或被告之法定代理人，在军事审判的案件中，除上述人员外，还包括被告、犯罪嫌疑人的直属长官，在少年犯罪案件中，一般是律师。第四，辅助（佐）的内容不同，本文所述的对当事人的辅助，是在刑事诉讼中对当事人的全方位的帮助，包括程序内的帮助，也包括程序外的帮助，包括进行诉讼行为上的帮助，也包括诉讼行为以外诉讼事务上的帮助，而我国台湾地区“刑事诉讼法”规定的辅佐人对被告人、自诉人的帮助，仅限于诉讼程序内的代为进行诉讼行为、出庭陪同和发表意见。范围比本文所述的辅助范围要窄。

还有一点需要说明，不论是德、日、我国台湾地区还是我国清末、民国时期的“刑事辅佐制度”，都有一个共同的特点，那就是以“律师或专业人员（如大学法学教师）辩护”为前提。即辩护人原则上由律师担任，非律师担任辩护人，需经法院或审判长许可。“辩护制度虽不可少，然使不得人，则有害无益。故本条原则上规定非律师不得为辩护人。盖律师，必经考试始准就职，且受必要之监督，不至有包揽词讼、咆哮公堂之弊。”[12] 然而我国目前刑事诉讼法并没有此项规定，除律师担任辩护人外，犯罪嫌疑人、被告人的监护人、亲友，人民团体以及犯罪嫌疑人、被告人单位推荐的人，均可成为辩护人。因此，我国历史上以及德、日、我国台湾地区“刑事辅佐制度”，有“使亲属通过辅佐制度成为准辩护人之意蕴”。

四、完善我国刑事辅助制度的路径与主要内容

通过上面的论述，我们知道我国的《刑事诉讼法》中已经有 20 条的规定属于刑事辅助制度的内容，我们也认识到刑事辅助制度在我国刑事诉讼中具有重要的功能和意义。因此，我们要在实践中推动刑事辅助制度相关内容的贯彻落实，在落实中检验这些规定的可行性与正确性，为在刑事诉讼法中系统、正式规定刑事辅助制度做好准备。经过实践检验之后，我们要不失时机地正式确立刑事辅助制度。

在实践方面完善刑事辅助制度，首先，是把有关规定落到实处。上文中提到的这 20 条的规定，分布在《刑事诉讼法》的不同章节中，散见于不同的制度和程序中，非常容易被人们特别是公安、司法机关所忽视，因此，我们必须提高认识，认真把维护当事人的工作做好，把这些规定落到实处。其次，要在落实中不断探索，为完善刑事辅助制度、完善相关程序积累经验。例如，在“犯罪嫌疑人、被告人逃匿、死亡案件违法所得的没收程序”中，由于没有犯罪嫌疑人、被告人

---

[12] 前引 9，吴宏耀、种松志书，第 123 页。

的参加，控辩双方力量的不平衡性显而易见，哪些是非法所得、哪些是合法所得，界定起来会有一定的困难。根据我国《刑事诉讼法》的规定，犯罪嫌疑人、被告人的近亲属有权申请参加诉讼，这对于准确界定“非法所得”、完善诉讼程序都具有重要意义。然而，犯罪嫌疑人、被告人近亲属在这个程序中是什么地位，能够发挥什么作用，需要理论上论证，更需要通过实践进行检验。从逻辑推理上讲，犯罪嫌疑人、被告人近亲属参加没收程序的诉讼，有两种可能性，一是为了保护自己的利益，防止把自己的财产被当作犯罪嫌疑人、被告人的非法所得予以没收；二是为了保护犯罪嫌疑人、被告人的利益，防止把犯罪嫌疑人、被告人合法的所得当作非法所得予以没收。如果近亲属参加诉讼属于前一种情况，从诉讼原理上讲他应该是当事人；如果近亲属参加诉讼属于后一种情况，他的身份应当是辅助人。因此，从完善“犯罪嫌疑人、被告人逃匿、死亡案件违法所得的没收程序”的角度讲，必须在实践中积累经验，探索《刑事诉讼法》第 281 条、第 282 条规定的正确与否，为刑事辅助制度的进一步规范化提供实践经验借鉴。

从立法上完善刑事辅助制度，我们有更多的工作要做。

第一，在刑事诉讼法中正式确立“刑事辅助制度”，把它与辩护制度、代理制度一起规定在《刑事诉讼法》第四章中，作为刑事诉讼中第三个“人权司法保障制度”，落实《中共中央关于全面深化改革若干重大问题的决定》提出的“完善人权司法保障制度”的精神。

第二，把当前刑事诉讼法规定的在诉讼中为当事人提供各种帮助的“监护人”“法定代理人”“近亲属”，统一明确为“刑事诉讼辅助人”。“监护人”“法定代理人”“近亲属”这三个概念，是民商法、亲属法的范畴，在实践中存在交叉和重合，在刑事诉讼中把这三类人并列，是不科学的。此外，这些人参加刑事诉讼，应该有诉讼身份，这是刑事诉讼法科学化的需要。这个诉讼身份，就应该是诉讼辅助人。在刑事诉讼法中，要明确规定诉讼辅助人是刑事诉讼参与人，确定他们的诉讼地位。我国当前的《刑事诉讼法》，虽然规定了一些刑事辅助制度的内容，但没有明确为当事人提供诉讼协助的人的诉讼身份和地位，使得这些人参加诉讼“名不正、言不顺”。同时也使得相关法律规定很不统一和规范。例如，《刑事诉讼法》第 33 条规定，犯罪嫌疑人、被告人在押的，其监护人、近亲属可以代为委托辩护人；而第 34 条规定，犯罪嫌疑人、被告人因经济困难或者其他原因没有委托辩护人的，近亲属可以向法律援助机构提出申请；第 44 条规定，公诉案件被害人的法定代理人、近亲属有权为其委托代理人。笔者认为，这里的“委托辩护人、代理人”，“向法律援助机构申请指派辩护律师”，是性质相同的工作，完全可以交由同一种人去做，不应该一会儿是“监护人”、一会儿是“法定代理人”，一会儿又是“近亲属”，无端出现逻辑上的混乱。如果我们在法律上明确规定了刑事辅助制度，把辩护人、代理人以外为当事人提供诉讼帮助的人统一明确为“刑事诉讼辅助人”，规定他们享有诉讼参与人的地位，这不仅能够避免当前法律规定上的混乱，做到“于法简便，于事周延”，促进刑事诉讼法的科学化，还有利于辅助人更好地从事协助当事人诉讼的工作，充分维护当事人的合法权益。

第三，明确规定担任辅助人的条件，产生的办法和程序。当前，我国《刑事诉讼法》规定的刑事辅助制度的内容，容易在司法实践中引起混乱和矛盾。以委托辩护人为例，《刑事诉讼法》第33条规定，犯罪嫌疑人、被告人在押的，监护人、近亲属可以代为委托辩护人。假如一个犯罪嫌疑人有5个近亲属，每人为其委托一个至二个律师为辩护人，公安、司法机关接受哪一个为辩护人？因此，法律应明确规定：当事人如果是未成年人或者其他限制行为能力、无行为能力的人，应当明确一个至二个辅助人协助他进行诉讼，其他当事人也可以有一个至二个辅助人协助其进行诉讼；辅助人从当事人的监护人、法定代理人或者其他近亲属中选任；担任辅助人的人必须是成年人而且具有完全的诉讼行为能力，且具有完全的人身自由。鉴于辅助人必须情愿辅助方能尽勤勉维护当事人权益之义务，辅助人首先应当由当事人提出申请、由拟担任辅助人的人同意，或者由拟担任辅助人的人申请、当事人同意，由公安、司法机关予以确认，只有经过法定程序确认的辅助人，其诉讼行为方能发生法律效力。刑事辅助人可以在诉讼的任何阶段开始时提出申请。在特别程序中，比如“在未成年人案件诉讼程序”“违法所得没收程序”和“强制医疗诉讼程序”中，必须有辅助人参加诉讼，否则，所作判决、裁定、决定无效。对于必须有辅助人参加的程序，若无人主动申请成为辅助人的，公安、司法机关可以根据当事人本人意愿从近亲属中指定。如果有了这样的规定，就可以在司法实践中充分维护当事人的合法权益，也能避免出现上述的混乱现象。

第四，明确规定辅助人的诉讼权利和义务。辅助人能够做什么、不能做什么、是否需要当事人许可、其诉讼行为的效力如何，这些都必须从立法上进行明确。辅助人诉讼权利和义务的设定，应当与刑事辅助制度的功能相一致。笔者认为，犯罪嫌疑人、被告人的诉讼辅助人，主要享有以下权利：为犯罪嫌疑人、被告人委托辩护人；申请法律援助机构提供法律援助；申请变更、撤销强制措施；对公安、司法机关侵犯犯罪嫌疑人、被告人合法权益的行为提出控告；代表犯罪嫌疑人、被告人与被害人一方进行刑事和解谈判；担任取保候审强制措施中的保证人；在未成年人刑事案件诉讼程序中，陪同未成年犯罪嫌疑人、被告人接受讯问和审判；在犯罪嫌疑人、被告人逃匿、死亡案件违法所得的没收程序中，代表犯罪嫌疑人、被告人的利益参加诉讼；参加强制医疗程序，并在审判中发表维护被申请人、被告人合法权益的意见；等等。被害人的诉讼辅助人享有以下权利：为被害人委托代理人；陪同被害人特别是未成年、盲、聋、哑等残疾被害人接受询问、审问；在自诉案件中代为告诉；参与刑事和解谈判；代理被害人申诉、控告等。所有当事人的诉讼辅助人，都应当享有申请回避的权利；接受司法文书的权利；知悉诉讼进程的权利。刑事诉讼辅助人享有的权利，是为维护当事人合法权益服务的，他们在诉讼中，必须履行维护相关当事人合法权益的义务；遵守刑事诉讼法等法律的义务。他们进行与案件相关的诉讼内、诉讼外行为，均不得违背当事人明示的意思表示；对于无行为能力或者不能清楚表达意思的限制行为能力的当事人，则不能有损害其利益的诉讼行为，否则无效。

第五，在立法上完善刑事辅助制度的时候，应当做好与辩护、代理制度的衔接与协调。应当说，辩护、代理与刑事辅助制度，都是为当事人服务、维护他们合法权益的制度，它们之间是相得益彰的关系。在法律正式确立刑事辅助制度之后，代理与辩护工作一般应当交给专业律师去做。这样，辅助人与辩护人、代理人就可以分工负责，互相支持，共同完成维护当事人合法权益的任务。代理人、辩护人为当事人提供的服务，主要是在诉讼程序内围绕控诉、辩护职能而展开，他们应当着重从证据、法律等专业知识上开展专业性的工作，维护当事人的合法权益；而辅助人则主要从诉讼事务上、案件事实陈述方面协助当事人进行诉讼。辅助人与辩护人或代理人分工合作，全方位维护当事人的合法权益，若能如此，我国刑事诉讼中的人权保障将会上一个新的台阶。

（原载《中国法学》2014 年第 5 期）

论“唯庭审主义”之辩护模式

李奋飞

引 言

一般认为，在缺乏中立裁判者参与的所谓“诉讼活动”中，辩护是难以有其存在空间的。毕竟，无论是否有律师的参与，也无论其辩护意见是否具有说服力，都无法发挥直接的辩护效果。[1] 而在中国刑事审前程序中，由于诉讼构造具有明显的“线形特征”，大大制约了辩护律师与追诉方进行交涉的能力。毕竟，在无中立的第三者倾听与裁决的情况下，即使法律赋予律师充分的诉讼权利，也很难期待其能有效地发挥辩护作用。[2] 与此相应的是，有不少律师至今也认为，在中国的刑事审前程序中，其能做的工作异常有限，因而对该时序期间的辩护关注度明显不够。甚至，很多律师只把庭审环节当成辩护权运行的重要场域，甚至是唯一场域，因而比较重视法庭上的质证、辩论等辩护活动。虽然大多数律师已在刑事审前程序行使了会见、阅卷等诉讼权利，也形成了自己的辩护意见；但在此之后却时常不与检警机关设法交涉、沟通，很多时候也不向其提交自己的辩护意见，以至于在整个审前程序中，律师往往未能说服检警机关作出任何有利于己方的决定。在庭审辩护时，律师基本上不会向法庭提出己方的证据，而不得不依赖于控方制作的卷宗材料。在这样的庭审中，宣读辩护词或者发表辩护意见，被认为是律师法庭辩护的高潮环节。只是，其所宣读的辩护词或发表的辩护意见，通常都是根据书面卷宗材料事先拟好的。

对于这种单纯“以法庭为场域”的辩护模式，本文将其概括为“唯庭审主义”的辩护模式。这种辩护模式，可以说“影响了一代又一代辩护律师，具有鲜明的中国特色”。[3] 其形成与审前辩护空间的局限、认识偏差的普遍性、技能欠缺的突出性等有着紧密的关系，并带来了诸多消极后果，尤其是辩护效果不佳，律师正确的意见得不到法庭采纳，被追诉人的利益难以得到保障，也无法使侦查错误及时获得纠正。2012 年刑事诉讼法的修改，认可了律师在刑事审前程序中的辩护人地位。律师在侦查阶段不仅取得了调查取证权，还可以在批准逮捕、侦查终结、

---

[1] 参见陈瑞华:《刑事辩护的几个理论问题》，载《当代法学》2012 年第 1 期。

[2] 参见熊秋红:《刑事辩护的规范体系及其运行环境》，载《政法论坛》2012 年第 5 期。

[3] 参见陈瑞华:《走出“大专辩论会”式的辩护格局》，载《中国律师》2018 年第 3 期。

审查起诉、庭前会议等程序中向公安司法机关提交辩护意见。该法对辩护制度所作的上述重大修改，为律师在审前程序中发挥作用提供了制度空间。此外，认罪认罚从宽制度等相关司法改革目前也在深入推进，审前辩护的重要性无疑愈发显著。可以说，对于认罪认罚案件而言，审前辩护实际上更具有决定性的意义。正如有学者指出的那样，律师的有效辩护，是保障认罪认罚案件程序公正的理论前提，唯有有效辩护才能保障被告人认罪的自愿性、程序选择的自主性及量刑建议的公正性。[4]

目前律师界基于对"唯庭审主义"之辩护模式的反思，已逐渐重视"辩护前移"工作。有的律师在侦查、审查起诉阶段，特别是在检察机关审查批捕环节，就开始发表自己的辩护意见，并通过各种方式与检警机关积极沟通、协商，劝解加害方在法律框架内与被害方达成谅解，努力促使检警机关作出有利于被追诉人的处理决定，诸如撤销案件、不起诉、变更为较轻的罪名、采取取保候审措施、排除非法证据等。有的律师甚至认为，进行有效辩护的黄金阶段就是侦查阶段，特别是犯罪嫌疑人被逮捕之前；还有的律师不仅进行"辩护前移"，还在积极通过庭外、庭后的"程序外交涉活动"，力求实现好的辩护效果。但是，要从根本上突破"唯庭审主义"的辩护模式，目前还面临着一些制度困境。本文认为，如果不能确立检察机关在刑事审前的主导地位并实现办案方式的适度"司法化"，如果不能对律师权利进行必要的增设和有效的保障，又如果刑事法律援助的质量仍然缺乏外在的标准和制约，尤其是值班律师的定位仍然模糊不清，就难以为审前辩护提供更大的制度空间，指望中国律师走出"唯庭审主义"的辩护模式，显然是不具有现实可能性的。

一、"唯庭审主义"之特征

有学者曾指出，作为社会科学研究方法的一种，"模式论"是一种描述式的理论解释方法，其意图主要在于揭示某一制度或实践的属性和特征，而对某一制度性质的揭示往往要透过与类似制度的比较才可以完成，且揭示得更为透彻和全面。[5] 以刑事辩护为例。刑事辩护要取得良好的效果，既需要律师尽早介入（最好从犯罪嫌疑人被采取强制措施之日起就能介入到案件中），也需要律师全程参与（最好是侦查阶段、审查起诉阶段、审判阶段全程代理）。律师不仅应把法庭作为施展辩护才华的舞台，而且也应将辩护活动延伸到审判程序之前、法庭之外甚至庭审程序之后。只有这样，才能使刑事辩护的空间得到有效拓展。[6] 这样，律师不仅可以通过会见尽早了解案件情况，让辩护工作得以尽早开展，还可以为

---

[4] 参见闵春雷:《认罪认罚案件中的有效辩护》，载《当代法学》2017 年第 4 期。

[5] 参见陈瑞华:《论法学研究方法》，法律出版社 2017 年版，第 298 页。

[6] 前引 3，陈瑞华书。

已被羁押的被追诉人申请取保候审，使其早日获得自由，以便行使调查取证等权利。这样，被追诉人就可以在辩护方面发挥更积极的作用，从而促进有效辩护目标的实现。由于全程参与，律师对案件可以进行全方位把握，从而在与被追诉人充分协商后，制定正确的辩护策略。有了正确的策略作指导，律师辩护就不再是消极被动的。[7] 具有这种全方位思维的律师，可以根据案件的具体情况和所处阶段，适时展开会见、阅卷、调查取证等辩护活动，并在形成辩护思路后，通过与检警机关的有效沟通、协商，让其作出有利于被追诉人的处理决定，或者与其就某些问题达成共识。这样，即使案件被起诉到法院，律师的辩护意见往往更容易为法庭采纳。这种向庭前、庭审、庭外要辩护效果的全方位辩护策略，或可概括为“全方位主义”的辩护模式。与此相对应的则是“唯庭审主义”的辩护模式。这一辩护模式的基本特征是，律师重视审判环节特别是庭审环节的辩护，却忽视审前程序的辩护，甚至把刑事辩护变成了刑事庭审环节的辩护；审前介入后，即使形成了辩护意见，也不与检警机关积极协商、交涉、沟通，更不要说让其作出有利于己方的决定了。由于审前程序中的辩护消极、被动，律师通常都未进行任何调查核实证据的工作，庭审辩护不得不完全依赖于控方的卷宗材料，甚至把发表辩护词当成了法庭辩护的高潮。为了让读者对这种久盛不衰的辩护模式有更为清晰的认识，本文首先对其基本特征进行描述。

（一）辩护意见的时序特定

1996 年刑事诉讼法修改之前，律师只能在刑事审判阶段介入，刑事审前程序的辩护则没有任何制度空间。1996 年修改后的刑事诉讼法明确赋予律师介入侦查程序的权利，接受委托的律师会见在押的犯罪嫌疑人，除涉及国家秘密的案件外，不需要经过批准。然而在司法实践中，律师要会见“非涉秘”案件的犯罪嫌疑人时，几乎都必须经过批准或者变相批准。即使形式上不需要批准，但办案机关不安排会见，律师仍无法实现会见权利。不仅如此，即使律师的会见要求得到批准，会见的时间、次数、方式也受到严格控制。不仅是会见权，刑事诉讼法授予律师的其他诉讼权利，包括阅卷、申请变更强制措施、调查取证等，也都不同程度地成了难以实现的“书面权利”。2012 年刑事诉讼法对中国辩护制度作了重大修改。侦查阶段接受委托的律师，不再只是提供法律帮助的律师，而成为了堂堂辩护人。对于绝大多数案件，律师只要凭“三证”（律师执业证书、律师事务所证明和委托书或者法律援助公函）就可以到看守所直接要求会见。在审查起诉阶段，律师还可以查阅、摘抄、复制本案的案卷材料。检察机关审查案件，也应当听取辩护人的意见，而辩护人提出书面意见的还要附卷。更重要的是，对于公安司法机关及其工作人员阻碍辩护人依法行使诉讼权利的，其还享有合法的申

[7] 参见贾宇、舒洪水：《刑事辩护策略的解读与运用》，载《中国刑事法杂志》2013 年第 2 期。

诉控告权利。作为法律监督机关的人民检察院，应当对辩护人的申诉或者控告及时审查，其中情况属实的，通知有关机关予以纠正。上述修改对于保障辩护律师的执业权利，进而对保障刑事审前程序中律师的有效参与，无疑有着积极意义。

但是，对于刑事审前程序中律师辩护权的实现而言，上述修改只是其中一环，尽管可能是非常重要的一环。关键要看，律师能否认识到审前辩护的重要性，能否通过积极运用各种诉讼权利尤其是沟通协商的技巧，以说服审前程序中作为决策者的检警机关。以审查批捕环节的辩护为例。如果律师积极沟通、交涉能够发挥作用，就可以阻止检察官对已被拘留的犯罪嫌疑人作批捕决定，其结果通常是对其变更为取保候审。通过与律师的访谈情况来看，这种变更对审判结果的影响是非常明显的。律师的无罪辩护意见如果被检警机关采纳，还可以及时终止诉讼进程，将案件“消化”在审前程序。但遗憾的是，相关调查结果显示，较少有律师在侦查阶段提出辩护意见，审查批准逮捕程序中的律师参与也明显不足。[8]而犯罪嫌疑人一旦被逮捕羁押，就将“绑架”后续的司法程序（包括但又不仅仅限于审判程序），甚至成为法院定罪的前奏和量刑的预演。由此，辩护意见在刑事司法进程中的公开时序，也就具有了某种特定性，即集中于庭审环节。

（二）控辩合意的难于达成

有研究已经指出，律师正确的辩护意见被采纳难，已经成为中国当前刑事辩护中的一大突出问题。[9]虽然根据2012年刑事诉讼法的规定，公、检、法三机关都可以作为律师意见的采纳主体，但是相对于作为中立裁判者的法院而言，要让作为追诉者的检警机关采纳律师意见显然更为困难。[10]2016年9月，全国人民代表大会常务委员会通过了《关于授权最高人民法院、最高人民检察院在部分地区开展刑事案件认罪认罚从宽制度试点工作的决定》，正式明确在18个城市开展刑事案件认罪认罚从宽制度试点，从而为中国辩护制度的实质性发展提供了历史契机。[11]2018年10月26日，《全国人民代表大会常务委员会关于修改〈中华人民共和国刑事诉讼法〉的决定》（下称《刑事诉讼法修正案》）总结吸收了速裁程

---

[8] 参见刘方权：《侦查阶段律师辩护问题实证研究》，载《四川大学学报》（哲学社会科学版）2016年第3期。

[9] 参见韩旭：《律师辩护意见被采纳难的多视角透视》，载《海南大学学报》（人文社会科学版）2008年第4期。

[10] 根据陈卫东教授等的调查，对于辩护人了解罪名、相关案情及提出的辩护人意见，有30.5%的受访律师表示：“办案人员一般不接待，书面材料与口头意见均无法落定。”57.2%的受访律师表示：“办案人员收取辩护材料后，未置可否。”仅有12.2%的受访律师表示：“办案人员有时会认真听取意见。”转引自刘方权：《侦查阶段律师辩护问题实证研究》，载《四川大学学报》（哲学社会科学版）2016年第3期。

[11] 参见赵恒：《认罪认罚从宽制度适用与律师辩护制度发展——以刑事速裁程序为例的思考》，载《云南社会科学》2016年第6期。

序试点和认罪认罚从宽制度试点工作的经验，明确了刑事案件认罪认罚可以依法从宽处理的原则并完善相关程序规定，契合了我国刑事司法对于优化司法资源配置的实践需要和理性宽容的发展方向。

在认罪认罚案件中，辩护律师协助被追诉人进行程序选择，并保障其认罪认罚的自愿性、真实性、明智性。尽管认罪认罚从宽制度“并不完全具备（辩诉交易）这种预期利益的明确性，在职权主义的影响下，有时从轻或从宽处理更像国家对被告人一种额外的恩惠，被告人并没有讨价还价的余地，实难称之为‘交易’或是‘合同’”，[12] 但是，辩护律师对此程序的有效参与，不仅可以对检警机关追诉的罪名和理由进行审核，还可以通过积极的协商、沟通和交涉，影响控方的处理决定（尤其是量刑方案）。实际上，认罪认罚从宽本身就包含着控辩双方协商，特别是就量刑问题讨价还价的成分。[13] 如果控辩双方能够就量刑方案达成共识，律师意见实际就成为检察官量刑建议的一部分。这样可以更有效地约束法院的量刑裁量权，并确保被告人真正得到“优惠”。毕竟，检察机关普遍重视量刑建议的准确率，并为此建立了严格的考核指标，而公诉人一经提出量刑建议，通常会坚持到底。[14]

（三）庭审辩护的卷宗依赖

“唯法庭主义”的辩护模式尤其表现在，律师仅把法庭审理环节当成辩护的主场域，甚至唯一场域，并把当庭发表辩护意见或宣读辩护词，作为法庭辩护的高潮。而且，律师发表的辩护意见或宣读的辩护词，通常是根据控方的卷宗材料事先撰写的。换句话说，律师做的只是“消极辩护”，即在没有提交任何证据的情况下，仅仅通过攻击、反驳控方证据漏洞的方式来削弱、动摇裁判者的内心确信。而律师要进行“积极辩护”，则需要主动收集和调取有利于被告人的证据，提出被追诉人无罪、罪轻或者减轻、免除刑事责任的证据和意见。尽管很多时候“消极辩护”比“积极辩护”更重要，[15] 但这绝不意味着“积极辩护”无关痛痒。特别是在公诉方通过宣读案卷笔录，进而主导和控制法庭调查的问题至今尚无法得到有效解决的背景下，则更是如此。要进行“积极辩护”，就需要律师在审前能够主动行使调查取证权，尽可能获取有利于被追诉人的证据材料。必要时，律师还应在庭外通过让加害方与被害方达成和解、说服被追诉人及其家人积极退赃退赔等方式，促成一些有利于被追诉人的量刑情节。

---

[12] 樊崇义、李思远：《认罪认罚从宽程序中的三个问题》，载《人民检察》2016 年第 8 期。

[13] 参见陈卫东：《认罪认罚从宽制度研究》，载《中国法学》2016 年第 2 期；陈瑞华：《认罪认罚从宽制度的若干争议问题》，载《中国法学》2017 年第 1 期。

[14] 参见陈瑞华：《量刑程序中的理论问题》，北京大学出版社 2011 年版，第 144 页。

[15] 参见李奋飞：《“作证却免于强制出庭”抑或“免于强制作证”——〈刑事诉讼法〉第 188 条第 1 款的法教义学分析》，载《中外法学》2015 年第 2 期。

实证调研的结果显示，律师认为应该调查而没有调查的最主要原因，是律师担心自己被追究刑事责任（42.2%），担心自己或被调查人的人身或财产安全受到对方威胁（15.3%），担心公检法机关可能因此对犯罪嫌疑人或被告人进行报复性处理（12.3%）。不少律师基于调查取证工作存在的困难和风险，[16] 常常放弃调查取证权行使，也不积极促成新的量刑情节。而如果辩护律师既不在开庭前调查核实证据，也不积极促成新的量刑情节，很难说其已在庭前进行了充分的防御准备。这样，庭审时律师往往只能依赖于控方的卷宗材料来进行"消极辩护"，刑事辩护的"表演化"就不可避免了。[17] 有人在查阅某基层法院的120份刑事卷宗材料后发现，只有30起案件中律师出示了辩护证据，对罪与非罪、罪名和量刑可能有重要影响的证据只有5起案件中的8份证据；其余多数是基层群众组织或者邻居朋友出具的品格证明。[18] 这份调研材料虽然形成于十年前，但是大体上可反映出多年以来庭审辩护依赖控方卷宗的事实。如果说律师调查收集被追诉人无罪的证据，有时确实会存在职业风险的话，那么调查收集罪轻的证据——尤其是量刑证据——通常没有什么潜在危机。很多律师之所以连量刑证据也未提交，不是调查不能，而是重视不够。实际上，就量刑情节特别是酌定量刑情节而言，诸如被害人存在过错、被告人一贯表现良好、属于初犯、偶犯或激情犯、需要赡养老人、抚养孩子等，都存在很大的挖掘空间。

二、"唯庭审主义"之成因

"刑事诉讼的历史就是扩大刑事辩护权的历史。"[19] 无论旧法还是新法，都在完善辩护制度方面取得了重大进展，甚至被理论界认为是突破和亮点。比如，1996年刑事诉讼法修改就被诉讼法学界普遍认为有四大突破或四大亮点：废除了收容审查、取消了免予起诉、加强了辩护制度、改革了庭审模式。[20] 虽然一些困扰刑事辩护的突出问题基本获得解决，但完善后的刑事辩护制度的切实贯彻却依然任重道远。[21] 别的不说，侦查阶段接受委托的律师纵然已在立法上取得了辩护人的诉讼地位，却未能在刑事审前程序发挥辩护人的应有作用，甚至仍然将辩护的重心放在审判阶段乃至庭审环节，呈现了一种"唯庭审主义"的辩护模式。从笔者的访谈情况来看，在中国刑事辩护领域之所以长期存在着"唯庭审主义"的惯性，

---

[16] 参见陈瑞华主编：《刑事辩护制度的实证考察》，北京大学出版社2005年版，第18页。

[17] 参见李奋飞：《论"表演性辩护"——中国律师法庭辩护功能的异化及其矫正》，载《政法论坛》2015年第2期。

[18] 参见康怀玉：《让我看到法律——刑辩律师的真实处境及其他》，载《律师与法制》2005年第1期。

[19] ［日］田口守一：《刑事诉讼法》，刘迪、张凌、穆津译，法律出版社2000年版，第89页。

[20] 参见崔敏：《中国刑事诉讼法的新发展》，中国人民公安大学出版社1996年版，第15-16页。

[21] 参见顾永忠：《我国刑事辩护制度的回顾与展望》，载《法学家》2012年第3期。

主要有如下三个方面的原因。

（一）审前空间的局限性

刑事辩护制度的进步、发展不仅体现在自身上，而且受刑事诉讼制度的极大影响并推动诉讼制度的整体进步与发展。[22] 尽管立法上赋予律师在刑事审前程序中的辩护人地位，但辩护空间的大小却受制于司法改革的进程。正如有学者曾指出的，中国刑事审前程序中的辩护之所以没有空间，是因为侦查程序的高度封闭和警察、检察官与案件结局的明显利害关系以及缺乏中立第三方的裁判机制等。[23] 但是，这些问题并没有随着新法出台得到解决。很显然，如果只是赋予刑事审前程序中的律师以辩护人地位，却不能相应构建中立的裁判者参与、控辩双方平等交涉的司法格局，辩护活动一旦受到追诉机构的阻挠和限制，就势必难以获得及时有效的救济。

尽管 2012 年《刑事诉讼法》第 47 条为律师创设了权利救济途径，[24] 但救济方与侵权方要么存在同一关系，要么具有先天的亲近感。尤其这种主要靠检察机关“自觉”遵守的制度设计，不可能有效保障律师获得救济的权利。假如检察机关怠于提供救济，律师又为之奈何？结果只能是，立法的慷慨授权处于“休眠”状态，无法成为维护被追诉人合法权利的真实力量。[25] 而中国的刑事审前程序在某种程度上至今仍然是一种单方追究机制。其体现为一种线形构造，使被追诉者主要向追诉者而非裁判者主张权利，这种状态使辩护权行使的有效性受到抑制。[26]

作为社会治理平台的执法部门，追诉机构在理论上没有任何职业的或者部门利益，而是代表国家实现法律意志，特别是检察机关还被赋予了客观义务。但是，制度形态的追诉机构与承担具体追诉职责的追诉人员，有时会“貌合神离”。毕竟，实际的程序操作者都是活生生的个人。无论他们是警察还是检察官，都具有趋利避害的本能，且深深地镶嵌在特定的文化、体制、人际网络和舆论环境之中。[27] 长期以来，律师在侦查阶段的法定诉讼权利之所以陷入困境，与警察、检察官对律师的态度有直接关系。虽然在刑事审前程序中律师享有发表辩护意见的

[22] 参见顾永忠：《刑事辩护的现代法治涵义解读——兼谈我国刑事辩护制度的完善》，载《中国法学》2009 年第 6 期。

[23] 参见陈瑞华：《增列权利还是加强救济——简论刑事审判前程序中的辩护问题》，载《环球法律评论》2006 年第 5 期。

[24] 参见陈卫东、杜磊：《检察官客观义务的立法评析》，载《国家检察官学院学报》2015 年第 3 期。

[25] 参见李奋飞：《中国律师业的“格局”之辨》，载《政法论坛》2017 年第 4 期。

[26] 参见熊秋红：《审前程序中的律师辩护权》，载《法律科学》2004 年第 5 期。

[27] 参见李奋飞：《刑事被害人的权利保护——以复仇愿望的实现为中心》，载《政法论坛》2013 年第 5 期。

权利，尽管新法也要求公安、检察机关在办案过程中认真听取律师的意见，但无论是案件侦查终结前还是审查起诉环节，抑或审查批捕过程中，警察、检察官一般都不会主动听取辩护律师意见。即便在律师明确提出要求时，办案人员通常也不会当面听取意见，而是采取变通方式，即要求律师提交书面意见来代替当面的口头陈述。对于律师提出的意见，办案机关通常也不会采纳。有学者通过线上线下问卷填答的方式，调查了557位执业律师向检警机关提出取保候审申请后的批准情况。调查结果表明，至2015年年底，超过半数的律师表示，在向检警机关提出取保候审申请后，极少获得批准；仅有3.2%的律师表示申请大多会被批准。[28]如果说律师的法定诉讼权利都难以得到保障，那些法律或司法解释没有明确规定的权利就更无法行使了。以侦查阶段律师是否享有阅卷权为例。在包括侦查人员在内的执法人员看来，凡是法律或司法解释没有明确规定的权利，律师就不享有此项权利。其实，法律或司法解释没有明确规定的权利，不等于其不存在，更不意味着其不应该存在。而且，某种权利的实际存在与否，也与其在实践中能否获得尊重和保障无关。[29]因此，在侦查阶段，接受委托的律师要查阅卷宗材料是不太可能得到允许的。

（二）认识偏差的普遍性

作为从刑事诉讼启动到法院审理前的程序（具体包括侦查和起诉两个诉讼阶段），审前程序尤其是侦查程序在整个刑事诉讼中无疑居于重要地位。以侦查程序为例。一般而言，侦查人员收集的证据以及认定的案件事实，既是检察机关提起公诉的依据，也是人民法院的裁判根据。[30]正因如此，侦查被认为是决定被追诉人命运的关键阶段。[31]侦查序幕一旦拉开，其他诉讼环节的价值就更多体现为保障前者的目标实现。这样，强制措施不再单纯服务于诉讼保障，而异化为特殊的侦查手段。特别是未决羁押，基本沦为保证侦查起诉手段，甚至还“绑架”了审判。[32]即对于已被逮捕的被告人，法院将会尽可能地宣告其有罪，并根据羁押期限对其判处相应的刑罚。

这种“侦查中心主义”的诉讼模式具有强大惯性，且不会随着以审判为中心的诉讼制度改革的推进即刻退出历史舞台。正因为如此，强调律师在刑事审前程序的尽早介入，特别是在检察机关的批准逮捕程序中充分行使辩护权，具有极为重要的意义，即可以对批准逮捕的决定施加有效影响，使其更有可能作出取保候审的有利决定。然而遗憾的是，不少人（包括但不限于律师）大都认识到审前程

---

[28] 参见郭烁:《取保候审适用的影响性因素实证研究》，载《政法论坛》2017年第5期。

[29] 前引15，李奋飞文。

[30] 参见陈瑞华:《论侦查中心主义》，载《政法论坛》2017年第2期。

[31] 参见陈卫东、李奋飞:《论侦查权的司法控制》，载《政法论坛》2000年第6期。

[32] 参见汪海燕:《论刑事庭审实质化》，载《中国社会科学》2015年第2期。

序尤其是侦查程序的重要性，但对审前辩护的重要性却认识不够。有检察官曾统计了 2013 年、2014 年、2015 年（截至 2015 年 9 月 1 日）自己办理的审查逮捕案件共 312 件 401 人，其中律师提出意见的仅 4 件 6 人，占总件数 1.28%、总人数 1.5%。[33] 甚至有的律师仅将审前辩护看作未来法庭辩护的准备活动。因此，尽管有的律师在侦查环节就已介入，却没有发挥辩护人的应有作用。[34] 虽然也进行了会见、阅卷等工作，却没有真正展开审前辩护，而只是将这些工作看作庭审辩护的准备活动，其更在意的还是法庭上的表现。由于很多律师没有认识到审前辩护的重要性，加上习惯性认为审前辩护的作用不大，审前辩护的收费也“理不直气不壮”。[35]

但是，如果律师在审前环节收费太低，就可能使其丧失积极辩护的动力。再加上审前辩护的职业风险较大，结果造成不少律师在漫长的审前程序几乎无所作为。毕竟审前辩护不像庭审辩护那么透明，由于没有群众旁听，即使律师有着较好的表现和努力，[36] 通常难以为其赢得声誉、提高知名度，亦无助于挖掘潜在客户。所以，没有收入的激励，律师审前的辩护远不如法庭上的辩护那么卖力。实际上，从相关的数据来看，[37] 审前辩护还是有一定的“空间”的。这些“空间”，已为律师提高收费提供了充分的理由。当然，提高审前辩护的质量，仅仅靠提高审前辩护的收费是不够的。如果律师自身不能充分认识到审前辩护的重要性，还是将法庭审判作为辩护的重心，甚至唯一场域，即便提高审前辩护的收费，也未必能提高审前辩护的质量。

（三）技能缺失的突出性

应该承认，不少律师在介入到刑事审前程序后，也希望能够充分发挥辩护人作用，更希望能够通过自己的工作，促使检警机关作出对犯罪嫌疑人有利的决定。但是，由于相关专业训练存在不足，以及对审前辩护技能的生疏，致使很多律师根本不擅长与检警机关进行沟通、协商、交涉（从辩护策略上看，由于审前程序并不具有对抗争辩的平台，律师辩护确实应从对抗争辩走向沟通、协商、交涉），更谈不上说服其接受自己的观点了。正如有学者指出：“迄今为止，任何人只要

[33] 有学者也认为，在侦查阶段，案件尚未侦查终结，犯罪嫌疑人是否有罪尚未有明确的结论，辩护律师很难提出针对性的辩护意见。参见张中：《论侦查阶段的有效辩护》，载《当代法学》2017 年第 6 期。

[34] 参见闵丰锦：《论审查逮捕程序中新型检律关系的重塑》，载《重庆理工大学学报》2017 年第 1 期。

[35] 张兵：《“审前辩护”催生中国律师收费改革》，载《中国经济周刊》2013 年第 19 期。

[36] “实际上，可能有辩护意见被部分采纳，但犯罪嫌疑人及其亲属往往只要看到批捕，就认为律师没有起到作用，忽视了律师介入过程中付出的一系列努力。”前引，闵丰锦文。

[37] 参见曹建明：《最高人民检察院工作报告》（2018 年 3 月 9 日）。

取得了本科学历，就可以报考国家统一司法考试。这就意味着，大量没有受到系统法律专业训练的人士，通过短期的法律集中培训，通过了司法考试，就可以取得律师资格。不仅如此，取得律师资格的人只需要经过一年的律师事务所实习，就可以取得执业证书，并进而接受委托担任辩护人。相对于英美律师同行而言，中国律师不需要经过学徒式的实务研习，没有取得太多执业经验，就可以从事包括辩护在内的律师业务了。而与大陆法国家的律师同行相比，中国律师也没有在司法研修机构学习法律实务的经历，没有法官、检察官、律师的实务指导，更无法经受带有实务能力检测性质的第二次司法考试。这种在法律专业训练和实务研习两个方面的不足，最终对律师辩护水平造成消极的影响。”[38]

更何况，在刑事审前程序尤其是侦查程序中，律师辩护需要的技能与法庭上的辩护存在着很大不同。中国辩护律师训练较多也更擅长的——诸如撰写、发表辩护意见等法庭辩护技能——在此阶段经常并不管用。在认罪认罚从宽改革的背景下，更需要律师具备与检警机关就相关的实体和程序问题进行对话、协商、谈判、交涉等沟通技能。但是，从日本侦查辩护的实践来看，每一位律师进行的侦查辩护都是在舞台后面进行的，既没有审判阶段辩护那样的记录，也没有形成共同认识的基础。其结果是，人们所说的侦查辩护的“技术”，至今基本上还不存在。[39] 与日本相比，中国审前辩护的历史更短，且审前程序中的律师辩护率多年以来一直处于低迷状态，律师对审前辩护的技能训练本就不足，从认罪认罚从宽制度改革试点的情况看，很多时候律师并不知道该如何与办案人员进行沟通，更谈不上说服其采纳自己的意见了。有的律师在遇到沟通障碍后，要么消极放弃，要么据理“死磕”。这其实都是不明智的，也都是不擅长沟通的表现。律师要提升辩护效果（包括但不限于审前辩护），不能只是坐等办案机关主动保障自己的辩护权利，而要努力训练提高自己的沟通技巧。

三、“唯庭审主义”之反思

对于中国的刑事辩护律师而言，“唯庭审主义”通常并没有什么挑战，也不会轻易使自己面临职业风险。但在“唯庭审主义”的辩护模式下，律师能发挥作用的空间也比较有限。对此，不仅律师们心知肚明，律师服务的对象可能也是清楚的。有学者对在押人员进行问卷调查后发现，部分被告人之所以没有聘请辩护律师，认为“律师起不了作用”是主要原因。尤其表现在，律师法庭上的质证或

---

[38] 陈瑞华:《刑事诉讼中的有效辩护问题》，载《苏州大学学报》2014 年第 5 期。

[39] 参见［日］佐藤博史:《刑事辩护的技术与伦理》，于秀峰、张凌译，法律出版社 2012 年版，第 7 页。

辩论很难影响诉讼结果。[40]2010年以后，在法院获得无罪判决的被告人人数逐年下降，无罪判决率逐年持续走低，[41]这既可以说明，法庭审判流于形式的问题依然没有得到根本解决；也足以解释，那种“唯庭审主义”的辩护模式存在严重缺陷，已不能满足保护被追诉人利益的现实需要。在刑事辩护制度发生重大变化的背景下，我们不仅仅满足于让被告人获得律师的法律帮助，而且还希望其可以获得律师有效的法律帮助。要实现有效辩护，就必须提升律师辩护质量，防止辩护职能的萎缩，这除了要求公安司法机关为律师执业营造更为宽松的法治环境，[42]律师自身也应认真反思这种“唯庭审主义”的辩护模式所存在的问题。

（一）辩护意见得不到应有的采纳

“唯庭审主义”的首要弊端是：辩护效果不佳，且辩护意见得不到应有采纳。如前所述，多年以来，律师辩护意见采纳难一直都被认为是中国刑事辩护的突出问题。以近期被纠正的冤错案件为例。辩护律师当时大都作了无罪辩护，但其正确的辩护意见，却没有得到法庭应有的重视和采纳。律师辩护意见之所以难以得到法庭的正常采纳，原因是非常复杂的。在过去的研究中，学者们更多将其归结为司法观念和诉讼构造层面的原因，或者证据和法官心理层面的原因。[43]笔者也曾在之前的研究中指出，刑事庭审的空洞化和刑事审判权的异化，是律师辩护“表演化”（即辩护不以说服裁判者接受其辩护意见为目标）和“审辩冲突”不断上演的主要原因。[44]从笔者的观察来看，有些法官在讯问被告人时确实存在偏向公诉方的问题，还有些法官无理限制律师的发（问）言。有的案件中，律师才说几句话就被法官打断，而公诉人发表公诉意见则洋洋洒洒数千言。甚至，律师仅仅是为了争取话语权就与法官发生了激烈的争吵，[45]严重背离了“审辩关系”的本质。[46]

党的十八届四中全会明确提出“推进以审判为中心的诉讼制度改革”，其锋芒所指无疑是这种长期饱受诟病的司法体制和诉讼构造。“以审判为中心”的诉

---

[40] 在487份有效问卷中，认为律师在法庭上的质证或辩论一定能影响诉讼结果的比例只有7.6%。参见欧卫安：《关于律师辩护的调查报告——以监狱服刑人员为调查对象》，载《中国刑事法杂志》2007年第1期。

[41] 前引30，陈瑞华文。

[42] 有数据显示，64.6%的律师认为当前执业环境“差”或“很差”，认为“一般”的有31.6%，两者共计比例高达96.2%。参见冀祥德：《刑事辩护准入制度与有效辩护及普遍辩护》，载《清华法学》2012年第4期。

[43] 前引9，韩旭文。

[44] 前引17，李奋飞文。

[45] 参见李奋飞：《程序合法性研究——以刑事诉讼法为范例》，法律出版社2011年版，第121页。

[46] 参见亢晶晶：《说服与判断：审辩关系的异化及回归——以“商谈理论”为视角》，载《河南大学学报》2017年第3期。

讼制度改革，并非为了塑造法院抑或法官至高无上的诉讼地位，而是着眼于批判性地继承原有的诉讼模式，使刑事诉讼的重心从侦查转向审判，以便案件可以随着诉讼程序的递次推进，而接受愈加严格的审核。[47] 在“以审判为中心”的背景下，强调庭审在整个刑事诉讼程序中的重要地位，发挥庭审在查明事实、认定证据、保护诉权、公正裁判中的决定作用，当然无可厚非。基于多方参与的形式特征，庭审确实是最适宜的事实认定模型。正如有学者所言：“刑事诉讼的事实认定，应以一审庭审为中心，即以审判为中心、庭审为中心、一审为中心；而不应当以庭前程序为中心、庭下活动为中心、上级审为中心。”[48] 随着此项改革的持续推进，刑事庭审的实质化或将增强，律师庭审辩护的效果也将会有所改善。

但要实现有效辩护，特别是实现有效果的辩护，律师还是不能仅仅将法庭作为辩护的场域。乍看起来，这似乎与以审判为中心的诉讼制度改革存在矛盾之处。实际上二者并不矛盾。“以审判为中心”并不意味着，所有的案件都要推向审判，更不意味着，推向审判的案件都要进行庭审实质化的审判。对于那些被告人自愿如实供述自己的犯罪，且对于指控犯罪事实没有异议的案件，不仅实体上要从宽，程序上也会简化，甚至通过“速裁程序”或“简易程序”等非实质化甚至形式化的庭审进行快速处理，以节约司法资源，提高诉讼效率。如果说，在那些被告人不认罪因而需要进行庭审实质化审判的案件中，律师将庭审作为辩护的重要节点还有情可原的话，那么在那些并非进行实质化审理的案件中，律师再将庭审作为辩护的重要场域，甚至唯一场域，就没有多少意义了。实际上，对于这些被追诉人已然认罪认罚的案件，如果辩护律师不能通过庭外尤其是庭前的专业交涉，“生成”一些有利于被告人的量刑证据，即使辩护词雕琢的再精美，法庭上讲的再精彩，怕也难以实现有效果的辩护。而根据相关的调研统计数据，被追诉人供认有罪的比率是非常高的。[49] 即使是在那些可能按照庭审实质化要求进行审理的案件中，律师也应探求审判之前的及时救援，法庭程序之外的诉讼准备和非正式交涉，并在庭审结束之后，对那些事实上的裁判者施加更为积极有效的影响。[50]

（二）被追诉人的利益难以保障

“唯庭审主义”的第二个弊端，是在刑事审前程序中，被追诉人的权利无法得到切实保障。作为刑事诉讼程序的重要环节，侦查、起诉等审前程序直接关系到被追诉人权利的保障。从刑事司法的实践来看，最容易发生侵犯被追诉人权利

[47] 参见李奋飞：《从“顺承模式”到“层控模式”——“以审判为中心”的诉讼制度改革评析》，载《中外法学》2016 年第 3 期。

[48] 龙宗智：《论建立以一审庭审为中心的事实认定机制》，载《中国法学》2010 年第 2 期。

[49] 参见成安：《无罪辩护实证研究——以无罪辩护率为考察对象》，载《西南民族大学学报》2012 年第 2 期。

[50] 参见陈瑞华：《“体检式刑事法律服务”的兴起》，载《中国律师》2018 年第 1 期。

的场域就是刑事审前程序，特别是侦查程序。那些身处羁押状态下的被追诉人，其权利更是时刻处于被侵犯的危险之中。[51] 因此，如何通过程序的合理设计和有效实施，来防范和约束国家追诉权的滥用或异化，并确保被追诉人拥有最基本的防御权，从而成为真正的诉讼主体，是许多国家的刑事司法需要认真关注的课题。

作为被追诉人最基本的诉讼权利，辩护权的行使可以有效地制约国家追诉权，防止其滥用或异化，从而维护被追诉人的权利。刑事审前程序中律师辩护权运作的实践生态，尤其是审查批捕环节律师作用的发挥状况，在某种意义上昭示了被追诉人权利保障的程度。[52] 如前所述，2012 年《刑事诉讼法》对辩护制度作了较大完善，审前程序的律师辩护得到了一定程度的加强。但被追诉人能否在审前程序中获得有效、充分的律师辩护，取决于诸多因素，辩护权利外延的扩大只是其中一个因素。特别是在“唯庭审主义”的辩护模式下，审前辩护的效果就很难理想，被追诉人的利益可能也将无法得到保障。以刑事速裁程序为例。如果律师还是把辩护的重心放在庭审中，可能很难真正保护被追诉人的利益。因为按照速裁程序审理时，法庭调查和法庭辩论环节都被省略，律师在开庭过程中通常仅需回答两个问题，即“是否申请回避”“对本案指控的事实、证据、罪名及量刑建议是否有异议”。对辩护律师而言，如果对检察机关的量刑建议、适用程序无异议，其在庭上可能将无言可发。因此，在速裁程序中，要切实保障被追诉人的利益，律师显然不能再固守那种“唯庭审主义”的辩护模式，而需把职能定位从庭审辩护向庭前辩护转移，及时为被追诉人提供法律咨询和建议，告知其适用速裁程序的法律后果，帮助其进行程序选择，确保其认罪的自愿性以及程序选择的自愿性。[53]

（三）侦查错误无法得到及时纠正

“唯庭审主义”的第三个弊端是，由于辩护律师在刑事审前程序的作用得不到发挥，无法适时激活追诉机构的纠错功能，致使侦查错误难以得到及时纠正。由于公检法三机关职能及关系的异化，中国刑事诉讼通常被认为具有“以侦查为中心”的构造模式。其最大的弊端是，侦查权缺乏司法权的有效介入，在运行机制上缺乏公诉权的合理引导，此过程中又缺乏辩护权的充分参与，[54] 可以说侦查基本上游离于“诉讼”之外，甚至在“诉讼”中占据主导乃至“中心”地位，随后的起诉和审判环节很难发现和纠正侦查犯下的错误。正因如此，侦查被认为是决定被追诉人命运的关键阶段。在之前的研究中，笔者还曾将这种诉讼模式概括

[51] 参见李奋飞：《在押人员投诉处理机制实证研究》，载《国家检察官学院学报》2014 年第 4 期。

[52] 参见江雁飞：《审前程序中辩护权运作的实践生态与立法完善——以我国新〈律师法〉文本为基点的分析》，载《法学杂志》2011 年第 3 期。

[53] 参见魏化鹏：《刑事速裁程序之检视》，载《国家检察官学院学报》2017 年第 2 期。

[54] 参见卞建林、张可：《侦查权运行规律初探》，载《中国刑事法杂志》2017 年第 1 期。

为“顺承模式”。[55]“顺承”一词内含的服从、接受，在中国刑事诉讼中表现为起诉、审判等诉讼环节对侦查成果的“逆来顺受”。在“顺承模式”的影响下，一旦出现侦查错误，尤其是认定事实上的错误，就将因纠正机制失灵而在很大程度上得到维持，由此导致刑事误判的发生。这既是对人类文明底线的挑战，也是一种最大的非正义，其后果极为严重，不仅会对被冤枉者本人及其家庭造成严重伤害，还会对司法公信力乃至国家的形象造成破坏。[56]

为了遏制非法侦查，防止侦查权的滥用，确保侦查的客观全面，以准确查明犯罪事实，防止刑事误判的发生，必须强化辩护制度，让律师在刑事侦查程序中能够充分发挥作用。这样才能提升被追诉人的诉讼地位，并激活追诉机构的纠错功能。在刑事诉讼中，检察机关作为法律监督机关，虽然可以通过审查批捕、排除非法证据、审查起诉等方式对侦查活动进行质量控制，但由于其与公安机关均承担着追诉犯罪的任务，彼此之间有着内在的不可分割的联系，这就使检察机关很难摆脱追诉犯罪的角色，往往在监督公安机关时“心太软”。以检察机关排除非法证据为例。2012 年《刑事诉讼法》创造性地赋予了检察机关排除非法证据的职权。即无论是在审查批捕环节，还是在审查起诉环节，检察机关都可以排除非法证据。但从近年的司法实践来看，检察机关排除非法证据的案例实属罕见。

可见，要使侦查程序回归诉讼程序的本来面目，真正形成“以权利制约权力”的局面，从而有效地防止侦查权的异化，及时发现和纠正侦查过程中的错误，还需要切实提升侦查阶段的辩护质量。但在律师的辩护实践中，由于受“唯庭审主义”辩护模式的影响，不少律师还不同程度地存在对审前辩护——尤其是侦查阶段的辩护——重视不够等问题，更不要说将辩护的重心前移到侦查阶段了。有的律师在接受委托后，虽然也积极地行使会见、取证、控告等诉讼权利，甚至希望能够与侦查人员积极沟通，但却因为“沟通力”不足，加上侦查人员本就提防和排斥律师意见，导致侦查阶段的辩护并不能产生任何实质效果，也很难发挥辩护制度的挑错、纠错的功能。

四、“唯庭审主义”之突破

或是基于对这种“唯庭审主义”的反思，部分律师已不再将刑事辩护局限在法庭审判阶段，而开始重视“辩护前移”，并进行了积极探索。特别是在 2012 年《刑事诉讼法》修改明确认可了律师在审前程序中的辩护人地位以后，部分律师的“辩护前移”工作可以说已初见成效。有的案件，经过律师的努力，促使检察机关在审查起诉阶段采纳了辩护意见，将之前公安机关认定的涉案金额大大减少，或者最终作出了不起诉决定；有的案件，经过律师的奔走，促使公安机关在

---

[55] 前引 47，李奋飞文。

[56] 参见李奋飞：《美国死刑冤案证据剖析及其启示》，载《中国人民大学学报》2013 年第 6 期。

侦查阶段就作出了撤销案件的决定；有的案件，通过律师的申请，犯罪嫌疑人被取保候审走出看守所。甚至，有的律师在刑事指控来临之前，就开始未雨绸缪，帮助公司企业及其高管进行相关调查，诊断法律风险，依法化解可能的刑事追诉，提出应对刑事调查的具体方案，帮助公司（企业）或者自然人进行带有“养生保健”式的建章立制，避免“脚踩法律红线”，远离可能的刑事法律风险。对于这种发生在刑事诉讼程序启动之前的法律服务，有学者将其概括为“体检式刑事法律服务”。[57] 当然，律师正在积极实践的“辩护前移”工作，尚有很大的提升空间。甚至，还面临着诸多制度上的困境。要为审前辩护提供更大的制度空间，让中国律师逐渐走出“唯庭审主义”的辩护模式，至少还应从检察机关的审前定位和办案方式改革、律师权利的增设与保障、刑事法律援助的质量监管和值班律师的定位等方面，对中国刑事辩护制度乃至司法制度进行改革和完善。

（一）检察机关的审前定位及办案方式改革

走出“唯庭审主义”的第一个关键点，是检察机关审前主导地位的确立和办案方式的“诉讼化”改革。“辩护前移”能否兴起和有效，既与检察机关在审前主导地位能否得到确立直接相关，也与检察机关的办案方式能否走向“司法化”密切相连。表面上看，在监察体制改革之后，检察权似乎因职务犯罪侦查权的转隶受到了削弱，实则暗含了持续勃兴的机遇和潜能。检察权由诸多不同类型的权力组合而成，并各自在刑事诉讼流程中扮演着不可或缺的角色。[58] 通过审查批捕（羁押控制）、审查起诉以及司法救济三项具有司法权性质的重要权能，检察机关可以成为审前程序中当仁不让的主导者。检察机关的这种主导地位体现在，其既是侦查质量的评价者，也是司法资源的调控者，[59] 还是诉讼权利的保障者。这种“三位一体”的角色扮演，并非以争取新的职能为直接诉求，而是对检察机关的固有权力加以有机整合后的当然结论。

检察机关审前主导地位的确立，必然对检察权的运行方式改革提出新的更高要求。这是检察机关作为“世界上最客观的官署”的应有之义，也是为审前辩护搭建适宜平台的关键所在。新法实施后，从审查逮捕程序的“诉讼化”探索，到司法救济权的赋予，再到不起诉听证制度的建构，越来越多的检察权能在运行方式上表现出了司法属性，也使检察机关的办案方式如何实现“诉讼化”的问题摆

[57] 前引 50，陈瑞华文。

[58] 参见孙皓：《论检察权配置的自缚性》，载《环球法律评论》2016 年第 6 期。

[59] 对刑事案件在审前进行科学分流、完善多元化的案件处理机制，是“以审判为中心”的应有之义。这就要求扩大检察机关的起诉裁量权，强化其审前调节职能。参见李奋飞：《论检察机关的审前主导权》，载《法学评论》2018 年第 6 期；王守安：《以审判为中心的诉讼制度改革带来深刻影响》，载《检察日报》2014 年 11 月 10 日，第 3 版。

在了改革者面前。[60] 检察机关办案方式的“诉讼化”改造，要遵循司法活动的基本规律，尤其需要认真反思当前检察权能在运行方式上的弊端，找准适宜进行“诉讼化”改造的检察权能。例如，审查逮捕权和审查起诉权。当然，在对检察机关办案方式进行“诉讼化”改造时，既要考虑为检察权的运行植入更多的司法元素，也要注意到检察权自身的特殊性，不宜完全照搬法院的庭审模式。[61] 以公诉权的“诉讼化”改造为例，由于公诉权运行的合理化程度直接影响着刑事司法活动的公正、效率以及权威等方面的要素，[62] 因此，应当改变固有的行政审核模式，尽量塑造成一种公开、透明的对质式模式。[63] 这种新的审查模式，无论是对侦查质量的把关，还是对审前辩护的保障，都会产生有益的影响。

“几乎所有在刑事司法制度中行使权力和裁量的官员，都因裁量权的行使造成差别性的或者不公平的结果，而受到了批评，承担了责任，在某些情况下还被剥夺了权力和裁量权，只有一个例外——检察官。”[64] 某种程度上，检察官的权力释放是世界范围内的大趋势。在这样的背景下，中国的检察机关既需要进一步明确自身定位，亦应约束过度追诉的心理趋向，唯有如此，才能真正激活刑事诉讼体制的流畅因子，打造出符合本土资源的格局体系。考虑到中国的制度现实，如果缺失了公权力的容忍与支持，代表社会自发力量的律师群体，则难以职业共同体成员的身份有效地参与到程序场域中来。

（二）律师权利的增设与保障

走出“唯庭审主义”的第二个关键点，是律师权利版图的扩大与保障。在2012年《刑事诉讼法》修改完成之后，刑事审前程序中的律师辩护得到了加强。特别是律师在侦查阶段取得了辩护人地位，不仅可以“凭三证”无障碍地会见绝大多数在押的犯罪嫌疑人，还拥有了调查取证权，[65] 并可以在批准逮捕、侦查终结前、审查起诉等程序环节，向办案机关提交辩护意见。但是，上述权利版图尚不足以支撑审前程序的有效辩护。例如，由于律师在侦查阶段无法行使阅卷权，基本上只能通过与侦查人员和犯罪嫌疑人及其家人的接触，了解些许案件情况。在律师掌握信息相对有限的情况下，指望其在侦查阶段特别是审查批捕环节，提出

[60] 参见龙宗智：《检察机关办案方式的适度司法化改革》，载《法学研究》2013 年第 1 期。

[61] 参见孙静：《检察权运行司法化的边际概览与可能方式》，载《西南政法大学学报》2013 年第 5 期。

[62] 参见孙皓：《论公诉权运行的机械性逻辑》，载《法制与社会发展》2017 年第 5 期。

[63] 参见李奋飞：《检察再造论——以职务犯罪侦查权的转隶为基点》，载《政法论坛》2018 年第 1 期。

[64] ［美］安吉娜·J. 戴维斯：《专横的正义：美国检察官的权力》，李昌林、陈川陵译，中国法制出版社 2012 年版，第 7-8 页。

[65] 参见汪海燕、胡广平：《辩护律师侦查阶段有无调查取证权辨析——以法律解释学为视角》，载《法学杂志》2013 年第 11 期。

有理有据的辩护意见，实在有些勉为其难。鉴于此，在《刑事诉讼法》再修改时，有必要继续扩大审前程序中律师的权利版图，明确赋予律师在侦查阶段的阅卷权[66]、调查取证权。此外，条件成熟时，还可以考虑赋予律师侦查讯问程序中的在场权。[67]毕竟，“建立侦查辩护制度的目的旨在使嫌疑人于侦查中即可获得辩护人实质的法律援助……不应以所谓侦查不公开为由，限制辩护人参与侦查程序及适当接触侦查资讯的机会；亦不宜以部分辩护人可能有妨碍侦查或将侦查资讯做诉讼目的外之使用为由，因噎废食地反过来禁止辩护人的阅卷权、在场权等协助嫌疑人或被告人之防御所不可或缺的实质辩护权益”。[68]

当然，刑事审前程序中律师的辩护权利问题，不仅涉及律师权利版图的扩大，更涉及已有权利的救济，以使那些法定权利能够真正得到实现。2012年刑事诉讼法在明确了律师可以就司法机关及其工作人员的违法行为提出申诉控告的同时，也申明了其在辩护权利受到侵害时的救济途径。但由于没有规定具体审查程序、期限，纠正与救济程序也存在模糊性，这些规定目前并不具有实际操作意义，如果不及时加以完善，将面临被虚置的危险。[69]因此，应对辩护律师的检察救济权予以完善。尤其是对控告申诉的检察处理结果不服的，应赋予辩护律师有向更高一级检察机关复议的权利。[70]归根结底，公权力的态度以及行为模式会影响到律师辩护权利的存续样态。否则，近年来对于律师执业保障的维系，也不会始终归口于公检法司的权力主体。[71]但是仅有表态还远远不够，倘若具体的制度设计不予以呼应，所谓的权利保障不过是“水月镜花”罢了。

（三）刑事法律援助的质量监管及值班律师的定位

走出“唯庭审主义”的第三个关键点，是刑事法律援助的质量监管及值班律师的定位。没有理想的刑事法律援助制度，指望法律援助律师走出“唯庭审主义”的辩护模式显然不现实。而作为法律援助制度的组成部分，[72]值班律师的未来定位，是建构理想的刑事法律援助制度的关键点。通常认为，理想的刑事法律援助

[66] 有学者认为，对《刑事诉讼法》第38条有关辩护人阅卷之阶段与范围的规定，应抛弃传统的形式解释方法，而代之以实质解释论视角。参见孙远：《论侦查阶段辩护律师的阅卷权》，载《法律适用》2015年第2期。

[67] 参见李奋飞：《侦查讯问程序中的律师在场问题》，载《中国监狱学刊》2008年第3期。

[68] 陈运财：《侦查与人权》，元照出版有限公司2014年版，第96页。

[69] 参见林琳：《辩护律师权利的保障与救济——以我国新〈刑事诉讼法〉背景下检察机关发挥法律监督为视角》，载《法学杂志》2015年第11期。

[70] 参见董坤、段炎里：《当前检察环节律师权利的保障现状与新现问题研究——以阅卷权、会见权和检察救济权切入》，载《河北法学》2017年第6期。

[71] 前引25，李奋飞文。

[72] 参见顾永忠、李逍遥：《论我国值班律师的应然定位》，载《湖南科技大学学报》2017年第4期。

制度，不仅应当具有普遍性、及时性，更须具备有效性。[73] 而要实现刑事法律援助制度的有效性，不仅要求援助律师在介入案件后，能积极地行使会见、阅卷、调查取证等诉讼权利，还要求其能认真负责地研究案件，并在形成辩护意见后积极与检警机关进行沟通、协商，而不只是在法庭上简单发表辩护意见。然而，目前中国的刑事法律援助质量实在堪忧。不少援助律师不仅素质不高，责任心也明显不够。在接受指派后，有时既不进行会见工作，也不认真阅卷，更不要说去调查取证了。审前程序中，援助律师基本上无所作为，甚至就连庭审时的辩护也常常敷衍了事，且大都是带有求情性质的量刑辩护意见。可以说，不少援助律师的这种辩护样态，就是典型的“唯庭审主义”模式。这样的辩护样态，即使不能被看作“无效辩护”，也与“有效辩护”的理念相差甚远。因此，必须认真对待刑事法律援助质量监控问题。正如有学者指出的：“如辩护人为被告自行委托，透过市场机制之调解，会淘汰不尽职之律师，鞭策律师不敢懈怠，或可减少辩护人弱而无力之情形。然公设辩护人或法院指定之律师，并无市场机制予以淘汰或鞭策，如何确保其发挥强而有力之辩护，乃极为重要问题。”[74] 因此，只有建构起科学的绩效考核体系，才可促使援助律师恪守职业伦理，尽职尽责维护被追诉人的合法权益。对于那些无法满足服务质量最低要求的援助律师，亦得按规则行使不同层级的惩戒，直至将其彻底排除出法律援助领域。[75]

2014年，在法院、看守所设置法律援助值班律师办公室，被中央深化体制改革领导小组列为司法体制改革的重要内容。这意味着值班律师制度在中国正式建立，从而实现了刑事法律援助在案件范围上的全覆盖，无疑有助于保障被追诉人平等、及时地获得律师帮助的权利。[76] 但由于值班律师制度建立不久，对其性质、功能等问题还存在不同认识，甚至就连值班律师究竟是否具有辩护人的身份也未得到明确，已被认为严重影响了其诉讼权利的行使。[77] 从《刑事诉讼法修正案》第4条的规定来看，目前值班律师尚不具备辩护人的身份，其还只能为被追诉人提供法律咨询、程序选择建议、申请变更强制措施、对案件处理提出意见等相对有限的法律帮助。[78] 在一些地区，值班律师甚至只被司法办案人员视作见证人，而不免成了“花架子”。不过，根据“两高三部”《关于在部分地区开展刑事案件认罪认罚从宽制度试点工作的办法》第5条的规定，[79] 某种程度上值班律师实际上扮

[73] 参见刘方权：《刑事法律援助实证研究》，载《国家检察官学院学报》2016年第1期。
[74] 王兆鹏：《受有效律师协助的权利——以美国法为参考》，载《月旦法学杂志》2005年第8期。
[75] 前引25，李奋飞文。
[76] 参见熊秋红：《审判中心视野下的律师有效辩护》，载《当代法学》2017年第6期。
[77] 参见程衍：《论值班律师制度的价值与完善》，载《法学杂志》2017年第4期。
[78] 参见陈文聪：《值班律师制度的反思与重构》，载《中国律师》2016年第10期。
[79] 参见张泽涛：《值班律师制度的源流、现状及其分歧澄清》，载《法学评论》2018年第3期。

演的就是辩护人的角色，至少也是“准辩护人”。因此，未来应考虑赋予值班律师以“准辩护人”的身份，或者让值班律师走向完全“辩护人化”，以实现值班律师的有效帮助。这样，值班律师不仅可以为犯罪嫌疑人、被告人提供法律咨询，程序选择建议，代理申诉、控告，申请变更强制措施，还可以对案件处理提出意见等。在认罪认罚案件中，值班律师的职责应当是围绕犯罪嫌疑人、被告人是否了解认罪认罚的内涵及其法律后果，认罪认罚案件是否具有事实依据，犯罪嫌疑人、被告人是否自愿认罪认罚以及如何进行量刑协商等问题提供辩护。[80] 当然，明确值班律师的身份固然重要，但实践领域的持续推进，则扮演着更具主导性的角色趋向。

结　语

发展，是书写当下“中国故事”的核心命题；而持续发展，则构成了影响这场全局变革的内在驱动。对于中国刑事辩护制度的变革而言，持续发展代表了其自身逻辑演进的一种动态模型。随着中国刑事司法改革的深入推进，刑事辩护领域已经发生了重大的变化。在中国当下的刑事诉讼中，辩护律师已从“奢侈品”发展为“必需品”。在此背景下，不仅要求被追诉人能够获得律师辩护，还要求其能获得律师的有效辩护。令人欣慰的是，有效辩护的观念逐渐得到了法律人的广泛认可。甚至在一些个案中，已有法院开始将律师的无效辩护纳入程序性制裁的对象，并通过向司法行政机关发出司法建议书的方式，来对那些不尽职尽责的辩护律师启动纪律惩戒程序。

无论将来中国是否会引入无效辩护制度，但有一点可以肯定，有效辩护的理念已经并将继续对中国刑事辩护制度的改革和完善提供重要动力。钱穆先生亦曾指出：“一项制度之创建，必先有创建该项制度之意识与精神。一项制度之推行，亦同样需要推行该项制度之意识与精神。”[81] 虽然律师界未必同意将“有效辩护”确立为刑事辩护的基本原则，但是“辩护前移”的理念已在不少辩护律师心中扎下了根。这一新的辩护理念的形成，与中国近期正在推进的认罪认罚从宽制度的改革、刑事辩护制度的新发展以及对这种“唯法庭主义”的反思都有着直接的关系，并已为当前的刑事辩护业务注入了新的活力。在那些检警机关通过撤销案件、不起诉决定等方式进行“无罪化处理”的案件中，可能就有律师们“辩护前移”的功绩。不过，就总体而言，中国律师尚没有彻底走出“唯庭审主义”的辩护模式，刑事法律服务的质量——尤其是刑事审前程序中的辩护质量——还有待于继续提升。

显然，要走出“唯庭审主义”的辩护模式，律师辩护不仅不能“唯庭审主义”，

---

[80] 参见陈瑞华：《有效辩护问题的再思考》，载《当代法学》2017 年第 6 期。

[81] 钱穆：《国史大纲》，商务印书馆 2010 年版，第 415 页。

还应当树立“全方位主义”，即刑事辩护不仅可以进行“前移”，还可以向庭外、庭后进行全方位的延伸。当然，这里有个前提，就是律师的辩护，一切应以有利于最大限度地维护被追诉人的合法权益为中心。虽然在辩护策略的选择上，律师具有一定的独立性，也应与被追诉人进行充分沟通，并尽可能尊重其自由意志。如果律师们仍然抱守着所谓的“独立辩护观”[82]，完全不受被追诉人意志的约束，不仅会损害律师与被追诉人之间的信赖关系，也不利于被追诉人获得有效的法律服务。最终，是否走出“唯庭审主义”的辩护模式将在很大程度上失去意义。

（原载《中国法学》2019 年第 1 期）

[82] 参见吴纪奎：《从独立辩护观走向最低限度的被告中心主义辩护观——以辩护律师与被告人之间的辩护意见冲突为中心》，载《法学家》2011 年第 6 期。

逮捕审查制度的中国模式及其改革

刘计划

一、引言

人身自由是生命权之外最为宝贵的基本权利，是公民从事政治、经济、社会和家庭生活的前提，是行使其他权利的基础性权利。人身自由的最大威胁来自检控机关的追诉，一个人一旦遭受犯罪指控，人身自由即处于被限制与被剥夺的危险之中。保护人身自由是宪法和法律的一项重要功能。我国《宪法》第37条第1款郑重宣告，“中华人民共和国公民的人身自由不受侵犯”，同时第2款为公民人身自由提供了程序保障，规定了逮捕这种剥夺人身自由强制措施的决定机关与执行机关，即“任何公民，非经人民检察院批准或者决定或者人民法院决定，并由公安机关执行，不受逮捕”。刑事诉讼法则进一步确立了公安机关享有先行拘留权但逮捕必须报请检察院审查批准，以及检察院对直接受理的案件自行作出拘留、逮捕决定的体制。由此，我国形成了“侦查中由人民检察院批准、决定逮捕”与“审判中由法院决定逮捕”的双轨制逮捕审查模式。

大约自1998年始，针对“侦查中由人民检察院批准、决定逮捕”的中国模式，相继有学者提出实行逮捕司法化改革即法院统一审查逮捕模式的学术观点，主张将检察院行使的批准、决定逮捕权转移给法院，公诉案件由人民检察院向人民法院提出逮捕申请，由法院作出是否逮捕的裁定，并赋予控辩双方上诉权。[1] 十余年来，有关逮捕决定权归属问题，在刑事诉讼法学界和检察理论界引发了集中与激烈的学术争论。[2]

20世纪90年代末，逮捕决定权归属问题引发争论并非偶然，它是伴随着我国逐步融入国际社会、修改宪法以及刑事诉讼程序法治化的进程，必然引出的法律改

---

[1] 参见郝银钟:《论批捕权的优化配置》，载《法学》1998年第6期；郝银钟:《批捕权的法理与法理化的批捕权——再谈批捕权的优化配置及检察体制改革兼答刘国媛同志》，载《法学》2000年第1期；陈卫东、刘计划:《谁有权力逮捕你——试论我国逮捕制度的改革》，载《中国律师》2000年第9-10期。

[2] 参见刘国媛:《也谈批捕权的优化配置——与郝银钟同志商榷》，载《法学》1999年第6期；张智辉:《也谈批捕权的法理——“批捕权的法理与法理化的批捕权”一文质疑》，载《法学》2000年第5期；高峰:《对检察机关批捕权废除论的质疑——兼论检察机关行使批捕权的正当性》，载《中国刑事法杂志》2006年第5期。

革问题。从外部来看，1998年我国政府签署了联合国《公民权利和政治权利国际公约》，其第9条即规定了未决羁押司法审查原则。从内部来看，它是1996年刑事诉讼法修改确立控辩式庭审模式以及1997年党的十五大提出司法改革的背景下，深化刑事程序改革促进司法公正的内在要求。同时，也成为1999年“法治”入宪与2004年“人权”入宪的先导。这两次修宪之间存在内在的关联：前者要求限制政府权力，是手段，而后者则明确提出尊重和保障人权，是目的，是前者的必然延伸和目标的明确化，二者是一体两面的关系。在此背景下，作为追诉权力和公民自由调节器的刑事诉讼法应当规定科学合理的拘留与逮捕体制，以妥帖处理惩罚犯罪与保障人权之间的矛盾。因此改革逮捕审查制度，是贯彻宪法修改精神的必然要求。谁有权作出逮捕决定？决定者应当通过什么程序作出决定？逮捕要件特别是必要性要件如何判断？在审查程序中，犯罪嫌疑人有无自行辩护的机会？有无获得律师帮助的权利？对逮捕决定，能否向更高级别的机构寻求司法救济？这些在逮捕制度研究中提出的关涉法治和人权的疑问，是无法回避而需要认真加以回答的问题。

2009年4月13日，国务院新闻办公室发表了《国家人权行动计划（2009——2010年）》（以下简称《人权计划》），这是全国人大通过宪法修正案第24条“国家尊重和保障人权”后，我国政府制定的第一个保障人权的阶段性、纲领性文件。《人权计划》的出台表明，在实行依法治国和保障人权的宪法精神指引下，全面保障人权成为一项国家战略。《人权计划》第二部分“公民权利与政治权利保障”前两项内容分别为“人身权利”和“被羁押者的权利”，关切的是被指控者的权利保护，是对当前刑事司法实践要求的积极回应。

近几年，看守所被羁押人员非正常死亡事件频发，造成了恶劣的社会影响，损害了司法的公信力和国家的人权事业。[3] 为了解决羁押场所管理中的问题，公安部监所管理局作为监管机构，在全国范围内加强了对看守所的规范管理。[4] 在

[3] 为媒体所公开报道的看守所非正常死亡事件有：云南省晋宁县李荞明“躲猫猫死”（2009年2月）、海南省儋州市罗静波“洗澡死”（2009年3月2日）、福建省福州市温龙辉“床上摔下死”（2009年3月24日）、江西省九江市李文彦“做噩梦死”（2009年3月27日）、广东省吴川市林立峰“发狂死”（2009年6月26日）、山东省乳山市于维平“粉刺死”（2009年11月13日）、云南省昆明市邢鲲“纸币捅开手铐，鞋带自缢死”（2009年12月12日）、陕西省富平县王会侠“激动死”（2009年12月12日）、江西省修水县陈绪金“如厕摔跤死”（2010年2月16日）、河南省鲁山县王亚辉“喝开水死”（2010年2月18日）、湖北省公安县薛宏福“洗脸死”（2010年4月7日）、黑龙江省哈尔滨市王立家“感冒发烧死”（2010年6月中旬）以及广东省茂名市戚业强“盖被死”（2010年11月25日）等。参见黄秀丽：《“风暴眼”中的看守所雷打不动》，载《南方周末》2010年6月10日；崔木杨：《哈尔滨看守所在押嫌犯身亡警方称感冒发烧致死》，载《新京报》2010年6月23日；《男子命丧看守所存疑警方否认曾称“盖被死”》，载《新京报》2010年12月4日。

[4] 参见蒋安杰：《公安部监管局：让阳光充盈在新起点和新步伐》，载《法制日报》2011年3月9日。

全社会普遍关注看守所内部管理与被羁押人权利保障问题的同时，更需要检讨现行逮捕体制，推进逮捕制度的改革，加强对人身自由的程序保障，以解决过度适用逮捕导致的普遍羁押这一根源问题，并在维护法治与保障人身自由两者之间取得公平及适当的平衡。虽然最高人民检察院已经意识到逮捕审查程序存在缺陷，并推出了某些改革举措，如实行职务犯罪案件逮捕决定权上提一级，审查逮捕“原则上讯问犯罪嫌疑人”。但是，这些改革并非解决未决羁押相关问题的根本之策。为此，本文将运用定量分析和定性分析等方法，探讨“侦查中由人民检察院批准、决定逮捕”模式的局限与弊端，论证法院统一审查逮捕模式的正当性和可行性，为我国逮捕审查制度的法治化提供理论支持。

二、我国检察机关适用逮捕的定量分析

逮捕虽然具有保障刑事诉讼进行的功能，但作为对尚未被认定有罪的人剥夺自由的强制处分，法律故对其适用条件作了严格的限定。2012 年《刑事诉讼法》第 79 条第 1 款规定：“对有证据证明有犯罪事实，可能判处徒刑以上刑罚的犯罪嫌疑人、被告人，采取取保候审尚不足以防止发生下列社会危险性的，应当予以逮捕。”该款规定了适用逮捕的三项要件，即证据要件、刑罚要件和必要性要件。首先，证据要件是首位的要求：没有犯罪事实或者没有证据证明犯罪事实为某人实施，当然不能逮捕。其次，之所以规定“可能判处徒刑以上刑罚”这一刑罚要件，是因为逮捕以剥夺自由为实质，与徒刑无异，必须符合比例原则，即逮捕的适用应与涉嫌犯罪的性质、严重程度相称。最后，之所以规定必要性要件，是因为未经法院确定有罪，被指控者在法律上还不是罪犯，故逮捕只有在不得已时才能采取，以存在现实的“社会危险性”为前提。

我国检察机关批准、决定逮捕模式是否需要改革，应在考察检察机关适用逮捕质量的基础上作出判断，而检验逮捕质量应根据法定要件对逮捕适用数据进行定量分析。本文将从不同方面分析逮捕数据，所有数据均来源于《中国法律年鉴》。由于《中国法律年鉴》中的相关数据存在缺失，法院系统和检察系统并不公布更为详细的年度数据，因此，本文仅能进行有限的数据分析。

（一）检察机关逮捕人数与法院审理刑事案件判决生效人数的比较

表 1 显示，2002—2009 年 8 年间，[5] 全国检察机关共批准、决定逮捕 7024200 人，全国法院审理刑事案件被告人判决生效 6896571 人，逮捕人数超过判决人数，二者之比为 101.85%。由于生效判决中包括自诉案件、公诉案件被告人未被逮捕或被判无罪等情形，因此，全国检察机关批准、决定逮捕人数与公诉案件被判有罪人数之比还要高于 101.85%。由此可知，就公诉案件而言，检察机关批准、决

[5] 《中国法律年鉴》从 2002 年才开始有“全国法院审理刑事案件被告人判决生效人数”的数据，为此表 1 仅列出了 2002 年以后的相关数据，表 2、表 5 亦同。

定逮捕的人数超过了法院判决有罪的人数。

表 1 全国检察机关逮捕人数与法院审理刑事案件生效判决人数对比表（2002—2009）

年度	全国检察机关批准、决定逮捕的人数	全国法院审理刑事案件被告人判决生效人数	捕判比	年度	全国检察机关批准、决定逮捕的人数	全国法院审理刑事案件被告人判决生效人数	捕判比
2002	782060	706707	110.67%	2007	937284	933156	100.44%
2003	764776	747096	102.37%	2008	970181	1008677	96.18%
2004	828180	767591	107.89%	2009	958364	997872	96.04%
2005	876419	844717	103.75%	2002—2009	7024200	6896571	101.85%
2006	906936	890755	101.82%				

在 2002—2009 年 8 年间，有 6 个年度检察机关逮捕人数超过了法院审理刑案判决生效人数，其中 2002 年比例最高，超出 10% 以上；仅有两个年度即 2008 年、2009 年比例略低，但也分别达到了 96.18%、96.04%，差额分别为 38496 人、39508 人。如前所述，全国法院审理刑事案件被告人判决生效人数中还包括自诉案件被告人、公诉案件被告人未被逮捕或被判无罪等情形。遗憾的是，《中国法律年鉴》中仅有 2002 年自诉案件的数据，即全国法院收案 42863 件，审结 42726 件。而假设 2008 年、2009 年自诉案件数与 2002 年持平的话，在仅排除自诉案件后，这两年检察机关批准、决定逮捕的人数同样超过了公诉案件判决生效人数。

对于公诉案件逮捕人数超过法院判决有罪人数这一事实，实务中有这样一种解释，即这是由于法、检系统各自的年度收案、结案的统计起止时间不同，以及案件流程存在时间差造成的。但无法否认的是，法院每年生效的判决中也包括上一年旧存案件；再者，单一年度可能存在这种差异，但是如果连续 8 年的数据乃至 8 年数据的总和都是如此，就足以证明这种解释并无说服力。

对于检察机关批准、决定逮捕的人数超过法院判决有罪人数甚至超过法院审理刑事案件被告人判决生效人数这一事实，更符合实际的原因是，检察系统一直是以“捕得准”“诉得出”“判得了”来掌握逮捕标准的。[6] 在检察机关看来，“有证据证明有犯罪事实”即可逮捕，逮捕不过是法院定罪的“预演”而已。检察机关也是在以有罪判决率来衡量逮捕质量，即只要被逮捕的人被法院判决有罪，那

[6] 参见吴玮：《确保捕得准诉得出判得下》，载《检察日报》2010 年 7 月 30 日。

么批准、决定逮捕就不存在错误之说。正如一则新闻报道里宣传的一样，某省一名区检察院侦查监督科副科长 10 年间“办理各类刑事批捕案件 1000 多件”，“至今没有出现错案”。[7] 所谓“没有出现错案”，无非是指没有出现无罪判决而已。而该检察官正是凭着如此“业绩”被评为“省检察机关侦查监督办案能手”“第一届全国侦查监督优秀检察官”“第二届全国侦查监督业务竞赛优胜者”。这无疑也在承认存在逮捕后判决无罪的情形，否则，全国检察机关侦查监督部门的所有检察官都应被评为“办案能手”“侦查监督优秀检察官”。

由检察机关批准、决定逮捕的人数超过法院审理刑事案件判决生效人数这一事实，可得出逮捕被普遍适用乃至被滥用的结论。检察机关逮捕人数超出法院生效判决人数的背后，还存在捕后撤案、捕后未诉以及撤回公诉等几种情形。遗憾的是，最高人民检察院并未公布这些数据。有人认为，被告人如果被判有罪则不存在错误逮捕；即便被告人最后被法院判无罪或者捕后撤案、捕后未诉以及撤回公诉，也不等于逮捕质量有缺陷。只要审查过程中依据事实、证据和法律作出决定，不能因为在审判中的结果而追溯评价检察机关审查逮捕阶段的工作。[8] 这种为普遍逮捕进行的辩护经不起推敲，因为法定逮捕条件并非只有“证据要件”一项，这种过分强调追诉利益的倾向与慎用逮捕保障人权的宪法精神无疑是不符的。

（二）检察机关逮捕人数与法院生效判决适用刑罚情况的比较

检验检察机关适用逮捕的质量，可以通过比较检察机关批准、决定逮捕人数与法院审理刑事案件生效判决适用徒刑、自由刑的人数来进行。这是因为，刑事诉讼法规定了“徒刑以上刑罚”作为逮捕的“刑罚要件”，而自由刑是检验比例原则的直接指标。

1. 根据逮捕刑罚要件的分析

表 2 显示，2002—2009 年 8 年间，全国检察机关逮捕 7024200 人，法院生效判决中判处徒刑（实刑）以上刑罚 4466759 人，后者仅为前者的 63.59%。考虑到存在以下两种情形，一是自诉案件被告人被判处有期徒刑（实刑），二是公诉案件被告人被判处徒刑（实刑）及以上刑罚但未被逮捕，[9] 因此，仅就公诉案件而言，被逮捕人中被判处徒刑（实刑）以上刑罚的比例还要低于 63.59%。

表 2 还显示，2002—2009 年 8 年间，超过 2557441 人，平均每年超过 319680 人被检察机关批准或者决定逮捕，但未获徒刑（实刑）以上刑罚，占被逮捕人的近 4 成。这些人要么被判处管制、拘役、罚金、剥夺政治权利、没收财

[7] 参见徐日丹:《颜煜群:“火眼金睛”严把证据审查关》，载《检察日报》2011 年 1 月 2 日。

[8] 参见徐国华、袁园、宋亚坤:《逮捕条件的完善——以审查逮捕案件质量为视角》，载《人民检察》2011 年第 4 期。

[9] 《中国法律年鉴》没有这两种数据。

产和有期徒刑宣告缓刑，要么免予刑事处罚或者不构成犯罪，但都被检察机关批准或者决定逮捕。这些数据表明，检察机关对于“徒刑以上刑罚”这一逮捕要件的判断和掌握十分宽松，不符合比例原则。再者，即便有6成被逮捕的人被判处徒刑（实刑）以上刑罚，但其中仍有部分人被侵犯了人身自由，因为所判徒刑（实刑）的刑期短于其捕后被羁押的时间。

表2 全国检察机关适用逮捕与法院判处被告人刑罚对比表（2002—2009）

年度	全国检察机关批准、决定逮捕人数	有期徒刑以上人数	有期徒刑以上占逮捕总人数的比例	未判徒刑以上刑罚但被逮捕人数	未判徒刑以上刑罚但被逮捕占所有逮捕人数的比例	自由刑（徒刑以上刑罚及拘役）人数	自由刑人数与检察机关逮捕人数之比	逮捕人数与自由刑人数之差
2002	782060	505675	64.66%	276385	35.34%	551113	70.47%	230947
2003	764776	516553	67.54%	248223	32.45%	569645	74.49%	195131
2004	828180	509249	61.49%	318931	38.51%	568721	68.67%	259459
2005	876419	546017	62.30%	330492	37.70%	610693	69.68%	265726
2006	906936	563295	62.10%	343641	37.90%	629085	69.36%	277851
2007	937284	581488	62.04%	355796	37.96%	648094	69.14%	289190
2008	970181	622186	64.13%	347995	35.87%	695369	71.67%	274812
2009	958364	622296	64.93%	336068	35.07%	688421	71.83%	269943
小计	7024200	4466759	63.59%	2557441	36.41%	4961141	70.63%	2063059

2. 根据自由刑（实刑）以上刑罚人数的分析

法院判决适用的刑罚包括死刑（含死刑缓期2年执行）、无期徒刑、有期徒刑、拘役、有期徒刑和拘役缓刑、管制、单处附加刑，还包括免予刑事处罚、宣告无罪等情形。其中拘役以上刑罚，除死刑为生命刑外，都是自由刑，包括拘役、有期徒刑、无期徒刑。

表2显示，在2002—2009年的8年间，法院生效判决中判处自由刑（实刑）以上刑罚的被告人4961141人，全国检察机关共批准、决定逮捕7024200人，二者之比仅为70.63%。

考虑到，判处自由刑的情形中包括以下两种：一是自诉案件被告人被判处自由刑；二是公诉案件被告人被判处自由刑以上刑罚但未被逮捕（《中国法律年鉴》中没有这两种数据）。排除上述两种情形，可以得出下述结论：被检察机关批准、决定逮捕的人中，被法院判处自由刑（实刑）以上刑罚的比例低于70.63%。

此外，实践中存在以下两种情形：一是公诉案件被告人被判处自由刑，但刑期短于判决生效前已羁押的时间；二是公诉案件被告人因之前被检察机关批准、决定逮捕，而失去被判徒刑或者拘役并宣告缓刑以及被判处更轻刑罚的机会[10]。由此可以得出如下结论：第一，公诉案件被告人应当被判处自由刑（实刑）的比例更低；第二，公诉案件被告人被判处自由刑（实刑）以上刑罚，但刑期长于未决羁押时间的比例也会更低。

另考虑到，有些公诉案件被告人曾被逮捕，但被判刑罚为拘役，未决羁押的时间虽可以折抵刑期，但拘役执行期间罪犯可以回家，因此其对公民生活的影响，与逮捕这种完全剥夺人身自由的强制措施相比要小。

综上，可以得出如下结论：被检察机关批准、决定逮捕的人中，真正符合“捕当其罪（刑）”的比例要低于 7 成。

为了减少逮捕的适用，早在首部刑事诉讼法典实施前夕的 1979 年 12 月 17 日，最高人民法院、最高人民检察院、公安部共同发布了《关于执行刑法、刑事诉讼法中几个问题的联合通知》，第 2 项明确指出：“按照刑法的有关规定，对判处管制、拘役、罚金、剥夺政治权利、没收财产和有期徒刑宣告缓刑的公诉案件，是否要经人民检察院批准逮捕和提起公诉的问题。根据刑事诉讼法第四十条规定的精神，对可能判处上述刑罚的人犯，不应逮捕。这类案件在公安机关侦查终结后，移送人民检察院审查起诉，由人民检察院提起公诉，人民法院依法判处。”而表 2 则显示，在 2002—2009 年 8 年间，公诉案件被逮捕的被告人中未被判处自由刑（实刑）以上刑罚的比例要高于 29.37% 从而高达 3 成，即超过 2063059 人、平均每年超过 257882 人，其罪行未达到判处自由刑（实刑）的严重程度而被适用逮捕由此遭受未决羁押。这无疑和该通知的精神背道而驰，与保障人身自由的宪法精神不符。超过 3 成被逮捕人论罪不该判处剥夺自由的刑罚，但遭受了长时间的未决羁押，这构成了对公民人身自由的实质侵犯，构成逮捕权的不当行使，而且这些人并不在国家赔偿的范围之内。

表 5 表明，检察机关提起公诉的被告人多于法院判决的人数。在超过 3 成被检察机关批准、决定逮捕但未被判处自由刑以上刑罚的被指控者中，并不都是有罪判决，还存在撤案、不起诉以及撤诉等情形，然而他们同样不能获得国家赔偿和任何救济。

（三）检察机关逮捕人数与提起公诉人数的比较

逮捕的第三个要件是“必要性要件”，即具有“社会危险性”。所谓“社会危险性”，是指对犯罪嫌疑人、被告人如果采取取保候审、监视居住等非羁押措施，

---

[10] 实践中存在羁押多长时间，法院就判自由刑多长时间的情形。在美国，经验亦表明，审前被拘押比审前获释的被告人更可能被宣告有罪和获得监禁处罚。参见［美］爱伦·豪切斯泰勒·斯黛丽、南希·弗兰克：《美国刑事法院诉讼程序》，陈卫东、徐美君译，中国人民大学出版社 2002 年版，第 355 页。

尚不足以防止逃跑、打击报复报案人、控告人或者又犯罪等。[11] 相较于前两个要件，必要性要件更为重要，因为仅具备前两个要件（充分性要件）而不具备该要件是不能逮捕的。检察机关在实践中是如何掌握这一要件的呢？

表3显示，在1990—2009年20年间，全国检察机关共批准、决定逮捕14579934人，提起公诉15550883人，捕诉率为93.76%。[12] 表4表明，仅就刑事犯罪案件来说，上述20年间共逮捕犯罪嫌疑人14148048人，提起公诉14917109人，捕诉率高达94.84%，高于同期职务犯罪案件的捕诉率68.16%。这意味着刑事犯罪案件嫌疑人相对于职务犯罪案件嫌疑人，获得取保候审更为困难。而上述捕诉率是在《人民检察院刑事诉讼规则》（以下简称《高检规则》）规定"应当逮捕但患有严重疾病""应当逮捕但正在怀孕或者哺乳自己婴儿"等情形不得逮捕的情况下达到的，如果没有这些限制，捕诉率还会更高。

表3 全国检察机关批准、决定逮捕人数与提起公诉人数对比表（1990—2009）

年度	批准、决定逮捕的人数	提起公诉的人数	捕诉比	年度	批准、决定逮捕的人数	提起公诉的人数	捕诉比
1990	636804	636626	100.03%	2001	841845	845306	99.59%
1991	550955	550455	100.09%	2002	782060	854870	91.48%
1992	511150	520430	98.22%	2003	764776	819216	93.35%
1993	558008	505714	110.34%	2004	828180	897974	92.23%
1994	629331	610495	103.09%	2005	876419	981009	89.34%
1995	608678	596624	102.02%	2006	906936	1029052	88.13%
1996	704148	751749	93.67%	2007	937284	1113319	84.19%
1997	537363	525319	102.29%	2008	970181	1177850	82.37%
1998	598101	584763	102.28%	2009	958364	1168909	81.99%
1999	663518	672367	98.68%	1990—2009	14579934	15550883	93.76%
2000	715833	708836	100.99%				

[11] 参见全国人大常委会法制工作委员会刑法室编：《中华人民共和国刑事诉讼法条文说明、立法理由及相关规定》，北京大学出版社2008年版，第174页。

[12] 其中8个年份逮捕人数超过提起公诉人数，即使是1996年修正的刑事诉讼法实施后的7年间，有三个年度即1998年、1999年和2000年亦属这种情形。这表明，检察机关适用逮捕具有普遍性与滥权性。

表 4　全国检察机关刑事犯罪与职务犯罪案件逮捕人数与起诉人数对比表（1990—2009）

年度	刑事犯罪案件			职务犯罪案件		
	批准逮捕的人数	提起公诉的人数	捕诉比	决定逮捕的人数	提起公诉的人数	捕诉比
1990	605406	599904	100.92%	31398	36722	85.50%
1991	521610	515677	101.15%	29345	38788	75.65%
1992	487888	489103	99.75%	23262	31327	74.26%
1993	532394	479860	110.95%	25614	25854	99.07%
1994	598633	570693	104.90%	30698	39802	77.13%
1995	576033	555842	103.63%	32645	40782	80.05%
1996	673733	707704	95.20%	30415	44045	69.05%
1997	512978	493762	103.89%	24385	31557	77.27%
1998	582120	557929	104.34%	15981	26834	59.56%
1999	645632	647440	99.72%	17886	24927	71.75%
2000	696265	681254	102.20%	19568	27582	70.94%
2001	823167	817479	100.70%	18678	27827	67.12%
2002	765899	829530	92.33%	16161	22676	71.27%
2003	748756	793092	94.41%	16020	26124	61.32%
2004	811102	867186	93.53%	17078	30788	55.47%
2005	860372	950804	90.49%	16047	30205	53.13%
2006	891620	999086	89.24%	15316	29966	51.11%
2007	920766	1082487	85.06%	16518	30832	53.57%
2008	952583	1143897	83.28%	17598	33953	51.83%
2009	941091	1134380	82.96%	17273	34529	50.02%
小计	14148048	14917109	94.84%	431996	633774	68.16%

由表 3、表 4 中的数据可以得出如下结论：公诉案件被告人几乎都被逮捕以羁押待审，适用逮捕成为检察机关提起公诉时的常态。这和在现代各国，单就等候审讯或审判的强制措施而言，剥夺人身自由只是一种例外，即使是已经被逮捕的嫌疑人也往往能够附条件地被释放，在基本自由的状态下等候审判和准备辩护，[13] 形成了巨大的反差。如 2000 年对前西德各州的统计表明，受到审前羁押者大约占刑事法院判决人数的 4%，如果不考虑违警罪，被审前羁押的嫌疑人比例

[13]　参见孙长永：《比较法视野中的刑事强制措施》，载《法学研究》2005 年第 1 期。

大约是 6%。[14]

在我国刑事诉讼中，逮捕成为公诉的常态，进一步印证了检察机关审查逮捕标准的单一化，即“构罪即捕”：检察机关认为有证据证明犯罪嫌疑人构成犯罪就批准或者决定批捕。正是因为检察机关以“捕得准”“诉得出”“判得下”为标准，才导致捕诉率如此之高。这不禁让人产生疑问：检察机关是如何审查逮捕必要性要件的，是怎样判断“社会危险性”的？批准、决定每一名犯罪嫌疑人，都是基于何种危险性？难道 94.84% 被提起公诉的刑事犯罪案件嫌疑人都具有社会危险性？都需要逮捕而羁押待审？毫无疑问，检察机关以“抽象的危险性”代替了具体的、客观的危险性，放弃了逮捕必要性要件的实质性审查。

（四）小结

我国《刑事诉讼法》第 12 条虽不是完整意义上的无罪推定原则，但犯罪嫌疑人因尚未被确定有罪，原则上应享有人身自由。正如联合国《公民权利和政治权利国际公约》第 9 条所规定的，“等候审判的人受监禁不应作为一般规则，但可规定释放时应保证在司法程序的任何其他阶段出席审判，并在必要时报到听候执行判决。”然而，1990—2009 年的 20 年间，94.84% 被公诉的刑事犯罪被告人被检察机关批准逮捕，适用逮捕率如此之高，且被逮捕人数超出法院生效判决的人数，无疑与我国诉讼原则相悖，与国际公约精神不符。

逮捕是一种程序性人身保全措施，而检察机关适用逮捕时出现了实体化的倾向，即将逮捕与定罪挂钩。在检察机关看来，逮捕不过是提起公诉、定罪处罚的预演。于是，法定的逮捕三要件被检察机关简化成了唯一的要件，即“有证据证明有犯罪事实”。被逮捕的人中仅有 6 成被判处徒刑（实刑）以上刑罚，不及 7 成被判处拘役（实刑）以上刑罚，3 成多的被告人不需坐牢而遭受逮捕，这表明，对检察机关而言，嫌疑人将来判处什么刑罚并不重要。而 94.84% 的被提起公诉的刑事犯罪被告人被逮捕表明，在检察机关看来，只要有证据证明某人实施了犯罪，就具有“社会危险性”，从而都有逮捕的必要。检察机关在审查逮捕时，仅仅关注犯罪的认定，至于嫌疑人是否可能判处徒刑以上刑罚以及是否有证据确信嫌疑人会逃跑、威胁证人、再犯罪，这两项要件的审查被搁置一边，只要认为案件“捕得准”“诉得出”“判得下”，就符合逮捕条件，这是典型的实体法思维而非程序法思维。在这种思维方式下审查逮捕，并不符合逮捕作为程序措施的性质及法定要件。检察机关仅将被逮捕的人被判处管制、拘役、缓刑以及免予刑事处罚作为逮捕质量不高进行评价，以符合证据要件来自我辩护，而不承担任何法律责任，可谓无关痛痒，表现出了对公民人身自由的漠视态度。在此情况下，“国

[14] 参见［德］魏根特：《德国刑事诉讼程序》，岳礼玲、温小洁译，中国政法大学出版社 2004 年版，第 95 页。

家尊重和保障人权”的宪法理念无法得到充分体现与落实。

逮捕给被羁押者造成重大影响，不仅要遭受因羁押带来的自由剥夺、健康损害、精神煎熬、亲情疏离、名誉贬损、经济损失等诸多不利后果和利益丧失，还导致失学、失去工作、家庭解体、人际关系恶化以及回归社会的巨大困难。由于看守所隶属于公安机关，还易遭受刑讯及变相刑讯。而普遍逮捕还致看守所人满为患，既易交叉感染，又因监管不力而造成在押人员非正常死亡事件频发。普遍逮捕还需要国家巨额的财政支出，造成人力、物力、财力的巨大糜费。[15]

逮捕适用普遍化还造成刑事诉讼“下游”生态恶化，由于检察机关实行逮捕考核机制等多种因素，导致逮捕“绑架”了整个刑事司法体制的运行。首先，检察机关提起公诉及法院一审、二审都要迁就于逮捕。检察机关之所以批准、决定逮捕，表明其认为案件“捕得准”，能够“诉得出”“判得下”。因此，逮捕了就要起诉，否则影响考核，就是错捕。被告人被起诉后，法院必须定罪，除非有明确的证据证明被告人无罪，否则检察机关就不会“答应”；或者在证据不足时，检察机关主动、有时在法院建议下滥行撤回公诉，在作出“不起诉决定”或者取保候审后不了了之，以规避无罪判决与国家赔偿义务，严重侵犯了公民权利，侵害了司法公正。总之，法院会公然地“迁就”检察机关，这使得无罪推定原则成为泡影，使得证明标准的规定形同虚设。其次，导致各种刑事证据规则无法发挥作用。因为一经批准、决定逮捕，就意味着检察机关提前作出了有罪认定，这导致证人出庭作证、非法证据排除等各种证据规则无法发挥作用，因为实施这些证据规则都可能导致无罪判决。再次，影响法院的量刑，包括刑罚的种类与执行方式，导致本不必判处自由刑的判处自由刑，本可适用缓刑的判处实刑。复次，导致以捕代侦，犯罪嫌疑人的当事人地位受损，沦为侦查的工具。由于实行羁押性、强制性讯问，且律师无在场权，讯问全程同步录音录像机制形同虚设，[16]被指控者遭受刑讯后，难以证明刑讯的存在。最后，导致辩护律师进行的无罪辩护很难获得成功。无罪判决不仅导致检察机关形象受损，而且因错误逮捕还产生赔偿义务，

[15] 参见刘计划：《逮捕功能的异化及其矫正——逮捕数量与逮捕率的理性解读》，载《政治与法律》2006年第3期；刘计划：《刑事拘留与审查逮捕的期限应予缩短》，载《中国司法》2009年第3期。

[16] 公安机关没有普遍性地实行讯问录音录像制度，最高检察院要求下级检察院实行讯问全程同步录音录像制度，但是由于缺乏监督，而异化为固定口供的道具。实践中，对于讯问过程中发生的嫌疑人非正常死亡事件，即便检察机关也从不提供讯问的录音录像自证“清白”。如谢志冈案，2010年12月3日中午，原辽宁省本溪市南芬区公安分局局长谢志冈从家中被本溪市检察院反贪局侦查一处侦查员带走调查，次日晚6时死亡。本溪市检察院办公室的工作人员透露，审讯时谢志冈病发，送往医院后死亡。参见李丽、王晨：《公安局局长接受检察院讯问时死亡》，载《中国青年报》2011年1月13日。再如冉建新案，2011年6月4日，湖北省巴东县检察院在提审嫌疑人原湖北省利川市都亭办事处主任冉建新过程中，冉建新身体不适，被送往医院。当天16时30分，冉建新经抢救无效死亡。参见姚祯发：《湖北一受贿干部异地受审时死亡死因尚未查明》，载《中国青年报》2011年6月8日。

这就使得法院在检察机关的压力下难以作出无罪判决。因此，只有降低逮捕率，减少逮捕的适用，才能给法院带来宽松的审判环境，为依法作出无罪判决和公正量刑提供应有的空间，才能保证现代刑事证据规则在中国的确立和实施，也才能为律师辩护松绑。

三、逮捕为何被普遍适用?

(一) 检察机关审查逮捕的实体标准限制了取保候审的适用

除了逮捕之外，刑事诉讼法还规定了取保候审、监视居住这两种非羁押性强制措施，它们同样具有保障刑事诉讼的功能。同时，二者虽为强制措施，但实际上是作为逮捕的替代措施来规定的，具有避免羁押、保护自由的功能。2012年《刑事诉讼法》第65条规定了广泛的适用范围，即“可能判处管制、拘役或者独立适用附加刑的”以及“可能判处有期徒刑以上刑罚，采取取保候审不致发生社会危险性的”，可以取保候审或者监视居住。可见，刑事诉讼法不仅没有规定不得取保候审的对象，而且对于适用取保候审持积极与鼓励的态度：不仅轻罪，而且即便被控罪行“可能判处有期徒刑以上刑罚”的案件，犯罪嫌疑人同样有获得取保候审的机会。特别是1996年修法完善了取保候审制度，在原有提出保证人形式的基础上增加了交纳保证金的形式，目的即在于扩大取保候审的适用范围。[17]

然而，最高人民检察院过分依赖逮捕，[18] 抵制乃至拒绝适用取保候审，消极对待公民人身自由的思维，与公安部如出一辙。2007年《公安机关办理刑事案件程序规定》第64条规定：“对累犯、犯罪集团的主犯，以自伤自残办法逃避侦查的犯罪嫌疑人，危害国家安全的犯罪、暴力犯罪，以及其他严重犯罪的犯罪嫌疑人，不得取保候审。”与其一脉相承，1999年《高检规则》第38条规定：“人民检察院对于严重危害社会治安的犯罪嫌疑人，以及其他犯罪性质恶劣、情节严重的犯罪嫌疑人不得取保候审。”我们看到，自诩为“法律监督机关”，强调自身肩负“客观义务”的最高人民检察院——领导全国检察机关审查逮捕工作、行使逮捕权的最高领导机关——却作出上述绝对性的规定，将犯罪行为“情节严重”等同于“有社会危险性”，从而简单化地、一概地剥夺了嫌疑人获得取保候审的权利。最高人民检察院与公安部的上述规定，大大限缩了取保候审的适用范围，导

---

[17] 就取保的方式而言，刑事诉讼法仅规定了保证人与保证金两种方式。如果犯罪嫌疑人不能提供保证人，又交不起保证金，就不可能获得取保候审。这种限制性的规定否定了具结保证的可能性，制约了取保候审的广泛适用。在英国，无条件保释的适用在保释中超过一半，而且比例还在提高，有利于实现嫌疑人获得保释的权利。参见陈卫东、刘计划：《英国保释制度及其对我国的借鉴意义》，载《人民检察》2003年第3期。

[18] 在检察机关看来，逮捕“最具”保障功能，因为可以避免可能发生的各种危险。即便近年来频频发生被羁押人员非正常死亡事件，也鲜见检察机关对其普遍逮捕的做法作出检讨，似乎仅是看守所乃至公安机关的责任。

致逮捕在绝大多数情况下成为唯一选项，这是违反刑事诉讼法关于取保候审立法精神的，是对保障人权宪法要求的直接拒绝，也正是这些规定导致逮捕被普遍化适用。表 2 更表明，检察机关不仅对“危害社会治安的犯罪嫌疑人”以及“其他犯罪性质恶劣、情节严重的犯罪嫌疑人”批准逮捕，而且对那些判处管制、拘役或者独立适用附加刑的人剥夺取保候审的权利，同样几乎全部予以逮捕。

（二）检察机关审查逮捕程序具有重大缺陷

1999 年《高检规则》第 92 条第 1 款规定，审查逮捕部门办理审查逮捕的案件，应当指定办案人员进行审查。办案人员应当审阅案卷材料，制作阅卷笔录，提出批准或者决定逮捕、不批准或者不予逮捕的意见，经部门负责人审核后，报请检察长批准或者决定；重大案件应当经检察委员会讨论决定。检察机关实行的“办案人员提出意见、部门负责人审核、检察长（检察委员会）批准或者决定”这种内部行政审批程序，存在重大缺陷。

首先，在行政化审查模式下，审查内容单一导致逮捕必要性审查缺失。根据 2012 年《刑事诉讼法》第 85 条的规定，公安机关要求逮捕犯罪嫌疑人的时候，须移送提请批准逮捕书和案卷材料、证据。由于办案人员审查范围限于公安机关移送的卷宗与证据，注定审查只能围绕犯罪事实展开，难以通过案卷对逮捕的必要性进行有效审查。于是乎，检察机关将逮捕的条件简化为“有证据证明有犯罪事实”一个要件。承办检察官为了规避取保候审的风险，更乐于在“有证据证明有犯罪事实”时提出适用逮捕的意见，这样对于自身而言更“安全”：既可以免除嫌疑人逃跑的可能性，又能满足被害人要求严惩凶手的诉求、树立检察机关对犯罪“严厉打击”的形象，还可以免于承担任何法律责任。将逮捕审查内容单一化处理，或许是一种安全的方式，但背离了逮捕的功能。

其次，行政化的审查方式剥夺了辩护权。检察机关传统的审查逮捕程序为书面审查，并不听取犯罪嫌疑人及其律师的意见，极少考虑适用取保候审。依内部的审批程序，一旦承办人提出适用逮捕的意见，那么部门负责人、检察长的审查程序形同虚设，[19] 这也是为什么检察系统评选的“侦查监督能手”都是承办检察官而不是检察长的原因。

为了回应质疑，最高人民检察院、公安部于 2010 年 8 月 31 日印发《关于审查逮捕阶段讯问犯罪嫌疑人的规定》。据称，制定该规定的目的是，“保证办理审查逮捕案件的质量，依法打击犯罪，保障犯罪嫌疑人的合法权利”。该规定要求检察院办理审查逮捕案件，“必要时应当讯问犯罪嫌疑人”，“公安机关应当予以配合”。增加讯问程序，与原来单一书面审查方式相比是一种改良，然而只是将

---

[19] 实践中，一些地方的检察长将批准、决定逮捕权“下放”给主管副检察长，这本身就是一种违法的做法。

其作为工作方式的转变，而忽视了实现辩护权的实质。因为从内容看，讯问仅具有“核实”犯罪事实、防止逮捕对象错误的作用，而如域外实行法官审查，重在审查羁押必要性以保障嫌疑人获得保释的权利，具有明显的功能差异。

审查逮捕不应只是审查证据、确认有犯罪事实及犯罪事实为嫌疑人所为，更重要的是在此基础上审查嫌疑人的危险性即逮捕的必要性，换言之是适用取保候审的可能性。因此，这一程序必须满足以下要件：申请者陈述逮捕的必要性，允许犯罪嫌疑人委托律师或者指定律师为其申辩或者申请取保候审。无论是批准逮捕还是取保候审，均应通过听证程序来实现，由中立审查者在充分考虑取保候审的可能性的情况下作出判断，而这些在检察机关审查程序中并没有做到。

再次，检察机关审查逮捕程序规则限制了取保候审的适用。根据2012年《刑事诉讼法》第64条的规定，人民检察院根据案件情况，对犯罪嫌疑人、被告人可以取保候审或者监视居住。据此，检察机关审查后，一方面要严格适用逮捕，另一方面在具备取保候审的条件下应为嫌疑人办理取保候审。然而1999年《高检规则》第92条第2款规定：“审查逮捕部门办理审查逮捕案件，不能直接提出采取取保候审、监视居住措施的意见。”该规定意味着地方各级检察机关审查后只能作出批准与不批准逮捕的决定，被剥夺了另一重要选项——取保候审。这样的规定与刑事诉讼法第50条不符，限制了取保候审的适用。

复次，检察机关批准逮捕后，不向嫌疑人说明理由。检察机关在审查逮捕并作出决定后，对公安机关和嫌疑人有着两种截然不同的对待方式。根据2012年《刑事诉讼法》第88条的规定，对于不批准逮捕的，人民检察院应当说明理由；而批准逮捕的，并不要求说明理由，2012年《刑事诉讼法》第91条只是要求把逮捕的原因和羁押的处所在逮捕后的24小时以内通知被逮捕人的家属或者他的所在单位。

近年来，检务中实行“双向说理”，但仅是在公安机关与检察机关之间互相说理。于是我们看到一种不公平的局面：检察机关不批准逮捕要对公安机关“说理”；[20]而批准逮捕时却不向嫌疑人“说理”，对逮捕的必要性不作解释，批准逮捕是根据危险性中逃跑、重新犯罪、干扰作证中的哪一项抑或哪几项作出的？则语焉不详。检察院《批准逮捕决定书》的内容为，“经本院审查认为，该犯罪嫌疑人涉嫌某犯罪，符合《中华人民共和国刑事诉讼法》第60条第1款规定的逮捕条件，决定批准逮捕犯罪嫌疑人某某。请依法立即执行，并将执行情况3日内通知本院”。可见，除了认定涉嫌罪名，逮捕决定书并不对逮捕的必要性作任何说明。这实为“不讲理”的逮捕书。而在日本，《刑事诉讼规则》第70条规定，《羁

[20] 实践中，有地方的检察机关在批捕环节甚至邀请侦查人员及其部门领导列席讨论案件，参见任丕建：《四川阆中：不捕案请侦查人员列席讨论》，载《检察日报》2007年3月28日。

押证》应当记载《刑事诉讼法》第 60 条第 1 款各项规定的事由。[21]《逮捕证》中记载逮捕必要性事由，能够防止仅因涉嫌犯罪而羁押嫌疑人，理应成为一项不可缺少的内容。

最后，对于检察机关批准逮捕的决定，嫌疑人无任何救济权利。2012 年《刑事诉讼法》第 90 条规定，公安机关对人民检察院不批准逮捕的决定有权要求复议，如果意见不被接受还可以向上一级检察院提请复核；而嫌疑人对检察院批准逮捕的决定不能提出异议，既不能向检察机关申诉，也不能请求法院审查。嫌疑人虽有权申请取保候审，但只能向公安机关提出。此外，2012 年《刑事诉讼法》第 97 条仅赋予在羁押期满时申请解除或者变更强制措施的权利。《公民权利和政治权利国际公约》第 9 条第 4 款则规定了被逮捕人获得法院司法审查的权利，即“任何因逮捕或拘禁被剥夺自由的人，有资格向法庭提起诉讼，以便法庭能不拖延地决定拘禁他是否合法以及如果拘禁不合法时命令予以释放”。

（三）检察机关奉行“快捕快诉”的指导思想

基于逮捕是剥夺尚未定罪公民人身自由的强制处分，检察机关在审查逮捕时本应审慎为之，而实务中却以“快捕快诉”为指针，惯于适用逮捕而非取保候审等非羁押措施，这是导致普遍逮捕的重要原因。

最高检察院 2005 年工作报告中有这样一段话：“面对刑事犯罪多发、治安形势严峻的状况，各级检察机关认真履行批准逮捕、提起公诉职能，与有关部门密切配合……依法快捕快诉，始终保持对严重刑事犯罪的高压态势。……全年共对公安、国家安全等机关侦查的犯罪嫌疑人批准逮捕 811102 人，提起公诉 867186 人，分别比上年增加 8.3% 和 9.3%。”高检上述充满成就感的“自述”，是检察机关作为追诉机关的本能体现，是其追诉情结的自然流露。频频使用“密切配合”“快捕快诉”“保持高压态势”这些词汇，并以逮捕率的提高为“巨大成绩”向立法机构汇报，表明检察机关将自己定位为打击犯罪的“急先锋”。作为审查逮捕者，检察机关承担的是侦查监督制约者和自由保护者角色，但又同时承担犯罪指控者角色，在不同角色的冲突中，检察机关选择了追诉犯罪优先，根本无法兼顾保护自由的职责。从“快捕快诉”的思维出发，检察机关是不可能在审查逮捕时保持中立的，也是不可能充分考虑适用取保候审可能性的，于是普遍逮捕就不难理解了。可以说，“重打击轻保护”“重逮捕轻取保”是检务活动的真实写照。

（四）逮捕功能异化且检察机关人为控制不捕率

逮捕被滥用，还源于逮捕功能遭严重异化。种种迹象表明，逮捕还被检察机

[21] 日本《刑事诉讼法》第 60 条第 1 款规定：“法院有相当的理由足以怀疑被告人有犯罪行为并符合下列情形之一时，可以羁押被告人：（1）被告人没有一定住居时；（2）有相当的理由足以怀疑被告人将毁灭罪证时；（3）被告人有逃亡行为或者有相当理由足以怀疑被告人有逃亡可能时。”

关赋予惩罚犯罪、震慑犯罪、安抚社会等不同功能。如最高人民检察院机关报《检察日报》第二版“社会万象”栏目几乎每天刊发熟人之间犯罪的嫌疑人被逮捕、定罪的实例，[22] 第一版则经常发布有一定社会影响的案件“犯罪嫌疑人某某已被批准逮捕”之类的新闻，报章上也在报道各地仍在举行的“公捕大会”。以上种种，无非是向社会传达嫌疑人已受到“控制”和“惩罚”的信息，无非是为了震慑犯罪、安抚民众。在检察机关看来，如果有证据证明某人有犯罪行为，逮捕只不过是提前的定罪和刑罚的“预演”而已，对嫌疑人予以逮捕，在所难免，无可厚非，再正常不过，似乎嫌疑人就不要奢谈自由。在检察机关发布的逮捕信息里，逮捕的必要性从来都语焉不详。这些无疑都是背离逮捕功能，与无罪推定原则相悖的。

在美国，两项预防羁押的研究不约而同地发现，只有5%有潜在拘押必要（也就是犯了暴力罪行）的刑事被告人当保释在外时因暴力罪行而再次被逮捕。[23] 我国检察机关实行普遍逮捕，意味着将几乎所有嫌疑人认定为具有逃跑、干扰作证或者再犯罪的危险。而对所有嫌疑人予以羁押，因释放可能发生的各种危险自然全部化解。这种简单化的处理方式固然“有效”，然而如果只有极小比例的嫌疑人需要羁押而剥夺了所有嫌疑人获得自由的权利，无疑是专断与不公的。正如美国研究人员指出的，对于暴力犯罪的嫌疑人，看似有效的解决方案是撒一张很宽的网，但无疑会罩住其实安全的人们。而波士顿的研究得出了“为了控制所有事实上危险的人们，我们不得不在拘押一个危险人物的同时拘押十九个不危险人物”的结论，即每准确拘押一个危险人物，将有十九个错误的积极分子亦被拘押。这一错误的费用则翻了三番，不仅触犯了这些没有必要拘押的人的权利，而且看守所的经历将促使他们中的许多人产生敌对社会的态度和行为，再有，关押这么多人的费用也非常惊人。[24] 尤其我国检察机关从预防与惩罚犯罪的角度规定“不捕率”，人为地控制“不捕率”，[25] 实为检察机关追诉者思维的佐证，构成重大的程序违法。检察机关作为追诉机关，在逮捕的适用上，强调控制犯罪功能至上，最终导致自由成为涉罪公民不可企及的奢望。具有比较法意义的是，美国联邦政府收集的全美最大的75个县关于重罪被告人审前释放的数据资料（BJS 1991，1992，1994）显示，所有重罪被告人中仅有6%没有获得保释而被拘押。[26]

（五）小结

检察机关作为侦查中逮捕决定权的唯一主体，自然成为逮捕适用的唯一责任主体。上述种种导致逮捕长期普遍适用的原因，可归结为体制性的根源，即侦查

---

[22] 参见汤松晖、严永：《结婚本是你情我愿的事》，载《检察日报》2011年3月2日。

[23] 参见前引10，爱伦·豪切斯泰勒·斯黛丽、南希·弗兰克书，第366页。

[24] 参见前引10，爱伦·豪切斯泰勒·斯黛丽、南希·弗兰克书，第367页。

[25] 参见贾春旺：《不能人为控制不批捕率不起诉率》，载《人民检察》2007年第16期。

[26] 参见前引10，爱伦·豪切斯泰勒·斯黛丽、南希·弗兰克书，第357页以下。

中实行由检察机关批准、决定逮捕的模式，而缺乏独立、中立的法院控制系统。

联合国《公民权利和政治权利国际公约》第9条第2款规定："任何因刑事指控被逮捕或拘禁的人，应被迅速带见审判官或其他经法律授权行使司法权力的官员，并有权在合理的时间内受审判或被释放。"有人认为，中国检察官（检察院）是"经法律授权行使司法权力的官员"，由检察院决定逮捕符合公约精神，有宪法依据。然而，在讨论"侦查中由人民检察院批准、决定逮捕"模式是否具有正当性时，必须认识检察机关在刑事诉讼中所担负的职能。1979年《人民检察院组织法》规定了检察机关的侦查权与公诉权，[27]人民检察院是我国重要的侦查机关之一，是唯一的公诉机关。毋庸置疑，检察院是最重要的追诉机关，是追诉职能的最主要行使者，这是研究检察职权包括逮捕权配置的基础和最基本的出发点。

在"侦查中由人民检察院批准、决定逮捕"模式下，检察院作为兼行侦查、公诉的追诉机关，集中行使追诉职能，却有权批准、决定逮捕嫌疑人，这是典型的"原告决定被告的命运"，其实质就是"原告抓被告"，诉讼还有何公平可言？普遍逮捕的事实表明，检察院在审查逮捕时，完全根据侦查、审查起诉的需要适用逮捕，导致逮捕依附于追诉活动，沦为侦查的工具。因此，面对逮捕普遍化的现实，人们有充分的理由质疑检察院行使逮捕权的中立性、公平性与合理性。

我国检察院行使逮捕批准、决定权的理论基础为检察监督理论，审查逮捕被解释为检察院实施侦查监督的方式。殊不知，检察院就是一个侦查机关。检察院和其他侦查机关一样会滥用权力，侦查权的易滥用性并不因行使者的不同而有区别，检察院无疑会为了侦查需要而逮捕嫌疑人。检察院以监督机关自居决定指控对象的自由，根本违背刑事诉讼职能基本理论。虽然检察院内部有侦查部门与侦查监督部门之分，然而面对检察院兼负侦查与公诉职责，以及"检察长统一领导检察院的工作"的检察体制，[28]检察长既领导侦查和公诉，又有权决定逮捕，试想这种"左手管右手"以及多种权力集于一人的"自我监督"能够实现吗？这无异于一种制度神话。如果检察院能做到自我监督，又如何否认公安机关也可以通过自侦、自捕的内部分工机制实现自我监督？

检察监督理论先天不足，具有天然的局限性。该理论并不表明检察院具备"监督者"应有的中立性，相反导致检察院职能冲突、缺乏制约，处于一种矛盾的诉讼地位和错乱的诉讼法律关系中。首先，"检察监督"掩盖了监督者就是追

---

[27] 1979年《人民检察院组织法》第11条规定："人民检察院发现并且认为有犯罪行为时，应当依照法律程序立案侦查，或者交给公安机关进行侦查。"因此，检察机关是法定的所有犯罪的侦查权主体，只不过可以授权公安机关具体实施而已。

[28] 参见1979年《人民检察院组织法》第3条。

诉者的本质。检察院本为侦查机关和公诉机关，处于诉讼法律关系之中；同时又处于监督关系中，以监督者的名义拥有剥夺其指控对象自由的权力，这一权力必然成为专断的权力。其次，“检察监督”将检察院推上“监督者”的高位，导致嫌疑人、被告人不能与作为侦控官的检察官平等地进行“对抗”，不能以检察院的指控为防御对象。很难想象，嫌疑人作为诉讼当事人，却由以追诉犯罪为己任的公诉机关、侦查机关决定逮捕。因此，检察监督理论在根本上否定了嫌疑人、被告人的实质当事人地位。最后，“检察监督”的后果还在于，检察院被“装扮”成中立的“监督者”、保障人权的“司法机关”，根本上排斥了法院对含有侦查权的检察权的制约。当检察院的逮捕决定具有终局效力时，公民自由就失去了获得法院有效救济的机会。总之，检察监督理论与控审分离、裁判者中立、控辩平等构成的现代刑事诉讼结构理论相悖，阻碍了逮捕制度乃至刑事诉讼程序的改革。

为了回应社会对检察机关自侦、自捕体制的质疑与批评，自2009年9月开始，最高检察院将自侦案件的逮捕决定权上提一级。这一改革本身就宣告了之前自侦、自捕内部制约机制的失败。而实践表明，改革效果也并不理想。如武汉市检察院在改革后的一年间，共承办区院报请审查批捕案件160件186人，审查后决定逮捕158件183人，决定不逮捕仅2件3人，逮捕率高达98.4%。这不免让人对改革生疑，而看到“市院决定逮捕的案件到目前为止，无撤案、无不诉、无无罪判决”的“总结”[29]，即可明白根源所在：上一级检察院审查逮捕的标准仍然是“构罪即捕”。可见，上提一级的改革并没有改变检察院的“追诉”倾向和思维方式，也没有解决其审查程序非公开性、非诉讼性、非权利性的根本缺陷。而改革却因异地报请带来审查时限延长乃至拖延、成本增加等问题，因为除了直辖市、省会城市、设区的市上下级检察院在距离上不算太远以外，绝大部分的省、市、县都存在着上、下级检察院距离很远的问题，且省级院、市级院大多有十几个下级院，审查案件的压力骤然增加了十几倍，审查的效率与效果都可想而知。

即便检察院对他侦案件中逮捕的审查，也属公诉机关的审查而非中立机构的审查。检察院作为指控犯罪的机关，是不可能做到中立审查的。这从前文分析的检察院实行的逮捕实体标准、审查程序、“快捕快诉”的追诉性指导思想以及错误理解逮捕功能几个方面可得到充分的印证。

综上所述，“侦查中由人民检察院批准、决定逮捕”模式所依赖的检察监督理论具有天然的局限性，实务上造成了逮捕被滥用的后果。解决逮捕被滥用的痼疾，应当实现刑事诉讼理论创新，贯彻法治与保障人权的宪法精神，以宪法原则为指导，深化逮捕制度改革。逮捕制度改革的核心问题是，检察院不能行使逮捕的决定权。而改革的要义在于，将侦查中的逮捕决定权分为申请权与决定权，由

---

[29] 参见花耀兰：《武汉：“上提一级”改变办案理念》，载《检察日报》2010年12月15日。

检察院对公安机关提出的逮捕申请进行初步审查，再由检察官向法院申请逮捕。此改革并非取消检察院对逮捕的审查功能，也不会削弱检察院的作用，而是在继续发挥检察院审查、监督与过滤功能的基础上，增加法院的制约作用。

四、法院统一审查逮捕模式的中国化证成

（一）法院统一审查逮捕模式的宪法根据和理论基础

探讨逮捕何以由法院审查决定更利于保障人权，必须充分理解现代法院及其审判的价值。在现代刑事诉讼中，检察机关职司起诉，但其指控是否成立，必须经由法院审理予以判定。正如我国《刑事诉讼法》第 12 条所规定的，“未经人民法院依法判决，对任何人都不得确定有罪”。换言之，检察机关的指控仅具有“暂定的效力”，只有法官亦认同被告人有罪，才能最终认定有罪。在此意义上，法院是中立的司法机关，享有否定检察机关错误、不当指控的职责，审判则是实现罪刑法定、罪刑相适应刑法原则的屏障。而无论是理论上还是实践中，都存在检察机关指控错误的可能性。因此，审判并非定罪的形式，而具有保障人权的功能。正是在此意义上，法院被称为法律帝国的首都，法官被称为帝国的王侯。[30]

表 5　全国检察机关起诉人数与法院审理刑事案件判决生效人数对比表（2002—2009）

年度	全国检察机关提起公诉人数	全国法院审理刑事案件判决生效人数（含自诉）	起诉后判决比例	年度	全国检察机关提起公诉人数	全国法院审理刑事案件判决生效人数（含自诉）	起诉后判决比例
2002	854870	706707	82.67%	2007	1113319	933156	83.82%
2003	819216	747096	91.20%	2008	1177850	1008677	85.64%
2004	897974	767591	85.48%	2009	1168909	997872	85.37%
2005	981009	844717	86.11%	2002—2009	8042199	6896571	85.75%
2006	1029052	890755	86.56%				

表 5 显示，2002—2009 年 8 年间，全国检察机关共起诉 8042199 人，而全国法院审理刑事案件被告人判决生效 6896571 人，排除无罪判决和自诉案件，公诉案件被告人的定罪率低于 85.75%！可见，虽然提起公诉的条件“犯罪事实已经查清，证据确实、充分”与有罪判决的证明标准“案件事实清楚，证据确实、充分”完全相同，但仍有超过 14.25% 的被告人虽经检察机关提起公诉而未被法

[30]　参见［美］德沃金：《法律帝国》，李常青译，中国大百科全书出版社 1996 年版，第 361 页。

院认定有罪。这就是法院及其审判程序的价值！

检察指控与法院审判的结果竟有如此大的出入，为了侦查、起诉的需要，检察机关审查逮捕时又何尝不从宽解释呢？因此，法院统一审查逮捕是必要的。详言之，首先，逮捕的实质乃剥夺自由，持续时间长，与刑罚无异，应由法院裁决。其次，为了防止逮捕沦为侦查、起诉的工具，防止侦查人员利用羁押逼取口供甚至刑讯，应由法院施加保护。基于侦查的易侵权性，就保护人权而言，法院对逮捕的审查相比于审判更具必要性和重要性。最后，有利于防止对涉嫌罪行轻微的嫌疑人适用逮捕，以及避免羁押超过应判刑期。总之，为了保障公民人身自由不受侵犯，应当确立“未经人民法院依法裁定，对任何人不得逮捕”的原则。

在我国，逮捕由法院统一审查具有宪法根据。首先，根据宪法规定，法院享有逮捕决定权。这也是古今中外法院为了实现审判权都具有的权限。其次，符合“互相制约”的宪法原则，是法院制约检察院以贯彻制约原则的应有之义。法院统一审查逮捕是实现法院制约作为侦查机关的检察院和公安机关的重要形式，能够消除“以捕代侦”。只有法院的开庭审查，才能将审查的重点转移到逮捕的必要性上，才能实现对侦查权的同步制约。最后，有利于实现“国家尊重和保障人权”的宪法原则。法院统一审查逮捕，意味着在检察院审查的基础上，增加法院审查程序，无疑强化了对人身自由的程序保障。根据宪法原理，《宪法》第 37 条第 2 款为人权条款，而非对检察机关的授权条款。既然法院统一审查逮捕能够更好地保障公民的人身自由权，那么此改革即符合宪法精神的。法院统一审查逮捕改革对于宪法规定冲击不大，只需将《宪法》第 37 条第 2 款修改为“任何公民，非经人民法院裁定，不受逮捕”即可。

我国建立法院统一审查逮捕模式的理论基础为现代司法审查理论，而造成普遍逮捕现状的理论症结即在于以检察监督理论代替了司法审查理论。我国宪法规定法院是国家的审判机关，传统的审判是狭义上的，主要表现为实体审判。现代审判则是一种广义上的审判，包括刑事诉讼全过程中的程序性裁判，逮捕的审查即其中之一，在域外，它属于司法审查的范畴。根据现代司法审查理论，凡是剥夺公民权利包括针对人身、财产、隐私权利而采取的强制处分如逮捕、羁押、搜查、扣押、秘密侦查，原则上要经由法官的司法裁决。陈光中教授主张并论证中国语境中的司法机关包括检察机关和法院，认为意大利、俄罗斯两国立法规定了司法机关包括法院和检察院，还认为德国克劳斯·罗科信教授、法国卡斯东·斯特法尼教授主张检察官是司法官员。[31]但是上述四个国家都实行严格的控审分离，都实行法官司法审查制度，检察官只是逮捕、羁押、搜查、扣押、秘密侦查的申

[31] 参见陈光中、崔洁:《司法、司法机关的中国式解读》，载《中国法学》2008 年第 2 期。

请者，而法官才是决定者。可见，无论将检察官定性为行政官还是司法官，均不影响这些国家羁押应由法官审查的看法。而陈先生仅仅论证我国检察机关为司法机关，并没有进一步回答检察机关和法院之间的职权划分问题，有可能对我国刑事程序改革产生误导。

在德国，虽然奉行检察官客观义务原则，也有人主张检察官是司法官，但是基于诉讼分权原理以及对检察官的不信任，建立了法官对检察官的全面监督与制约机制，对我们研究法、检关系和改革逮捕审查制度不无启示。德国法院审查包括三项内容，即强制处分、中间程序、强制起诉。所谓对强制处分的审查，是指逮捕、羁押及搜查等涉及人身自由与财产权利的强制处分由检察官申请、法官审查作出决定。所谓中间程序，是指检察机关的公诉须经法官庭前审查，确认符合开庭条件才能启动审判程序。所谓强制起诉，是指对于检察院作出的不起诉决定，州高等法院可以根据被害人的申诉进行审查，并决定审判。学理上认为，“整个欧陆德国法系的检察官制中，理论上最为圆融，实务上也最具成效的监督机制，既非上级监督，亦非国会责任，而是法院审查制”。[32] 笔者理解这是因为，上级检察机关的审查因属行政审批模式且流于书面形式而难以发挥制约作用。之所以说非“国会责任”，主要是因为国会不可能对检察机关侦查、起诉的案件进行逐案审查，这也不是国会的职责。而同级法院的审查可以克服上述缺陷，如同级法院对逮捕、羁押的审查，不仅因为法官具有专业经验，而且法院审查属国家权力之间的制约，还具有以下无比的优势：首先，通过诉讼分权，实现了裁判职能与追诉职能的彻底分离，实现了法官对追诉活动的全程制约；其次，法官不承担追诉职能，保持了裁判者的中立性；再次，法院审查能够做到在程序上同等听取控诉与辩护的意见，尤其有利于实现辩护权，充分保护自由；复次，法院的审查程序对于控辩双方公开、透明；又次，法院与检察院对应设立，在空间距离上也最近；最后，法院实行上诉制，可以为检察机关和嫌疑人双方提供同等的权利救济。

（二）法院审查程序比检察机关审查程序更符合程序正义

衡量逮捕权配置是否公平的一项标准是，能否有效实现相对人的程序参与权，即嫌疑人能否有效地参与到逮捕的决定过程之中，是否符合程序正义。我国2004年《宪法》第125条规定，被告人有权获得辩护。对于被指控者而言，辩护权贯穿于刑事诉讼全过程，审判程序中固然重要，而逮捕审查程序中更具有特别意义。基于逮捕剥夺自由而与刑罚无异的实质，应当保障嫌疑人在逮捕审查中的参与权、律师帮助权以及上诉权。正是这些程序保障机制才能实现人身自由权的法律保护。就审查程序而言，法院对逮捕的审查程序比之检察机关的审查程序，更符合程序正义的要求。

---

[32] 参见林钰雄：《检察官论》，法律出版社2009年版，第117页。

检察机关审查逮捕程序有违程序正义。程序正义要求剥夺一个人基本权利需要满足“裁判者中立”“裁决者同等听取双方意见”“说明理由”“权利可救济”等要素。检察院是一个职权充满矛盾的主体，在承担包括侦查、公诉在内的追诉职能的同时，又有权以“监督者”的身份决定追诉对象的自由，具有裁判者不中立的根本缺陷；在程序上具有书面性、行政性、秘密性等特征，虽经承办检察官、侦监部门负责人、检察长的层层审查，但审查程序不公开、非对抗，[33]决定不可上诉，因此并不具有程序正义的品格。逮捕决定者如果不通过开庭的方式审查，等于剥夺嫌疑人的辩护权，等于连嫌疑人的面都不见就直接下结论，无异于流水作业。2009 年最高检察院虽有审查逮捕“必要时”讯问嫌疑人的改革，但“讯问”仅停留在核实证据的层面上，没有改变“构罪即捕”的实体控制模式。而职务犯罪案件逮捕决定权上提一级的改革，也并没有改变其行政审批的本质，嫌疑人仍不能有效地行使辩护权。实践中甚至出现“立案下沉”的现象，[34]正可谓“上有政策，下有对策”。由于检察机关审查程序不公开，律师无法参与其中为嫌疑人申请取保候审，因此程序功能极为有限，甚至导致嫌疑人家属上访等社会问题。近年来，律师执业中抱怨申请取保难，重要原因就是检察机关非中立以及惯行的书面、秘密审查方式。而检察机关只交代涉嫌罪名从不说明逮捕的理由，从不明示羁押的期限，也不告知不服逮捕决定的救济方法，这反映出对公民自由的极度轻慢的态度。

只有法院的审查程序才能满足嫌疑人的各项诉讼权利，因为法院审查程序有别于检察机关审批程序，并非承办法官—庭长—院长层级报批制，而是由法官召开专门的羁押庭，以审判方式进行。它是由检察官作为羁押申请方、嫌疑人及其律师作为辩护方，分别提供信息，由法官依法作出裁定的司法裁判机制。站在被指控者权利保障的角度，这种逮捕审查模式更具有合理性。因为与检察机关审查逮捕程序相比，法院的审查程序具有中立、开庭、公开、透明、言词辩论、诉辩对抗、裁判者中立、信息全面、裁定可上诉等程序优点，能够保障当事人的参与权，特别是嫌疑人、律师的辩论权，使得当事人得以将注意力转移到法庭上，更能吸纳当事人的不满，符合程序正义的各项要求。

有人认为，“检察机关的错误批准和决定逮捕可以最后得到法院的救济”，[35]

---

[33] 这些缺陷还导致取保候审适用中的人情案、关系案及钱权交易等诉讼外因素被遮盖，而这些案件中被取保的嫌疑人又极易脱保，反过来成为侦查机关攻击取保候审存在风险的口实，导致取保候审不能得到正常适用。

[34] 所谓“立案下沉”，是指某些市级检察院利用指定管辖权，将本应由本院立案侦查的职务犯罪案件指定给辖区内基层法院办理，而后以基层检察院的名义上报本院侦监部门审查逮捕，以规避上级院的审查。

[35] 参见种松志：《检警关系论》，中国人民公安大学出版社 2007 年版，第 200 页。

事实上，面对当下的普遍逮捕，被指控者并无获得救济的机会。在域外，警察逮捕嫌疑人后在很短的时间一般为 24 小时内交由检察官向法庭申请羁押的程序设计，体现了对逮捕与羁押的双重监督与制约，体现了法官对检察官与警察的制约。恰恰是审查的及时性，实现了监督的有效性。在我国，公安机关刑事拘留的期限长达 7 天，最长可达 30 天，检察机关刑事拘留期限为 14 天，再报请检察机关审查逮捕部门审查逮捕，审查期限长达 7 天。公安机关和检察机关侦查部门长时间拘留犯罪嫌疑人，逮捕审查程序严重滞后，加之审查书面化与行政化，看守所隶属于公安机关，最易发生嫌疑人权利被侵犯的现象，实践中发生的刑讯逼供及被羁押人员非正常死亡事件都与此程序设计有关。[36] 而对于被检察机关撤案、不起诉、撤诉以及最终被法院判处管制、缓刑、单处附加刑的嫌疑人、被告人，业经检察机关批准、决定逮捕，依法不能寻求国家赔偿，还有何救济可言？因此，对于自由最有效的保护是审判前的程序保护，即检察机关的逮捕决定不具有终局效力，须再经法院审查，以避免不必要的逮捕。

（三）我国台湾地区和法国羁押制度改革的启示

自有刑事诉讼始，皆由法官决定适用强制处分，近现代国家建立检察官制后仍然如此。德国法理论谓之“法官保留”原则，英美法理论则谓之司法裁决原则。现代法治国家刑事程序的共同点是，警察逮捕嫌疑人后提请检察官审查，检察官再向法官申请羁押。在美国，这一程序被称为初次到庭程序。法官采取开庭与聆讯的形式即时审查，发挥了防范侦查权滥用与保护人权的双重功能。最近十几年来，又有我国台湾地区、法国、俄罗斯等法域进行了羁押司法化改革，对于我国大陆改革逮捕制度不无镜鉴意义。

我国台湾地区在 20 世纪 80、90 年代也发生过羁押权归属的争论。早在 1983 年台湾地区“司法院刑事诉讼法研究修正委员会”会议上，林山田教授以及四位委员提出要删除检察官的羁押决定权。[37] 此后，学界、实务界及民间团体等都加入到对检察官是否应拥有羁押决定权的争论中。社会各界分为两派，大部分学者及法官认为检察官不应拥有羁押决定权，而大部分检察官及“法务部”则认为检察官应该保留羁押决定权。

1997 年 12 月 19 日我国台湾地区修正“刑事诉讼法”，大幅修正了“被告人之羁押”相关条款。此次修正羁押制度共涉及 17 个条文，包括羁押的事由、声请、

---

[36] 参见刘计划：《刑事拘留与审查逮捕的期限应予缩短》，载《中国司法》2009 年第 3 期。云南省“躲猫猫事件”的被害人李乔明因盗伐林木被刑拘，在看守所关押 11 天后死亡。一个青年为了结婚盗伐集体林木以筹集婚资固然有责，但在“犯罪事实”被公安机关确认的情况下，对于逃跑、再犯、干扰作证等逮捕的必要性，有客观的证据证明吗？有提请逮捕的必要吗？如果他能够及时获保，何至于在侦查中就丧命呢？悲剧何至于上演呢？

[37] 参见林山田：《论羁押之特质与目的及其决定权之归属》，载《刑事法杂志》1986 年第 6 期。

审理、执行、期间、延长、撤销、停止以及再羁押条款，几乎是对羁押制度的重新立法。最主要的变革则是将侦查中犯罪嫌疑人的羁押、撤销羁押、停止羁押、再执行羁押等有关羁押的各项处分的决定主体，原为检察官，改由法院为之。[38]据修正后的规定，被告经传唤、自首或自行到场者，检察官于讯问后认为有羁押必要的，得予逮捕，并将逮捕所依据的事实告知被告后，向法院声请羁押。被告或犯罪嫌疑人因拘提或逮捕到场者，检察官应实时讯问，认为有羁押必要的，应自拘提或逮捕之时起 24 小时内，[39]叙明羁押理由，声请该管法院羁押。未经声请者，应即将被告释放。法院于受理羁押声请后，应实时讯问。法院许可停止羁押时，得命被告遵守一定事项，如定期向法院或检察官报到、不得对有关诉讼参与人及其亲属实施危害或恐吓之行为等。

主张法官享有羁押决定权者有多种理由，包括基于行政权与审判权的分立，基于法官保留原则，基于中立、超然和回避原则等。[40]林钰雄教授对“何以强制处分由法官决定比由侦查机关（检察官、司法警察官）决定更具效应”指出三点理由：第一，就工作方式与职业倾向而言，侦查机关主要的任务是侦查犯罪、追诉犯人，工作方式也和法官有别，由于发动强制处分往往是侦查犯罪、收集证据较为容易（甚或唯一可能）的方法，因而审酌应否发动搜索等强制处分时，侦查机关自然较法官更倾向于从宽解释。第二，就制度保障而言，法官除受人身及事物独立性原则的保障外，另受法定法官原则及听审原则的拘束，于法官决定强制处分时亦适用以上三原则。反之，检察官虽与法官受同等的法学教育，且受合法性及客观性义务的拘束，但无论就位阶或内容而言，与前述三重保障仍有相当落差。第三，就分权制衡观点而言，法官保留原则，尤其是侦查阶段采行的法官保留原则，“决定权”固然保留给（侦查）法官，但“声请权”仍在侦查机关，是以，诉讼上的权力分立原则在此等模式中仍然以“检察官——主动申请 / 法官——被动决定”的方式继续作用，通过诉讼分权而彼此制衡。由此可知，强制处分委由法官决定，与个人品行素养如何无涉，更与法官、检察官孰优孰劣无关。[41]我国台湾学者林钰雄教授指出的上述理由，在我国大陆地区基本上也都成立。

2000 年 6 月 15 日，法国修改刑事诉讼法，特别创设“自由与羁押法官”，以取代预审法官行使的未决羁押决定权。改革前，预审法官在行使羁押决定权的同时，亦负责重罪和部分轻罪案件的侦查。对于预审法官一直扮演的“超级警察”

---

[38] 参见陈运财：《刑事诉讼与正当之法律程序》，月旦出版社股份有限公司 1998 年版，第 240 页。

[39] 在我国台湾地区，检、警共用 24 小时，然而没有作硬性分配，实务上一般为警察有 16 小时，检察官有 8 小时，而通常警察会更早将嫌疑人移送检察官。

[40] 参见陈志龙：《一九九七年修正刑事诉讼法的法理探讨》（上），载《律师杂志》1998 年 1 月。

[41] 参见林钰雄：《刑事诉讼法》（上册总论编），台湾元照出版有限公司 2004 年版，第 270 页。

角色，法国国内一直有反对意见，认为预审法官职能混淆，权力集中，缺乏制约，需加以改革。“自由与羁押法官”的创立，就是为了解决预审法官权力集中的问题，在羁押审查过程中加入更多的对抗性。“自由与羁押法官”的名称，来源于法律草案中提出的“先行羁押法官”（得到了国民议会的通过）和参议院希望命名的“自由法官”之间的一种灵活的妥协。[42] 改革后，所有审前羁押由“自由与羁押法官”根据预审法官的申请作出决定，其裁决应说明为何必须适用先行羁押而不采用替代措施的理由。“自由与羁押法官”的设立，表明法国彻底实现羁押决定者中立化的改革决心和对充分保护人民自由的价值追求。法国经验给我们的启示是，为保护自由计，羁押决定者应为中立的法官，而检察官、预审法官虽具有客观义务，或有“法官”之称谓，却无力担负起保护自由、保障人权之责。

（四）我国法院统一审查逮捕与公正审判的关系

法院统一审查逮捕，有利于实现保障人权的宪法原则。然而有研究者反对由法院统一审查逮捕，认为将影响法院公正地行使审判权，下面对反对的理由予以回应、澄清。

1. 关于法官独立问题

有观点认为，我国宪法规定的是法院独立而不是法官独立，逮捕权交给法院，改变不了法院行政决定的方式，因此法院决定逮捕与检察机关的决定程序没有区别。这种说法不符合事实。诉讼法意义上的法院，由独任制或者合议制组成。[43] 我国 2006 年《人民法院组织法》第 9 条亦规定，法院审判案件实行合议制或者独任制，而该法并无院长、庭长审批案件的规定，院长、庭长无权对自己未参加法庭审理的案件进行干预。因此，我国宪法规定的法院依法独立行使审判权的实质就是法官独立。法官在法庭上依法对逮捕申请进行审查，当庭作出是否逮捕的裁定，有组织法依据。再者，就像法院院长不会不顾事实与证据而命令审判法官作出有罪判决一样，也不可能要求法官作出逮捕决定。

有人认为，必须设置与审判法院属于不同裁决系统的预审法院或者治安法院、侦查法院，预审法官的批准和决定逮捕才不会直接影响审判的结果。在缺少这些西方有关制度的情况下，将逮捕审查批准和决定权交由法院行使，只会造成法院“先入为主”、逮捕即判决。[44] 这种认识陷入了误区，是不准确的。在日本、韩国等国家和我国台湾地区，羁押的审查都是由审判法院的法官负责的。如在韩国地方法院，由法院院长指定专任法官负责签发逮捕、羁押令状，在我国台湾地

[42] 参见赵海峰：《法国刑事诉讼法典的重大改革评介》（上），载《欧洲法通讯》第一辑，法律出版社 2001 年版，第 174 页。

[43] 参见［日］田口守一：《刑事诉讼法》（第 5 版），张凌、于秀峰译，中国政法大学出版社 2010 年版，第 171 页。

[44] 参见前引 35，种松志书，第 200 页以下。

区，对于羁押的审查则由法官轮值，共同点是，审查羁押的法官与判决的法官不是同一人，彼此的见解并不会互相拘束，因此，由法院审查羁押并非以设立治安法院为前提。而所谓“先入为主”“逮捕即判决”的批评也是不成立的，下文将予以阐述。

2. 关于法官预断问题

反对由法院统一审查逮捕的一种理由是，法官既负责审查逮捕，又负责审判，必将导致“先入为主”，产生预断，从而影响正式审理阶段的公正审判。甚至有人认为，“在我国由法院行使审查批捕权，与庭审改革的宗旨相悖。假如把批捕权交给法院，法院就要对案件进行实质审查，要了解是否有证据证明有犯罪事实存在，并对是否可能判处有期徒刑以上刑罚进行判断”。[45]

其实，所谓的预断问题是不成立的，是可以避免的。宪法赋予法院逮捕决定权，无论是在审判阶段行使，还是在侦查中行使，无论是公诉案件，还是自诉案件，只是基于保障被告人到庭的需要。法官审查逮捕时，虽然审查证据与涉嫌犯罪的严重程度，但是仅有部分证据，更多的是审查逮捕的刑罚要件，特别是必要性要件，即评估嫌疑人的危险性，尽可能地在符合条件的情况下采用取保候审等非羁押措施。仅凭逮捕审查阶段的证据不会产生有罪的预断。在日本，判例即认为，不能说参与了拘留、逮捕、保释的法官进行的审判，就是不公平的法院作出的审判。[46]退一步讲，可以实行审查逮捕法官与审判法官分离的制度来解决这一问题。在我国台湾地区羁押制度改革后，至今都没有出现过法官审理羁押有“先入为主”之虞的批评。

3. 关于“逮捕即定罪”问题

反对由法院统一审查逮捕的一种理由是，逮捕权交给法院就会导致“逮捕即判决”。在持此观点的人看来，一旦法官决定逮捕，审判时就必然定罪，否则就是自相矛盾。回应此质疑其实很简单，那就是要认真思考一个问题：是否法官逮捕了法院就要判有罪？毫无疑问，逮捕与判决之间没有必然的直接联系：被取保候审的人不一定被判无罪，而被逮捕的人也不一定是罪犯。法官一旦裁定逮捕就必须定罪，否则就是错误逮捕，这种将逮捕与定罪画等号的认识逻辑是错误的。

法院的审判权与逮捕决定权之间并无矛盾，在现代司法中，都是对公民自由和权利施加程序保护的司法权。所谓法院一旦批准逮捕，审判法官就会判决有罪，这种说法是没有根据的。因为逮捕审查与正式庭审审查的内容、逮捕的理由（条件）与有罪判决的标准是根本不同的，不可相提并论。法院决定适用逮捕时，固然需要符合初步的证据要求，即便被逮捕的人存在重大的犯罪嫌疑，但是并未达到判决有罪即

---

[45] 参见孙连钟：《刑事强制措施研究》，知识产权出版社 2007 年版，第 177 页。

[46] 参见前引 43，田口守一书，第 177 页。

"证据确实充分"的程度，亦即认定有逮捕必要，并非代表法官认定本案证据足以认定被告人有罪。这无疑是有差异的。批准逮捕和被告人最终被判无罪之间并无矛盾，也无所谓错误逮捕的问题。再如，即便2012年《刑事诉讼法》第172条规定的提起公诉的证据标准与第195条规定的有罪判决的证明标准是相同的，但是不能认为提起公诉的案件，被告人一定是有罪的，也不能因存在检察院审查起诉程序就否认法院审判的必要性。因此，是否适用逮捕，由检察院申请，再经法院的审查，旨在增加一道过滤程序，与审判权并无矛盾，仅是为了确保逮捕决定的作出更为慎重。

4. 关于国家赔偿问题

有人认为，如果将逮捕决定权交给法院，为了规避赔偿责任，一旦法官决定逮捕，到了法庭审判阶段，就会判决被告人有罪。上述论断实属臆测。虽然《国家赔偿法》第17条第2项规定，"对公民采取逮捕措施后，决定撤销案件、不起诉或者判决宣告无罪终止追究刑事责任的"，受害人有获得国家赔偿的权利，然而需注意两点：第一，该法第37条规定"决定逮捕的机关为赔偿义务机关"，但并不意味着逮捕决定机关是经济利益的受损者。由于"赔偿费用列入各级财政预算"，因此刑事赔偿是国家的责任，并非法院或者法官的责任。第二，向法官追偿限于特定情形。该法第31条规定，"赔偿义务机关赔偿后，应当向有下列情形之一的工作人员追偿部分或者全部赔偿费用：（一）有本法第十七条第四项、第五项规定情形的；（二）在处理案件中有贪污受贿，徇私舞弊，枉法裁判行为的。"其中该法第17条第4项、第5项规定的情形分别是，"刑讯逼供或者以殴打、虐待等行为或者唆使、放纵他人以殴打、虐待等行为造成公民身体伤害或者死亡的"；"违法使用武器、警械造成公民身体伤害或者死亡的"。因此若法官正常行使职务，个人是不承担任何责任的。因此，逮捕的赔偿责任不是法官的错案责任，法院也不会为了免除所谓的赔偿责任，而在证据不足的情况下判决被告人有罪。再者，被告人享有上诉权，一审判决还要接受上级法院的审查。

表6　全国法院审理国家刑事赔偿案件情况统计表（2002—2009）

年度	收案	结案	撤回赔偿请求	决定赔偿	决定不赔偿	其他	判决无罪人数
2002	1672	1606	113	718	274	501	4935
2003	1775	1876	143	853	361	579	4835
2004	1878	1835	148	740	343	604	2292
2005	1652	1673	115	745	326	487	2162
2006	1263	1316	130	585	202	399	1713
2007	961	959	117	415	126	301	1417
2008	902	970	103	396	149	322	1373
2009	732	748	66	305	119	258	1206

事实上，逮捕权交给法院行使，使得逮捕经过检察院与法院的双重审查，程序控制更加严格，能够更大限度地减少逮捕数量、缩短羁押期限，从而整体上降低国家赔偿的可能性。表6表明，即便目前由检察机关批准、决定逮捕，每年决定刑事赔偿的案件不过几百件，尚不及每年宣告无罪的人数多。因此，逮捕权交由法院统一行使后，国家赔偿的案件只会减少而不会增加。

（五）法院统一审查逮捕的可行性和程序设计

1. 法院统一审查逮捕的可行性

基于逮捕审查的程序裁判性质及各国的经验，应实行法官独任审查制。有三种方案可选择。第一种，由基层法院刑事庭法官轮值审查。这有利于克服专职化产生的长时间脱离审判等各种弊端。为了消除法官预断，应规定法官不得参加其审查逮捕案件的正式审判。第二种，由基层法院简易审判庭的法官负责审查。该庭正式审判的都是被告人认罪的案件，因此，审查逮捕对于其后的正式庭审不会产生预断的问题。第三种，在基层法院设羁押庭，由院长指定专职审查法官，亦可由主管刑事审判的副院长直接充任。如法国2000年修法创设的"自由与羁押法官"，其级别必须是法院的院长或副院长，无疑有利于维护裁判的权威性。

我国实行法院统一审查逮捕改革在操作层面上亦属可行。前两种方案对法院的现行审判体制不会产生影响，即便第三种方案，法院现有审判力量同样是可以承受的。如果设立专职审查法官，我们可以做一个测算。假定一名审查法官每天可审查对10名嫌疑人提出的逮捕申请，[47]一年按200个工作日计算，[48]可审查2000人次。全国共有3000多个基层法院，近年全国检察机关每年批准、决定逮捕大约95万人，如果检察机关全部提请法院审查的话，则平均每个法院只需审查300人，即1名法官就可胜任。在每年刑事案件超过2000件的极少数法院，也仅需2名法官。以办理刑事案件最多的基层检察院北京市海淀区检察院为例，2008年该院批准逮捕3731人；2009年批准逮捕5029人（约占该市批准逮捕总数的22%），受理审查起诉5349人，提起公诉5314人（约占该市提起公诉总数的20%）。如果检察院将其批准逮捕的嫌疑人全部提请法院审查的话，海淀区法院配备3名法官即可。为了保障审查法官的工作顺利进行，可为每位审查法官提供一个法庭，并配备1名法官助理、1名书记员和2名法警。相应地，检察院取消内部审批程序，每个基层检察院设立专职检察官1—3名，负责向法院申请逮捕。

---

[47] 根据美国的经验，对于一般的案件，法官的整个审查过程持续可能不超过几分钟的时间。参见前引10，爱伦·豪切斯泰勒·斯黛丽、南希·弗兰克书，第332页。

[48] 在韩国，公休日亦有值班法官负责签发羁押令状。

2. 法院统一审查逮捕的程序设计

（1）法院审查逮捕采取开庭、辩论形式

侦查人员拘留嫌疑人后，认为需要逮捕的，应准备一份含基本案情、逮捕理由的报告（逮捕申请书）和基本证据，送交检察官审查，检察官认为有逮捕必要的，应在法庭上口头陈述犯罪事实和逮捕理由。法官开庭审查逮捕，除听取检察官意见外，还须讯问嫌疑人，嫌疑人聘请律师的，须听取律师的意见，并当庭作出决定。为了加强辩护权，需要建立值班律师制度，为没有委托律师的嫌疑人提供帮助。

为了防止侦查机关将羁押异化为讯问的工具，羁押场所的归属体制也需改革。可在公安机关、检察机关内设立临时羁押场所，关押被拘留的嫌疑人，但一般不得超过 24 小时或者 48 小时。[49] 法官裁定逮捕的，嫌疑人应由法警送往看守所羁押，但应将看守所划归司法行政机关管理，或者隶属于法院。[50]

（2）审查法官作出的裁定可上诉

对于审查法官作出的裁定，应赋予控辩双方上诉的权利。即检察官对于法官裁定取保候审的，有权向上一级法院提起抗诉，嫌疑人对于法官裁定逮捕的，有权提出上诉。上一级法院的裁定是终局裁定。上诉机制的建立，有利于实现对审查法官的监督，实现权利救济。为了强化对人身自由权利的保障，还应当建立法官依职权复查逮捕裁定的机制。此外，羁押期限的延长亦应由法官审查批准。

五、结语

在讨论强制措施改革时，人们普遍不满于逮捕率居高的现状，但对推行法院统一审查逮捕的改革又往往心存疑虑：效果究竟会怎么样？逮捕率能降低吗？如有学者就认为，理想的状态应当是由法官决定逮捕，但现阶段把逮捕的决定权一律赋予法官，并不能解决现行逮捕制度存在的各种问题。[51] 澄清这种疑问的最佳方式是实践，而我国台湾地区和俄罗斯的改革无疑提供了难得的实证经验。

---

[49] 1954 年《逮捕拘留条例》第 7 条规定，公安机关应当在拘留后的 24 小时以内，把拘留的事实和理由通知本级人民检察院；人民检察院应当在接到通知后的 48 小时以内，批准逮捕或者不批准逮捕。不过，拘留和审查逮捕的期限经历了一个不断延长的过程。参见前引 42，刘计划文。

[50] 参见刘计划：《论逮捕》，1999 年中国人民大学硕士学位论文，第 42 页以下。

[51] 参见顾永忠：《关于未决羁押的几个理论与实践问题——兼谈我国逮捕制度的改革思路》，载《河南社会科学》2009 年第 7 期。

表 7 我国台湾地区每一万人中，侦查中被羁押人数的变化图（1984—2003）[52]

年度	地方法院检察署（处）侦查期间被羁押之被告人数	当年度年终人口总数	每一万人侦查期间被羁押之被告人数	年度	地方法院检察署（处）侦查期间被羁押之被告人数	当年度年终人口总数	每一万人侦查期间被羁押之被告人数
1984	16640	19069194	8.73	1994	22403	21177874	10.58
1985	15588	19313825	8.07	1995	20073	21357431	9.40
1986	15422	19509082	7.91	1996	21717	21525433	10.09
1987	13967	19725010	7.08	1997	23131	21742815	10.64
1988	13820	19954397	6.93	1998	6407	21928591	2.92
1989	16575	20156587	8.22	1999	6228	22092387	2.82
1990	21281	20401305	10.43	2000	6067	22276672	2.72
1991	25425	20605831	12.34	2001	5826	22405568	2.60
1992	27408	20802622	13.18	2002	5915	22520776	2.63
1993	28317	20995416	13.49	2003	5519	22604550	2.44

表 7 显示，我国台湾地区自 1997 年实行羁押改革，将羁押权划归法院，而检察官仅有羁押声请权之后，侦查中羁押人数即随之大幅减少。改革前的 1990—1997 年每年羁押 2 万人以上，改革后的前三年降至每年羁押 6000 多人，改革后第四年至第六年则降至每年羁押 5000 多人。[53] 每万人侦查期间被羁押被告人数，1990 年至 1997 年每年在 10 人至 13 人，而 1998—2003 年则降至每年不及 3 人，羁押比例下降了 7 成多，其中 1998 年比改革前一年下降了 72.3%，这其后保持了相当的稳定性。根据我国台湾地区“法务部”的统计，2008 年羁押人数仅占地检署起诉人数（含声请简易判决处刑）的 4.3%，可以说，改革使得审前羁押真正成为一种例外。

我国台湾地区羁押制度改革后侦查中羁押率大幅下降，原因并非本地社会治安、犯罪率、人员流动等项发生骤变，[54] 亦非嫌疑人的危险性突然下降，进而导致

[52] 参见王泰升：《台湾检察史——制度变迁史与运作实况》，“台北法务部检察司”2008 年版，第 2-42 页。

[53] 值得注意的是，我国台湾地区羁押改革后羁押人数的减少，并非法院大量拒绝检察官的羁押声请，而是检察官声请的案件较其自行行使羁押权的案件减少很多。实际上，法院核准检察官声请羁押的比率极高，如 1998 年为 89.8%，自 1999 年至今维持在 85%-92%。这是改革前人们所始料未及的。

[54] 我国台湾地区检察机关新收刑事案件是逐年递增的，如 1998 年为 286911 件，1999 年为 312724 件，而 2009 年则达到 408270 件。

羁押必要性丧失。毫无疑问，引致羁押率显著变化的最大变量是羁押改革，即检察官由羁押决定者变成了羁押申请者，增加了法官对羁押的审查程序。这也雄辩地证明，检察官在侦查中更倾向于采用羁押，而正因为引入了法官对羁押的审查程序，遏止了羁押的滥用，加强了对人民自由的保护，同时也节约了司法资源。无疑，我国台湾地区羁押制度改革是成功的。[55]

在俄罗斯，早在 1993 年进行了羁押制度前期改革，允许嫌疑人对检察机关的逮捕决定向法院申诉，结果对于嫌疑人的申诉，法官批准羁押的不足申请数的 20%。[56] 正是在这种改革效果的促动下，2001 年俄罗斯彻底实现了由法官审查羁押的制度转型，废除了检察机关决定羁押的体制，改为由检察官向法院申请羁押的审查体制。

或许不能直接以我国台湾地区和俄罗斯羁押制度改革的经验来论证我国大陆逮捕制度改革的预期效果，但考虑到，我国台湾地区是中华法系的重要组成部分，与我国大陆同宗同源，俄罗斯则是我国建立社会主义法律制度包括检察制度时曾经师法的国家，因此，可比性自不待言。我国台湾地区和俄罗斯羁押制度改革，无疑为我们提供了具有说服力的实证经验，能够给我们以启迪。

我国宪法关于人民检察院“是国家的法律监督机关”以及“依照法律规定独立行使检察权”的规定，并不能改变其追诉机关的性质。各国检察官都有相同的任务，那就是侦查、起诉，而现代法官的共同职责，则是保持诉讼的公平并作出中立的裁判。因此，法官比检察官更能通过逮捕审查发挥保障人权的功能，而那些关于检察机关行使逮捕批准与决定权具有正当性的论证，都是罔顾基本法理和诉讼规律的。在积极推进人权保障事业和刑事诉讼程序法治化的背景下，我国推行由法官统一审查逮捕的改革，可谓科学、合理、务实、可行。而逮捕制度改革是侦查程序改革的首要环节，是刑事诉讼程序改革和刑事司法体制改革的重要一环，牵一发而动全身，能够带动一系列的改革。该改革将为对物的强制处分措施包括搜查、扣押实现司法化奠定基础，能够将 1996 年修改刑事诉讼法时开启的控辩式诉讼改革从审判延伸到侦查中，全面实现审判权对侦查权的动态制约。

（原载《法学研究》2012 年第 2 期）

---

[55] 当初反对者也提出，羁押权如专由法院行使，法院将无法负荷庞大的羁押案件量。但实践表明，由于检察官自我审查更加严格，声请案件量没有当初预期的多，因此法院足以应对案件量带来的冲击。

[56] 参见杨雄：《刑事强制措施的正当性基础》，中国人民公安大学出版社 2009 年版，第 167 页。

大数据侦查的法律控制

程　雷

当前，大数据技术已成为影响世界发展格局的大趋势，在自然科学、商业领域、政府管理等社会各个领域产生了直接且深远的影响。2015 年 10 月，党的十八届五中全会明确提出实施国家大数据战略，[1]这一技术趋势成为中国社会发展的重要驱动力。社会发展形态的变迁直接决定着作为社会控制机制重要组成部分的犯罪侦查与预防工作，大数据技术在中外警务界的侦查活动中得到愈发广泛的应用。[2]然而，在大数据侦查蓬勃发展的背景下，包括中国在内的全球多数国家的刑事司法规范与体系均表现出滞后性，面对陌生的新型技术手段，法律规制滞后于技术发展、法学理论落后于司法实践的现象愈发突出。何为大数据侦查，如何从法律上评价大数据侦查，如何对大数据侦查进行法律控制，这些现实问题亟待在梳理、提炼实践的基础上，从理论上加以研究和回应。

一、大数据侦查的实践

大数据是以容量大、类型多、存取速度快、应用价值高为主要特征的数据集合，正快速发展为对数量巨大、来源分散、格式多样的数据进行采集、储存和关联分析，从中发现新知识、创造新价值、提升新能力的新一代信息技术和服务业态。[3]大数据技术包括对海量数据的采集、储存、清洗、分析、使用过程，其中最核心的技术莫过于数据挖掘。数据挖掘（data mining），是指通过特定的计算机算法对大量的数据进行自动分析，从而揭示数据之间隐藏的关系、模式和趋势，为决策者提供新的知识。[4]数据挖掘技术在大数据趋势成熟之前就有所应用，随着人类社会拥有和可使用的数据量的激增，数据挖掘技术的应用范围与深度持续深化，在大数据时代，数据挖掘技术的作用得到了最佳的展示机会，并应用于侦

[1] 《中国共产党第十八届中央委员会第五次全体会议公报》，载《中国共产党第十八届中央委员会第五次全体会议文件汇编》，人民出版社 2015 年版，第 7 页。

[2] 为行文方便，笔者将大数据技术在侦查中的各类技术应用方式统称为“大数据侦查”，用以概括通过计算机技术对数据库进行数据收集、共享、清洗、比对与挖掘从而发现侦查信息的侦查措施与方法。国内较早使用“大数据侦查”用语的研究，参见王燃：《大数据侦查》，清华大学出版社 2017 年版，第 12 页。

[3] 国务院《促进大数据发展行动纲要》（国发〔2015〕50 号，2015 年 8 月 31 日）。

[4] 涂子沛：《大数据》，广西师范大学出版社 2013 年版，第 98 页。

查实践之中。

（一）大数据侦查的内涵与主要类型

大数据侦查，是指通过计算机技术对数据库进行数据收集、共享、清洗、比对与挖掘从而发现侦查信息的侦查措施与方法，其中数据查询、数据比对与数据挖掘是大数据侦查的三种具体行为样态。大数据侦查是基于信息社会到来所形成的存储于网络与计算机系统中的海量数据进行的回溯性分析、比对、碰撞，进而发现犯罪线索、证据信息的一类侦查行为，与传统侦查行为相比，其核心行为特征在于通过大数据技术对海量存储信息加以充分挖掘利用，法律规范意义上的本质特征在于其对于公民个人信息乃至隐私权的干预都具有史无先例的广泛性与深刻性。正是基于其权利干预的本质特征，本文主张将其视为一种侦查行为予以界定并进行规制。

刑事侦查工作的核心任务是发现犯罪嫌疑人、收集相关证据，以查明案件事实。[5] 侦查任务的达成最为基础性与源头性的工作是锁定犯罪嫌疑人，否则以被追诉人为对象的刑事司法程序根本无从展开。锁定犯罪嫌疑人必然依赖于能够识别犯罪人的个别化信息，而这一任务恰恰是大数据技术的优势所在。大数据具备从海量数据中比对、挖掘出识别个人信息的强大功能，这能为侦查机关履行传统侦查职能提供高效、简便的技术支持。另一方面，伴随着现代社会的加速发展与剧烈转型，犯罪愈发隐形化、智能化，[6] 加之恐怖主义犯罪在全球的泛滥，犯罪的严重后果使得犯罪的防范越来越优先于案发后的侦查与打击，将犯罪消灭在萌芽状态或者在犯罪现场即时破获案件成为侦查隐形犯罪与恐怖主义犯罪的当务之急。因此大数据预测未来的功能在犯罪预防领域也发挥着越来越重要的作用。

在刑事侦查中根据使用目的的不同，数据挖掘可分为三大类：一是目标驱动型数据挖掘（target-driven data mining），也称适用对象型数据挖掘（subject-based data mining），是指针对特定明确目标进行的搜索其所有记录以获取相关信息的过程；二是比对驱动型数据挖掘（match-driven data mining），此种模式的数据挖掘用于确认某人是否已经被作为“值得关注的人”，即用于确认某人是否为已知

---

[5] 《刑事诉讼法》第 113 条规定了侦查的任务，即公安机关对于已经立案的刑事案件，应当进行侦查，收集、调取犯罪嫌疑人有罪或者无罪，罪轻或者罪重的证据材料。对现行犯或者重大嫌疑分子可以依法先行拘留，对符合逮捕条件的犯罪嫌疑人，应当依法逮捕。

[6] 隐形犯罪（invisible offences）最早由美国学者 Mark Moore 提出，用来指代那些犯罪消息知悉困难、发现犯罪消息渠道不畅的犯罪类型，比如毒品、非法武器交易、贿赂犯罪等，参见 Mark H. Moore，“Invisible Offenses：A Challenge to Minimally Instrusive Law Enforcement，” in Geral M. Caplan eds，*ABSCAM Ethics*：*Moral Issues and Deception in Law Enforcement*，Cambridge，1983，p. 21；程雷：《秘密侦查比较研究》，中国人民公安大学出版社 2008 年版，第 65-75 页。

的犯罪嫌疑人；三是事件驱动型数据挖掘（event-driven data mining），也称为模式型监控，此种数据挖掘方法并非起始于具体明确的犯罪嫌疑人，而是用于发现过去或者未来事件的违法行为人。[7] 事件驱动或者模式驱动型数据挖掘用于搜寻反常的或者事先确定的行为模式或关系模式。[8] 在各国的刑事侦查实践中，前两类数据挖掘方法早已有之并在侦查实践中得到了广泛的应用，比如查询已知的犯罪嫌疑人的全部信息，通过现场遗留的指纹比对出谁是犯罪嫌疑人等，[9] 而大数据时代，数据查询与比对方法的不同之处只不过是可供查询或比对的信息库容量发生了巨幅增加，但查询与比对的方式、方法并未发生根本改变。事件驱动型的数据挖掘对于犯罪预防与实时打击意义重大，大数据技术通过对过去一定时期内的犯罪数据进行挖掘后对犯罪热点地区、犯罪人群、犯罪手法等犯罪趋势提出的科学预测，将犯罪预防与防控建立在大数据预测的犯罪规律基础之上，从而能够更为精确、科学地调动警力并实现对犯罪的精确打击。

（二）应用状况与典型实例

大数据技术在刑事侦查中的应用前提是收集海量数据并形成各类数据库，这是数据查询、比对与挖掘技术应用的基础。从我国公安机关使用数据库查询、比对、分析各种记录的发展状况来看，自 1998 年公安部启动“金盾工程”开始，各类数据库建设与应用就逐步成为重要的侦查手段，2008 年起公安部进一步开始了公安大情报系统的建设，当前公安机关内网联网运行的各类信息系统已达 7000 多个，已建成以全国人口信息库为代表的八大全国公安基础信息库（全国重大案件、在逃人员、出所人员、违法人员、盗抢汽车、无名尸体、失踪人员、杀人案件），存储了数百亿条基础数据。[10] 此外公安机关还积极运用各类社会管理中建设的数据库，利用各类信息资源开展侦查，包括互联网信息资源、视频监控信息资源、通讯信息资源、银行卡信息资源、各类社会服务中的信息，如保险、民航、工商、税务、邮政、社保、劳务、房产、公路、出租车、二手车交易、物流、出版印刷、房屋交易等。[11] 上述各类数据库中的海量记录涵盖了信息社会中人们生活、工作、社交等方方面面的信息，对这些大数据进行比对、分析已经成

---

[7] Christopher Slobogin, “Government Data Mining and the Fourth Amendment,” *The University of Chicago Law Review*, vol. 317, 2008, pp.322-323.

[8] Fred H. Cate, “Government Data Mining: The Need for Legal Framework,” *Harvard Civil Rights-Civil Liberties Law Review*, Summer 2008, pp.438-439.

[9] Fred H. Cate, “Government Data Mining: The Need for Legal Framework,” *Harvard Civil Rights-Civil Liberties Law Review*, Summer 2008, pp.438-439.

[10] 参见艾明:《新型监控侦查措施法律规制研究》，法律出版社 2013 年版，第 169-170 页。

[11] 前引 10，艾明书，第 171-172 页。

为当前侦查实践中破案率提升的主要驱动力。[12]

大数据技术在我国侦查实践中的应用方向既有针对已经发生的刑事案件的回溯性侦查，用以锁定犯罪嫌疑人或查明案件事实，也有防患于未然式的对未来犯罪的预测与预警功能。前者属于典型的警察刑事侦查任务，后者与警察维护治安的总体职能相一致。尽管针对未然的犯罪预防与对已然犯罪的调查、打击之间存在本质不同，但在越来越多的案件中，大数据技术能够帮助警察出现在犯罪现场抓获现行犯，未然的犯罪与既遂的犯罪之间的界限逐渐模糊，犯罪防控与犯罪侦查之间的传统界分正逐步消失。

在犯罪预测方面，北京市公安局“犯罪数据分析和趋势预测系统”是大数据技术应用的典型例证：2014 年 5 月北京市公安局怀柔分局的上述犯罪预警系统预测提示，近期泉河派出所辖区北斜街发生盗窃案的可能性较高。怀柔公安情报信息中心根据提示，指导泉河派出所对该区域加大巡逻防控，5 月 7 日 1 时许，泉河派出所巡逻至北斜街南口时，当场抓获一名盗窃汽车内财物犯罪嫌疑人，经讯问犯罪嫌疑人李某交代了伙同他人窜至怀柔区，撬机动车锁并盗窃车内财物作案 3 起的犯罪事实。[13]

在针对已然犯罪的刑事侦查过程中，大数据侦查在司法实践中的作用也逐渐突显。在当前的侦查实践中，其主要功能表现为发现犯罪线索与锁定犯罪嫌疑人。通过以下这个实务案例的侦查过程，有助于更为直观地观察大数据技术在锁定犯罪嫌疑人过程中的作用。

2009 年某地出现多起电话诈骗案件，犯罪分子冒充公安机关谎称受害者卷入洗钱和毒品犯罪，诱骗受害者将银行资金转入一个指定的陌生账户。之后犯罪分子迅速取款，完成诈骗活动。侦查人员通过收款账户的取款信息，逐一调取监控视频，发现取款人为同一名青年男子，并且在取款时均有拨打手机的行为。侦查人员以此为出发点，调取了每次取款地点附近的通信基站数据，并根据监控视频的时间确定该男子每次拨打手机的起止时间。通过对数个基站数据的碰撞，侦查人员最终锁定该男子的手机号码为 1596037×××3，从而锁定了目

---

[12] 记录查询与数据库侦查对于破案率的贡献并无官方统计数据，艾明在 G 省开展的针对 93 例个案的小样本实证研究显示，超过三分之二的案件中侦查机关使用了记录监控类的侦查手段进而破获了相应的案件（参见艾明：《新型监控侦查措施法律规制研究》，第 175-179 页）。也有学者认为，近年来犯罪形势逐年恶化、诱发犯罪的社会条件逐步加强的背景下，杀人、抢劫等重大恶性案件反而逐年下降，背后的原因恰恰就是公安机关充分利用信息平台开展数据库侦查（参见江涌：《数据库扫描侦查及其制度建构》，载《中国人民公安大学学报》2013 年第 2 期）。

[13] 金江军、郭英楼：《智慧城市：大数据、互联网时代的城市治理》，电子工业出版社 2016 年版，第 112 页。

标犯罪嫌疑人身份。[14]

在上述案例中，侦查人员收集了多个银行取款摄像头的视频监控数据和犯罪嫌疑人手机通信的多个基站数据，通过比对多起作案过程中的手机数据与轨迹数据锁定了与多个取款时间相一致的唯一手机号码，并进而通过该手机号码锁定了作为号码使用人的犯罪嫌疑人。在该案的数据比对与数据挖掘过程中，通过数据收集工作收集了视频监控数据库和手机基站数据库的海量信息，具备两个以上的数据库是开展数据挖掘特别是数据比对的前提；同时本案系连续、多次作案，取款人必然也是犯罪团伙中的一员，大数据技术在侦查此类团伙性、系列性、跨区域性案件具有绝对优势。

具体到从大数据技术在刑事侦查实践中的应用频率与适用案件数量，通过对中国裁判文书网 2016 年度刑事案件法院裁判文书的检索、查阅，可以得出部分定量分析结论。[15] 在检索到的 570 件明确表明适用过技术侦查措施的刑事案件中，使用大数据技术锁定犯罪嫌疑人的案件为 113 件，涵盖的罪名根据出现频率的高低排序依次为盗窃（79 件）、抢劫（13 件）、抢夺（6 件）、交通肇事（5 件）、故意杀人（4 件）以及故意伤害、绑架、非法制造买卖枪支弹药爆炸物、信用卡诈骗、诈骗、强奸罪各 1 件。

总结上述 113 件个案中大数据技术的应用情况，可以总结出如下应用趋势：首先，大数据侦查的应用对象主要为作案工具或作案对象为摩托车、电动车或汽车等车辆或手机的侵财类案件或者其他刑事案件，在这些案件中犯罪嫌疑人作案过程中通常会产生公共场所的视频监控与手机移动轨迹的数据，两类以上的数据库信息为数据比对提供了条件。从具体侦查技术策略的应用过程看，与上述典型个案中大数据技术中的查询、比对与挖掘过程如出一辙。大数据技术适用的案件范围是基于适用条件的客观状况经由侦查人员自发选择加以适用的，并未受到案件严重与否、罪名范围等条件的限制，恰恰相反，样本案件显示多数案件都是轻微犯罪，适用大数据侦查主要是基于侦查便利考量。

其次，大数据侦查的主要目的是发现并锁定犯罪嫌疑人，在上述 113 件样本案件中绝大多数案件都是陌生人之间发生的偶发性流动犯罪，基本上无法通过犯罪现场提取有效的痕迹物证，受害人基本上无从指认出相应的犯罪嫌疑人，因此锁定犯罪嫌疑人成为上述案件中侦破犯罪的基本前提，也是最为关键的侦查步骤。数据来源主要集中于公共场所的视频监控与手机通信的基站数据这两类数据

---

[14] 前引 2，王燃书，第 119 页。

[15] 检索对象为中国裁判文书网（wenshu.court.gov.cn），访问与检索时间为 2017 年 5 月 5 日。检索范围为选择“刑事案件”，检索之日共有刑事案件的裁判文书 1461530 件，检索关键词为“技术侦查”，年份选择“2016”。

库，数据比对与挖掘的内容与对象较为单一。

最后，大数据技术尽管在锁定犯罪嫌疑人这一过程中发挥了重大作用，但在完成侦查工作的第二项重要任务即收集证据材料上作用十分有限。在570件适用技术侦查措施的裁判文书中，虽然有52例案件中技术侦查措施用作了诉讼证据，但上述113件适用大数据技术的案件均未涵盖在内。换言之，大数据技术锁定犯罪嫌疑人过程中的相关材料与信息在诉讼过程中基本上无从发挥证明作用。大数据技术的应用结果在案件材料与诉讼过程中至多作为“抓获经过”“到案经过”“破获经过”等侦查机关说明性材料出现。由于这些说明性材料在内容上的模糊与缩略，[16]一方面，对于锁定犯罪嫌疑人的方式并未进行详尽、如实的说明，导致大数据技术的应用过程被极大地忽略；另一方面，也导致这些情况说明材料不属于法定的证据种类，不是证据，只能作为加强法官内心确信的辅助材料使用。[17]

（三）暴露的问题与挑战

尽管大数据侦查仍然处于初始应用阶段，其双刃剑效应已经初步突显，执法司法实践中已经开始暴露出一系列严峻问题，对几百年来孕育而成的若干基本法律价值形成严峻挑战，主要表现在如下三个方面：

首先，大数据侦查的推广适用标志着隐私的真正消亡，英国实用主义哲学家边沁于1787年设计的圆形监狱概念（panopticon）在信息社会发展到大数据时代终于应验成真。[18]在大数据时代，公民个人的所有活动实现了全部数据化存储，生活、学习、人际交往间的所有活动均留存下各种类型的数据记录，当这些记录借由大数据技术进行自动化的分析、比对之后，所有公民的一举一动甚至所思所想都被纳入系统的、广泛的监控当中，从而形成了边沁所言的每个人随时可能受到监视，但每个人却不知道何时受到监视的类似圆形监狱的效果。信息社会的社会形态本质决定了只要公民个人需要参与正常的生产、生活，就必须选择交出个人隐私，就必然留存下各类个人信息。从这个角度来看，公民个人隐私的消亡是不可阻挡的历史发展趋势，渺小的个人在信息社会发展的大潮面前显得如此弱小与无力。当隐私消亡时，不仅仅是个人尊严、人格自治等固有的人类价值受到威胁，从社会发展的整体角度观之，隐私权保护缺失的国度必然导致民主制度受

---

[16] 司法实践中此类关于犯罪嫌疑人、被告人如何到案或者如何被抓捕归案的过程描述性材料几乎存在于所有的刑事案卷当中，但关于其证据属性与证明作用有无，理论界与实务界长期聚讼不一，相关讨论可参见陈为明：《〈案发经过〉不应当作证据使用》，载《中国刑事法杂志》2004年第4期；李继华：《浅谈“抓获经过”》，载《公安研究》2000年第1期。

[17] 江必新主编：《〈最高人民法院关于适用《中华人民共和国刑事诉讼法》的解释〉理解与适用》，中国法制出版社2013年版，第124页。

[18] ［英］吉隆·奥哈拉、奈杰尔·沙德博尔特：《咖啡机中的间谍：个人隐私的终结》，毕小青译，生活·读书·新知三联书店2011年版，第192-193页。

损，也必然会威胁到公民个体创造力的发挥进而导致整个社会缺乏创造力与发展活力，国家的发展动能与样态堪忧。

其次，数据质量上的瑕疵将导致公民权利受到错误干预，大数据侦查的基础是正确、客观的数据库，而基于未经核实的甚至是错误的数据开展的大数据侦查将直接得出错误的推理结论，并指引着侦查机关错误的干预公民权利甚至是错误剥夺公民自由。无论是警方自建的各类数据库，还是利用社会第三方机构的数据库，实践已经反复证明，数据瑕疵与质量低下的数据经常导致错误的关联，并对公民的自由带来切实损害。[19] 数据质量瑕疵导致无辜公民被错误抓捕的事例在国内近年来的执法实践中也屡次出现，多名无辜公民由于身份证被冒用或重名、重号等原因而被警方错误羁押。[20] 由于侦查机关相关数据库对公民信息的错录，还会导致无辜公民的声誉、出行自由、参军招考、经济交往等基本权利受到侵扰。错误录入相关数据库的原因尽管多种多样，但基本上均可归根于公安机关对数据质量管控的失责、失察。[21]

最后，大数据侦查中的数据挖掘技术系基于以往侦查经验而形成的对犯罪规律的预测模型，针对海量数据挖掘后形成的趋势性判断发现犯罪线索或者进行犯罪预防，大数据侦查的关键步骤是模型的建构。而在模型建构过程中，侦查人员的自由裁量权乃至偏见会融入大数据侦查当中，形成选择性执法与执法偏见或歧视。比如，基于某类手法的诈骗犯罪具有较强的地域性，侦查人员会将该地区的户籍所在地设为模型要素，将其视为重点监控对象，这显然属于违反法律面前人人平等原则的选择性执法与执法歧视。类似的问题在大数据应用程度较强的美国普遍存在，大数据侦查过程中，对于社会底层人群特别是有色人种的执法歧视被进一步放大，比如在大麻毒品犯罪打击过程中，尽管白人与黑人具有相同的吸食比例，但黑人犯罪嫌疑人的犯罪数据更多地被收集并存入数据库，其结果是更多的黑人犯罪嫌疑人被警察抓捕。[22]

二、传统法律规范框架的滞后与问题

人类社会快速迈入信息社会的发展态势与大数据侦查广泛应用的司法实践，

---

[19] Andrew Guithrie Ferguson，“Big Data and Predictive Reasonable Suspicion，” *University of Pennsylvania Law Review*，vol.163，no.2，2015，p.399.

[20] 类似事例的报道可参见朱忠保：《网上通缉一再出错，通缉程序必须要改》，2010 年 8 月 6 日，http://news.ifeng.com/opinion/detail_2010_08/06/1898793_0.shtml，最后访问时间：2017 年 8 月 11 日；杨涛：《错误拘留频现亟待建立有效防范机制》，载《北京青年报》2013 年 12 月 11 日，http://news.ifeng.com/opinion/society/detail_2013_12/11/32021463_0.shtml，最后访问时间：2017 年 8 月 11 日。

[21] 林崇寿、洪双敏：《错录公民违法犯罪身份信息引发问题的思考》，载《河北公安警察职业学院学报》2017 年第 2 期。

[22] Andrew Guithrie Ferguson，*Big Data and Predictive Reasonable Suspicion*，p.402.

远远超越了传统法律规范与法学理论所提供的规范框架。国际范围内形成于“二战”后的刑事诉讼法传统规范工具表现出明显的滞后性，法律控制机制的阙如形成的法律真空状态，与大数据侦查的蓬勃兴起及其带来的挑战形成鲜明对比，这一判断放在中国法的语境下依然适用。

（一）大数据侦查的法律属性模糊

对一项全新科学技术在刑事侦查中的应用进行法律规范首先应当明晰其法律属性，利用大数据技术开展侦查属于何种侦查措施是对其进行规范的前置性问题。对于这一问题，有两种不同的解决方案：如果能够将大数据侦查归为传统侦查行为当中，就可以依照既有的法律规范遵照实施；如果传统的法律框架无法容纳下这一新技术，则需要修改法律创设全新的法律规范框架。面对这一新技术浪潮，具有不同法治传统的国家基于各自不同国情在上述两种解决方案中作了不同选择。

美国和德国作为两大法系的代表性国家，其各自规范大数据侦查的进路颇具代表性。美国联邦宪法第四修正案关于搜查及隐私权保障的判例法一直以来都被奉为规范政府各类获取信息行为的圭臬。1967 年美国联邦最高法院裁决的 Katz 案是美国隐私权保障的标杆性判决，在该案中，美国联邦最高法院将联邦宪法第四修正案中搜查的界定标准由物理侵入说改为了隐私保护说，隐私权保护的标准被确定为对隐私的合理期待。[23] 大数据侦查涉及对各类公民数字记录的应用，能否被视为搜查从而被纳入宪法规范视野，取决于大数据侦查是否构成干预公民对隐私的合理期待。根据美国联邦最高法院 1976 年 Miller 案和 1979 年 Smith 案确立的自愿交予第三方规则，即公民对自愿交给第三方机构保存的各类信息记录无隐私的合理期待，使用这些信息的政府行为当然不被视为搜查行为，联邦宪法第四修正案无从适用。[24] 即使经过几十年的时代变迁，面对大数据时代的来临，第三方理论仍然主导着美国的隐私权保护规则。虽然在 2012 年的 United States v. Jones 案中，美国联邦最高法院在协同意见中提出，在现代电子化时代第三方理论应加以反思，但该案并未推翻 Miller 案与 Smith 案的基本结论。[25] 总体上看，美国联邦宪法第四修正案关注的焦点在于政府执法机构未经个人同意而获取信息的搜查行为，[26] 只关心数据的获取过程，对于获取数据后的使用过程并非第四修正

[23] Katz v. United States，389 U.S.387（1967）.

[24] Miller v. United States，425 US 435（1976）；Smith v. Maryland，442 US 735（1979）.

[25] United States v. Jones，132 S. Ct.at 957（2012）（Sotomayor，J.，concurring）.

[26] Russell D.Covey，Pervasive Surveillance and the Future of the Fourth Amendment，80 MISS. L.J.1289，1294-95（2011）.

案的规范旨趣。[27] 数据挖掘与数据比对等大数据技术是对已经留存于社会各领域的海量数据进行了后续深度应用过程，只规范收集不规范使用的第四修正案及搜查法规范导致在美国数据挖掘式的侦查行为基本上不受规范。[28]

德国基本法及联邦宪法法院规范政府干预公民个人信息的工具主要是人格尊严与信息自决权，并将其视为一种积极性权利，在宪法位阶之下的德国刑事诉讼法典也详尽地规定了干预公民个人信息自决权的各类侦查行为。[29]《德国刑事诉讼法典》第 98 条 a、b 和第 98 条 c 分别规定了侦查机关开展的计算机排查侦缉和数据比对，[30] 计算机排查侦缉与英语中的数据筛查（data screening）语义相同，是指通过计算机的数据模型对数字化的信息进行挖掘、比对以确定犯罪嫌疑人或者排除犯罪嫌疑人。从工作原理上看，德国法中的计算机排查侦缉与美国法中的数据挖掘是相同的信息技术应用过程。[31] 德国法典中规定的数据比对，是指刑事诉讼中获取的个人数据与政府已经掌握的执法司法数据库进行机器比对，以查明犯罪事实或者定位被侦缉人员所在地。[32] 德国法典对计算机排查侦缉或者数据挖掘规定了严格的法定程序，而数据比对的规范密度要低得多，主要原因在于前者实施过程中可以对刑事追诉机关之外的其他部门保存的数据进行海量数据挖掘，[33] 而后者比对的数据库仅是刑事司法部门管理的数据库，二者涉及的公民个人信息自决权的干涉范围不同。对于计算机排查侦缉，《德国刑事诉讼法典》第 98 条 a–b 设置了与电话监听相当的严格程序，须遵循一系列干预公民权利的传统法律原则，比如法官令状原则、重罪原则、比例原则与最后手段原则等，同时还应遵循个人信息保护的基本法律原理，比如数据的有限使用原则、及时删除原则以及接受数据保护部门的监督。[34]

美德两国之间对于大数据侦查法律属性的差异化处理，根源于对此类侦查

---

[27] Elizabeth E. Joh，Policing by Numbers：Big Data and The Fourth Amendment，89 Wash. L. Rev.35，2014，p.63.

[28] Paul M. Schwartz，“Regulating Governmental Data Mining in the United States and Germany：Constitutional Courts，the State，and New Technology，” *William and Mary Law Review*，354，November 2011；Technology and Privacy Advisory Committee，*Safeguarding Privacy In The Fight Against Terrorism*（2004），at viii–x.

[29] Paul M. Schwartz，“Regulating Governmental Data Mining in the United States and Germany：Constitutional Courts，the State，and New Technology，” *William and Mary Law Review*，354，November 2011.

[30] 参见《德国刑事诉讼法典》第 98 条。本文引用的《德国刑事诉讼法典》中译本均为宗玉琨译注：《德国刑事诉讼法典》，知识产权出版社 2013 年版。

[31] Paul M. Schwartz，“Regulating Governmental Data Mining in the United States and Germany：Constitutional Courts，the State，and New Technology，” *William and Mary Law Review*，354，November 2011.

[32] 参见《德国刑事诉讼法典》第 98 条 c。

[33] 前引 30，宗玉琨书，第 54 页。

[34] 详见《德国刑事诉讼法典》第 98 条 a、b。

措施干预权利类型的不同认识与判断。德国法认为，大数据侦查是对公民个人信息自决权与人格尊严的干预，进而遵循干预基本权利的基本要求，在刑事诉讼法典设置严格而详尽的法定程序；美国法坚持在联邦宪法第四修正案关于搜查与隐私权保障的框架内审视数据比对与数据挖掘，其结果是无法对大数据侦查施加有效控制。两国的共同之处是，从权利干预的角度出发来界定大数据侦查的法律属性。从规制思路的社会背景看，美国法仅关注个人信息保护中的核心区域，即隐私权保护，对其他大量个人信息保护问题持自由态度，这与美国信息产业蓬勃发展并维系其世界领导地位的社会背景直接相关；而欧洲大陆国家基于“二战”后形成的重视人格尊严、个人自治的法治传统，对公民个人信息保护强调严格的法律控制政策，当然这也一定程度上限制了欧洲信息产业的发展。

对中国而言，隐私权与个人信息权两种规范路径的选择各有利弊，兼顾二者并适度调试两种规范路径在未来制度体系中的权重是更妥当的选择。整体上看，中国刑事司法中对隐私权的保护有待完善，同时也面临信息社会信息使用与保护的需求，这种迭代发展的现实状况要求在刑事司法制度的设计安排上应当通盘考量两种权利路径的兼容。当然，两大法系国家的出发点都是基于权利保障的视角对待大数据侦查，这一原点恰恰首先应加以认真对待。

在中国的制度语境中，《刑事诉讼法》第二编第二章“侦查”，共规定八种法定的侦查措施；“证据”一章第 48 条在规定证据种类时，间接确认了辨认这种侦查行为。《刑事诉讼法》第 113 条还概括性授权侦查机关对已经立案的刑事案件，应当进行侦查并收集、调取相关证据材料。《刑事诉讼法》第 52 条规定公安机关有权向有关单位和个人收集、调取证据，有关单位和个人应当如实提供证据。公安部《公安机关办理刑事案件程序规定》第 59 条将《刑事诉讼法》第 52 条规定的调取证据视为一类侦查行为，并规定相应的调取程序与法律文书。[35]

在上述法定侦查行为中，有三项侦查行为可与大数据侦查产生关联，即搜查、调取与技术侦查。但笔者认为，上述三种侦查行为都难以作为大数据侦查的规范依据。换言之，大数据侦查的法律属性既不是搜查，也不是调取，亦不能被视为技术侦查。

首先，我国《刑事诉讼法》第 134—138 条规定的搜查与美国法中的搜查存在重大差异，前者仅指在被搜查人与见证人在场的情形下，对人的身体、物品、

[35] 《调取证据通知书》是公安机关进行调取证据时的制式法律文书，关于其内容、制作要求及样式参见孙茂利主编：《公安机关刑事法律文书（2012 版）制作与范例》，中国人民公安大学出版社 2013 年版，第 297-302 页。

住处和其他地方等有形物或地点进行的搜索过程。[36] 大数据侦查的对象是数字化的信息，且获取、使用相关数字信息时信息主体并不知情。将大数据侦查比照为搜查进行规范，不符合我国刑事诉讼法的既有规范框架。

其次，调取并非刑事诉讼法明文规定的侦查行为，刑事诉讼法只是在“证据”章第 52 条第 1 款规定，公安机关有权向有关单位和个人收集、调取证据，有关单位和个人应当如实提供证据。根据《公安机关办理刑事案件程序规定》第 57—59 条以及《公安机关执法细则（第三版）》的相关规范，侦查实践中，当侦查机关发现有关单位或者个人持有与案件有关的证据时，即可予以调取，调取行为的对象是作为证据使用的实物证据，主要是物证、书证、视听资料。[37] 调取首先要表明调取的对象是与证明案件事实相关的证据材料，其次应当制作清单详细写明物品或文件的名称、编号、数量、特征等，被调取的单位和个人应签字确认调取的内容。[38] 通过上述规范内容可知，调取行为根本无法作为大数据时代对海量记录进行比对与挖掘的规范依据，大数据侦查获取的全数据样本中必然包含大量与案件无关的信息，更谈不上满足“与犯罪事实有关的证据”这一调取行为的前提条件，如果让侦查机关逐一告知海量数据的持有人，则调取行为根本不具有可行性。调取行为的本质是小数据时代针对已有一定根据表明具体的持有人持有与案件事实证明有关的证据材料，进而要求其提供的一种非强制性侦查行为，在大数据时代，调取行为的本质功能如不进行拓展，根本无法作为获取海量数据的正当化手段。

最后，大数据侦查与技术侦查措施之间也存在本质的不同。2012 年刑事诉讼法修改过程中新增技术侦查措施一节以及后续公安部制定《公安机关办理刑事案件程序规定》过程中，对于技术侦查措施的内涵与外延都采取了回避态度，导致技术侦查措施包括哪些具体的措施与手段十分模糊。《公安机关办理刑事案件程序规定》第 255 条将技术侦查措施的范围概括为记录监控、行踪监控、通信监控、场所监控等措施，在侦查机关看来，技术侦查措施的本质是监控，上条规定中的“记录监控”虽未进一步明确，但从名称上看与大数据对海量数据、记录的比对、挖掘的过程最为相关。对这一问题的讨论，应当回归技术侦查措施的本质问题上进行讨论。笔者主张技术侦查措施的各类监控手段不仅应具有秘密性与技术性的特征，还应兼具同步即时性的本质要求。[39] 从立法者对已有技术侦查手段的部分列举中可以归纳出同步即时性的特征，技术侦查措施通常包括的电子侦

---

[36] 参见《刑事诉讼法》第 134 条。

[37] 参见孙茂利主编：《公安机关执法细则（第三版）释义》，中国民主法制出版社 2016 年版，第 295-296 页。

[38] 参见《公安机关执法细则（第三版）》第 21-01 条。

[39] 程雷：《检察机关技术侦查措施相关问题研究》，载《中国刑事法杂志》2012 年第 10 期。

听、电话监听、电子监控、秘密拍照或者秘密录像、秘密获取某些物证、邮件检查等专门技术手段，[40]毫无例外均属在违法犯罪行为实施过程中同步展开的侦查行为。这与调取通信记录或话单、查询财产等针对已储存信息的各类侦查行为在刑事诉讼法规范上存在明显区别。

正是由于现行刑事诉讼法及法律解释中侦查行为的分类无法容纳大数据侦查这一新兴侦查措施，公安部在执法细则中将“查询、检索、比对数据”单列为一种侦查措施，规定进行下列侦查活动时，应当利用有关信息数据库查询、检索、比对有关数据：（1）核查犯罪嫌疑人身份的；（2）核查犯罪嫌疑人前科信息的；（3）查找无名尸体、失踪人员的；（4）查找犯罪、犯罪嫌疑人线索的；（5）查找被盗抢的机动车、枪支、违禁品以及其他物品的；（6）分析案情和犯罪规律，串并案件，确定下一步侦查方向的。[41]这一规定突显出数据比对、挖掘等大数据侦查技术的独立性，侦查部门也认识到此类侦查措施与刑事诉讼法已经规定的传统侦查行为之间的差异以及单独予以规范的必要性。当然，由于执法细则本身属于内部规范，仅限公安机关内部适用，不得在法律文书中引用，不向外部单位、个人公开，[42]这些特点导致执法细则欠缺法律文件的基本属性，相应的大数据侦查依然处于无法可依的状态。

迄今为止，人类社会经历了从农业社会到工业社会、再到信息社会的演进，刑事诉讼法对权利的保护重点也相应经历着由关注人身自由权到财产权、再到公民个人信息隐私权的变迁。大数据侦查在为侦查机关提供更高效的犯罪控制工具的同时，对公民个人信息隐私的干预程度超出传统侦查措施。信息社会发展至今，超过 98% 的信息都已转化为数字化记录，大数据技术得以对全数据进行分析、挖掘与应用。在迅速扩散的信息技术面前，规范隐私权的工具不能适应大数据时代的发展需要，因为社会与个人都需要依赖于海量个人信息的共享而谋取发展动力。传统法律规范缺失与滞后的主要原因，在于其仅仅关注信息搜集过程，而对大数据背景下的如下核心问题完全忽略：当公民基于适应现代信息社会的必然要求而留存在于社会各个机构的数字记录，侦查机关将这些记录改变最初留存目的用于侦查工作时，法律应当如何评价侦查机关的行为以及设定何种法定程序。我国刑事诉讼法的相关规定比较抽象，且法律解释工作相对滞后，对大数据侦查的本质和法律属性的认识与处理落后于大数据时代的发展步伐，司法实践中对大数据法律属性的认识盲区导致多层级的侦查部门大数据侦查技术的应用处于无序的发展状态，同时囿于法律授权的阙如，侦查机关

[40] 郎胜主编：《〈中华人民共和国刑事诉讼法〉修改与适用》，新华出版社 2012 年版，第 277 页。
[41] 《公安机关执法细则（第三版）》第 29-02 条。
[42] 《公安机关执法细则（第三版）》第 1-02 条。

的数据共享与合理利用也面临“瓶颈”。

（二）数据内容与元数据区别化处理的局限性

传统侦查过程对信息内容的重视程度远超过信息的形式，因为信息的内容可以直接作为证明犯罪的证据使用，而信息的形式主要是辅助证明信息的来源，其重要性不如信息的内容。数据信息的形式，即元数据是关于数据的数据或关于信息的信息，其表示的是数据的存在形式与产生过程，只要人们使用任何一种电子产品或者电子服务，都会产生元数据，以电子通信为例，其主要包括通信的时间、地点、时长、通信双方的地址或号码，使用的电子设备及其唯一识别码。[43]

由于数字化时代对隐私权的干预方式主要是通过收集电子通信的形式要素，再通过大数据的挖掘、分析技术深描出个人的完整信息，在传统观点下，这些通信形式方面的信息与通信内容不同，不是隐私权保障的对象。大多数国家对通信形式的法律保护力度远低于通信内容，在我国刑事诉讼中亦是如此，虽然法律文本上并未区分通信内容与通信形式，但司法实践中调取通话记录的适用频率远远高于对通信内容的监控。[44]这一传统观点在大数据时代的局限性越发明显，因为大数据的本质就是对多样化的海量记录进行集成、碰撞以产生预见性的知识，从某种意义上讲，通信的形式包括位置信息、通话时长、通话对象等比通信内容更有价值。2014 年联合国人权事务委员会在其提交给联合国大会的专题报告中呼吁各成员国与时俱进地摒弃上述传统思维，在新信息技术背景下树立全新的信息保护理念，区分通信形式与内容从保护隐私权的角度来看是不具有说服力的，因为信息的合成，通常称之为元数据（metadata），能够显示个人行为、社会关系、私人嗜好、身份等方方面面的信息，甚至比通信内容更能全面地揭示一个人。[45]

（三）侦查启动门槛虚置、已然犯罪与未然犯罪界限模糊

为防范警察权的滥用，两大法系国家都通过设置警察权启动的事实条件为刑事程序启动设置了限制条件。大陆法系国家的传统理论在对警察权控制机制上坚

---

[43] Bryce Clayton Newell，“The Massive Metadata Machine: Liberty，Power and Mass Surveillance in the U.S and Europe，” *A Journal of Law and Policy For The Information Society*，2014-2015，pp.487-488.

[44] 这一结论通过对中国裁判文书网上的刑事裁判文书的关键词检索能够得到充分印证，以笔者 2017 年 7 月 1 日的检索结果为例，以“通话记录”为关键词可以检索到 105385 件刑事案件的裁判文书，而以“通话内容”为关键词检索，只能检索到 693 个裁判文书样本，二者之间的差异巨大。

[45] The right to privacy in the digital age，Report of The Office of the United Nations High Commissioner for Human Rights，30 June 2014，p.3.http：//www.ohchr.org/EN/HRBodies/HRC/RegularSessions/Session27/Documents/A.HRC.27.37_en.pdf，2017 年 4 月 6 日。

持区分犯罪预防与犯罪打击两个领域，二者的界限在于只有出现具体的犯罪嫌疑或者犯罪将要发生的即刻危险时，警察才能干预公民的权利，此种警察的行动方式被界定为回应型警务模式（reactive policing）。[46] 这种警察职权启动模式可将警察权严格限制在不得已方可使用的必要范围内，有助于防止警察权的滥用。这种古典自由主义思想下的警察权控制模式在 20 世纪 60 年代起逐渐发生变化，警察不再仅仅被视为“执行工具”，而应成为智能化、主动型的犯罪抗制机构。基于这种理念变化，警察的调查方法发生了很大变化，一些“预防性犯罪控制手段”的侦查方法开始在侦查实践中推广，包括计算机数据库检索、拉网缉捕、电子监控等。[47] 通过这些大数据技术新型侦查手段的运用，警察可以发现用以确定初步怀疑的各种信息，从而正式启动侦查程序，如此一来，警察所承担的预防犯罪与打击犯罪的两大截然不同的功能开始混合。

在英美法系的代表国家美国，法律规范警察执法权的起点是警察权对公民自由的干预，始于警察对公民的截停，自此刻起联邦宪法第四修正案为警察权启动设置的事实要件为合理怀疑（probable suspicion）。[48] 对于警察针对某人截停前的发现、判断犯罪嫌疑的过程，美国联邦宪法基本上不予评价，委诸警察根据自己的经验以及具体案件、对象的个案情况进行自由裁量。[49] 大数据技术在侦查初期的应用增强了警察发现犯罪嫌疑人信息的能力，突显出合理怀疑标准的固有漏洞，也暴露出该标准的脆弱性。[50] 大数据对潜在犯罪嫌疑人的强大识别功能，令原本设置在警察权启动之初的门槛性条件流于形式。

为防止侦查权的恣意启动、任意干预公民权利，我国刑事诉讼法将立案程序设置为刑事诉讼的起始程序，规定只有在立案之后侦查机关方可行使侦查权。[51]“认为有犯罪事实需要追究刑事责任”是立案的事实证据要求，[52] 为发现犯罪线索或者确认是否达到启动侦查的事实门槛，相关法律解释进一步规定了立案前的初查程序，允许侦查机关采取不限制被调查对象人身权与财产权的各类措

---

[46] Funk，A. Polizei and Rechatsstaat，转引自 Fijnaut，C. and Marx G.T. eds，*Undercover*：*Police Surveillance in Comparative Perspective*，the Hague：Kluwer 1995，p.58。

[47] Funk，A. Polizei and Rechatsstaat，转引自 Fijnaut，C. and Marx G.T. eds，*Undercover*：*Police Surveillance in Comparative Perspective*，the Hague：Kluwer 1995，pp.57-58。

[48] Terry v. Ohio，392 U.S.1，27（1968）；Andrew Guthrie Ferguson，“Big Data and Predictive Reasonable Suspicion，” 163 *U.Pa.L.Rev*，327，2014-2015，p.329.

[49] Elizabeth E. Joh，“The New Surveillance Discretion：Automated Supicion，Big Data，and Policing，” 10 *Harv.L.& Pol'y Rev.*15 2016，p.33.

[50] Andrew Guthrie Ferguson，“Big Data and Predictive Reasonable Suspicion，” 163 *U.Pa.L.Rev*，327，2014-2015，pp.387-388.

[51] 参见《刑事诉讼法》第 110、113 条。

[52] 参见《刑事诉讼法》第 110 条。

施。[53]但上述法律规范严重滞后于大数据侦查技术的应用实际，侦查机关对海量数据记录的查询、比对、碰撞正在成为锁定犯罪嫌疑人的重要方法，由于其应用时段多在立案前的初查阶段，甚至在并无具体犯罪嫌疑的前嫌疑阶段使用以达到“无中生有”的预测犯罪或者抓获现行犯的重要作用，其深度应用的同时也逐渐侵蚀甚至架空了立案程序的立法目的。

总体上看，大数据技术在侦查初期的广泛应用在各个法系国家都导致基于限制警察权而设置的侦查启动门槛流于形式，已然犯罪与现行犯、即将发生的未然犯之间的界限愈发模糊。大数据技术令警察权突破了传统法律框架在起点环节上的约束，形成了初期侦查权规制的法律真空。

三、大数据侦查法律控制的必要性

大数据侦查是侦查机关顺应信息社会发展潮流的明智选择，其深度应用既有助于提高犯罪预防的精确性，提升警力配置效率，缓解长期困扰我国侦查实践的警力不足问题，也有助于增强侦查取证的科学性，提高破案效率与破案能力，带来用信息换安全的社会效果。从权利保障的角度来看，大数据技术的应用将无所不在的记录与数据经过分析、挖掘得出更为客观、精确的证明犯罪过程的材料，客观上有助于改变长期以来侦查机关对口供的严重依赖，甚至可以大大降低对严重干预公民隐私权的技术侦查的依赖，带来用信息换权利的法律效果。大数据侦查带来的侦查效能的提升与侦查模式转型升级的积极效果应当充分肯定。在这一背景下，是否有必要对大数据侦查施加法律控制就成为一个需要认真讨论的问题，笔者认为规范大数据侦查的必要性主要体现在三个方面。

（一）大规模监控的节制

大数据技术深度应用的明显代价之一就是全体公民的各类信息都成为其分析对象，其本质是一种大规模监控（mass surveillance），是一种不以犯罪嫌疑为前提的广泛监控。信息社会中的公民为了正常参与社会生活、享受信息社会的各种便利都不得不“自愿”同意交出各类个人信息，这些海量信息汇总到不同的社会管理机构、单位或者政府机构，大数据侦查将各类数据库中的数据作为开展侦查的基础条件。在这一过程中，与传统的侦查行为仅仅针对具体的犯罪嫌疑人这一特点不同，大数据侦查中全民都成为潜在的侦查对象，大量的无罪公民的个人信息在大数据侦查的过程中被储存、比对、挖掘。

海量公民信息的储存与分析使用是大数据侦查的基础，其带来的侦查效果是

---

[53] 《公安机关办理刑事案件程序规定》第171条规定在立案审查环节中，“对于在审查中发现案件事实或者线索不明的，必要时，经办案部门负责人批准，可以进行初查。初查过程中，公安机关可以依照有关法律和规定采取询问、查询、勘验、鉴定和调取证据材料等不限制被调查对象人身、财产权利的措施”。另外《人民检察院刑事诉讼规则》第173条也规定了类似的初查程序与权限。

直接与明显的，同时其蕴藏的信息安全风险也是巨大无比的。当这些海量信息以及大数据分析工具用于刑事司法之外的非法目的时，公民个人的权利保障乃至整个社会的良性健康发展都将陷入巨大灾难当中，这一点已经为 20 世纪人类发展的历史反复验证。大数据侦查中对公民个人信息的收集、贮存、分析、利用能力更强，一旦滥用于非法或者不合理的用途为祸尤烈，对其施加必要的法律控制是防范人类历史悲剧再次上演的必然选择。

（二）技术误用的防范

任何科学技术都是双刃剑，因为科学技术的使用者都是人类，大数据技术概莫能外。大数据也可能犯错，错误原因主要出现在两个方面：一方面，大数据技术通过机器学习与人工智能，根据侦查人员设计的各种模型对数据进行挖掘，而各种算法与分析模型的来源只能是侦查经验的人为积累。人类侦查经验的局限性同样会照搬给机器算法，大数据的预测功能同样会产生错误。另一方面，大数据的挖掘或预测结果取决于数据的质量，作为源头的数据质量瑕疵将直接导致误导性甚至根本性错误。而与商业领域不同，刑事司法领域的容错率相当有限，毕竟刑事司法事关公民的生命与自由。[54]

（三）法律控制体系的均衡

2012 年刑事诉讼法修改对技术侦查措施设置了全新的规范程序，大数据侦查对刑事程序权利的干预深度与广度甚至超过了技术侦查措施，但却处于无法可依的状态。在大数据时代，公民的日常生活、经济活动、接受政府的管理与服务等方方面面都被各类数据库记录下活动的痕迹，且对于各类记录的留痕，公民本人作为信息主体基本上无从选择。这种监控状况远比技术侦查措施的秘密监控更为深远与广泛。从技术侦查措施的应用过程与成本的角度看，每一项技术侦查行为都是针对特定目标展开的积极行为，产生的数据量与可投入的侦查资源都是有限的；而大数据侦查的资源多数为社会资源与政府资源，侦查机关主要是共享、使用了已经留存于各类社会数据库、政府数据库中的信息，信息资源更为丰富、使用成本更为低廉进一步促进了大数据侦查的广泛、深度应用。

总体而言，无论是从防范大数据侦查的弊端，还是规制侦查权对公民基本权利的干预，抑或基于与技术侦查措施对照的视角，从现有刑事诉讼规范体系的均衡性角度来看，将大数据侦查纳入到法律规范的框架内都具有极大的必要性。

四、传统侦查规范的法律控制工具

大数据侦查系数据收集与使用过程在侦查中的应用，相应的规范路径也应同

[54] 关于大数据侦查在美国司法实践中暴露出来的弊端及部分实际危害，参见 Andrew Guthrie Ferguson，“Big Data and Predictive Reasonable Suspicion,” 163 *U.Pa.L.Rev*，327，2014-2015，pp.398-403。

时依赖传统的侦查法律规范与相对新兴的数据保护法律规范，两类规范相互协作的双重路径是当下对大数据侦查进行法律控制的稳妥选择。在双重路径并行的过程中，规范重心应当更侧重于隐私权的保障，因为在刑事司法中保护公民个人信息主要出发点是保护公民的个人隐私及其承载的人格尊严、个人自治、私生活安宁、通信自由等一系列基本权利。刑事司法过程中政府对公民个人信息的利用是信息社会发展到一定阶段政府治理模式的必然要求，刑事司法又承载着维护社会安全与稳定的特殊利益与价值追求，因此个人信息保护的诸多制度安排无法在刑事司法系统中得到完整落实，权衡之后的结果只能是落脚至个人信息保护的底线性规则，即高度敏感信息所体现的隐私权利与利益，这应当成为大数据侦查法律规制的重点与落脚点。在本部分笔者首先就第一条路径传统侦查规范工具的适用加以探讨，另一路径关于数据保护方面的法律控制问题容留下一部分详述。

大数据侦查作为一种新兴侦查措施，其本质是对公民在现代信息社会的日常生活中留存的海量数据加以事后利用，以发现犯罪嫌疑人或者预测犯罪的发生与潜在的犯罪人。大数据侦查的运行机理与我国现行刑事诉讼法中规定的各类传统侦查行为均存在本质差异，应当作为一类独立的新型侦查行为进行法律规制。基于现有法律规范经验与国际社会通行的规范策略，规范路径主要还是倚重合法性原则与比例原则或称之为必要性原则。

基于合法性原则，规范我国大数据侦查首先应当解决的问题是增补相应的法律依据，为开展大数据侦查提供清晰、具体与公开的法律依据。根据大数据侦查技术应用领域的二分趋势，应当分别补齐犯罪侦查和犯罪预防、情报收集两项事务领域相关的法律规范。前者应在刑事诉讼法的“侦查”一章增补一类全新的侦查措施及适用程序，后者需要修改完善国家安全法、反恐怖主义法、网络安全法等相关部门法。[55]

就犯罪侦查领域大数据侦查的具体规范路径而言，首先，应在《刑事诉讼法》侦查章第八节“技术侦查措施”中将大数据侦查增列为一种全新的侦查行为加以规范，同时应将该节的节名进行更为准确的表述，改为“秘密侦查措施”，以涵

[55] 比如《中华人民共和国国家安全法》第53条规定，开展情报信息工作，应当充分运用现代科学技术手段，加强对情报信息的鉴别、筛选、综合和研判分析；《中华人民共和国反恐怖主义法》第18条规定，电信业务经营者、互联网服务提供者应当为公安机关、国家安全机关依法进行防范、调查恐怖活动提供技术接口和解密等技术支持和协助；《中华人民共和国网络安全法》第28条规定，网络运营者应当为公安机关、国家安全机关依法维护国家安全和侦查犯罪的活动提供技术支持和协助。上述法律中的相关条款对于情报收集、犯罪预防中的大数据侦查进行了初步性、概括性的授权，但法律的明确、具体程度距离合法性原则的要求还有不小差距，比例性原则在上述法律中更是处于空白状态，囿于本文篇幅所限，笔者无法对情报收集与犯罪预防领域的大数据侦查展开研究，只能留待另行撰文专门加以探讨。

盖第 151 条及新增列的大数据侦查相关条文。[56] 可考虑在现行《刑事诉讼法》第 151 条之后增加专条规定，凡是使用计算机技术对政府数据库、社会机构数据库进行信息记录共享、检索、比对、分析的行为，均属大数据侦查。

其次，应当详细列明此种侦查措施的启动条件、适用对象与适用程序，在启动条件、适用对象与适用程序的制度设计过程中应当充分考量比例原则的要求。鉴于大数据技术引发的“隐私逐步消亡的世界”这一重大挑战，考虑到其大规模对无辜公民个人信息的比对使用过程以及结果意义上对具体公民的近乎所有个人信息全面、深入展示的效果，比例原则具有极大的适用必要性。大数据侦查的适用首先应当坚持目的正当原则，即“只能用于对犯罪的侦查、起诉和审判，不得用于其他用途”。[57] 排除在外的其他用途包括个人目的、政治目的、违背法律精神的社会维稳、上访人群的管控等，均属违反法定目的的侦查权滥用行为。在适用条件上，应当明确启动该项侦查措施的事实门槛条件，即只有具备初步的犯罪嫌疑之后方可启用，在启动决定的法律文书中应当明确表明依据何种已有的事实材料表明存在何种具体的犯罪嫌疑。这种启动条件与现行刑事诉讼法所表述的立案条件大致相当，附加此种启动条件的目的在于防止基于犯罪侦查之外的其他不正当目的任意启动大数据侦查，也有助于防止侦查机关基于维稳或安保等宽泛的执法需求而任意启动大数据侦查，从而导致常态化的全民监控、大规模监控。

程序合法性原则要求侦查措施应当经过法定程序审批后方可启用，以德国为代表的部分大陆法系国家对大数据侦查实行法官令状制度，比照电话监听实施相应的程序控制机制。就我国目前的情况看，实行法官令状机制的条件尚不成熟，理由主要有二：一方面，大数据侦查作为侦查措施的一种，其审批主体的制度设计应当与我国刑事诉讼中既有的强制措施、侦查措施的程序控制机制相协调。在剥夺公民自由的逮捕措施、严重限制公民自由的指定居所监视居住、严重干预公民隐私权的技术侦查措施尚未实行法官令状制度之前，对大数据侦查实行法官审批的司法审查与强制性措施体系均衡性要求不符。另一方面，不少实行法官令状制度的国家司法实践已经证明对于侦查初期的技术侦查、大数据侦查等特殊侦查手段，法官令状制度经常流于形式，法官通常会沦为警察适用相应侦查措施的橡

---

[56] 现有的“技术侦查措施”的节名原本即属于搭车式的表述方式，2012 年法律修改时为回避“秘密侦查”一词，将本节的节名表述为更为中性的“技术侦查措施”。但就该节的规范内容看，除技术侦查措施外，第 151 条规定了另外两类秘密侦查措施，即隐匿身份的侦查和控制下交付。大数据侦查本质上也是秘密侦查，尽管相关数据多为公开留存于各个数据库的信息，但对数据的分析、碰撞过程属于典型的秘密侦查过程。

[57] 参见《刑事诉讼法》第 150 条关于技术侦查措施目的正当原则的规定。

皮图章。[58] 国际社会的经验与教训亦表明，对于侦查初期的大数据侦查，在实行司法令状机制的同时，更应注重综合监督机制。总体上看，就我国目前的状况而言，当务之急是改革大数据侦查封闭运行的现状，较为便捷可行的方式是实行检察官审批制，辅之以紧急情形下的侦查机关自我先行审批机制。[59] 同时应当考虑建立各类基于个人信息权的数据使用监督机制，关于这方面的内容容留下文一并加以论述，通过上述两方面监督机制的建构，有助于预防大数据侦查的恣意启动与过度使用。

在必要性原则方面，应当坚持重罪原则与最后手段原则，即鉴于大数据侦查对犯罪嫌疑人和大量无辜公民的个人信息甚至隐私信息施加了全面监控与比对，该项措施只能限于预防或者侦查严重犯罪时方可使用，这是比例原则的基本要求。严重犯罪的范围可参考《刑事诉讼法》第 148 条及《公安机关办理刑事案件程序规定》第 254 条对重罪的范围加以规定，即包括危害国家安全犯罪、恐怖活动犯罪、黑社会性质的组织犯罪、重大毒品犯罪或者其他可能判处七年以上有期徒刑的案件。最后手段原则要求大数据侦查应当是在采取了询问被害人或证人、勘验检查犯罪现场、对物证进行提取、鉴定等常规侦查措施之后且常规侦查措施无效或者难以锁定犯罪嫌疑人时方可适用。通过最后手段原则的要求，可以限制无犯罪嫌疑的情况下漫无目的、漫天撒网式的大规模数据比对，同时要求大数据侦查以前期常规侦查获取的信息为基础，在科学合理的信息模型上开展有针对性的、高效精确的数据挖掘。

封闭的内部运行模式是各类侦查措施滥用的主要成因，因此加强外部监督与司法监督是确保侦查权依法运行的基本经验。根据现行宪法框架与司法体制的国情，可以考虑通过加强检察机关检察监督与通过审判过程中对证据来源合法性的审查发挥法官的审查功能来实现对大数据侦查的司法审查功效。《刑事诉讼法》第 8 条规定了人民检察院依法对刑事诉讼实行法律监督的基本原则，在大数据侦查的检察监督问题上，应当进一步增设具体的法律监督机制，在《刑事诉讼法》第 152 条之后增加专条规定检察机关对秘密侦查行为进行监督。同时可以考虑设置大数据侦查的备案机制、办案电子系统互联互通等方式，要求侦查机关在适用大数据侦查之后，应当将大数据侦查的开展过程、相应成果报告给负责侦查监督的检察官，接受备案审查与法律监督。如果检察机关发现侦查机关的秘密侦查行为有违法情况，应当通知侦查机关予以纠正，侦查机关应当将纠正情况通知人民检察院。

---

[58] The right to privacy in the digital age，Report of The Office of the United Nations High Commissioner for Human Rights，30 June 2014，Para38.

[59] 参见程雷:《秘密侦查立法宏观问题研究》，载《政法论坛》2011 年第 5 期。

法官对大数据侦查的司法审查根据大数据侦查在诉讼中的作用不同可以通过两种途径展开。对于少量使用大数据侦查获取的信息作为证据的案件，法官可以通过对大数据侦查的证据材料进行审查判断从而对取证的合法性加以间接审查。而在大量案件的司法实践中，大数据侦查的主要功能是发现案件线索或锁定犯罪嫌疑人，其本身是证据来源的前置性工作而非证据收集工作本身。在这种情况下，审理案件的法官应当着重审查到案经过或者破案报告等侦查机关制作的用以说明案件来源的书面材料，查明大数据侦查的过程是否符合法定程序，对于违法的大数据侦查行为应当在裁判文书中列明，并将违法情况移交人民检察院开展法律监督。在未来的法律完善过程中，还可以考虑赋予法官对于大数据侦查中的程序违法行为给予独立制裁的权力，比如建立针对重大程序违法行为的终止诉讼机制、责令侦查机关对违法责任人加以惩戒、处分等。

五、个人信息保护相关法律原则与机制的适度引入

信息社会的到来对隐私权的既有法律保护框架形成了冲击，传统意义上具有消极、被动等特点的隐私权概念已经显得过于狭隘，很难适应社会发展的需要。[60]个人信息权作为保护公民个人信息的全新法律工具日益受到社会各界的重视，成为社会转型过程中法律治理体系的重要工具。可以说，将个人信息权作为一种独立的权利是现代社会发展的一种趋势。[61]2017 年 3 月通过的《民法总则》第 111 条首次将个人信息保护纳入到基本法律的框架内，反映出加强公民个人信息保护的必要性。

在公民个人信息保护法律体系的建构与运行过程中，多数国家的个人信息保护法中都将国家安全与刑事司法领域的个人信息保护排除在法律适用范围之外。[62]这一传统观念过于关注公共利益、无视公民个人信息权的基本法律价值，导致近年来国家大规模监控在全球范围内的盛行。从长远发展的视角观之，信息社会的发展必须依赖强大的个人信息保护机制。从公民基本权利保护的视角观之，在现代信息技术之下，几乎所有的个人行为都会留有信息痕迹，这些信息痕迹关涉个人生活的方方面面，实现了对个人从摇篮到坟墓的全程记录；现代信息技术可以实现对个人碎片化信息的整合，随着信息质和量的累积，碎片化的个人信息逐渐形成个人的“人格剖面图”，[63] 从这个角度观之个人信息对维护信息主体的人格尊严和自由价值意义重大。大数据侦查也必须在打击犯罪与维护公民个人信息权、

---

[60] 周汉华：《中华人民共和国个人信息保护法（专家建议稿）及立法研究报告》，法律出版社 2006 年版，第 48 页。

[61] 王利明：《论个人信息权的法律保护——以个人信息权和隐私权的界分为中心》，载《现代法学》2013 年 7 月。

[62] 前引 60，周汉华书，第 58-59 页。

[63] 张新宝：《从隐私到个人信息：利益再衡量的理论与制度安排》，载《中国法学》2015年第3期。

人格尊严、个人自治等价值追求之间寻求平衡，个人数据保护的法律原则与机制在刑事司法领域应当得到适度应用。[64]

在我国个人信息保护法出台前，[65]大数据侦查发展与规制的过程中，如下一系列个人信息保护方面的法律原则与机制首先应当得到尊重与贯彻：（1）个人信息收集与处理的目的应当是合法且特定的，即只能为具体而特定的执法或司法目的收集与使用公民个人信息，不得超越收集个人信息时的合法目的使用相关个人信息。对于大数据侦查而言，当社会机构将数据库信息传递给侦查机关或者与侦查机关共享数据库时，应当事先告知信息主体在何种情形下社会机构将与侦查机关共享公民的个人信息。（2）信息主体具有法定的信息权利，包括知悉权与更正权，即被告知信息被司法机关收集的目的及用途，有权查询、修改、更正不准确、不客观或过时的数据信息。当然基于刑事司法顺利进行的合理理由，侦查机关可以推迟告知，但推迟告知信息主体的例外应当是明确而具体的法定事由；（3）侦查机关对信息的处理过程应当体现安全性，包括建立监控日志并做到操作留痕，同时应当确保收集到的信息与数据的质量。（4）对于公民信息应当实行分级管理，对于个人家庭生活、健康状况、宗教信仰等敏感信息，在刑事司法与侦查活动中应当重点保护。（5）对个人信息的处理应当设置相应的监督与救济程序，除前文提及的刑事程序中外在审批机制外，还应包括独立监督机构、定期报告机制与行政等救济渠道。可以考虑结合个人信息保护法的起草，设立个人信息专门保护机构对大数据侦查等个人信息使用机制进行事后监督，也可以考虑在全国人大常委会设置专门委员会，通过年度报告、专项工作督查等形式开展事后监督。

结　语

大数据时代的到来标志着信息社会的真正形成，人类社会正在迈向继农业社会、工业社会之后的第三个全新社会发展阶段，大数据侦查只不过是嵌入在人类社会发展形态剧烈转型中的一个侧面。大数据技术正在与云计算、人工智能、物联网等一大批现代信息技术相互交融，推动着社会发展形态的深刻变革，也促使着国家治理体系与治理能力作出相应的提升与演进。大数据侦查代表着监控社会背景下社会治理方式的重要发展趋势，体现着用隐私换安全、用信息换权利的刑

---

[64] 2016年4月27日，欧洲议会与欧洲委员会在通过旨在全面保护公民个人信息权的《通用数据保护条例》（General Data Protection Regulation）的同时，通过了《以犯罪预防、调查、侦查、起诉或者刑罚执行为目的的自然人个人数据保护指令》，将个人数据保护的法律原则与机制部分引入刑事司法领域。

[65] 近年来，我国立法机关通过分散立法方式，在《刑法修正案（七）》和《刑法修正案（九）》中加强了个人信息的刑法保护；在《民法总则》第111条规定了个人信息的保护规则；在《网络安全法》第41-42条规定了网络个人信息保护的条款。从总体上看，仍缺乏一部专门的个人信息保护法，以统筹公民个人信息保护的各个方面。

事司法发展方向。信息社会背景下刑事司法目标的主要达成方式与工业社会条件下传统刑事诉讼的主要差异可以归结为由保护人身权、财产权到保护个人信息权的演进。工业革命以降的各国刑事诉讼法规范的核心内容是政府打击犯罪过程中干预公民人身权、财产权的各项公权力，而随着信息社会的到来，大数据等现代信息技术在刑事司法中的应用能够为定罪量刑提供更为科学、客观的信息来源，相应的刑事司法程序更加文明、更加高效、更加公正。各种信息技术正逐步替代着常规侦查措施成为侦查破案的主要工具，刑事司法公权力干预私权利的重点正转向新兴的个人信息权领域，相应的刑事司法系统中法律控制的重点也应当转向大数据侦查等新型侦查行为。

大数据侦查在中国的发展既存在着特有的必要性，也面临着独特风险。一方面，作为国家治理体系重要组成部分的刑事司法系统必须拥抱大数据，唯有如此才能有效化解深刻转型社会所带来的犯罪率持续攀升、新型犯罪层出不穷的社会治理难题，有效治理口供过度依赖的传统刑事司法弊端，严格落实无罪推定原则，防范冤假错案。大数据侦查是顺应信息社会背景下侦查规律的必然选择，符合社会控制机制演进的基本趋势。中国是一个数据大国，且具有“集中力量办大事”的制度优势，大数据侦查的发展具备更多有利条件。比如，基于全球数量最多的互联网使用用户、移动手机用户、公共视频监控视频，以及移动支付平台、共享经济平台、互联网金融平台，大数据侦查拥有极为丰富的数据资源，数据比对与数据挖掘具备绝佳的开展条件。同时，“集中力量办大事”的社会主义制度优越性为整合、统筹、共享各类政府与社会数据库提供了有力的制度支撑与足够的资源支持，大数据侦查的发展具有无可比拟的优势条件。

在与时俱进、张开双臂拥抱大数据技术的同时，应当认识到，正当的法律程序与个人信息保护制度对于大数据侦查的良性、可持续性发展同样至关重要，发展大数据侦查的各项优势缺少法律控制机制的制衡极易演化为巨大的风险。比如数据量大并不代表数据质量高，瑕疵数据、错误数据的大量存在反而更易误导侦查工作走上歧途，甚至导致公民权利被错误干预甚至剥夺，在这方面个人信息法律制度的引入对于大数据侦查的健康发展至关重要。再如，数据库的聚合能力强同时也意味着公民个人信息保护的风险加大，一旦滥用于个人或机构的非正当化用途或个人目的，将对公民的多种基本权利产生系统性危害，甚至引发整个社会的不安，抑制社会整体的创造力，导致发展停滞。

大数据侦查这一方兴未艾的新型侦查行为，也为刑事诉讼法学传统理论提出许多新的研究课题，客观上推动着刑事诉讼法学研究范式的转型。首先，大数据侦查首次突显出无罪推定这一长久以来为现代刑事诉讼奉为圭臬的基本原则也存在适用空间上的边界，其无法向前延伸至犯罪嫌疑产生之前的前嫌疑阶段。恰恰是在前嫌疑阶段，大数据侦查应用空间广泛，其重要价值是在刑事司法程序开始前发现启动刑事司法程序的信息与线索，而无罪推定原则无论是作为狭义的证据规则还是作为广义上的权利保障原则，都无法在被追诉人产生之前的前嫌疑阶段予以适用。而现代刑事诉讼法的绝大多数原则与规则都是建立在无罪推定原则基础上的，其在大数据侦查中的适用真空附带导致多数诉讼规则与制度的空转。现代刑事诉讼法学理论必须继续探索发展其理论范畴填补这一空白。其次，以尊重和保障人权为重要使命的刑事诉讼法传统上关注的权利类型主要是人身权、财产权与隐私权，大数据侦查的出现使得权利干预类型进一步无形化，传统权利干预形态逐渐为大数据侦查所替代，监控社会的到来也就意味着绝大多数犯罪过程会被如实记录，追诉犯罪的过程越来越不需要依赖干预传统权利的各类侦查行为，但同时监控社会的加速形成会引发人们对言论自由、思想自由的忧虑，算法歧视会带来平等权保护的迫切需要，刑事诉讼法学的研究需要向言论自由、思想自由与平等权转型，才能在更为宏大的视角之下合理规范大数据侦查。

从大数据未来发展方向的角度观之，有三大趋势值得持续关注。首先，大数据侦查的深度应用将升级犯罪的类型，导致犯罪打击的难度逐步上升，在侦查与反侦查的多轮较量中，街头犯罪、暴力犯罪将会因为大数据侦查的有效打击而逐步退出历史舞台，相应的犯罪人群将进一步转向更为隐形化的经济犯罪，同时为规避大数据记录的搜集，犯罪的地点更为全球化，基于境外实施的各类犯罪类型将进一步多发。侦查机关应用大数据的过程中需要不断地培养专业分析人才、研发新型算法模型以适应愈发隐蔽、变化的新型犯罪手法，同时还应当开始探索数据全球化共享的规则与机制，建立数据司法协助的相应制度安排。

其次，伴随着我国刑事司法制度中以审判为中心的改革逐步推进，证明标准、证据规则的严格适用对侦查机关取证的规范性提出了越来越高的要求。伴随着大数据侦查在案件侦破中发挥的作用愈发突出，法庭对其证明作用的需求也就会日益凸显。如何实现大数据侦查由“幕后”走向“台前”，显然需要对大数据证据问题展开进一步研究。现有证据法的理论与规则提供的解决方案极为有限，比如大数据侦查的分析结论归于何种证据种类、适用何种证据规则；如何进行人脸识别、声音视频、生物信息识别上的同一认定；是否适用非法证据排除规则；如何在庭审上对大数据证据进行质证、如何在保障质证权与保守侦查方法秘密之间寻求有效平衡等，诸多证据法问题都需要未雨绸缪展开研究，以迎接大数据侦查的常态应用所引发的刑事审判方式变革。

最后，大数据侦查的发展将改变政府与商业机构在刑事司法中的关系格局，刑事司法界应当开始关注如何在法律上评判二者之间的相关关系这一全新课题。大数据侦查的数据来源除了政府各部门基于政府管理需要而收集、储存的数据之外，多数的海量信息来源于商业机构为公民提供日常生活服务、经济交往当中储存的各类信息。信息社会的深入发展也会催生专业的信息供应商。恰恰是大数据在商业领域的价值需求推动着大数据技术的持续发展，大数据侦查越来越多地正在与商业机构的数据库互通共享。而传统刑事司法的规范原理是规制公权、保障私权，这对于大数据侦查中个人信息权干预的主体主要是非政府商业机构而言存在规范障碍。如何跨越这一规范鸿沟，需要法学界与法律界进一步思索。

（原载《中国社会科学》2018 年第 11 期）

侦查监督制度的中国模式及其改革

刘计划

一、引言

《刑事诉讼法》第106条第1项规定，“侦查”是指公安机关、人民检察院在办理案件过程中，依照法律进行的专门调查工作和有关的强制性措施。该法除在第一编第六章专章规定“强制措施”外，还于第二编第二章专章规定了“侦查”。立法机关对规范强制措施的适用和侦查的运行尤为重视，从法典来看，“强制措施”一章多达35条，“侦查”一章条文数量则最多，为54条，两章合计89条，占全部条文的31%，远远超出有35个条文的第三编第二章“第一审程序”，甚至超过有70个条文的第三编“审判程序”。从内容来看，刑事诉讼法根据“分工负责”原则，赋予了公安机关、检察机关等侦查机关及侦查人员完全自主的侦查权，即将所有侦查行为包括各种强制侦查行为，[1]皆授权由侦查机关及侦查人员自行决定实施。如第134条规定，为了收集犯罪证据、查获犯罪人，侦查人员“可以”进行搜查；第139条规定，在侦查活动中发现的可用以证明犯罪嫌疑人有罪或者无罪的各种财物、文件，“应当”查封、扣押；第148条规定，公安机关根据侦查犯罪的需要，经过严格的批准手续，“可以”采取技术侦查措施。[2]

为了实现侦查的合法性和客观性，刑事诉讼法对侦查机关及侦查人员提出了自律要求。如第3条第2款规定，“人民法院、人民检察院和公安机关进行刑事诉讼，必须严格遵守本法和其他法律的有关规定”；第14条第1款规定，“人民法院、人民检察院和公安机关应当保障犯罪嫌疑人、被告人和其他诉讼参与人依法享有的辩护权和其他诉讼权利”；第50条规定，“审判人员、检察人员、侦查人员必须依照法定程序，收集能够证实犯罪嫌疑人、被告人有罪或者无罪、犯罪情节轻重的各种证据。严禁刑讯逼供和以威胁、引诱、欺骗以及其他非法方法收集证据，不得强迫任何人证实自己有罪”。此外，刑事诉讼法还在“回避”一章中规定了侦查人员回避制度，即具有法定情形的，侦查人

---

[1] 根据侦查行为对公民基本权利干预程度的不同，人们一般将侦查分为“强制侦查”与“任意侦查”两种。强制侦查，又称强制处分，包括逮捕、羁押、搜查、扣押、监听等干预公民人身、财产、隐私等基本权的行为。

[2] 从公安部《公安机关办理刑事案件程序规定》第256条来看，所谓“严格的批准手续”，不过是“报设区的市一级以上公安机关负责人批准”，因此，采取技术侦查措施同样是由侦查机关决定的。

员应当自行回避，当事人及其法定代理人、辩护人、诉讼代理人也有权要求他们回避。然而，自律要求和回避制度仍无法防止侦查机关及侦查人员实施违法行为。

经验表明，侦查权极易滥用且造成严重后果。正如德国检察制度的创始者萨维尼所指出的，“警察官署的行动自始蕴藏侵害民权的危险，而经验告诉我们，警察人员经常不利关系人，犯下此类侵害民权的错误。”[3]而“侦查中所犯的错误往往具有不可弥补性”，“许多实证研究指出，错误裁判最大的肇因乃错误侦查，再好的法官、再完美的审判制度，往往也挽救不了侦查方向偏差所造成的恶果”。[4]在侦查权的行使过程中，其中的强制侦查构成对公民宪法基本权利的干预，一旦滥用将产生侵犯人权的后果。基于防范侦查权滥用从而保护基本权利的目的，应当对侦查进行监督，由此对建立侦查监督制度的必要性并无争议。当今世界各国侦查监督制度形成了不同的模式。域外对于强制侦查形成了多元监督模式，除追诉主体内部检察机关对侦查的监督外，对侦查的监督控制主要来自裁判方的法院和辩护方的律师。

有别于域外经验，我国侦查监督制度形成了检察机关一元主体模式。除了《宪法》第 129 条规定人民检察院是国家的法律监督机关，《刑事诉讼法》第 8 条规定人民检察院对刑事诉讼实行法律监督这些法律依据外，《人民检察院组织法》明确规定了检察机关的侦查监督职能。该法第 5 条规定，各级人民检察院“对于公安机关的侦查活动是否合法，实行监督”。[5]我国侦查监督制度的基本特点是，由承担侦查、公诉职能的检察机关对侦查实施监督，从而形成了侦查监督制度的中国模式。正如有学者所指出的，“我国的侦查监督制度，在传统上主要围绕检察机关这一国家专门的法律监督机关，行使审查批准逮捕权、立案监督权、侦查活动监督权等权力构筑起来”。[6]这一模式的本质在于，强调检察机关作为侦查监督主体的唯一性，排斥法院和律师对侦查的监督。

在我国学界，与审判监督职能备受质疑不同，[7]对于检察机关行使侦查监督职能鲜见异议者。如有学者认为，“当前，各界对检察机关监督公安机关的立案、侦查活动没有什么异议，而且大都主张强化检察机关对立案、侦查工作的监督力

[3] 转引自龙宗智：《评“检警一体化”——兼论我国的检警关系》，载《法学研究》2000 年第 2 期。

[4] 林钰雄：《检察官在诉讼法上之任务与义务》，载《法令月刊》1998 年第 10 期。

[5] 该条还规定了人民检察院的如下职权：“对于公安机关侦查的案件，进行审查，决定是否逮捕、起诉……”由此可见，审查逮捕、审查起诉本身不属于侦查监督的范畴。

[6] 但伟、姜涛：《侦查监督制度研究——兼论检察引导侦查的基本理论问题》，载《中国法学》2003 年第 1 期。

[7] 参见刘计划：《检察机关刑事审判监督职能解构》，载《中国法学》2012 年第 5 期。

度”。[8] 然而笔者对此有不同认识。众所周知，我国一直存在侦查权滥用的突出问题，如 2000 年全国人大常委会进行首次刑事诉讼法执法检查后指出，刑讯逼供、超期羁押等问题不容忽视、比较突出。[9] 另外，查封、冻结、扣押等措施也存在被滥用的问题。尤其是近年来，多起因刑讯逼供、不规范侦查引起的冤错案件相继曝光，更是暴露出强制措施制度和侦查程序存在的重大缺陷。[10] 这些问题与我国侦查监督制度模式存在缺陷导致侦查缺乏有效监督有直接关系。虽然 2012 年刑事诉讼法修改试图强化检察机关对侦查的监督，但并没有对侦查监督制度进行实质性的改革，无法改变侦查监督不力的局面。为此，需要反思我国侦查监督制度模式，并探讨其改革问题。

二、侦查监督制度中国模式的实证分析

评估检察机关监督侦查模式，可通过对其运行状况、实际效果予以实证分析进行。广义而言，我国检察机关实施的侦查监督包括立案监督和侦查监督，因为公诉案件的立案其实质是侦查的启动程序。历年最高人民检察院工作报告中都有一部分内容，即“认真履行对诉讼活动的法律监督职责”或者“强化对诉讼活动的法律监督，维护司法公正”，中国法律年鉴社则公开出版《中国法律年鉴》，它们对检察机关实施立案监督、侦查监督的数据进行了年度统计，有助于我们了解侦查监督的实际状况，便于分析检察机关监督侦查的效果。

（一）立案监督

立案监督是 1996 年刑事诉讼法修改时新增的制度。这一制度由该法第 87 条所确立。立法起草部门指出，“本条是根据实践中存在的一些公安机关应当立案而不立案，群众告状无门，对犯罪打击不力的实际情况而新增加的规定”。[11] 由此可知，增设该条的立法目的，是加强立案管理，防止公安机关有案不立，以实现对所有犯罪的依法追诉。

阅览表 1，可初步得出以下三点结论：（1）自确立立案监督制度以来，全国检察机关提出立案监督的案件数量一直在快速上升，如 2010 年提出书面纠正件次甚至是 1998 年提出书面纠正件次的 49 倍。这表明，公安机关掌握追诉尺度即立案标准的能力不足，从而影响了对犯罪的追诉；也表明检察机关在不断强化对

---

[8] 陈国庆、石献智：《刑诉法再修改涉及检察机关的几个问题》，载《人民检察》2004 年第 11 期。

[9] 参见侯宗宾：《全国人大常委会执法检查组关于检查〈中华人民共和国刑事诉讼法〉实施情况的报告》，载中国人大网：http: //www.npc.gov.cn/wxzl/gongbao/2001-03/09/content_5132037.htm，最后访问时间：2013 年 9 月 10 日。

[10] 佘祥林、赵作海、张高平、张辉等冤案的教训极为深刻，这些冤案都是侦查人员刑讯逼供、不规范侦查的结果。

[11] 全国人大常委会法制工作委员会刑法室编：《中华人民共和国刑事诉讼法条文说明、立法理由及相关规定》，北京大学出版社 2008 年版，第 242 页。

立案的监督，体现出检察机关实施立案控制的必要性和重要性。（2）在检察机关实施的立案监督中，为监督立案而书面提出纠正件次超过了为监督撤案而书面提出纠正件次，前者约为后者的3倍。这表明，检察机关更多地自立于追诉犯罪的立场，体现了其追诉主体的诉讼本能。（3）检察机关提出的书面纠正意见并未被公安机关全部接受。1998—2010年，立案监督的纠正率为92.9%，这表明检察机关进行的监督存在效力不足的问题。

表1 人民检察院纠正违法（立案监督）情况统计表（1998—2010）

年度	书面提出纠正（件次）	已纠正（件次）	纠正率	监督立案（件次）	已纠正（件次）	监督撤案（件次）	已纠正（件次）
1998	900	654	72.7%				
1999	1484	1189	80.1%				
2000	1599	1226	76.7%				
2001	1846	1510	81.8%				
2002	7420	7723	104%				
2003	5876	5302	90.2%				
2004	8242	7613	92.4%				
2005	24021	21667	90.2%	20182	17940	3839	3737
2006	23182	21231	91.6%	18551	16662	4631	4569
2007	24010	22185	92.4%	19172	17421	4839	4764
2008	28908	26972	93.3%	22061	20198	6847	6774
2009	28014	26208	93.6%	21191	19466	6823	6742
2010	44154	41906	94.9%	32830	31203	11311	10703
小计	199656	185386	92.9%	133987	122890	38290	37289

在我国，公诉案件的立案即侦查的启动，因此，立案监督即对侦查启动的监督。刑事诉讼法确立的立案监督制度赋予了检察机关对所有刑事案件的立案控制权，其实质就是由检察机关拥有、行使启动侦查的统一决定权，即由检察机关决定是否启动追诉程序。这样规定是有法律依据的。《人民检察院组织法》第11条规定："人民检察院发现并且认为有犯罪行为时，应当依照法律程序立案侦查，或者交给公安机关进行侦查。"据此，公安机关行使的侦查权是检察机关授予的，检察机关当然有权决定是否立案。[12]

[12] 具体论证请参见刘计划：《检警一体化模式再解读》，载《法学研究》2013年第6期。

原本刑事诉讼法仅规定了检察机关监督立案权，即只是为了防止公安机关有案不立造成对犯罪的漏诉，其本意是保证侦查及时启动，防止公安机关怠于行使侦查权。由此，也体现了检察机关追诉犯罪的基本职责。不过，最高人民检察院自行发展出了监督撤案制度。[13]这源于实践中存在公安机关违法动用刑事手段的现象。据此，实践中的检察机关立案监督包括两个方面，一方面，监督纠正有案不立、有罪不究、以罚代刑等问题，通过监督促使侦查机关立案；另一方面，纠正滥用刑事手段插手民事经济纠纷、违法立案等问题，监督侦查机关撤销案件。包括监督立案、监督撤案在内的立案监督，实质即由检察机关统一执掌侦查启动权。

虽然刑事诉讼法确立了立案监督制度，但该制度无疑存在缺陷。由于“立案监督”将检察机关和公安机关之间定位为监督关系，从而影响了检察机关作出决定的效力。实证研究表明，检察机关对公安机关的立案监督难以落实。立案监督不力的表现是“监督的效果欠佳，公安机关没有及时改正”。造成立案监督不力的主要原因在于：“没有规定公安机关仍旧不立案的惩罚和救济措施，对于公安机关接受监督立案后但是不认真侦查导致案件无法侦破的，检察机关没有相应的监督权力”“对于公安机关不应立案而立案的，检察机关有权发出纠正违法通知书，但是这种监督手段乏力”。[14]2010 年 7 月 26 日，最高人民检察院、公安部印发《关于刑事立案监督有关问题的规定（试行）》。据称，“制定本规定的目的是，加强和规范刑事立案监督工作，保障刑事侦查权的正确行使。”第 1 条规定，刑事立案监督的任务是确保依法立案，防止和纠正有案不立和违法立案，依法、及时打击犯罪。由此可知，由于立案监督控制的是立案，并非对强制侦查的审查监督，因此与保障人权的价值并不直接相关。需要注意的是，第 10 条赋予了公安机关要求复议、提请复核权，这或许体现了互相制约原则，但是有损追诉效率和检察机关的权威。大陆法系国家实行检警一体化，侦查启动、实施权都是属于检察官的权力，警察不过是辅助机构和执行者。在这一模式下，法律直接将侦查启动权置于检察官的控制之下。如俄罗斯联邦刑事诉讼法典第 146 条规定，侦查员、调查人员关于提起刑事案件的决定应立即送交检察长。检察长在收到决定后，应立即对提起刑事案件表示同意或者作出拒绝提起刑事案件或将材料发还进行补充审查的决定。这种制度设计无疑更为有效。笔者认为，改革我国立案监督制度，应当根据检警一体化模式的要求，确立检察机关对立案的审查权，公安机关必须

[13] 1999 年《人民检察院刑事诉讼规则》第 378 条规定：“对于公安机关不应当立案而立案侦查的，人民检察院应当向公安机关提出纠正违法意见。”

[14] 参见北京市海淀区人民检察院“检警关系课题组”：《检警关系现状与问题的调查分析》，载《人民检察》2006 年第 22 期。

服从检察机关作出的立案或者撤案的决定。[15]

（二）侦查监督

相对于广义的侦查监督，“侦查活动监督”属于狭义的侦查监督。《〈最高人民检察院工作报告〉有关用语说明》对“侦查活动监督”进行了解释，即指人民检察院依法对公安机关（包括国家安全机关等其他侦查机关）的侦查活动是否合法进行的法律监督，主要包括：（1）不批捕；（2）不起诉；（3）追加逮捕；（4）追加起诉；（5）纠正违法。其中“纠正违法”是指“人民检察院在审查批准逮捕工作中，如果发现公安机关的侦查活动有违法情况，应当通知公安机关予以纠正，公安机关应当将纠正情况通知人民检察院”以及“人民检察院在对案件审查起诉的时候，必须查明‘侦查活动是否合法’”。

表 2　人民检察院纠正违法（侦查监督）情况统计表（1998—2010）

年度	全国公安机关刑事案件立案（起）	书面提出纠正（件次）	已纠正（件次）	纠正率	批捕（件次）	已纠正（件次）	起诉（件次）	已纠正（件次）
1998	1986068	10168	6507	64%				
1999	2249319	13254	9130	68.9%				
2000	3637307	13273	10071	75.9%				
2001	4457579	11260	8139	72.3%				
2002	4336712	9091	7043	77.5%				
2003	4393893	8334	6527	78.3%				
2004	4718122	7561	6622	87.6%				
2005	4648401	7845	6713	85.6%	4998	4692	2847	2020
2006	4653265	11368	9901	87.1%	5329	5088	6039	4813
2007	4807517	15634	14173	90.7%	7805	7550	7829	6623
2008	4884960	22424	20676	92.2%	12296	11943	10128	8733
2009	5579915	25974	24229	93.3%	14308	14005	11666	10224
2010	5969892	34180	32599	95.4%	18880	18415	15300	14184
小计	56322950	190366	162330	85.3%	63616	61693	53809	46597

[15] 参见前引 12，刘计划文。

表 3 人民检察院追捕、追诉情况统计表（1998—2011）

	1998	1999	2000	2001	2002	2003	2004	2005	2006	2007	2008	2009	2010	2011
追加逮捕（人）	6957	9083	——	13341	——	9440	10660	12686	14858	15856	20703	21232	——	36976
追加起诉（人）	3094	4242	——	6440	——	5220	5670	8646	10703	12191	16679	18954	——	31868

根据刑事诉讼法的规定和最高人民检察院工作报告，结合表 2、表 3，可以发现我国检察机关侦查监督具有以下几个特点：（1）检察机关侦查监督是为了实现侦查的合法性，并具有双重直接目的。一是追诉犯罪，包括追加逮捕、追加起诉；二是保障人权，包括不批捕、不起诉。这和域外侦查监督的目的仅为或者侧重于保障人权不同。（2）检察机关侦查监督的范围狭窄。从实践来看，仅包括在审查逮捕与审查起诉之后作出批准或者不批准逮捕、提起公诉或者不起诉的决定，以及在审查逮捕工作中、对案件审查起诉的时候，发现公安机关的活动有违法情况通知予以纠正。这和域外侦查监督主要围绕逮捕、羁押、搜查、扣押、监听等干预公民基本权利的强制处分进行审查不同。（3）检察机关侦查监督是事后进行的。一般地，在公安机关提请批准逮捕、移送审查起诉时，人民检察院才进行审查监督，或者在当事人提出申诉、控告时才进行审查监督。对于公安机关立案侦查的案件，提请批准逮捕时，对犯罪嫌疑人的拘留可能已达多日甚至近 30 日，由此审查极为滞后。这与域外由法官对强制侦查进行事前审查或者即时审查监督不同。（4）检察机关侦查监督采取的主要形式为单方、书面审查，监督的方式主要是提出纠正意见。其后果是，前者，难以发现违法问题；后者，“纠正意见”的强制力不足。这和域外侦查监督采取对审、言词审查方式以及以令状进行授权的方式（未经授权不得采取强制处分）不同。（5）检察机关提出纠正意见的次数较少。虽然检察机关历年提出纠正意见上万次（2010 年达到 3 万余次），但相对于公安机关每年立案侦查的案件数量即数百万件（2010 年达到 596 万余件），检察机关提出纠正意见的案件比例无疑很小。1998—2010 年，全国公安机关刑事案件立案共 56322950 起，检察机关进行侦查监督 190366 件次，仅占 0.3%。但这并不说明侦查过程中的违法问题就少，恰恰说明检察机关监督侦查模式存在局限性。（6）检察机关提出的书面纠正意见并未被公安机关全部接受。1998—2010 年，侦查监督的纠正率为 85.3%，这表明检察机关进行的监督存在效力不足的问题。

对于我国侦查监督制度，有学者进行实证研究后指出，“侦查监督权并没有充分控制侦查权。在侦查监督运行中，侦查监督权威与手段较弱，实务中侦查监督基本依赖卷宗”，“侦查监督权运行不力的原因在于侦查监督的理念突出犯罪控制而弱化人权保障，侦查监督主体对违法侦查行为与违法侦查人员缺乏制约”。[16]上述结论揭示了检察机关监督侦查的现实及其成因。实践中，侦查监督制度未能实现对侦查的有效控制从而充分保障人权，这是由我国侦查监督制度模式存在重大缺陷造成的。

三、侦查监督制度中国模式的缺陷分析

侦查监督制度中国模式的特点在于监督主体一元化，即只有检察机关一个监督主体。这一模式对于监督侦查活动、保障基本人权发挥了一定的作用，但也存在根本缺陷。检察机关侦查监督不力导致侦查权滥用，不仅公民基本权利不时受到侵犯，而且频频酿成冤错案件。检察监督模式的缺陷在于，作为监督主体的检察机关承担着侦查、公诉组成的追诉职能，它所进行的侦查监督属于追诉主体内部的监督，具有不可克服的局限性。受部门主义之限，这一问题未能获得理论上的正本清源。正如有学者所指出的，“部门主义表现在检察研究的各个方面。例如，研究侦查监督，大体上是讲侦查监督的重要性以及如何加强立案监督、侦查行为监督的措施，而很少论及侦查监督自身的局限，例如如何处理同为控诉角色，立场的一致性对侦查监督的不利影响，包括对侦查取证中的违法行为常常从控诉的角度给予理解与宽容，对逮捕必要性常常只是从是否有利于控诉来考虑等”。[17]无论自侦案件还是他侦案件，检察监督模式都存在重大缺陷。

（一）检察监督无法克服自行侦查监督的固有缺陷

检察机关作为侦查机关，虽然直接受理的案件范围与数量小（少）于公安机关，但都是关涉国家工作人员职务廉洁性的职务犯罪案件。“检察机关的侦查权与公安机关的侦查权具有共性，即都是为了揭露和证实犯罪，权力行使中也都存在着滥用权力的可能性。”[18]因此，检察机关自行侦查同样需要监督。而检察监督模式无法回答检察机关对自身行使侦查权如何实现有效监督的问题。

1. 自我监督的局限性

在检察监督模式下，检察机关集侦查主体与侦查监督主体于一身，自侦监督沦为自我监督，其本质是同体监督。我国检察机关虽内设侦查监督部门，对侦查部门实施侦查负有监督职责，但这一监督模式在检察长负责制下存在重大缺陷，

---

[16] 左卫民、赵开年：《侦查监督制度的考察与反思——一种基于实证的研究》，载《现代法学》2006 年第 6 期。

[17] 龙宗智：《我国检察学研究的现状与前瞻》，载《国家检察官学院学报》2011 年第 1 期。

[18] 李建明：《检察机关侦查权的自我约束与外部制约》，载《法学研究》2009 年第 2 期。

导致功能受限。[19]

第一，在追求效率价值的侦查职能与追求人权保障价值的侦查监督职能之间的冲突中，侦查监督职能不可避免地让位于侦查职能，侦查职能则凌驾于侦查监督职能。在我国检察一体化体制下，检察机关实行检察长负责制。《人民检察院组织法》第3条规定，检察长统一领导检察院的工作。《人民检察院刑事诉讼规则（试行）》第4条规定，“人民检察院办理刑事案件，由检察人员承办，办案部门负责人审核，检察长或者检察委员会决定”。根据规定，侦查中的重大决定如逮捕、搜查、扣押等皆由检察长作出。检察长既要领导侦查、公诉，对追诉犯罪负责，同时又是强制侦查权的行使者。实践中，各种强制处分的适用就是为侦查破案、取证服务的。阅读最高人民检察院工作报告就可发现，整个检察系统是以打击犯罪为首要任务的。在此局面下，监督职能显然无法充分发挥，通过侦查监督实现保障人权的功能受到抑制。

第二，侦查监督部门内置于检察机关，须接受检察长的统一领导，并无独立性，对侦查部门的监督效果难以实现。其一，侦查监督部门审查范围狭窄，且服务于侦查职能，保障人权的功能有限。侦查监督部门仅审查逮捕一种强制处分，对于其他强制侦查行为如搜查、扣押、监听等，都是由侦查部门报请检察长决定，侦查监督部门连形式上的审查也不存在了。其二，即便是审查逮捕过程中附带进行的监督，其保障人权的功能也是极其乏力的。实践中，检察机关奉行“构罪即捕”，逮捕即为侦查服务。“犯罪侦查，尤其是大要案件侦查，需要统一指挥、协调行动，即以组织性和纪律性保障侦查效益。”[20] 而侦查监督部门不可能通过破坏组织纪律性来阻碍本机关对侦查效益的追求。在侦查效率性与程序合法性的冲突中，在追诉犯罪与保障人权的冲突中，侦查监督部门能否履行合法性监督义务、实现人权保障不无疑问。[21] 此外，审查起诉部门审查案件主要是为公诉做准备，即便附带行使监督职能，但在侦查已终结的情况下，侦查监督也不过是无关痛痒的形式要求，又会有多少成效呢？

第三，侦查监督部门审查逮捕、审查起诉部门审查起诉实行事后审查机制，无法防止刑讯逼供的发生。检察机关直接受理案件的侦查同样存在发生刑讯逼供的可能性，同样需要监督，但这一问题并未得到解决。虽然早在2006年最高人民检察院就开始要求各级检察机关讯问职务犯罪案件嫌疑人实行全程同步录音录像制度，但该制度并没有得到认真实施，未能发挥自我监控的作用。近年来发生

---

[19] 或许“同体监督”“自我监督”本身就是伪概念，一个诉讼主体内的分支之间是否构成监督，这是大可质疑的。是不是所有公权力机关都可以主张通过这种同体监督来拒绝外部监督呢？

[20] 参见龙宗智：《检察机关办案方式的适度司法化改革》，载《法学研究》2013年第1期。

[21] 2004年4月26日，最高人民检察院发出《关于印发〈检察机关自侦案件扣押、冻结款物专项检查工作实施方案〉的通知》，竟然要求各级检察院“自查自纠”。

的职务犯罪案件嫌疑人非正常死亡事件，就证明了这一点。如谢志冈案，2010 年 12 月 3 日中午，原辽宁省本溪市南芬区公安分局局长谢志冈从家中被本溪市检察院反贪局侦查一处侦查员带走调查，次日晚 6 时死亡。[22] 再如冉建新案，2011 年 6 月 4 日，湖北省巴东县检察院提审犯罪嫌疑人原湖北省利川市都亭办事处主任冉建新，当天 16 时 30 分，冉建新死亡。[23] 可见，检察机关侦查人员实施讯问，同样存在刑讯逼供而没有实行有效的监督机制。有学者指出，"刑讯逼供等非法取证行为在职务犯罪侦查领域并非个别现象。检察机关侦查权的自我约束机制与外部制约机制严重弱化。最高人民检察院设计的检察机关讯问职务犯罪嫌疑人的自我监督机制和外部制约机制基本上荡然无存"。[24]

综上，检察机关实行自我监督缺乏有效性。根源在于，检察机关承担着侦查与公诉等追诉职能，即便名为法律监督机关，但其基本职责与监督者所应具有的异体性、外部性、独立性之间存在矛盾。虽然近年来检察机关一直在提"强化内部监督制约"，但是，无法克服自我监督的价值有限性，无以充分发挥侦查监督的作用。

2. 上级监督的局限性

鉴于自侦自捕，侦查监督沦为自我监督，为回应质疑，检察机关一直在探索监督制度的创新，试图加强系统内监督。2005 年 9 月，最高人民检察院出台《关于省级以下人民检察院对直接受理侦查案件作撤销案件、不起诉决定报上一级人民检察院批准的规定（试行）》《人民检察院直接受理侦查案件立案、逮捕实行备案的规定（试行）》，分别实行撤案、不起诉报批制度以及立案、逮捕备案审查制度。2009 年 9 月，最高人民检察院发布《关于省级以下人民检察院立案侦查的案件由上一级人民检察院审查决定逮捕的规定（试行）》，实行职务犯罪案件审查逮捕权上提一级的制度。上述规定体现了检察一体化的特征，意图加强上级检察机关对下级检察机关的领导和监督制约，但存在弊端。[25] 即便是上级检察机关加强了对下级检察机关立案、撤案、逮捕、不起诉的控制，但是与侦查监督应有的广泛性相比，实在是太有限了，很难期待能够发挥多大的监督作用。一则，上级检察院对下级检察院的监督仅限于审查逮捕，而不包括其他强制侦查行为。二则，即便就审查逮捕而言，上级检察机关的审查监督也存在功能局限。[26]

---

[22] 参见李丽、王晨：《公安局局长接受检察院讯问时死亡》，载《中国青年报》2011 年 1 月 13 日。

[23] 参见姚祯发：《湖北一受贿干部异地受审时死亡死因尚未查明》，载《中国青年报》2011 年 6 月 8 日。

[24] 前引 18，李建明文。

[25] 需要指出的是，上级审查制是最高人民检察院自行推出的改良举措，并无法律依据，合法性值得怀疑。2012 年刑事诉讼法修改并未对上述改良措施予以吸收，表明立法机关未予认可。

[26] 参见刘计划：《逮捕审查制度的中国模式及其改革》，载《法学研究》2012 年第 2 期。

检察机关作为侦查机关，可能成为实施侵权行为的被控告机关。为应对这一冲突，2012 年修正的《刑事诉讼法》第 47 条和第 115 条规定，当事人、辩护人等可以向上一级人民检察院申诉或者控告，即以检察系统内部的行政性监督来克服被控告主体与救济主体同一的矛盾。而充当权利救济角色的上级检察机关，同样也是侦查机关，当下级检察机关成为“被告”时，其果真能够做到客观公允吗？这一制度设计无疑是存在问题的。[27]

在检察一体化体制下，上下级检察机关之间为领导与被领导关系。在此关系模式中，发挥上级检察机关对下级检察机关的侦查监督功能在诉讼机制上是存在缺陷的。林钰雄教授指出，“上级监督的效能比诉讼监督相去甚远”，“试想，每天有成千上万件案件在全台湾检察署内周转，区区几个上级，凭什么本领和时间来监督这些大大小小的案件，凭什么基础和标准来评断检察官所为的千千万万处分是否滥权？会引起‘兴趣’者，恐怕就是那些最无党政免疫力的政治性案件而已，至于绝大多数非关政治的案件，纵使是滥权处分，也是乏人问津”，他力主由法院进行诉讼监督，认为“诉讼监督模式则否，关乎政治也好，非关政治也好，起诉不起诉，羁押不羁押，同有受诉讼监督的机会”，“诉讼监督机制本质上是对事不对人，而且是持续性监督”。[28]

3. 人民监督员制度的局限性

2003 年年底，检察系统开始试行人民监督员制度。这是为了回应社会对检察监督的质疑而探索建立的一种社会监督机制。[29] 该制度意在职务犯罪案件办理过程中设置一道社会监督程序，以弥补检察机关自行侦查案件从立案、逮捕到提起公诉等诉讼环节缺乏外部监督的缺陷。

然而人民监督员制度存在较大缺陷，使其监督功能极为有限。首先，人民监督员由检察机关选任，履行职责的各项保障由检察机关负责，使其依附于检察机关而失去独立性。其次，人民监督员监督的范围有限，且具有事后性。根据 2010 年《最高人民检察院关于实行人民监督员制度的规定》第 17 条的规定，真正具有保障人权功能的监督事项只有两种情形，即“超期羁押或者检察机关延长羁押期限决定不正确的”，“违法搜查、扣押、冻结或者违法处理扣押、冻结款物的”。再次，人民监督员的活动受制于检察机关，如监督案件由检察机关组织，参加检察机关组织的执法检查活动须受邀，由此难以进行常规监督。最后，人民

---

[27] 参见前引 20，龙宗智文。

[28] 参见林钰雄：《检察官论》，法律出版社 2009 年版，第 262 页。

[29] 最高人民检察院相继制定了多个关于人民监督员制度的法律文件，如 2003 年 9 月 2 日通过、2004 年 7 月 5 日修订的《关于实行人民监督员制度的规定（试行）》、2005 年 12 月 27 日起施行的《关于人民监督员监督“五种情形”的实施规则（试行）》、2012 年 10 月 29 日发布实施的《最高人民检察院关于实行人民监督员制度的规定》等。前两个文件因后一个文件的实施已失效。

监督员提出的建议和意见并无强制法律效力，从而缺乏实质意义上的监督制约功能，由此实际价值有限。

人民监督员制度被认为是对检察机关侦查职能进行外部监督与制约的制度，但该制度的实践效果并不理想。有学者即指出，“人民监督员制度难以在侦查监督领域发挥作用”，“虽然人民监督员制度构成检察机关侦查权自我约束机制的一部分，但这一制度在监督侦查权依法行使方面作用甚微”。[30]

（二）检察机关对公安机关侦查的监督存在重大缺陷

检察机关对公安机关等其他侦查机关侦查的监督，从表面来看克服了同体监督的缺陷，但在制度上仍然存在诸多缺陷。这些缺陷使得检察机关并没有成为适格的侦查监督主体。

1. 检察机关的非中立性

“现代的刑事程序吸取了纠问程序中国家、官方对犯罪追诉的原则（职权原则），同时保留了中世纪的无告诉即无法官原则（自诉原则），并将这两者与国家公诉原则相联结，产生了公诉人的职位：检察官。”[31]“从检察官的形成历史来看，大陆法系国家在刑事诉讼程序中引入检察官的目的，首要在于破除中古时期由法官一手包办侦查与审判两项职务的纠问制度，因而，解除法官侦查职务并赋予检察官侦查权限之当然结果，乃承认检察官在侦查程序中之主宰地位”，[32]而“检察官对一切犯罪具有侦查权。此为检察官身为公诉权机关所当然的解释”，[33]同时，“检察官乃侦查主，刑事警察仅为其辅助机构，乃势所必然的安排设计”。[34]由此可知，检察官作为现代刑事程序改革的产物，是承担公诉职能的主体，并对所有刑事案件享有侦查权。《人民检察院组织法》第 11 条也规定：“人民检察院发现并且认为有犯罪行为时，应当依照法律程序立案侦查，或者交给公安机关进行侦查。”据此，刑事诉讼法为检察机关保留职务犯罪案件侦查实施权外，将大部分案件都交给公安机关进行侦查。[35]

在我国，检察机关承担追诉职能，负责直接受理案件的侦查、公安机关侦查案件的补充侦查以及公诉案件的起诉指控工作。检察机关居于犯罪指控者的地位，决

[30] 前引 18，李建明文。

[31] 参见［德］拉德布鲁赫：《法学导论》，米健、朱林译，中国大百科全书出版社 1997 年版，第 122 页。

[32] Vgl. nur Kramer，Grundbegriffe des Strafverfahrensrechts，1997，Rdnr. 98. 转引自前引 28，林钰雄书，第 11 页。

[33] ［日］土本武司：《日本刑事诉讼法要义》，董璠舆、宋英辉译，台湾五南图书出版公司 1997 年版，第 44 页。

[34] 前引 4，林钰雄文。

[35] 参见前引 12，刘计划文。

定了其缺乏中立性。从实践来看，检察机关侦查监督具有追诉性监督和权利性监督两种功能。最高人民检察院历年工作报告即表明，检察机关对公安机关监督的内容有两个方面：一方面，监督执法不严、打击不力的问题，包括“对应当立案而不立案的，督促侦查机关立案”“对应当逮捕而未提请逮捕、应当起诉而未移送起诉的，决定追加逮捕、追加起诉”；另一方面，监督侵犯诉讼参与人合法权益的问题，包括“对违法动用刑事手段插手民事经济纠纷等不应当立案而立案的，督促侦查机关撤案”“对不符合逮捕条件的，决定不批准逮捕”“对依法不应当追究刑事责任或证据不足的，决定不起诉”“对侦查活动中滥用强制措施等违法情况提出纠正意见”“清理超期羁押，监督纠正超期羁押”等。[36] 两种监督功能之间无疑存在冲突，而本应单纯为制约侦查、保障权利而进行的侦查监督，难以避免地以追诉为主。虽然最高人民检察院工作报告中称，“坚持打击犯罪与保障人权并重，既注意监督纠正有罪不究、执法不严的问题，又重视监督纠正侵犯人权、冤及无辜的问题，努力做到严格依法、客观公正”，[37] 并称“各级检察机关不断强化监督意识，着力提高敢于监督、善于监督、依法监督的能力，努力做到有罪追究、无罪保护、严格依法、客观公正”，但是无法改变检察机关以追诉职能为主导的价值取向。对于检察机关而言，打击犯罪是第一位的，如高检报告里似乎总少不了“始终保持对严重刑事犯罪的高压态势。严厉打击……犯罪，全力维护社会安定”这样的表述。

公安机关行使本属检察机关所有的侦查权时无权自行决定逮捕，而需报请检察机关批准，其实质是，检察机关作为侦查机关却拥有批捕权，这和检察机关自侦自捕没有本质区别。检察机关行使逮捕批准权，集中体现了其追诉职能。本来批准逮捕须具有社会危险性这一必要性要件，但实践中检察机关适用逮捕实体化，即“构罪即捕”。为了追诉的需要，检察机关维持了极高的批捕率和捕诉率，并在批捕后极力追求定罪以规避错误逮捕的赔偿责任，而在定罪目标不能实现的情况下，则易滥用撤回起诉。[38]

2. 检察机关侦查监督范围的空洞性

2000 年 9 月，在浙江杭州召开的全国检察机关第一次侦查监督工作会议上，最高人民检察院将“批捕厅”更名为“侦查监督厅”。该厅负责对全国刑事犯罪案件犯罪嫌疑人的审查批捕、决定逮捕和立案监督、侦查活动监督工作的指导。随之，地方检察机关也将批捕部门更名为侦查监督部门。由此，检察机关正式成

---

[36] 最高人民检察院曾会同公安部组织开展逮捕工作专项检查，目的在于促进逮捕措施的依法正确适用。

[37] 2002 年、2004 年、2008—2010 年的最高人民检察院工作报告都提出“坚持打击犯罪与保障人权并重”，2011 年、2012 年则提出“坚持惩治犯罪与保障人权并重”，2013 年更提出“在依法惩治犯罪的同时，更加注重保障人权”。

[38] 参见前引 26，刘计划文。

立了侦查监督部门。但由此可知，侦查监督是以审查批捕为主要内容和依托的。

检察机关对公安机关侦查进行的监督相当有限。从范围来看，不涉及讯问犯罪嫌疑人活动，也不涉及搜查、扣押、监听的审查。对这些重大侦查行为监督的缺位导致刑讯逼供及滥用搜查、扣押等强制处分的行为无从受到同步的监督。《人民检察院刑事诉讼规则（试行）》第 565 条规定，人民检察院侦查活动监督主要发现和纠正 20 个方面的违法行为。该条列举的方面很多，但是真正基于防范侦查权滥用从而保障人权的并不多。

我国刑事诉讼法规定“严禁刑讯逼供”，而侦查讯问易发生刑讯逼供，但检察机关对侦查讯问并没有建立起任何监督机制，更无实时监督机制，至于审查逮捕、审查起诉这些事后审查机制根本无法实现对讯问的监督。实践中，被告人在法庭上辩称遭受刑讯逼供的，控方几乎毫无例外地予以否认，动辄声称“没有证据证明存在刑讯逼供”，甚至通过出具警方“办案说明”的方式以证“清白”。如 2013 年 3 月 26 日由浙江高院再审纠正的张氏叔侄案，一审判决书中记载，“西湖刑侦大队出具的《情况说明》证实在审讯中张高平自然供述自己犯罪事实，侦查人员严格依法办案，不存在对张高平进行刑讯逼供、诱供等非法获取口供的行为”。现在看来，公安机关出具的《情况说明》实属掩盖事实的谎言。检察机关在审查逮捕、审查起诉与出庭支持公诉时，对嫌疑人、被告人的申诉控告，根本未进行实质、有效调查，而是对口供笔录照单全收。人们自然会问：检察机关的监督职能是如何发挥的？对于检察机关的不作为，法院进行法庭审理时也就无法查明，于是乎判决“其所谓遭到刑讯和逼供没有任何证据支持”，“故对上述辩解和辩护意见，本院不予采纳”。2012 年修正的《刑事诉讼法》第 50 条增加规定“不得强迫任何人证实自己有罪”，但是《人民检察院刑事诉讼规则（试行）》并未能建立起防止嫌疑人被强迫认罪的任何监督机制。

3. 检察机关审查监督的滞后性与事后性

在检察机关对公安机关侦查进行的监督中，事前审查的强制侦查行为只有逮捕一种，且具有滞后性。根据《刑事诉讼法》第 89 条，对于流窜作案、多次作案、结伙作案的重大嫌疑分子，提请审查批准的时间可以延长至 30 日。实践中，公安机关往往将这一期限适用到非上述“三类案件”的普通案件中，导致检察机关对长达 30 日的拘留期间内侦查人员进行的讯问及其他侦查活动毫无监督可言。审查起诉是在侦查终结之后才进行的，是对侦查结果的审查，目的是审查案件是否具备提起公诉的条件，为提起公诉做准备。其中虽有监督的要求，即要审查侦查活动是否合法（《刑事诉讼法》第 137 条），发现公安机关的侦查活动有违法情况时，应当通知予以纠正（《人民检察院组织法》第 13 条第 2 款），但问题在于，本来通过书面审查就难以发现违法侦查行为，在所有侦查活动都已经完成的情况下发现违法问题更为困难，即便发现了违法情形，试想又能如何纠正并给予嫌疑人及辩护人救济呢？因此，监督难以落到实处。

审查逮捕、审查起诉作为检察机关监督侦查的两种程序机制，是发现侦查违法的主要来源，但因具有滞后性、事后性缺陷，并体现出追诉为本的倾向，导致侦查监督功能弱化。实践中，侦查监督部门由于各种原因而将监督工作集中于审查逮捕，而由于逮捕功能遭遇异化，导致逮捕率极高。审查起诉重在审查提起公诉的条件，而监督违法功能不足。试想，案件到了审查逮捕与审查起诉之时，如果犯罪嫌疑人提出讯问中存在刑讯逼供，检察机关可能进行认真调查吗？实践中难免睁一只眼闭一只眼，除非发生嫌疑人死亡事件，极少进行调查，甚至发生过检察机关在嫌疑人非正常死亡事件中帮助公安机关掩饰真相的实例。[39]

检察机关对讯问犯罪嫌疑人程序没有建立监控机制，搜查、扣押、监听也无事先审查和同步监督。检察机关所谓的监督可能就是接受当事人的申诉，而申诉机制的效果极差，因为损害后果已经造成，无法救济。总之，检察机关无从及时、全面知悉公安机关在侦查过程中发生了哪些违法行为，也就难以起到监督侦查行为合法性的作用。

4. 检察机关审查监督程序的行政化

检察机关对公安机关侦查活动的审查监督本来主要限于审查逮捕（审查起诉实为对侦查结果的审查），而审查逮捕又陷入行政化的审批程序之中。这种行政化使得检察机关审查逮捕程序与方式存在书面化、秘密性、单向性与追诉性等缺陷。书面化是指检察机关采用书面形式审查公安机关移送的提请批准逮捕书、案卷材料和证据。即便新刑事诉讼法增加了言词审查的要求（第 86 条），但并未要求全部讯问嫌疑人。即便讯问嫌疑人，其重点也是对犯罪事实的核实，而忽视对逮捕必要性的审查，缺陷依然存在。[40] 秘密性是指审查程序不公开，逮捕决定也是秘密作出的。单向性是指检察人员审查案卷材料和证据以及讯问犯罪嫌疑人、听取辩护律师意见，都是单向进行的，无法形成抗辩。追诉性是指检察机关作为追诉机关，重批捕以利于追诉犯罪，而轻羁押替代措施如取保候审，从而不利于保障人权。具有上述缺陷的行政化审查程序，决定了检察机关更多地关注逮捕的证据要件而忽视对必要性要件的审查，致使“构罪即捕”，逮捕率过高、羁押时间过长。

---

[39] 陕西省米脂县人杨东山在 2007 年 2 月 15 日晚上被当地派出所以涉嫌强奸罪为名刑事拘留。几个小时后，杨家人得到通知：杨东山被打死在看守所。公安机关的解释是，杨东山是被同监舍的嫌疑人打死的。杨家人对死因产生怀疑。3 月 12 日，杨家人被迫在检察院领导的陪同下与该县公安局签订了《经济补偿协议》：甲方（公安局）一次性补偿乙方（杨东山家人）死亡补偿金、丧葬费、子女教育费等共计 23.88 万元，乙方不得与任何单位和个人纠缠。参见《死亡之后的非常协议》，载中央电视台《今日说法》栏目组编：《今日说法 2007.2》，中国人民公安大学出版社 2007 年版。

[40] 参见前引 26，刘计划文。

至于审查起诉，更具有内部行政化审查的意味。检察机关在审查起诉时对讯问笔录等案卷、证据所进行的审查，其实现侦查监督的价值同样十分有限。另外，即使刑事诉讼法规定了非法证据排除规则，也很难期待检察机关能够有所作为。

（三）小结

综上所论，侦查监督制度中国模式存在多重缺陷，限制了侦查监督制度的应有功能。传统观点认为，《宪法》第 129 条、《人民检察院组织法》第 5 条、《刑事诉讼法》第 8 条分别是检察机关实施侦查监督的宪法依据、组织法依据和诉讼法依据。侦查监督制度中国模式的理论基础，正是建立在上述法律依据基础之上的检察监督理论，而该理论是违背诉讼职能理论和诉讼结构理论的。近现代，检察官制的创设，既强化了国家公诉职能，又使法官摆脱纠问者角色而成为中立的裁判者，也使得辩护职能得以形成并逐渐强化。随之，刑事诉讼模式亦由纠问式走向控诉式，回归控、辩、审三方构造的形态。虽然各国立法关于检察机关地位和职权的规定不尽相同，但其在刑事诉讼中莫不承担侦查、公诉职能，并受法官和律师监督。然而在我国，检察机关还被安排为侦查监督机关，从而陷于职能混杂、角色冲突的局面。马克思曾经指出，让一个诉讼主体承担两种以上的诉讼职能是违背心理学规律的。虽然检察官负有客观公正与诉讼关照义务，“有义务帮助不熟悉刑事程序的被告人伸张自己的权利”，[41] 但依然不改其追诉者的角色。作为追诉职能的行使者，检察机关是不可能超越与生俱来的追诉心理而全面有效地保障人权的。龙宗智教授指出，在司法体制中，检察机关的具体职权主要是侦查和起诉，它被安排为一个控诉角色，即代表国家的诉讼原告人。这一制度安排和角色定位，使检察官认识和处理问题，常常难以脱离其控诉角色的思维方式。因此，检察官认识问题，虽也力图做到公正合理，但也常常难以避免着重从是否有利于侦查、起诉的控诉需要，是否有利于惩治犯罪来考虑问题，即难以避免“当事人”的思维方式。[42] 左卫民教授在分析检察机关侦查监督不力的深层原因时亦指出，“原因是多方面的，尤为值得关注的一个方面就是控制犯罪的司法理念弱化了侦查监督的人权保障职能”。[43]

在刑事诉讼中，公民基本权利的最大威胁来自追诉机关，包括检察机关和公安机关。将检察机关定位为侦查监督者，助长了侦查权的自治与强大，对被指控者极为不利，增加了权利遭受侵犯的风险和实现救济的难度。正如比较法学家埃尔曼所说：“社会越是趋向专制，检察机构的地位便会越高，他们的对手所受到

---

[41] ［德］约阿希姆·赫尔曼：《〈德国刑事诉讼法典〉中译本引言》，载《德国刑事诉讼法典》，李昌珂译，中国政法大学出版社 1995 年版，第 13 页。

[42] 参见前引 17，龙宗智文。

[43] 参见前引 16，左卫民、赵开年文。

的限制便会越多。”[44]

有人认为，新刑事诉讼法强化了检察机关的侦查监督职能，依据是新增的第115条。该条确立了检察机关对五种违法行为的申诉处理机制，但审读后可以发现，该条并未消除检察监督模式的缺陷，而有限的事后救济并不能解决实际问题。2012年11月，最高人民检察院下发《关于加强侦查监督能力建设的决定》，但是不难发现，检察机关仍然是在原有模式里打转转。龙宗智教授基于强化检察机关法律监督职能的目的出发，主张实行检察机关办案方式的适度司法化改革，包括确认办案的亲历性、判断性要求，实现检察官的相对独立性，以及借鉴对审兼听的司法结构和方法，提高办案的公正性。[45]笔者认为，检察一体化机制和检察机关追诉主体的角色，决定了司法化与检察制度原理不符，作为一种理想化的设计，并不现实，实际意义有限，在现代国家则是从来没有实现过的。

在刑事诉讼法律关系中，检察机关作为侦查机关，自身就是监督的对象，赋予其侦查监督者的地位，导致其集侦查机关与侦查监督机关于一身。所谓检察机关监督侦查不过是侦查权的自我管控而已。它导致检察机关垄断了侦查监督职能，规避、排除了其他诉讼主体包括法院和律师的监督，这是我国侦查监督不力的根本原因。发挥检察机关对侦查的监督作用具有积极意义，但仅靠检察机关对侦查进行监督是不够的。完善侦查监督体制，应当建立不同诉讼职能多元主体包括法院和律师监督侦查的体制，实现侦查监督主体和方式的多元化。在我国，虽然宪法规定了“互相制约”原则，但法院对侦查权的制约一直未获实践；作为独立于法官、检察官、警察的诉讼主体，律师辩护职能的发挥对检察机关、公安机关的侦查而言都是监督，应当扮演重要的角色，发挥更大的作用。完善侦查监督制度模式，应实现目的的一元化、主体职能的相异性、时间的事前性与同步性、范围的针对性。目的的一元化，是指侦查监督的目的应是防止侦查权滥用，保护公民的人身权、财产权及隐私权。主体职能的异体性，是指应由承担非追诉职能的主体对侦查进行监督。时间的事前性与同步性，是指应采用事前审查或者同步监督的方式，而不能仅仅是事后的申诉处理机制。范围的针对性是指，监督的对象应涵盖对公民人身、财产、隐私诸权利产生严重威胁的各种强制侦查。为了实现侦查监督，还需要实现犯罪嫌疑人更多诉讼权利的法定化，确立侦查人员对犯罪嫌疑人行使诉讼权利的保障义务。

四、侦查监督多元主体模式的构建

近年来，面对侦查权滥用导致权利受到侵犯并造成冤狱的现实，加强侦查监督、规范侦查权行使的呼声日高。我国检察机关监督侦查模式因存在缺陷而致功

[44] ［美］H.W. 埃尔曼:《比较法律文化》，贺卫方、高鸿均译，北京三联书店1990年版，第177页。
[45] 参见前引20，龙宗智文。

能具有局限性，为此应当改革我国侦查监督制度模式。改革的方向应当是实现监督主体的多元化，明确侦查监督的对象范围即强制侦查，[46] 以及实行事前审查、同步监督、事后监督相结合的多元监督方式。

（一）域外侦查监督多元主体模式

有别于我国侦查监督一元主体模式，域外实行的是侦查监督多元主体模式，并实行监督方式多元化。

1. 监督主体多元

所谓侦查监督多元主体模式，是指侦查监督主体不仅有控方内的检察机关，而且有控方外部的诉讼主体，包括法官和律师。

在现代刑事诉讼中，法院的审判职能不仅体现在对起诉方指控犯罪的实体审判上，而且体现在对强制侦查的审查上，意在监督制约检察官、警察行使的追诉权，维持追诉的合法性。为了防止侦查权滥用，保障基本人权，域外设立了审查强制处分的法官，凡是与基本权利有关的强制处分，如逮捕、羁押、搜查、扣押、电子监听、邮检等，都由治安法官或者法官签发许可令状。这体现了法官对侦查的监督。在英美，逮捕、羁押、搜查、扣押、监听的适用，须经由检察官向治安法官申请，由治安法官进行审查授权，一般称之为司法审查原则。德国则称为“法官保留原则”。在德国，侦查法官是地方法院的一名法官，该法官本人并不侦查，而是针对检察官或者警察的侦查活动为公民的人权提供保护。大多数对人权的侵犯（如审前羁押、搜查、扣押、身体检查、扣押邮件和电传）需要得到侦查法官的批准，或者提前报请批准，或者紧急情况下在侵权行为发生之后再报请批准。侦查法官应对侦查行为的合法性作出判断，而不去考虑该行为是否可行（刑事诉讼法第 162 条第 3 款）。[47]

值得关注的是，近 20 年来，一些国家和地区相继进行了这样的改革，如意大利、保加利亚、我国台湾地区、法国、俄罗斯等。

意大利、保加利亚的法律确认了检察官的独立地位，并赋予其羁押决定权。但欧洲人权法院的判例认为，《欧洲人权公约》第 5 条第 3 款规定的批准羁押的“法官或者由法律授权行使司法权的其他官员”，必须独立于行政部门以及有关案件当事人，因此，一位参与告发和公诉的地方检察官不适格。受此影响，意大利、保加利亚分别于 1989 年、1997 年修改刑事诉讼法，取消检察官的羁押决定权，以符合《欧洲人权公约》的规定。[48]

---

[46] 参见李建明：《强制性侦查措施的法律规制与法律监督》，载《法学研究》2011 年第 4 期。

[47] 参见［德］托马斯·魏根特：《德国刑事诉讼程序》，岳礼玲、温小洁译，中国政法大学出版社 2004 年版，第 42-43 页。

[48] 参见高峰：《欧洲人权法院视野下的检察官中立性问题——兼论检察官行使强制处分权的正当性》，载《犯罪研究》2006 年第 1 期。

我国台湾地区于 1997 年 12 月 19 日公布修正的“刑事诉讼法”。羁押制度最主要的变革是，将侦查之中犯罪嫌疑人之羁押、撤销羁押、停止羁押、再执行羁押等有关羁押的各项处分的决定主体，原为检察官，改由法院为之。[49]2001 年 1 月 3 日，再次修改“刑事诉讼法”，废除了检察官核发搜索票的权限，改采“相对法官保留原则”，将搜索权划归法院，从而彻底解构旧法搜索、扣押的架构基础。[50] 根据规定，侦查中认有搜索之必要者，除因追踬现行犯或逮捕脱逃人等外，检察官应以书面记载所需之事项，并叙述理由，声请该管法院核发搜索票；司法警察官得报请检察官许可后，向该管法院声请核发搜索票。声请经法院驳回者，不得声明不服。目前，检察官除保留扣押权一项强制处分权外，其他均实行令状主义，即由法官审查决定，从而不断扩大法官对侦查的监督。

苏联检察机关为法律监督机关，检察长有权批准或决定对被拘留人的羁押和羁押期限的延长、对刑事被告人的停职、提取文件、搜查、扣押、提取及检查邮件、电报等。1993 年俄罗斯联邦宪法虽然仍在司法权中规定检察机关，但是第 22 条规定：“每个人都有自由和人身不受侵犯的权利。只有根据法院的决定才允许逮捕、关押和监禁。在法院作出决定之前不得将人关押 48 小时以上。”[51]2001 年俄罗斯联邦刑事诉讼法典废除了检察机关批准决定强制处分的权力，改为由检察官向法院申请的体制。刑事诉讼法典“刑事诉讼原则”部分第 10 条、第 12 条、第 13 条规定，只有经过法院决定，才能正式羁押人（临时拘捕时间不得超过 48 小时）、对住宅进行勘验、搜查、扣押、监听等。第 29 条第 2 款则集中规定了法院的这些权限，第 3 款还规定，法院有权在审前程序过程中依照第 125 条规定的程序审理对检察长、侦查员、调查机关和调查人员行为（不作为）及决定提出的申诉。

律师也是侦查监督的主体。律师监督侦查是通过参与重大侦查行为来实现的，包括法官审查羁押时出席法庭进行辩护，侦查人员采取重大侦查行为如讯问犯罪嫌疑人以及搜查、扣押时在场。这在英美国家已获得实践。大陆法系国家如德国也在讨论参与式侦查改革的可能性。所谓参与式侦查，其实质就是律师对侦查的参与和监督。[52]

检察官对警察侦查也具有监督职能，但仅是法院审查的前置程序，是整个侦查监督制度中的一个环节。表现为，警察需要将逮捕的犯罪嫌疑人送交检察

---

[49] 参见陈运财：《刑事诉讼与正当之法律程序》，台湾月旦出版社股份有限公司 1998 年版，第 240 页。

[50] 参见林钰雄：《刑事诉讼法》，台湾元照出版有限公司 2004 年版，第 351 页。

[51] 1977 年苏联宪法第 54 条规定：“苏联公民有人身不可侵犯的保障。任何公民非经法院决定或者检察长批准，不受逮捕。”

[52] 参见刘计划：《法国、德国参与式侦查模式改革及其借鉴》，载《法商研究》2006 年第 3 期。

官审查决定是否向法院申请羁押，搜查、扣押、监听等强制处分也需要经检察官同意才能向法官申请。这一制度设计，源于侦查权属于检察官，警察不过是其辅助机关。

2. 监督方式多元

域外侦查监督的方式呈现出多元化的格局，包括事前监督、同步监督和事后监督。

（1）事前监督

事前监督是通过令状主义来实现的。令状主义，是指警察、检察官在需要采取强制处分时，须事先向法院提出书面申请，由法官审查决定逮捕、羁押、搜查、扣押、监听等强制处分的适用。为了防止侵犯嫌疑人的权利，要求侦查人员在实施逮捕后毫不迟延地将嫌疑人带到法官面前。在紧急情况下，警察、检察官虽可以实施无证逮捕，但是应当毫不迟延地将犯罪嫌疑人带到法官面前，由法官进行审查。例如，美国联邦刑事诉讼规则第 40 条规定，如果某人在被控犯罪的地区以外被捕，应当无不必要迟延地将其解送至最近的联邦治安法官。再如，德国刑事诉讼法第 114 条规定，由法官签发逮捕令，第 115 条规定，逮捕之后，应毫不迟延地解送法院，由法官不迟延地进行讯问。又如，日本刑事诉讼法第 218 条第 1 款规定，侦查机关根据法官签发的令状可以进行搜查或查封。1999 年监听通讯法第 4 条第 1 款规定，监听证的签发权人是地方法院的法官。“监听通讯程序与其他强制处分不同，法官保留监听原始记录，并接受监听实施状况说明书，可以说是重要的强制处分。”“通过法官进行司法抑制的机会除了令状审查以外还有很多，法官的审查机能具有重要意义。”[53]

（2）同步监督

同步监督，是指警察进行重大侦查行为时由监督主体在场进行的监督。同步监督主要是来自律师的监督，表现为律师于侦查人员讯问犯罪嫌疑人以及实施搜查、扣押时在场。这在美国、英国较为普遍。近年来，法国、德国等大陆法系国家也在探讨进行参与式侦查模式改革问题。[54] 我国台湾地区“刑事诉讼法”第 245 条亦规定，“被告或犯罪嫌疑人之辩护人，得于检察官、检察事务官、司法警察官或司法警察讯问该被告或犯罪嫌疑人时在场，并得陈述意见”，“侦查中讯问被告或犯罪嫌疑人时，应将讯问之日、时及处所通知辩护人”。

（3）事后监督

事后监督，是指警察、检察官在实施逮捕、搜查、扣押、监听之后应当向法官报告。如我国台湾地区“刑事诉讼法”第 132 条之 1 规定，搜索票执行后，应

[53] ［日］田口守一：《刑事诉讼法》，张凌、于秀峰译，中国政法大学出版社 2010 年版，第 85 页。
[54] 参见前引 52，刘计划文。

将执行结果陈报核发搜索票之法院。未陈报该管法院或经法院撤销者，审判时法院得宣告所扣得之物，不得作为证据。检察官于情况急迫时实施的无票搜索，须层报检察长，在搜索执行后3日内陈报该管法院，未陈报该管法院或经法院撤销者，审判时法院得宣告所扣得之物，不得作为证据。

3. 法律对侦查行为的规制

域外刑事诉讼中还实现了对侦查权行使的合理规制，包括严格限制警察、检察官临时羁押的时间，侦查人员讯问时必须告知犯罪嫌疑人享有沉默权，未经告知讯问无效，实行讯问录音录像制度，限制侦查讯问的时间等，以上机制实现了对侦查的有力控制。各国都要求侦查人员讯问犯罪嫌疑人时，必须告知犯罪嫌疑人享有沉默权，如德国刑事诉讼法第136条、法国刑事诉讼法第116条、日本刑事诉讼法第311条、俄罗斯联邦刑事诉讼法典第46条、我国台湾“刑事诉讼法”第95条。我国台湾“刑事诉讼法”第100条之3还规定，司法警察官或司法警察询问犯罪嫌疑人，不得于夜间行之。“夜间”是指“日出前、日没后”。

综上，域外对侦查的监督控制主要不是依靠检察官，而是依靠法官的司法审查、律师的监督及法律对侦查行为的约束机制。具体说，法院监督控制机制表现为法官对强制侦查与秘密侦查措施实施审查与授权，如通过对羁押进行及时、审判性的审查，保障被指控者及其辩护律师的参与权，实现羁押审查程序的公正性与理由的法定性；通过对警察、检察官实施搜查、扣押、监听申请的审查，防范这些干预公民基本权的措施被滥用。律师的监督职能则通过参与侦查获得实现，主要是在场参与重大侦查行为，如侦查人员讯问犯罪嫌疑人时律师在场，就有利于防止刑讯逼供的发生。法律对侦查机关实施重大侦查行为的约束机制也是重要的制度安排。这方面的规定，如法律要求侦查人员讯问时须首先告知犯罪嫌疑人享有沉默权，未经告知该权利并保障认罪的自愿性，将导致排除口供的法律后果；对侦查讯问过程实行录音、录像；羁押场所独立于侦查机关；实行嫌疑人进入羁押场所时由独立医生进行身体检查的制度；等等。

（二）我国侦查监督制度模式改革展望

在我国，长期以来，检察监督职能被奉为圭臬，检察机关也一直高举法律监督旗帜，试图通过加强检察监督来遏制侦查中的违法行为，但因存在制度缺陷，局限性极大。由此，让承担侦查职能的检察机关负责侦查监督实属不当。从比较法的经验看，我国应构建侦查监督的多元主体模式。与我国将检察机关确立为监督机关相比，域外诉讼理论则提出了对检察官的监督问题，如林钰雄教授将法院对检察官的监督称为诉讼监督模式。[55]

改革我国侦查监督制度模式，需要将侦查监督置于诉讼体制内进行检视。现

[55] 参见前引28，林钰雄书，第117–118页，第132–156页。

代刑事诉讼实行控辩审三种诉讼职能的相互制衡，检察机关和公安机关都属于侦查机关，理应接受其他两种诉讼主体的监督制约，而不能仅在控方内部寻求侦查监督问题的解决。

首先，侦查机关应接受法院的监督制约。我国刑事程序有一个显著特点，即侦查期长，相对而言，审判期较短。由于侦查由公安机关、检察机关“负责”，法院仅在公安机关、检察机关完成侦查、提起公诉后才受理、审判一起刑事案件。在此之前，对侦查过程并不实施监督制约。基于宪法规定的“互相制约”原则，应当激活法院对侦查的制约机制，实现事前与事中监督。龙宗智教授认为，检察机关是代表国家的控诉原告人，学理上属于当事人。虽然法院尤其是中国的法院也有角色限制，但由于它在控辩审三方组合的三角式诉讼构造中处于“居于其间、踞于其上”的中间和超越的位置，其角色限制相对较小。[56] 笔者也曾撰文论证过由法院审查逮捕的宪法根据、理论基础、可行性，并进行了程序设计，这些同样适用于法院审查其他强制处分，在此不赘。[57] 笔者认为，法院对强制侦查的审查可从逮捕审查开始，逐步扩大到搜查、扣押、监听等其他强制处分。

其次，应当建立律师对侦查的监督机制，发挥律师在侦查监督方面的作用。根据 1979 年刑事诉讼法，律师只能在审判阶段为被告人进行辩护，不能在侦查程序中参与，也就无法实施侦查监督。1996 年修法之后，允许律师参与侦查程序，但是参与度有限，且因受到侦查机关抵制而出现会见难。律师对于侦查活动并无直接参与，监督功能难以发挥。[58]2012 年修法后，律师在侦查阶段获得了辩护人身份（第 33 条第 1 款），会见权得到了强化（第 37 条）。[59] 目前，会见难的问题基本解决，而新的问题在于会见时间滞后。

律师作为辩护职能的重要行使者，能够发挥监督侦查的积极作用。其一，律师行使辩护职能，能够克服同体监督、内部监督的缺陷，从而实现异体监督。其二，律师数量众多，能够满足侦查监督的需要。截至 2012 年年底，我国律师已达 232384 名，且平均年增长速度高达 9.1%。[60] 其三，为了解决部分犯罪嫌疑人无力聘请律师的问题，可建立值班律师制度。借鉴域外经验，建立值班律师制度，我国已具备相关条件。

---

[56] 参见前引 17，龙宗智文。

[57] 参见前引 26，刘计划文。

[58] 域外存在警察讯问犯罪嫌疑人时律师在场的实践，而在我国，律师会见犯罪嫌疑人时侦查人员可以在场，无不体现出监督法律关系的倒置状态。

[59] 新刑事诉讼法废除了律师会见在押犯罪嫌疑人时侦查机关可以派员在场的规定，而代之以律师会见时不被监听的规定。这是我国律师辩护制度发展进程中取得的一项重大进步。

[60] 2013 年 8 月 26 日，全国律协向社会公开发布《中国律师行业社会责任报告》，这是全国律协首次向社会发布中国律师行业社会责任报告。

律师监督侦查的方式主要表现为在场。我国应建立侦查人员讯问嫌疑人时律师在场制度，以防止刑讯逼供的发生。早在 2002 年，樊崇义教授就进行了侦查讯问全过程律师在场实验，为改革奠定了基础。[61] 此外，还可以探索建立律师在场见证询问证人、勘验、检查、搜查、扣押、鉴定、辨认等侦查行为的机制，以实现对侦查的全面监督。

最后，应当完善侦查程序，实现对侦查权的有效控制。新刑事诉讼法改革了侦查中讯问犯罪嫌疑人等程序。如规定，拘留、逮捕后应当立即将被拘留、逮捕人送看守所羁押，至迟不得超过 24 小时；讯问应当在看守所内进行；对讯问过程实行录音录像制度。上述规定的缺陷在于规范力不足，仍无法实现对讯问的监督。如未规定看守所之外进行的讯问无效，获取的口供应予排除，对讯问场所的规范能否实现？再者，在看守所内讯问，就一定能避免发生刑讯吗？侦查讯问虽有全程同步录音录像的要求，但这种自我约束机制缺乏规范。虽然《刑事诉讼法》第 50 条规定“不得强迫任何人证实自己有罪”，但无论是《人民检察院刑事诉讼规则（试行）》，还是《公安机关办理刑事案件程序规定》，都没有体现这一规定。在讯问嫌疑人之始，并无告知该权利的要求，录音录像制度原则、笼统，并没有建立起防止被迫认罪的机制。再如，规定传唤、拘传犯罪嫌疑人，应当保证饮食和必要的休息时间，但是如何保证、能否保证？对此，《人民检察院刑事诉讼规则（试行）》第 80 条、《公安机关办理刑事案件程序规定》第 196 条规定仍然模糊。为此，应当进一步完善相关程序和制度，如缩短拘留期限，恢复 1954 年《逮捕拘留条例》中拘留期限为 24 小时的规定；[62] 实现看守所中立化；确立侦查人员讯问嫌疑人必须首先告知享有不被强迫证明自己有罪的权利（即保持沉默的权利）的义务；建立录音录像制度的严格实施机制；限制讯问嫌疑人的时间，如非特定情形，夜间不得讯问；等等。

五、结语

我国传统刑事诉讼理论强调检察监督职能，而忽视了包括侦查职能在内的检察职能自身的受制问题。与域外检察官受到法官、律师的监督与制衡不同，我国检察机关被塑造成了超越控方的监督机关，这是司法制度建构和刑事程序设计中的一大误区。任何对检察官超出犯罪追诉者角色的定位都是违反诉讼原理和司法理性的，据此进行制度安排和程序设定都是不切实际的。长期以来，理论界缺乏对检察监督模式的必要反思，没有充分认识到检察监督理论的局限性，检察监督

---

[61] 参见杨柳：《樊崇义讲述刑事诉讼三项制度的诞生》，载正义网，http://news.jcrb.com/jxsw/201106/t20110614_555944.html。所谓三项制度，即指“侦查讯问全过程律师在场、录音、录像同步进行”。

[62] 参见刘计划：《刑事拘留与审查逮捕的期限应予缩短》，载《中国司法》2009 年第 3 期。

只能是侦查监督体系中的一个环节，而非监督制度的全部。当前，我国正在深化刑事司法体制改革，需要对检察职能加以理性地认识，不断实现刑事诉讼理论的创新和发展。

应当说，在最初设计刑事程序时，我国立法机关赋予检察机关侦查监督职能并没有错，而不足在于确立了侦查监督一元主体模式，将侦查监督职能仅仅赋予检察机关。确立检察监督制度模式的时代背景是，1979 年制定刑事诉讼法时，适值我国恢复法制之初，法院刚刚恢复重建，其审判工作尚有待逐步理顺，而律师辩护制度也处于初创阶段，尚不完备。在此背景下，受苏联检察制度的影响，注重发挥检察机关对公安机关侦查活动的监督职能是可以理解的。然而，时至今日，司法体制和律师制度已然发生了重大变化，适应依法治国和保障人权宪法原则的新要求，我国侦查监督制度应有所创新和完善。应当根据现代诉讼理论和法治理论，构建侦查监督制度的多元主体模式，发挥法院和律师对侦查的监督制约作用。这不仅是现代国家刑事程序法治的基本经验，也是我国刑事诉讼结构科学化与加强人权保障的根本要求。改革开放以来，我国政治、经济、社会、法治等各领域获得了全面发展，取得了巨大成就，已经为侦查监督制度模式改革准备好了各项条件。为此，这一改革应当适时而行。

（原载《中国法学》2014 年第 1 期）

职务犯罪调查与刑事诉讼法的适用

魏晓娜

自2016年11月中共中央办公厅印发《关于在北京市、山西省、浙江省开展国家监察体制改革试点方案》，吹响监察体制改革的号角，国家监察体制改革试点从北京市、山西省、浙江省三省市到全国有序推开，2018年3月20日第十三届全国人民代表大会第一次会议通过《中华人民共和国监察法》(以下简称《监察法》)，历时两年多的国家监察体制改革告一段落。根据中共十九大“依法赋予监察委员会职责权限和调查手段，用留置取代‘两规’措施”的基本精神，《监察法》第四章围绕监察委员会“监督”“调查”“处置”三项职责，规定了“监察权限”。其中，涉及职务犯罪的各项调查措施与之前检察机关职务犯罪侦查权具有高度的可比较性，加上有权威来源曾提出“监察委员会是实现党和国家自我监督的政治机关，其性质和地位不同于行政机关、司法机关”，[1] 因而职务犯罪调查不适用刑事诉讼法，《监察法》甫一出台，就引起刑事诉讼法学界的格外关注。本文拟从微观和宏观两个视角出发，将《监察法》提供的职务犯罪调查规制框架与《刑事诉讼法》进行对比，寻找二者的共性和差异，并在此基础上对这种差异作法理上的分析，然后对职务犯罪调查和刑事诉讼法的适用问题作出初步判断。由于《监察法》施行未久，难以获得有意义的实践反馈，因而本文主要采用规范分析方法。

一、微观视角：职务犯罪调查及其程序规制

《监察法》第四章规定的涉及职务犯罪的调查措施有12类，包括谈话；讯问；留置；询问(证人)；查询、冻结(存款、汇款、债券、股票、基金份额等财产)；搜查；调取、查封、扣押(财物、文件和电子数据等信息)；勘验检查；鉴定；技术调查措施；通缉；限制出境。在《监察法》规定的12类职务犯罪调查措施中，除谈话和限制出境外，其余措施都可以在刑事诉讼法中找到对应的类似侦查手段。

---

[1] 闫鸣：《监察委员会是政治机关》，载《中国纪检监察报》2018年3月8日，第3版。

例如，留置从改革前的党内“双规”措施[2]以及行政监察中“两指”[3]措施转化而来，是贯彻中共十九大报告“用留置取代‘两规’措施”基本精神的成果。其适用对象既包括涉嫌职务犯罪的被调查人，也包括涉嫌行贿犯罪或者共同职务犯罪的涉案人员。对于上述两类对象，如果监察机关已经掌握部分违法犯罪事实及证据，仍有重要问题需要进一步调查，且同时具备下列情形之一的，即涉及案情重大、复杂；可能逃跑、自杀；可能串供或者伪造、隐匿、毁灭证据；可能有其他妨碍调查行为的，经审批后，可以采取留置措施。[4]从程序上，《监察法》要求留置措施的采取由监察机关领导人员集体研究决定，而且，设区的市级以下监察机关采取留置措施，必须报上一级监察机关批准；省级监察机关采取留置措施，虽然不必经过国家监察委员会批准，但也应当向后者报备。[5]《监察法》明确限制了留置的期限，即不得超过三个月，特殊情况下可以延长一次，但延长时间不得超过三个月。而且，省级以下监察机关延长留置期限时，应当报上一级监察机关批准。[6]这就把留置的期限严格控制在六个月以内。对于被留置人的处遇，《监察法》要求保障其饮食、休息、安全和医疗服务，讯问被留置人时，要合理安排讯问时间和时长。[7]被留置人员日后若被依法判处管制、拘役和有期徒刑的，留置一日折抵管制二日，折抵拘役、有期徒刑一日。这种省级以下监察机关采取留置措施决定权“上提一级”的处理，似乎是借鉴了检察机关自侦案件逮捕“上提一级”的实践。[8]从刑期折抵的规定来看，《监察法》也是将留置比照刑事诉讼中的逮捕来处理。

《监察法》为上述12类职务犯罪调查措施设计了不同层次的程序性规制：其一，个别性程序规范，即针对这12类职务犯罪调查措施规定了具体的适用条件和程序阶段。例如，在“谈话”适用条件中没有出现“调查过程中”或“被调查人”这样明显限定程序阶段的表述，也没有使用“涉嫌”一词来限定适用对象，其措

[2] 中央纪委1994年《中国共产党纪律检查机关案件检查工作条例》第28条规定：“凡是知道案件情况的组织和个人都有提供证据的义务。调查组有权按照规定程序，采取以下措施调查取证，有关组织和个人必须如实提供证据，不得拒绝和阻挠。”其中第3项规定：“要求有关人员在规定的时间、地点就案件所涉及的问题作出说明。”

[3] 1997年《行政监察法》第20条第3项规定：“责令有违反行政纪律嫌疑的人员在指定的时间、地点就调查事项涉及的问题作出说明和解释，但是不得对其实行拘禁或者变相拘禁。”

[4] 参见《监察法》第22条。

[5] 参见《监察法》第43条。

[6] 参见《监察法》第43条。

[7] 参见《监察法》第44条。

[8] 《人民检察院刑事诉讼规则（试行）》第327条第1款规定，“省级以下（不含省级）人民检察院直接受理立案侦查的案件，需要逮捕犯罪嫌疑人的，应当报请上一级人民检察院审查决定。”

词与其他调查措施的适用对象与适用阶段皆有不同。[9] 这意味着，“谈话或者要求说明情况”不仅可以适用于正式立案后的被调查人，而且可以适用于正式立案前的监察对象。但除“谈话”外，其他 11 类措施只能适用于监察立案以后。监察立案在某种程度上成为防止过度干预被监察对象合法权益的程序性屏障。[10] 其二，对关键性调查措施的录音录像，即进行讯问以及搜查、查封、扣押等重要取证工作时，应当对全过程录音录像，留存备查。[11] 其三，一般性程序要求，即采取讯问、询问、留置、搜查、调取、查封、扣押、勘验检查等调查措施时，调查人员均应当出示证件，出具书面通知，由二人以上进行，形成笔录、报告等书面材料，并由相关人员签名、盖章。其四，一般性的程序禁止规范：严禁以威胁、引诱、欺骗及其他非法方式收集证据，严禁侮辱、打骂、虐待、体罚或者变相体罚被调查人和涉案人员。[12] 最后，以总则部分设置“保障当事人合法权益”原则[13] 统领全局。

如果以刑事诉讼中的普通刑事案件侦查权为参照，根据程序的严格程度，或者程序对相关人员的权利保障程度，[14] 可以把《监察法》中规定的职务犯罪调查措施分为三类：

第一类是程序的严格程度高于刑事诉讼法的调查措施，主要包括讯问、搜查、查封、扣押等重要取证措施。2012 年修正后的《刑事诉讼法》第 121 条引入了录音录像制度，但目前仅适用于讯问措施，而且并不做强制性要求，只有可能判处无期徒刑、死刑的案件或者其他重大犯罪案件，对讯问过程录音或者录像才是必须的。根据《监察法》第 41 条的规定，全程录音录像不仅适用于讯问措施，而且扩大适用于搜查、查封、扣押等重要取证工作；对于这些重要取证工作，全程录音录像不再是建议性的，而是必须履行的程序。所以，对于这些调查措施的采用，《监察法》要求的程序严格程度是高于刑事诉讼法的。

第二类是程序严格程度相当于刑事诉讼法的调查措施，大致包括询问、查询、

[9] 《监察法》第 19 条规定：“对可能发生职务违法的监察对象，监察机关按照管理权限，可以直接或者委托有关机关、人员进行谈话或者要求说明情况。”

[10] 近日，安徽省合肥市纪委的微信公众号“清风合肥”于 4 月 28 日发布消息称，合肥下辖的巢湖市纪委“从谈话对象处提取到一组被删除的微信聊天记录”，并以此为线索使谈话对象心理松动，交代问题，推进了办案工作。消息一经发出，立即引起轩然大波，引起多家媒体的批评。批评的焦点之一，就是当地纪委对仅是“谈话对象”的监察对象采取侵犯“通信秘密”基本权利的技术性措施。参见《安徽巢湖 1 至 4 月处分 63 人：从被删除微信记录提线索》，载新浪网：http: //news.sina.com.cn/c/2018-04-28/doc-ifzvpatq7269566.shtml。

[11] 参见《监察法》第 41 条。

[12] 参见《监察法》第 40 条。

[13] 参见《监察法》第 5 条。

[14] 对职务犯罪调查机关行使调查权的程序要求越严格，对相关人员的权利保障程度就越高，这是一体两面。

冻结、勘验检查、鉴定、技术调查措施和通缉等措施，适用这些措施的实体条件和程序条件基本比照刑事诉讼法。需要提及的是技术调查措施和通缉措施，监察机关只有决定权，而没有执行权，仍要交给公安机关执行，客观上形成了决定权和执行权分离的机制，因此从这个角度来看，将技术调查措施和通缉措施归入第一类似乎也是可以接受的。

第三类是权利保障程度低于刑事诉讼法的是留置。如前所述，从对人身自由的限制程度、审批程序和刑期折抵等规定来看，《监察法》中的留置与刑事诉讼中的逮捕具有较高的可比性。但是，留置程序中提供的权利保障程度明显低于逮捕程序。其一，在刑事侦查程序中，逮捕存在明确的分权结构，即公安机关提请批捕，检察机关批准逮捕，然后交公安机关执行。其二，执行留置和执行逮捕之后均要履行通知程序，即在 24 小时内通知家属（执行留置的还要通知所在单位），但均设置了例外。对于逮捕的执行后通知程序来说，例外只有一种情况，即无法通知的情形。但这种情形一般不太可能出现在职务犯罪案件中，留置的执行后通知程序的例外情形被重新设计为“有可能毁灭、伪造证据，干扰证人作证或者串供等有碍调查”的情形。比起逮捕程序中被严格限定的例外，留置程序中的通知例外明显宽泛得多。其三，最重要的是，留置和逮捕的性质和功能设定是完全不同的。逮捕是一种强制措施，其首要功能是保证到案。留置则是一种调查案情的手段，留置的适用条件、通知例外情形的设置遵循的都是这个设计逻辑，因此，适用留置的核心条件是调查案件的需要，而案件的严重程度、被调查人未来可能判处的刑罚这样在逮捕中主要考虑的因素并没有在留置程序受到太多的关注。[15]

由此可见，除留置外，《监察法》通过对刑事诉讼法相关规定的吸收、转化，为大多数职务犯罪调查措施提供了与刑事诉讼法基本相当、个别情况下更严格的程序性规制。

二、职务犯罪调查与刑事诉讼的衔接

监察机关对监察对象进行调查后，如果得出涉嫌职务犯罪的结论，就需要移送人民检察院，进入刑事诉讼。《监察法》从三个向度上规定了职务犯罪调查与刑事诉讼的衔接问题。

（一）程序的衔接

监察机关将起诉意见书、案卷材料、证据一并移送检察机关后，人民检察院经审查，可以根据不同情况，分别作出如下处理：其一，检察机关认为符合刑事诉讼法规定的起诉条件，即犯罪事实清楚，证据确实、充分的，应当作出起诉决定。其二，检察机关对于有刑事诉讼法规定的不起诉情形的，经上一级检察机关批准，应当依法作出不起诉决定。其三，经审查，检察机关认为需要补充核实的，

[15] 《监察法》第 22 条对留置适用条件的设置并没有限定案件的严重程度。

应当退回监察机关补充调查，也可以自行补充侦查。对于补充调查的案件，应当在一个月内补充调查完毕。补充调查以二次为限。其四，在监察机关调查职务犯罪的过程中，被调查人逃匿，通缉一年后不能到案，或者死亡的，由监察机关提请人民检察院依照法定程序，向人民法院提出没收违法所得的申请。[16]

不难看出，对于监察机关移送的涉嫌职务犯罪的案件，检察机关审查、处理的标准与刑事诉讼法的要求完全一致，虽然在个别程序问题上与公安机关侦查终结移送审查起诉的普通刑事案件略有差异。[17] 这反过来又会对监察机关的调查产生影响，如果职务犯罪调查的案件未来有进入刑事诉讼程序的可能，那么监察机关就不得不考虑检察机关审查、处理案件的标准。因此，即使职务犯罪调查不直接适用刑事诉讼法，但通过这种辐射，后者难免对职务犯罪调查有“反射性”地渗透适用。

（二）证据材料的衔接

对于职务犯罪调查过程中收集到的证据材料在刑事诉讼中的使用问题，《监察法》第33条首先表明了肯定立场，即依照《监察法》规定的程序收集的物证、书证、证人证言、被调查人供述和辩解、视听资料、电子数据等证据材料，在刑事诉讼中可以作为证据使用。这一条从形式上突破了《刑事诉讼法》第52条关于行政执法与刑事诉讼证据衔接的规定。因为《刑事诉讼法》第52条对可以直接进入刑事诉讼的行政执法过程中收集的证据材料的种类是有严格限制的，即限于“物证、书证、视听资料、电子数据等”证据种类，虽然两高在解释这一条时对“等”所包含的证据种类不尽相同，但基本的共识是不包括言词类证据。《监察法》第33条却明确将“证人证言、被调查人供述和辩解”纳入其中，这样一来，就等于肯定职务犯罪调查过程中收集的几乎所有证据种类，都有资格直接进入刑事诉讼，至少不会因为证据的类别而被排除在刑事诉讼程序的大门之外。

但是，这并不意味着职务犯罪调查过程中收集到的所有证据材料都可以自动进入刑事诉讼。《监察法》第33条第2款从正面提出了进入刑事诉讼的条件，即“监察机关在收集、固定、审查、运用证据时，应当与刑事审判关于证据的要求和标准相一致”。第3款接着规定：“以非法方法收集的证据应当依法予以排除，不得作为案件处置的依据。”第2款和第3款相结合，一个是从正面的程序的角度对证据的收集提出要求，另一个是从反面的证据排除规则的角度加以规制，其效果，**不仅是将刑事诉讼中收集、固定、审查、运用证据的要求和标准运用于职**

---

[16] 参见《监察法》第47、48条。

[17] 比如，检察机关对于监察机关移送的职务犯罪案件如果要作不起诉处理，必须经上一级人民检察院批准；又如，监察机关不服检察机关的不起诉决定的，可以向“上一级”人民检察院复议。而公安机关如果不服检察机关的不起诉决定，只能先向原决定机关要求复议，如果意见不被接受，才可以向上一级人民检察院提请复核。参见《监察法》第47条第4款、《刑事诉讼法》第175条。

务犯罪调查，而且也将非法证据排除规则延伸适用于职务犯罪调查。而且，既然非法证据排除规则也适用于职务犯罪调查，未来法院也可以基于非法证据排除规则排除监察机关收集的证据，那么法院采取的“非法证据”的标准必然会反射性地对监察机关的取证活动产生影响，只要监察机关调查职务犯罪案件存在进入刑事诉讼的可能，它就不能不考虑法院采纳证据的标准，尤其是在“以审判为中心”的大背景下，这种趋势只会越来越强化。

（三）人身控制的衔接

从职务犯罪调查到检察机关的审查起诉，还有一个问题是对犯罪嫌疑人人身的控制，尤其是在监察机关已经对犯罪嫌疑人采取留置措施的情况下，在进入刑事诉讼后如何衔接的问题。对此，《监察法》第47条规定得比较笼统，“对监察机关移送的案件，人民检察院依照《中华人民共和国刑事诉讼法》对被调查人采取强制措施”。2018年5月10日全国人大公布并向社会公开征求意见的刑事诉讼法修正草案第12条（拟增加一条作为《刑事诉讼法》第170条）对此作出具体规定：“对于监察机关采取留置措施的案件，人民检察院应当对犯罪嫌疑人先行拘留，留置措施自动解除。人民检察院应当在拘留后的十日以内作出是否逮捕、取保候审或者监视居住的决定。在特殊情况下，决定的时间可以延长一日至四日。”对于被采取留置措施的犯罪嫌疑人，根据目前刑事诉讼法修正案草案的设计，在进入刑事诉讼后，先由检察机关采取拘留措施作为衔接和过渡，然后再利用拘留的10天（特殊情况下可以延长到14天）期间作出进一步的处理，根据审查的具体情况决定逮捕、取保候审或者监视居住。

通过上述程序、证据、强制措施三个方面的衔接，[18]立法者希望实现从职务犯罪调查到刑事诉讼程序的平稳过渡。根据上文的分析，在程序的衔接上，检察机关对于监察机关移送的涉嫌职务犯罪的案件，审查、处理的标准与刑事诉讼法完全一致；在证据的衔接上，职务犯罪调查要遵守刑事诉讼中收集、固定、审查、运用证据的要求和标准，而且非法证据排除规则也延伸适用于职务犯罪调查。所以，在程序和证据这两个方面，通过刑事诉讼法的“反射”性作用，职务犯罪调查和刑事诉讼程序基本可以做到“无缝对接”。但是，在人身控制方面，刑事诉讼法却无法通过这种反射机制发挥影响，这使留置成为一块完全不受刑事诉讼法影响、渗透的“飞地”。

三、聚焦留置：适用，或不适用刑事诉讼法？

通过以上两部分的分析，大致可以作出一个判断：监察机关的有权实施的绝大部分职务犯罪调查措施，虽然不直接适用刑事诉讼法，但其程序严格程度或者

---

[18] 实际上还有涉案财物的衔接，《监察法》第46条规定：“监察机关经调查，对违法取得的财物，依法予以没收、追缴或者责令退赔；对涉嫌犯罪取得的财物，应当随案移送人民检察院。”

权利保障程度，与刑事诉讼法基本相当。这样的效果是通过两个途径实现的：一是《监察法》直接吸收了刑事诉讼法的有关规定，将刑事诉讼法的程序要求转化为《监察法》的要求；二是通过职务犯罪调查与刑事诉讼的衔接机制，使刑事诉讼法在程序、证据方面的要求和标准“反射性”地对监察机关的职务犯罪调查发挥作用，从而使职务犯罪调查的标准与刑事侦查的标准趋于同一。然而，这一结论有一个例外——留置。

（一）留置性质的再审视

职务犯罪调查过程中的留置措施该不该适用刑事诉讼法的标准？有论者从留置权行使主体的角度来回答这个问题，“监察委员会是实现党和国家自我监督的政治机关，不是行政机关、司法机关。其依法行使的监察权，不是行政监察、反贪反渎、预防腐败职能的简单叠加，而是在注重监督的基础上，既调查职务违法行为，又调查职务犯罪行为，其职能权限与司法机关、执法部门明显不同”。[19] 在这样一种论证逻辑下，答案似乎很明确了。但是，对于留置该不该适用刑事诉讼法的问题，其回答在很大程度上取决于另一个前提性问题——留置应当如何定性？这一问题对于其他问题的讨论具有基础性意义。比如，如果把留置定性为一种调查措施，那么留置的条件和程序设置就必须服从调查的逻辑、为调查的顺利开展服务。

关于留置的性质，目前大致有以下几种现成的回答：其一，留置是双规的替代物。这一定性的主要根据是中共十九大报告“用留置取代‘两规’措施”的表述。从这个角度看，留置的出现意味着“双规”的消失，无论目前的它有多么不完美，但这项以往在法治视野之外运作的权力现在开始走入法治的视野，仅此一点，本身就是中国法治的一大进步。即便个别部门法治出现了暂时性倒退，也不能埋没其积极意义。其二，留置是监察机关在调查严重职务违法和职务犯罪过程中采用的调查措施，其主要法律依据是《监察法》第 41 条“调查人员采取讯问、询问、留置、搜查、调取、查封、扣押、勘验检查等调查措施”的规定。从《监察法》对留置条件的设置来看，“仍有重要问题需要进一步调查”“可能有其他妨碍调查行为的”之类的表述恰恰反映了调查的逻辑和需要。其三，留置是刑事诉讼中强制措施的对应物，类似于逮捕。其主要法律依据有二：一是前述刑事诉讼法修正案草案第 12 条关于留置与刑事诉讼强制措施衔接的规定；二是《监察法》中规定的留置的审批程序借鉴改革之前检察机关自侦案件逮捕“上提一级”的做法，以及比照逮捕折抵刑期的处理。

然而，目前对于留置性质的几种回答中，都存在严重的视角问题。也就是说，上述几种对于留置性质的界定，均着眼于大体相似的观察视角，即立足于公权力之运作，其基本立场是权力本位的。这一观察视角最主要问题在于，它无视了中

---

[19] 钟纪轩：《深化国家监察体制改革健全党和国家监督体系》，载《求是》2018 年第 9 期。

国社会治理方式在过去 20 年间所发生的重要变化。

新中国成立后，执政党对中国社会的治理大体经历了政治治理模式、[20] 行政治理模式，[21] 并逐渐向法治治理模式转型的过程。20 世纪 80 年代中期，中国启动了经济体制改革。从历史唯物主义的角度来看，经济关系方面所发生的变化具有根本性，可能引发政治法律制度、社会意识形态方面的连锁效应。在现实层面，随着经济体制改革向纵深发展，民主化、法治化日渐成为中国政治实践的主题。自中共十五大以来，“依法治国”成为基本的治国方略，“尊重和保障人权”被写入党的文件，这标志着执政党的执政理念和执政方式开始发生重大转变。此后，中共十六大、十七大和十八大的一系列正式文件开始频繁出现“依法治国”及“尊重和保障人权”的表述。这一政治动向很快反映于国家立法。1999 年 3 月，九届全国人大二次会议通过了宪法修正案，宪法中正式写入“中华人民共和国实行依法治国，建设社会主义法治国家”。2004 年 3 月，十届全国人大二次会议通过宪法修正案，在宪法中增加规定“国家尊重和保障人权”。2012 年 3 月，经过激烈讨论，“国家尊重和保障人权”最终写入《刑事诉讼法修正案》。2014 年 10 月，执政党更是史无前例地以“全面推进依法治国”为主题召开十八届四中全会，会议通过的《中共中央关于全面推进依法治国若干重大问题的决定》，对推进依法治国的重大问题进行了全面的部署。这些动向，释放出了强烈的信号：中国正在实现国家治理方式的转变，中国社会也即将从以往的政治治理模式、行政治理模式转向法治治理模式。

因此，在新的历史条件下，对留置性质的界定，需要改变以往政治治理模式、行政治理模式下权力本位的思维惯性，转而采取一种与法治治理模式相适应的权利本位视角重新审视留置的性质。如果立足权利本位，不难看出，留置的实质在于限制、剥夺公民的人身自由，它所干预的是宪法第 37 条保障的人身自由权，因此是一种干预公民宪法权利（基本权）的行为。[22] 因此，职务犯罪调查是否适

---

[20] 在新中国成立初期，新的社会主义生产关系尚未建立之时，中国社会的主要任务首先是解构旧的体制和社会关系，而这主要是通过大规模政治动员的方式完成的。例如，新中国成立初期为了巩固新生的政权，打击各种敌对势力，中共中央发起了“镇反”“三反”“五反”等一系列政治运动。

[21] 在新生的社会主义政权基本稳固，新的生产关系的基础初步建立之后，中国社会的主要任务已经从变革旧体制转变为维持并改进现行体制。相应地，社会治理方式也在发生转型，除“文革”特殊时期，大规模的政治动员日益少见，行政治理的功能逐渐凸显。在政治治理模式下，统治力量通过政治动员把自身和社会的支持力量结合在一起，而在行政治理模式下，统治力量自身和社会力量相对地分离、以相对独立的方式对社会加以管理。这种治理模式的典型特征是政府主要通过行政手段实现对国民经济和社会生活的全面控制，社会各阶层成为被管理和行政的对象，行政手段成为社会控制、实现国家各项政策目标的最主要手段。参见郑永年：《中国模式：经验与困局》，浙江出版联合集团、浙江人民出版社 2010 年版，第 24-25 页。

[22] 类似的观点参见陈卫东：《职务犯罪监察调查程序若干问题研究》，载《政治与法律》2018 年第 1 期，第 21 页。

用刑事诉讼法，并不取决于权力行使主体即监察委员会的性质，甚至职务犯罪调查是否适用刑事诉讼法这一问题本身也不重要，重要的是，留置的属性如何界定，以及当前的法律体系是否提供了与其属性相匹配的程序性保障。

（二）基于留置性质的制度标准

留置的性质，决定了它应当依据什么样的原则构建、应当提供什么样的程序保障和救济管道。人身自由是人类最古老的基本权利之一，同时，剥夺人身自由长期以来也被国家当作打击违法犯罪和维护社会安全的最普遍、最有效手段。因此，与人格尊严、肢体完整等权利不同，人身自由权并非绝对不可干预，法治社会所要提供的，仅仅是一种程序性保障。所以，法治社会所否定的，不是剥夺自由本身，而是“非法的”和“任意的”剥夺。为此，根据《公民权利和政治权利国际公约》相关规定以及我国的《立法法》，一项剥夺人身自由的制度措施应当符合以下标准：

其一，法律保留原则。法律保留原则是公法上的基础性原则，19 世纪末为德国学者奥托·梅耶首创，意指一些特定的事项必须由法律予以规定，行政行为若无法律依据，不得为之。“法律保留”之主旨在于维持法律规范的效力，避免行政行为侵犯立法机关之权限，同时也防范立法机关怠于行使职权，放任行政机关之作为。[23] 法律保留原则在我国立法中也有明确的要求。《立法法》第 8 条规定：“下列事项只能制定法律：……（五）对公民政治权利的剥夺、限制人身自由的强制措施和处罚……”随着十三届人大第一次会议通过《监察法》，法律保留的问题基本解决。法律保留原则所防范的，不仅是对人身自由“非法的”剥夺，同时也是“任意的”剥夺。为此，法律应该明确规定留置的具体适用对象、适用条件和程序，一方面是为公权力之行使划定清晰的边界，防范权力之滥用；另一方面也提供可预测性，使得被调查人合理安排工作和生活。

其二，比例原则。比例原则被誉为公法领域的“皇冠原则”，既适用于立法，也适用于司法，其基本要求是国家采取的剥夺或限制公民基本权利的措施必须与所调查行为的性质和严重程度成正比。也就是说，较高强度的剥夺、限制基本权利的措施只能适用于对较严重行为的调查，对较轻的违法犯罪行为只能适用较轻程度的剥夺、限制措施。而且，如果较低强度的限制措施可以达到法律目的，就没有必要采用高强度的限制措施。[24] 从比例原则出发，会发现目前留置条件的设置还存在较大的改进空间。从后果上看，留置是一种可以长达 6 个月的较为严重地限制人身自由的措施，而从《监察法》设置的适用条件看，不仅可以适用于涉

[23] 吴万得：《论德国法律保留原则的要义》，载《政法论坛》2000 年第 4 期。

[24] 德国学者将比例原则又细分为三个具体的原则：“（1）妥当性，即所采取的措施可以实现所追求的目的；（2）必要性，即除采取的措施之外，没有其他给关系人或公众造成更少损害的适当措施；（3）相称性，即采取的必要措施与其追求的结果之间并非不成比例（狭义的比例性）。”参见［德］哈特穆特·毛雷尔：《行政法学总论》，高家伟译，法律出版社 2000 年版，第 238–239 页。

嫌“职务犯罪”的嫌疑人，还可以适用于涉嫌“严重职务违法”的嫌疑人，并未如刑事诉讼中的逮捕一样仅适用于可能判处有期徒刑以上刑罚的较为严重的案件中，这与留置带来的剥夺人身自由的严重后果相比是不成比例的。而且，除留置外，《监察法》也没有设置其他可以替代留置的、程度较轻的限制人身自由的措施，因而也无从落实必要性原则。

其三，法官保留原则。法官保留原则是指将特定的公法上事项保留由法官行使，并且也仅法官始能行使的原则。[25] 至于何等公权力事项需要保留由法官行使，也即在法官保留原则的适用边界问题上各国尚有差异，但干预公民人身自由权利的措施应保留给法官裁决已经成为国际社会的基本共识。中国 1998 年已经签署、尚未批准的联合国《公民权利和政治权利国际公约》第 9 条对此项原则也有反映。该条第 3 款规定：“任何因刑事指控被逮捕或拘禁的人，应被迅速带见法官或其他经法律授权行使司法权力的官员……”同条第 4 款规定，“任何因逮捕或拘禁被剥夺自由的人，有资格向法庭提起诉讼，以便法庭能不拖延地决定拘禁他是否合法以及如果拘禁不合法时命令予以释放”。根据联合国人权事务委员会的一般评论（General Comments），第 3 款的要求仅适用于涉嫌刑事犯罪的场合，而第 4 款由法庭审查剥夺人身自由是否合法性的要求更为绝对，适用于所有情形，无论是否涉嫌刑事犯罪。[26] 留置作为职务犯罪调查过程中使用的一种剥夺人身自由的措施，显然是具备公约第 9 条第 3 款和第 4 款的适用前提的，但目前留置的决定和延长，完全由监察机关决定，而“监察委员会是实现党和国家自我监督的政治机关，不是……司法机关”，[27] 这与上述两款的要求有着明显的差距。

所以，留置基于其自身剥夺人身自由的属性，应当具备上述原则施加的制度要求，至于其是否适用刑事诉讼法，则并不是问题的关键。毕竟，上述原则在我国刑事诉讼法中，有的已经得到较好的贯彻，比如法律保留原则和比例原则，有的迄今尚未落实或者颇具争议，比如法官保留原则。

四、宏观视角：结构问题

监察委员会依宪依法成立后，无论将其性质界定为行政机关、司法机关，还是政治机关，它所行使的是国家公权力这一点是毫无疑问的。另一方面，监察委员会行使国家公权力，尤其是采取职务犯罪调查措施，干预了公民基本权利，这一点也是毫无疑问的。经典政治哲学告诉我们，“一切有权力的人都容易滥用权

---

[25] 林钰雄：《刑事诉讼法》（上册），中国人民大学出版社 2005 年版，第 78 页。

[26] ［奥］曼弗雷德·诺瓦克：《民权公约评注》，毕小青、孙世彦主译，生活·读书·新知三联书店 2003 年版，第 175、177 页。

[27] 同前注 19。

力，这是万古不易的一条经验，有权力的人们使用权力一直到遇有界限的地方才休止”。[28] 现代国家对权力的控制可以通过两种方式实现：一是制约，二是监督。中共十九大报告指出，“要加强对权力运行的制约和监督，让人民监督权力，让权力在阳光下运行，把权力关进制度的笼子”。

立法者并非没有意识到监察权力同样需要规范行使，《监察法》第七章以专章规定了“对监察机关和监察人员的监督”，从监督的主体和来源上包括权力机关的监督、民主监督、社会监督、舆论监督和内部监督，[29] 又通过登记备案、回避、申诉、责任追究等方式和机制强化内部监督。[30] 然而，总体来看，第七章构建的监督体系存在两个方面的问题，一是除权力机关监督外，[31] 其余的外部监督主体均缺乏制度化的参与管道，而且不专业，这样的外部监督注定是无力的。二是过于倚重内部监督，第七章构建的几种具体化的监督机制均属内部监督。这两个方面的问题其实可以归结为一个问题——开放性不足，缺乏切实可行的外部监督制约机制。当然，职务犯罪调查作为收集证据的关键阶段，以保密为原则无可厚非，然而，若完全排除外部的监督制约，职务犯罪调查的权力运行结构就出现问题，为了保障监察权的健康良性运作，有必要在保证职务犯罪调查顺利进行的前提下实现程序的有限、有序开放。这种有限、有序开放可以通过两种方式实现：

（一）检察监督

《宪法》第 134 条规定：“中华人民共和国人民检察院是国家的法律监督机关。”中国实行人民代表大会制度，全国人民代表大会是最高权力机关，人民政府、最高人民法院、最高人民检察院均由同级人民代表大会产生，对其负责，受其监督，由此形成与西方三权分立制度截然不同的一元权力架构。这种权力架构的弱点是缺乏有力的制约机制，为了防止权力腐败和滥用，就必须在人民代表大会之下设立专司法律监督职能的机关。[32] 这个专司法律监督的机关就是人民检察院。随着“依法治国”方略的推进，“依法治国”“尊重和保障人权”先后入宪，检察机关法律监督的范围几乎覆盖了所有涉及公民基本权利的法律实施领域，不

---

[28] ［法］孟德斯鸠：《论法的精神》，张雁深译，商务印书馆 1961 年版，第 154 页。

[29] 参见《监察法》第 53–55 条。

[30] 参见《监察法》第 57–61 条。

[31] 《监察法》第 53 条规定，“各级人民代表大会常务委员会听取和审议本级监察委员会的专项工作报告，组织执法检查。县级以上各级人民代表大会及其常务委员会举行会议时，人民代表大会代表或者常务委员会组成人员可以依照法律规定的程序，就监察工作中的有关问题提出询问或者质询”。

[32] 参见朱孝清：《中国检察制度的几个问题》，载《中国法学》2007 年第 2 期，第 110 页。

仅包括三大诉讼法，[33] 还覆盖了行政执法领域，[34] 甚至延伸到立法领域。[35] 而综观《监察法》全文，在一部授权以多种调查措施干预公民基本权利的法律中，并未设置检察机关履行法律监督职能的条文，这使职务犯罪调查成为检察机关法律监督的盲区。值得注意的是，《监察法》第 60 条构建的申诉机制 [36] 明显借鉴了刑事诉讼法第 115 条的规定，然而却有意地排除了检察机关的外部监督，使得申诉机制成为一个彻头彻尾的内部监督机制。这种对检察机关法律监督的系统性排除，不仅与检察机关“国家的法律监督机关”的宪法定位发生冲突，也不利于监察权

[33] 除刑事诉讼法外，民事诉讼法经 2007 年、2012 年两次修正后，涉及检察机关行使监督权的条文扩展为 7 个（第 14、208、209、210、212、213、235 条）。行政诉讼法 2014 年修正后，有 3 个条文涉及检察监督（第 11、93、101 条）。2017 年 6 月 27 日，第十二届全国人大常委会第二十八次会议通过了修改民事诉讼法和行政诉讼法的决定，增加了检察机关提起公益诉讼的规定，丰富和发展了检察监督的方式和范围。根据该决定，《民事诉讼法》第 55 条增加一款，作为第 2 款：“人民检察院在履行职责中发现破坏生态环境和资源保护、食品药品安全领域侵害众多消费者合法权益等损害社会公共利益的行为，在没有前款规定的机关和组织或者前款规定的机关和组织不提起诉讼的情况下，可以向人民法院提起诉讼。前款规定的机关或者组织提起诉讼的，人民检察院可以支持起诉。”同时，《行政诉讼法》第 25 条增加一款，作为第 4 款：“人民检察院在履行职责中发现生态环境和资源保护、食品药品安全、国有财产保护、国有土地使用权出让等领域负有监督管理职责的行政机关违法行使职权或者不作为，致使国家利益或者社会公共利益受到侵害的，应当向行政机关提出检察建议，督促其依法履行职责。行政机关不依法履行职责的，人民检察院依法向人民法院提起诉讼。”

[34] 在行政执法领域，如《人民警察法》第 42 条规定，“人民警察执行职务，依法接受人民检察院和行政监察机关的监督。”《治安管理处罚法》第 114 条第 2 款规定，“公安机关及其人民警察办理治安案件，不严格执法或者有违法违纪行为的，任何单位和个人都有权向公安机关或者人民检察院、行政监察机关检举、控告；收到检举、控告的机关，应当依据职责及时处理。”

[35] 在立法领域，2015 年修正的《立法法》第 99 条第 1 款规定最高人民检察院“认为行政法规、地方性法规、自治条例和单行条例同宪法或者法律相抵触的，可以向全国人民代表大会常务委员会书面提出进行审查的要求，由常务委员会工作机构分送有关的专门委员会进行审查、提出意见”。根据 2006 年《各级人民代表大会常务委员会监督法》第 32 条的规定，如果最高人民检察院认为最高人民法院“作出的具体应用法律的解释同法律规定相抵触的，可以向全国人民代表大会常务委员会书面提出进行审查的要求，由常务委员会工作机构送有关专门委员会进行审查、提出意见”。根据国务院颁布、2002 年开始施行的《规章制定程序条例》第 35 条和《法规规章备案条例》第 9 条的规定，如果检察机关认为规章同法律、行政法规相抵触的，或者地方性法规同行政法规相抵触的，或者国务院各部门、省、自治区、直辖市和较大的市的人民政府发布的其他具有普遍约束力的行政决定、命令同法律、行政法规相抵触的，“可以向国务院书面提出审查的建议，由国务院法制机构研究后按照规定的程序处理”。

[36] 《监察法》第 60 条规定，“监察机关及其工作人员有下列行为之一的，被调查人及其近亲属有权向该机关申诉：（一）留置法定期限届满，不予以解除的；（二）查封、扣押、冻结与案件无关的财物的；（三）应当解除查封、扣押、冻结措施而不解除的；（四）贪污、挪用、私分、调换以及违反规定使用查封、扣押、冻结的财物的；（五）其他违反法律法规、侵害被调查人合法权益的行为。受理申诉的监察机关应当在受理申诉之日起一个月内作出处理决定。申诉人对处理决定不服的，可以在收到处理决定之日起一个月内向上一级监察机关申请复查，上一级监察机关应当在收到复查申请之日起二个月内作出处理决定，情况属实的，及时予以纠正。”

的健康良性运行。

（二）律师介入

职务犯罪调查与普通刑事案件的侦查相比，有一些技术性特征。例如，普通刑事案件的侦查思路往往是从“案”到“人”，而职务犯罪案件发生后，无“现场”（至少对于调查人员而言现场已不复存在）、无被害人，其侦查思路往往是从“人”到“案”，所以职务犯罪调查更为倚重口供，也更依赖于对犯罪嫌疑人的人身控制，这也是留置被《监察法》设定为调查措施的根本原因。但是，越是这种“近身”调查（如讯问），而且越是封闭的“近身”调查，风险就越大。

在普通刑事案件侦查中，如果侦查人员对口供过于偏爱，也会产生类似的问题。为了杜绝这种倾向产生的风险，现行刑事诉讼法多管齐下，除非法证据排除规则、检察监督外，还引入一系列的程序规则予以防范。例如，将“不得强迫任何人证实自己有罪”作为证据收集的一般原则；要求拘留、逮捕后及时送看守所；要求拘留、逮捕后的讯问在看守所进行；等等。[37]尤其是，经过两次立法修正，现行刑事诉讼法从犯罪嫌疑人“被侦查机关第一次讯问或者采取强制措施之日起”，就允许辩护律师介入侦查。上述防范风险的措施，除非法证据排除规则外，在《监察法》提供的职务犯罪调查框架中，基本上都是缺失的。目前的职务犯罪调查，不仅缺乏有力的外部监督和制约，而且还是一个完全封闭的程序，这是一个重大的结构性缺陷。

但是，这一结构性缺陷可以通过一种成本较低的方式弥补，即可以参照刑事诉讼法的规定，在犯罪嫌疑人被监察委员会“第一次讯问或者采取留置措施之日起”，允许辩护律师介入职务犯罪调查程序。“第一次讯问或者采取留置措施之日起”的时间设定，排除第一次讯问期间辩护律师的参与，既充分照顾到侦查犯罪的需要，又为封闭的侦查程序打开一个有限的窗口，由专业的、有组织纪律和职业伦理约束的辩护律师介入，有助于防范执法风险，保证职务犯罪调查活动不至于跑偏。参考比较立法例，在设置专门反腐机构的国家，从犯罪嫌疑人被拘捕开始，无一例外都允许辩护律师介入。[38]

尤其值得注意的是，《监察法》第31条还引入了目前仍在试点、即将通过修正案的进入刑事诉讼法的认罪认罚从宽制度。众所周知，保证认罪认罚的“自愿性”是认罪认罚从宽制度的“生命线”，是该制度立足的根本。为了保证认罪的

---

[37] 参见《刑事诉讼法》第50、83、91、116条。

[38] 在我国香港，根据《廉政公署条例》第10A条关于逮捕后的程序规定，被拘捕人士从被拘捕开始即可要求通知、会见律师，在律师出现之前可以拒绝回答任何问题，即在拘捕时律师即可介入整个案件。在新加坡等地反贪专门机构的侦查权同时受专门法律和刑事诉讼法的规制，犯罪嫌疑人的诉讼权利并不因反贪而缺位。参见熊秋红：《监察体制改革中职务犯罪侦查权比较研究》，载《环球法律评论》2017年第2期，第59页。

“自愿性”，最高人民法院、最高人民检察院、公安部、国家安全部和司法部联合发布的《关于在部分地区开展刑事案件认罪认罚从宽制度试点工作的办法》第5条明确赋予犯罪嫌疑人、被告人获得有效法律帮助的权利，并要求办案机关承担起相应的保障义务，要求法律援助机构根据人民法院、看守所实际工作需要，通过多种形式提供法律帮助。[39] 在一个封闭的、缺乏任何外部监督制约环境下取得的口供，无法保证其自愿性，也使得职务犯罪调查阶段的认罪认罚从宽制度实践陷入“合法性”困境。

《监察法》的出台和监察委员会的成立具有多方面的重大意义。从反腐的有效性来看，监察委员会整合了多重反腐力量、反腐力量更集中、独立性更强、政治地位更高，可以期待在反腐方面会有更大的作为。从推进依法治国角度来看，《监察法》的出台，以留置取代“两规”，使得以往很大程度上在幕后运作的反腐运动走上前台，进入国家立法，成为严格在法律规范下进行的活动，也成为大众评判、社会监督的对象，这本身就是中国法治进程中的一大步。因此，我们应该抱以足够的耐心，客观看待这一新生事物暂时具有的这样或那样的不足，毕竟，“依法治国”的巨轮已经启航，所有零部件都将调整、磨合自己来适应、咬合这座巨轮的动力系统，推动巨轮安全驶向未来。同时，立法者也应当保持开放的心态，倾听各方面的声音，使新生的监察制度走上良性健康发展的道路。

（原载《中国人民大学学报》2018年第4期）

---

[39] 《关于在部分地区开展刑事案件认罪认罚从宽制度试点工作的办法》第5条规定：“办理认罪认罚案件，应当保障犯罪嫌疑人、被告人获得有效法律帮助，确保其了解认罪认罚的性质和法律后果，自愿认罪认罚。法律援助机构可以根据人民法院、看守所实际工作需要，通过设立法律援助工作站派驻值班律师、及时安排值班律师等形式提供法律帮助。人民法院、看守所应当为值班律师开展工作提供便利工作场所和必要办公设施，简化会见程序，保障值班律师依法履行职责。犯罪嫌疑人、被告人自愿认罪认罚，没有辩护人的，人民法院、人民检察院、公安机关应当通知值班律师为其提供法律咨询、程序选择、申请变更强制措施等法律帮助。人民法院、人民检察院、公安机关应当告知犯罪嫌疑人、被告人申请法律援助的权利。符合应当通知辩护条件的，依法通知法律援助机构指派律师为其提供辩护。”

纪委、检察机关办案规范的整合：一个连接理论与实践的分析路径

邓矜婷

一、问题的提出

转隶之后，参照新修订的纪委执纪监督工作规则，新成立的省级监察委员会内部与案件有关的部门目前分为案件监督管理部门（案管室）、案件审查部门（案件室）和案件审理部门。市、县级的监察委员会也是类似设置。目前监察委内部没有设立专门调查涉嫌职务犯罪的部门。转隶的原检察机关人员没有保持原来的组织，也没有统一归在某个专门负责违法调查的部门，而是全部打散，分别插入纪委的各部门当中。案件室是延续之前纪委的划分，即按照所管辖的片区划分为若干案件室。每个案件室负责其所管辖区域的违纪、违法案件的调查。案管室汇集所有的线索，之后也是按照管辖区域将需要进一步调查的线索分配给负责相关区域的案件室。[1]

在试点成立监察委决定出台之前，学界有许多关于反腐败力量多头分散、影响效率、缺乏监督的讨论。[2] 随着中央决定的落地、纪委前期的积累和试点工作的稳步推进，学界的讨论也随即着眼于法治化监察委的成立、机构设置和工作机制上。[3] 本文拟从证据资格的认定切入，来讨论转隶后纪委监察办案和原先检察机关侦查两套规范体系的合并问题，并在此过程中把握更为抽象根本的监察调查权及监察委的调查程序的性质问题。监察调查收集的材料需满足怎样的规范才能具有证据资格，这一问题不仅关系到既有的非法证据排除规则能否实际发挥作用，也关系到检察机关如何对监察委移转的案件进行审查起诉，更是监察委、检察机关协调制约机制落到实处的重要一环。要明确监察委的办案规则，其实就是

[1] 参见吴建雄：《监察委员会的职能定位与实现路径》，载《中国党政干部论坛》2017年第2期，第11页。

[2] 参见李晓明：《法治反腐：反腐败机构的整合与重构》，载《法治研究》2016年第6期，第73页以下。

[3] 参见魏晓娜：《依法治国语境下检察机关的性质与职权》，载《中国法学（文摘）》2018年第1期，第284页；姜明安：《国家监察法立法的几个重要问题》，载《中国法律评论》2017年第2期，第17页以下；秦前红：《监察体制改革的逻辑与方法》，载《环球法律评论》2017年第2期，第19页以下。

要解决纪委监察办案规范和转隶前检察机关办案规范的合并或取舍问题。由于纪委机关在与行政监察部门合署办公后，违纪案件的调查规范已经完成了以纪委办案规范为主的合并统一，所以本文就将纪委、监察部门的违纪案件办案规范简称为纪委办案规范。转隶前，纪委机关根据纪委办案规范调查违纪案件，检察机关根据以刑诉法为主的法律规范侦查职务违法犯罪案件，下文简称为法律办案规范。由于很多违纪案件也涉嫌职务违法犯罪，而两套办案规范体系有很多冲突的地方，监察委的办案规则应当如何确立？本文在调研的基础上，对比分析四个处理两套规范体系合并的可能方案，论述两点主张：1. 两套规范体系在初查和立案阶段的要求均应当统一；2. 应以法律规范体系为主对纪委规范体系进行调整，以法律留白和设置例外来化解二者的冲突。

二、四种可能的解决方案及进行比较评价的标准

（一）可能的解决方案

证据法学界通说认为证据资格有三个要件：关联性、客观性和合法性。[4] 监察调查证据的问题主要是合法性。一是在转隶前检察机关办理职务犯罪案件时就存在的初查阶段收集的材料的证据资格问题。[5] 二是监察委以纪委机关的身份开展的违纪调查中收集的材料的证据资格问题。该问题的前身则是转隶前纪委办案收集的材料能否在案件移送检察机关立案后直接具有证据资格的问题。

在监察委体制下，解决上述两个问题有四种可能的方案。方案一是延续实践中已存在的证据转化做法，仅明确涉嫌职务犯罪的立案程序为监察调查，以此为切割点，将此前的初查和违纪调查作为转隶前的初查和纪委调查程序的延续，从而将转隶前的做法类似地套用到监察委的调查中，即对初查证据和纪委收集的证据进行转化、补正或重新提取。[6] 方案二是明确监察调查程序还包括初查阶段，延用最高检的初查规范，使得初查证据不会因为阶段而不具备证据资格，同时以法律办案规范为主统一两套办案规范，对共同管辖内的案件不区分纪委、监察调查程序。如此，纪委调查同时也是监察调查，纪委调查收集的证据也即监察调查收集的证据，不需要再进行证据转化。方案三是延续刑诉法之前对检察机关侦查职务犯罪案件的处理，仅统一监察调查和纪委调查立案后的办案规范，对初查阶段则不在法律上认可为监察调查的一个部分。方案四是将转隶前的纪委、检察机关分离的机制保留到监察委的调查中，即保留违纪、违法调查双轨制。在初查和

---

[4] 项谷、张震：《刑事证据资格的合法性研究——兼论我国刑事证据规则的完善》，载《政治与法律》2010 年第 3 期，第 145 页。

[5] 万毅：《证据“转化”规则批判》，载《政治与法律》2011 年第 1 期，第 135 页；柳忠卫、滕孝海：《论贪污贿赂犯罪初查证据的转化》，载《中国刑事法杂志》2009 年第 4 期，第 70 页；《人民检察院刑事诉讼规则（试行）》，第 8 章第 1 节，2012 年 10 月 16 日修订。

[6] 陈光中：《关于我国监察体制改革的几点看法》，载《环球法律评论》2017 年第 2 期，第 116 页。

立案阶段都对案件进行涉嫌违纪、违法的区分，设置对应于违纪、违法调查的不同程序。对于证据资格的认定沿用之前的做法，只有涉嫌职务犯罪的立案后调查收集的证据可以直接具有证据资格，涉嫌犯罪的初查证据需经转化后才能使用，而违纪调查的证据，不论是初查还是立案后，都参照之前对纪委查案收集材料的认定。这四个方案其实也是四个关于法律、纪委办案规范如何合并的方案。以材料能够具有刑事诉讼中证据资格的时间点来划分，按照初查、立案阶段是保留两套规范还是以某套规范为主统一，可以将这四个方案简要表述为：

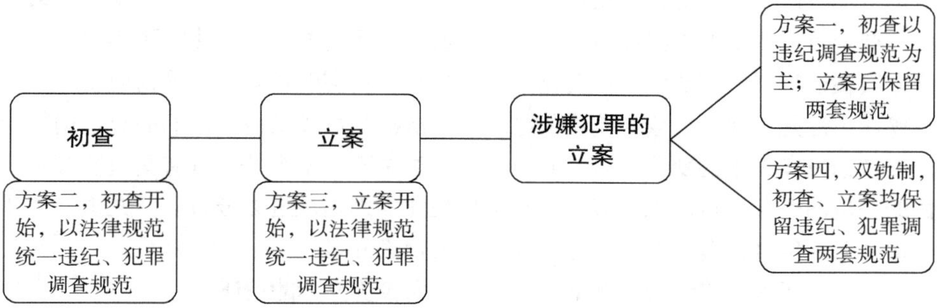

（二）比较评价四种方案的标准

这四种方案均有一定的理由支持，如何评价和选择这些方案需要在一个统一的标准下进行。这个统一的标准应当能够考虑这些方案的多方面，至少是关键方面；能够将这些方案的多方面放在可比较的维度中进行；能够满足更为根本、基础的理论在具体制度中的要求。对在既存制度体系中一项具体制度进行改革的方案，会涉及该具体制度与其对应的机构及机构中工作的人的关系、该具体制度与其他制度之间的关系、该具体制度所调整的社会关系三方面主体。会涉及这三方面主体在它们各自内在的运行规律或本质要求、历史叠加的现实状况、改革可能造成的变化的规律及现实三个层面的情况。内在的规律既指制度本身的运行规律，也指其与人的互动规律，也指其涉及的权力责任 / 权利义务的本质要求。本质要求往往体现了更为根本的理论在具体制度中的要求。在监察委证据资格制度中则集中体现为监察委调查权的性质和法治的本质要求上，以及机构融合的运行规律。现实状况则是对具体制度的实证研究，通过定性或定量或历史的方法，对现实状况本身进行类型化、现象化，或者就现实状况与制度设计的关系进行研究，比如制度的异化，抑或对这些现象或类型进行如经济学或历史学等的解释。前文对证据资格存在问题的分析就是对现实状况的把握，所以方案在这一点上的评价则集中体现为对这些问题的解决效果。具体制度的不同方案解决现实问题的效果，是指该方案的效率，一般可以放在成本收益风险的框架内进行定性或定量的比较。通过对成本收益风险变量进行调整来反映该现实问题中的历史性、边际成本等因素。但是对现实问题的解决效果只是考察具体制度的一个角度。除本质要求 / 内在规律外，在既有制度体系中改革一个已经运行的具体制度还需要考虑该改革会带来的变化，包括上文所列的三方面主体在完成改革时需要的变化和改革后运行时发生的变化。这些变化经常具体地表现为该方案的改革与现有上位制度或同级协动制度及它们计划的改革的匹配程度、冲突的可调节度、改革对应或调整的人 / 机构的冲突程度及可调节度，以及该方案带来的变化范围及程度（即使没有利益冲突）。这些冲突和变化的评价可以从现实可能性和改革必要性两个角度进行。所谓现实可能性是指根据上述变化的深度和广度、冲突的程度及可调节度，结合目前改革的进路和节奏，考虑完成该方案所需要的变化能否实现，以及该方案在运行时所需要的协同变化是否可操作。所谓改革必要性是指即使方案可以操作，但是从保护社会和制度的稳定性、法治的可预见性、人们的合理期待的角度考虑方案带来的变化是否是必要的，是否是不得不为的、具有紧迫性和时效性的。这两个角度可以把很多无法成本风险化的因素放进去分析。下文拟从这几个角度来评价这四套方案，并论述方案二为较优方案。

三、在所确定的评价标准下有关方案二为较优方案的论述

（一）从监察调查权的性质论述

关于监察调查权性质的代表性观点有几种。一是认为监察委的调查完全不同于侦查[7]。二是认为监察委的调查应当一分为二来看，其中涉嫌职务犯罪的调查视为侦查，与涉嫌一般性违纪违规的调查相区分[8]。三是认为监察调查权具有组合性质，如具有司法性的行政权[9]，又如集立法司法行政于一体的权力[10]，所以监察调查也具有不可分的多面性。实务部门形象地将监察调查权比作“组合拳”，即在调查过程中可以根据需要选择纪委或监察委身份来获得不同的权力，得以采取所需要的调查措施，破除单一身份的局限性[11]。争议点集中在监察调查权是否可以分为一般违纪调查权和涉嫌违法犯罪调查权。

本文倾向于第三种观点，认为监察调查权具有不可分的组合性质。从权力来源看，监察调查权是来自全国人大常委会通过的有关成立国家监察委员会的决定对监察委的授权，即监察委具有监察、调查和处置的权力。并不是因为调查权是监察权的题中之义，也不是因为检察机关的转隶。监察一词既可以指日

---

[7] 魏昌东：《国家监察委员会改革方案之辨正：属性、职能与职责定位》，载《法学》2017 年第 3 期，第 4-6 页。

[8] 同上注。

[9] 张建伟：《法律正当程序视野下的新监察制度》，载《环球法律评论》2017 年第 2 期，第 67-71 页。

[10] 秦前红：《监察体制改革的逻辑与方法》，载《环球法律评论》2017 年第 2 期，第 25-26 页。

[11] 参见欧阳林光等：《打好监督“组合拳”》，载《中国纪检监察报》2016 年 4 月 20 日，http://csr.mos.gov.cn/content/2016-04/20/content_32716.htm。

常监察，以预防为目的，也可以指对某些案件进行调查。其权力的大小和内容具有政治性和动态性，取决于一段时间权力机关的授权和权力行使者的政治能力，不能够通过文字的解读来确定。检察机关的转隶更不是监察调查权的来源，而恰恰是结果。是因为一方面监察委被授予调查权，可以完成检察机关转隶部门原有的职能，另一方面因为国家权力机关决定整合多个反腐败机关，认为整合可以更有效地实现相关的政治和法治目的，所以将检察机关的反腐败部门转隶到监察委。而人大常委会的授权决定并没有将监察委的调查权与作为纪委部门的调查权相区分，而是特意通过在决定中使用调查而不是侦查，使得监察调查权可以与原先的侦查权相区分，化解与纪委的调查权的冲突，从而能够与之合并。[12] 另外，决定明确要求监察委调查职务违法和职务犯罪行为。在这一区分后，违纪案件的调查与职务违法案件的调查在案件涉及的行为形态、性质、严重程度等方面都难以区分。由此可见，决定在授权时并没有考虑要把监察调查权与纪委调查权区别对待。相反，考虑到在人大常委会决定之前公布的中共中央关于试点国家监察体制改革的决定，人大常委会应当是有意为二者能够合并作铺垫，统一用“调查”一词，以呼应中共中央的有关监察委与纪委机关合署办公的决定。虽然是“合署办公”，但是中央决定指明“建立党统一领导下的国家反腐败机构”，即国家监察委，将多方面反腐败机关整合到监察委中，即将纪委调查权合并到监察调查权中，从而“实现对行使公权力的公职人员监察全面覆盖，建立集中统一、权威高效的监察体系”。[13] 所以，监察调查权是将包括检察机关、纪委机关等多部门权力进行合并统一，因而从来源上看具有不可分的组合性质。退一步讲，即使认为监察调查权不包括党的纪委调查权，但是在合署办公后，监察委具有双重身份，可以以其纪委的身份具有纪委调查权，所以监察调查权在实际运行中也包括纪委监察调查权。

从权力运行看，如果一个权力可以被分为两种不同的分权力而不实质影响其运行，那么该权力具有可分性，反之则具有不可分性。两种不同的分权力可以由同一个主体行使，也可以指向同一个客体，所以合署办公并不能说明纪委监察调查权就不可分。假设纪委监察调查权具有可分性，即可分为违纪调查权、职务违法调查权和职务犯罪调查权，那么不同的分权力需要根据其不同性质所要求的不同程序、规范来行使，这也是权力不同种的题中之义。可是，由于党的廉洁纪律、工作纪律和法律对职务违法、犯罪的规定之间的高度重合，所以该三项分权力的

[12] 参见《全国人民代表大会常务委员会关于在北京市、山西省、浙江省开展国家监察体制改革试点工作的决定》，2016 年 12 月 26 日颁布。

[13] 参见《关于在北京市、山西省、浙江省开展国家监察体制改革试点方案》，2016 年 11 月 8 日颁布。

调整范围高度重合，当一个涉嫌违纪违法的线索到监察委后，没有办法确定该线索应当由哪项权力去调查。所以如果要分解监察调查权，那么该线索的调查程序及规范的选择只能随机地或由相关权力人随意地或有意地决定，如此必将影响监察调查权的有效有序统一行使。

不过，权力的运行往往有阶段性，即不同的阶段之间虽有联系但是因为权力的主体、内容及范围等实质不同而相互区分。监察调查权就分为线索处置、初查、立案审查、审理等过程。有时一项权力可能在某个阶段不可分，但是在某个阶段又可分。也许在线索处置或初查时无法确定线索涉及的案件是违纪违法还是犯罪，但是随着调查的进行，可否在案件明确涉及犯罪时就将案件划为由职务犯罪调查权来继续进行，即此时纪委监察调查权变得可分？本文认为还是不行。因为即使此时案件明确涉及犯罪，但由于三项分权力的调整范围高度重合，这个案件往往也是涉及违纪案件。而职务犯罪调查权是法律规定的，违纪调查权是党纪规定的，职务犯罪调查权并不优先于违纪调查权，也不能代替违纪调查权来对违纪案件作出纪律处分决定，所以如果将明确涉及犯罪的案件完全交由职务犯罪调查权进行，那么违纪部分的调查就无法完成了，因此即使在明确后监察调查权仍然是不可分的。更何况，所谓“明确涉及犯罪”本身就难以在调查过程中确定。

（二）从法治中国的要求论述

法治中国的一个重要特点是党的领导下的法治建设，表现为法治对党的领导的维护和对治权的法治规范两方面。[14] 维护往往是服从，规范则包含否定。二者之间自然会有冲突。如果把党的领导理解为一种政治力量的代表，那么其实在现代法治国家中，法治也经常表现为一方面对政治力量进行约束，另一方面又服务于政治力量。从这个角度讲，法律与政治的这种关系也不是仅中国独有。在法治国家处理政法关系的常见方法包括法律的有意留白和有限的例外政治。[15] 对于我国处理政治与法律关系有借鉴意义。有意留白既指作为立法结果的法律文本对待某些政治敏感领域的特意空白处理，以及该文本被司法或执法机关进行有意限制解释，又指留白的形成过程遵循一定的规则，而不至于是随意留白。有意留白有两种常见的处理方法，一是完全不触及决定留白的领域，二是对其模糊处理或提供原则性的指导。有限的例外政治既指与法律直接冲突的例外政治在量和质上是有限存在，不会造成法律系统有瘫痪的风险，或者能够以有限的制度异化的方式化解冲突；也指例外的存在是遵循一定的原则的，可以勾勒边界，不会肆意出现或蔓延；还指例外的形成过程是可控的，能够保障例外的存在遵循一定的原则。

对于改革中出现的具体问题是否需要法律有意留白应当在历史、价值、实践

[14] 王旭：《“法治中国”命题的理论逻辑及其展开》，载《中国法学》2016年第1期，第87-88页。

[15] D Kairys，Law and Politics，52 Geo. Wash. L. Rev. 243，250（1984）.

三个维度上考虑。[16] 具体而言，为了稳步推动法治的建设，历史上不留白的原则上不应产生新的留白，除非会产生非有限的例外政治，而历史上留白的并不应原则性地延续，而是要考量留白背后的政治需要的变化和留白部分的法治价值，尽可能地不断减少留白。

那么像监察调查这样由历史上留白和不留白合并产生的领域到底应否留白呢？首先，受法治建设稳步发展的价值导向影响，不留白的惯性应当大于留白的惯性，因为趋势是法律留白不断减小，所以新领域中的法律留白比重原则上应小于合并前的留白比重，即监察调查应以不留白为主。虽然这样合并产生的新领域受到的历史约束较小，但是从实践的角度看，由于监察调查涉及的范围之广，程度之深，使得该领域全部留白或者全部不留白都是难以接受的。而重新分离又不可能，所以从技术的角度看只能采取模糊留白的方式，以适应未来的灵活变化。模糊留白不会排斥法律对某一领域的调整，同时允许这种调整在必须留白的细节上以原则性、授权性调整为主，以便其他规范或政策等调整手段可以在法律原则的框架内进一步调整该细节的事项以实现这些手段背后的政治或公共政策的主要目的。有些刑诉学者也持有这种观点。[17] 由于合并后不留白的比重应当尽可能减小，所以在采取模糊留白的方式下，刑诉法检察办案规范应首先相似地适用于监察调查的立案环节，然后再通过对必须留白的细节模糊地处理来引入党规或政策的调整。

（三）从方案的效率论述

关于一个制度的效率的讨论往往在成本、收益和风险上展开。[18] 监察调查制度的效率集中体现在办案的效率，即办案的数量和质量。为了便于比较，下文的讨论将其他可能影响因素设定为理想值，以讨论这四个方案的不同所带来的效率影响。虽然四个方案与其他因素的实际状态的契合度也可能影响这些方案的办案效率，但是这种契合度的讨论会在现实可能性一节中分析，所以在此不予考虑。从效率的角度看办案的数量，是指在相同的时间、理想的状态下，哪个方案下监察调查办理的案件数量最多。这个办案总数要从轻、重案，简单 / 疑难案件，单人 / 团伙案等多个角度乘以相应的不同系数后相加得到。而办案质量是指在相同的时间、理想的状态下，哪个方案下监察调查办理案件的准确率和社会效果最佳。准确率既包括初查后被立案的概率、立案后被起诉的概率、起诉后被定罪的概率，也包括出现错案的风险的定性把握。社会效果是指通过办理案件所树立起的监察

[16] 同注 15，第 88-98 页。

[17] 孙煜华：《构建与监察改革相适应的职务犯罪侦查法治模式》，载《法学》2017 年第 7 期，第 186 页以下。

[18] Ugo Mattei，Efficiency in Legal Transplants：An Essay in Comparative Law and Economics，International Review of Law and Economics，Volume 14，Issue 1，March 1994，pp. 3-19.

委的反腐形象、对潜在线索持有人的鼓励作用，以及所起到的打击、遏制腐败违纪违法案件的辐射效果。下文从四个方案的不同点对办案数量和质量的影响论述了方案二的效率优越性。

四个方案的关键不同点有两个。一是纪委违纪调查和监察违法犯罪调查是否要遵循两套不同的办案规范。二是是否以法律为主来统一规范初查阶段的调查。对于第一点，下文从办案数量和质量展开讨论。办案数量具体化为，单位标准案件从初查到结案所需要的单位标准人的工作量在区分和不区分违纪、违法犯罪调查的程序中哪个更大。程序的细化、案件的分流并不必然导致办案效率的提高或降低，关键在于该细化或分流是否符合相关案件办理的规律。合理的分流和细化可以更为有效地配置资源，减少单位标准案件所耗费的单位标准人的平均工作量。但是违纪、违法犯罪调查的区分却不符合规律。第一，纪委、监察调查的案件很多时候难以区分，案件的性质往往相同，作案的手法、对象、主体等也重叠。第二，违纪、违法犯罪案件的纪委、监察调查并不具有迥异的特点，而是都要遵循侦破案件的规律，所运用的手段也极为类似，所需要的证据材料和认定的标准也是类似的。第三,二者所需要的工作量也没有显著不同。根据案件的复杂程度，二者都有可能需要或大或小的工作量。所以此类区分非但不能提高整体办案的效率，反而因为增加了不必要的区分导致整体的工作量增加，降低了办案效率。同时，由于二者对应的处罚结果是不一样的，违纪调查对应党纪处分，违法犯罪调查对应法律制裁，所以这些案件在经历了违纪或违法犯罪调查后还要再经历违法犯罪或违纪调查程序来确定是否要接受另一种处罚，而这两种调查又有很多相同的地方，所以导致了重复调查，增加了证据转化的步骤，降低了整体办案的效率，又使得第二次经历的调查程序形式化。从办案的质量看，违纪、违法犯罪调查的区分也不能提高办案的准确率，还很有可能降低其办案的社会效果。一方面，由于监察调查的违纪、违法犯罪案件很多难以区分，所以即使进行区分也无法有效地进行案件的筛选；另一方面，如果违纪调查的相关规范较违法犯罪调查的规范要求更低，则有可能出现违法犯罪调查初查、立案标准虚高和形式化，大量案件都以违纪调查的初查、立案程序来进行的现象。随着调查规范要求的系统性、隐性降低，调查出现问题的风险也就会升高。这些问题既包括案件选择的有效性和正当性，也包括办案过程的正当合理性，以及办案结果的正确性。

第一，表面上看，如果用法律规范初查阶段，那么初查阶段的要求很可能要提高，手续更多、更不灵活，单位案件的工作量会增加，办案效率就会降低，且降低的程度可能会大于证据转化或重新调查造成的影响。但是这种观点首先仅考虑了办案的数量，而没有考虑到，随着要求的升高，办案的质量会提高，办错案和错办案的风险会降低，办案本身的正当性和社会效果也会提升，从而整体上办案效率不一定会下降。第二，要求的升高并不必然增加办案的工作量。随着要求的升高，办案人员的素质和水平也会相应提高，工作的专业化和规范化程度会提高，从而减少案件所需要的单位标准办案人员的工作量，提高效率。所以关键在于所提高的要求是否符合实际中办案人员能够达到的水平。鉴于最高检已经于2012年通过《人民检察院刑事诉讼规则》对其初查阶段进行了司法解释性的调整，说明实践中检察机关办案人员能够达到这一规则中的相关要求，而转隶后这一批力量也进入监察委中，相关的配套设备、技术手段也一并转移，构成监察调查人员的核心力量，所以转隶后监察调查的初查也应该能够达到这一规则中的要求。所以将这些要求在有关监察调查的法律规范中确立下来并不会造成过高要求下的办案效率降低。第三，由于初查是监察调查中的必经环节，与之后的立案阶段一起构成监察调查的整体，二者具有整体中的部分性，相互流通、关联，所以如果法律仅规范立案，而不触及初查，那么初查阶段异化的情况极有可能再次出现，即初查阶段在监察调查中变得畸重，而立案阶段变得形式化。[19] 这种异化会导致法律对立案阶段的预设约束作用落空，立案阶段的调查演变成对初查阶段收集资料进行证据转化、对初查阶段的调查结果进行包装肯定的过程。如此，则会整体降低对监察调查的实际要求和监督，降低监察调查办案的质量，增加错案的风险。

（四）从方案的必要性论述

由于改革可能带来的各方面变化、冲突、不稳定，方案二所包含和导致的变化还应当满足必要性的要求。论述某方案是必要的，在逻辑学上的意义是，该方案对于一个已经确定的必须实现的预设目的的实现是必要的，即虽然有该方案，预设目的不一定能实现，但是没有该方案，预设目的一定不能实现。由于社科领域的改革问题是面向未来的，具有不确定性和不可预测性，所以允许一定的变化，即可以存在多个满足必要性的方案。将必要性的逻辑要求运用到评价社科领域改革方案时，就要适当降低，转变为“在可以确定的因素构建的环境中，没有该方案，预设目的难以实现”的要求。这一要求包括正反两面的含义：反面是，与该方案同类的其他变化显著更小的方案均难以实现预设目的；正面则是，该方案的变化与预设目的的实现紧密相联，不会比其他可能实现预设目的的方案的变化显著得更多。

首先，要比较不同方案造成的变化，就要先确定测量变化的标准。一般而言，这个标准当然是这些方案所针对的改革对象在方案实施前的情况。转隶前，党规、行政监察法规范纪委机关的调查程序，刑诉法规范检察机关的侦查立案程序。自从2012年最高检颁布《人民检察院刑事诉讼规则》之后，侦查的初查程序也受到法律性规则的调整。所以，法律和党规均能有效地调整部分反腐败案件的调查

---

[19] 卢乐云：《检察机关初查制度之价值评析及其实现——以法律监督权为视角》，载《中国法学》2010年第1期，第137-139页。

或侦查程序。以此为标准，方案二造成的变化并不比其他方案多。因为方案二中通过法律有意留白，使得法律和党规能够统一地调整监察调查的立案和初查，且由于不区分违纪、违法犯罪的调查，所以法律不易被规避，法律和党规均能有效地调整部分的监察调查程序，较转隶前的情况变化不大。相比之下，其他方案都会较大地减少法律能够有效规范的部分。在其他方案下，虽然表面上法律仍会调整部分监察调查程序，但是由于前段所说的违纪、违法犯罪调查难以区分和初查、立案调查的流动性，所以被法律完全留白的部分容易变得畸重，变成规避法律调整的避风港，使得法律的调整变得形式化，无法有效地进行规范。所以以此为标准，方案二比其他方案更满足必要性的要求。

不过，当有多项改革同时进行时，更为基础、较先进行的改革对所研究方案的对象造成的先行变化也应当考虑在内。本文中的四个方案也是在国家监察体制改革的大方案下的稍后进行的改革，建立在大方案所造成的先行变化的基础上。这个先行变化就是检察机关向纪委部门的转隶，纪委机关与监察委的合署办公。这意味着监察委是建立在纪委机关既有的工作机制上，以原先纪委调查的规定和要求为基础，结合转隶后的一些特殊情况适当进行变化。如果以此为标准衡量四个方案的变化，那么那些使得纪委规范调整空间越大的所造成的变化越小。方案一、四使得法律仅调整涉嫌犯罪的监察调查，是四个方案中法律调整空间最小的，所以造成的变化也最小。但是这几个变化更小的方案无法实现预设目的。

这四个方案是有关监察调查的程序设置和规范的，属于监察调查的工作机制的一部分，也即整个监察体制改革的一部分，服务于这项宏大改革的终极目标。根据中央的决定，监察体制改革的目标可以分为两个，一是实现对腐败的有效打击和遏制，二是推动法治制度反腐的建设。[20] 在现有人财物等状况类似且不发生较大变化的条件下，方案二能够更好地服务于这两个目标，而其他方案则会使目标难以实现。首先，由于初查和立案构成了监察调查的有机组成部分，相互连接，监察调查活动具有连续性和流动性的特点，所以如果仅在立案阶段统一规范而在初查阶段法律完全留白，那么监察调查可能像之前的检察机关侦查那样，过多地流向初查阶段，规避法律的要求，再通过立案阶段的形式性的重新调查、收集来满足法律的规定。然后，由于违纪、违法犯罪的监察调查很多时候难以区分，并且很多案件是同时违反党纪和法律规定的，如果要实行双轨制的调查，那么监察调查可能会比纪委、检察机关分离时还更为向违纪调查倾斜，可能出现不合理的大量案件流向违纪监察调查的程序，规避法律的要求，对于已经预先确定要受到

---

[20] 参见《关于在北京市、山西省、浙江省开展国家监察体制改革试点方案》，2016 年 11 月 8 日颁布；《全国人民代表大会常务委员会关于在北京市、山西省、浙江省开展国家监察体制改革试点工作的决定》，2016 年 12 月 26 日颁布。

法律制裁的案件再通过涉嫌违法或犯罪的调查程序形式性的重新调查取证、出具说明来满足法律的规定。所以其他方案下重复调查和规避法律要求的现象仍然存在，会浪费反腐败资源，不利于法治反腐的建设。

（五）从现实可能性论述

现实可能性是指该方案得以实施且实现其预设目的的条件能否在现实的情况下得到满足，或者说，该方案带来的变化和运行时需要的协同变化在目前条件下能否实现。由于改革的不确定性，这里对于能否满足或实现的证明不要求达到百分之百的确定，而是与实际情况相符的较大的可能，或者相对其他方案更可能实现。在讨论现实可能性时，方案的变化和条件需要具体化为操作层面的要求，通过对这些可检验的要求进行考察来确定方案实施需要的条件能否得到满足。具体到本文的四个方案，由于是关于监察调查的程序性规范，所以方案的实施与监察调查案件本身的特点、党规法律相关规定之间的协调、办案人员的素质和激励、办案条件等相关，方案是否现实可能也具体化为这些相关方面能否实现方案需要的变化。建立在已经确定的监察体制改革大框架下，通过对这些方面的具体要求的分析可以看到，方案二比其他方案明显更可能实现。

首先，在其他方案下，违纪调查和职务违法犯罪调查会在初查或立案或两个环节中遵循不同的标准、操作程序和规范。而根据目前的转隶情况，被转隶人员是分别插入纪委机关的不同部门而没有另外组成新的部门，监察委也延续了纪委机关原先的组织结构，区分了案件监督管理部门、案件审查部门和案件审理部门，并没有作违纪、违法犯罪案件的区分。[21] 所以，随着监察委与纪委的合署办公，进行违纪调查和职务违法犯罪调查的人员实际上是同一班人马，不再有转隶前的违纪调查人员和职务违法犯罪调查人员的区分。又根据纪委办案规范，违纪调查立案是在有严重违纪事实、需要追究违纪责任时启动，而初查则是有可能存在严重违纪事实时启动。[22] 虽然纪律要求不仅包括廉政纪律，还有工作、生活、组织等其他方面的纪律，但是构成严重违纪的情况往往也同时涉嫌职务违法、犯罪。而根据刑诉法的规定，有可能存在犯罪事实需要追究刑事责任是侦查立案的标准，所以有很多严重违纪的案件同时也满足违法犯罪调查立案的标准。[23] 综上，在其他方案下，会出现同一班人马在处理同样的案件时存在两套迥然相异的可适用的规范体系的怪异现象。这两套不同的规范体系因为调整同样的人的同样的工作而无法同时有效的存在，因为这些人在进行这些工作时会根据自身的利弊只能

---

[21] 参见澎湃新闻网：《中国试验田 | 国家监察体制改革试点 9 个月，监察官呼之欲出》，2017 年 7 月 14 日。

[22] 《中国共产党纪律检查机关监督执纪工作规则（试行）》第 21 条，2017 年 1 月 8 日颁布；《行政监察法》第 31 条，2010 年 6 月 25 日修正。

[23] 《刑事诉讼法》第 110 条，2012 年 3 月 14 日修正。

选择适用一套规范。如果这种利弊分析系统性地趋于一致，那么这些人的选择亦会趋于一致，从而淘汰其中一套规范，或者每套规范都只有部分实际有效地留下，并与另一套留存的部分融合为一套新的规范。所以转隶后随着人员的合并，支持两套规范体系并存的其他方案是不可能实现的。

再来看方案二，虽然它支持以统一的规范体系调整职务违纪和违法犯罪调查，但它并不支持消极等待这两套规范体系自发地随着人员的合并发生淘汰、融合，而是支持以保留法律规范体系为主，主动地将违纪调查的规范体系向相应的法律规范靠拢，同时通过法律有意留白和设置例外的方法留出空间给违纪调查的规范体系，以适应现实的需要。鉴于目前监察委是与纪委合署办公，原检察机关等的人员是转隶到纪委各部门，接受纪委领导，那么纪委的办案规范自然是主导，如此，方案二的以法律规范体系为主的设计还有现实可能吗？显然，从推行一套规范所需要的力量的角度看，检察机关或刑事辩护律师这些原先是适用法律规范的实体的力量不足以让纪委部门遵循以法律规范体系为主的办案规范。但是通过分析新修订的纪委办案规范，可以看到纪委部门正在主动调整其办案规范，向法律规范靠拢，明显地缩短了两套规范体系的差距。

首先，两套规范中规定的初查、立案环节中的调查手段及其操作要求趋于一致。初查阶段，纪委调查和检察机关侦查所能采取的手段本就相差不大，都是以秘密的非强制性的手段为主，只是纪委调查可以经申请批准采取技术调查和限制出境自由的手段，不过这些手段仍是非强制性的。立案阶段，之前纪委调查因为能够采取双规的手段而与检察机关侦查显著不同，但是随着双规被留置代替，[24]这点显著不同就被化解了。同时，新纪检工作规则的审查谈话对审查人和谈话程序设置了很多要求，在批准程序、谈话时限、地点、人员、录音录像等方面都作了严格规定，[25]与强调被审查人服从和交代的双规有很大不同。同时，监察委也被赋予留置权，这就使监察调查留出空间来对应纪委调查中的审查谈话。另外，新纪检工作规则区分了谈话、审查谈话和调查谈话，对应于监察委对谈话、讯问和询问的区分；要求审查谈话在规定的配置监控设备的场所进行，并且全程录音录像，[26]这也对应于刑诉法对讯问的规定；规定严禁使用违反国家法律的手段，严禁侮辱、打骂、虐待、体罚或者变相体罚被审查谈话人等[27]，对应于刑诉法中的非法证据排除规则。

然后，两套规范中规定的初查、立案程序的启动标准也趋于一致。二者都是

---

[24] 参见丁谨之：《浙江各级监委全面履行监察职能，已对 8 起案件依法采取留置措施》，载《浙江新闻客户端》2017 年 6 月 22 日，http: //zj.zjol.com.cn/news/677693.html ？ ismobilephone=1&t=1498633417467。

[25] 《中国共产党纪律检查机关监督执纪工作规则（试行）》第 27 条到第 36 条。

[26] 同上注，第 35 条。

[27] 同上注，第 30 条。

在被调查人违纪或违法比较严重的情况下，即具体到行为的性质、次数、涉案金额、人数、社会影响等方面都比较严重的时候才启动。新纪检规则明确指出要让严重违纪涉嫌违法立案审查的成为极少数，[28]也就是将严重违纪与涉嫌违法等同看待，作为立案的启动标准，而与之对应的初查标准则是有可能存在严重违纪违法事实。而刑诉法规定的侦查立案标准是有犯罪事实，初查则是可能存在犯罪事实，这里的标准也应当理解为涉嫌犯罪，应包括严重违法可能犯罪的情况。

四、方案二的具体展开、存在的危险及防范

以法律留白和有限例外来缓解两套规范之间的冲突在实践中存在滑向以纪委办案规范为主统一二者，演变成对原先被法律规范否定的办案做法的肯定，成为这些做法的保护伞。而在其他方案下，至少可以坚称纪委办案规范中的某些做法是不符合法律办案规范的。这种危险虽然存在，但可以预防，应比较地评价。

这种危险之所以存在是因为对法律留白作形式化的理解。以辩护人介入时间为例。如果将法律留白理解为法律规范是否对办理腐败案件的有关问题存在直接适用的条款，那么由于留置是新规定的一种监察调查的手段，法律办案规范没有规定，所以可以得到，对留置是空白的。那么根据方案二的原则，原先法律留白的可以继续留白，只要不扩大并且做出缩小的努力即可，从而法律可以继续不对留置予以规范，而是主要由纪委办案规范予以调整，即将这部分原先法律留白的领域继续保留给纪委，缓解二者的冲突，从而得到，留置期间辩护人不能介入，只有在案件转移到检察机关后，留置转换成逮捕后，辩护人才能介入。这种论述还可以进一步扩大为，监察调查是新规定的一种腐败案件办理程序，不同于普通刑事案件侦查程序，刑诉法中没有规定，所以属于转隶前法律留白的领域，可以继续保留，主要由纪委办案规范予以调整。如此，虽然表面上是以法律规范为主来统一二者，但随着对法律留白作如此形式化的扩大理解，实际的结果是在转隶前纪委、法律办案规范存在冲突的地方，都可以被解读为法律留白，而由纪委办案规范进行填充。

正是出于对这种论述的担忧，很多刑诉法学者都是将监察调查一分为二地看，指出监察调查中涉及职务犯罪的调查在权力性质、内容、表现、强度、目的、手段等方面都与侦查几乎一致，所以刑诉法对检察机关侦查职务犯罪的规定应当继续适用到涉及职务犯罪的监察调查中刑诉法。[29]学界进而提出将监察调查的案

---

[28] 同注 25，第 4 条。

[29] 参见陈越峰：《监察措施的合法性研究》，载《环球法律评论》2017 年第 2 期，第 100-101 页；卞建林：《监察机关办案程序初探》，载《法律科学》2017 年第 6 期，第 51-52 页；龙宗智：《监察与司法协调衔接的法规范分析》，载《政治与法律》2018 年第 1 期，第 7 页；汪海燕：《监察制度与〈刑事诉讼法〉的衔接》，载《政法论坛》2017 年第 6 期，第 85-87 页；陈卫东：《职务犯罪监察调查程序若干问题研究》，载《政治与法律》2018 年第 1 期，第 20-23 页。

件分为一般违法和涉及职务犯罪的案件，将立案程序分为一般违法案件的立案和涉及职务犯罪案件的立案；刑诉法仅规范后者中的办案。[30] 这种分类处理可以看成方案一、四的变体。

引发学界担忧的关于法律留白的论述乍一听似乎有道理，但其实是完全站不住脚的。首先从逻辑上讲，如果说留置、监察调查是新规定的，之前法律规范是空白的，那么同理可得，纪委办案规范对之也是空白的。既然二者都是空白的，那么何来以纪委办案规范为主予以规范呢？然后，对于法律留白的理解显然不能仅以概念为准，而应讨论新、旧概念对应的法律现象之间的实质相似或相异，否则任何时候只需要新造一个概念就可以规避法律的规范。涉及职务犯罪的监察调查与转隶前检察机关对职务犯罪案件的侦查在很多方面都一致，留置措施在对人身自由的限制程度等方面与侦查中的如逮捕等强制措施是类似的，从而被认为是同一法律现象的不同表现。据此，这部分监察调查不能认为是原先法律留白的领域。虽然在有多个法律同时规范某一法律现象时，一般会尽量通过法律解释化解这些冲突，但是也不能为了化解冲突而不加论证地有选择性地利用法律留白规避某一法律，对另一规范则运用实质比较予以延伸。其实在腐败案件办理中，转隶前法律规范真正留白的领域是由纪委机关先行办理的案件，而这一领域随着转隶的进行，纪委、检察机关案件办理的实质合并而不复存在。

因此，学者提出保留监察调查中的双轨制。[31] 虽然表面上看对目前的理论和现实操作的改动较小，但是这些方案在监察调查权的性质、法治中国建设的要求、制度设计的效率、制度改革的必要性和现实可能性等方面都不如方案二。具体而言，存在以下问题。首先，由于严重违纪与职务犯罪案件大面积重合，如果将此类案件都定为职务犯罪案件，适用刑诉法规定，那么相当于以法律规范完全吸收了纪委办案规范，显然不是对现状的较小改动，在现实可能性、必要性方面都存在疑问。而且，设置刑事监察调查立案程序的意义在于该立案对于之后可以使用的调查措施、所收集的材料的证据资格等都直接挂钩，所以像留置这种对人身自由有类似于逮捕的限制性措施自然会被认为只有在刑事监察调查立案后才能进行，由此留置应当受到法律规范对侦查强制措施类似要求的规范，包括讯问送达到的要求、辩护人应当介入等，这其实就直接忽略了转隶前纪委拥有的“双规”的法外强制措施，以及“双规”与留置之间的关系。所以保留双轨制的方案表面上看对现状改动较小，但实际上是法律规范完全取代了纪委办案规范。然后，即使采纳了这种方案，但是基于现实反腐压力和纪委领导为主的监察机构特点的要求，这种刑事监察调查的立案很可能又会变得形式化，初查或一般违法调查变得

[30] 同注 29。
[31] 同注 29。

畸重，其后的调查又会充斥重复调查、证据转化，以规避法律规范的调整。如此，这种一分为二的方案其实也沦为了达不到法律规范要求的办案做法的保护伞和其合法化的工具。同时由于双规已经取消，如果留置仅能在刑事立案后才能采取，那么可以想见这样的刑事立案建议面临巨大的阻力，几乎不可能被政治机关接受。而如果刑事立案不与留置挂钩，那么刑事立案设置的意义也就不复存在；而且如果刑事立案存在但不与留置挂钩，则会导致间接支持了留置不需要受法律规范的调整，使得在留置的规范的问题上法律被纪委规范完全吸收了。而如果是以案件来划分，只有刑事立案调查的案件才适用法律规范，其中的留置才受到法律规定的要求，而非刑事立案调查的案件就不适用法律规范，其中的留置则不受法律规定，那么这种划分一方面会导致划分的随机性，主观任意性，另一方面也没有法理依据，缺少正当性，也会导致法律规范调整的案件数量畸少，法律规范调整的调查形式化，充斥着重复调查、证据转化。正是基于这些考虑，很多刑诉法学者在论述时都体现了非常矛盾的心态，一方面强调对人身自由有强限制性的监察调查与转隶前检察机关的职务犯罪侦查是相同的，另一方面又指出在延续法律规范的同时应当考虑二者存在的不同。[32]

其实这种矛盾的心态就体现了对方案二的支持，即在认识到严重违纪与职务犯罪案件无法分开，且难以用一套办案规范完全吸收另一套办案规范时，应当采取一种妥协折中的办法，在两套方案的相互冲突的坚持中找到新的平衡点。这个平衡点随着不同反腐力量的实质合并而不能再沿用以往的双轨制方法来建立，两套规范在关于辩护权、强制措施的要求等方面相互冲突的规定不可避免地会发生冲突。如何取舍？上文已在有关“法治中国建设的要求”部分详细地论述。具体而言，应当坚持刑诉法对嫌疑犯辩护权和基本人权保障的原则在所有监察调查的各阶段中的适用，同时也确认监察调查在我国当前阶段负有不同于普通刑事侦查的特殊任务和价值考量，包括要保持持续的高压有效反腐，党员干部的腐败问题具有重要的政治意义，腐败案件的无受害者、隐蔽性、难以查实等特点，以及冤错案件的发生规律天然排斥腐败案件等。[33] 如此，应当承认监察调查可以适用一些不同于普通刑事侦查的特别规定，但是这些规定需要通过国家层面的政治、立法机关的决断予以确认，体现为国家法律。比如现在监察法已经出台，那么对于监察法中有明确的对监察调查的特别的规定，应当尊重这些特别规定，但是对于没有明确规定的，或者没有明确表示排除刑诉法规定适用的，应当比照适用刑诉法。在比照适用时，应当首先坚持刑诉法在这些方面的原则性规定；然后在具体的处理时，应当根据所针对的具体办案做法与监察调查的特殊性之间关系的紧密

[32] 同注 29。

[33] 同注 29，陈卫东文，第 21 页。

程度，以及这些做法可能导致的嫌疑犯重要权利被侵犯的风险等，考虑是直接适用刑诉法规定，还是暂时留白，留出一段过渡的时间，让监察机关在具体实践中去摸索和磨合，还是作出例外规定，留出一部分缓冲带。

综上所述，既然在腐败案件中无法将违纪违法、严重违纪与职务犯罪分开，既然分开之后难以防止非法律规范调查领域畸重、法律规范被规避等现象的发生，既然增设职务犯罪的立案程序难以跟留置的使用挂钩、意义不明，既然增设后的调查程序也无法直接适用刑诉法的有关规定，而仍然要折中找寻两套办案规范的平衡点，那么为什么一定要坚持增设不同的立案程序，将后期的调查权限、证据资格一定要与其对应呢？[34] 这种增设不能解决冲突，只是回避冲突。寻找平衡点应当正视存在的冲突，综合考虑冲突背后的价值考量、理论逻辑和现实情况，这其实也是很多刑诉法学者已经指出的，监察调查是不同于普通刑事侦查的，所以在有明确立法决断的地方可以适用特别的法律规定，而后期的审查起诉、刑事审判也应适用这些特别的法律规定予以审查认定，定罪量刑，从而不会存在悖论。同时，监察调查也不是与普通刑事侦查毫无关联的，而是在对人身自由、财产的限制性和所体现的国家强制力方面与之非常相似，所以在没有明确的立法决断时应当比照适用刑诉法关于普通刑事侦查的规定。但是，正如有些学者指出的，纪委办案规范对监察调查是有影响的，要理解双规被留置取代的意义，考虑现实的反腐败压力、我国的发展阶段、腐败案件查处的技术水平等，[35] 在具体处理时采取暂时留白或例外规定的方法来建立平衡点，再不断地调整平衡点，向更高的办案要求发展。

（原载《法学家》2018 年第 6 期）

---

[34] 其实，学界对刑事诉讼中将立案与后期的侦查权限、证据资格严格挂钩本身也存在一定争议。详见纵博：《监察体制改革中的证据制度问题探讨》，载《法学》2018 年第 2 期，第 124 页。

[35] 同注 17，孙煜华文，第 187-189 页。

第二部分

证据制度

论大数据证据

刘品新

一、引言

“大数据开启了一次重大的时代转型。就像望远镜让我们能够感受宇宙，显微镜让我们能够观测微生物一样，大数据正在改变我们的生活以及理解世界的方式，成为新发明和新服务的源泉，而更多的改变正蓄势待发。”[1] 这是2013年英国学者维克托对大数据改变社会的预言。近年来，世界范围内司法领域确实发生了巨变，突出表现为基于机器算法、机器人和高级人工智能等新兴科技的各种大数据材料涌向法庭。

美国实务中已出现了将汽车事件数据记录系统数据[2]、谷歌地球卫星图像和GPS坐标数据[3]、“查找我的iPhone”功能数据[4]等用作证据的案例。这些材料的特点是数据量巨大，并可被编译为分析报告。如汽车事件数据记录系统是专门记录汽车行驶数据的系统，它通常可以在撞车发生前、中、后，按照秒级自动提取车辆运行、系统状态、司机指令、撞车特征等各种数据，以在需要时还原汽车事件真相。我国的司法舞台也上演着同样的故事。早期，海量的通信数据、资金流数据、账户信息、网页数据、网络舆情信息、GIS地理信息及专业数据库的数据已被运用于侦查活动中。新近，人们又接续看到“舆情分析报告”[5]“百度指数”[6]“淘宝客反作弊系统数据”[7]“轨迹大数据”[8]“公安大数据平台数据”[9]“证券交

---

[1] ［英］维克托·迈尔－舍恩伯格等：《大数据时代：生活、工作与思维的大变革》，周涛等译，浙江人民出版社2012年版，第1页。

[2] Commonwealth v. Safa，95 A.3d 304，308，309（Pa.Super.Ct.2014）.

[3] United States v.Lizarraga-Tirado，789 F.3d 1107，1109，1110（9th Cir.2015）.

[4] Pickett v.State，112 A.3d 1078，1090（Md.Ct.Spec.App.2015）.

[5] 参见《山西省晋城市中级人民法院刑事判决书》（2017）晋05刑终271号。在该案中，控方举证了公安局制作的关于刑满释放人员程幼泽出狱网上舆情相关数据统计及舆情专报。

[6] 参见《广东省高级人民法院民事判决书》（2013）粤高法民三终字第565号。在该案中，原告提交了公证人员百度指数查询qunar和quna两个关键词的指数对比情况。

[7] 参见《杭州市余杭区人民法院民事判决书》（2014）杭余民初字第3号。在该案中，被告（淘宝）提供了抓取淘宝客异常推广行为的反作弊系统的数据。

[8] 参见《江苏省高级人民法院刑事裁定书》（2017）苏刑终135号。在该案中，公安机关依法调取的警务大数据平台之车辆大数据（截图）。

[9] 参见《四川省成都高新技术产业开发区人民法院刑事判决书》（2018）川0191刑初392号。在该案中，控方提交了公安大数据平台及情报系统查询资料。

易监控系统数据”[10]“大数据资金分析报告”[11]等用于证明的情景，同时遇到控辩双方产生争议及裁判者任意裁决的种种问题。这些都需要我们针对性地进行制度建设。本文尝试对大数据证据的基础问题作出回应，以期推动实务发展和法制变革。

二、大数据用作证据的理论基础

证据是证明的根据，但并不是一切用于证明的根据都属于法定的证据。在司法实践中，某些可用作证明根据的特定材料会被习惯性地排除出证据范围。一些新生事物常会遭遇这一规律。它们通常难以为人们快速地普遍接受，如视听资料、电子数据等也是经过很长一段时间后才入法正名。[12]现如今，形形色色、以海量信息特征呈现的大数据材料，便处于有待法律认可的境地。

大数据材料具有“容量大”“种类多”“价值密度低”等特点，尤以“容量大”为基础特征。笔者调研e租宝案件时发现，该案在侦查阶段收集的海量数据包括：（1）e租宝及芝麻金融数据；（2）集团OA系统中关于会议、财务、合同的数据；（3）关于公司及其产品介绍的电子数据；（4）涉案人员的手机数据等。它们的数据体量大到难以想象的程度。其中，“e租宝及芝麻金融数据”至少包括从4000多家银行、247家第三方支付平台、164家保险公司、114家券商汇总的1万多个账户的几十亿条资金交易流水信息，“集团OA系统中关于会议、财务、合同的数据”主要是部署在阿里云平台的、涉及200多台服务器的数据。全案数据的总量达到30TB左右。这些海量数据交由司法人员一条一条地筛选使用根本不现实，但可以借助数据统计、数据碰撞[13]、数据挖掘[14]与机器学习[15]等方法形成分析报告，用作办案支撑。这一现象不是特例，随着司法实践的发展，各种类似的报告还会花样翻新。那么，面对大数据材料，我们是抱陈守旧地将之局限于作为侦查线索，还是将其延展一步用作审判环节的证据？这就需要从基础理论层面进行考量。

（一）大数据用作证据的价值论

当下，依靠大数据证明案件事实已经成为一种客观需要。首先，这是因为案

---

[10] 参见《北京市第一中级人民法院行政判决书》（2013）一中行初字第1171号。在该案中，中国证监会提交了证券交易监控系统记录的数据作为证据，证明这些证券账户网上委托交易所用的IP地址、Mac地址高度重合。

[11] 参见《湖南省长沙市中级人民法院刑事判决书》（2018）湘01刑终18号。在该案中，控方提交了利安达鉴审财报字（2016）第1209号鉴定意见书，以证明非法集资的金额和投资人数。

[12] 在我国，视听资料为1996年《刑事诉讼法》修法时入法，电子数据为2012年《刑事诉讼法》修法时入法。此前，关于视听资料、电子数据的证据地位一直存有争议。

[13] 数据碰撞意指对两个以上数据库资源进行智能查询比对。

[14] 数据挖掘意指从大数据中通过算法搜索隐藏于其中的信息。

[15] 机器学习意指让机器从数据中学习，得到一个或多个更符合现实规律的模型，通过使用模型使得机器表现得更好。

件专业化、巨型化演变态势所决定的。在越来越专业、复杂的案件中，用于证明案件事实的证据也必然趋于专业化和复杂化。当今涉众型犯罪就呈现出涉案人数不特定、证据巨量的特点。据报道，我国金融领域涉众型犯罪案件的涉案金额已超过百亿元、千亿元，涉案人员达到十万人、百万人，数额之大、人数之众令人瞠目。笔者调研发现，在一线司法机关办理的涉众型犯罪案件中证据材料就达到数千卷，背后是司法人员庞大的人力与时间付出。此种情形下，仅仅凭借传统证据来证明案件事实面临着难以承受之重。与之相反，通过大数据证明案件事实就明显高效得多，尤其是基于海量数据的分析报告通常浓缩为具体的一份或多份文书证据，使用起来更具可操作性。

其次，这符合降低司法证明难度的导向。证据是一种稀缺的资源，证据短缺是人类司法的永恒规律。千百年来人类一直在寻找有效化解证明难题的方法，其中包括对新型证明方法的探索与推广。当前我国正面临着惩治以网络犯罪为代表的新型犯罪的艰巨任务，不同层面的法律规范一直千方百计地试图降低证明难度，包括更多引入“综合认定”[16]“综合评估”[17]的规则，甚至尝试推出含有“证明责任移转”[18]意味的条款。学理上也提出了“底线证明法”[19]“抽样取证法”[20]“等约计量法”[21]等建议。若能直接从扩充证据范围的角度进行制度建设，即引入大数据以证明案情，将具有更为深远的意义。实践中，我国许多案件虽未将大数

[16] 最高人民法院、最高人民检察院、公安部《关于办理电信网络诈骗等刑事案件适用法律若干问题的意见》中规定：“办理电信网络诈骗案件，确因被害人人数众多等客观条件的限制，无法逐一收集被害人陈述的，可以结合已收集的被害人陈述，以及经查证属实的银行账户交易记录、第三方支付结算账户交易记录、通话记录、电子数据等证据，综合认定被害人人数及诈骗资金数额等犯罪事实。”

[17] 最高人民法院、最高人民检察院《关于利用网络云盘制作、复制、贩卖、传播淫秽电子信息牟利行为定罪量刑问题的批复》中提到：“鉴于网络云盘的特点，不应单纯考虑制作、复制、贩卖、传播淫秽电子信息的数量，还应充分考虑传播范围、违法所得、行为人一贯表现以及淫秽电子信息、传播对象是否涉及未成年人等情节，综合评估社会危害性，恰当裁量刑罚，确保罪责刑相适应。”

[18] 最高人民法院、最高人民检察院《关于办理侵犯公民个人信息刑事案件适用法律若干问题的解释》第 11 条第 3 款规定，“对批量公民个人信息的条数，根据查获的数量直接认定，但是有证据证明信息不真实或者重复的除外”。很多人理解这是将关于个人信息真实性和是否重复的证明责任移转至辩方。

[19] 底线证明是指按照法定的入罪和加重处罚两道“坎”，提供能用以定案的最基本的证据。参见刘品新：《网络犯罪证明简化论》，载《中国刑事法杂志》2017 年第 6 期，第 35 页。

[20] 抽样取证是指办案人员从较大数量的物品中提取具有代表性的一定量的物品作为样本证据，并据此证明全体物品属性。参见万毅、纵博：《论刑事诉讼中的抽样取证》，载《江苏行政学院学报》2014 年第 4 期，第 120 页。

[21] 等约计量是指对海量化的犯罪对象进行“估堆式”计量，作为认定犯罪数额的标准。参见罗猛、邓超：《从精确计量到等约计量：犯罪对象海量化下数额认定的困境及因应》，载《预防青少年犯罪研究》2016 年第 2 期，第 40 页。

据列明为证据，但仍技巧性地发挥出它的证明作用。[22] 这在很大程度上是受制于旧观念，却也反证了司法证明中存在着大量的需求。

最后，大数据用作证据具有独到的价值。每一份具体的传统证据反映的是案件中具体的人、事、物、时、空等信息；与之不同的是，大数据反映的是案件整体或作为其很大一部分的人、事、物、时、空等信息。这一差异在涉众型犯罪案件中尤为明显。调研发现，涉众型犯罪案件中难以通过传统证据证明的案件事实，都有可能通过大数据材料找到便捷的解题之策。比如，在证明涉众型犯罪案件的组织架构时，传统上调查工商注册材料等证明方法面临着工作量巨大、材料真假难辨的困扰，而海量资金流数据等能够像 DNA 一样将涉众型犯罪中不同涉案人员识别并关联起来，揭示不同人员在犯罪组织中的具体角色；[23] 又如，在证明涉众型犯罪行为人主观故意时，传统的证明方法主要是通过口供或者“通过客观行为推断主观明知”[24]，易遇到嫌疑人以不知情为由进行辩解的挑战，而利用数据挖掘方法则能发现行为人存在着规避打击的习惯做法，[25] 从而以犯罪习惯证明其主观故意。目前这样的探索取得了初步成功，表明以大数据化解司法证明难题之路，值得进行实践推广和理论提升。

（二）大数据用作证据的方法论

大数据材料并非空中飘来之物，客观上就是一个个具体数据的聚合。当聚合到一定规模之后，将其中的数据规律揭示出来，就能够用于还原案件事实。如在一起涉税案件中，办案人员调取了涉案的全量资金数据——资金流水数据上亿条、账户数达上万个，聘请技术专家“建立了资金特征分析模型……在很短时间内完成可疑资金网络的刻画，利用关系可视化技术清晰展现可疑资金的来源和去

---

[22] 参见《宁波市江北区人民法院刑事判决书》（2017）浙 0205 刑初 411 号。在该案中，控方提交的宁波市社会保障管理局报案书等证据表明，社会保险管理部门通过医保大数据分析审查，发现励某某等参保人员异常就医、违规配药情况，有诈骗医疗保险金的嫌疑。在审判中，医保大数据分析意见没有标识为证据，其实质内容被吸收到书证等证据中。参见《新疆维吾尔自治区乌鲁木齐市中级人民法院刑事判决书》（2017）新 01 刑初 200 号。在该案中，为了证明被告人普某某的行程轨迹，控方将被告人普某某的 1 张登机牌提交，证实与公安机关通过大数据平台分析的侦破本案的线索一致。在这里，大数据平台分析的意见仅仅用于说明书证“登机牌”的证明价值，未单独列为证据。

[23] 2015 年，公安部会同国家税务总局、人民银行用 8 个月时间查处了一起虚开增值税专用发票犯罪案件。办案人员收集到 10 亿多条资金流水，利用分析模型分析虚开公司资金流向，清楚地将涉案公司分为开票公司、收票公司、中转公司三层，根据资金流向区分出会员单位、二级单位等，绘制出资金流的闭环关系。这样的公司层级和会员关系，就揭示出涉案单位和人员的具体角色。

[24] 参见刘福谦：《涉众型经济犯罪案件证据审查的几个问题》，载《人民检察》2018 年第 4 期，第 13 页。

[25] 通过对海量资金流进行数据挖掘可以发现，许多嫌疑人存在着有规律性地瞬间转走账户来款、用一元钱给自己账户转账来测试账户是否正常、通过同一渠道将资金转出等规避打击的规律性反常行为。

向，并且自动标注账号和主体的类别标签”。[26] 在这里，起到证明作用的就是海量数据凝练而成的规律性认识——具体呈现为专业分析报告。这是大数据用作证据的特色及魅力所在。

这样的分析报告类似于鉴定人或其他专家的意见，但也与之有明显不同，其专业化程度已经超越人类的专家。准确地说，其是借助于机器算法形成的判断。在前述 e 租宝案件中，北京检察机关曾经对海量的电子数据做了分类处理。其中，对于涉案人员的手机数据和产品介绍数据，主要是通过扣押、勘验、检验、远勘的方式形成扣押清单、勘验笔录、数据刻盘、远勘笔录等证据，这是以电子介质的载体和电子数据的内容来证明案件事实；对于相关的资金流水数据、OA 办公系统数据，主要是通过通知调取、扣押、勘验、委托鉴定的方式形成镜像数据、扣押清单、勘验笔录、鉴定意见书等证据，这是以转化性证据来证明案件事实。它们的共同之处是利用证据所蕴含的内容或信息。回看该案的办理过程，司法证明的思路在整体上仍然是将大数据材料转化为传统证据，即以转化性证据办案。如此办案不仅费时费力，而且也呈现出“固守”传统证据的陈旧观念。假如该案能够将基于海量资金数据的各种分析报告（其时主要是服务于侦查工作）提交法庭，那就跃升到一个更高级的司法证明层次，即将大数据用作证据证明的新境界。

三、大数据证据的法律地位

从技术原理上讲，大数据变身证据通常要经过三个环节：第一步是汇总数据并进行数据清洗，第二步是建构分析模型或机器算法，第三步是进行运算形成分析结论。这一过程结束后，就会产生大数据证据。为论述的便利，本文将“大数据证据”限定为基于海量电子数据形成的分析结果或报告。在这个定义中，海量的电子数据是“源”，分析得出的结果或报告是“果”。直接起证明作用的往往是“果”，即大数据分析结果或报告。当然，在特殊情况下，从海量电子数据中“淘”出来某一条或多条数据也可能起到证明作用。这一条或多条数据也可以被理解为“果”。[27] 对于如何为大数据证据赋予合理地位，目前有如下几种选择方案。

（一）鉴定意见

一种主流观点认为，大数据证据应当作为鉴定意见使用。有论者针对“资金大数据分析结论”提出，“最好把资金大数据分析纳入司法鉴定范畴。这有利于司法实践的展开，在法律上也可以找到依据”。[28] 在组织传销案件、非法吸收公众存款案件、集资诈骗案件中，确实出现了很多这样的新型鉴定意见书。如在王某某等组织、领导传销活动罪一案中，司法鉴定机构对“× × 平台后台数据库”

[26] 何家弘等：《大数据侦查给证据法带来的挑战》，载《人民检察》2018 年第 1 期，第 54 页。
[27] 参见《江苏省高级人民法院刑事裁定书》（2017）苏刑终 135 号。
[28] 何家弘等：《大数据侦查给证据法带来的挑战》，载《人民检察》2018 年第 1 期，第 56 页。

进行了检验分析，得出的鉴定意见为：“该网站注册账户 1 ××× 个，成功激活 1 ××× 个；缴纳会费账户 1 ××× 个，空单账户 1 ×× 个……根据推荐与被推荐的层级关系，共计 22 级；收取会员投资共计 26 ×××××× 元；除被告人所有的账户外，还有 1 ××× 个会员账户共计 17 ×××××× 元投资款没有返还”。[29]

然而，鉴定意见本意是由鉴定机构的鉴定人对专业问题做出的专业判断。将大数据证据纳入司法鉴定的范围，必然会遭遇诸多挑战。首先，法条上语焉不详，导致该做法的合法性存疑。公安部《公安机关鉴定规则》、司法部《司法鉴定执业分类规定（试行）》、最高人民检察院《人民检察院鉴定规则（试行）》均未将大数据鉴定明确纳入司法鉴定的业务范围。[30] 其次，在鉴定方法、鉴定主体等具体细节方面存有障碍。就鉴定方法来说，鉴定机构出具的现有“大数据分析鉴定意见书”显示，采取的鉴定方法通常是《电子物证数据搜索检验规程》[31]《数字化设备证据数据发现提取固定方法》[32]，而其实际检验过程同这两个方法并不完全对应；就鉴定主体来说，“大数据分析鉴定意见书”在很大程度上是由机器算法给出实质判断——不同于以往专家借助仪器设备做出判断，这对于以由专家做出判断的司法鉴定体制是一个过于超前的突破。

（二）专家辅助人意见

2016 年最高人民法院、最高人民检察院、公安部印发《关于办理刑事案件收集提取和审查判断电子数据若干问题的规定》第 16 条规定：“对扣押的原始存储介质或者提取的电子数据，可以通过恢复、破解、统计、关联、比对等方式进行检查。”这一法律条文规制的范围已超越司法鉴定工作，而更多的是专家辅助办案活动。其中的关键词“统计”“关联”“比对”等通常理解可用于大数据分析。2018 年最高人民检察院发布司法解释，明确了各级人民检察院可以指派、聘请有专门知识的人，运用专门知识参与办案活动，协助解决专门性问题或者提出意见。[33] 专家辅助人意见是一种比鉴定意见更加宽泛的概念。任何有专门知识的人参与办案，提出的意见都是专家辅助人意见。那么，大数据证据可否作为“专家辅助人意见”（或“有专门知识的人的意见”）[34] 提交呢？

---

[29] 参见《山东省济南市中级人民法院刑事裁定书》（2017）鲁 01 刑终 88 号。

[30] 一些学者认为，可以类比电子数据鉴定开展大数据鉴定。例如，根据《人民检察院电子证据鉴定程序（试行）》第 4 条规定，可以将大数据鉴定纳入电子证据鉴定的范围。

[31] 《电子物证数据搜索检验规程》规定的是电子物证检验中数据搜索检验的方法。

[32] 《数字化设备证据数据发现提取固定方法》规定的是从数字化设备发现提取固定证据数据，并保证证据数据原始性和证据数据完整性的方法。

[33] 参见《最高人民检察院关于指派、聘请有专门知识的人参与办案若干问题的规定（试行）》第 2 条及第 7 条。

[34] 这里所说的专家辅助人，三大诉讼法中的正式术语是“有专门知识的人”。

这种观点比较接近于前述“鉴定意见说”，但在很大程度上还属于一种学术观点，因为诉讼法中并不存在“专家辅助人意见”这一证据形式，故若延伸至司法层面仍需要进一步定位。最高人民法院《关于适用〈中华人民共和国民事诉讼法〉的解释》第 122 条第 2 款规定：“具有专门知识的人在法庭上就专业问题提出的意见，视为当事人的陈述。”[35]《关于适用〈中华人民共和国刑事诉讼法〉的解释》第 87 条第 1 款规定：“对案件中的专门性问题需要鉴定，但没有法定司法鉴定机构，或者法律、司法解释规定可以进行检验的，可以指派、聘请有专门知识的人进行检验，检验报告可以作为定罪量刑的参考。”这说明，大数据证据相应地可以作为“准当事人陈述”或“定罪量刑的参考”。当然，关于该问题现阶段还存在着广泛争议，我国有必要通过立法明确“专家辅助人意见”的证据地位。[36]

（三）证人证言

美国学者洛斯教授指出，机器在解决法律争议事实中正扮演着越来越重要的角色，机器传递出的一些信息可作为“机器证言”。[37] 她列举的“机器证言”包括专家系统的意见等。她还解释，与人类证言一样，机器证言的可信性取决于其来源的可信性；而类似于“传闻的危险”潜藏在人类主张中，“黑箱危险”（人类或机器的错误导致机器被错误地设计）也潜藏在机器传达的信息中。这一“机器证言说”，理论上可适用于大数据证据。但我国还普遍不接受机器证言这类概念，其在法律中也不是法定证据形式，故对大数据证据套用“机器证言说”仍存在较大困难。

不过，在我国司法实践中，已经出现以大数据证据辅助或质疑证人证言的例子。在程某某贪污罪一案中，湖北省住建厅 2016 年通过大数据对比有重大案情发现，控方在庭审中将此内容纳入证人朱某的证言予以举证。[38] 本案中将大数据证据转化为证人证言使用。在赵某某组织、领导传销活动罪一案中，为质疑证人胡某，控方询问“通过大数据查找你的下线人数为 291 人，你怎么解释？”胡某回答：“我一共发展了 10 多个，剩下的那些下线都是多个人发展的，具体多少数

---

[35] 在司法实践中，法官确实习惯于这么处理。参见 2018 年最高人民检察院第八批指导性案例第 28 号，法庭的审理表明：“专家意见（对鉴定意见或专业问题）经质证，可以作为认定事实的根据。”

[36] 在制定《最高人民检察院关于指派、聘请有专门知识的人参与办案若干问题的规定（试行）》时，对有专门知识的人给出意见的证据地位曾经征求过不同部门、部分知名专家学者的意见。最高人民法院、最高人民检察院侦监厅和部分专家认为，不宜作为证据使用，建议写为“以作为诉讼材料使用”；最高人民检察院刑事申诉厅建议从“可以作为定罪量刑的参考”角度规定；最高人民检察院反贪四局和部分专家认可“意见”的证据资格，并建议明确具体类别；人大法工委、公安部和部分专家则建议再慎重考虑。

[37] Andrea Roth，Machine Testimony，126 Yale L.J.1972（2017）.

[38] 参见《湖北省麻城市人民法院刑事判决书》（2017）鄂 1181 刑初 273 号。

我不知道。”[39] 这则是将大数据证据作为一种质证方式。

（四）其他证据

司法实践中，还存在着将大数据证据作如下处理的情形：（1）作为物证、书证。如在孙某某、周某某掩饰、隐瞒犯罪所得、犯罪所得收益、信用卡诈骗、传授犯罪方法罪一案中，控方举出“关于手机号 187 ×××× 8422 的大数据查询”结果，证明该手机机主“自 2016 年 12 月以来连续多天在 ×× 网咖上网”。[40] 且裁定书中明确将大数据查询结果标示为定案的书证、物证。（2）作为“破案经过材料”。在陈某某等盗窃罪一案中，控方举出“本案的侦破经过”，证实“通过大数据分析等技侦手段，确定被告人陈某某手机运行轨迹与案发地在时间上、空间上相吻合”。[41]（3）作为单列出来的报告。例如，在唐某某操纵“航天动力”股票案中，为证明唐某某是 19 个账户的实际控制者，证监会提交了如下证据：19 个账户的 Mac 地址、IP 地址具有高度重合性的数据分析（实质上属于大数据证据）；19 个账户交易股票品种具有共同性的数据分析；19 个账户交易行为具有一致性的数据分析。法院最终也据此认定了这些账户由唐某某操纵。

前述各种做法均体现了现阶段的实务探索或理论思考。在具体案件的语境中，每一种处理均有一定的合理性；在具体探讨的学理上，每一种观点均能自圆其说。经分析可知，上述探索和思考呈现出一定的共性规律。剖析其中的规律，能够为大数据证据的合理定位提供一份答案。

问题之一，单独讨论大数据证据的证据地位还是结合其他证据一起考虑。当下的实践中是两种情况并存的。但笔者认为，考虑大数据证据的地位，归根到底，还是要讨论其单独发挥作用时的定位问题，故应当限于前一种情况。在第二种情况下，大数据证据就是简单用作其他证据的支持或反驳材料，这只能算为讨论问题提供了素材，其处理结果并不具有参考价值。

问题之二，在现有证据形式的法律框架内还是不限于法律框架进行讨论。理想的学术研究是应然层面的讨论，相应地对大数据证据的定位也就不能局限于我国法定的八种证据形式。换言之，既可以在物证、书证、证人证言等法定证据的框架内将大数据证据对号入座，也可以呼吁未来将大数据证据单列出来作为一种新的证据形式。而后一种选择有赖于司法案例和实践经验的丰富，更有赖于学术理念和司法观念的与时俱进。我国学者张建伟指出，“未来的证据法当中，大数据分析报告有必要单列出来作为独立的证据种类”。[42] 这种未来之策是有道理的。

---

[39] 参见《吉林省松原市宁江区人民法院刑事判决书》（2017）吉 0702 刑初 460 号。

[40] 参见《山东省菏泽市中级人民法院刑事裁定书》（2018）鲁 17 刑终 430 号。

[41] 参见《湖北省安陆市人民法院刑事判决书》（2017）鄂 0982 刑初 13 号。

[42] 何家弘等：《大数据侦查给证据法带来的挑战》，载《人民检察》2018 年第 1 期，第 56 页。

而现实的研究从实然层面讨论，多数人认为大数据证据的定位应该放入我国现行的法定证据形式。这也是实务部门容易接受的做法，如有些裁判文书将大数据证据列入物证、书证、鉴定意见的范围，有的将其转化为证人证言。就我国现有法律框架而言，实务中最常见的做法、学理上最流行的观点当属“鉴定意见论”。

笔者也认同现阶段的这一便宜选择。大数据证据无疑是一种专业性或科学性很强的证据，其结论部分的意见表达是普通人无从凭借常识就能理解的。而在我国现行法律框架中，只有鉴定意见与之相符。前述少数案例中裁判文书将大数据证据列为物证、书证或证人证言等，多少有些生搬硬套的感觉。将大数据证据纳入鉴定意见之列，既具有形式上的亲缘性、可比性，也满足司法追求经济性的原则，司法人员可以相对容易地援引鉴定意见的审查判断规则去处理大数据证据的效力。诚然，严格地讲，大数据证据同一般意义上的鉴定意见也存在前述一些差异，这有待于设立其采用规则时进行必要的调整。

四、大数据证据规则的建设

大数据证据并不是普通司法人员能够解读的，甚至不是具有专门知识的人能够辨析的，其极致形态是机器学习的产物。大数据证据如何适用证据规则？回答这个问题，要厘清传统证据规则用于规范大数据证据的审查判断方面已经和可能遇到的挑战，应当全面审视“大数据证据＋证据规则”的问题与出路，特别是聚焦大数据证据在真实性与关联性的审查判断方面出现的特殊难题，并进行特色证据规则的创新。

（一）创建以“大”真实性为主的大数据来源真实性规则

人们对大数据真实性的质疑大体上包括数据本身与分析结果两个方面。在此先讨论数据本身的真实性问题，即如何对海量数据进行逐一核实？通常的疑问包括：海量数据中是否存在不实的、误导的数据？是否存在着重复的、过时的数据？是否存在着其他不为人所知的错误呢？例如，在一起侵害商标权纠纷案件中，原告举出了“淘宝指数”和“百度指数”，拟证明被告使用相似的商标标识造成相关公众混淆。[43] 如果对诸如此类的指数所依据的数据产生真实性的疑问，从表面上看针对的是“淘宝指数”和“百度指数”的公信力，实质上则针对的是“淘宝指数”和“百度指数”的数据来源及质量。

从学理上讲，数据源的真实性审查包括整体数据的真实性和具体数据的真实

[43] 参见《广东省高级人民法院民事判决书》(2015)粤高法民三终字第444号。在该案中，原告所举的“淘宝指数”和“百度指数”具体表述为：179882号《公证书》显示，在淘宝指数搜索栏输入“新百伦”时，出现“新百伦男鞋”“新百伦女鞋”等结果；在淘宝指数上搜索“新百伦”和“new balance”时，显示二者的搜索指数曲线基本一致。179823号《公证书》显示，在百度指数搜索栏输入“新百伦”和“new balance”进行对比显示，发现对“新百伦”的搜索量远远高于对“new balance”的搜索量。最后，法庭综合多份证据，认定了造成相关公众混淆的事实。

性。前一层含义是指大数据作为一个整体数据集的真实性；也就是说，赖以做出大数据分析报告的数据（通常呈现为一份或多份数据库文件）必须是客观形成及收集的真实文件。至于该份或多份数据库文件中每一条记录或信息是否属实，则是后一层含义。简言之，两者分别指向宏观真实性与微观真实性。

按照这样的思路，司法实务中对数据来源真实性的审查判断通常要分两步走。以“兴中天案”（涉嫌传销犯罪）为例，第一步是宏观真实性的审查。兴中天公司在被查处之前已经将传销网站资金盘停盘，公安机关介入后调取的是该公司为稳定会员情绪开发的网上商城数据。此时需要审查数据在从传销网站迁移到商城网站的过程中是否经过篡改。办案人员调查发现了解这一情况的，只有一名掌握核心技术的公司技术人员。经向该证人取证，其承认“该数据系其从传销网站迁徙到商城网站的原始数据，未进行删改”。这就说清了该数据集的来源。第二步是微观真实性的审查。办案人员一是调取部分传销参与人员的银行交易明细，同数据库中 150 万条排单打款记录及 90 万条收款记录进行比对，确认能够相互印证；二是选择该传销组织的一个县分支机构进行查证，部分印证了该数据层级关系和会员数量的准确性；三是对每一个犯罪嫌疑人发展的下线进行抽样取证，连取三级，每一级选择两名会员调取证据，对会员数量和层级进行验证，以完成微观核实的工作。

大数据证据的宏观真实性方面能够、也必须做到查证无疑。然而，实务中这一点却往往被忽略。在一起组织传销犯罪案件中，控方指控的证据主要是上海 ×× 计算机司法鉴定所提取该公司会员系统后台数据的鉴定意见及有关会计师事务所做的会计报告。其中，该鉴定意见书表明，鉴定人的主要工作是远程登录相关网站提取某某公司会员系统的数据。[44] 然而，该次鉴定选择的技术标准错误，且关于鉴定实施过程的录像被“掐头去尾”，使得整个鉴定过程在关键环节上无法查清；在涉案网站已经无法访问的情况下，无从对涉案数据集的真实性进行核实。之后，会计师事务所据此得出关于吸收会员层级、人数、资金数的判断，其真实性就必然大打折扣。

大数据证据在微观真实性方面很难做到查证无疑，一般要求进行必要的验证。英国学者维克托指出，“‘大数据’通常用概率说话，而不是板着‘确凿无疑’的面孔……当我们试图扩大规模的时候，要学会拥抱混乱”。[45] “除了纠结于数据的准确性、正确性、纯洁度和严格度之外，我们也应该容许一些不精确的存在。数据不可能是完全对或者完全错的。当数据的规模以数量级增加时，这些混乱也

[44] 参见《上海 ×× 计算机司法鉴定所司法鉴定检验报告书》（2017）鉴字第 69 号。

[45] ［英］维克托·迈尔·舍恩伯格等：《大数据时代：生活、工作与思维的大变革》，周涛等译，浙江人民出版社 2012 年版，第 46 页。

就算不上问题了”。[46] 这里说的是，大数据中只要在整体上达到一定规模的具体数据属实，对案件事实的认定就不会产生实质性影响。如在一起组织传销犯罪案件中，控辩双方围绕是否存在一人多号、虚拟账户、上级会员为下级会员垫付投资款的情况产生了争议。二审法院经审理后认为，“由于涉案人数众多，且存在不少会员进行匿名登记的情况，本案无法逐一核实会员身份是正常的。但一审已经基于相关鉴定意见，对空单账户进行了排除，目前也没有其他相反证据，据以对鉴定的会员人数和参与传销资金数额进行扣减，并且，鉴定的会员人数和收取的参与传销资金数额，远远超过司法解释规定的‘情节严重’认定标准，因此，一审依据鉴定意见认定有关犯罪数额，并据此认定各被告人犯罪属于情节严重也无不当”。[47] 在这里，法院对如何看待“网站后台数据库信息中每个账户、会员、人员”信息的真实性，是有道理的。可见，大数据中只要确保真实的具体数据在整体上达到一定规模，那就不会对案件事实的认定产生实质性影响。

形象地说，宏观真实性可称为“大”真实性，微观真实性可称为“小”真实性。大数据证据的真实性规则应当是以“大”真实性为主、兼涉“小”真实性的规则。“大”真实性审查要严格，“小”真实性审查则不能僵化，两个部分合为一个整体。

（二）构建针对机器算法是否可信的大数据分析结果真实性规则

关于大数据分析结果的质疑，主要指向结论的可靠性。人类经验表明，数据越多越大，得出的结论越可靠。我国有学者指出，“数据之大，充分抵消了少数个体的特殊性，类似于在众多裁判中去掉最高分和最低分。显然，裁判越多，打分的结果就越接近运动员的真实水平”。[48] 但这里的特殊性在于，大数据分析结果是由机器算法得出的，有的机器算法还涉及数据模型。人们提出此类质疑，实质针对的是机器算法等分析方案的可信度。当下许多设计者将机器算法与数据模型视为核心的商业秘密，并不愿公开细节。由此，人们对机器算法之参数是否正确及数据模型之逻辑合理与否，难免心怀疑虑。

一种观念认为，既然基于机器学习的大数据证据被作为证据提交法庭，那就应当要求设计者公开技术方案。如果不公开，大数据证据就难以满足真实性标准。反过来，“如果设计者能够保证机器算法的透明度，那么该工具就更容易被法庭接受，而且这些计算的透明度也会同时提高刑事司法系统的透明度”。[49] 这一看法过于武断。洛斯教授指出，“像基于复杂、不透明算法的谷歌地球卫星图像分析

---

[46] ［英］维克托·迈尔－舍恩伯格等：《大数据时代：生活、工作与思维的大变革》，周涛等译，浙江人民出版社 2012 年版，第 240 页。

[47] 参见《山东省济南市中级人民法院刑事裁定书》（2017）鲁 01 刑终 88 号。

[48] 吕乃基：《大数据与认识论》，载《中国软科学》2014 年第 9 期，第 36 页。

[49] Ric Simmons，Quantifying Criminal Procedure：How to Unlock the Potential of Big Data in Our Criminal Justice System，2016 Mich.St.L.Rev.947，951（2016）.

报告，往往就被认为含有相当准确的信息而具有高度的证明力。持异议的当事人不能仅仅说，自己无从获取有关的源代码，而要求法庭对该证据予以排除”。[50]在我国，人们也不会仅仅因为不了解技术原理而否认各种基于GPS、基站、IP地址的轨迹分析报告的证据价值。

即便要公开机器算法，“算法透明也不能保证软件得到有效的审查”。[51]白于部分机器算法是机器学习的产物，人类的专家并不能有效解释或说明。“源代码是冗长的，像TrueAllele[52]软件有170000行代码。只要案件中持异议的当事人（或公众）可以自由不受限地接触、测试该软件，只要该软件客观上是扎实开发并经过标准检测的，那么获得软件源代码本身就不那么紧要了”。[53]况且，司法人员绝大多数都是技术外行，如何进行关于数据模型与机器算法的准确裁断？又如何进一步去评价其中哪些因素可能影响到机器结论？

笔者认为，解决大数据分析结果可靠性难题，需要法律界与科技界的协同探索。当前实践中试行的一种技术方案是，由法庭组织司法鉴定机构或行业组织的专业人员进行黑箱测试。黑箱测试是在已知产品所应具有功能的前提下，通过测试来检测每个功能能否正常的一种测试方法。在测试时，把软件程序看作一个不能打开的黑盒子，在完全不考虑其内部结构和内部特性的情况下，在软件程序接口进行测试。[54]例如，笔者所在团队在协助办理一起组织传销犯罪案件中，为借助某个大数据分析平台对后台数据库中海量的会员数据、资金数据等进行分析，通过模拟数据反复启动对该大数据分析平台的多轮黑箱测试，抽样验证过关后再用于检验鉴定，得出了传销犯罪的组织层级、成员关系等。[55]

另一种是值得推行的法律方案，是由法庭组织控辩双方进行对抗。“就像法官判断一个新的、复杂的科学流程是否满足多伯特标准[56]，需要组织听证会听取各方专家意见一样，法官在评估一个（机器）算法的方法论与可靠性时，同样可以召集听证会听取双方专家的作证意见。”[57]为了使得这样的庭上对抗富有效率，法庭还应给出庭发表意见的双方专家提供必要的条件。具体来说，“控辩双方都可以审查可公开的机器（程序）代码、设计不同的输入指令、机器运行的不同参数，

---

[50] Andrea Roth，Machine Testimony，126 Yale L.J.1972，2030（2017）.

[51] Andrea Roth，Machine Testimony，126 Yale L.J.1972，2034（2017）.

[52] TrueAllele是一家公司开发的非常规DNA检测工具。其利用复杂的数学公式，从统计学的角度来测定案件中DNA样本是来自某人的可能性。

[53] Andrea Roth，Machine Testimony，126 Yale L.J.1972，2035（2017）.

[54] 参见田培:《软件系统的黑箱测试》，载《计算机教育》2005年第8期，第61页。

[55] 参见《××××大学物证技术鉴定中心司法鉴定意见书》××鉴定（2018）电子第14号。

[56] Daubert v.Merrell Dow Pharm.，509 U.S.579，597（1993）.

[57] Ric Simmons，Quantifying Criminal Procedure：How to Unlock the Potential of Big Data in Our Criminal Justice System，2016 Mich.St.L.Rev.947，998（2016）.

特别是测试与案件中当事人说法吻合的材料看看机器会产生什么样的报告”。[58] 这说明，面对大数据证据，司法领域的经典对抗制仍是一把金钥匙，可以帮助人们解开评价大数据证据之机器算法是否可靠的难题。

这里试举笔者调研的许某某诉淘宝（中国）软件有限公司、杭州阿里科技有限公司网络服务合同纠纷一案进行说明。为了维护淘宝客推广秩序，被告（淘宝）开发出反作弊系统，它可以通过抓取异常推广数据识别淘宝客的不正当推广行为。被告（淘宝）指称，原告的淘宝客 PID 在 2013 年 3 月、4 月、5 月的推广数据被反作弊系统抓取存在明显异常，三个月内共劫持淘宝流量 626 次、天猫流量 4952 次。法庭上，原告对被告（淘宝）通过机器算法——反作弊系统抓取淘宝客异常推广行为的做法表示强烈不服，双方产生了激烈的争议。那么，怎么处理这一争议呢？对抗式庭审是必不可少的，专业测试也极具价值。在该案中，被告（淘宝）提供了上海 ×× 计算机司法鉴定所出具的司法鉴定意见书一份，用以证明淘宝客反作弊系统异常检测方法的科学性、合理性及劫持流量的方法、统计依据的事实。[59] 该案虽然回避了公布淘宝反作弊算法模型的问题，但同样通过庭上对抗的方式解决了大数据分析结果的真实性认定。当然，假如该鉴定所能够进行技术上的黑箱测试，则司法裁判更具有公信力。

（三）探索超越人类经验判断的大数据证据关联性规则

关联性是证据发挥证明作用的自然属性。只有对案件事实的证实与证否具有实质意义的证据才具有关联性。大数据产生之初，早期的研究就提出，“在小数据世界中，相关关系也是有用的，但在大数据的背景下，相关关系大放异彩”。[60] 但是，基于大数据分析得出的相关性，是否可以纳入证据法的相关性概念范畴？这是一个值得深究的问题。

一种观念认为，“大数据相关性与证据相关性在概念上相差不大，核心差异在于面向的问题域，以及是否有人的参与因素”。[61] 相应地，许多人主张，大数据证据完全可以援引证据关联性的传统规则或标准进行审查。“传统的关联性判断标准还是可以用的，这个标准可以分为两个具体标准：一是指向标准，即这些数据和相关分析是不是指向案件的争点问题；二是功能标准，即这些数据和相关分

---

[58] Andrea Roth，Machine Testimony，126 Yale L.J.1972，2028（2017）.

[59] 参见《浙江省余杭区人民法院民事判决书》（2014）杭余民初字第 3 号。在该案中，鉴定意见书的结论包括：（1）系统可以找出推广数据异常的淘宝客；（2）系统所使用的异常检测方法是建立在大规模数据分布式计算基础之上的，有成熟的概率学理论作为支撑，通过该方法检测异常淘宝客并判定其推广行为为不正当推广行为，是科学合理的。

[60] ［英］维克托·迈尔－舍恩伯格等：《大数据时代：生活、工作与思维的大变革》，周涛等译，浙江人民出版社 2012 年版，第 71 页。

[61] 周蔚：《大数据在事实认定中作用机制分析》，载《中国政法大学学报》2015 年第 6 期，第 82 页。

析得出的结论对于证明对象有没有证明作用或者证明价值，亦即这个材料的存在使争议的问题变得更有可能还是更无可能。”[62] 传统的判断方法对大数据证据的关联性审查具有应用价值。

实践表明，部分大数据分析所揭示的关联性结论，很可能是人类依靠经验一时无法确认的。例如，沃尔玛公司通过分析其历史交易记录的庞大数据库发现，每当在季节性飓风来临之前，不仅手电筒销售量增加了，而且 POP-Tarts 蛋挞（美式含糖早餐零食）的销量也增加了。[63] 英国学者维克托评价说，“认识论意义上大数据分析运用的相关性理论是超脱于人类经验判断的‘数据经验’……”[64] 我国有学者将这种现象称为产生了一种不同于人类经验的新经验。“大数据分析方法让我们看到了瞬间大批量处理非结构化信息的可能性，同时大数据分析方法能够弥补人类对庞大数据分析理解上的不足，为事实认定者提供了基于数据的‘数据经验’或者‘特殊经验’。”[65] 而这就是大数据带给证据关联性规则的关键性挑战。

化解挑战须从整体数据与具体数据两个方面去构建规则。如果整个数据集同案件中的人事物时空没有关联，那么大数据证据的关联性就没有搭建起来。[66] 至于具体数据的关联性判断，人们要学会认可机器的关联性判断，即由机器识别的关联性意见转化为人类接受和认同的因果关系认识。“传统证据的因果关系是一种强关联关系，而大数据的相关关系是一种弱关联关系。实际上，大数据的相关性是基于机器逻辑的相关关系。”[67] “在大数据时代，因果关系不仅不会退居次于相关关系的地位，而且相反，作为因果派生关系，相关关系的当然基础是因果关系。”[68]

人们对这一规律的认识需要一个过程。我国在以前治理网络犯罪，面对网络犯罪呈现的“事—机—人”特殊规律，经常遭遇无法依靠电子证据证明实际作案人的难题。从人类的因果逻辑认识上看，电子证据是由机器产生的，根据其中的

---

[62] 何家弘等:《大数据侦查给证据法带来的挑战》，载《人民检察》2018 年第 1 期，第 57 页。

[63] 参见［英］维克托·迈尔－舍恩伯格等:《大数据时代：生活、工作与思维的大变革》，周涛等译，浙江人民出版社 2012 年版，第 73 页。

[64] 周蔚:《大数据在事实认定中作用机制分析》，载《中国政法大学学报》2015 年第 6 期，第 70 页。

[65] 周蔚:《大数据在事实认定中作用机制分析》，载《中国政法大学学报》2015 年第 6 期，第 82 页。

[66] 笔者调研的一起非法经营罪案件中，被告人被指控利用境外网站经营期货业务，指控证据是一份没有标明出处的期货交易清单。然而，由于有关证据不能反映出是来自涉案网站的特定账户，以及该账户确实属于被告人实施期货交易所单独使用，亦无法排除系模拟交易服务的记录截屏，因此无法建立证据的关联性锁链。

[67] 刘品新:《电子证据的关联性》，载《法学研究》2016 年第 6 期，第 189 页。

[68] 王天思:《大数据中的因果关系及其哲学内涵》，载《中国社会科学》2016 年第 5 期，第 37 页。

信息只能追查到涉案机器，根本追不到作案人。但是，随着轨迹大数据分析[69]技术出现，人们可以将得出的机器轨迹同行为人的轨迹进行匹配，实现关联性证明方面的认识跃升。如在徐某某、卢某走私、贩卖、运输、制造毒品一案中，控方举出的证据既包括几名被告人的住宿证明，也包括反映其驾驶车辆活动轨迹的智能轨迹分析材料。[70]两者相一致，就将贩毒的犯罪行为与具体的被告人关联起来了。

五、余论

"凡是过去，皆为序曲。"莎士比亚道出了历史与当下的关系。大数据证据是电子证据迭代的产物。相比早期一条一条的电子数据而言，大数据证据则以数据量大为新特色，且可以隐藏其中的规律来证明案件事实。这已然是一种质的变化。现阶段通过大数据证据化解各种证明难题已初露端倪，且还会有更长远的发展。在司法实践探索的基础上，承认大数据证据的法律地位并进行证据规则建设，就成为当务之急。

与大数据证据相关的配套制度建设还会接踵而至。其一，如何对大数据进行高效率采集。具体包括梳理可适用于大数据收集、保全的法定取证措施，设计将社会大数据平台接入司法机关证据平台协助办案的机制，以及采集数据证据的规范化、法治化问题等。其二，如何开展大数据鉴定的规范化建设。具体包括为司法鉴定行业划定清晰的大数据鉴定范围，确立机器算法做出专业判断时的角色和限度，出台基于机器学习的主要司法鉴定方法等。其三，如何对大数据证据开展技术性审查。具体包括设置针对大数据证据的抽样验证标准，完善借助专家辅助人出庭质疑大数据证据的规则等。

（原载《环球法律评论》2019 年第 1 期）

---

[69] 大数据轨迹分析意指根据海量的话单基站数据、车辆运行数据、出入境数据、航班车辆使用数据、GPS 定位数据等，确定行为人的历史活动轨迹。

[70] 参见《云南省高级人民法院二审刑事裁定书》(2015) 云高刑终字第 226 号。

电子证据的关联性

刘品新

一、关联性还是真实性：电子证据运用的第一障碍

关联性是电子证据运用的标准之一。只有对案件事实的证明能产生一定的实质性影响，电子证据才被允许用于司法证明，此为传统证据法理论中的关联性标准。从电子证据步入司法舞台伊始，学术界对于电子证据关联性理论的认识，就承继传统证据的关联性理论而来，鲜有变化。例如，我国第一本电子证据专著《电子证据法研究》中曾经作出过如下论断："一般来说，关联性在很大程度上是一个事实问题，电子证据是否具有关联性与传统证据相比并无特殊之处。"[1]这一否认电子证据关联性具有特殊之处的观点，长期流行于学术界，且几乎未受任何质疑。同样，也许是因为电子证据关联性问题的"平庸"，加拿大学者艾伦·加顿在代表作《电子证据》一书中专章探讨电子证据的可采性时，也未曾着墨电子证据的关联性规则。[2]然而，司法实践中电子证据遭受的关联性挑战形形色色，关联性对电子证据认定结果的实际影响，远超过真实性、合法性和证明力之效果。电子证据运用于法庭攻防和司法裁判中的特色，其实正在于关联性。

（一）电子证据司法运用的统计分析

2012年刑事诉讼法、民事诉讼法修订后，"电子数据"[3]以法定证据的身份"入法"，正式登上我国司法舞台。[4]修订后的法律自2013年1月1日起生效。为了掌握现阶段我国电子证据的运用状况，本研究团队通过网上搜索和线下调研的方式收集涉及电子证据的判决书，予以统计分析。网上搜索主要以"北大法宝"的司法案例数据库为对象，以"电子证据""电子数据"为关键词，对2013年后宣判的刑事、民事案例进行检索；对于命中的案例，再通过人工筛查的方式，排除其中重复或无关的案例。线下调研主要通过走访司法机关与访问实务人员的

---

[1] 何家弘主编：《电子证据法研究》，法律出版社2002年版，第115页。

[2] See Alan M.Gahtan，Electronic Evidence，Canada：Thomson Professional Publishing，1999，pp.138 – 168.

[3] "电子数据"系法条用语，其意等同于法学术语"电子证据"。本文论述时统一使用"电子证据"一词，引用法条时从原文。

[4] 行政诉讼法修改后也将"电子数据"定位为一种法定的证据形式。鉴于使用电子证据的行政诉讼案例相对不多，难以形成代表性，本文不纳入讨论范围。

方式，收集有关电子证据的典型案例。通过这两种方式，共获得 2013 年 1 月至 2015 年 7 月作出的 508 份判决书（刑事判决书 327 份，民事判决书 181 份）。这虽不足以精准反映目前司法实践中涉及电子证据案例的全貌，但基本构成了一个可以呈现电子证据运用状况规律的小规模案例库。

统计分析发现，上述案例涉及电子邮件、网页、即时通信记录、单机文件（视频、图片、文本）、光盘文件、移动电话 / 短信、操作 / 浏览痕迹、传真文件、软件及其他计 10 类电子证据形态，涵盖最高人民法院以及全国 31 个省级区域（西藏自治区除外）的三级地方法院，案由包括民事领域的合同纠纷、知识产权与竞争纠纷、劳动争议、人事争议等 10 类，刑事领域的诈骗罪、非法经营罪、盗窃罪、走私贩卖运输制造毒品罪、组织领导传销活动罪、走私普通货物物品罪、开设赌场罪、侵犯著作权罪、传播淫秽物品罪等 14 类。从涉及的法院及案由来看，这些案例具有相当广泛的代表性。

本研究团队的统计分析涉及电子证据“四性”对司法裁判结果的不同影响。分析前，我们的一个经验型假设判断是，电子证据因其技术上的特殊性而易陷入真伪难辨的境地，因而真实性应是最大的挑战。然而，统计结果表明，该认识是值得检讨的。在实际案例中，虽然诉讼双方对电子证据真实性提出的质疑确实多于对关联性的质疑，但是法官的认证结果却是对关联性质疑的支持大于对真实性质疑的支持。具体来说，在前述 181 份民事判决书中，原被告任一方对电子证据真实性、合法性、关联性和证明力提出质疑的频率，分别为 65.7%、29.8%、40.3%、24.3%；在 327 份刑事判决书中，控辩任一方对电子证据真实性、合法性、关联性和证明力提出质疑的频率，分别为 6.4%、0.9%、2.8%、2.8% 。而从认证结果来看，民事诉讼中法官对电子证据未予采信的案例数为 42 例，刑事诉讼中法官对电子证据未予采信的案例数为 7 例。进一步分析，民事诉讼中因电子证据的关联性受质疑而未予采信的有 27 例，因真实性受质疑而未予采信的仅有 29 例；[5] 刑事诉讼中因电子证据的关联性受质疑而未予采信的有 3 例，因真实性受质疑而未予采信的仅有 1 例。可以认为，在法庭上质疑电子证据关联性的效果好于质疑真实性的效果。

统计分析还发现，关联性并不是电子证据能否得到采信的一个孤立标准，它同真实性、合法性、证明力问题之间存在着一定程度的交叉。首先，电子证据的关联性与真实性存在着一物两面的现象。有些电子证据因缺乏同当事人主体之间的关联性，也可能被解读为不具有真实性。如在濮阳市 ×× 公司与贺 × 民间借贷纠纷一案中，贺 × 提交了从 ×× 公司网名为“春天的故事”员工的 QQ 邮箱所发

---

[5] 其中有 15 例属于涉案电子证据同时受到了真实性和关联性两方面的质疑、经法庭认证后最终予以排除的情形。

的一份收据打印件，证明已还借款 100 万元。×× 公司陈述从未通过 QQ 邮箱向贺 × 发送收据，本公司亦无员工的网名为“春天的故事”。法庭最终认定“贺 × 没有提供证据证明名为‘春天的故事’QQ 邮箱与 ×× 公司有关联”，同时认定该电子收据“证据来源不清”。[6] 其次，在许多部门规章对电子证据的关联性提出明确要求的情况下，关联性问题也可能以合法性问题的面貌呈现出来。如 2010 年最高人民法院等五院部发布的《关于办理死刑案件审查判断证据若干问题的规定》（以下简称《死刑案件证据规定》）第 29 条规定，“对于……电子证据，应当主要审查以下内容：……（五）该电子证据与案件事实有无关联性”。这就将电子证据的关联性作为司法解释性文件所专门关注的一项内容。在胡 ×× 等涉嫌破坏计算机信息系统罪一案中，辩护意见认为，“鉴定书的鉴定材料来源不明，鉴定意见不具有关联性、合法性”。[7] 这实际上是将电子证据的关联性问题以违反规范性文件即不具有合法性为由提出。最后，电子证据关联性与证明力的差异在于程度方面，形式上有无关系属于关联性问题，实质上有多大关系则属于证明力问题。如马 ×× 与北京 ××× 公司劳动争议纠纷上诉一案中，马 ×× 提交一份公证书证明 ××× 公司给其发放了提成奖金；××× 公司对电子邮件及公证书的证明目的不予认可，称该份电子邮件的内容与马 ×× 有关，故抄送给马 ×× 本人，但并不意味着公司对马 ×× 的承诺。[8] 上述交叉关系也进一步佐证了关联性在电子证据运用方面的重要地位。

基于司法判决书的分析揭示出两个值得深思的现象：一是电子证据的攻防效果堪忧。在中国的司法环境中，电子证据的司法运用尚未形成成熟的机制。诉讼双方就电子证据如何使用普遍缺乏经验，法庭上的许多交锋都带有明显的形式主义色彩，审判人员也缺少审查认定电子证据的成熟经验。二是电子证据的质证认证重心应当调整，即由侧重于真实性的质证认证转向同等重视关联性的质证认证。我国要推动电子证据运用机制的建立，关联性是一个值得重视且更为有效的切入点。

（二）电子证据司法运用的调研分析

为了更好地把握电子证据在实务中的运用规律，本研究团队还对近一百位法律专家进行了面对面调研。调研对象基本上都是一线的法官、检察官、警官、律

---

[6] 见“濮阳市 ×× 公司与贺 × 民间借贷纠纷案民事判决书”，河南省濮阳市中级人民法院（2013）濮中法民开终字第 213 号。

[7] 见“胡 ×× 等破坏计算机信息系统罪案刑事判决书”，湖北省荆门市东宝区人民法院（2013）鄂东宝刑一初字第 00153 号及提交的质证意见书。在本案的一审中，笔者曾以刑事辩护律师的身份出庭，主要是就电子证据的专业问题提供法律服务。本文讨论本案的证据适用问题，纯属学术研究目的。

[8] 见“马 ×× 与北京 ××× 公司劳动争议纠纷上诉案民事判决书”，北京市第二中级人民法院（2013）二中民终字第 14829 号。

师和行政执法人员，他们中绝大多数有着处理电子证据案件的实务经验，有的兼具法律背景和技术背景，有的还积极推动了电子证据规章或行业规范的出台。调研方法包括集体座谈和个别访谈等。

在调研过程中，大家普遍认可当前我国处于电子证据运用的低水平阶段，也赞同电子证据的关联性是比真实性更能影响法庭采证的要素这一观点。就电子证据的关联性展开质疑更容易说服法官的问题，专家们给出的解释包括：（1）关联性问题主要是经验层面的内容，而真实性问题主要属于科学层面，甚至是科学技术暂时无法定论的，如传真件的真实性问题；（2）关联性问题是法官必须直接和正面作答的，而对真实性问题的回应法官可以借助司法鉴定或检验报告来完成，即法官可以拒绝直接表态；（3）关联性问题在裁判文书中必须作出认定，真实性问题则可以通过举证责任规则来处置；（4）关联性问题的结论都比较明确，真实性问题的结论则可以模糊化处理；（5）关联性不能通过证据保全等程序予以保障，而真实性可以进行事先固定。在上述理由中，第一、二种解释是专家们都认可的，其他解释也均为超过一半的专家所主张。

综上可见，关联性是电子证据运用中最为重要的一个问题。这既是从案例统计中得出的判断，也得到了调研结果的支撑。

二、单联性还是双联性：电子证据运用的特殊机理

关联性是电子证据运用的关键，这一论断不仅是“对内”相比电子证据的真实性等标准而言的，也是“对外”相较于传统证据之关联性审查认定而言的。传统理论认为，“每一个具体的证据必须对证明案件事实具有实质性意义”，即具有实质性；“证据必须与需要证明的案件事实或其他争议事实具有一定的联系”，即具有证明性。[9] 这两个方面决定了，评断证据的关联性，往往要考察证据所蕴含的信息或内容是否有价值。证据是由信息与载体或者说内容与形式两部分构成的。[10] 评断传统证据的关联性通常仅意味着考虑信息或内容的关联性，而不用专门关注载体或形式的关联性。但是，对电子证据而言，既要考察信息或内容的关联性，也要考察载体或形式的关联性。也就是说，电子证据的关联性体现为鲜明的双联性。

（一）电子证据的双联性含义及核心

电子证据是寓存于虚拟空间的证据。“电子证据离不开由电子设备和信息技术营造的特殊环境，该环境的特殊性决定了它同传统人证、物证相比具有明显的不同。不同之处首先表现为电子证据的虚拟空间性，即它通常不是实实在在的物，

---

[9] 何家弘、刘品新：《证据法学》，法律出版社 2013 年版，第 114 页。

[10] 所谓“证据载体”，是指那些记载或者证明一定证据事实的证据形式。参见陈瑞华：《刑事证据法学》，北京大学出版社 2012 年版，第 63 页。

而是由某种信号量（包括模拟信号量和数字信号量）的方式存储着的信息。”[11] 电子证据所存在的虚拟空间表现繁杂，无论是网络、云盘、单机，还是硬盘、光盘、U 盘等电子信息空间，都是人们不能亲临之处所。这些虚拟空间同案件事实通常所存在的物理空间并无法形成一一对应的关系，必须经过某种转换才能建立相应的联系。而无论是虚拟空间本身，还是虚拟与物理两种空间的区隔，都决定了电子证据在用于证明案件事实时必须满足内容与载体的双重关联性。

该双重关联性之任一侧面都不可或缺。内容关联性是电子证据的数据信息同案件事实之间的关联性，载体关联性是电子证据的信息载体同当事人或其他诉讼参与人之间的关联性。具体来说，前者影响案件事实存在或不存在之认定，后者确定电子证据所蕴含的信息同案件当事人等主体有无关联；前者属于一种经验上的关联性，后者属于一种法律上的关联性；前者等同于对传统证据提出的一致要求，后者体现出对电子证据关联性的特殊要求；前者主要涉及物理空间，即判断电子证据的内容是否对证明物理空间的案件事实产生了实质性影响，后者则主要涉及虚拟空间，即借助电子证据的形式确立虚拟空间的案件事实并搭建两个空间的对应关系。这些内容共同构成了电子证据双联性原理的丰富内涵。

双联性原理决定了法庭必须对电子证据作出双重的关联性评断。无论是缺少了对内容关联性的认定，还是缺少了对载体关联性的认定，抑或上述任一种认定的结论是否定的，都会导致法庭作出不采纳电子证据的裁判。其中，载体关联性问题相对复杂，司法人员的经验也更加缺乏，因而成为判断电子证据关联性的核心。

以人们熟悉的借款纠纷为例。2012 年 8 月 17 日，张 ×× 以李 × 欠款为由诉诸法院。张 ×× 在举证中提交了一份公证书。该公证书系对张 ×× 所持手机中接收短信现状及内容进行的证据保全。其记录发出短信的手机号为 1369999××××，张 ×× 称系李 × 本人的手机。涉及钱财内容的短信为：“卡号我记住了，我想办法给你还吧！看年底有没有我们的奖金，要是有的话估计有四五千吧先给你，剩下的我尽快可以吧。”[12] 本案中，经过公证的手机短信能否通过关联性标准的检验呢？首先，短信的内容必须能够证明借款事实存在或借款的金额等，即具有内容关联性。其次，还必须确立载体关联性，这就包括该手机号的使用是否与被告人相关等。庭审中，承办法官为了查清 1369999×××× 机主的身份，在庭上亲自拨号核对，这就是尝试确立该证据的载体关联性。从本案可以看出，在判断电子证

[11] 何家弘主编：《刑事诉讼中科学证据的审查规则与采信标准》，中国人民公安大学出版社 2014 年版，第 167 页。

[12] 见“张 ×× 与李 × 民间借贷纠纷上诉案民事判决书”，新疆乌鲁木齐市中级人民法院（2013）乌中民一终字第 103 号。

据关联性时，内容关联性的认识规律同传统证据是一致的，主要是审查评断数据信息是直接关联还是间接关联；而载体关联性的认识规律则不同于传统证据，它具有明显的特质。

电子证据的载体关联性并不是一个凭空而降的事物。在人类社会出现虚拟空间以后，就出现了如何将虚拟空间的行为同物理空间的人对应起来的问题，即如何证明人机同一。这一难题不仅出现在审判领域，也同步出现在侦查活动中。当代侦查学的理论研究表明，“网络时代的侦查模式是新型的‘事—机—人’模式或‘人—机—事’模式，其突出特点在于以电子设备或账号为中介的双向调查”。[13]这样的侦查分为“从事/人到机”与“从机到人/事”两个阶段，侦查人员既要找到涉案电子设备或账号等，更要找到涉案电子设备或账号的使用者等。而完成后一任务，就是要确定电子证据的载体关联性。

（二）载体关联性的构成

证据是内容与载体的有机统一。对电子证据而言，其载体通常被称为信息载体，是指脱离数据本身、承受电子信息的一种形式，它可能表现为案件中的手机、电脑、网络服务器、U 盘、光盘或者云存储装置等。有人错误地认为，只有单机数据才有载体，网络数据没有载体。这一观点并不符合事实：“不论是在个人计算机上直接产生还是在网络中形成，电子证据中的待证事实的事实信息也是必须存储在一个客观存在的物体中……一般来说，人操作终端计算机的行为可以在该计算机硬盘中留下相应的信息，其在网络上产生的信息最终也会存储在网络的服务器上。也就是说，不论何种计算机信息、网络信息都会有一个具体的物质载体。”[14]

载体关联性不能简单地理解为电子证据的信息载体同案件中的当事人或者其他诉讼参与人相关，而必须考虑案件中的争议事实在虚拟空间的具体呈现。司法实践中几乎找不到两起完全相同的案件，但从结构上看，任何案件都是由人、事、物、时、空构成的。虚拟空间的人、事、物、时、空任一项出现争议的，都需要通过电子证据的信息载体呈现出当事人或其他诉讼参与人同虚拟空间的人、事、物、时、空的联系。换言之，法庭要通过确认信息载体的关联性，将物理空间与虚拟空间这两个空间的案件事实关联起来。

其一，人的关联性，即身份关联性。在虚拟空间，人的行事身份主要表现为各种电子账号，包括电子邮箱、手机号、微信号、钉钉号、QQ 号、陌陌号、旺旺号、宽带账号、网络电话账号、微博号、Facebook 账号、网游账号、银行卡号、支付宝账号、云账号、域名以及其他网络用户名/号，等等。这就存在一个身份

---

[13] 刘品新：《论网络时代侦查制度的创新》，载《暨南学报（哲学社会科学版）》2012 年第 11 期，第 68 页。

[14] 熊志海：《信息视野下的证据法学》，法律出版社 2014 年版，第 122 页。

关联的问题，需要有证据证明涉案的电子账号归当事人或其他诉讼参与人所有或所用。如果不能排除共有、共用或者案外人使用、冒用的情况，这种关联性就无法构建起来。这实际上是虚拟空间“如何证明你我他”的问题，即证明当事人或其他诉讼参与人就是虚拟空间中以某个特定身份行事之人。

在前述统计分析的案例中，有些电子证据就是因为未确立“人的关联性”而遭到异议或排除，具体情形包括当事人或其他诉讼参与人否认发过邮件 / 传真、邮件发 / 收件人身份不明、短信发送记录单不能确认身份等。例如，“从内容上，邮件内容无法显示发件人、收件人身份……不认可上述证据的……关联性”；[15]“原告……表示该邮件其未发过，本院……对其关联性不予确认”；[16]“电话语音详单没有电信部门确认；短信发送记录单不能确认是被告员工号码”；[17]“所涉邮件的发送邮箱使用的是公共平台的电子邮件服务，因电子邮箱并非实名登记，任何人均可申请注册，通过邮箱账户名并不能确定其所有人。被告否认该邮箱系其注册、所有，原告也未提供被告曾使用该邮箱的其他证据，本院难以认定从该邮箱发送邮件的行为系被告所为”；[18]“虽然济南 ×× 公司提交了合作协议的传真件，但是在北京 ×× 公司否认曾经发过该传真件的情况下，济南 ×× 公司未能提供其他证据证实该传真件确系北京 ×× 公司所发……依法不应支持”；[19] 等等。这些案件中关于电子证据的争议，归根到底就是身份能否“落地”的问题。

其二，事的关联性，即行为关联性。案件事实涉及当事人或其他诉讼参与人的各种法律责任，它们主要发生在物理空间，不过虚拟空间的案件事实，也不容漠视，如当事人或其他诉讼参与人是否收发了一封邮件、一条短信，是否制作或者修改了某个文档，是否下载了某个网页，等等。此时当事人或其他诉讼参与人的身份问题并无争议，需要确认的是其有无实施相关行为，正是这些行为将影响对当事人等主体法律责任的最终认定。例如，在一起劳动争议案件中，为证明双方存在劳动合同关系，原告陈 ×× 向法庭提交了公司法定代表人李 × 发出的手机短信，发送时间为 2011 年 2 月 26 日，发送号码为 186××××××××，内容为“陈总，你的工资待遇是不变的，一样的 6000 元底薪”。被告公司表示上述号码虽为其法

[15] 见“北京 ×× 科技有限公司等与 ×× 科技（上海）有限公司北京分公司买卖合同纠纷上诉案民事判决书”，北京市第一中级人民法院（2013）一中民终字第 524 号。

[16] 见“胡 × 诉 ××（上海）流体技术有限公司劳动合同纠纷案民事判决书”，上海市奉贤区人民法院（2013）奉民三（民）初字第 348 号。

[17] 见“许 × 诉上海 ×× 维修服务有限公司修理合同纠纷案民事判决书”，上海市闵行区人民法院（2013）闵民二（商）初字第 917 号。

[18] 见“上海 ×× 网络科技发展有限公司诉江 × 侵犯经营秘密纠纷案民事调解书”，上海市浦东新区人民法（2010）浦民三（知）初字第 262 号。

[19] 见“济南 ×× 网络信息有限公司与北京 ×× 科技有限公司合作协议纠纷上诉案民事判决书”，山东省济南市中级人民法院（2013）济商终字第 546 号。

定代表人李 × 使用，但平时很少使用，也没有发过包含上述内容的短信，对该证据的关联性不予确认。[20] 这一争议的实质就指向电子证据的行为关联性。

其三，物的关联性，即介质关联性。承载电子证据的物是硬盘之类的电子介质，这时就需要确认电子介质同当事人或其他诉讼参与人的关系，如：有关电子介质是否为当事人或其他诉讼参与人所有或所用；是否存在共有或共用的情况；如果存在，如何确立电子介质中的数据同当事人或其他诉讼参与人间的对应关系；等等。这仅仅依靠类型化的信息（如介质的外观、品牌、型号等）是不够的，还需要借助一些特定化的信息（如介质序列号、其上的指印痕迹、领用清单、使用记录等）来提供更加有力的支撑。例如，2016 年年初快播公司涉嫌传播淫秽物品牟利罪一案的一个争议焦点，就是四台服务器是否与快播公司相关。辩方提出质疑，“保管、查封、鉴定程序都是后补的”，“提交鉴定的每台服务器都比扣押笔录中少了 1 块硬盘”，无法证实服务器的文件来源于快播公司。控方回应说，执法人员“依照相关规定对该公司四台服务器 IP 地址进行了登记保存”，现在服务器的 IP 地址同笔录是一致的。辩方再质疑，“电脑的 IP 地址是可以改的”，“电脑的 IP 地址改起来是非常方便的”。控方再回应，“辩护人无端指控 IP 地址进行了修改，没有实质性的依据”。[21] 在这里，双方交锋的焦点就落脚在物的关联性上。

其四，时的关联性，即时间关联性。虚拟空间的时间通常就是机器时间，同物理空间的时间具有一定的对应关系，但又不完全一致。有些没有差别或差别不大，有些差别却是实质性的。[22] 时间关联性就是要确定机器时间同物理时间是否一致，或者其对应关系如何，进而确定在涉案时间谁的行为产生了相应的电子证据。在司法实务中，诸如电子日志的形成时间、数码照片的拍摄时间、办公文档的修改时间、电子邮件的发送时间等，可能对定案至关重要，此时一旦出现了机器时间与物理时间不同的情况，就会引发时间关联性之争。例如，在一起伪基站犯罪案件中，为了查证嫌疑人利用伪基站发送短信的行为造成多少用户通信中断，警方聘请专家对嫌疑人电脑中的发送记录和日志进行了检验。但是，在送检之前警方提取电脑时，发现“电脑系统时间与北京时间不吻合”，即电脑系统时间不反映物理空间时间，而由于疏忽也未能记录电脑系统时间与物理时间的实际差值。这就造成了对中断通信用户数的鉴定意见缺少时间关联性的困扰。

其五，空的关联性，即地址关联性。虚拟空间有着独特的地址概念，如 IP 地

---

[20] 见“江门市蓬江区 ×× 广告有限公司与陈 ×× 劳动争议纠纷上诉案民事判决书”，广东省江门市中级人民法院（2013）江中法劳终字第 142 号。

[21] 见“快播涉黄案庭审实录”，http: / /tech.sina.com.cn /i/2016 — 01 — 08 /doc — ifxnkkux0980107 — p19.shtml，最后访问时间：2016 年 2 月 13 日。

[22] 关于机器时间与物理时间的关系，参见刘品新、胡忞：《论电子证据时间鉴定的科学基础》，载《山东警察学院学报》2012 年第 3 期，第 68 页以下。

址、MAC 地址、GPS 地址、手机基站定位以及文件存储位置等。许多电子证据产生后都带有内置或外置的地址信息。这就需要确认这些地址信息同当事人或其他诉讼参与人之间的关系，即这些地址是否归他们所有或所用，是否存在着共有、共用或者被冒用的情况。唐 ×× 与中国证监会行政诉讼纠纷一案[23]就反映了这种关联性争议：证监会认定唐 ×× 存在操纵股价行为的重要证据之一，是涉案账户交易股票共用 MAC 地址和 IP 地址的交易记录。唐 ×× 一方提出，电脑的 MAC 地址、IP 地址可以进行任意修改，并不能根据相同地址信息判断交易是在同一台电脑上操作的。在行政诉讼中，一审法院最终认定涉案交易所用 MAC 地址、IP 地址具有较高的重合率。[24]显然，本案的焦点就是依据现有证据能否认定唐 ×× 实施了操纵股价的行为，而这里的关键就是 MAC 地址、IP 地址证据是否具有关联性。

前述人、事、物、时、空的关联性均立足于虚拟空间，它们共同构成了电子证据的载体关联性。当然，在具体案件中，这五项内容并不都会成为争点，通常只有成为争点的关联性问题才具有实际意义。这也是电子证据关联性的特色所在。

实践表明，电子证据载体关联性的审查评断还遵循两个规律：一是五项关联性之间存在一定的交叉，但凡当事人有争议的都需要在法庭上解决；二是确立这些关联性，既可以依靠当事人自认、证人证言、书证、情况说明之类的传统证据，也可以依靠电子证据的附属信息部分、关联痕迹部分。

三、基于电子证据关联性的制度创新

我国的电子证据法律制度建设始于 20 世纪末期。随着电子证据案件的逐年增多，一些省级司法机关开始摸索制定电子证据运用规范，如 2001 年北京市高级人民法院颁行了《关于办理各类案件有关证据问题的规定（试行）》。地方性规则为最高人民法院、最高人民检察院、公安部等出台相关司法解释、部门规章奠定了良好的基础。迄今为止，我国已经确立了电子证据规则、刑事民事取证制度与司法鉴定技术规范等，但是必须承认，它们多数还处于发展初期，尤其在电子证据关联性方面有所欠缺。未来我国创新电子证据制度，重要的任务之一就是弥补在该问题上的重大不足。

（一）电子证据规则

证据规则是以法律形式规范司法证明行为的准则。2010 年《死刑案件证据规定》对电子证据的审查内容做了详细的规定，涉及关联性的有两项：（1）审查“该电子证据与案件事实有无关联性”；（2）“对电子证据，应当结合案件其他证据，审查其……关联性”（第 29 条）。2012 年，最高人民法院发布《关于适用〈中华人民共和国刑事诉讼法〉的解释》（以下简称《高法解释》），对关联性规则进行了微调：

---

[23] 见中国证券监督管理委员会行政复议决定书（2013）6 号。

[24] 见北京市第一中级人民法院行政判决书（2013）一中行初字第 1171 号。

（1）审查“电子数据与案件事实有无关联”；（2）审查“与案件事实有关联的电子数据是否全面收集”（第93条）。2016年最高人民法院、最高人民检察院、公安部联合发布的《关于办理刑事案件收集提取和审查判断电子数据若干问题的规定》延续了这种简约的风格，强调围绕关联性审查判断电子数据（第2条）。这些规则过于简单自不待言，其最大的缺陷还在于不能反映电子证据关联性的特点和规律。

要构建切实有效的电子证据规则，必须严格把握其特殊性。就关联性而言，其特殊性集中体现于庭审中的攻防策略。学理上所梳理的人、事、物、时、空关联性，在审判活动中就转化为控辩双方的各种证据对抗。国内外学者总结了一些关于电子证据的经典抗辩策略，如“黑客”等行为抗辩、“木马”等病毒抗辩、“他人”行为抗辩、“溢波”等窃用行为抗辩等，基本上都属于关联性之辩。这些抗辩策略的指向非常明确，即要说明案件中的电子证据及其载体与当事人或其他诉讼参与人无关。

其实，上述策略只是电子证据关联性抗辩的一部分。实务的发展已经远远超越了该范围，这也是构建电子证据规则所必须关注的。下表列举了一些代表性案例中的关联性抗辩：

案件名称	举证的证据及目的	质证内容及类型
何××走私弹药案[25]	电子邮箱及邮件：被告人何××通过邮箱××@yahoo.com.hk与另一被告人进行邮件联系，商量弹药走私。	“身份关联性”抗辩：（1）电子邮箱地址××@yahoo.com.hk是另一人麦××与被告人共用的；（2）涉案邮件不是被告人所发的。
××公司与王×等技术转让合同纠纷上诉案[26]	手机邮箱及邮件：××公司工作人员于2011年6月20日13时35分向××@139.com发送电子邮件，足以说明按照合同约定期限解除合同的意思表示。	“行为关联性”抗辩：××公司没有证据证明电子邮件已经有效送达叶××，更没有证据证明叶××已经收到并阅读了邮件。
胡×诉××公司劳动合同纠纷案[27]	上网记录及其公证书：证明原告胡×在上班时间经常浏览娱乐性网页，使用与业务无关的网上声音或图像载体，属严重违纪行为的事实。	“介质关联性”抗辩：不能证明经公证的电脑是原告胡×使用过的。

[25] 见“何××走私弹药案刑事判决书”，江苏省高级人民法院（2009）苏刑二终字第16号。

[26] 见“××公司与王×等技术转让合同纠纷上诉案民事判决书”，广东省广州市中级人民法院（2013）穗中法知民终字第568号。

[27] 见前引16，“胡×诉××公司劳动合同纠纷案民事判决书”。

续表

案件名称	举证的证据及目的	质证内容及类型
陈 ×× 与 ×× 公司租赁合同纠纷上诉案[28]	网页证据：×× 县国土资源局国有土地使用权挂牌出让成交网页信息，证明涉案土地于 2012 年 7 月 5 日成交，被上诉人陈 ×× 已经取得了土地使用权。	“时间关联性”抗辩：由于涉案租赁合同是 2011 年 4 月 28 日签署的，而该份证据显示，在 2012 年 7 月之前被上诉人对挂牌土地无使用权、处分权，故对该证据关联性不予认可。
胡 ×× 等与景 × 名誉权纠纷案[29]	博客及 IP 地址证据：网络用户“打狗棒 11111”、“打狗棒”在网上发布的网贴，内容带有明显侮辱性的语言；其注册 IP 地址与被告公司的微博注册 IP 地址一致。	“地址关联性”抗辩：仅能显示其博客发帖的 IP 地址与网络用户“北京超人 2012”的注册 IP 地址一致，但不能证明被告景 × 就是网络用户“北京超人 2012”。

构建电子证据规则，就是要形成就处理关联性抗辩有针对性的认证规则。在这一点上，司法实务中除遵循现已规定的综合性认证规则外，还必须引入适用广泛的经验法则、举证责任规则等。例如，在一起海上货物运输合同纠纷案中，原告出示 QQ 聊天记录与电子邮件，以证明涉案货物已被提走的事实。被告经当庭核实，指出邮件中发件人、收件人等身份信息无法查清，内容也与涉案货物无关，对关联性提出异议。法院认为，虽然被告对邮箱 grace. zhang@ hl — line. com 未予确认，但该邮箱的域名与被告确认的公司邮箱 joy. wang@ hl — line. com 域名一致，且被告确认曾有名为 Grace 的员工，并与涉案提单签发处签名一致，可以推定邮件中 Grace Zhang 应为被告工作人员，故该邮件与本案存在关联性。[30] 这里所说的“推定”，实际上是将举证责任分配给被告，援引举证责任规则来解决关联性问题。此外，电子证据的关联性有时也以专门性问题的面貌呈现，这就需要依靠技术鉴定等手段来解决。上述实务经验和方法，应当总结提升为法条规范。

基于以上分析，我们试拟电子证据的关联性规则如下：（1）电子证据在内容上对证明案件事实能够产生一定实质性影响的，且能确认其信息载体在身份、行为、介质、时间、地址方面同案件中当事人或其他诉讼参与人有联系的，应当认

[28] 见“陈 ×× 与 ×× 公司租赁合同纠纷上诉案民事判决书”，江苏省淮安市中级人民法院（2013）淮中商终字第 0050 号。

[29] 见“胡 ×× 等与景 × 名誉权纠纷案民事判决书”，北京市第二中级人民法院（2015）二中民终字 04564 号。

[30] 见“浙江 ×× 化工有限公司诉 ×× 国际物流（上海）有限公司海上货物运输合同纠纷案民事判决书”，上海海事法院（2013）沪海法商初字第 197 号。

定其具有关联性；（2）审查电子证据的关联性，应当针对待证事实和质证内容，基于经验法则进行综合性判断，必要时可以通过司法鉴定予以查明；（3）通过上述方法无法肯定或否定电子证据关联性的，可以依照举证责任规则进行处理。

（二）刑事民事取证制度

取证环节是司法证明的起点，电子证据取证是否规范直接为其关联性的具备与否奠定了基础。迄今为止，我国构建了面向刑事、民事活动的电子取证框架制度。它们以部门规章和司法解释为主，也包括一些行业指导性的软规范。它们多数为专门的电子取证规则，也有一些是含电子取证在内的综合性规则。仔细剖析这些规范性具体条文，不难发现其对电子证据的关联性重视不够。绝大多数法条只是提出了笼统的要求，如对于"可以作为证据使用的""能够证明……案件真实情况的""与犯罪 / 案件相关 / 有关联的""与拟证明的事实之间存在法律上的客观联系的"电子证据 / 电子数据进行发现、固定和提取，而对于载体关联性的规定甚少或者未做任何规定。详情列表如下：

规范名称	颁布单位	是否规定内容关联性	是否规定载体关联性				
			身份关联性	行为关联性	介质关联性	时间关联性	地址关联性
"人民检察院电子证据工作细则"（试行·审议稿）	最高检	√	√	√	√	√	√
《关于办理网络赌博犯罪案件适用法律若干问题的意见》	最高法、最高检、公安部	√	√	×	√	×	×
《关于办理网络犯罪案件适用刑事诉讼程序若干问题的意见》	最高法、最高检、公安部	×	×	√	√	√	×
《关于审理证券行政处罚案件证据若干问题的座谈会纪要》	最高法	×	×	×	√	√	√
《文化市场行政处罚案件证据规则（试行）》	文化部	√	×	×	√	√	×
《关于工商行政管理机关电子数据证据取证工作的指导意见》	工商总局	√	×	×	√	√	√

续表

规范名称	颁布单位	是否规定内容关联性	是否规定载体关联性				
			身份关联性	行为关联性	介质关联性	时间关联性	地址关联性
《律师办理电子数据证据业务操作指引》	中华全国律师协会	√	√	×	√	√	×
《办理保全互联网电子证据公证的指导意见》	中国公证协会	√	√	×	×	×	×
《关于办理刑事案件收集提取和审查判断电子数据若干问题的规定》	最高法、最高检、公安部	√	√	×	√	×	×

在这些规范性文件中，唯一的例外是最高人民检察院起草的“人民检察院电子证据工作细则”（试行·审议稿），其对电子取证既明确提出了内容关联性上的要求，[31]也提出了载体关联性的各项标准。具体来说，其第8条规定“勘验人员应当根据实际情况，对涉及的场所进行全面勘验，提取电子设备、存储介质、密钥……记录密码设置情况、运行状态、特殊要求等信息”，涉及行为关联性的内容；第9条规定“勘验笔录应当记录以下内容……（二）电子设备、存储介质的品牌、型号、序列号或出厂号、外观、结构、状况等信息，移动通信号码；（三）电子设备、存储介质所有人、保管人、使用人等信息”，第16条规定“提取电子设备、存储介质，应当……记录其型号、容量、序列号、识别码、移动通信号码、用户标识等信息，由取证人员、保管人、见证人签字确认”，第18条规定“提取数据内容予以固定的，应当……记录原始的电子设备、存储介质的型号、容量、序列号、识别码、存放位置、保管人等信息”，涉及身份关联性、介质关联性的内容；第11条第1款规定“数据内容的勘验笔录，应当详细记录……系统设置、系统时间及误差等信息”，第2款规定“远程勘验计算机网络系统，还应当详细记录目标网络地址、网络域名、网络运营商、网络路径、服务器名称、系统环境、系统设置等信息”，涉及时间关联性、地址关联性的内容。遗憾的是，这一规章至今未获通过。

现阶段，我国刑、民事取证制度对电子证据载体关联性的漠视，给司法实践

[31] 该稿第3条规定“电子证据工作应当遵循以下原则……确保合法性、完整性、真实性、关联性”。

带来了相当大的麻烦。一些司法人员遇到棘手的关联性抗辩，通常采取回避态度，不敢在裁判中归纳这样的质疑，以避免在裁判文书中作答；也有司法人员勉强作出了回应，但其裁判逻辑和语言表述却混乱不堪。以前述胡××等破坏计算机信息系统罪一案为例，辩方对网安部门34号远程勘验笔录提出质疑，认为笔录反映的勘验结束时间是2011年11月3日17：20，而其附件第2页上反映的最近登录邮箱时间也是“2011年11月3日17：20”，地点为“湖北省”，该地点与被告人无关，这里存在无法解释的矛盾。判决书对登录时间异常质疑的回应是，“……说明办案单位在远程勘验工作记录中作风不够严谨，但并不影响工作的结果内容”；对登录地点异常质疑，判决书未作任何回应。[32]

其实，在我国刑、民事取证制度中，只要严格落实电子证据关联性的基本原则，并在取证规范中对保证载体关联性的五项内容作出规定，电子取证部分的改革与完善之路就会清晰明确。具体落实时，我国可以构建和完善如下电子证据取证制度：（1）包括电子文件管理在内的日常管理制度，如政府、企事业单位对重要电子文件及其介质的全过程、规范化管理；（2）电子设备的交接制度，如政府、企事业单位对重要电子设备基于领用单、归还单、验收单等清单的管理；（3）提取确认制度，如侦查人员、行政执法人员、司法人员在提取电子证据过程中实施的当事人签名确认、见证人见证以及录像固定的身份识别；（4）传统证据的关联制度，主要是通过口供、证言、书证等辅助证据证明电子证据的关联性等；（5）专门的司法鉴定制度，主要是通过司法鉴定的方法确认电子证据或其介质的使用者、使用时间、使用地点、使用身份等。

有效保障电子证据的关联性，是我国电子取证制度创新的一个方向。国际上流行的逻辑树理论可供借鉴。以证明电子证据的地址关联性为例，调查人员应当一方面收集IP地址证据（证明上网地点）、上网终端归属证据（如手机、电脑、其他设备注册登记、购买信息、卡号识别码、硬件识别码）、网上活动记录证据（如登录日志、轨迹、位置信息）、数字证书（如PKI证书、生物特征认证证书），另一方面收集物证（如介质上的指印、毛发）、书证（如保管使用记录、领用清单）、证人证言、犯罪嫌疑人、被告人供述和辩解等。调查人员还可以依靠专门制作的笔录（如当事人或保管人在提取笔录上确认签字、照片、录像）、情况说明、公证文书、见证文书等辅助手段进行补强。这就构成了以电子证据或传统证据为主干的逻辑树体系。诚然，具体到实践中，对如何搭建逻辑树并不苛求千篇一律，还须考虑不同部门规章和行业规范的自身特点，但其核心要旨，就是借助对纠纷发生前后出现的所有电子或传统证据的尽可能全面地收集，来满足法庭对证据关联性各方面内容设定的严格要求。

---

[32] 见前引7，“胡××等涉嫌破坏计算机信息系统罪案刑事判决书”。

（三）司法鉴定技术规范

通过司法鉴定来确定电子证据的关联性，不仅是合理的，也是可行的。司法鉴定通常是解决证据专业性问题的可靠手段，在电子证据关联性争议的处理上也不例外。假如在个案中诉讼双方对电子证据有无关联性产生了实质性争议，又无法通过别的手段甄别，那么寻求司法鉴定的专业帮助就成为一种自然的选择。

我国关于电子证据司法鉴定的部门立法有两种类型。一种是“下定义”型。2000 年司法部颁行的《司法鉴定执业分类规定（试行）》第 13 条规定：“计算机司法鉴定：运用计算机理论和技术，对通过非法手段使计算机系统内数据的安全性、完整性或系统正常运行造成的危害行为及其程度等进行鉴定。”2005 年公安部颁行的《公安机关电子数据鉴定规则》第 2 条规定，电子数据鉴定是指“公安机关电子数据鉴定机构的鉴定人按照技术规程，运用专业知识、仪器设备和技术方法，对受理委托鉴定的检材进行检查、验证、鉴别、判定，并出具鉴定结论的过程”。依照这两个规章，是否可以开展电子证据关联性鉴定，完全由实践自行摸索。另一种是“下定义 + 列举”型。最高人民检察院 2009 年颁行的《人民检察院电子证据鉴定程序规则（试行）》除了给出定义外，第 4 条还规定：“电子证据鉴定范围：（一）电子证据数据内容一致性的认定；（二）对各类存储介质或设备存储数据内容的认定；（三）对各类存储介质或设备已删除数据内容的认定；（四）加密文件数据内容的认定；（五）计算机程序功能或系统状况的认定；（六）电子证据的真伪及形成过程的认定；（七）根据诉讼需要进行的关于电子证据的其他认定。”其中，前 6 项跟关联性鉴定的关系似乎不大，而第 7 项为概括性的兜底条款。严格来说，虽然现行规章没有明示针对电子证据关联性的鉴定业务，但通过文义解释将其囊括在内，似乎也并未突破法条规定。

这一理解亦契合了学理上的主流观点。电子证据司法鉴定的本质，是由具有专门知识的人协助司法人员对有关电子证据的专门性问题作出判断。《高法解释》第 93 条规定，“对电子数据有疑问的，应当进行鉴定或者检验”。从语词解释的角度讲，其内涵当然包括电子证据关联性的专门鉴定。当前我国教材也普遍将电子证据关联性鉴定纳入司法鉴定科目。司法部组织编写的司法鉴定教育培训教材《电子数据司法鉴定实务》指出，电子证据的应用层鉴定类别包括：“认定信息的来源”，即“通过分析信息的传播渠道、生成方法、时间信息等认定信息的最初源头”；“用户身份确定技术”，即确定用户本地身份和用户网络身份。另指出，“在网络数据的鉴定过程中，可以应用关联分析技术，对各种线索进行关联分析，发掘同一事件的不同数据间的联系”，关联分析包括用户名关联、密码关联、时间关联、关系人关联等。[33] 此外，我国还有学者将电子证据关联性鉴定同真实性鉴

[33] 麦永浩主编：《电子数据司法鉴定实务》，法律出版社 2011 年版，第 120 页、第 276 页。

定并列起来，合称为以“评估证据”为目标的司法鉴定。[34]

不同于理论学说基本一致的见解，实务做法在该问题上略显保守和模糊。实证调研表明，在我国面向社会服务的电子数据司法鉴定中，以“评估证据”为目标的司法鉴定只占少数，且在该少数中占比较大的还是真实性鉴定，典型的关联性鉴定少之又少。这种差异同样在电子证据鉴定技术规范中体现出来。截至2016年4月，我国的电子证据司法鉴定技术标准包括4项国家标准、[35]22项公共安全行业标准、[36]9项司法部标准、[37]8项高检院标准，[38]其中绝大多数技术规范都难以适用于电子证据关联性的判断，极少数涉及电子证据关联性的技术规范[39]也只限于内容关联性方面。

在我国电子证据鉴定领域推动关联性鉴定的开展，需要研制出相关的技术项

---

[34] 参见杜志淳、廖根为：《电子数据司法鉴定主要类型及其定位》，载《犯罪研究》2014年第1期，第68页。

[35] 具体包括电子物证数据恢复检验规程（GB /T 29360 — 2012）、电子物证文件一致性检验规程（GB /T 29361 — 2012）、电子物证数据搜索检验规程（GB /T 29362 — 2012）、信息安全技术存储介质数据恢复服务要求（GB /T 31500 — 2015）。

[36] 具体包括电子数据存储介质复制工具要求及检测方法（GA /T 754 — 2008）、电子数据存储介质写保护设备要求及检测方法（GA /T 755 — 2008）、数字化设备证据数据发现提取固定方法（GA /T 756 — 2008）、程序功能检验方法（GA /T 757 — 2008）、电子物证数据搜索检验技术规范（GA /T 825 — 2009）、电子物证数据恢复检验技术规范（GA /T 826 — 2009）、电子物证文件一致性检验技术规范（GA /T 827 — 2009）、电子物证软件功能检验技术规范（GA /T 828 — 2009）、电子物证软件一致性检验技术规范（GA /T 829 — 2009）、电子数据法庭科学鉴定通用方法（GA /T 976 — 2012）、取证与鉴定文书电子签名（GA /T 977 — 2012）、网络游戏私服检验技术方法（GA /T 978 — 2012）、法庭科学电子物证手机检验技术规范（GA /T 1069 — 2013）、法庭科学计算机开关机时间检验技术规范（GA /T 1070 — 2013）、法庭科学电子物证 Windows 操作系统日志检验技术规范（GA /T 1071 — 2013）、移动终端取证检验方法（GA /T 1170 — 2014）、芯片相似性比对检验方法（GA /T 1171 — 2014）、电子邮件检验技术方法（GA /T 1172 — 2014）、即时通讯记录检验技术方法（GA /T 1173 — 2014）、电子证据数据现场获取通用方法（GA /T 1174 — 2014）、软件相似性检验技术方法（GA /T 1175 — 2014）、网页浏览器历史数据检验技术方法（GA /T 1176 — 2014）。

[37] 具体包括电子数据复制设备鉴定实施规范（SF/Z JD0401001 — 2014 ）、电子邮件鉴定实施规范（SF/Z JD0402001 — 2014）、软件相似性检验实施规范（SF/Z JD0403001 — 2014）、手机电子数据提取操作规范（SF/ Z JD0401002 — 2015）、数据库数据真实性鉴定规范（SF/Z JD0402002 — 2015 ）、破坏性程序检验操作规范（SF/Z JD0403002 — 2015）、即时通讯记录检验操作规范（SF/Z JD0402003 — 2015）、电子数据证据现场获取通用规范（SF/Z JD0400002 — 2015）、计算机系统用户操作行为检验规范（SF/Z JD0403003 — 2015）。

[38] 具体包括数据擦除方法、电子证据一致性认定检验方法、复制件制作方法、电子证据数据恢复检验方法、电子证据条件搜索检验方法、电子证据解密检验方法、移动电话检验方法、移动电话 SIM 卡检验方法。

[39] 这部分规范包括电子物证数据搜索检验规程（GB /T 29362 — 2012）、数字化设备证据数据发现提取固定方法（GA /T 756 — 2008）、电子物证数据搜索检验技术规范（GA /T 825 — 2009）、法庭科学电子物证 Windows 操作系统日志检验技术规范（GA /T 1071 — 2013）、移动终端取证检验方法（GA /T 1170 — 2014）、即时通讯记录检验技术方法（GA /T 1173 — 2014）等。

目。如前所述，电子证据关联性的核心内容包括身份关联性、行为关联性、介质关联性、时间关联性和地址关联性。一旦这些关联性需要靠技术鉴定予以解决，就需要有合适的对应鉴定科目。当前实务中摸索出了一些新的鉴定方案，如介质/文档使用者鉴定、电子证据形成时间鉴定、上网地点鉴定等，都值得关注。介质/文档使用者鉴定，就是对介质/文档使用者的身份或特征进行专业性判断；电子证据形成时间鉴定，就是对电子证据的产生、修改、存储、传送、删除等过程进行专业性描述；上网地点鉴定，就是对网络行为通过检验鉴定进行物理定位。例如，在一起反不正当竞争案件中，被告对涉案硬盘及电子文档提出质疑，主张跟当事人无关。为此，原告提起了对涉案硬盘的使用者信息以及电子证据的最后写入时间、来源及形成过程等的专门鉴定。鉴定报告表明，涉案硬盘的使用者具有以下特征：使用 ×× 电子邮箱、拥有署名为 ×× 的个人文件、拥有“家庭照片”和“同学照片”文件夹内的照片文件以及拥有卡号为 ×× 的招商银行信用卡等。鉴定报告还证实，涉案 PPT 文档最初由作者 ×× 于 ×× 年 ×× 月 ×× 日 15：44 创建，在 ×× 年 ×× 月 ×× 日 21：54：16 等进行了修改，在 ×× 年 ×× 月 ×× 日 14：48：04 至 15：03：04 进行了删除。[40] 这一鉴定报告最终确立了电子证据的关联性，对于法院认定案件事实起到了重要作用。另外，在前述地址关联性判断问题中，鉴定人员也有明显的专业优势，可以鉴定 IP 地址、上网终端卡号识别码、硬件识别码、登录日志、登录轨迹、登录位置信息、数字证书，进而帮助确定位置信息。诚然，关于电子证据关联性的鉴定科目远不止于此，相关大批量的项目研发，倚赖法律与技术等不同学科专家共同的持续努力。

四、延展讨论：大数据证据的关联性及制度创新

信息时代的技术更迭日新月异，近年来大数据的兴起引发了来自电子证据关联性的更大挑战。作为一种最新的电子证据，大数据为人们解读关联性提供了新的素材。大数据的类型繁多，价值密度低，处理速度快，时效性要求高。大数据处理方法的特点是全本而非抽样、效率而非精确、相关而非因果。在大数据时代，“当数据点以数量级方式增长的时候，我们会观察到许多似是而非的相关关系”，“大数据的相关关系分析法更准确、更快，而且不易受偏见的影响”。[41]

大数据之大，完全超出了人脑分析的可能范围，这就使得司法人员无法用司法经验来判断关联性。传统证据的因果关系是一种强关联关系，而大数据的相关关系是一种弱关联关系。实际上，大数据的相关性是基于机器逻辑的相关关系。

---

[40] 见“×× 光电（成都）公司、×× 光电（深圳）公司诉 × 资本公司、×× 咨询公司、成都 ×× 技术公司侵害商业秘密不正当竞争纠纷案民事判决书”，成都市中级人民法院（2009）成民初字第 460 号。

[41] ［英］迈尔－舍恩伯格、［英］库克耶：《大数据时代：生活、工作与思维的大变革》，盛杨燕、周涛译，浙江人民出版社 2013 年版，第 74 页、第 75 页。

穆 ×× 涉嫌炒信被淘宝网中断网络服务合同引发纠纷一案便是一例。2007 年 9 月 17 日，淘宝网向穆 ×× 发出通知，以穆 ×× 违反《淘宝网用户行为管理规则（非商城）》为由，对穆 ×× 作出“炒作信用度一级”永久封号处理。[42] 这一通知的发出与淘宝网采取设定一定标准、利用专门软件筛查大数据，选出符合炒作信用特征的交易，并将其判断为虚假交易的管理方式有关。本案中，淘宝网的后台数据显示，穆 ×× 的大量交易存在以下现象：多个买家使用同一 IP 地址，非同城交易而无物流信息，大幅度改低交易价格，与部分买家交易的其他卖家曾因炒作信用受到处罚等。淘宝网据此判定穆 ×× 存在炒作信用的行为。这里的核心证据就是“多个买家使用同一 IP 地址”，而由此衍生的最大争议就是该证据的关联性。穆 ×× 就此提出反驳，“多个用户通过同一个 IP 地址进行交易并不必然证明交易是虚假的”。一审法院的判决是，根据该证据和其他证据，淘宝网有理由相信穆 ×× 存在炒作信用的行为，据此作出封号处罚具有事实与合同依据。二审法院维持了一审法院的意见。此判决关于指向涉嫌炒信的大数据的裁判是否合理，值得进一步研究。其是否会形成“先例”的示范效应，也有待进一步观察。

仅就学理而言，鉴于大数据的关联性是基于全本形成的，这就需要跟人类的司法理性进行磨合。“我们现在拥有如此多的数据，这么好的机器计算能力，因而不再需要人工选择一个关联物或者一小部分相似的数据逐一分析了。”[43] 大数据的关联性与品格证据的关联性具有一定的相似性，人们需要以合适的有限可采性规则来限定其关联性。美国证据法学者麦考密克指出，品格是指对某人性情的一种概括性的描述，或者是关于某种一般特征（如诚实、性格温和或者爱好和平等）的概括性表述。[44] 为证明某人的品格，在诉讼中通常通过有关名声的证言、意见形式的证言或者具体行为实例来证明。一般来说，品格证据并不具有当然的可采性，其适用是“间接性的”。美国《联邦证据规则》第 404（b）条规定，品格证据不能用于证明某人曾按照品格行事，但可用于证明动机、机会、意图、准备、计划、知识、身份、无过失或意外事件。[45] 大数据的关联性也是间接性质的，由于人类无法准确地把握其因果关系故不能用其直接认定案件事实，但是其基于全本数据所反映出的规律仍然可以在一定程度上影响案件事实的证明。

总之，作为主要的采证标准，电子证据的关联性长期以来并未受到应有的重视。然而，随着实践的发展，电子证据关联性的审查认定在司法领域遭遇到越来

---

[42] 见“穆 ×× 诉淘宝网中断网络服务合同案民事判决书”，杭州市西湖区人民法院（2010）杭西民初字第 145 号。

[43] 前引 41，迈尔 - 舍恩伯格等书，第 74 页以下。

[44] 参见［美］约翰 · W. 斯特龙主编：《麦考密克论证据》，汤维建等译，中国政法大学出版社 2004 年版，第 379 页。

[45] 参见何家弘、张卫平主编：《外国证据法选译》（下卷），人民法院出版社 2000 年版，第 600 页。

越多且棘手的挑战。若不尽快解决关联性问题，电子证据就不能很好地应用于司法实践。而双联性原理表明，电子证据必须既能够从内容上影响对案件事实的认定，同时能够从载体上证明虚拟空间的身份、行为、介质、时间、地址同物理空间的当事人或其他诉讼参与人具有某种联系。电子证据的关联性，就是连接两个空间、使之贯通并形成对应关系的重要纽带。其中，载体关联性是电子证据关联性的核心。我们必须努力推动电子证据规则、刑事民事取证制度与鉴定技术规范的推陈出新。这有赖于人们对部分业已成熟的电子证据率先做出调整，也有赖于人们对新近涌现的大数据问题的继续关注和探索。

（原载《法学研究》2016年第6期）

技术侦查证据使用问题研究

程　雷

2012年刑事诉讼法修改过程中在侦查程序中新增了技术侦查措施一节，[1]这一引人瞩目的重大立法变动将长期游离于法治之外的对于打击犯罪与保障人权均具重大意义的技术侦查措施纳入法律规范之下。其中刑事诉讼法第152条专门规定了技术侦查措施获得的材料可以用作证据并规定了相应的庭审使用程序，该条规定技术侦查措施收集的材料在刑事诉讼中可以作为证据使用，如果使用该证据可能危及有关人员的人身安全，或者可能产生其他严重后果的，应当采取不暴露有关人员身份、技术方法等保护措施，必要的时候，可以由审判人员在庭外对证据进行核实。从立法过程来看，技侦证据使用问题是撬动政策技侦向法治技侦这一艰难转型的阿基米德杠杆，作为现行刑事诉讼法中对技侦措施实现司法监督的唯一途径，该条立法规定意义重大。遗憾的是，刑事诉讼法实施四年多来，由于法律规定过于原则加之实践探索裹足不前，法律的规定基本上流于形式，刑事庭审中对于重大犯罪案件的证明过程中罕见技侦证据的身影。中央政法机关晚近出台的《关于推进以审判为中心的刑事诉讼制度改革的意见》明确提出“完善技术侦查证据的移送、审查、调查和使用规则”，[2]这一司改任务的提出从反面印证了技侦证据不使用抑或无法用、不知如何用等一系列司法困境的存在及改革的迫切性。本文尝试着对这一问题做一初步研究，试图揭示出目前司法实践中技侦证据使用的基本样态，并在比较研究的基础上，从理论上对司法困境作出相应的分析与回应，期冀能够对推动这一问题的解决提供必要的理论支撑。

一、刑事诉讼法实施四年来的司法实践——以中国裁判文书网73件案例为样本的分析

为检视《刑事诉讼法》第152条技侦证据使用条款的法律实施状况，笔者检

---

[1]　为论述简洁并遵从实务部门的习惯称谓，以下笔者将“技术侦查措施”简称为“技侦”，将技术侦查措施获得的证据简称为“技侦证据”。

[2]　最高人民法院、最高人民检察院、公安部、国家安全部、司法部《关于推进以审判为中心的刑事诉讼制度改革的意见》（法发〔2016〕18号）第3条。

索了中国裁判文书网2013—2016年四年间的刑事裁判文书，[3]以“技术侦查”为关键词共检索到1433个案例，而中国裁判文书网同期四年间的刑事案件总数量为3880958件，占比约为万分之3.7。然后笔者逐一检视1433个案例，将技侦材料用作证据的73例案件作为本文的样本案件予以重点分析，而其余1360例案件中，技侦措施多为发现犯罪嫌疑人的线索来源、抓捕犯罪嫌疑人的过程或破案经过方面的信息，与本文研究主题的关联十分有限。[4]

（一）使用技侦证据的案件特点

从73例样本案件中可以大致梳理出技侦证据在实践中应用案件范围上的四项共通特点：

其一，技侦证据主要是在毒品案件中使用，占比八成以上，作为例外情形在盗窃、抢劫、出售运输假币、非法帮助犯罪分子逃避处罚、邪教类案件中零星使用。毒品犯罪的发现与证据收集由于毒品犯罪本身的隐蔽性以及犯罪人反侦查的经验，技侦证据具有不可或缺的地位。在其他案件基本上可以归为其他非法交易型的犯罪，使用技侦证据的原因相对比较偶然，多数情况下是以手机为作案条件或者需要通过手机轨迹证明被告人案发时在犯罪现场。

其二，绝大多数案件为不认罪案件，仅有2例被告人认罪的案件存在技侦证据的使用情形。对于不认罪的案件尤其是毒品案件，由于案件本身证据质量要求高、案件中证据除了口供之外，指控犯罪的证据数量与质量都不容乐观，使用技侦证据在所难免。而在认罪案件中，技侦证据材料基本上都可以通过口供以及口供衍生的其他证据加以替代，满足证明标准所要求的证据数量与质量的定案要求，因此在绝大多数认罪案件中，技侦材料无须作为证据使用。

其三，三分之二的案件为共同犯罪案件，仅有三分之一的案件为单人实施犯罪。除盗窃案是典型的单人犯罪外，其余涉及运输、贩卖毒品类的犯罪虽然是单人实施某个环节的毒品犯罪行为，但由于毒品犯罪存在层层勾连的上下线关系，事实上存在着多名潜在的犯罪人进行犯罪的筹划与实施。

其四，使用技侦证据的案件绝大多数均为严重犯罪案件。对于毒品犯罪案件，

---

[3] 载中国裁判文书网，http://wenshu.court.gov.cn，最后访问时间：2017年5月7日。需要说明的是，笔者注意到中国裁判文书网中死刑立即执行的案件基本上没有上网，个别死刑立即执行的案件仅有最高人民法院死刑复核裁定书，但复核裁定书的文书样式及功用决定了其对证据问题不会展开论述。由于中国裁判文书网对于最为严重的死刑立即执行案件进行了人为样本剔除，这对笔者的研究内容及结论具有相当的影响，毕竟技术侦查措施主要适用于严重犯罪案件，笔者不得不提醒读者本文研究方法上的这一明显缺陷。

[4] 其余1360例案件中判决书之所以表述技术侦查措施只是表明案件来源、到案经过，从反面证明被告人不具有自首情节，当然从自首这一量刑情节的角度来看，也是一种证据，但并非本文关注的重点。

基本上都判处了十年以上有期徒刑甚至无期徒刑，非毒品案件中，也均属法定刑超过七年或者罪名本身性质严重的重大犯罪，比如样本案件中的盗窃行为窃取的财产数额与最终量刑均可视为“数额特别巨大”的严重犯罪，邪教类犯罪属于犯罪性质上特别严重的犯罪类型。

（二）技侦证据使用情况分析

1. 技侦证据的内容种类

73 件样本案件中，裁判文书中明确表述用作证据的技侦材料均为手机监听获取的资料，[5] 唯一的例外是在一起邪教类案件中使用了密拍密录获得的光碟、照片。[6] 需要进一步说明的是，或许是由于刑事诉讼法对技术侦查措施的内容并无明确规定的缘故，样本判决书中对手机监听这一技术侦查措施的表述并不统一，在很多裁判文书中甚至并未提及具体手段的名称，[7] 但这并不妨碍读者能从相关用语中作出准确的推断。[8]

从技术侦查措施的法定分类来看，手机监听属于“通信监控”，密拍密录属“行踪监控”和“场所监控”，[9] 在四分法之下，各类技术侦查措施还能细分为不同的具体监控手段，对此法律以及法律解释均未明确，但司法实践中普遍认为，这些具体的技术侦查手段种类繁多且得到广泛应用的，包括电子侦听、电话监听、电子监控、秘密拍照或录像、秘密获取某些物证、邮检等秘密的专门技术手段。[10]

---

[5] 在多起盗窃案中侦查人员使用了犯罪嫌疑人手机移动轨迹来证明犯罪嫌疑人在案发时到过犯罪现场，此类监控手段的对象手机通话形式，与手机监听针对通话内容的监控存在一定的差异，尽管存在这种差异，司法实践中并未对二者进行区分而是统一归类为通信监控。

[6] 参见陈某某利用邪教破获法律实施罪二审裁定书，湖南省怀化市中级人民法院（2013）怀中刑二终字第 74 号。

[7] 裁判文书中的具体表述五花八门、各不相同，如“手机通话记录、技术侦查资料”“手机通话内容”“采取技术侦查措施决定书、手机通话记录及内容”“电话通话内容技术侦查资料”“作为书证的手机通话内容的部分录音记录”“通话录音、信息摘要”“技术侦查复听记录”“通话语音文件、音频文件”“侦听材料”“通话录音记录、实施技术侦察审批表、情况说明证实通话内容”“技侦语音转换记录”“工作说明反映公安机关系采取技术侦查措施收集通话录音的情况”“通话音频材料及转化为文字内容的材料”“视听资料证实被告人与买毒人手机之间进行贩毒联系的情况”“通话录音转化的文稿”等。

[8] 当然个别的判决书表述过于笼统，比如“侦查机关通过技侦手段获取的证据证实了被告人联络贩毒并获取酬劳的事实”（第 12 号案件），从这一表述中读者很难确认侦查人员采取了何种技术侦查措施。

[9] 刑事诉讼法并未对技术侦查措施包括哪些具体侦查手段作出明确规定，《公安机关办理刑事案件程序规定》第 255 条对该问题进行了细化解释，采取四分法的方式将实践中公安机关使用的技术侦查措施分为“记录监控、行踪监控、通信监控、场所监控等措施”。

[10] 参见郎胜、王尚新主编：《〈中华人民共和国国家安全法〉释义》，法律出版社 1993 年版，第 72 页；郎胜主编：《〈中华人民共和国人民警察法〉实用问题解析》，中国民主法制出版社 1995 年版，第 80 页。

实践中广泛应用多种类的技术侦查措施与手段，但在证据使用问题上，原则上仅限于使用通信监控中的手机监听这一种侦查手段获得的材料，这是样本案件揭示出的一个重要现象。

2. 证据使用的过程

技侦证据使用过程的观察，包括证据以何种形式或载体呈现于诉讼过程中，是否经过了当庭的出示与质证，辩方提出了哪些质证理由以及法官是否进行了庭外核实等方面。样本案件裁判文书中的技侦证据使用过程显示出如下突出特点：

（1）证据存在形式或载体

73 例样本案件中技侦证据的形式主要有三种模式，[11] 根据使用频率由高到低依次为翻音资料（29 件）、情况说明（25 件）、语音资料（7 件）。翻音资料系技术侦查部门制作的对原始电话监听录音整理的文字记载，尽管判决书中有着不同的表述方式，[12] 但基本上都是监听人员对于被监控人之间进行电话交谈内容的要点整理。从判决书中对翻音材料的证据列举内容来看，这些材料并非通话过程的逐字翻录，而是对涉及犯罪事实的主要内容或关键内容的摘要式记录。

情况说明一般是由侦查办案机关或者技术侦查部门出具的对电话监听获取的主要信息进行的描述，与翻音记录相比，记载的通话内容更为简约，但经常会附带介绍监听程序的工作过程及其合法性。

语音资料是最为原始、最为直观、最为客观的电话通话的记录方式，而翻音记录或情况说明都是语音资料的衍生品，基于原始证据优先原则，[13] 语音材料应当优先使用。不过样本案例反映的司法实践情况恰恰相反，语音资料只在极其例外的情况下才直接作为证据提交给法庭使用。从证据证明力的角度比较三种模式，语音资料最优，翻音材料次之，情况说明最差，样本案例显示司法实务界选取了一条折中路线，频繁地使用证明力效果居中的翻音材料，对于最优选项的语音资料，并没有按照司法解释和证据法理论的要求，予以优先适用，恰恰相反，语音资料仅在极其例外的情况下才会作为技侦证据的证明方法。

（2）证据的出示与质证

从监听证据庭审中出示与质证的角度观察，我们可以发现至少在八例案件中

---

[11] 在两例案件中由于判决书缺乏有效信息，证据存在方式与载体以及使用方式不详，笔者将其忽略。

[12] 在样本案件中，判决书对翻音材料使用了不同的名称，包括翻音材料、通话录音转化文稿、录音记录、语音转换记录、技术侦查复听记录、通话摘要等，笔者无意对不同的称呼进行评判，只是在参酌侦查实践的基础上为叙述方便将其统称为翻音材料。

[13] 最高人民法院《关于适用〈中华人民共和国刑事诉讼法〉的解释》（以下简称《高法解释》）第 70-71 条及第 93 条分别规定了物证、书证及视听资料、电子数据这四类实物证据的原始证据优先原则。

控方虽然使用了监听证据，但相关证据并未在法庭上出示，也未经辩方质证。对这些未经出示、质证的证据，法官在判决书中均表明虽未经公开出示、质证，但由审判人员在庭外进行了单方核实，查证属实后作为了定案的根据。法官们认为庭外单方核实程序就是在适用《刑事诉讼法》第152条所规定的“必要的时候，可以由审判人员在庭外对证据进行核实”的规定。

虽然从表面上看绝大多数案件中监听证据都进行了出示与质证，未经出示与质证的案件只有8件，但需要我们特别关注的是出示与质证的证据载体都是翻音材料或情况说明，而只在2件案件出示了原始语音并进行了质证。[14] 翻音材料与情况说明实际上被作为了《刑事诉讼法》第152条所规定的“保护措施”，通过将原始语音改编为文字，可以人为去除“可能危及有关人员人身安全或者可能产生其他严重后果的”信息，达到不暴露有关人员身份、技术方法的效果。此外，审判人员还在8件案件中进行了庭外核实，庭外核实的案件数量超过十分之一，占比超过了直接出示语音进行质证的案件。

（3）辩方对监听证据的质证理由

通过观察辩方的质证理由或者抗辩理由，有助于我们更为全面地了解技侦证据在司法实践中存在的问题。人们或许会认为监听证据客观性强、信息含量大，作为证据使用能够直接证明犯罪，起到一锤定音的效果。然而司法实践的情况恰恰相反，技侦证据在使用中受到辩方质疑的情形远远超过了人们的预期，在样本案件中有超过七成的案件，辩方对技侦证据使用的合法性、客观性与关联性提出了方方面面的质疑。

辩方对技侦证据使用的质证或抗辩理由，从证据“三性”角度来看，主要集中在技侦证据的合法性问题上，概括起来看主要有以下三个方面：一是技侦部门是否遵循了《刑事诉讼法》第148条所设定的技术侦查措施启动程序、适用对象、适用案件范围、实施主体等方面的程序性要求，比如能否提供、出示采取技术侦查的法律文书或法律手续；适用案件范围是否属于《刑事诉讼法》第148条规定的案件范围，是否为立案后采取的技侦措施，在他案监听或追逃案件中的监听是否合法，实施主体为安全部门是否符合法律的规定等。二是监听证据的合法形式与法定种类问题，在多件案件中辩方质疑翻音材料与情况说明都不是监听证据的合法形式，法律并未明确这两种电话录音衍生品的合法地位，也不符合《刑事诉讼法》第48条规定的法定证据种类的要求。三是就监听证据的出示与质证程序，在超过四分之一的案件中辩方的抗辩理由是未经当庭出示、质证的证据违反证据使用的程序要求，不能作为定案根据。

---

[14] 参见《代伟运输毒品案二审裁定书》，四川省甘孜藏族自治州中级人民法院（2015）甘终字第20号；《刘晓华贩卖毒品罪二审裁定书》，重庆市高级人民法院（2013）渝高法刑终字第00178号。

对于关联性的质疑，一种情形为辩方认为通话内容虽然属实，但从通话内容中无法看出与犯罪的关联性，原因是毒品犯罪活动中，犯罪人之间多使用暗语、行话、黑话进行交流，即使监控到这些通话内容，普通人很难将其与犯罪关联起来；另一种常见情形就是辩方否认通话语音是被告人本人的声音，或者要求控方对语音进行声纹鉴定以解决关联性的问题，遇到此种情形法院通过运用声纹鉴定意见这种独立的证据种类对监听证据的关联性作出确认。

总体来看，辩方质疑监听证据的主要法律依据主要是合法性问题，然后是关联性，但关联性问题的解决在司法实践均可通过声纹鉴定的方式予以化解，而真实性问题的质疑极少出现。

（4）证据使用的效果

从技侦证据使用的效果来看，虽然全部 73 例样本案件均最终定罪，但一审中技侦证据使用过程也凸显出不少问题，影响到定罪的有效性，主要表现为两种情形，一是指控犯罪不力导致无罪认定或者由重罪降格为轻罪处理；另一方面表现为上诉率大幅攀升，技侦证据的使用并未实现有力指控犯罪的效果。

首先，在 3 例案件中公诉人的指控未被法院认可或者存在降格处理的情形。在王全富、赵某走私、贩卖、运输、制造毒品罪一案中，[15] 就公诉人指控被告人王全富多次贩毒活动中数额较大的第一次贩毒活动，法院认为“只有通话内容为证，没有其他证据相印证，证明此次贩毒行为成立的证据尚不够确实充分”。最终没有认定该次贩毒行为。在李方印非法持有毒品罪一案中，[16] 法院认为“公诉机关仅仅出示了公安机关采取技术侦查措施收集通话录音的工作说明，但由于未提供批准采取技术侦查措施的法律文书，也未提供该工作说明所述通话录音中涉及的人员系本案被告人的证据”，法院未采信该工作说明，最终导致运输毒品的指控不能成立，案件降格认定为非法持有毒品罪。在纳吉日日走私、贩卖、运输、制造毒品案判决书中，[17] 法院认为“只有具备合法性、关联性、真实性的证明材料，才能作为定案证据。本案中，公安机关按照法定程序收集的与本案指控事实存在客观联系的电话监听录音，因与本案其他证据矛盾，且被告人否认内容的真实性，此时控方应当提供声纹鉴定予以证明。声纹鉴定是审查声音资料客观真实性以及与案件当事人关联性的重要手段。出庭公诉人当庭申请补充声纹鉴定这一证据，但补侦期限届满后声纹鉴定并未进行，由此导致本案的电话录音因真实性存疑而不能作为定案根据”。最终该案由于技侦证据应用中的瑕疵导致指控由贩卖毒品降格为非法持有毒品罪。

---

[15] 浙江省宁波市鄞州区人民法院（2014）甬鄞刑初字第 80 号。

[16] 北京市第二中级人民法院（2015）二中刑初字第 476 号。

[17] 四川省成都市中级人民法院（2014）成刑初字第 188 号。

其次，从样本案件的上诉率来看，技侦证据的使用引发了辩方的强烈质疑，不仅没有直接有力地指控犯罪，反而引发了极高的上诉率。比如在2013—2015年三年间的21例技侦证据使用的样本案件中，有12件案件的被告人提出上诉，超过50%的上诉率远远高于我国目前刑事案件的平均上诉率。[18] 其中上诉理由与技侦证据使用问题直接相关的案件占到8件，技侦证据应用中存在的问题已经成为上述样本案件中上诉的主要原因。

（5）对司法实践状况的简要评述

首先，从技侦材料用作证据的频率来看，在刑事诉讼法实施的前四年时间内，万分之3.7的比例从概率的角度来看，用作证据的案件比例已低至完全可以忽略不计的程度，一个基本的判断结论是司法实务部门对技侦证据的使用持高度谨慎的态度，原则上不将其用作证据，《刑事诉讼法》第152条的规定基本上停留在纸面之上。

其次，有限的73例用作证据的样本案件揭示了司法实践部门使用技侦证据的探索过程，尽管样本量十分有限，但透过个案研究的视角仍能展示出技侦证据应用中的基本趋势及其存在的问题：一是现有用作证据的案件类型主要限于两人以上共同实施的被告人不认罪的严重毒品犯罪案件，在此类案件中案件本身的证据特点及毒品犯罪自身的实施方式决定了使用技侦证据指控犯罪的必然性。这一趋势勾勒出实务部门所认为的“可以”用作证据的应有范围，对政策制定者进一步细化证据使用的案件范围具有较强的参考价值。[19] 二是用作证据的具体手段类型仅限于手机监听，而司法实践中已经广泛使用的其他种类的技术侦查措施以及对手机通话之外的多种通信方式展开的全方位监控获取的信息都仅仅作为了侦查的线索，并未作为证据使用。侦查机关显然对证据使用采取了高度谨慎的保守态度，尽管法律规定“可以”作为证据使用，但侦查实务部门似乎有组织、有计划地从手机监听这一手段开始进行初步探索，毕竟公众对于手机监听的知悉程度更大，该手段的保密必要性较低，且手机监听系通过网络技术设备实施，技术侦查措施实施的安全性较强。

最后，基于辩方的抗辩事由和法官裁判文书说理的情况，三个主要问题正困扰着目前技侦证据的使用实践：一是技侦证据的载体或法定种类应当是什么？二

---

[18] 根据《中国法律年鉴》公布的统计数字，近十年来我国刑事案件一审上诉率维持在10%左右。当然对于毒品案件或者重罪案件的上诉率，理论界与实务界都没有专项统计，一个可能性是与本文样本案件相似的重大毒品犯罪案件的上诉率，会高于全国刑事案件的平均上诉率，笔者目前尚无法验证这一可能性，因此目前的判断只能是阶段性的，有待于进一步的数据验证。

[19] 需要再次说明的是，中国裁判文书网上对于死刑案件的裁判文书基本上未公开，在考虑技侦证据应用的案件范围时需要认真对待本文样本选取上这一无法克服的天然缺陷，显而易见的是，死刑案件人命关天，法官事实上对证据的质量要求更高，对技侦证据的需求更高。

是技侦证据是否必须全部当庭出示并经辩方质证？法官应当如何“在庭外对证据进行核实”？三是对技侦证据进行审核认证时如何把握其真实性、关联性与合法性的具体标准？上述三个问题相互连接、互相影响，都是审判实践中技侦证据应用时控辩审三方反复争辩的焦点问题。这些问题既是当前司法实务界规范技侦证据使用的政策着力点，当然也是进一步开展理论研究需要着重解决的主要课题。

二、比较法上的经验——以手机监听证据为例的分析

本部分内容对两大法系主要代表性国家和地区的技侦证据使用问题进行一个简要的比较研究，主要围绕着上文中提及的困扰我国司法实践与理论研究中的主要问题展开，并主要以手机监听为分析对象以更好地对应我国当前的司法实践状况，先介绍代表性国家及地区的主要做法，之后对比较法中的主要启示作一小结。

（一）不允许用作证据的英国

英国是普通法系国家中唯一禁止将监听等通信截获材料作为证据使用的国家。[20]根据英国2000年调查权规制法令（Regulation of Investigatory Powers Act 2000，RIPA）第17条的规定，通信截获获得的信息严格禁止在任何法律程序中作为证据使用。[21]需要特别说明的是，英国法中只是严格禁止通信截获这一种技术侦查措施获得的证据在诉讼中使用，对于其他技术侦查或者说秘密监控手段包括直接监控、侵入式监控、卧底线人等人力型秘密侦查方式获得的材料，法律并未禁止作为证据使用。

在英国监听证据的使用问题是多年来立法、司法实务界反复讨论的一个老话题，事实不允许监听证据在诉讼中使用在英国具有很长的历史，早在1985年《通信截获法令》第9条（Interception of Communications Act）中就明文规定了这一原则。自那时起关于能否用作证据的政策讨论就从未停止过，1995—2008年就监听证据使用问题，政府先后进行过八次政策咨询与评估，起草了八份咨询报告

---

[20] JUSTICE，*Intercept Evidence: Lifting the Ban*，2006，p3，https://justice.org.uk/intercept-evidence-2/，最后访问时间：2016年8月7日。我国香港特别行政区在英国统治期间继受了英国法，迄今为止对于监听证据的使用保持与英国相同的态度，根据2006年香港《通讯截获及监察条例》第61条（1）的规定，任何电讯截获成果不得在任何法院进行的任何法律程序中接纳为证据，但用作证明有人已犯披露电讯截获成果而构成的相关罪行除外。

[21] 根据该条第（4）项的规定，通信截获（intercepted communications）包括所有通过邮寄渠道或者电讯系统传输的通信内容。该法令第18条对于第17条也规定了一些例外情形下可以用作证据的情况，包括在入境移民上诉委员会的程序、民事程序、反恐事务等。此外禁止用作证据的例外还包括经双方或一方当事人同意的监听、在外国监听获得的材料，参见Alexander Horne，*The Use of Intercept Evidence in Terrorism Cases*，2011，Home Affaires Section，http://researchbriefings.files.parliament.uk/documents/SN05249/SN05249.pdf.，最后访问时间：2016年8月16日。

予以了专题研究和讨论。[22] 政府方始终坚持禁止用作证据的态度，而部分政府智囊机构、英国民间组织等都主张放开相应的禁止。反对派与赞同派都形成了各自体系化的理由，鉴于这些争论及其论证理由与我国当下对此问题的讨论十分相似，有必要将英国技侦证据使用问题的两派观点加以简要介绍。[23]

英国政府禁止使用通信截获证据，主要有六个方面的考量与顾虑：（1）将监听材料用作证据将会向严重犯罪分子和恐怖分子泄露监听方法进而削弱或者威胁到警方的整体监听能力，短期来看用作证据有一定好处，但效果会非常短暂，因为从长远角度来看，未来的监听工作将会愈发困难。（2）将监听材料用作证据，将会威胁到英国情报机构的安全，进而影响到情报机构与侦查机构之间的协作关系。在英国情报监听与犯罪监听之间没有明确的界分，这一状况使得证据使用的讨论变得异常复杂，因为政府人士始终担心因为打击犯罪而使用监听证据可能会损害情报部门的监控能力，进而威胁到英国的国家安全。（3）将监听材料用作证据会过度增加执法部门的财政、人力负担，因为如果作为证据使用，就意味着执法部门、情报部门需要将所有具有证据价值的语音全部留存、拷贝、转换为文字并存放于案卷中，这将是十分耗时且昂贵的工作。移送诉讼程序使用后，这些证据材料也会给检察官、法官带来极大的压力，因为后者需要不断地应对辩方要求开示、质证这些证据材料的请求。英国的情报部门更倾向于不在证据使用方面投入过多精力与资源，而是将相应的资源投入技术升级与自我监控能力发展方面。（4）使用监听证据对于定罪帮助有限，反对者认为在监听到的谈话中，重大犯罪案件的犯罪分子基本上不会直接谈及犯罪内容，许多毒品犯罪的犯罪人还经常使用暗语、行话，即使将这些材料提交到法庭对于最终的定罪作用也十分有限。

赞同使用监听证据的人士也提出了相应的理由：（1）使用监听材料作为证据将极大地有助于应对严重有组织犯罪、毒品犯罪以及晚近英国政府面临的恐怖犯罪的挑战，并且有助于减少在反恐过程中对于长期审前羁押、控制令等极端程序措施的依赖，缓解反恐过程中合法手段不足的困境。（2）使用监听证据有助于实现案件的全面公正，这些监听证据有助于正确定罪，从控辩双方的角度来看，审判是更为公正的。（3）事实上监听证据已经在刑事程序实践中加以运用，比如境外取得的监听材料、经一方同意的监听材料、经由窃听器录制的通信过程都可以依法在刑事诉讼中使用，而且其他大量的秘密监控手段获得的材料也都可以依法

---

[22] 参见英国内政部 2014 年提交给英国议会的专题报告，*Intercept as Evidence*，Cm8989，December 2014，P4，www.gov.uk/government/publications，最后访问时间：2016 年 8 月 7 日。

[23] 英国非政府组织 Justice 长期关注秘密监控领域的法治化问题，该机构对英国监听证据使用问题的梳理与研究颇具代表性，笔者此部分对双方争论观点的总结多参考了该机构于 2006 年发布的报告 Intercept Evidence：lifting the ban，如无特殊说明，相关观点均引自该报告，报告原文可参见 https：//justice.org.uk/intercept-evidence-2/，最后访问时间：2016 年 8 月 7 日。

作为证据使用，RIPA 法令中单独对通信监控作出限制不符合逻辑，因为其他监控手段作为证据使用过程中也会涉及政府禁止通信监控用作证据的各种担心，但实践证明其他秘密监控手段的证据使用过程并未出现政府担心的情形。

（二）美国

在美国刑事司法实践中，侦查机关高度重视监听证据的使用，通过将监听材料用作证据，美国政府成功起诉了许多重大的有组织犯罪和白领犯罪等严重犯罪。另一方面，在个别案件中侦查机关如果使用了高度敏感、复杂的新技术，监听成果就很少作为证据使用，因为执法机关担心侦查能力因为证据的使用会受到损害。[24]

具体来看，警方只要依法进行监听获得的材料就可以作为证据使用，美国电话监听的主要法律依据为 1968 年通过的《综合犯罪控制与街道安全法》，根据该法令，监听合法性主要包括三个方面的要求：（1）只能针对法律事先确定的犯罪类型适用；[25]（2）侦查人员需要提供相应的信息或材料让法官确信存在合理根据签发令状，同时监听针对的对象应当是确定的、具体的，包括身份、监控通信设施的对象与地点，拟监控的通信方式、监控持续时间等；[26]（3）必要性与最小化原则，采取监听必须满足采取其他侦查手段无效而不得不使用的必要性原则，同时监听的内容对公民隐私的干预应当尽量实现最小化原则。[27] 违反该法令规定获得监听材料一律不得作为证据使用。[28]

证据使用中一个关键性要求为控方需要在法庭上播放监听录音。录音证据经常与其他证据结合起来使用，比如与政府合作的同案被告人可以作证解释监听材料的含义。从证据法的角度来看，这一实践做法体现了《联邦证据规则》第 901 条的鉴真和辨认要求，该条对于展示性证据，包括实物证据、各种录制品、电子图像等证据使用设置的前提性要求是必须通过鉴真或者辨认证明它们就是所主张的那些东西。[29] 具体而言，对于录制品，被认为是介于实物证据和目击证人之间的证据，它们不是留在人类记忆中，而是通过机械、电子或其他方式留在磁带、影带或者某些介质上的真实事件的记录，对于此类证据可以通过两类方式鉴真，

---

[24] *Privy Council Review of Intercept as Evidence Report*，30 January 2008，para.173–175，https://www.gov.uk/government/uploads/system/uploads/attachment_data/file/228513/7324.pdf，最后访问时间：2016 年 8 月 7 日。

[25] 18 U.S.C §2516（1）.

[26] 18 U.S.C §2518（1）（b）; 18 U.S.C §2518（4）.

[27] 18 U.S.C §2518（1）（c）; 18 U.S.C §2518（5）（6），18 U.S.C §2518（1）（f）.

[28] 18 U.S.C §2515.

[29] ［美］罗纳德·J. 艾伦等：《证据法：文本、问题和案例》（第三版），张保生等译，高等教育出版社 2006 年版，第 212 页。

第一种方式是以感知证人的证言，辨认确认录制的内容是正确的，这是一种比较简化的做法；第二种方式是在没有感知证人的情况下，欲满足《联邦证据规则》第 901 条的证据使用要求就取决于录制设备运行至科学原理、操作者之资格、设备之状态、录制品之未改变状态以及从录制设备到法院之保管链条。[30]

在证据收集过程中，侦查机关被要求保存所有监听材料直至案件诉讼结束，侦查人员只需将与犯罪追诉有关的材料翻音、记录整理。[31] 在使用该证据的过程中，美国联邦宪法与州法律课予了检察官证据开示的义务，即用作指控犯罪的证据应当事先告知辩方，否则就是对正当程序的违反，虽然各州对于检察官证据开示的范围有不同的规定，但通常均规定检察官于审判中所使用的证据必须使被告人知悉。[32] 对于涉及国家安全的情报信息，美国政府、检察官通常会援引 1980 年通过的《保密信息程序法令》(Classified Information Procedures Act) 进行特殊的证据开示程序。[33] 对于此类信息，法官享有极大的裁量权决定是否开示以及如何开示，比如法官可以决定相关信息没有必要向被告人出示，也可以决定将相关材料的原始内容或者删节后的材料出示给经过国家安全认证的特定律师，也可以决定将原始记录或者删节后的材料出示给被告人本人。[34] 美国法院的判例表明，仅允许经国家安全认证的特定律师阅览相应的证据并未侵犯被告人的公正审判权。[35] 在几起个案中，经过国家安全认证的律师代表被告人对保密材料进行了阅览，只要法院认为律师能够充分代表被告人阅览相应的材料，法官可以决定禁止律师与被告人讨论相关的保密材料。[36]

在美国、英国、加拿大、澳大利亚等普通法系国家，证据开示制度是维系控辩平等武装与公正审判的重要法律制度，使用监听等技侦证据的制度安排需要权衡技术侦查能力、国家安全与公正审判权之间的冲突，这一点在证据开示程序中表现得最为突出。普通法系国家证据开示过程中处理上述法律价值冲突的重要法律机制即为公共利益豁免原则 (public interest immunity)，长久以来该原则在普

---

[30] [美] 罗纳德·J. 艾伦等：《证据法：文本、问题和案例》(第三版)，张保生等译，第 233-234 页。

[31] 前引 Privy Report，Para.170.

[32] 王兆鹏：《美国刑事诉讼法》，北京大学出版社 2005 年版，第 449 页。

[33] Aniceto Masferrer eds，*Post 9/11 and the State of Permanent Legal Emergency：Security and Human Rights in Countering Terrorism*，Springer Netherlands，2012，p.191.

[34] Privy Report，para.172.

[35] United States v. Bin Laden 58 F Supp.2d 113，121；United States v. Al-Arian 267 F Supp 2d 1258.

[36] Privy Report，Para.172.

通法系国家作为一项成功保护技术侦查能力的重要法律机制备受推崇。[37] 所谓公共利益豁免原则是指在对抗制诉讼模式下，检察官基于公共利益的考量，对于敏感材料与信息，可以不向辩方开示，该原则属于证据开示原则的重要例外。[38] 公共利益豁免原则在成功侦查与起诉严重犯罪的过程经常适用，在这些案件中警方需要使用线人、卧底或者各类现代监控技术，且这些侦查方法不能透露给辩方，以防止危及有关人员的人身安全或者妨碍在未来的侦查行动中继续应用这些技术方法。[39] 公共利益豁免原则适用于严重犯罪案件，豁免的适用对象是开放式的，多由法官逐案进行衡量，比如涉及国家利益的事项，包括国家安全、国防、外交方面的信息；可能妨碍犯罪的调查与起诉、妨碍政府追缴赃款、可能暴露政府信息来源、有损政府职能行使等方面的信息，都可以被归为公共利益的范畴。[40] 适用该原则的程序是检察官向法官提出申请并提交相应的说明材料，由法官最终决定是否同意适用公共利益豁免原则，如果法官同意适用，则检察官申请的相应证据或信息无须向辩方开示。在法官决定过程中，辩方通常无法参与这一程序问题的决定过程，由法官单方依职权作出相应的裁决。[41] 一旦法官决定适用公共利益豁免规则准许控方不开示相应的信息或材料，则该信息与材料在未来的诉讼程序中也不能作为指控犯罪的依据。这一原则的广泛应用有助于隐匿证据的来源进而帮助侦查机关充分保护各种技侦手段的过程与方法。

为了弥补辩方无法参与特殊证据质证程序的瑕疵，特定律师代理制度应运而生。为妥善处理国家安全方面的案件，特定律师制度（Special Advocates）最早出现在1997年前后的英国入境事务法庭，当时英国在入境法令 Special Immigration Appeals Commission Act（1997）中首次规定了当入境上诉事务委员会遇到案件中涉及国家秘密和国家安全方面的证据时，可以指定特定律师代理移民遣送事宜。[42] 特定律师虽然代表当事人的利益，但无须向其代理的当事人负责，

[37] Justice 2006 Report，p.27. 普通法系国家的成文法中也多规定了公共利益豁免原则，比如英国1996年《刑事程序与调查法令》（the Criminal Procedure and Investigations Act 1996）第3条第6项与加拿大证据法（Canada Evidence Act，R.S.C.1985）第37-39条分别规定了对于一般意义上的特定公共利益、国家安全、国防和外交事宜、政府内阁内部事务中的豁免情形。

[38] Lucy Line and David Plater，*Police*，*Prosecutors and Ex Parte Public Interest Immunity Claims*：*The Use of Special Advocates in Australia*，The University of Tasmania Law Review，Vol 33 No 2，2014，p.255，258.

[39] R v. H［2004］UKHL 3，per Lord Bingham at para 18.

[40] Lucy Line and David Plater，*Police*，*Prosecutors and Ex Parte Public Interest Immunity Claims*：*The Use of Special Advocates in Australia*，The University of Tasmania Law Review，Vol 33 No 2，2014，p.260.

[41] Lucy Line and David Plater，*Police*，*Prosecutors and Ex Parte Public Interest Immunity Claims*：*The Use of Special Advocates in Australia*，The University of Tasmania Law Review，Vol 33 No 2，2014，p.261.

[42] Lucy Line and David Plater，*Police*，*Prosecutors and Ex Parte Public Interest Immunity Claims*：*The Use of Special Advocates in Australia*，The University of Tasmania Law Review，Vol 33 No 2，2014，pp.278-279.

其有权也有义务对其知悉的国家秘密信息对当事人保密。[43] 欧洲人权法院对这种指定特定律师的制度安排给予了肯定,[44] 随后英国法院与议会体认到特定律师制度的优势,进而在其他程序中不断推广应用。[45] 2004 年英国上议院在 R v. H 一案中首次确认了特定律师制度的合法性与合理性,大法官认为在例外的案件中当检察官申请适用公共利益豁免原则需要对某些证据保密时,通过指定特定律师参与案件的办理,对于实现司法的利益、保障被告人的公正审判权而言是必需的。[46]

(三)欧洲人权法院的态度

欧洲人权法院对于监听等技术侦查证据使用的规制,主要集中于技侦证据的使用与公正审判权的关系上。《欧洲人权公约》第 6 条规定了公正审判权,欧洲人权法院对技侦证据的裁决多是基于该条规定展开的。在 2009 年 Natunen v. Finland 一案中,[47] 欧洲人权法院作出了标杆性判决,在该案中芬兰侦查机关在对被告人采取监听措施收集其共同贩卖毒品犯罪的过程中,侦查人员在审前程序中根据芬兰当时的法律规定,将与案件无关的监听录音材料自行进行了销毁。被告人在庭审中抗辩要求控方出示全部监听录音,因为被告人认为侦查机关销毁的与案件无关的录音中恰恰包含了其无罪的证据。控方最终无法提供已被销毁的证据,被告人以芬兰政府侵犯其公正审判权将其诉至欧洲人权法院。

欧洲人权法院在判决中指出,《欧洲人权公约》第 6 条第 1 款所列明的公正审判权,核心要义有二:一是刑事程序应当对审进行(should be adversarial),被告人有获得对审的权利,即控辩双方都有充足的机会知悉案卷中记载或者对方提供的证据并对该证据发表意见;[48] 二是控辩双方应当平等武装。

在欧洲人权法院的视野中公正审判权中的对审权主要涉及的问题为证据开示。[49] 公正审判权要求控方有义务向辩方开示所有的证据,包括对被告人不利或者有利的证据。当然辩方要求开示证据的权利并非绝对的权利,在刑事司法过程中,该权利要与其他一系列重要价值相权衡,比如国家安全、保护特殊证人的需

---

[43] Edwards and Levis v. The United Kingdom,2003,application no. 39647/98 and 40461/98,ECHR,Para 40.

[44] Chahal v. United Kingdom(1997)23 EHRR 413,[131].

[45] 1997 年之后英国陆续公布了多项法令推广特定律师制度,比如 1997 年恐怖法令(Terrorism Act 1997)第 5 条、2000 年《反恐、犯罪与安全法令》(Anti-Terrorism,Crime and Safety Act 2000)第 70 条、2013 年《公正与安全法令》(Justice and Security Act 2013)。

[46] R v. H [2004] 2 AC 134,150 [22].

[47] Application no 21022/04,31 March 2009.

[48] Rowe and Davis v. United Kingdom(2000)30 EHRR at 60.

[49] 欧洲人权法院关于要求对审权的判例主要集中在两个方面:一是控方单独向法院提交相关法律适用意见;二是控方的证据开示义务及其例外,参见 Stefan Trechsel,*Human Rights in Criminal Procedeedings*,Oxford,2006,p.86.

要、对警方侦查方法予以保密的需要，这些价值目标都需要与被告人的权利平衡考虑。[50] 在一些案件中，为了维护其他公民的基本权利或者公共利益，有必要不向辩方开示某些证据，而根据公约中公正审判权的要求，开示证据的例外必须严格限定在必需的范围内，同时为保障被追诉人的公正审判权，还需要司法机关遵循若干程序以弥补该例外情形下对被追诉人权利的限制。

芬兰侦查机关销毁部分无关录音的行为，根据当时的法律程序，是自行、单方作出决定且在审判前实施的，即使与检察官共同合作，这种由控方单方对证据材料是否与案件有关作出评判的程序不符合公约第 6 条第 1 款关于公正审判权的要求。欧洲人权法院最终裁决，这种未经司法监督而销毁多余的或者无用的监听材料的行为侵犯了被告人的公正审判权。[51]

欧洲人权法院并没有详细地指出应当根据何种程序决定可不向辩方开示技侦证据，但在另外两件涉及证据开示问题的判例中，欧洲人权法院认可如果是由法官对是否开示证据作出的评判且在这一决定过程中辩方有充分的参与机会，就是符合公正审判权要求的程序。[52]

通过 Natunen 案的判决，欧洲人权法院对监听证据的使用提出的具体要求为，一旦控方使用监听获得的证据，则控方应当保存全部录音材料，是否开示全部相关录音以及能否在案件诉讼进程中销毁无关的材料，需要经过法官的审查，辩方有权利参与这一决策过程。开示技侦证据的范围经由司法程序决定，方符合对审权的基本要求。

在技侦证据的使用过程中，还涉及公正审判权另一项具体权能即对不利于己方的证人和其他证据进行质证的权利，《欧洲人权公约》第 6 条第 3 款规定了刑事审判中实现公正审判的最低标准，其中 d 项明确规定被告人有权对反对自己的证人进行质证。[53] 欧洲人权法院的判例法明确地将该项规定由对证人的质证扩大至了对所有不利于己方证据的质证，这一程序保障被视为了公正审判权和对审权的基本组成部分，除非被告人有机会对相关证据的真实性和相关性进行质证，任何证据均不得作为定罪的基础。[54]

欧洲人权法院曾经指出所有证据原则上都应当在公开的法庭上向被告人出示并经控辩双方质证，但这并不是说所有证人证言都只能在法庭上或者公开的听证

[50] Klass v. Federal Republic of Germany（1978）2 EHRR 214.

[51] Natuen v. Finland，Application no 21022/04，31 March 2009，para 47.

[52] Fitt v. The United Kingdom（no.29777/96，ECHR 2000）and Jasper v. The United Kingdom（no. 27052/95，16 February 2000）.

[53]《公民权利和政治权利国际公约》第 14 条第 3 款戊项规定了相似的条款。

[54] Stefan Trechsel，Human Rights in Criminal Proceedings，Oxford University Press 2006，pp.304-305.

中作出才能采用，毕竟在特殊的案件中这是不可能做到的。只要被告人的质证权得到了相应的保障，采纳证人在庭前的证言本身并不一定违反欧洲人权公约第 6 条第 3 款 d 项的规定。该项规定确立的基本要求是给被告人提供了充足且适当的机会对反对自己的证人证言进行了质证，无论这种质证是在审前或者后续的庭审中进行，都不影响被告人此项权利的保障。[55] 比如，欧洲人权法院认为只要被告人有机会对相关证据进行质证，在侦查程序或预审程序中保障了被告人的质证权，那么在审判阶段就没有必要再次对相关证据进行质证。[56] 再比如，欧洲人权法院明确表明通过辩护律师对相关证据的质证应被视为满足了公约质证权的要求，[57] 被告人本人不是必须亲自质证。又如，在 Doorson 案中，预审法官对匿名证人进行了庭外询问，且辩护律师参与了对证人的质证，欧洲人权法院裁决这种特殊的程序设计也符合了公约的基本要求。[58] 总之，欧洲人权法院对待质证权的基本精神是非常明确的，即证据必须经过辩方质证，但对于特殊类型的证据，基于案件的特殊情况，可以采取变通的质证方式。

（四）大陆法系代表性国家与地区

在大陆法系国家，传统上保留预审法官的设置，在审前程序中主导侦查的进程包括批准监听令状，而当案件进入审判程序后，由于侦查程序中监听的运用是在预审法官的主持下进行的，因此辩方对该证据的质证并不强烈，使用监听证据的过程中泄露敏感侦查方法或内容的风险也大大降低，这种证据的使用方式也很难构成对《欧洲人权公约》第 6 条所规定的公正审判权的挑战。[59]

大陆法系代表性国家法国、荷兰和西班牙为应对有组织犯罪的挑战，都广泛运用监听证据打击严重犯罪。比如根据荷兰 2000 年公布的《特殊侦查权法令》（Special Powers of Investigation Act），监听的所有音频都应当保存，回溯听取并作出标记，所有材料全文翻录，材料本身应当告知辩方，但告知内容不包括监听方法。对于有组织犯罪猖獗的荷兰，证据运用必不可少。

在法国，警察进行司法监听时无须保存所有监听语音，而是由预审法官负责建议警察如何筛选、保存有用的信息记录。预审法官主导审前程序的职权式诉讼模式使得证据的收集与考量在审前程序中就完成了，在审判中对监听证据的质证变得相对简短。由于监听是预审法官授权的，在审判中将其用作证据也很少遭到质疑，对监听证据的交叉盘问很少出现。[60]

---

[55] Asch v. Austria，1991，12398/86，§ 27.

[56] 前引 Stefan 书，p.308。

[57] 前引 Stefan 书，p.310。

[58] Doorson v. Netherlands，ECHR，26 March 1996，20524/92，§ 78.

[59] Privy Council Review of Intercept Evidence，January 2008，Cm7324，para. 180.

[60] 前引 PRIVY report，para. 129–130。

西班牙属于大陆法系中积极使用技侦证据的代表性国家，西班牙最高法院确立了法官授权监听和监听材料使用的相关规则，以确保整个监听的流程实现司法控制。根据相关规定，原始语言附带全文翻音材料应当提交给法院，尽管翻译材料并非法律文件，但实践中法官乐于使用，因为其标明了主要内容以及相关信息在音频中所处的位置。开庭前，所有材料都应当开示给辩方，控辩双方可以要求当庭播放，必要时可以要求监听的警察出庭说明监听过程，法官可以在需要确认声音讲话者身份时进行鉴定。西班牙政府认为，使用监听证据的整体效果是十分积极的。[61]

我国台湾地区刑事诉讼实践中监听材料用作证据的情形非常普遍。监听的合法性判断依据主要为“通讯保障及监察法”，[62]该法令详尽规定了包括电话监听在内的多种通信监控手段的适用对象、适用主体、审批程序、适用时长等程序性要求，违反相应的规定则可能导致获取的材料不具备合法性。根据我国台湾地区的有关规定与法院判例，监听录音系物证，不适用传闻法则，根据录音整理的译文系文书证据，也不适用传闻法则，但如果辩方对录音译文的真实性存疑，可依照我国台湾地区“刑事诉讼法”对文书证据的调查方法，由法官进行核实，具体核实的方法为通过适当的设备播放其内容，或传制作译文的警察出庭接受询问，或者进行相应的鉴定。

我国台湾地区刑事诉讼法及证据法理论中将证据细分为证据资料与证据方法两个层次的概念，这一划分直接影响到监听证据的使用程序。审判中可能使用不同的证据方法获得同一证据资料，如被告在被通信监察时，监听译文（书证）、录音带（物证）与购买者或者警察到庭作证（人证）为四种不同的证据方法。[63]在我国台湾地区司法实践中，由于监听录音证据往往长度惊人，是以，（节）译文成为审判实务经常使用的证据替代品。[64]我国台湾地区“最高法院”最近判决认为：“侦查犯罪机关依照法定程序监听之录音，应认该监听所得之录音带，始属调查犯罪所得之证据，如依据监听录音结果予以翻译而制作之通讯监察译文，乃该监听录音内容之显示，属于文书证据之一种。苟当事人或辩护人对其译文至真实性发生争执或有所怀疑时，法院应依刑事诉讼法第一百六十五条之一第二项之规定勘验该监听之录音带践行证据调查之程序，以确认该录音带之语音是否为本人声音及其内容与通讯监察译文之记载是否相符，始得据为判断之依据。”[65]

---

[61] 前引 PRIVY report，para. 144-146。

[62] 该法令由我国台湾地区“立法院”于 1999 年 7 月 14 日通过并公布，历经 2006 年、2007 年、2014 年三次修正。

[63] 吴巡龙：《监听译文有无证据能力》，载《月旦法学教室》第 81 期，第 21 页。

[64] 林钰雄：《刑事程序与国际人权》，元照出版公司 2012 年版，第 286 页。

[65] 参见我国台湾地区“最高法院”2014 年台上 2353 号判决。

我国台湾地区"最高法院"2013年台上字第4353号判决对于监听录音及其译文是否适用传闻法则也曾经作出过判断，该判决指出通信监察的录音系利用科技产物取得的证据，与供述证据性质不同，是否具备证据能力，根据证据取得是否合法而定，不适用传闻排除法则；如果取得证据的机械性能与操作技巧无误，录音内容的同一性无可指摘，同时如果翻译者的听觉及语言之理解不成问题，译文与录音的同一性也无可非议，因此监听证据的证据能力主要取决于监听录音的合法性，其虽具有审判外陈述的外观，但并不适用供述证据的传闻法则。

监听材料的证据使用方式或者说证据方法是监听录音还是其译文取决于辩方的意见，如果辩方认可译文内容且同意适用译文作为证据方法，则将译文视为文书证据加以运用；如果辩方不认同译文的内容，我国台湾地区"最高法院"的上述判例指出应当参照我国台湾地区"刑事诉讼法"第165-1条第2项之规定由法官进行证据调查，该条规定"录音、录像、电磁记录或其他相类之证物可为证据者，审判长应以适当之设备，显示其声音、影像、符号或数据，使当事人、代理人、辩护人或辅佐人辨认或告以要旨"。换言之，我国台湾地区"刑事诉讼法"主张参照传统文书证据的调查方法来对录音证据进行法庭调查。[66] 司法实践中通常的调查方式是以勘验原始监听录音带的方式进行的，但此种做法旷日费时，且还存在无原始录音带可供勘验的案例，因此一旦监听译文材料的原制作过程欠缺程序担保，则形成骑虎难下的僵局。[67]

（五）小结

总体来看，在笔者所考察的两大法系主要国家及地区中，电话监听获得的材料原则上都是可以作为证据使用的，英国是唯一的例外。各个国家主要是在严重有组织犯罪和恐怖犯罪活动中使用监听证据指控犯罪，在这些严重犯罪侦破过程中，监听证据的使用具有普遍性。

可以使用不等于应当使用，实际上法律并未强制检察官使用监听证据，在个别案件中如果检察官担心使用相关证据将泄露过多的监听技术能力，检察官完全可以选择放弃使用该证据，不使用相关证据完全可由检察官自由裁量。[68] 两大法

---

[66] 对此理论界相反的观点认为，该条规定的证据调查方法并不妥当，因为影音证据并不具备传统文书证据的共通特点——"文字性"和"可读性"，无法以文书证据的调查方法进行证据调查，更为适当的证据调查方法应当是勘验，即法院应当以勘验之程序当庭播放该录音带，以五官知觉来探求录音带证据之意思内容，参见林钰雄：《刑事诉讼法》（上），2004年第4版自版，第499-500页。

[67] 林钰雄：《刑事程序与国际人权》，元照出版公司2012年版，第286页。林钰雄教授针对台湾司法实践中的这一问题提出的解决对策为参照欧洲人权法院的判例，确立对于监听记录制作过程及原貌完整呈现的要求，我国台湾地区应制定确保监听记录内容详实、正确且完整的规范，甚至于应该尽可能让辩方在制作过程即有参与之机会，以达到共同监督的效果。

[68] JUSTICE, *Intercept Evidence: Lifting the Ban*, October 2006, p.27, www.justice.org.uk，最后访问时间：2016年8月7日。

系国家的法律制度中都没有强制控方必须使用技侦证据，作为控方代表的检察官有权决定使用哪些指控犯罪。不使用监听材料作为指控犯罪的证据并不违反公正审判权的要求，因为控辩双方均未利用该证据进行诉讼。[69]

一旦控方选择或者计划使用监听材料作为指控犯罪的证据，两大法系国家设立的使用规则也是大致相似的：首先，监听语音材料及翻音材料在整个诉讼过程应当妥善保存，侦查机关不得自行销毁。在大陆法系国家由法官决定使用哪些监听材料，在英美法系国家也是在法官的主持下通过证据开示过程来决定是否使用和开示某些监听材料。其次，用作证据的监听材料包括语音材料都要随案移送给检察官、法官，并告知给辩方。再次，两大法系代表性国家各自都有若干法律机制来实现侦查方法保密与公正审判权之间的平衡，比如在大陆法系国家，预审法官在审前介入监听证据的使用过程，通过发挥法官的职权作用避免了被告人对监听的方法与过程的深究；在英美法系国家，通过证据开示的例外机制包括公共利益豁免、特定律师代理等制度，保护了秘密侦查方法的来源。最后，监听的内容应当经过辩方的质证，这是两大法系监听证据使用的常态，庭审上播放语音并经控辩双方质证是法庭采纳监听证据的基本前提，也是公正审判权的基本要求。《公民权利与政治权利国际公约》第 14 条和《欧洲人权公约》第 6 条所规定的公正审判权条款是规范技侦证据使用的基本原则，特别是公正审判权所涵盖的对审权要求被告人有权知悉所有指控其犯罪的证据并有机会对这些证据进行质证，技侦证据的使用显然也要受到该条款的拘束。当然质证的方式，在两大法系也会根据涉及技侦方法的保密程度而进行仔细的衡量选择，间接质证、通过律师质证、书面质证等方式在例外情形下也准许使用。

三、技侦证据使用的理论阐述与回应

（一）控方使用证据的选择权

两大法系的经验表明，几乎所有国家的立法都未禁止技侦证据的使用，[70]同时各个国家的法律规定也并未强制控方必须使用技术侦查的证据，控方对于是否使用技术侦查获取的信息作为指控犯罪的证据具有选择权。在现代公诉制度下，指控犯罪主要是检察官的责任，作为控方的代表，检察官决定使用哪些证据来指控犯罪，因此是否使用技术侦查获取证据材料的裁量权不能由负责侦查的警察来行使，因为证据使用显然是法律问题，应当交由司法人员作出相应的判断。是否用作证据的风险裁量是法律问题的判断，委诸于审前程序的控制者检察官来行使，警察无权自行决定是否移交相应材料、是否将其作为证据使用。检察官需要

---

[69] *Intercept as Evidence*, Cm8989, December 2014, P.4, www.gov.uk/government/publications. 最后访问时间：2016 年 8 月 7 日。

[70] 如前文比较法部分所示，唯一的例外是英国与中国香港地区。

衡量个案的成功追诉与整体上维护犯罪控制能力、国家或公共利益之间的权重，进行相应的利弊权衡之后决定是否使用技侦证据。一旦检察官认为某项技术侦查手段的机密程度较高，为防止该手段技术细节的曝光或者避免泄露其他国家秘密事项，检察官可以选择放弃该证据的使用，甚至终止对案件的追诉。在这种情形下，基于不告不理、控审分离的诉讼构造原则法官无权要求检察官移交全部材料并继续案件的诉讼。

中国的立法选择不同于英国，而是与多数国家相似，即在刑事诉讼当中允许使用技侦证据，同时法律也并未规定必须使用。然而与西方国家重大不同之处在于，是否使用技侦证据的裁量权掌握在公安机关，而非检察机关。在六部委规定起草过程中，立法机关工作机构的观点认为，侦查机关采取技术侦查措施收集的材料，有可能与案件无关，有可能经过侦查机关审查不作为证据向检察机关、审判机关移送，也有可能只作为侦查活动的线索而不作为认定案件事实的证据。[71]应当说立法机关所持的这种观点是对当下司法实践的真实反映。刑事诉讼法实施三年来技侦证据条款适用率极度低下，主因恰恰是由公安机关决定是否将技侦材料用作证据，而公安机关出于保护技侦过程与方法的部门利益，自然会严格控制适用技侦证据的案件数量。

技术侦查措施获取的材料有的与案件侦查、起诉、审判无关，按照《刑事诉讼法》第 150 条第 2 款的规定，不仅不需要移送检法机关，而且法律要求的是“必须及时销毁”；有的与案件诉讼有关，大致又可以分为两种情况，一种情况是可以作为案件线索，锁定犯罪嫌疑人或者抓捕犯罪嫌疑人，但此种情况与定罪量刑的各种证明对象之间无直接关联，侦查机关没有必要移交诉讼过程使用；另一种情况是技侦措施获得的材料可以作为指控犯罪的证据，但移送诉讼使用可能危及案件中相关人员包括特情、卧底、证人的人身安全，或者危及技术侦查措施的后续生命力，引发反侦查的不利后果，此时应当容许控方裁量使用与否的利弊得失。赋予控方此种裁量权与公民公正审判权等基本权利的保障并不矛盾，虽然极有可能导致对个案的控诉不力，但由于事关国家控制犯罪的整体能力抑或涉及国家利益的高度敏感信息，应当容许控方在此领域的裁量权存在。

侦查过程中收集到的信息是否与案件有关是侦查权裁量的范畴，侦查人员在一线侦查过程中同步进行裁量、筛选是不可避免的；而收集到的与犯罪有关的材料是否作为证据使用，是法律问题的判断，原本应当用于指控犯罪的材料从案卷中撤出进而削弱甚至放弃对犯罪的追诉，当属检察官的裁量事宜。《刑事诉讼法》第 150 条并未授权侦查人员对采取技术侦查措施获取的与案件有关

---

[71] 王尚新主编：《〈关于实施刑事诉讼法若干问题的规定〉解读》，中国法制出版社 2013 年版，第 105 页。

的材料可以进行销毁，从反面解释的角度来看，侦查人员应当保存与案件有关的所有材料，且无权决定未来诉讼中对这些材料将如何使用，后者是检察官裁量权的行使范围。

作为司法官的检察官对技侦材料使用问题的裁量也体现了对技术侦查的外部监督，大陆法系国家的预审法官或者审前法官通过对技术侦查措施的司法令状审批过程，同时也在指挥侦查人员将哪些技侦材料作为证据使用。无论是检察官还是法官，由司法人员而非侦查人员来决定技侦材料是否用作证据体现了对技侦权的外部监督与司法审查。反观我国的立法与司法实践，在技术侦查措施的审批与适用程序中，没有任何的外来监督机制，自行审批、自行决定适用期限与适用过程，结果也无须告知监控对象。在这个封闭的流程中，唯一与外界发生关联的环节就是证据使用，检察机关与审判机关只能通过对证据的审核对技侦取证合法性进行间接判断。如果仍然按照目前司法实践的做法容许公安机关对与案件诉讼有关的技侦材料掌握证据方面的裁量权，既违反诉讼规律，更影响到技术侦查程序的正当性。

我国目前所实行的三机关分工负责、互相配合、互相制约原则，实践中已蜕化为诉讼阶段论，即公安机关负责侦查、检察机关负责起诉、法院负责审判，形成了“铁路警察各管一段”的流水线模式，在侦查阶段检察机关只能通过批准逮捕和有限的侦查监督介入公安机关的侦查过程，法院更是没有任何的法律空间对侦查行为进行司法审查。应当说这种诉讼构造违背了确立三机关原则的基本精神，既影响到对犯罪的有力打击，也无助于侦查程序合法性的外来监督，三机关分工的目标应当是宪法和法律所要求的“准确有效地执行法律”。[72] 就技侦证据问题而言，基于司法实践惯性片面理解三机关关系原则而形成的诉讼阶段论的思维定式导致公安机关自行决定不使用相关技侦证据并拒绝向后续的起诉、审判机关移交相关材料。检法人员看不到相关材料，甚至在多数案件中对技术侦查措施的存在一无所知，根本谈不上对证据的使用和审核质证。

根据刑事诉讼法所规定的全面收集证据原则，侦查机关对于所有与案件有关的材料都应当加以收集。收集的材料是否需要作为证据使用关系到案件的追诉，应当是检察机关裁量的范围。对于有利于被告人的证据，法律和法律解释还提出了更高的要求，即对于无罪或罪轻的证据，控方不得隐瞒而应当移交给法院审核，辩方也有权利要求控方移交未及时移送的无罪或者罪轻的证据。这一规则也是控方全面收集证据义务的延伸，根据法律的规定，审判人员也有义务通过向控辩调

[72] 韩大元、于文豪：《法院、检察院和公安机关的宪法关系》，载《法学研究》2011 年第 3 期。

取或者依职权全面收集对被告人有利或不利的各种证据。[73] 从这个角度看，侦查机关应当收集与案件有关的技术侦查材料，并将这些材料移送给检察人员、审判人员。其中对于有利被告的证据，基于保障公正审判权的基本原则以及法律的明确规定，应当告知给辩方并由其决定是否用作证据；对于不利于被告的证据，检察机关作为起诉机关，基于其起诉裁量权有权对用或不用的利弊进行权衡与选择。

（二）证据形式与载体

控方决定使用技术侦查措施获得的材料作为证据之后，控辩审三方首先面临的一个证据法问题就是技侦证据的表现形式或者载体。当这一问题与《刑事诉讼法》第 48 条规定的法定证据种类纠缠在一起时会变得愈发复杂。传统的证据法理论认为，证据符合法定分类是使用证据的前置性问题。证据的形式与分类在我国诉讼法中具有十分严格的形式主义要求，证据形式受到高度重视，存在着必须将某类材料纳入到法定证据形式的要求，如果未能纳入，该材料就缺乏证据资格。[74] 尽管理论界多认为法定证据种类制度应当废止，代之以大陆法系证据法理论与实践中通行的“证据资料”与“证据方法”这对概念及其证据应用思路，[75] 但不容否认的是《高法解释》中予以强化确认的法定证据分类制度及不同种类所要求的审查判断规则仍然主导着证据应用的司法实践，在这种背景下，笔者认为仍有必要对形式和载体问题加以讨论。

证据形式或载体指的是证明内容存在的方式，同一案件事实通常情形下存在不同的表现形式，或者说可以由不同的载体所呈现。以电话监听为例，案发过程中当事人的电话交谈内容是证据的内容，而呈现这一内容的形式与载体可以多种多样。上述样本案例所揭示的我国司法实践中应用的证据形式与载体就有三种主要模式，即原始语音、翻音资料与情况说明。[76]

对于上述三种技侦证据的载体与表现形式，司法实践中均有运用但混乱无序，审判人员对证据形式的选择从未详细说理，辩方也经常以证据形式或载体不符合法定证据种类为由提出抗辩。从 73 例使用监听证据的样本案例来看，审判人员并未受到法定证据分类制度的多少约束，也未对如何使用证据方法来展示监

---

[73] 《刑事诉讼法》第 50 条规定了控方即检察人员、侦查人员全面收集证据原则；第 39 条规定了辩方申请调取无罪或罪轻证据的权利。六部委规定第 24 条、第 27 条分别对上述两条法律规定作了细化解释。

[74] 龙宗智:《证据分类制度及其改革》，载《法学研究》2005 年第 5 期。

[75] 代表性观点可参见孙远:《论法定证据种类概念之无价值》，载《当代法学》2014 年第 2 期；陈瑞华:《证据的概念与法定种类》，载《法律适用》2012 年第 1 期。大陆法系证据法理论认为，“证据资料”是指所有与待证犯罪事实直接或者间接相关的资讯内容，“证据方法”则是探求证据资料内容的调查手段，参见林钰雄:《严格证明与刑事证据》，台湾学林文化事业有限公司 2002 年版，第 10 页。

[76] 事实上法律规定及证据法理论上并不排除其他的证据形式，比如监听的警察出庭作证，以证人证言的方式揭示监听内容，只不过笔者并未检索到实践中存在相应的先例。

听的证据资料形成统一的实践做法。比如在绝大多数的案件中，面对控方提供的三种监听证据载体，审判人员都没有进行法定证据种类的归类，而是将证据资料直接从实质内容而非形式或载体的角度进行了表述，如“技术侦查资料”“手机通话内容”“通话内容摘要”“通话录音记录”“工作说明”等。作为例外情形，在少数样本案件中，审判人员在裁判文书中对证据材料进行了法定证据分类，将翻音材料归为书证或者将监听语音归为了视听资料。即使在证据使用过程中，存在辩方对于法定证据种类的质疑，审判人员也不会因为证据形式不合法而排除相应的证据，显然这种对于指控犯罪而言作用巨大的稀缺性证据，法官更注重实质而非形式。

需要我们进一步关注的问题除了形式与载体之外，还有证据使用方法。从样本案件来看，绝大多数案件中审判人员都是使用书面材料，原始语音使用的比例不足 3%。无论是翻音材料还是情况说明，都是原始通话录音的衍生品，大量无节制地使用衍生品、替代品的做法直接违背原始证据优先的证据使用规则，甚至动摇了证据的真实性与客观性。同时此种证据使用方法严重限制了辩方质证权的有效行使，因为对于监听人员或者侦查人员制作的书面材料，辩方虽然可以提出异议，但在无法听取、核对原始语音且书面材料制作人员不出庭接受质证的情况下，根本无从对其进行有效质证。

对于翻音材料与情况说明这两种书面材料仍有必要进一步区分对待。翻音材料系监听人员对于监听录音进行整理后形成的记录或者摘要，如果制作过程秉持逐字客观记载的规则，其客观性、真实性与原始语音较为接近。相比较而言，情况说明多为监听人员之外的侦查人员对监听过程及结果的简要说明，其详尽程度及真实性较之翻音材料要大打折扣，情况说明的制作人员甚至根本未曾听取过原始语音，只是根据监听人员的简要介绍对监听内容进行了摘录，失真的可能性极大。从样本案件的判决书中，也可以看出情况说明在证据部分的内容表述上无法展示出语音通话的整个过程，只能概括性地说明被告人贩卖或者运输毒品的筹划或者联络事实的存在，至于具体的犯罪过程与情节都是语焉不详的。尽管没有法律依据，但情况说明普遍存在于司法实践当中，其表现形式与内容也是林林总总、形形色色，[77] 在很大程度上已经成为侦查人员变相逃避取证或举证义务的挡箭牌。技侦证据运用中大量使用情况说明是长期司法陋习的延续，事实上情况说明承载的信息与证据事实之间存在巨大差异，根本不足以作为适格的替代品。

翻音材料的属性与功用则明显不同于情况说明，从制作主体来看，制作翻音材料的人员系监听人员，其对于监听到的谈话具有亲历性；从其制作过程来看，

[77] 参见边学文、盛国文：《“情况说明”的刑事证据属性及其规制分析》，载《中国检察官》2013 年第 9 期；黄婕：《“情况说明”的证据学属性分析》，载《中国刑事法杂志》2010 年第 5 期。

监听人员通过复听监听录音而制作的翻音材料能够最大限度地还原通话内容；从证据功用上来看，翻译材料能够有效地缓解冗长的录音所带来的证据应用负担，能够帮助审判人员高效地审核通话录音。正是基于这些考虑，许多大陆法系国家和地区并未完全否定翻音材料的证明作用，在刑事审判过程中法官虽然不会将翻音材料作为证据，但却十分依赖翻音材料的辅助功能；我国台湾地区的判例也表明，在辩方认可的前提下翻音材料可以视为书证，作为监听录音的替代品加以使用。可见，为减轻技侦证据的审核负担，提高诉讼效率，可以通过设置相应的证据使用规则，附条件的许可翻译材料发挥相应的证明作用。而所附条件的核心内容就是保证辩方的质证权，在辩方放弃对原始录音的质证权的情形下，翻译材料可以作为证据使用；反之，当辩方对使用翻音材料提出异议时，根据原始证据规则的证据使用规则，法院应当组织控辩双方对原始语音进行质证。这一证据使用规则恰恰是目前我国司法实践中翻音材料应用过程中的重大缺憾，在样本案件中翻音材料成为技侦证据的唯一载体，无条件地将其视为监听证据的适格载体，过度考虑举证的便利性，严重剥夺了辩方的质证权，应当加以纠正。

从法定证据分类的角度来看，电话监听获得的材料应归为视听资料、电子数据，[78]以电子介质存储的语音材料是电话监听获得的原始证据，翻音材料是有助于减轻证明负担、提高证明效率的传来证据。在过去的司法实践中，包括笔者收集的样本案件裁判文书中，不少法官倾向于将其作为书证，因为翻音材料是案发过程中形成的以记载的内容证明案件事实的材料，因此符合书证的一般界定。然而此类书面材料的制作主体却是承担着侦查职能的侦查人员，具有明显的加工、编辑成分，从客观性与真实性的角度来看与传统意义上的书证又存在本质差别，即使将其作为书证对待，仍然要为其设置较为严格的证据使用规则。比如作为书证，应当实行鉴真规则，即控方必须通过播放原始语音或者传唤监听人员出庭作证，抑或出示实物证据保管链方面的足够证据，证明该翻音材料与监听到的语音是相同的。从这个角度来看，将其作为语音的传来证据抑或独立的书证在证据使用方法上最终是无差别的，事实上播放原始语音基本上不可避免，二者比较来看，将翻音材料作为书证使用反而更为复杂，而一种方案，将其作为原始语音的衍生品，辅助原始语音发挥证明作用，对于达成证明的合法性与合理性两个方面来看，都

[78] 电子证据是否应当被视为独立的证据种类在各国立法、司法实践以及我国理论界都争议颇多，在西方两大法系国家，电子证据不是独立的证据种类，一般归为广义的书证范畴。我国 2012 年修改刑事诉讼法时立法者对这一问题的态度也比较模糊，从法律文本上看，将电子数据与视听资料并列为一类证据，似乎更关注二者之间的广泛联系，因为在信息化时代，所有的视听资料基本上都已电子化，如果以电子介质的存储为证据分类标准的话，视听资料这种分类基本上没有存在的必要性。然而，即使是电子化的视听资料仍然是以音像的外在表现形式来证明案件事实的，从这个角度讲，将其归为视听资料更符合证明方法的运行机理。

显得更为简便。

（三）出示、质证与认证过程

《刑事诉讼法》第 152 条规定了技侦证据法庭调查的三种方式，且从文本上规定了相应的应用顺序，司法实践中法院并没有按照刑事诉讼法所规定的法庭调查程序的优先次序适用本条规定，而是对三种规定的法庭调查程序进行了重新排序。最为频繁使用的是保护措施下的示证质证模式，其次是庭外核实，而立法最为推崇的理应作为普遍原则适用的常规示证质证方式，法院基本上将其作为了不得已情形下的例外操作方式。在司法实践与立法规定背离现象的背后，需要着重探讨的理论问题有二，首先，技侦证据是否必须当庭出示与质证？其次，法官何时以及如何进行庭外核实？

证据的出示与质证如果从被告人权利保障的角度来看，关系到辩方知悉证据以准备辩护的权利与对证据发表意见、进行质疑的辩护权。知悉指控自己犯罪的证据并提出质疑是辩护权最为基本的内核，也是自然正义与正当程序原则的基本要求，基于其重要的法律价值，《公民权利与政治权利国际公约》第 14 条公正审判权条款对质证权进行了明确肯认。然而我国刑事诉讼法与司法解释恰恰对这一问题缺少明文规定，是否确立了质证原则存在争论，在一定程度上也引发了实务界对待这一问题的态度模糊。由于长期以来我国刑事诉讼法对证据部分的忽视，[79]在证据章并未明文规定质证原则，而仅仅是对证人证言明确要求必须经过质证才能作为定案的根据。[80]2012 年最高人民法院关于刑事诉讼法的解释当中试图弥补质证原则未明文规定的不足，在《高法解释》第 63 条规定“证据未经当庭出示、辨认、质证等法庭调查程序查证属实，不得作为定案的根据，但法律和本解释另有规定的除外”。从该条文中可以看出，质证原则存在“法律和本解释另有规定的例外”，《高法解释》起草人员指出例外之一就是技侦证据可以不经质证，而经由庭外调查的方式予以确认。《高法解释》确立的这种例外情形也得到了实践应用，在笔者检索到的样本案例中至少有三起案例，审判人员按照这种解释方案对案件进行了处理，即未经当庭质证，由法官庭外单方核实对证据进行了认证。[81]

---

[79] 1979 年起草的刑事诉讼法证据章只有 8 个条文，1996 年立法机关第一次对刑事诉讼法进行大规模修改时，证据章显然不是那次修法的重点，立法者仅仅是增加了“视听资料”这种新型的证据种类；2012 年刑事诉讼法第二次修改时，尽管证据一章增加了 8 个新条文并修改了原有的 5 个条文，但修改的重点仍然是言词证据，对诸多证据法原则与规则缺少足够的关注。对于本文主题所涉及的技侦证据及其主要载体实物证据，现行刑事诉讼法及司法解释的规范密度更是严重不足。

[80] 参见《刑事诉讼法》第 59 条。

[81] 样本裁判文书中并未表明法官庭外核实的具体做法，司法实践中的做法主要是法官到公安机关听阅原始语音、录像光盘等并制作听阅笔录附卷备查，关于一线法官对此种核实方法的实务操作情况的介绍及利弊分析详见朱雪梅、魏军：《监听所获证据材料的证据能力问题研究——兼谈新刑事诉讼法关于技术侦查规定完善》，载《法治论坛》2010 年第 22 期。

笔者认为，《高法解释》并未完整、全面地解释刑事诉讼法关于质证原则的规定，设置的相应例外是否足够准确、细密值得进一步考量。刑事诉讼法关于证据的出示与质证的规定，应当从体系解释的角度观之，而不能仅仅局限于文义解释，因为后者并未给出确定无疑的解释方案。《刑事诉讼法》第 172 条要求检察机关在审判开始前应当将全部证据移送至法院，第 190 条也规定了对于物证等实物证据应当向法庭出示，由当事人进行辨认等质证工作。因此技侦证据必须出示给辩方、令辩方知悉相应的证据内容。《刑事诉讼法》第 193 条第 1 款进一步规定“法庭审理过程中，对与定罪、量刑有关的事实、证据都应当进行调查、辩论”，此处的“辩论”一词明确表明立法者要求所有法庭调查的证据都应当经辩方发表意见，或者说应当经过辩方的质证过程。本条规定中的“都”字排除了各种例外规定，其语义拘束范围涵盖了所有法庭调查的证据，包括法庭基于《刑事诉讼法》第 191 条或第 152 条的规定进行庭外调查的证据材料。《刑事诉讼法》第 152 条规定的“由审判人员在庭外对证据进行核实”与第 191 条规定的“法庭审理过程中，合议庭对证据有疑问的，可以宣布休庭，对证据进行调查核实”都指的是法官的庭外调查权，第 152 条的庭外调查权行使方式应当与第 191 条保持一致并遵循相同的权力行使规范。两条规定中的庭外证据调查权也应当遵从第 193 条的规定，即使是经庭外调查获得的证据，也应当经辩方的辩论与质证后方可作为定案的根据。《高法解释》第 220 条第 2 款正确地体现了上述解释方案，规定对于法庭庭外核实取得的证据应当经过当庭质证才能作为定案的根据，但经庭外征求意见，控辩双方没有意义的除外。但《高法解释》的不足在于没有将《刑事诉讼法》第 152 条与《刑事诉讼法》第 191 条的适用等同视之，笔者认为基于法律解释的体系性要求，两个关于庭外核实证据的条文应当采取相同的理解方式，因为“法律本身之间不能自相矛盾”，《高法解释》第 220 条的规定同样应当适用于对《刑事诉讼法》第 152 条的解释。

因循上述解释路径，技侦证据庭外核实的程序可以参照刑事诉讼法原本已有规定的法官庭外调查权的行使程序进行。庭外核实程序是最后选择，即穷尽或者不能采取庭上当庭法庭调查过程时，合议庭对证据仍有疑问的方可进行庭外核实。《刑事诉讼法》第 152 条所规定的“必要的时候”应当限于控辩双方对原始语音的关联性或真实性有异议，需要核实该语音的来源、制作过程或取得方法时，才寻找需要保守侦查手段秘密的必要性，由法官进行庭外核实；庭外核实的方式可以进行必要的声纹鉴定或者光盘完整性鉴定，也可以询问有关监听人员，核实更多语音资料等；庭外核实后，相应的证据材料仍然应当经当庭的质证方可作为定案根据，但控辩双方没有异议的除外。

总体上看，就技侦证据的出示与质证及庭外调查程序而言，证据内容本身必须出示，辩方知悉相应证据内容后必须有机会进行质证，法院可以通过庭外核实的方式对有疑问的技侦证据进行调查核实，调查核实后的证据除非控辩双方没有异议，均应经控辩双方进行质证后方可作为定案根据。通过这种证据使用程序，保障辩方质证权与公正审判权的立法要旨方能得到体现，但需要进一步考虑的问题是，立法宗旨中的另外一面即国家利益与技侦方法与过程的保密需要如何与第一方面的立法目的进行有效平衡。国外的经验表明，平衡两者价值冲突的措施是存在并可行的，也完全能够在现有的人权法框架内达成比较合理的必要妥协。这些平衡措施主要有二：一是通过证据开示中的公共利益豁免原则，保护技术侦查措施的过程与方法，辩方只能知悉证据内容即技侦结果，但无权了解证据的来源途径，即技侦的过程与方法；二是在质证环节通过使用衍生品或者特别律师代理制度，缓解辩方质证权的保障与控方维护国家利益与国家秘密之间的冲突。

我国当前的司法实践中对于上述变通措施也进行了部分探索，部分经验可以进一步完善后推广应用，比如大量使用翻音材料而非原始语音以保护手机监听方法的过程与来源，如果能够进一步增加相应规则，在辩方质疑翻译材料真实性、完整性时应转为使用原始语音接受质证，那么这种变通措施尚可接受。当然不少先前司法实践的变通措施与法理相悖，应当废止并转而寻求其他变通途径：使用情况说明替代原始语音接受质证的做法，显然无法充分保证辩方的质证权，应当予以否定；审判人员单方进行庭外核实后，未经辩方质证直接认证证据的做法也应当废止。取而代之的替代措施可以是设置特定律师代理制度，由司法行政部门指定免费的特定律师，对技侦证据的使用进行专门质证；律师质证后可以告知被告人相应证据的内容，听取被告人意见后形成辩方的综合质证意见，并与控方、审判人员进行进一步交流、辩论。特定律师的人选应当由司法行政部门参酌律师代理国家安全事务的职业经历与表现情况遴选产生并编制律师名录，特定律师提供法律服务由国家付费，专门负责涉及包括技侦证据应用等国家秘密事项的辩护与代理服务。

（四）技侦取证合法性的规范

司法实践状况表明在对技侦证据质证过程中技术侦查措施适用程序中的不少盲区成为控辩双方的聚焦点，这些问题的出现多与刑事诉讼法文本规定的粗疏及相关法律解释的缺位直接相关，也进一步凸显出细化技侦取证程序、规范取证合法性的极大必要性。司法实践中的个案聚焦的技侦取证程序合法性问题主要包括：（1）适用技术侦查措施的起始点应当是刑事诉讼立案后，刑事案件立案前不得使用以刑事追诉为目的的技术侦查措施，[82] 唯一的例外是他案监听问题。所谓他案监听是指在依法对其他案件进行监听的过程中发现了与原案不同的其他刑事

[82] 当然技术侦查部门可以依据2015年12月27日全国人大常委会颁布的《中华人民共和国反恐怖主义法》第45条等法律规定，基于非刑事诉讼的目的如收集情报信息、处置重大突发事件等采取技术侦查措施。

案件并对其他刑事案件进行了监听。刑事诉讼法并没有授权公安机关可以进行他案监听，而是要求所有的技术侦查措施都应当先经过“严格的批准手续”，根据批准手续才能开展技术侦查措施。法律也没有规定紧急情形下可以先采取监听措施，然后补办手续的无证监听程序。不得不说这一问题是立法的一个疏漏，只能通过立法解释或者修改法律的方式进行弥补，在弥补法律漏洞前，他案监听仍属非法行为，法官仍应当作出否定性评价。从完善立法的角度来看，他案监听体现了监听这一秘密侦查手段的固有规律，即监听开始之时无从完全判断可能涉嫌的其他罪名，犯罪人的犯罪行为又存在人与事两方面的多重交叉，基于侦查效率的考虑，法律应当确立这一制度，但同时应设置若干程序要求，比如他案监听的案件范围应当符合法律事先规定的适用范围；他案监听开始后的 24 小时或者 48 小时之内应当补办相应的审批手续等。（2）实施主体，《刑事诉讼法》第 148 条将技术侦查措施的实施主体规定为公安机关，根据《刑事诉讼法》第 4 条的概括性授权，这里的“公安机关”同时也包括了国家安全机关。那么国家安全机关适用技术侦查措施的案件范围能否包括公安机关侦查管辖的案件？样本案件中的周红军贩卖毒品案中辩方质疑技术侦查措施合法性就针对该问题展开。[83] 笔者认为，根据《刑事诉讼法》第 4 条的规定，国家安全机关在办理危害国家安全的案件中行使与公安机关相同的职权，依文义解释，国家安全机关只有在办理危害国家安全的案件中方能行使刑事诉讼法对其的各项授权，包括采取技术侦查措施，在其他非国家安全案件中，国家安全机关不能采取技术侦查措施。公安机关的内设侦查部门或者其他侦查机关都不能委托国家安全机关开展非国家安全案件的技术侦查。（3）适用案件范围，《刑事诉讼法》第 148 条规定了技术侦查措施的适用案件范围，鉴于技术侦查措施属对公民隐私权的严重干预，法律将其适用严格限于严重危害社会的重大犯罪，同时在该条第 3 款也规定重罪案件范围的例外情形，即为追捕被通缉或者应当逮捕而在逃的犯罪嫌疑人、被告人时，可以在所有罪应逮捕的案件中适用技术侦查措施。法律为追捕所需的技术侦查措施规定了十分宽松的启动门槛和批准手续，同时规定追捕时只能采取“追捕所必需的技术侦查措施”。在第 7 号样本案件中涉及的法律争议是公安机关对开设赌场罪的犯罪嫌疑人进行了通缉，并对其手机进行了长期的监听，辩方认为开设赌场罪不属于可采取技术侦查措施的严重案件范围，控方认为公安机关是依据第 148 条第 3 款而非第 1 款的规定采取的技术侦查措施，应属合法。实际上争议的实质问题是追捕被通缉的犯罪嫌疑人能否对其采取长达数月的监听措施？显然，长达数月的对通话内容的持续监听已经超出追捕所必需的技术侦查措施的范围，因为既然能够数月间持续掌握犯罪嫌疑人的所有言行，为何不及时将其抓捕归案？法律所规定的

[83] 四川省乐山市中级人民法院（2015）乐刑初字第 8 号。

“必需的技术侦查措施”原则上应当为追捕所需要的定位措施，不应涉及其通信内容，除非需要根据通信内容判断其下一步行踪，但这种对通信内容的监控也应当限于短暂的数次监控。

四、结语

2013年1月1日刑事诉讼法实施后的三年司法实践状况凸显了2012年《刑事诉讼法》第152条所规定的技侦证据使用条款基本虚置的尴尬局面。法律的生命在于实施，欲破解这一法律实施难题，平衡技术侦查权效能与公民权利保障两项立法目标是当下可以预期的合理路径。实现平衡目标需要完善一系列基本的技侦证据使用制度予以支撑，包括技侦证据可以用但不是必须用，证据使用的案件范围应当限于两人以上实施的、被告人不认罪的重大毒品犯罪案件；由检察机关而非公安机关决定是否使用技侦证据；技侦材料用作证据的，必须事先告知辩方并经辩方质证方可作为定案根据；技侦证据的形式应当是原始的实物证据，使用传来证据的，应当适用实物证据的鉴真规则；法官可以对技侦证据进行庭外核实，但仍应保障辩方的质证权。为保护技侦措施的方法与过程、国家秘密、公民的人身安全及基本权利，允许在技侦证据使用过程中设置若干变通措施，比如使用证据的替代品、衍生品；对技侦证据的来源予以保密；设立特定律师代理制度，经由特定律师而非被告人本人对技侦证据进行质证。

实现法律目标的平衡需要立法机关与司法实务部门作出各自的努力，从制度建设的角度看，上述制度完善方案部分内容可以通过司法解释的方式予以明确，但也有不少内容属于立法漏洞，需要通过立法解释或者修改法律的方式加以补足，比如他案监听与紧急情形下技术侦查措施的审批程序、检察机关的证据使用决定权、证据阅览范围的例外、特定律师代理制度等问题，唯有通过立法机关才能作出相应的授权。

对于公安机关而言，落实法律规定、实现法律目标的平衡显然需要付出更多的努力，技侦证据的使用将极大化地增加技侦执法的工作量与财政支出成本，包括语音等技侦材料的记录、保存、移送、鉴定等环节都需要大量的人力物力支撑。更为要紧的问题是技术侦查部门必须适当分离其情报信息与执法办案两大功能，防止技侦证据的使用对情报信息工作带来消极影响；同时，技侦证据的使用必然会从源头上对技侦取证的合法性程序产生深远影响，必将倒逼技侦部门健全并严格执行取证环节上各种规范化程序，这当然也是技侦立法之初的立法本意。

（原载《法学研究》2018年第5期）

意见证据规则要义

——以美国为视角

李学军

同样是现代证据规则的重要组成部分之一，相较于最佳证据规则、非法证据排除规则、传闻证据规则、口供补强证据规则、品格证据规则等证据规则而言，意见证据规则在我国法学理论界得到的关注及在法学实务界的适用均远远没有达到其应有的层面：尽管2002年4月1日施行的《最高人民法院关于民事诉讼证据的若干规定》(以下称《民诉证据规定》)第57条规定，"出庭作证的证人应当客观陈述其亲身感知的事实"，"证人作证时，不得使用猜测、推断或者评论性的语言"。2002年10月1日起施行的《最高人民法院关于行政诉讼证据若干问题的规定》(以下称《行诉证据规定》)第46条也强调，"证人应当陈述其亲历的具体事实。证人根据其经历所作的判断、推测或者评论，不能作为定案的依据"。但之后的十年里，少有听说证人证言因属于意见而被排除的案件，相反，实务中却时有案件采纳了普通证人的意见证据[1]。

2010年7月1日施行的《关于办理刑事案件排除非法证据若干问题的规定》(以下称《非法证据排除规定》)和《关于办理死刑案件审查判断证据若干问题的规定》(以下称《死刑案件证据规定》，前两个规定统称为"两个证据规定")，被誉为我国刑事证据制度发展史上的里程碑式事件，更引发了理论界及实务界对我国刑事证据相关问题的热烈研讨：诸如证据裁判主义的确立，死刑案件证据标准的严格化、细致化，非法实物证据的裁量排除和非法言词证据的绝对排除，证据合法性证明责任的分配及其证明标准的确立等由"两个证据规定"反映出的新内容均得到了理论界普遍而又密切的关注。但同样是新内容，即《死刑案件证据规定》第12条第3款确立的我国刑事意见证据规则，"证人的猜测性、评论性、推断性的证言，不能作为证据使用，但根据一般生活经验判断符合事实的除外"，却并没有吸引多少眼球——虽然该规则与前述我国的民事及行政意见证据规则相比，明显有了巨大的进步：规定了意见证据可被采纳的例外，使得意见证据规则更具有科学适用性。

---

[1] 参见何挺：《普通证人意见证据：可采性与运用规则》，载《中国刑事法杂志》2010年第10期，第86页。

理论上的研究和探讨能够指导实务的开展，而实务中揭示或暴露出的问题又将促使理论研究更为深入、更有针对性。但目前，我国理论研究者似乎遗忘了意见证据规则，如有学者明确表示，“目前国内理论界对于意见证据规则的研究成果非常少见研究深度也不够”[2]，实务工作者对其也是视而不见。这种冷落无疑不利于我国现有意见证据规则以及与鉴定结论有关的证据规定的真正运行，其应有的作用也难以得到充分发挥，对其加以完善以期更符合审判实务需要的工作也将难以进行。因此，从理论上探究意见证据规则的基本内容、价值内涵、法理基础、例外或相对性，意见证据规则运行时的制度性要求等问题，吸引大家对意见证据规则的关注，进而认识到我国意见证据规则的存在价值并积极主动地让法条中的意见证据规则鲜活地运用于实务中，应该是当前首先要做的工作。而本文，即是这样一种努力。

一、意见证据规则的基本内容、价值内涵和法理基础

意见证据规则发端于英国 17 世纪，并在美国得到了最为广泛的适用及发展。英美法系国家如英国、美国等国区分证人为普通证人和专家证人的传统，所以意见证据规则实质上同时调整着普通证人和专家证人作证时所给出的相关意见的证据资格问题，规范或约束着证人作证时的内容[3]。根据其各自调整的具体对象，意见证据规则可区分为普通证人意见规则和专家证人意见规则。

按照中世纪法律的古老法则，普通证人讲述的，应该是其所闻所见的事实——“我说我所闻，我言我所见”。也正是基于此，意见证据规则要求法官排除普通证人就争议事实给出的相关意见：证人只能就其感觉、感知的事实给出具体的陈述，但却不能给出自己基于这些感觉、感知的事实得出的推论、看法、猜测或观点等。[4]

而专家证人（expert witness，即我国的鉴定人），显然异于普通证人（lay witness），虽然专家有可能并没有像普通证人那样亲历案件事实，但却拥有专门知识或经验——而该专门知识或经验恰恰是事实认定者阙如且在构建某一事实时又不可或缺的。为此，意见证据规则允许专家证人作证时给出推论、观点、看法。

源自英国的意见证据规则在美国得到了最为全面的发展，其重要标志是，美

---

[2] 马贵翔、张海洋：《意见证据规则探析》，载《华东师范大学学报（哲学社会科学版）》2009 年第 2 期，第 60 页。

[3] 这就与同样是为了确保证人证言之可靠性的传闻证据规则有了根本的区别：意见证据规则从内容上要求，普通证人通常只能给出事实证言，专家证人则可以给出意见证言；而传闻证据规则则是从作证地点上要求，证人的证言通常应该当庭给出。

[4] 这使得我们不难理解，为什么“普通证人”在英美法系学者著述，如法律出版社 2002 年出版、杨良宜和杨大明合著的《国际商务游戏规则：英美证据法》一书中，又被称为“事实证人”。

国在其《联邦证据规则》中，以第 701 条、第 702 条、第 703 条、第 704 条等条款分别就普通意见证据和专家意见证据的证据资格、也即可采性给出了甚为明确的规定，再结合其第 602 条等，这些规定主要可概括为：

1. 普通证人作证，需其对所证事项有个人知悉，即有感觉、知觉上的直接接触，否则不得作证。

2. 除非证人是以一个专家的身份作证，否则他不得给出意见或推论形式的证言；但如果证人给出的意见或推论形式的证言同时满足下列三个条件，则可被法庭采纳：（1）合理基于证人自身的知觉；（2）有助于清晰理解证人证言或对争议事实作出判定；且（3）不以科学、技术等专业知识为基础而得出。

3. 专家证人可因知识、技能、经验、培训或教育而作证，其作证的缘由是，相关科学、技术或其他特定知识能够帮助事实认定者理解证据或者裁断争议的事实。作为专家证人，他可以以意见或推论等作证，但前提条件是：（1）意见证言以充足的事实或数据为基础；（2）意见证言是依可靠的原理和方法得出的；且（3）专家证人可靠地将这些原理和方法适用于本案事实中。

4.（1）在刑事案件中，就被告之精神状态或状况作证的专家证人，不得就被告是否构成被指控犯罪要件或辩护因素的精神状态或状况陈述意见或推论。该终极问题属于事实认定者应独立决定的事项。

（2）除了前述（1）的规定之外，证人其他可采纳的意见或推论等，不得因其包含有需由事实审理者裁决的终极问题而受到异议。

美国《联邦证据规则》有关意见证据的条款同时兼顾了普通证人意见证据和专家证人意见证据的可采性问题，较为细致、周密，因而可以说是现代证据制度中较为完善、并可称作典范的意见证据规则。

之所以英国、美国等英美法系国家确立有意见证据规则，其根本原因在于，意见证据规则的存在，能够确保相关证据客观、真实可靠。而追求证据的真实可靠性，则是这些国家严格而又不懈的目标：英美法系国家最为古老、最为传统的最佳证据规则或原物原件规则，以及在英美证据制度中占绝对比重的传闻证据规则与意见证据规则一样，均是为了确保证据的可靠性而诞生的重要证据规则。

当人类的司法证明由曾经的非理性渐次走向理性时，证据便成为探求案件真相时不可或缺的方法。而证据裁判主义的确立，即利用证据来求证案件真相、没有确实充分证据不得裁判，不仅区分了非理性司法证明和理性司法证明，更是将我们对神示证据不得已而又盲目的信赖转变为对现代意义之证据的可靠性的普通关注上，因为，只有客观、真实可靠的证据才能实现公正这一司法目标，才能真正定分止诉。

一般而言，证据的可靠性与证据来源的可靠性密切相关，而证据来源的可靠与否又往往取决于证据提供者的能力与知识，[5] 因此，严格掌控证据提供者的能力水平及其知识内容便成为确保证据真实可靠的关键环节之一。而意见证据规则恰恰便是从证据的源头，也就是从证据提供者的能力和知识内容的角度为证据的可靠性架构坚实的屏障。

就证据提供者的能力而言，意见证据规则要求证言的提供者，有着与其作证身份相称、相适应的能力：（1）若是普通证人，应具有普通人通常应有的一般心智，他对发生于周遭的事实、现象、味道等要有相应的感觉、知觉能力：他应看得到、听得见、闻得着；对其看到、听见、闻着的事实、现象、味道等，他应该有记忆能力：他应能够记得住；对他记得的事实、现象或味道等，他应有组织语言加以表达以便他人能够“身临其境”般地明了的能力：他应能准确回忆并复述其所闻所见。普遍证人的感知能力、记忆能力和表达能力是证人证言形成的生理基础，其在这三种能力方面的高低或是否有缺陷决定了相应的证人证言是否可靠。（2）若是专家证人，也即我国的鉴定人，不仅应具有前述普通人通常具有的一般心智——否则他同样无法作证，更为重要的是，他应具有解决、分析、判断专门性问题所必备的专门能力，而该专门能力所依赖的科学、技术等专业知识或特定知识，既可源自他受过的教育、培训，也可源自他长期从事某专门性或特定工作而积累的经验。

就证据提供者的知识内容而言，意见证据规则要求证言的提供者应占有与其作证身份相吻合的具体知识：（1）若是普通证人，其占有的知识应是其感官直接接受外界信号刺激而在其大脑皮层留下的印象或痕迹，这种直接的印象或痕迹通常被称为第一手知识，也被我国学者称为“亲身知识”[6] 或“直接知识”[7]；普通证人之所以能被要求作证，恰恰是因为他占有这种第一手知识。他具体、如实、中性地陈述了第一手知识，他便给出了可靠的证人证言。（2）若是专家证人，其占有的知识并不需是第一手的，他的知识可来源自身的实验，可来源于教育或培训，可来源于其实际工作的经验总结，可来源于他的同人、助手等，但不论这些知识源自何处，其均应是解决诉讼中相关专门性问题必不可少，并以非普通人通常能够拥有的相应科学、技术、经验等为基础；专家证人之所以能被要求作证，恰恰是因为他占有普通人通常不具有的专门性知识。因为有这些专门性知识作为基础，并结合了个案的具体情况，所以其给出的专家证言，即推论或意见，也就被认为具有可靠性。

---

[5] 何家弘、刘品新：《证据法学》（第 3 版），法律出版社 2008 年版，第 379 页。

[6] ［美］罗纳德·J. 艾伦等：《证据法：文本、问题和案例》（第 3 版），张保生等译，高等教育出版社 2006 年版，第 209 页。

[7] ［美］罗纳德·J. 艾伦等：《证据法：文本、问题和案例》（第 3 版），张保生等译，高等教育出版社 2006 年版，第 708 页。

为什么意见证据规则会针对普通证人和专家证人给出完全不同、大相径庭的做法？即意见证据规则的法理基础是什么？这显然是研究意见证据规则时不可回避的问题。就此问题，有学者认为："英美证据法学理论一般认为，意见证据不可采主要是基于以下两方面的原因：第一，就所证明的事实，证人的意见不具有相关性：如果待证事实属于需要专业知识的事实，非专家证人的意见显然没有任何证明价值；如果待证事实属于不需要专业知识的事实，由于事实裁判者同样可以进行判断或推论，证人的意见又显得没有充分的相关性。第二，该一般原则可以阻止证人侵越事实裁判者的权力。证人职能与裁判职能的区别是意见规则的一项重要理论基础。"[8]"之所以排除普通证人的意见证据，是基于一个前提和两项理由：一个前提是证人证言中的事实和意见是可以明确区分的，证人可以在其作证过程中将其所感受到的案件事实和其对案件情况的推断意见完全区分开来，并只将其中的案件事实告知事实审理者。两项理由是：（1）侵犯事实审理者的职权。在诉讼中，从事实出发进行推理判断是承担事实审理职能的法官或陪审团的职权，如果允许普通证人提供意见证据，就相当于允许普通证人代替事实审理者在诉讼中进行推理判断，这就会侵犯事实审理者的职权，造成诉讼中的混乱。（2）可能造成偏见或预断，影响准确认定案件事实。普通证人意见证据超出了其所感知的案件事实，可能误导事实审理者，以至于错误认定事实。"[9]"对于普通证人而言，证据法之所以排除意见形式的证据主要考虑到以下两个方面的理由：第一，证人发表的意见并非自己亲身感知的事实而是对事实的看法或观点，这样的看法或观点有可能是一种主观猜测，容易发生错误。第二，对证人所感知的客观事实作出评价应当属于法官的职权范围。允许证人对自己所感受的事实发表所谓看法或者观点，有侵犯审判权之嫌疑。"[10]

诚然，这几位学者就意见证据规则排除普通证人的缘由给出了不尽完全相同的理由，但他们无疑均认为，如若普通证人给出的意见证据具有可采性，那么法官，也就是事实审理者裁判的职能便被普通证人所僭越，最终认定的事实就有了不可靠的可能。

但笔者看来，单纯讨论意见证据规则排除普通证人意见证据的缘由，无疑会认为，事实审理者也即事实认定者不可让渡的职权是根本所在。但如果同时考虑意见证据规则对专家证人之意见证据的容忍态势，我们便能发现，事实认定者的

[8] 宋英辉、吴宏耀：《意见规则——外国证据规则系列之四》，载《人民检察》2001 年第 7 期，第 60 页。

[9] 何挺：《普通证人意见证据：可采性与运用规则》，载《中国刑事法杂志》2010 年第 10 期，第 81 页。

[10] 马贵翔、张海祥：《意见证据规则探析》，载《华东师范大学学报（哲学社会科学版）》，2009 年第 2 期，第 60 页。

职权该否让渡或者是否被僭越并不是意见证据规则决定意见证据之取舍的根本由来：如果作证的是专家证人，依据意见证据规则的基本判断原则，其给出的意见证据具有可采性，那么此时事实认定者的裁判职权就没有被僭越，最终认定的事实就一定可靠吗？

就此问题的回答显然是否定的。

"'理性'的证明制度是一种使用推理来决定纠纷的事实和法律问题的方法。"[11] 显然，现代诉讼离不开理性的证明制度，"使用推理并作出决定"，无疑是事实认定者依法享有的职权："在诉讼中，从事实出发进行推理判断是承担事实审理职能的法官或陪审团的职权。"[12] 专家证人的意见证据，实质是专家证人基于数据、现象或者该个案中的其他证据，借助专业知识给出的推论、推理、推断。该推论、推理、推断，如"根据现场的指印和被告人王五左手拇指指印，可以认为两者来源于同一个手指头，即均来自被告人王五的左手拇指"，本应由事实认定者作出，但因事实认定者没有能力作出这样的推理、推断，只能假专家证人之手而完成，因而也就不得不认可专家证人的意见证据，视其具有可采性！此时，专家证人无疑代替事实认定者行使了本应由后者行使的法定职权，但此时为何又不以侵犯或僭越了事实认定者的职权为由去排除该专家证人的意见证据呢？显然，事实认定者裁判职权是否会被侵犯或潜越，并不是意见证据规则决定普通证人或专家证人之意见证据可否成为裁判依据的根本缘由。

那么决定普通证人意见证据和专家证人意见证据之取舍的根本缘由到底是什么？

就笔者看来，决定普通证人意见证据和专家证人意见证据之取舍的关键，是事实认定者的"能"与"不能"！

无论是职业事实认定者、即法官，还是非职业事实认定者、即陪审员，之所以可以依法行使裁判权，是因为他们具有满足相应职能要求的"能"。对于陪审员而言，其行使事实认定之职能的要求是，他"能"基于确实、充分的证据就某些争议事实是否存在给出独立的判断——当然，该判断的给出无疑要借推理、推论而行，但作出该推理、该判断所需的"能"只是常人所具有的普通"能"，并不苛求其在法律或其他专业方面要"精"或"专"。对于法官，无论是否有陪审团，其行使职能均要求他不仅要有陪审员那样就事实的存在与否给出基本判断的普通"能"，而且还要并特别要有熟谙法律条文、精通法律适用的法律专业之"能"——

---

[11] 汤维建：《英美证据法学的理性主义传统（代译序）》，载［美］约翰·W. 斯特龙主编：《麦考密克论证据》（第5版），汤维建等译，中国政法大学出版社2004年版，第2页。

[12] 何挺：《普通证人意见证据：可采性与运用规则》，载《中国刑事法杂志》2010年第10期，第81页。

否则，他当然就不可能被冠名为“法官”。

因此，除却职业的事实认定者即法官必须有法律专业“能”的职能要求外，法官及陪审员应具有的基本“能”是相同的，该基本“能”也正是一般民众通常具有的。

当普通证人就案件中的某一事实陈述其当时当地的所闻所见时，其陈述的是现象、外观等客观存在，由这些客观存在推导出某结论，只要不涉及专门性问题，[13]完全可由具有一般民众、也即普通证人之基本“能”的陪审员、法官来完成，因此，普通证人在陈述完所闻所见之后，或在陈述所闻所见的同时，发表个人意见或看法显然也就多余了：这时的推理、分析判断并不深奥复杂，如果任由普通证人去完成，那么法官、陪审员又该做什么去呢？法官、陪审员认定事实的职权在此时当然有被僭越之嫌，排除普通证人的意见证据也就顺理成章，更何况普通证人还可能不够聪明，给出的推论或意见还可能是错误的，进而不当影响了法官、陪审员！

无疑，普通证人意见证据规则，实际上只是让普通证人充当事实认定者的眼睛、耳朵等感官，当事实认定者借助普通证人知悉了当时的真实情况，“那他就处于如证人一样好的位置，就能得出合理的推论了”。[14]换言之，对于普通事项，可以借助普通证人去看、去听、去闻，普通证人的眼睛、耳朵、鼻子等感官就是裁判者的眼睛、耳朵、鼻子，但之后的思考，却因事实认定者有能力独自完成，自然就不需要再借用了。

当需要专家证人出现时，必然是诉讼中涉及了专门性的问题，如现场指印的来源、火灾的起火原因、炸药的种类和具体数量、现场弹头的发射枪支、现场轮胎痕迹的遗留车辆、死者体内精斑的所有者、死者死亡的原因，等等。即使是尊为法官的事实认定者，他们虽精通法律专业知识，但面对这些通常与科学、技术、特定知识等密切相关的专门性问题，他们也是束手无策，根本无法依靠自身的“能”去加以解决，更遑论普通的陪审员。因此，此时再讨论是否会僭越认定事实的职权已没有任何意义；即使明知自己的职权将被僭越，但因自己没有这个“能”，事实上是事实认定者普遍没有这个“能”，也就只能认可暂时且部分地将作出推理、推论的职权让渡于专家证人。“尽管对于法律事务而言，法官具有优于常人的知识和技能，但是具体到事实认定过程中的某一专业问题，法官在法律事务上的优势往往就从反面提示了其对该问题的无力和无奈。”[15]而专家证人，因

[13] 要注意的是，如果涉及专门性问题，此时就不会是要求普通证人、而是要求专家证人作证了。

[14] Graham C. Lilly, *Principles of Evidence*, *the 4th edition*, Thomson/West, St. Paul, 2006, p.15.

[15] 汪建成：《司法鉴定基础理论研究》，载《法学家》2009年第4期，第6页。

为占有事实认定者普遍来说并不具有的专业知识、技术这种“能”[16]，所以就事实认定者感到无力和无奈的专业性问题，其所给出的推论、意见的可靠性，相应就远远高于无“能”的事实认定者了！

因此，笔者并不赞同英美证据法理论的一般观点及我国一些学者的看法：意见证据规则排除普通证人的意见证据主要是为了防止裁判者的裁判职权被僭越。事实上，美国的立法例及某些学者的论述也表明，笔者就意见证据规则的排除缘由所给出的观点更为准确、贴切，即决定普通证人意见证据和专家证人意见证据之取舍的关键，是事实认定者就某事实进行推论或作出判断时是否具有相关的能力。

美国《联邦证据规则》第 701 条规定，“如果证人不是以一个专家的身份作证，那么证人作证时意见或推论形式的证言仅限于下列意见或推论：（a）合理基于该证人的知觉；并且（b）有助于清晰理解证人证言或对争议事实作出判定；以及（c）不是基于科学、技术或其他属于规则 702 范围的专业知识。”[17] 按照该规定，普通证人的意见证据是存在不被排除之例外的，而判断是否例外的重要依据是，如果某普通证人的意见证据是合理基于证人的知觉，并且不是以科学、技术或其他属于法定范围的专业知识为基础得出的，而且还有助于清晰理解证人证言或对争议事实作出判定，那么该意见证据就可采。撇开是否基于证人的知觉、是否属于专业知识不谈，因为这两点是辅助“有助于”这一实质评判标准而存在的限定条件，那么何为“有助于”？就笔者看来，在“清晰理解证人证言”、或者在“对争议事实作出判定”时还需要外界的帮助，则表明裁判者的能力在此方面还是存在缺陷、也就是还有一定的不“能”——正是因为这样的不“能”，也就只好允许普通证人意见证据的存在，也就只好向普通证人让渡自己的裁判权了。“然而有时，证人所处的位置很优越。于是我们说证人的意见对陪审团的理解很有帮助，因而他的意见是可以接受的。”[18] 弗吉尼亚大学法学院格拉汉姆·C. 利里教授的这番话也表明，普通证人的意见证据如果可帮助到陪审团的理解能力，那么它便可采了。

总之，意见证据规则之所以对普通证人意见证据和专家证人意见证据的可采性通常做出大相径庭的取舍，其根源在于，事实认定者面对普通知识和专业知识时，自身能力存在的普遍差异性。准确把握了这一点，在构建我国的意见证据规

---

[16] 在我国，有学者称这种与“专业知识、技术”有关的“能”为“技术能力”。见：宋英辉、吴宏耀：《意见规则——外国证据规则系列之四》，载《人民检察》2001 年第 7 期，第 61 页。

[17] Allen, Kuhns, Swift and Schwartz, *Evidence: Text, Problems, and Cases, 4th edition*, Aspen Publishers, New York City, 2006, p.611.

[18] Graham C. Lilly, *Principles of Evidence, the 4th edition*, Thomson/West, St. Paul, 2006, p.15.

则时，便能较好地根据普通裁判者的一般能力，科学地确定普通意见证据及专家意见证据在可采性方面的一般和例外。

二、意见证据规则下普通证人的意见与事实之区分

按照意见证据规则的规定，普通证人的意见证据不得作为裁判的依据，那么区分普通证人作证时的事实与意见，无疑就是准确适用意见证据规则的前提。表面看来，区分“事实”与“意见”易如反掌，因为“意见”不过就是证人对其所观察到的“事实”作出的推论、概括或总结的总和。[19]但实际上，何为“事实”？何为“意见”？许多情况下我们难以回答。而恰恰是难以区分“事实”与“意见”，我国2010年出台的刑事意见证据规则较已有的民事及行政诉讼意见证据规则而言，才多出了构成意见证据规则之例外的重要内容，“证人的猜测性、评论性、推断性的证言，不能作为证据使用，但根据一般生活经验判断符合事实的除外”。

“那片林子茂密得很，中间还夹杂着几棵饱经风霜、行将腐朽的大树。”“我看见一辆桃红色小轿车从我身边驶过，速度有90公里/小时。”“那个人很老了，足有75岁。”“为了寻找失踪的儿子，老张整整一夜没有睡觉，当太阳出来时，他已是精疲力竭且着急不堪。”“当听说女儿还是跟着那位画家走了时，她妈妈很生气。”“我进到房间时，房间里满是血腥味，丁××倒在血泊里。”“在楼道里，我听到了一声枪响。”

以上陈述不难在证人作证时出现。那么，“茂密”“饱经风霜、行将腐朽”“红色小轿车”“90公里/小时的车速”“75岁”“精疲力竭、着急不堪”“很生气”“血腥味”“枪响”等，究竟是“事实”还是“意见”？换言之，在适用普通意见证据规则时，首先要解决的就是，普通证人当前的陈述哪些是“事实”、哪些是“意见”。然而，看似简单的“事实”与“意见”的区分当与实务挂上钩时，我们便发现，区分不那么容易！而这种不易区分，不仅使得普通证人意见证据规则的适用处于两难，还有可能令普通证人在作证时不知如何是好：怎样陈述，才能“避免自己的证言不被自己的意见或推断注水”[20]？

以语词而不是画面方式（如播放摄像）重现曾经发生的事情，决定了“事实”与“意见”之间的区分并非看上去那般清晰明确。“实际上，描述事实与给出意见或结论之间，所谓的区别只是描述到底是概括、还是特定这么一回事。对事实描述得越特定，那么它看上去似乎更不像是由事实得出的一个一般概括。”[21]换言

[19] ［美］罗纳德·J.艾伦等：《证据法：文本、问题和案例》（第3版），张保生等译，高等教育出版社2006年版，第716页。

[20] Graham C. Lilly, *Principles of Evidence*, *the 4th edition*, Thomson/West, St. Paul, 2006, p.15.

[21] Mark Reutlinger, *Evidence*: *Essential Terms and Concepts*, Aspen Law & Business, 1996, New York, pp.182–183.

之，“事实”与“意见”之间的区分是相对的，它们的差异只是体现在程度方面：有关“事实”的证言通常是具体、细致并且是中性的；而有关“意见”的证言往往是概括、粗略且表现出一定的偏好。例如，“从李四家院子出来时，王五的眼睛血红，走起路来忽而歪向右方、忽而倒向左方，有时则张开双臂上身往前扑，但脚却没有跟着挪动，因而差点摔到地上；他反复地说着一句话‘把那杯酒给我、给我’；当我试图去扶他时，他则一把推开我，并问道‘要占我便宜，咋的？’时不时地，王五还弯下腰来要呕吐，可他什么都没吐出来，只是呼出更为刺激的酒味。”“王五从李四家院子里出来时醉醺醺的。”这两种描述中，前者，因为具体、细微且中性，所以被认为是“事实”；后者，因为概括、粗略且有一定的偏见，因而被看作“意见”。也就是说，“事实”和“意见”不过是两个标签，被我们分别贴在对同一事件的两种细致程度不同、概括程度不同的表述上了！

当然，前述例子似乎还是能让我们“准确地”将它们分别贴上“事实”或“意见”的标签。但如果，证人的作证是在事件发生后三个月、三年、甚至三十年，他已经记不清当时的具体情形、具体细节，可他印象深刻于自己得出的“王五醉醺醺”结论并就如此概括地说了出来，那么此时是否因该表述是“意见”而将之排除？又如果，证人作证时说，“那个老人大概有 75 岁”，那这是“意见”还是“事实”呢？类似的还有关于车速、声响的大小和性质、气味、颜色等的表述。如果说“75 岁”“血腥味”“90 公里 / 小时”“红色小轿车”等是“事实”，那么证人又是如何这么确定的？“90 公里 / 小时”的车速是他根据被观察到的那辆车驶过的距离除以对应的时间算出来的吗？显然不是。而就同样的问题，其他证人则可能会说是“85 岁”“死鱼味”“80 公里 / 小时”“砖土色赛车”，因而这些表达终归是“意见”——来自个人当时直接感知后，经由与自己以往的经验相比较得出的结论或看法。但如果这些有关年龄、气味、时速、颜色、车型、人的身高或胖瘦、声响的大小和性质等的表述被当作“意见”，那么当证人作证时涉及这些问题，他又该如何就这些非用具体数字、味道、颜色、形状就无法表达的现象给出最为准确的陈述？

显然，“事实”与“意见”相互胶着、相互蔽护的情况使得我们难以分它个一清二白，而事实的认定或最终的裁判却必须有相应的证据来支撑、来帮助。也正是因为此，就有了美国《联邦证据规则》第 701 条的规定，有了我国刑事意见证据规则中例外的出现。

按照美国《联邦证据规则》第 701 条的规定，普通证人当不是以专家身份作证且作证时不以特定的专业知识为基础，那么他是可以给出意见证据的，只要该意见证据合理依据该证人的知觉并且有助于裁判者清晰理解证人证言或有助于裁判的作出。此处对“该证人的知觉”之强调，突出了证人给出的意见只能依据其自身获得的第一手知识，这是对“亲身体验”之证人身份的格外重视！

至于“合理”，其潜台词无疑是，“你以前见过很多喝醉酒的人”“你平时对人的年龄与外观的表象总是判断得很一致”“因为工作的原因你经常闻到血腥味或来苏水味、柴油味”“你是名猎人，能够准确听出某声响是枪声”“你是名出租司机，能够准确判断出车速”等，所以，这些相应的经验积累使得你在目击该案件当时的某一情形时，你便能给出较为贴切的结论和推论。而这样的结论和推论虽属于意见，但因可帮助裁判者清晰理解你的表达——有时，证人将构成意见之基础的基本情节细致地描述了半天，可裁判者却不能明了他说的是什么，但证人如若将自己的“意见”呈递上：“那是硫化氢的味道”，则裁判者立即能明了这是一种怎样的“事实”——或者有助于裁判者作出判断，那么这样的结论和推论也是可采的。

虽然英美法系的普通证人意见证据规则借我国《民诉证据规定》和《行诉证据规定》早在我国得以确立，但直到2010年7月1日生效的《死刑案件证据规定》，我国的普通证人意见证据规则才真正算得上是较为完整、科学并有一定可操作性了，因为它正视了“事实”与“意见”之区分的艰难和不易，允许在适用意见证据规则时采纳那些由证人得出的意见——只要该意见是根据一般生活经验得出的，并符合事实。换言之，我国刑事诉讼中目前也已经允许证人以概括、抽象的语言，给出与当时该证人亲身观察、体验到的现象或事实相符合的意见。

美国《联邦证据规则》以高度概括的方式给出了普通证人意见证据在特殊情况下可被采纳时的评判标准，即第701条；此外，其还用鲜活而又丰富的判例，以较为具体、便于理解和掌握的方式表明，当涉及以下内容时，普通证人的意见证据可经裁判者自由裁量权的行使而具有可采性：身份、笔迹、数量、价值、重量、尺寸、时间、距离、速度、外形、年龄、力量、热度、冷度、疾病及健康，性格、脾气、愤怒、恐惧、兴奋、迷醉、诚实、普通性格等。[22]

这些内容综合而言，通常与个人的精神面貌或身体状况，个人的性格或声誉，个人的行为、表情显示出的喜怒哀乐等情绪，以及物体的客观物理状态等有关。如果要求证人将亲身观察到的，构成身份、数量、热度、兴奋等诸如此类意见的基础事实或者说是物理指征细细地描述出来，那么这既不符合人类普遍的表达习惯，并且还有可能不被裁判者准确地理解。实际上，普通证人给出的“我哥生气了”“那天天气很热，至少有40度的高温”等结论性证言、也就是意见证据，并非没有具体的行为、现象等物理指征作支撑，他也确实观察、

---

[22] 张军主编、最高人民法院刑事审判第三庭编著：《刑事证据规则理解与适用》，法律出版社2010年9月，第143页。

感觉到了这些具体的指征，但是，人的观察、记忆和思维模式决定了，证人对这些指征的观察和记忆并非以独立、片断的方式进行。在观察、记忆之初，这些指征就已经潜意识地被集合在一起“注册”或以类似于“速记”的方式“翻译”成“我哥生气了”“那天天气很热，至少有40度的高温”等整体性事实。虽是证人经亲身感受具体指征后得出的意见，但在证人的脑海里它已经是一个整体，又如何要求证人再将它分解回去？更何况费时、耗心地分解式陈述后，基于该陈述，裁判者还很难得出一个结论。基于此，美国还存在一个同样被普遍使用、被视为普通证人意见证据规则之例外的评判标准，即“集成事实规则”（the collective facts rule）。该规则也称为“速记翻译规则”（the shorthand rendition rule）。根据该规则，普通证人作证时，如果其给出的意见或结论性证言是基于无法以其他方式具体表达的众多特定事实得出的，那么该意见或结论性证言便可视作“集成事实”而具有可采性。[23]

对照《联邦证据规则》第701条的规定，“集成事实规则”显然能够满足其要求：“集成事实”是作证证人在其亲身感知的众多特定基础事实之上形成的，其集成式记忆、存储、表达的方式符合人类观察、记忆、存储及表达的习惯，因而集成事实的得出具有合理性；“集成事实”对裁判者清晰理解该证人的证言或者准确作出裁判显然有帮助；该名证人并不是利用专业知识来得出这些可称作“集成事实”的意见。因此，可以认为，“集成事实规则”并非《联邦证据规则》第701条之外的又一新规则，它只不过是该规则的一个具体化体现而已。

我国刑事意见证据规则的出台无疑是一个巨大的进步，因为它承认意见证据规则在我国也有例外。但是，仅“但根据一般生活经验判断符合事实的除外”这样一句话，显然过于抽象、概括，不利于其具体的适用。而前面有关美国意见证据规则之例外的讨论，应能给我国相关立法以足够的启发并供我国司法实务加以借鉴。

三、意见证据规则下专家意见的可靠性

如前所述，因为事实认定者，即法官或陪审员们不具有与案件中专门性问题有关的专业知识，没有能力就该专门性问题给出相应的推理、判断，所以此时必须引入专家，借专家的“能”弥补法官或陪审员们的“不能”——裁判职能在此时的让渡是为了保证与专门性问题有关的推理、判断具有可靠性，换言之，在专门性问题上，专家给出的意见较法官们的意见更为可靠，所以专家可以给出意见、专家给出的意见普遍不会被排除。

---

[23] Mark Reutlinger, *Evidence: Essential Terms and Concepts*, Aspen Law & Business, 1996, New York, pp.184–185.

弘扬法治精神

卡密

法融数据库

那么，是否只要冠名为"专家"，那其给出的意见便是可靠，便不需要再经审查判断而直接加以运用？行文至此，这样的问题便必然会被提了出来，特别是在我国，出于对专业知识和专家的崇拜、敬重，人们普遍对专家意见，也即我国的鉴定结论，持信从、甚至是盲目信从的态度，那么，该如何看待专家们的意见？如何看待得到意见证据规则首肯的专家意见的可靠性？

按照现代证据法理论，证据能否在诉讼中被采纳、采信，首先取决于其是否具有证据资格，即该证据是否客观存在、是否与案件事实有关联、是否满足法律就证据而作出的特殊规定。当在客观性、关联性和合法性方面得到了肯定也就是获得可采性之后，证据将接受证据力、也就是证明力的评价：证据是否真实、是否对案件待证事实具有证明价值[24]。获得了证据资格之后，本身不仅真实而且对案件待证事实具有证明价值的证据，才可能成为裁判的依据。

无疑，"客观性""关联性""合法性""真实性""证明价值"是诉讼双方提交至法庭的证据真正能够成为裁判依据的五个核心要素，而证据的可靠性，实为证据五个核心要素中"客观性""真实性"这两个要素的别称：唯有客观、真实反映了与案件有关的事实，该证据才称得上是"可靠"。如我国学者便认为，"所谓证据的客观性，指的是作为证据内容的事实是客观存在的，即证据事实必须真实可靠，而不是主观想象、猜测和杜撰的"。[25] 同样，美国联邦大法官布莱克门等也认为，"我们在此提及的，是证据的可靠性，也就是证据的真实可靠性"。[26] "的确，该上诉法院裁定，'在涉及科学证据的案件中，证据的可靠性将以科学可靠性为基础。'" [27]

基于证据的可靠性与证据的客观性或证据的真实性同义，那么，意见证据规则对专家意见之可靠性的肯定意义何在？就此，笔者认为，意见证据规则无论是对普通证人之意见的一般排除，还是对专家证人之意见的一般肯定，均主要只是从可采性角度规范证据的使用：普通证人之意见，通常难以保证具有可靠性，所以一般而言需要被排除；专家证人之意见，因为基于事实裁判者不具有的专业知识而存在，通常具有可靠性，所以一般而言不需要排除。既然是可采性层面的问题，那么此时证据的"可靠性"更多涉及的是"客观性"：普通证人也就被要求

---

[24] "证明力的主要内容是证据的真实性和证明价值。"见何家弘、刘品新：《证据法学》（第3版），法律出版社2008年版，第249页。

[25] 卞建林主编：《证据法学》，中国政法大学出版社2000年版，第79页。

[26] Allen，Kuhns，Swift and Schwartz，*Evidence*：*Text*，*Problems*，*and Cases*，*4th edition*，Aspen Publishers，New York City，2006，p.637.

[27] Allen，Kuhns，Swift and Schwartz，*Evidence*：*Text*，*Problems*，*and Cases*，*4th edition*，Aspen Publishers，New York City，2006，p.641.

客观陈述所闻所见所听，专家证人则被要求务必基于其拥有的专业知识就案件中的相关事实给出专家意见。

但这并不意味着，作为普通意见证据规则之例外而具有可采性的普通证人意见以及作为专家意见证据规则之常态而具有可采性的专家证人意见，就一定完全真实可靠。事实上，证据的采纳和证据的采信从一定视角来看，是从普遍和特殊两个层面分别约束着我们对证据的使用：证据的采纳仅仅是从普遍性入手，判断哪些类别的证据可被法庭所接纳——也正是基于此，在美国专家意见证据规则发展史上有着重要影响的“多伯特诉梅里尔·道制药有限公司”［Daubert v. Merrell Dow Pharmaceuticals，Inc. 509 U. S. 579（1993）］一案明确赋予法官以看门人（gatekeeping）职责的原因。看什么门？看的显然是诉讼证据的准入大门，即哪些类型的证据可以迈过诉讼证据的门槛进而步入下一程序。而证据的采信，则往往要从个案的维度讨论，已经获得证据资格的具体证据，是否具有证明力方面所要求的真实可靠。虽然，证据可采性层面的一些约束能在一定程度上保障证据的可靠性，[28] 但证据是否真正真实可靠、是否准确反映了相应的案件事实，还需从采信层面来关注。

换言之，意见证据规则对专家意见之可靠性的肯定，只是在证据的资格层面、在证据的可采性层面做了基础的筛查工作，并不大涉及具体专家意见本身的真实可靠性。这一点，从美国的专家意见证据规则发展史上的两个典型案件即弗莱伊案件和多伯案件、特别是多伯特案件便可窥得。

弗莱伊一案［Frye v. United States，293 F. 1013（D. C. Cir. 1923）］于1923年在哥伦比亚联邦巡回法院尘埃落定，被告弗莱伊希冀法院能够接纳由当时的一种测谎仪检测得出的结果为证据，但最终，该检测结果因为测谎技术没有在其所属的特定领域得到普遍接受而被审判法院排除，并得到上诉法院的维持：

“科学原理或发现究竟在何时跨越了实验和证明阶段之间的界限是难以界定的。在这个黎明地段的某一时刻，科学原理的证据力量必须得到承认，然而在采纳由公认的科学原理或发现演绎而来的专家证言方面，法院还有很长的路要走。必须充分证实的是，由演绎推理得出的事情在其所属特定领域已经得到普遍接受。”[29]

---

[28] 评价证据是否可采所依据的客观性、关联性和合法性，与评价证据是否可信所依据的真实性、证明价值，并不能完全分开：证据如若真正客观、如若真正与案件有关联，并且不因取证的非法性而“屈打成招”，那么该证据相应就会真实可靠、相应就具有较高的证明价值。见何家弘、刘品新：《证据法学》（第3版），法律出版社2008年版，第249页。

[29] 转引自：Allen，Kuhns，Swift and Schwartz，*Evidence：Text，Problems，and Cases*，*4th edition*，Aspen Publishers，New York City，2006，p.632。

显然，哥伦比亚特区巡回法院的这番话是站在证据的采纳层面加以论述的。它并没有仅从弗莱伊个案的测谎结果就事论事地讨论该案中的测谎结果可靠与否，相反，它从测谎原理的科学可靠性入手，从根基上动摇了整个测谎技术或知识的科学性、成熟性——一个不为其所属特定领域普遍接受的东西如何称得上可靠？基于这种称不上可靠的东西又怎能得出可靠的专家意见？弗莱伊案上诉法院对专家意见证据的这一逻辑处理方式最终形成了被称为“普遍接受性”的弗莱伊标准，并在直到 1993 年多伯特案件出现之前的 70 年时间里，被不少法院当成评判案件中某专家意见有无证据资格的标尺。也就是说，在这 70 年的时间里，某些专家意见，比如说测谎结论、笔迹鉴定结论、声纹鉴定结论、DNA 鉴定结论、受虐妇女或儿童案中施虐者心理特征测试结果等，在某些法院均因未通过弗莱伊的普遍接受标准而夭折于诉讼证据的大门之外！难怪乎“然而，特别是自 20 世纪 70 年代初以来，弗莱伊标准一直受到一些批判性的分析、限制、更改，并最终遭到了彻底的拒绝。一些法院发现，弗莱伊标准与专家证词相冲突，适用该标准，则会出现争议中的技术太新、甚至未经实验，检验的结果太没有确定性的现象，因而不能为法院所采用。一些法院在继续坚持弗莱伊标准的同时，主张将普遍接受的标准运用到科学证据的证明力而非可采性之中”。[30]

而且，弗莱伊标准的出现还令法院备受责难：依据该标准，某专家意见是否具有可采性，并不是由法官说了算，而是由该专家意见所属特殊专业领域的专家们说了算——他们普遍接受了该专家证据意见所基于的科学原理、技术或知识，那么此专家证据意见就可采，否则就不可采。既然是专家们说了算，那还要法官干什么？！

在弗莱伊标准既妨碍了新兴学科和跨学科研究结果在诉讼中的逐渐应用，又涉嫌令法官拱手将本应由自己行使的对证据资格加以认证的权利交给了专家们的当口儿，多伯特标准因“多伯特诉梅里尔·道制药有限公司”一案于 1993 年在美国联邦最高法院得以确认。

多伯特和夏勒（Schuller）是先天畸形幼儿。他们与其父母一道在加利福尼亚州法院起诉了梅里尔·道制药有限公司，认为他们的畸形是因为他们的母亲在怀孕期间服用了梅里尔公司销售的抗恶心处方药苯涤汀（Bendectin）的结果。因涉及跨州销售业务，该案应梅里尔公司的要求移交联邦法院系统。至联邦最高法

---

[30] ［美］约翰·W. 斯特龙主编：《麦考密克论证据》（第 5 版），汤维建等译，中国政法大学出版社 2004 年版，第 396 页。此段话也从一个侧面表明，法院在适用专家意见证据规则时，首先解决的是可采性即证据资格的问题——而弗莱伊标准的基础便是，某些专家意见，因其基于的原理、技术缺乏可靠性，所以不具备证据资格。

院向下级法院发出调卷令时，该案已经历了地区法院判决、联邦第九巡回上诉法院维持原判的两次审判。

而整个案件，归根结底，在于原告多伯特等提供的8位证明苯涤汀与胎儿畸形之间具有因果关系的专家证言是否具有可采性，这在由布莱克门大法官主笔的判决书中，开篇就有明确："本案中，要求我们决定在联邦审判中采纳专家科学证言[31]的标准。"

地区法院及联邦第九巡回上诉法院均认为，8位专家的证言，不满足弗莱伊的"普遍接受"标准，因而不具有可采性，不能成为案件裁判的依据。

但联邦最高法院认为，"普遍接受"之弗莱伊标准因《联邦证据规则》的生效而被取代，而《联邦证据规则》中与专家意见的采纳与否密切相关的具体规则，即第702条并没有任何地方表示出"普遍接受"应是专家意见可被采纳的前提，也没有吸收"普遍接受"标准的任何意图，它更多强调的是证据的"相关性"——专家科学证言与案件的相关事实有关联，它就该具有可采性。虽然弗莱伊标准本身未被《联邦证据规则》所吸纳，但它所倡导的应在可采性层面对据称科学的证据是否可靠作出判断却值得肯定，因为唯有基于"科学、技术或其他特定知识"的专家才是联邦证据规则第702条所认可的。换言之，法官不仅要判断某专家证言是否对事实认定者理解证据或者裁断争议事实有帮助，即是否具有关联性，还要判断该专家意见所基于的是否为可靠科学知识。法官要成为审查判断专家意见是否可靠、是否可采的看门人，而弗莱伊标准却将法官理应发挥的看门人作用交付给了专家，显然不当。"那么，面对所提供的专家科学证言，审判法官必须一开始就依照规则104（a）来决定：专家正准备作证的是否为（1）科学知识，（2）将辅助事实裁判者理解证据或裁断有争议的事实。这就要求，对证言背后的推理或方法论是否具有科学效力，以及推理和方法论能否合理地适用于争议中的事实，作出初步评估。我们相信，联邦法官拥有对此作出审查的能力。许多因素都将对这种审查产生影响，我们并不指望提出一个正式清单或检验标准。但是，某些一般性意见是需要的。"[32]随后，美国联邦最高法院借多伯特一案给出了共四点的一般性意见，形成了被称作多伯特标准的裁量准则，专门用来供裁量专家意见是否可采时参考：（1）专家意见所基于的假设是否可检测或已经被检测；（2）所基于的理论或技术是否经过同行评审并公开发表；（3）所运用的技术或方法是否已知或可能存在很高的错误率，并是否对该技术或方法的操作有可控制的标准；

---

[31] "专家科学证言"也即"专家意见"。因专家证人给出专家意见通常基于科学原理、科学知识而得出，所以"专家意见""专家证据""专家证言"又被称为"科学证据"或"专家科学证言"。

[32] ［美］罗纳德·J. 艾伦等：《证据法：文本、问题和案例》（第3版），张保生等译，高等教育出版社2006年版，第733页。

（4）所用方法在适用时是否有相应的标准以及是否普遍接受。[33]

在给出评判专家意见之可采性的前述选择性参考因素[34]的同时，联邦最高法院还明确，“我们强调，规则 702 所预设的审查是很宽松的。它的宗旨是关于所提交公断的原理之科学有效性——也就是证据的相关性和可靠性。当然，其焦点必须集中在原理和方法论本身，而不是它们所产生的结论”[35]。从证据法学角度看，“集中在原理和方法论本身，而不是它们所产生的结论”恰恰强调的是专家意见在可采性层面的可靠性，而不是原理和方法论之结论的可靠性——后者，显然是专家意见在采信层面的问题了。

在多伯特案及锦湖轮胎案[36]的共同影响下，美国《联邦证据规则》于 2000 年为其第 702 条规则增加了新的内容，即在“如果科学、技术或其他特定知识能够帮助事实审理者理解证据或者裁断争议的事实，那么因其知识、技能、经验、培训或教育而具备专家资格的证人，可以就此以意见或其他形式作证”之后增加了“但需符合下列条件：（1）证言基于充足的事实或数据；（2）证言是可靠原理和方法的产物；且（3）证人可靠地将这些原理和方法适用于该案的事实”。[37]

仔细品味美国联邦证据规则的第 702 条，特别是增加的（1）、（2）、（3）这三条，不难发现，美国意见证据规则对专家意见的态度是明确而又层次清晰的：它首先强调，专家意见在诉讼中可以采纳，但专家意见是否可以被采纳、并进而被采信，则取决于它是否在采纳及采信层面分别具有可靠性：①专家意见不得凭空而生，应有充足的事实或数据作支撑；专家意见应是可靠原理和方法的产物；②专家意见应是可靠原理和方法与具体案件事实的有机适用和结合。显然，①是

---

[33] Graham C. Lilly, *Principles of Evidence*, *the 4th edition*, Thomson/West, St. Paul, 2006, p.364.

[34] 所谓“选择性参考因素”，是指在考虑专家意见是否具有可采性时，不必要求其同时满足这些因素，如若能满足其中一条或几条就可以。显然，这比弗莱伊的“普遍接受标准”要宽松了许多，更适宜新科学、新技术应用于解决诉讼中的专门性问题。

[35] ［美］罗纳德·J. 艾伦等：《证据法：文本、问题和案例》（第 3 版），张保生等译，高等教育出版社 2006 年版，第 734 页。

[36] 锦湖案（Kumho Tire Company, LTD. v. Carmichael）于 1999 年由美国联邦最高法院终审结案。从实质上看，该案与多伯特案并没有不同，即均是关于专家意见之可采性标准的判例，所不同的是，多伯特案涉及的是科学知识方面的专家意见，而锦湖案涉及的则是技术或其他专业知识方面的专家意见。由布瑞耶（Breyer）大法官主笔的联邦最高法院判决书认为：多伯特案确立的法官作为专家意见之守门人的职责，不仅在专家意见涉及科学知识时具有，在专家意见涉及技术或其他专业知识时也同样具有；当专家意见涉及技术或其他专业知识时，法官在完成其职责时，也应该考虑由多伯特案给出的那四个衡量因素。

[37] Allen, Kuhns, Swift and Schwartz, *Evidence*: *Text*, *Problems*, *and Cases*, *4th edition*, Aspen Publishers, New York City, 2006, p.628.

采纳层面的可靠性问题，如DNA鉴定、司法精神病鉴定、法医鉴定、笔迹鉴定、指纹鉴定、枪弹鉴定等，通常是可靠原理和方法的产物，且有充足的事实或数据作支撑，所以一般而言，不会被法庭所排除，但这些鉴定应用于某案件时是否得出了可靠的结论，即是否具有证明力，则需要结合该案件的具体情况加以衡量：接受鉴定的检材和样本来源是否可靠、是否受到污染、是否得到稳妥且科学的保管，鉴定时所用的仪器设备是否处于良好的运行状态，所用的试剂是否过期或受到污染，所用的方法、技术是否合乎技术规范等，这些方面的任何差池均有可能使得本有可靠原理、方法作基础的某一鉴定活动，最后得出不可靠的专家意见即鉴定结论。因此，在采纳层面获得了肯定的专家意见，还要结合案件的具体情况接受证明力的评价，而这，恰恰是②所关注的。

在我国，没有"专家意见""专家证言""专家证人"或"科学证据"等术语，但却有着本质一样的"鉴定结论"之说。虽说我国少有人将鉴定结论与意见证据规则相提并论，但我国法律却认可鉴定结论的证据地位：我国三大诉讼法均明文规定，鉴定结论是法定七种证据形式之一。这表明，鉴定结论在我国诉讼中的使用并没有太大的障碍。问题是，基于对科学技术、科学方法、科学原理的崇拜，诉讼中往往出现这样的情形：只要是冠以"鉴定结论"的名头，当事人、检察官、律师甚至法官就可能不再怀疑它的可靠性，而是直接将其用作定案的证据。或许正是为了改变这种不加审查判断就直接使用鉴定结论的状况，并从观念上让人们接受"鉴定结论"一定程度上的非唯一性和主观性，2005年10月1日施行《全国人大常委会关于司法鉴定管理问题的决定》（以下称《司法鉴定管理决定》）第1条、第10条用"鉴定意见"一词代替了"鉴定结论"；而2010年7月1日起施行的"两个证据规定"，也不再有"鉴定结论"的踪影，取而代之的，同样是"鉴定意见"。由"结论"至"意见"的变化，清楚地表明鉴定人或专家们给出的，是"推论"或"意见"，而不是定论，因此，对其不应盲目相信，而是要给予必要的审查判断。[38]

相较于美国而言，我国对能够给出专家意见也即鉴定结论或鉴定意见的专家有着较为严格的规定，即根据《司法鉴定管理决定》第4条、第5条，唯有在获得行政许可的鉴定机构里执业的鉴定人，才能给出鉴定意见。而美国，则允许最广泛意义上的专家为诉讼中的专门性问题提供意见："专家不仅是在最严格意义上使用的表达，如医师、物理学家、建筑学家，而且有时包括大批被称为'有技

[38] 当然，由"结论"至"意见"的词语变化，还使得我们能够在对意见证据规则加以研究、适用时，更好地将"鉴定结论"也就是"鉴定意见"考虑在内。

巧的'证人的人，如为地价作证的银行业者或地产者。"[39] 理论上说，我国这种鉴定人、鉴定机构资格授予的形式更有利于为鉴定结论的可靠性把关，因为它通过行政审查的方式已在一定程度上将某些没有专业知识的"伪专家"排除在外了，但却有可能使得那些本就因崇拜科学而迷信鉴定结论者更疏于关注鉴定结论的可靠性——给出鉴定结论的鉴定人及其所属的鉴定机构可都是依法经审核后才获得资质的，由他们给出的鉴定结论怎可能会不可靠？！[40]

事实上，无论是美国那种广泛意义上的专家证人，还是我国较为狭隘的资质许可式的鉴定人，其给出的专家意见或鉴定结论均只不过是一种个人的推论或意见。因为这种推论或意见不是常人能够得出且有助于事实审理者裁判案件，所以美国及我国均将其区别于普通证人意见的意见证据，并认可其证据地位。但这种区分和认可只是在证明可采性层面对鉴定结论或专家意见之可靠性的一般认可，具体到个案，则还需要从证明力层面加以进一步的审查，以判断某案中相关的鉴定结论或专家意见，究竟有多么可靠、其证明力究竟有几何。因此，我国不仅要通过《司法鉴定管理决定》以及其后由司法部颁发施行的《司法鉴定机构登记管理办法》《司法鉴定人登记管理办法》《司法鉴定程序通则》等，对能够就诉讼中的专门性问题给出专家意见的"专家"作出最为基本的筛选，而且，还需要对每个鉴定结论或鉴定意见有正确的认识，要着重考究，有充足的事实或数据作支撑、并是属于可靠原理和方法之产物的鉴定结论或意见，在当前的案件中，是否将相应原理和方法与具体案件事实有机结合在一起了。

四、意见证据规则下的终极问题原则与专家意见的受限性

无论是普通证人还是专家证人，按照英美法传统，在意见证据规则约束下，均还要受一个原则的限定，即就案件中事实或法律的最终结论，他们不能表达意见。该原则被称为"终极问题原则"（Ultimate Issue Doctrine），并曾经被英美国家最为严格地遵守着——只要当证人作证时给出的意见或结论涉及案件的终极问题，那么这些意见或结论就不得被当作证据。

之所以有这样一个原则存在，是因为普遍认为，一旦允许证人就案件的终极问题发表意见，那么事实认定者，即陪审团或法官认定事实的职能就完全被证人篡夺了。例如，"张三实为疏忽大意""李四的行为是非法的""丁六没能力判断这样做会将自己的钱财散光"，"疏忽大意""非法的""没能力判断"等显然均是

---

[39] 美国《联邦证据规则》咨询委员会对第 702 条的部分解释，转引自何家弘、张卫平主编：《外国证据法选译》，人民法院出版社 2000 年版，第 725 页。

[40] 在我国，对鉴定机构、鉴定人的登记许可可以说是形式上的，如申请做鉴定人，只要满足基本条款上的要求，即遵守法律、具有相应要求的职称，或受过高等教育并从事相关工作达一定年限，且身体健康等，就可获得相应资格。这种较为宽泛的、非实质性登记许可制严格说来，并不能真正保证从事鉴定工作的人的实际能力，因而其出具的鉴定结论必然在可靠性上还需要进一步的评判。

终极的法律结论，这些终极法律结论本最应该由陪审团或法官作出，但却经证人的嘴给出，那么陪审团或法官无疑被彻底架空了！

理论上说，法官和证人各自的职责清晰而又界限分明。因不占有某些知识，或者不具有解决某专业性问题所必备的特殊能力，故而陪审团或法官有时必须将自己的权能让渡给普通证人或专家证人，但显然，这种让渡只应是暂时的，且仅仅是在涉及案件中的基础事实时出现；一旦涉及案件争议的终极事实，则有权定夺的，显然应是陪审团或法官，否则，陪审团或法官就彻底失去了存在的意义。换言之，意见证据规则对意见证据的允许均限于所涉事实不是案件的最终事实或法律结论，而如若涉及案件的最终事实或法律结论，则有权做出者，只能是陪审团或法官，而不能是证人。事实上，美国《联邦证据规则》出台前的英美法系国家，传统上一直严格地认为，关乎案件的终极事实或法律结论时，证人不得以意见介入。

但是，美国《联邦证据规则》第 704 条，则基本抛弃了终极问题原则。

说它“抛弃了”终极问题原则，是因为按照第 704 条（a）款的规定，“除了本条（b）款规定的以外，依其他规定已具可采性的意见或推论式证言，不因其涉及本应由事实裁判者裁决的终极问题而受到异议”[41]，普通证人意见或专家证人意见，只要不属于（b）款言及的特殊情形，只要按照前文探讨过的适用条件本已具有了可采性，如意见证言合理基于证人的知觉、对陪审团等事实裁判者有帮助，或意见证言是专家基于充足事实或数据、并将可靠原理和方法有机适用于相关案件得出的等，那么哪怕它涉及案件的终极问题，也不被排除。显然，它更强调证人意见的实用性，并姑且放弃了本应一握在手的裁判权。

说它只是“基本”抛弃，是因为第 704 条（b）款为终极问题原则留下了一丝存活余地，即“刑事案件中，就被告的精神状态或状况作证的专家证人，不得就构成刑事指控或辩护之要件的被告精神状态或状况，陈述意见或推论。此类终极问题应是事实审理者独自决定的事项”。[42] 而这一存活余地的出现，始于 1984 年里根总统被刺案后国会的修法，并使得专家意见在内容上有了明确的受限性：专家们可以自由地就被告是否罹患精神疾病或是否有精神残缺作证，并描述这种精神疾病或残缺的症状、特征是什么，但专家们却不能作证说，该精神疾病或残缺使得被告无法懂得某行为的错误性。[43] 此时，专家意见所受的限制在于，他可

---

[41] Steven Goode and Olin Guy Wellborn III, *Courtroom Evidence Handbook: 2006-2007 Student Edition*, Thomson/West, 2006, p.218.

[42] Steven Goode and Olin Guy Wellborn III, *Courtroom Evidence Handbook: 2006-2007 Student Edition*, Thomson/West, 2006, p.218.

[43] Steven Goode and Olin Guy Wellborn III, *Courtroom Evidence Handbook: 2006-2007 Student Edition*, Thomson/West, 2006, p.221.

就被告的精神状况陈述医学结论，但却不能就其精神状况表达法律结论。

按照《联邦证据规则》起草咨询委员会的说法，美国基本抛弃终极问题原则的原因在于，该原则“是过分的，难以适用的，而且一般而言只起到剥夺事实裁判者获得有用信息的作用”。[44] 但笔者认为，其真正原因在于，美国《联邦证据规则》的出台，为普通证人意见和专家证人意见的可采性提供了较为缜密、完整而又统一的标准，即以规则第 701 条、第 702 条为核心，以规则第 403 条[45]、第 602 条为基础的评价体系，只要法官们结合案件的具体情况，严格按照该评价体系的规定自行裁量，是完全可以做到，即使关乎案件的终极问题，但普通证人或专家证人的意见根本不会动摇事实认定者的裁判权或影响诉讼结果的可靠性，因而采纳它又何妨？换言之，终极问题原则已基本上被由规则第 701 条、第 702 条、第 403 条和第 602 条组成的综合评价体系所替代，不再具有存在的现实意义。事实上，规则第 704 条（a）款对终极问题原则的抛弃是有前提条件的，那就是，该条文中那两个不起眼、但却必不可少的词汇“otherwise admissible”（本文将它们译为“依其他规定已具可采性”）起着关键作用：能够真正抛弃终极问题原则，或者说能够在关乎终极问题时仍被采纳的证人意见，首先要满足其他一些与意见证据有关的可采性标准，否则，终极问题原则无疑还将发挥作用！

基于“otherwise admissible”二词的存在，美国《联邦证据规则》第 704 条（a）款的适用实质上又回到了根据第 701 条、第 702 条和第 403 条、第 602 条的综合规定，对普通证人意见证据和专家证人意见证据的可采性进行审查的问题上来了！换言之，是否关乎终极问题并不重要，重要的是，这些意见是否对事实认定、事实确实有帮助：有帮助者，虽涉及终极问题也具有可采性；无帮助者，虽不涉及终极问题但也不具有可采性！

明晰了终极问题原则被基本废弃的原因后，也就不难理解，为什么“某人是否疏忽大意”“某人有无能力”之类的意见证据仍然会被排除：因为在获得了证人给出的一些基本事实陈述之后，陪审团完全可以就“某人是否疏忽大意”“某人有无能力”等问题得出自己的判断——此时，证人给出的“疏忽大意”“无能力”等意见显然就归于无帮助之列了。

如前所述，我国针对普通证人的意见证据规则在 21 世纪初才见之于司法解释中，且迄今为止，十年过去了，仅仅还只有三条法律条文，远远无法规范意见

---

[44] 转引自：[美] 罗纳德·J. 艾伦等：《证据法：文本、问题和案例》（第 3 版），张保生等译，高等教育出版社 2006 年版，第 788 页。

[45] “尽管某证据具有关联性，但如果其具有的不公正偏见、混淆争议或误导陪审团的危险，或者考虑到过分拖延、浪费时间或无谓地出示一些重复证据等因素，已实质上超过其证明价值时，那么该证据也可被排除。”受主题和篇幅的限制，本文没有讨论规则第 403 条对意见证据规则的具体影响。

证据规则所应涉及的众多问题；虽然与专家证人意见规则同义的鉴定制度在近几年明显为众多学者、实务者所关注，相关的制度构建和完善也在进行中，但与鉴定、鉴定结论密切有加的各种规定明显表现出彼此少有照应、各自为政的状态[46]。加上理论研究也是严重不青睐意见证据规则，因而有关意见证据的终极问题原则在我国几乎是闻所未闻，更别说就其初始被美国全盘抛弃、随后又略有保留的动态变化和相关原因进行研究了。

当然，并不盲目认为美国的终极问题原则就至为先进，但该原则对事实认定者职权的维护及其近几十年来的动态变化和动态变化的原因，在我国开始尝试规范普通证人意见证据和鉴定人鉴定意见之可采性的当前，却可给我们以积极的启发：

（1）就案件中最终争议的问题，也就是终极问题，有权给出结论的，只能是事实认定者，如陪审团或法官。

（2）事实认定者对终极问题的裁判权——也就是终极问题之结论的给出权，可以让渡于普通证人或鉴定人，也可以保留。但如若让渡，则前提应该是，有一套完备、周严、缜密的意见证据规则，约束着普通证人或鉴定人给出的、有关终极问题的意见首先应该满足相应的可采性要求：该意见对事实认定者有帮助，如若是普通证人给出的，需是以其亲身感知的知识为基础，且不是专家才能给出的；如若是鉴定人给出的，需是以充足的数据和事实为基础，并是可靠科学原理和方法与具体案件的有机结合。

（3）鉴定人在刑事案件中就被告之精神状态给出鉴定结论或鉴定意见时，只能就有无精神疾病或缺陷以及这种疾病或缺陷的主要特征或症状是什么给出意见，而不能就有该精神疾病或缺陷的被告在实施某行为时是否意识到该行为的违法性、不当性发表看法。

就（1）而言，我们需要做的，应该是观念的树立；就（2）而言，我们需要做的，则是在裁判职权让渡与否的问题上做出选择：在当今世界发展变化多样、各种知识爆炸式涌现的情况下，指望事实认定者成为“万事通”，占有各种各样的知识并进而可以自如完成自己的终极问题裁判职责似乎不大现实，那么让渡其裁判职权似乎也就成为不二的选择，此时，显然我们应该梳理、完善现有的用于评判意见证据之可采性的各种标准，使之形成一个精炼、完备、周严、缜密的意

---

[46] 我国三大诉讼法规定了涉及专门性问题时可启动鉴定，并认可了鉴定结论的法定证据地位；有关民事诉讼证据规定、行政诉讼证据规定、刑事诉讼中的“两个证据规定”对鉴定的启动或鉴定结论（鉴定意见）的可采性该如何评价有一定的规定；全国人大颁布施行的“司法鉴定管理决定”虽原则性地涉及了某些鉴定的行政管理问题，但具体实施管理的公安部、最高检、司法部，各自出台的管理规范却不尽相同、甚至有所冲突，这都对鉴定结论（鉴定意见）最终在法院的可采性上出现一定的问题。

见证据可采性评价体系。

至于（3），则恐怕是我们不得不施以“手术”的部位。因为在我国，在现行《司法鉴定管理决定》及《司法鉴定程序通则》的约束下，依照最高人民法院、最高人民检察院、公安部、司法部、卫生部于 1989 年 7 月 11 日颁布、同年 8 月 1 日施行的《精神疾病司法鉴定暂行规定》，司法精神病鉴定均不仅仅限于被鉴定人精神疾病状况的鉴定，有关各种“能力”，如刑事案件中犯罪嫌疑人、被告人的刑事责任能力、刑事诉讼能力、服刑能力，民事案件中被鉴定人的民事行为能力、民事诉讼能力，以及各类案件中被害人等在其人身、财产等合法权益遭受侵害时对侵犯行为有无辨认能力或者自我防卫、保护能力等，都是司法精神病鉴定人有权鉴定的内容或重要内容！被鉴定人是否罹患某种精神疾病，其症状或外在表现、特征如何，显然是医学知识范畴的内容，理应由具有医学这一科学知识和经验的专家或鉴定人根据各个案件的具体情况给出；具有精神病学科学知识和经验的专家或鉴定人给出的结论也因此具有可靠性——正是对这种结论或意见之可靠性的渴求，意见证据规则才允许专家或鉴定人自此介入诉讼。但前述各种“能力”，无论是刑事责任能力或民事行为能力，无一不是法律上的概念，明显有别于普通人（包括司法精神病鉴定人）的理解，“而证人和陪审团对能力的理解可能完全不同于法律的规定”[47]。当然，我们可以在诸如司法部颁布的标准化鉴定方法等规定中加上这样的文字，“运用精神病学及法学的理论和技术”，但有了这种文字，精通精神病学知识的鉴定人就拥有了法律专业知识，就能深谙并能准确把握法律概念上“能力”的内涵、外延及具体适用吗？当然，也有人可能会说，诸如《精神障碍者刑事责任能力评定标准》之类标准的出台，能够帮助精神病鉴定专家就法律上的“能力”作出分辨和评断，但如果有了这样的标准，普通人（当涉及法律问题时，精神病鉴定专家充其量也不过只是普通人）就能分辨并评断法律上的“能力”，那么为什么在精神病鉴定专家就被鉴定人的精神状况或缺陷及具体表征给出医学方面的专家意见之后，不再让事实认定者参照《精神障碍者刑事责任能力评定标准》之类的标准就法律上的“能力”问题作出自己的判断，从而履行自己本该履行的职责？意见证据规则对专家意见证据地位的首肯起因于专家拥有事实认定者不拥有的专业知识及依附专业知识而存在的推理、判断能力。即使不是案件的终极问题，但如果对事实认定者没有帮助，即事实认定者本身有知识、有能力解决——如事实的认定和法律的适用，那么就没有任何理由将该问题交给其他人解决，否则，就真正成了裁判职权的被剥夺。事实上，我国的司法实务特别是刑事司法实务中，涉及精神病鉴定的案件之所以争议颇多，与精神病

---

[47] Mark Reutlinger, *Evidence: Essential Terms and Concepts*, Aspen Law & Business, 1996, New York, p.187.

鉴定专家额外负担了本应由事实裁判者完成的“能力”评判工作不无关系。因此在我国，有必要还原精神病鉴定专家的本职功用，将其专家意见的给出限定在对被鉴定人之精神状况或状态的诊断方面，并在经诊断确定被鉴定人患有某精神疾病时允许其陈述，“这种疾病或缺陷通常会表现出 ×××× 症状或特征”。至于有这些症状或特征的精神病患者是否具有法律意义的“责任能力”或“行为能力”，则并非精神病鉴定专家之医学知识所能解决的，所以应返回再由事实认定者自身来解决。显然，在此还原之“手术”中，美国对终极问题原则的全盘放弃以及重新适当肯定的做法值得我们深思。

五、意见证据规则的适用要求——代结语

意见证据规则在我国虽经《民诉证据规定》《行诉证据规定》和刑诉的“两个证据规定”得以先后明确的确立，但充其量，仅有十年左右的历史，而且相关的理论研究还非常稀少，因此，意见规则适用起来到底需要怎样的环境、到底会有怎样的效果，目前还很难定论。但是，意见证据规则在英美法系国家、特别是在美国的发展史却告诉我们，意欲发挥意见证据规则的应有功效，确保普通证人之意见不轻易篡夺事实认定者的职权，确保专家证人之意见能可靠地被采纳，我们的诉讼环境应要满足如下基本要求：

1. 法官拥有充分的自由裁量权并能自如、自觉地行使

意见证据规则得以存在的基本前提是，“意见”区别于“事实”，有可能令事实认定者形成偏见进而影响诉讼的公正性。但如前所述，“意见”与“事实”的区分并非通常认为的那样泾渭分明，而恰恰是这种区分的不易，使得意见证据规则的适用要极大地依赖于法官的自由裁量权。此外，无论是普通证人意见还是专家证人意见，如果其涉及了案件的终极问题，那么它是否该因此受到异议，则取决于根据意见证据规则的相关规定，它是否已具有了可采性？而此问题的解决也需要法官自行裁量。无怪乎，有学者认为，“因此，正常理性要求赋予法官更大自由裁量权，至少可以对证据是‘事实’还是‘意见’加以区分，而且也需要授予其批准甚至是意见证据（也可采纳）的权力”。[48]

我国是成文法国家，对案件的处理更多是严格依照苛严的法律条文。但因法律不可能完全、具体、精细地反映复杂而又多变的社会，所以在制定粗略、概括、抽象、滞后、不周延、模糊的法律条文时，我们不得不赋予法官一定的自由裁量权。以我国的刑事意见证据规则来看，“证人的猜测性、评论性、推断性的证言，不能作为证据使用，但根据一般生活经验判断符合事实的除外”，法律无疑赋予法官相应的自由裁量权——就“何为根据一般生活经验判断符合事实”，法官有

[48] ［美］约翰·W. 斯特龙主编：《麦考密克论证据》（第 5 版），汤维建等译，中国政法大学出版社 2004 年版，第 21 页。

权自行决定。但问题是，我国整个的法律文化传统、思维方式以及对自由裁量权行使结果的评价，却似乎对法官自如、自觉行使自由裁量权设置了一定的障碍，因此，笔者认为，意欲我国在立法层面已经得到认可的意见证据规则真正得以有效适用，为法官们创造一个其能自如、自觉行使自由裁量权的氛围很是必要。

2. 质证程序得以充分保障并能有效实施

与其他证据规则一样，意见证据规则的适用并非独立的过程，它需要程序的保障，而在众多的保障程序中，质证应该是最为关键的程序之一。之所以这样认为，是因为，如若撇开证据的合法性这一蕴含有丰富价值追求的社会属性不谈，证据的生命力显然在于证据的可靠性。而意见证据规则，恰恰就是为了确保证据有着基本的可靠性。诚然，法官可依法充分行使自由裁量权，进而定夺哪些是事实可采纳、哪些是意见得排除、哪些虽是意见但却可采纳等，但法官行使该裁量权的前提是，当事人双方就某陈述是“意见”还是“事实”有争议、有质疑——没有争议、没有质疑，也就不需要法官来裁量了。而对陈述的争议、质疑，恰恰就是质证，故而没有质证程序，意见证据规则就无以适用，就无以从可采性层面切实保障相关陈述的可靠性。进一步言，获得可采性的意见证据，其是否真正真实可靠，是否真正具有证明力，则还需要当事人双方借助直接询问、交叉询问的质证程序才能完成。因此，意见证据规则的适用离不开质证程序。

经过司法改革，经过借鉴、吸纳先进发达国家的法制精华和经验，虽然质证从程序设计上说，已经为我国现行诉讼法所确认，但因案件负担沉重或者对质证的价值认识还有局限性，实务中，质证往往流于形式。例如，有鉴定人坦言，某日他出庭就鉴定结论接受质证，一个上午出了四个庭、每个庭不过停留了十来分钟！再者，我国现行诉讼法的设置还存在着本质的缺陷，以至于与意见证据规则之适用密切相关的质证程序根本无法落实：就普通证人的陈述而言，质证由律师、甚至当事人本人即可完成。就鉴定人给出的鉴定结论或意见而言，质证如若仅仅依靠律师及当事人，则显然难以达到“去伪存真”的目的，因为鉴定结论或意见所基于的专门知识、技术、原理等，非常人所能理解；也恰恰是这一原因，我国《民诉证据规定》及《行诉证据规定》均明确许可鉴定意见的不利方可以申请具有专门知识的人员参与对鉴定意见的质证。但刑事诉讼中，虽要求鉴定人出庭作证（通常支持控方的起诉），但相关的法律却没有允许辩护方获得具有专门知识的人的帮助，也就是说，即使鉴定人应辩护方的要求出庭接受质证，但因辩护方并不拥有相关的专门知识，所谓的质证、特别是交叉质证，只能是“隔靴搔痒”。

因此，意见证据规则的适用，不仅仅要求相应的诉讼程序设置了质证环节，而且还要求在“人力”上确保质证真正能够从实质上得以实现。

3. 实践经验总结与理论研究互动促进现有意见证据规则体系逐步科学化、缜密化

意见证据规则于我国法制而言，无疑是舶来品，其真正嵌入我国法律条文中，只不过十余年。嵌入我国法律中的意见证据规则到底有无生命力，在实务中到底有无具体适用，且适用过程中到底出现了怎样的问题，无疑需要我们去探寻、去研究、去总结；同时，我们应该一改当前理论界少有人关注意见证据规则的现象，分一些注意力在对意见证据规则的价值内涵、适用基础、实质内容等方面的探讨上，力图理论与实务良性互动，才可能将舶来的意见证据规则真正鲜活地适用于我国的诉讼土壤。此外，考虑到专家意见证据与普通意见证据一定程度上的同质性，有些规定就必须站在意见证据规则的制高点一统加以规定，而不是像当前那样由各个部门各自为政地规定并施行，才能形成科学、缜密的规则体系，以便普通证人的意见及鉴定人的鉴定意见均能有机地得以适用。

（原载《证据科学》2012 年第 5 期）

刑事证人出庭作证程序设计与论证

甄　贞

一、设计刑事证人出庭作证程序的说明

刑事案件开庭审理过程中，知晓案件情况的证人出席法庭，以口头言词的形式就自己所了解的案件事实向法庭作如实的陈述，并接受控辩双方以辩驳、质询的方式进行质证，或者法官以询问的方式进行审查的诉讼活动，即为证人出庭作证程序。证人证言，是我国刑事诉讼法规定的七种法定证据之一，在我国刑事证据体系中占有重要的位置。无论英美法系还是大陆法系国家，在刑事诉讼中，证人证言都是被应用得最为广泛、最为普遍的一种证据。根源在于，犯罪是一种社会现象，刑事案件一经发生，往往会被周围的人所感知。而知情者对于有关犯罪现象的陈述，则是证人证言普遍存在的客观基础。

在我国刑事诉讼的诸环节中，证人证言是被用以查明案件事实，揭露和证实犯罪，保障无罪的人不受刑事追究的重要手段。从我国的刑诉立法及司法解释的相关规定来看，刑事证人出庭作证程序尚不是完全空白，如我国 1996 年《刑事诉讼法》第 47 条规定："证人证言必须在法庭上经过公诉人、被害人和被告人、辩护人双方讯问、质证，听取各方证人的证言并且经过查实以后，才能作为定案的根据。"该法第 49 条规定："人民法院、人民检察院和公安机关应当保障证人及其近亲属的安全。对证人及其近亲属进行威胁、侮辱、殴打或者打击报复，构成犯罪的，依法追究刑事责任；尚不够刑事处罚的，依法给予治安管理处罚。"该法第 157 条规定："公诉人、辩护人应当向法庭出示物证，让当事人辨认，对未到庭的证人的证言笔录、鉴定人的鉴定结论、勘验笔录和其他作为证据的文书，应当当庭宣读。"《最高人民法院关于执行〈中华人民共和国刑事诉讼法〉若干问题的解释》第 141 条规定：证人应当出庭作证。符合下列情形，经人民法院准许的，证人可以不出庭作证。并列举了证人可以不出庭作证的四种情形。该解释第 142 条规定审判人员须先行核实证人的身份，证人与当事人及案件的关系。该解释第 143 条和第 146 条则分别规定了对证人发问的先后次序和发问的方式，等等。据此，我国证人出庭作证的程序初具轮廓。概括为以下几个方面：

1. 了解案件情况，能够辨别是非、正确表达意志的自然人都是证人。证人享有多种诉讼权利，同时需尽应当出庭作证和如实作证等义务。2. 证人证言必须在法庭上经过控辩双方的讯问、质证及必要时法官的询问，查实后才能作为定案的根据。

3. 质证应遵循发问的先后次序和讲究发问的方式。4. 公安司法机关应当保障证人及其亲属的安全。5. 证人对公安司法人员侵犯其诉讼权利和人身侮辱的行为，有提出控告的权利。6. 特殊情况下，法律接纳未到庭的证人当庭宣读的证言笔录为判案根据。

程序法作出上述这些原则性、概括性的规定，一方面解决了司法实践中的迫切需要，使证人出庭作证、质证等诉讼活动有法可依、有章可循；另一方面却因相关规定的粗略、不配套、不完善，使这些诉讼活动在进行中出现了随意、省略、失控的现象，致使刑事案件审理时证人出庭作证率偏低，证人证言得不到有效的当庭询问、质证，使得案件事实的认定出现犹疑，审判的公正性、权威性受到怀疑，也使得新的庭审方式的改革大打折扣。这一问题不解决，将直接导致我国庭审方式的改革难以深化，使修正后的刑事诉讼法的贯彻实施平添阻力。因此，设计出科学、高效的刑事证人出庭作证程序，并论证其存在的必要性、可行性和合理性，是对我国刑事审判制度、刑事证据制度的重要贡献，也会对司法实践具有十分现实的指导意义。本文拟对刑事证人出庭作证程序予以细致设计，并对与之相配套的立法措施、制度予以完善，突出该程序设计上的规范性和可操作性。

二、刑事证人出庭作证程序设计与论证

刑事诉讼中的证人有狭义和广义之分。狭义的证人是指除原被告外，了解案情、并就自己的感知向司法机关陈述的第三人。所谓第三人，是不包括当事人、鉴定人、司法人员等诉讼参与人的。我国刑事诉讼采狭义的证人解释。

探讨证人作证程序，首先遇到的问题就是：哪些人能够作为证人，哪些人不能够作为证人？即证人的资格问题，英美法系国家又称证人的“适格性”。当一名证人具有证人的“适格性”，该证人即使不想自愿作证，也可以被法庭强迫到庭作证。强迫作证的目的是使法庭有机会直接听取与案件有关的一切可被接纳的证据，借以判断案件事实。而我国 1996 年《刑事诉讼法》第 48 条规定：“凡是知道案件情况的人，都有作证的义务。生理上、精神上有缺陷或者年幼，不能辨别是非，不能正确表达的人，不能作证人。”该规定是我国刑事诉讼法决定公民是否有承担作证义务的标准，也是判断证人资格的唯一标准。

刑事证人出庭作证程序，是证人出庭以言词方式陈述所了解的案情，并接受控辩双方质证及法庭询问所应当遵循的方式、方法和步骤。该程序应当包括以下内容：1. 申请证人出庭作证程序；2. 通知证人出庭作证程序；3. 查明到庭证人身份程序；4. 法庭向证人交代权利义务程序；5. 证人宣誓或发誓愿程序；6. 证人陈述作证程序；7. 控辩双方交叉询问质证程序；8. 法庭补充询问证人程序；9. 证人退庭程序。具体程序设计与论证分述如下：

（一）申请证人出庭作证程序

1. 申请证人出庭作证程序的设计

申请证人出庭作证程序，是指为说明印证本方主张，控辩双方向法庭提出申

请，要求法庭作出决定允许本方证人出庭作证的程序。

该程序的启动者是控辩双方，即公诉案件中赋有举证责任的公诉人、检察官；自诉案件中赋有举证责任的自诉人及其法定代理人；在刑事附带民事案件中提起附带民事诉讼的原告人及其法定代理人、诉讼代理人；辩护一方包括被告人、法定代理人、辩护人、附带民事诉讼的被告人及其法定代理人等。该程序的启动方式是，由有申请证人出庭作证权的机关和个人，以书面的形式，在正式开庭审理的 10 日以前，向法庭提交申请出庭作证的证人名单，包括证人的身份、住址、联系方法、拟出庭作证的主要问题。该程序的审批主体是法官，即承办案件的法官，对控辩双方提交的证人名单进行审查，并作出批准与不批准出庭的决定。

该程序的审批内容是，由承办案件的法官，在对控辩双方提交的证人出庭作证名单进行审查后，认为该证人出庭作证，有利于案件事实的查明，则应当作出批准该证人出庭作证的决定；反之，若该证人出庭作证对案件事实证明意义不大，为节省诉讼时间，提高诉讼效率，可以作出不批准该证人出庭作证的决定。批准与不批准的决定皆以出庭通知的形式告知证人和申请人。

2. 申请证人出庭作证程序的论证

规定控辩双方是申请证人出庭作证程序的启动者，有义务将拟申请出庭作证的证人名单及出庭作证的主要问题，在规定日期内交由法庭决定，目的是使法庭能根据每个案件的具体情况安排开庭的时间、地点、人员，以保证案件的审判活动能如期顺利进行。而诉讼的双方最了解本方的主张，了解本方证人的情况，了解其证言的证明力，对传谁不传谁到庭作证，诉讼的双方最有发言权，这也是要求他们提供证人名单的基础。

从证人出庭作证的实际效果来看，证人出庭实际上是控方完成举证责任的重要组成部分，也有利于辩方辩护质量的提高，故证人不出庭所直接影响的当是诉讼双方控辩职能的有效履行。我国 1996 年《刑事诉讼法》第 150 条明确规定，对于检察机关公诉的案件，控方应将起诉书、证人名单和主要证据复印件或照片送交法庭，以供法庭决定是否开庭审理该案件。

对是否通知证人出庭的决定权在法院，法院通常从该证人证言是否与案件事实有直接联系；是否是本案审理的重要证据；以及证人的年龄、身体状况、作证能力等方面综合考虑后，决定让其出庭作证并发出出庭通知书。

3. 申请证人出庭作证程序中的问题与对策

实践中还有些证人的出庭作证是源于法院对案件真实的调查核实；或者证人自己的主动申请。对于前者，应具体问题具体分析，根据 1996 年《刑事诉讼法》第 158 条的规定，当对证人所提供的证言有疑问时，法庭有权对证据进行调查核实。据此，法庭可以接受诉讼双方补充提出申请的新证人到庭作证，也可以在法院自行调查的过程中发现有价值的证人。但笔者认为，其出庭作证仍应按证人出庭作证程序的步骤进行，即其证言证明哪一方的主张，就作为那一方的证人出庭作证并接受质询。对于后者，应予以鼓励，并按证人作证程序作证。

（二）通知（强制）证人出庭作证程序

1. 通知（强制）证人出庭作证程序的设计

法院用通知或传票传召证人出庭作证，并建立强制证人出庭作证制度：（1）一经法院通知或传票传召，除法定不出庭作证的情形外，证人必须依指定的时间和地点报到，并作好出庭作证的准备。法院通知证人出庭作证的通知书，最迟应在开庭 7 日前送达证人处。（2）以下情形可以立法的形式，列为法定不出庭作证的情形：①由合议庭认可的 14 岁以下的未成年人；②庭审期间死亡、患严重疾病或行动极不方便的；③路途遥远、交通极不便利的；④因自然灾害、意外事件等不可抗力的原因而不能到庭的；⑤因特殊的工作性质不便出庭的；⑥其证言对案件审判不起直接决定作用，由合议庭认可的；⑦有其他特殊原因，由合议庭认可的。（3）证人接法院通知或传票后有不出庭倾向的，或法庭有理由相信该证人可能将会不服从通知或传票命令的，法院可采取拘传、司法拘留的强制措施强制证人到庭。（4）证人接法院通知或传票后，无法定不出庭情形而不出庭，又无合理解释的，法院可对证人处以 1000 元人民币或数额更高的罚款或 15 日的司法拘留；情节严重的以藐视法庭罪，处二年以下有期徒刑。（5）控辩双方对保证其证人及时出庭作证负有督促责任。若法官认为某证人的缺席将会给审判带来不公平的结果，法官可以酌情宣布延期审理。

2. 通知（强制）证人出庭作证程序的论证

强调证人出庭作证是履行公民的责任，则法院有义务尽早地将出庭通知依法送达给需要出庭的证人，以便证人对其日常工作、生活作出适当安排，按时到达指定地点出庭作证，以利于诉讼的顺利进行。我国 1996 年《刑事诉讼法》第 151 条第 4 款规定，人民法院决定开庭审判后，通知证人出庭作证的通知书最迟应在开庭 3 日前送达到证人处。这一时间是否合理尚待论证，考虑到司法实践的状况，以及交通、日常生活合理安排等因素，出庭通知的送达距开庭作证的时间应有适当的距离，通常在 7 天前送达证人处为宜。

我国证人出庭率低下的症结所在，是立法规定的不甚严明。现行证人出庭作证程序的不完备之处表现在：（1）规定了在特殊情况下可以宣读证人证言，为证人不出庭作证提供了法律依据；（2）对抗拒出庭作证未规定相应的处罚措施，使证人出庭作证缺乏强制性；（3）对证人的保护停留在事后、人身及名誉权不受侵犯的范围内，忽略了对证人的事前、预防性及财产方面的保护；（4）未规定证人作证的经济补偿措施，使证人的权利与义务规范处于失衡状态；等等。

为保证通知（强制）证人出庭作证程序的有效运行，必须通过立法寻求证人作证在权利与义务之间的平衡状态，必须规定严格的证人到庭制度，甚至不惜辅以一定的强制措施作保障。同时，在完善证人各项保护制度的前提下，对有正当理由可不到庭的情形予以严格限制，不留空泛的或然性规定。这种权利义务的平衡会使证人不再将出庭作证视为负担，并通过宣传，逐渐培养公民出庭作证是维护法律尊严，是协助法官主持正义的法律意识和社会责任感，使之成为督促证人出庭作证的原动力。

各国（地区）立法例对证人出庭作证都有强制性规定，如德国刑事诉讼法典第 48 条规定：传唤证人时应当同时对他告知如果应传不到的法定后果。该法第 51 条规定：依法传唤而不到场的证人要承担由于应传不到造成的费用。对他同时还要科处秩序罚款和不能缴纳罚款时易科秩序拘留。对证人也准许强制拘传；在再次应传不到的情况中，可以再一次科处秩序处罚。[1]

根据香港《刑事诉讼程序条例》第 34 条、第 36 条、第 37 条的规定，法庭可通过签发证人传票或者证人命令来强迫证人出庭。传票至诉讼结束前一直有效。当证人传票或命令送达到证人后，如该证人没有正当的理由而不服从证人传票或命令，他会被视为犯了藐视法庭罪，发出传票或命令的法庭可以用简易治罪程序来处罚该证人。犯藐视法庭罪的证人最高可被判处两年监禁。香港法院也可以签发逮捕令，把证人拘留及羁押，以确保他出庭作证。[2]

目前我国刑法典中尚无藐视法庭罪的罪名及相关规定，故应通过立法予以完善，使这类犯罪能得到及时的处罚，维护法律的尊严。

3. 通知（强制）证人出庭作证程序中的问题与对策

必须通过立法确立证人出庭作证制度。法律应明确规定，出庭作证是证人提供证据的必经程序，在通常情况下，证人只有亲自出庭作证并回答控辩双方的询问和质证，其证言才能作为法庭裁判的依据。同时还应建立强制证人出庭作证制度，法律应明确规定，证人出庭作证是其法定义务，对拒不出庭作证的证人，应规定相应的法律责任和处罚措施，如罚款、拘传、拘留以致定罪科刑，以保证证人履行其作证义务。由于现行立法中，对证人出庭没有这类强制性规定，所以，许多证人抱着多一事不如少一事的消极态度不出庭作证，并渐成风气，法院对此也不持积极的态度。其负面作用是，使庭审方式改革流于形式，不能充分发挥控辩双方当庭询问、质证的作用，不利于查明案件事实真相。为扭转这一局面，首先应当通过立法，明确证人必须出庭作证。至于由什么法加以规定，理论界有不同的认识，有的学者认为，应规定在刑事诉讼法典中，还有的学者认为，应制定统一的证据法，并使证人出庭作证制度统一适用于民事、刑事和行政案件中。无

[1] 参见李昌珂译：《德国刑事诉讼法典》，中国政法大学出版社 1995 年版，第 12–13 页。

[2] 参见［英］罗德立、赵秉志主编：《香港刑事诉讼程序法纲要》，北京大学出版社 1997 年版，第 76 页。

论何种选择，该制度的贯彻必须师出有名，于法有据。

在司法实践中，法院决定开庭审判后，即按照 1996 年《刑事诉讼法》第 151 条第 4 款的规定，在开庭 3 日前将出庭通知书送达有关证人。据此，法院往往认为送达了出庭通知，便履行了法律的职责，至于证人能否到庭，则应该是检察机关的事。而检察机关却认为，证人通知书是法院发出的，则法院有义务确保证人到庭作证，逐渐形成两个机关之间互相推诿的现象。确保证人出庭的责任到底在谁？应由哪一方承担？值得分析。纯粹的控辩式的法庭审理，要求控辩双方分别负有举证责任，法庭是根据控辩双方的要求向证人发出出庭通知的，一旦证人不出庭，直接损害的将是传召一方的实际利益，即使己方的主张缺乏有力的证据证明，因此，为支持自己的主张，传召一方也有责任保证本方证人按时出庭作证。但由于我国法院对公诉案件进行审查后，决定开庭的主动权在法院，通知证人出庭的目的，亦是希望证人准时到庭，协助法院查清案件事实，故法院也以出庭通知的形式表达了确保证人出庭的责任，若附之以强制力作保障，则法院保证证人出庭的责任不言自明。但控辩双方对本方传召的证人也应有督促其按时出庭的责任。其中对辩方律师应通过立法明确其有独立的证据调查权。

（三）查明到庭证人身份程序

1. 查明到庭证人身份程序

是指法庭在控辩双方的协助下，对准备出庭作证的证人，就证人资格、作证能力、是否享有免证权等问题进行的全面审查程序。该程序可分为庭外查明和庭上查明两个阶段：

庭外查明阶段：控辩双方的证人到庭后，应分别向控方人员或被告方的律师报到，其自然身份由法庭书记员在控辩双方的协助下核实无误后，在法庭外等候法官的传召。

庭上查明阶段：证人应召上庭入证人席后，法官应首先核实其身份，再就其有无作证能力、是否享有免证权等问题进行进一步的审查。如符合作证条件，将依法进行后续的程序；反之，则中止该程序的进行，不再令该证人作证。出现下列情形之一的，应当中止证人作证：（1）证人突然神志不清，思维混乱，丧失自控能力、语言表达能力的；（2）证人所述问题与本案无关的；（3）证人对此问题享有拒证权的。

2. 查明到庭证人身份程序的论证

证人既然要在法庭上亲自作出口头证言，并接受控辩双方及法官的质证和询问，其是否具备作证能力，往往是其正常提供证人证言的先决条件。法官可通过简单的问话，了解证人的感知理解能力、语言表达能力，并通过简短的测试，了解证人的辨别是非及判断能力。为证人当庭作证奠定基础。对不具备作证能力的证人应及时中止其作证，以免导致诉讼不合理地被拖延，不只浪费了时间，还容易造成延误审判对被告人不公平的局面。正如意大利刑事诉讼法典规定的那样：

所有出庭作证的证人都应当具有作证的能力，当为了评价该证人的陈述而需要调查该证人的身体或精神状况是否适宜作证时，法官可以做出决定，采用法律允许的手段进行适当的核查。[3]

3. 查明到庭证人身份程序中的问题与对策

在司法实践中，就证人资格的判断常常遇到以下问题：（1）年幼儿童是否有资格作证的问题。英美法系国家对此问题的原则有所限制。即若法官认为该儿童的智力和理解力不足，亦不明白说真话的重要性，则法官有绝对权力不让该儿童作证。我国法律则主要考虑该儿童能否辨别是非，能否正确表达，并以此判断其有无作证能力。（2）精神或生理上有缺陷的人是否有资格作证的问题。按刑诉法及司法解释的规定，如不能辨别是非，不能正确表达的人，不能作证人。反之，如能辨别是非，能够正确表达，就具有作证能力，应当履行作证义务。并可就案件中有关证人的精神状态，以及有无作证能力进行精神疾病司法鉴定。（3）承办本案的公安司法人员能否同时作为本案证人的问题。这是广义与狭义证人的重要区别所在，采广义证人解释的国家规定，除法官不能同时作为本案证人外，其他侦查犯罪的司法人员、鉴定人员均可以作为证人出庭作证。而我国若公安司法人员是在执行前了解案件事实的，则他们应以证人的身份参加诉讼，即证人优先原则。（4）被告人的配偶及亲属能否作为本案证人的问题。在我国古代及封建社会，均确立了“亲属相隐”“亲亲得相首匿”的制度。现代各国立法例中，仍赋予被告人的亲属、受顾人，同居者有拒绝作证的权利。如德国刑事诉讼法典第42条规定：“与被指控人的订婚人，配偶或前配偶（被指控人）现在或曾经是直系亲属或直系姻亲，现在或者曾经在旁系三亲内有血缘关系或者三亲内有姻亲关系的人，皆有权拒绝作证。”英美法系国家最初是完全剥夺被告人的配偶可为证人的“适格性”，但现在配偶不能作为证人的限制在不同的情况下已有所改变。通常经被告人同意，被告人配偶有资格为辩方作证人，但不能为控方作证人，且不能被强迫作证。也有例外情况，如被告人因向其配偶实施暴力行为或涉及叛国罪被检控，被告人的配偶有资格担任控方证人，并且可以被强迫作证。而我国立法则容许被告人的配偶、亲属作证，只要他们了解案件的真实情况，便有履行刑事诉讼法所规定的作证义务。但对这类证人证言法庭应考虑其与当事人的特定关系，对其真实性、可信性慎重判断。（5）同案被告人是否具有证人资格，可否互为证人的问题。法国刑事诉讼法第105条规定，不得将被控严重犯罪和同样性质犯罪的人员，当作证人询问。[4] 日本法亦认为共

[3] 参见黄风译：《意大利刑事诉讼法典》，中国政法大学出版社1994年版，第69页。

[4] 参见［法］卡斯东·斯特法尼、［法］乔治·勒瓦索、［法］贝尔纳·布洛克：《法国刑事诉讼法精义》（下），罗洁珍译，中国政法大学出版社1999年版，第560–561页。

同被告在同一程序中不得同时为其他同案被告人之证人，但在分离程序中除外。我国 1996 年《刑事诉讼法》第 46 条规定了“重证据，重调查研究，不轻信口供”的原则，案件如只有被告人的供述，没有其他证据时，不能认定被告人有罪和处罚。但在理论界对此有不同认识，分为赞同说、反对说、具体情况具体分析说等。（6）辩护律师是否具有证人资格的问题，多数学者主张辩护律师基于职业秘密应当享有拒绝作证权。

对上述人员的证人资格问题，因其与当事人的特定关系，或自身的原因，或从事职业的原因，有时出庭作证反而会给审判工作带来很大的麻烦，因此，现代各国的法律都不同程度地规定了上述证人一定范围的证言特免权或拒证权，免除其作证的义务，这是值得我们借鉴的，应通过立法进一步明确规定：反对自我归罪的拒证权；配偶和近亲属之间的拒证权；因职业秘密产生的拒证权；因公务秘密产生的拒证权。使符合出庭条件的适格证人履行出庭作证的义务。

（四）法庭向证人交代权利义务程序

1. 法庭向证人交代权利义务程序的设计

根据宪法和刑事诉讼法的相关规定，我国证人在出庭作证时享有如下诉讼权利：（1）有使用本民族语言、文字进行诉讼和陈述的权利；（2）有客观、充分地提供证据，不受其他机关、团体或个人干涉的权利；（3）在接受询问时有要求司法人员出示证明文件的权利；（4）在侦查期间，有要求公安机关对其身份保密的权利；（5）有要求公安司法机关保障自身及其近亲属的安全的权利；（6）有及时得到出庭作证通知的权利；（7）对司法人员侵犯其诉讼权利和人身侮辱的行为，有提出控告的权利；（8）获得出庭通知权。

借鉴国外立法例，需要予以完善的证人权利有：（1）有反对自我归罪的特免权；（2）证人在法庭作证时有豁免法律责任的权利；（3）有要求保障自己及亲属的人身安全的权利；（4）有要求经济补偿的权利；（5）有获得出庭作证假期权；（6）有一定范围的拒证权；（7）证人及其一定亲属的被害给付权。

证人应当履行的主要义务有：（1）有如实作证的义务；（2）有如实回答提问的义务；（3）有接受当事人询问及控辩双方交叉询问的义务；（4）有遵守法庭秩序的义务；（5）有保守秘密的义务。

2. 法庭向证人交代权利义务程序的论证

为了保障证人在法庭上能将其亲身体验的情况真实无误地讲出来，英美法系国家一般都赋予证人豁免。

法律责任的权利。即对他们在法庭上所说的任何话，均不负民事责任。但是，如果证人所说的话是侮辱他人或者与案件不相关的，则可能构成藐视法庭罪。证人不能作伪证或故意撒谎，否则可能会被控犯有伪证罪。根据反对自我归罪的原则，证人虽可以被强迫出庭作证，但他们无论在侦查阶段或出庭作证阶段，在被问及具有潜在性归罪问题时，可以行使反对自我归罪的特免权拒绝作答。而我国由于立法没有规定哪些情况下哪些公民享有拒证权，造成司法实践中配偶之间、亲属之间互相提供不利于自己亲人的证言；辩护律师因职业的原因获取的不利于被告人的信息，由于不享有拒证权，是应当为当事人保密，还是应向司法机关揭发存在着争议和不同的做法。由具体案例引发的矛盾，小到家庭亲属的不和，亲情伦理的冲突；大到对国家诉讼法律、程序、制度的不信任，实属得不偿失。因此，我们在通过立法确立强制作证义务的同时，也必须充分改善和加强保障证人所享有的上述诉讼权利。

3. 法庭向证人交代权利义务程序中的问题与对策

权利与义务的相对性，决定了二者是相辅相成不可分割的，这一理论是完善证人立法应遵循的基本原则。证人为出庭作证不仅要承担经济上的损失，有时甚至还要承担一定的人身风险，而我国立法仅原则性地提到"人民法院、人民检察院和公安机关应当保障证人及其近亲属的安全"，这显然是不够的，这种权利与义务的严重失衡，也是造成大多数的证人不愿承担风险、不愿出庭作证的根源。建议对现行立法予以修正，增加上述保障证人权益的条款。

（五）证人宣誓或发誓愿程序

1. 证人宣誓或发誓愿程序的设计

证人进入法庭后，经过查明到庭证人身份、法庭向证人交代权利义务等程序后，即进入证人宣誓或发誓愿程序。该程序是指证人开始当庭作证前，要通过一定的仪式先行向法庭发誓或宣誓，表明其向法庭所说的证言全部是真实确切的，并无半点虚言。证人宣誓或发誓愿时，应保持身体的直立和立正姿态，面向法官，将右手高举过头顶，大声宣读誓词或跟读誓词。如果证人有宗教信仰，可以允许将其信奉的信条教义加入誓词内容中宣读；如果证人无宗教信仰，法庭可以为其准备好含有固定内容、格式的誓词，令其宣读和跟读。对于聋哑人作证，可采用手语宣誓，并有懂手语的翻译在场。誓词内容应包括忠实于法律和事实真相，如实向法庭作证，如实回答法庭提问，承担伪证责任等主要内容。

2. 证人宣誓或发誓愿程序的论证

证人除法庭允许的特殊情况外，均要在作证前向法庭宣誓。透过郑重庄严的宣誓程序，可以促使证人唤醒良知，加深对当庭作证意义的认识。宣誓的执行乃是为证人提供了一个机会，"让证人知道法院是如何依赖证人在法院中的作证。此乃最后的机会，提醒证人，假若他们远离真理，那么，社会的谴责就是他们必须付出的代价"。[5]

---

[5] 参见［美］Stephen A. Saltzburg:《美国联邦证据法》，段重民译，台湾司法周刊杂志社 1996 年版，第 85 页。

事实上，对于证人来说，被动地被要求作证和主动地向法庭作证，在其作证行为的心理约束上是有明显的不同的，后者实际上是证人对其作证内容的真实性和可靠性的一种担保形式。在今天，建立证人宣誓程序有其深刻的道理：一是证人证言的性质决定的，它容易出现证人故意伪证和无故意的错证等情况，因此必须当面保证；二是它与人性及人们的信念有密切联系，现代人中有许多人信奉上帝、宗教，相信因果报应是一种普遍心理，而宗教教义里，一般都有为人应诚实、善良的内容，一旦证人向法官发了誓，对其作伪证、假证有一定的心理上的拘束；三是法庭是一个庄严神圣的地方，在这种地方，让其实事求是地作证，对证人如实作证是一种促进和保障。

从各国立法例来看，西方国家比较注重证人宣誓制度，也有较完善的宣誓程序方面的规定，并通过履行此程序，提醒证人作伪证所要面对的法律责任。证人一经宣誓，如再在法庭内作假证供，其行为便构成犯罪。

3. 证人宣誓或发誓愿程序中的问题与对策

对宣誓内容程序的规定和执行应当是件很严肃的事情，但往往是在执行中最容易被人忽视的部分，许多规定了作证前宣誓程序的国家，今日在执行中，证人也已不像往日那样认真地对待宣誓了。

我国是采取法官向证人交代作伪证应负的法律责任，令证人在保证书上签字来完成证人宣誓这一程序的。这样做的好处是节省了诉讼时间，弊端是失去了作证的庄严氛围，也容易使该程序流于形式。

其实，我国对证人宣誓程序重视不够，主要是思想观念上的问题。因此要改变现状，必须先转变观念，认识到建立证人宣誓制度的重要意义。同时通过立法完善这一程序，使之更具庄严、约束的氛围，以形式上的宣誓达到实质上的保障证人如实作证的目的，使宣誓成为一个真实性的承诺，为追究证人伪证提供法律上的先决条件。

（六）证人作证程序

1. 证人作证程序的设计

证人作证的原则：证人应该在不受任何干扰的情况下连续陈述、如实作证。

证人作证应该包括两层含义。一是证人必须如实地、连续地提供证言，如实回答控辩双方、法官的提问，不得作伪证；二是不得隐匿罪证。

证人陈述其对案件事实的体验的过程中，应保证证人陈述的连贯性，他人不得打断。

法庭有义务为证人提供便于当庭作证、充分作证的环境，即在证人作证期间，法庭应尽力保证证人陈述作证的连续性、不间断性；在询问证人期间，保证问题的关联性、回答的真实性、询问的公平性和反驳的正当性；禁止提出可能有损于回答的真诚性及证人人格尊严的问题。

特殊情况下，法官如认为被告人在场，证人不能充分陈述时，为了排除证人面对被告人出庭作证时容易产生的各种顾虑，可以命令被告人退庭，但应以有辩护人在场为限，在听取了公诉人、辩护人意见之后、命令被告人入庭并告知证人证言的主要内容，被告人也可以询问该证人。

对于确实不能到庭的证人，如重病者，也可以通过电视作证的方式进行。即利用闭路电视系统，将法庭和另一间房间联系起来，该系统必须能够使法庭内的人员可以听到和看见另一间联系房间里的证人和其他人员，而那间房间里的证人既可以透过联系系统听见，也可以看见法庭内的人员，完成询问和质证活动。

根据我国《刑法》第 305 条的规定，在刑事诉讼中，证人对案件有重要关系的情节，故意作虚假证明，意图陷害他人或者隐匿罪证的，处 3 年以下有期徒刑或者拘役，情节严重的处 3 年以上 7 年以下有期徒刑。

2. 证人作证程序的论证

证人证言属于言词证据，是客观事实的主观反映，带有强烈的主观色彩。由于每个人的认识能力、感知能力、反应能力、判断能力、记忆能力、表达能力有所不同，以及在不同的环境、不同的心境中均有可能引起证言的变化或影响到证人如实作证，因此有必要让证人当庭作证，并接受诉讼双方质询，以保证证言的真实性、可靠性，保证被告人的合法权利。各国刑诉法对此均有类似的规定，例如，德国刑事诉讼法典第 250 条规定："对事实的证明，如果是建立在一个人的感觉（指人的五官感觉）之上的时候，要在审判中对他询问，询问不允许以宣读以前的询问笔录或书面证言而代替。"[6] 该法第 261 条规定"对证据调查的结果，由法庭根据它在审理的全程过程中建立起来的内心确信而决定。"又如根据美国联邦刑事诉讼规则第 26 条作证的规定："在所有审判中，证人应当在公开法庭以言词方式作证。但是国会立法，本诉讼规则，联邦证据规则或联邦最高法院采纳的其他规则另有规定的除外。"[7]

从证人出庭作证的意义来看，一是有利于实现审判程序的公正性。由于证人须亲自出庭作证，他的证言才可能被法庭采纳，法官便可以在控辩双方在场的情况下，直接观察和询问证人，评估证言的真实性。二是有助于实现裁判结果的公正性。既然法官是以亲身和最直接的方式对证人的证言进行了审查判断，并只采纳证人在法庭上的证言为审判依据，则证人在法庭作证前所提供的一切证言笔录和其他资料，法庭在判案时皆不会予以考虑。这就消除了证人证言在缺乏质证环节下可能造成的失实之处，以及由此引出的不公正判决。

---

[6] 参见前引 1，李昌珂译书，第 103 页。

[7] 参见卞建林译：《美国联邦刑事诉讼规则和证据规则》，中国政法大学出版社 1996 年版，第 65 页。

3. 证人作证程序中的问题与对策

在某些案件的法庭审理中，证人作证有时常被各种因素干扰，被各种插话所打断，造成证人证言的连续性、完整性被破坏，影响了法庭对证人证言的全面了解和准确判断，也造成了证人出庭作证的效果欠佳。究其原因，一是法庭未能为证人提供连续陈述的机会；二是控辩双方急于以自己的主张施加对证人作证的影响。这一问题不解决，直接影响证人作证的情绪和效果，也难以达到证人出庭作证的目的。因此，法庭必须注意引导证人作证，为其完整作证、连续作证创造条件，并告戒诉讼双方分清证人陈述作证与交叉询问质证是两个不同的证人作证阶段，以便于发挥不同程序设计的最大功效。

（七）控辩双方交叉询问证人质证程序

1. 控辩双方交叉询问证人质证程序的设计

刑事诉讼中的质证程序，是指控辩双方以交叉询问的方式，对到庭作证的证人所提供的言词证据的真实性与合法性提出质疑，从而确认其证明作用的诉讼活动。

质证的权利主体是控辩双方。他们拥有：（1）了解对方证人身份的权利；（2）亲自出庭参与法庭审理的权利；（3）向对方证人作交叉询问的质证权利。

质证的阶段是在法庭对证据展开全面调查的法庭审理中的法庭调查阶段。

质证的具体步骤要符合交叉询问的规则，分为诘问、盘问、复诘三个步骤。第一步：由传召证人的一方，通常是控方，经法官允许后，对本方证人进行主要诘问（Examination-in-chief）。在主要诘问过程中，由传召证人的一方向证人提问，让证人以问答形式说出所要作证的内容。而提问的方式，除法律另有规定外，不得用引导性问题（Leading Question）。所谓引导性问题，是指发问的问题内已包含有发问者想要获得的答案。例如，你当日看见行凶者是穿红色衣服的吗？正确的发问是：你当日看见行凶者穿什么颜色的衣服呢？第二步：当传召证人的一方对其证人的主要诘问结束后，对方有权对该证人进行盘问（Cross-Examination）。在盘问阶段，对方可以用引导性问题向证人质问任何有关的问题。盘问的主要目的包括：（1）指出不同意对方证人证言之处；（2）打击该证人证言的可信性；（3）使该证人讲出对盘问方有利的证言。第三步：当对方对证人盘问完毕后，传召证人的一方可对该证人进行复诘（Re-examination）。复诘的范围只可涉及在主要诘问和盘问过程中提及的事实。目的是澄清主要诘问和盘问中证人证言的疑点和补救己方证人在盘问阶段被对方辩护人对其证言可信性所造成的损害。[8]

如经法官批准，对遗漏的重要事实，要求证人再次作证时，须重复进行主要

---

[8] 参见张锦全硕士学位论文：《中国内地与香港刑事证人制度比较研究》，第 44–45 页。

诘问、盘问和复诘的程序。

控辩双方询问证人，应当遵守以下规则：（1）发问的内容应当与案件的事实相关；（2）禁止在诘问、复诘阶段提出具有提示性或者诱导性倾向的问题；（3）不得威胁证人；（4）不得损害证人的人格尊严。

控辩双方对对方向证人提问的方式有异议，或认为对方所提出的问题或其证人所作的陈述，不具有可采性，则有异议的一方可向法庭提出反对。

法官在质证程序中，虽不具有质证的主体资格，但由于其特殊的居间地位仍然掌握着质证的指挥权。他有权引导双方在适当的时机对问题进行质证，尽力协调双方围绕与案件事实及定罪量刑有关的情节展开质证，避免对枝节问题进行无谓地纠缠，并视法庭调查的进展和需要，把握质证的深度和广度。

法官对于向证人发问的内容与本案无关，或者发问的方式不当的，应当制止；控辩双方对对方发问方式或问题的相关性提出异议或反对意见的，法官应当判明情况，予以支持或者驳回；对于违反质证程序的责令改正；同时，法官有义务保障控辩双方在质证中的地位平等，权利义务平等，质证的形式平等，不因双方在诉讼中角色的不同而使质证的权利有分别，以实现质证程序的公平性，对等性。

法庭应当对询问证人的方式和次序加以合理的控制，以做到：（1）使询问能有效地帮助确定事实真相；（2）避免不必要的浪费时间；（3）保证证人不受折磨或不正当的非难；（4）限制交叉询问的范围。

证人必须回答控辩双方向他提问的所有问题，否则可被视为犯有蔑视法庭罪。但在下列情况下，证人有权拒绝回答问题：（1）依法证人行使证言特免权，如拒绝回答涉及国家秘密、自我归罪等问题；（2）当法官裁定向证人提问的问题的形式不当或与案件无关。

2. 控辩双方交叉询问证人质证程序的论证

在刑事案件中，通常起诉一方自始至终负有举证责任，以推翻“无罪推定”的假设。他要以证据使法院相信被告人有罪，他并不需要逐项地反驳被告人及其律师提出的辩护意见。而一旦被告一方提出案发时不在现场等反驳指控的重要理由时，则举证责任就有可能落在了被告人的身上。因此，在控辩式的庭审模式中，参与诉讼的双方皆有可能为自己的主张传召证人出庭作证。庭审中的质证辩证也就不可避免了。

证人之所以被传召上庭作证，通常是因为他能为传召的一方所提出的主张，提供有利的证言。但由于证人证言是一种具有主观性、易变性特点的证据，加之证人与案件结果之间可能存在着不同程度的利害关系，都会影响到证人陈述的真实性和可靠性，难以得到诉讼各方的认同。因此，通过质证来确定证言的真实程度和是否予以采信，则变成了十分关键的问题，质证程序也因此备受关注。

从质证程序的设计来看，证人证言须经过控辩双方充分地询问和辩驳后，才可能被法庭采纳为审判的证据。因而能使控辩双方充分询问的交叉询问规则是质证的根本，它会使控辩双方皆享有对对方的证人进行交叉询问的机会，这不仅是保护了被告人的合法权益，体现了原被告双方诉讼地位的平等，也是现代抗辩式诉讼存在的程序基础，是当事人主义审判程序的重要特征。

分析各国的质证程序，大约有两种形式，一种是以当事人交叉询问为主的方式；另一种是以法官职权询问为主的方式。前者是由当事人掌握询问的主动权，有利于控辩双方针对对方证言作出迅速、及时、充分地反应，使争议事实和证据的微妙差别得以揭示，质证较为充分。但由于其所含的询问技巧较高，一般非专业律师难以胜任，加之询问的广泛性，有可能造成诉讼的拖延，是值得注意的。后者是由法官为主进行的询问，虽然减少了许多无谓的争议和辩论，提高了审理案件的效率，但法官毕竟是以个人意念为主导，不利于调动控辩双方争议辩驳事实的积极性，对查明案情也有不利。因此，吸收二者所长，兼顾公平与效率，我国刑诉法确立了法官主持下的控辩双方交叉询问式的质证程序。

3. 控辩双方交叉询问证人质证程序中的问题与对策

在我国司法实践中，质证领域中存在的一类问题是：由于立法的不完善，使质证在某些地方某些法院处于抑制状态。我国 1996 年《刑事诉讼法》第 47 条规定，证人证言必须在法庭上经过控辩双方的讯问和质证，而该法第 157 条又规定，对未到庭的证人的证言笔录，应当当庭宣读。这种立法上的自相矛盾给执法者的自由裁量提供了回旋余地，使法庭质证停留在了以法官“自由处断”为主的层面上，有的审判机关可以根据需要任意选择取舍。即使明知经过质证的证据可靠性大、证明力强，也由于其做法所蕴含的各类困难较多，风险较大不愿为之，造成大量的证人证言未经质证便作为了定案的依据，使质证的理想状态——当庭质证，形同虚设。

实践中存在的另一类问题是：在增强了对抗强度的庭审调查中，控辩双方为了各自不同的任务分别采证，听取证言源于不同证人的有之，对同一证人从不同角度收集证言的有之，这样的取证差异很难得到诉讼双方的相互认同，更无法使居间裁判的法官明察秋毫，裁断取舍，于是法官的“内心确信”和“预断”感觉便会自然作用于审判过程，仅有的质证规则也就不幸沦为印证各方工作量的工具。这种结果既不利于有效地追究犯罪，从某种意义上来说，又何尝不是对司法资源的一种浪费呢?

靠当庭宣读的证言笔录作为判案的根据，这与严格的质证原则是有本质区别的。因为当庭宣读证言的性质和效果，与证人亲自上庭面对面质证的效果有很大的差异。因此，要想落实质证程序，就必须取消当庭宣读证言的做法，或者严格规范不出庭证人的限制条件。

对于运用交叉询问规则所需掌握的专业技巧问题，应考虑我国立法现状和国情，在为被告人选择辩护人时，应尽量劝说他聘请专业律师，在经济条件不许可的情况下，非专业的辩护人介入诉讼也是法律许可的，关键是如何让他们尽快地熟悉交叉询问的规则，以期为被告人提供全面的法律帮助。

值得一提的是，关于诱导性提问这类技巧性较高的问题，在各国司法实践中并不是一概排斥。如美国联邦刑事诉讼规则和证据规则中提到：在对证人进行直接询问时，除非为展开证人作证所必需，否则不能提出诱导性问题。在交叉询问时可以允许一般的诱导性问题。当一方当事人传唤怀有敌意的证人、对方当事人、或属于对方当事人一方的证人时，可以用诱导性问题进行询问。[9] 诱导性提问如果在立法允许的范围内运用得法，往往能够暴露证人的不实证词，使其虚伪证言漏出破绽；或帮助证人回忆起一时遗忘的案件细节，以及呼之欲出的答案。当然，在我国司法水平有待提高的现阶段，对这一问题的把握和运用还有一定难度，但是，随着庭审方式改革的不断深入，质证程序的不断完善，附之以训练和实践，这一询问技巧一定会被从事司法、诉讼的专业人员所掌握。

（八）法庭补充询问证人程序

1. 法庭补充询问证人程序的设计

法庭双方对证人交叉询问质证后，法庭对证人的陈述或回答如还有疑问，可以直接向证人发问。

法官可以询问证人。

2. 法庭补充询问证人程序的论证

法官在庭审中应处于控辩之间、居中听证、中立裁判的地位。由于审判方式的改革，法官在开庭审理之前对案件的了解仅限于起诉书指控的内容和范围，一切证据的提出、论证、争议、辩驳，都将在法庭上随法庭对案件事实的调查而深入展开。法官一方面要主持庭审活动有序地进行，对庭审中出现的各种情况及时作出反应与处理；另一方面，又要集中精力听清控辩双方的主张、观点、证据及论证过程。对一时没有听清或听明白的内容，法官有权对证人及相关人员发问，直至听清楚为止，因为这关系到法官靠听证及必要的调查，采证、认证、处断案件的关键问题。

我国法官不同于英美法系国家法官的另一大特点是，法官在法庭上不是消极的仲裁人而是积极的法庭调查主持者、指挥者，也是案件的审理者、裁判者，并拥有调查案件事实、证据的权力。因此，在听证的同时向证人发问，也是法官行使职权的一种方式。

3. 法庭补充询问证人程序中的问题与对策

法官不应先于控辩双方向证人发问，而应在引导证人连续、完整地作证后，在控辩双方对证人询问后，如果有问题再向证人发问。双方质证阶段，法官也不宜置身于争执的旋涡中，而应高居于争辩之上，并有效地引导、控制对证人证言

[9] 参见前引 7，卞建林译书，第 114–115 页。

的质证。法官对证人的询问是其审判职责决定的，因而更应注意发问的分寸、语态。

（九）证人退庭程序

1. 证人退庭程序的设计

证人在回答完控辩双方及法官所提的所有问题后，诉讼各方已不再发问，证人也无须作答时，应视为证人作证完毕。此时法官应最后询问证人是否还有话要说，如有，法官应视证人陈述的具体内容，恢复该证人作证情况的适用程序，如没有，法官则应当宣布证人作证完毕。

书记员应将证人作证笔录通过法警当庭交由证人阅读核对后签字，证人在作证笔录上按印盖章或签字后，由法官宣布证人退庭。

证人应向法庭鞠躬，然后退出审判庭。

2. 证人退庭程序的论证

证人退庭如同证人入庭时一样，都应体现出对法律、法庭的尊重。向法庭鞠躬并不仅仅是对某位法官的尊敬，更多的是表现了一种对国家法律的尊敬和敬畏。

3. 证人退庭程序中的问题与对策

证人退庭前要当庭阅读证言笔录，核对证言内容，并在证言笔录上按印盖章或签字。对于复杂案件来说，证言笔录一时难以当庭完成，如让证人在庭上等待，有可能影响后续的证人作证或后续的程序进行。因此，可先让证人退至证人休息室，在庭下再将完成的证人作证笔录交由证人按印盖章或签字。对一般案件来说，当庭核对证言笔录是原则，否则庭上庭下的反复怕引起证人证言的变化，而改革后的庭审方式，要求法官当庭认证，甚至当庭判决，也使证人对当庭核对证言笔录别无选择。

三、证人出庭作证程序相关机制的建立与完善

从上述分析与论证可以看出，证人出庭作证的意义重大：证人出庭作证使控辩双方拥有对证言审查的对等机会，有利于控辩双方进行质证，行使交叉询问的权利，保障了程序的公平与公正；有利于法院对证据进行严格审核及认证，当庭完成判断证言真实性、可靠性的采证活动，提高了诉讼的效率。但是，仅有证人出庭作证程序的规定，其他原则、制度及配套措施不完善也难以发挥设计该程序的最大功效，因此，下列机制也应相应地尽快建立与完善。

（一）确立直接言词原则

直接言词原则是针对封建时代所推行的间接审理、书面审理，不重视法庭审判作用的现状提出的一项重要的诉讼原则。它要求法官必须亲自在法庭上直接获取以口证或言词辩论方式呈现的事实和证据为审理判决的依据。对传来证据只有在法律规定的特别情况下，才能获准采纳。

贯彻这一原则，就使法院审理、判决的过程必须按照公开、口头和直接的方式进行，并使证人证言的采纳方式和证人的作证模式在质证辩论环节中突显出来。证人应当在公开的法庭上以言词的方式作证已为各国刑诉立法所确立。

我国刑诉法条文中虽蕴含着直接言词原则的精神，但从文字上并无这一原则的表述，而作为最能体现现代刑事诉讼意义的该原则实有写入法典的必要，它会为一系列审判体制、机制、程序上的改革与完善奠定基础。

（二）排除传闻证据规则

传闻证据是指：在审判或讯问时作证的证人以外的人所表达或作出的，被作为证据提出以证实其所包含的事实是否真实的，一种口头或书面的意思表示或有意无意地带有某种意思表示的非语言行为。[10] 而传闻证据，根据普通法的原则，除非法律另有明确规定外，一律不可以被法庭接纳为审判的证据。传闻证据之所以不能被接纳，一是因为它未经宣誓或正式确认；二是因为诉讼的各方不能在法庭上，通过盘问来查明这些证据的真实性以及作证人是否诚实可信。故将传闻证据予以排除，目的是确保控辩双方和提供证言的原证人在法庭审讯过程中能有直接的接触，控辩双方因此获得询问、当面听证人陈述和质证的公平机会。这一规则是与直接言词原则具有相似功能和作用的。

我国刑诉司法实践中，考虑到司法资源的有限及诉讼经济的原则，还不可能完全排除传闻证据，但应明确规定传闻证据排除规则的例外情况，例如：被害人的临终陈述；性案件的及早投诉；被告人在场和听见的证人陈述等。以保证这类证据的范围不作扩大解释。当然，在现阶段书面证言作为证据使用是符合现行法律规定的。但必须注意到，这只是暂时的、对某些无争议的证言而言，对那些有争议、有疑点却又至关重要的证言，则必须要求提供证据的原证人出庭作证。

（三）完善证人保护制度

证人保护，是指国家对证人在履行公民作证义务的同时所给予的人身及财产方面的法律保障。证人保护的目的，是防止有人使用暴力、恐吓等方法，阻止证人履行作证的义务；或对证人实施殴打、伤害、侮辱或其他打击报复行为，包括对证人的财物和声誉进行损害和破坏。

实践中，证人往往因害怕遭到诉讼相关人员的打击报复，或自身及家人的安全受损，而拒不到庭作证或作伪证。为使证人安心作证，自觉地履行其作证义务，法律把阻碍证人作证的行为视为犯罪，并加以惩罚。这样做，可使证人彻底消除顾虑，在作证时毫无保留地说出事实真相。若让危害证人合法权益的情况存续，不仅会使证人的人身权利受到侵害，还会导致诉讼活动无法正常地进行。因此，国外立法对证人保护问题十分重视，许多国家制定了专门的证人保护制度、条例，或在刑诉法典中设专章规定证人的权利与义务，并把证人保护视为刑事诉讼法律健全与完善的标志。

---

[10] 参见［美］乔恩·R. 华尔兹：《刑事证据大全》，何家弘等译，中国人民公安大学出版社 1993 年版，第 31 页。

我国目前对证人保护方面的立法还很薄弱，对证人保护的范围过窄、种类过少，保护的机制还不健全、人员还不到位。亟须完善的证人保护措施有：庭审前期对证人及其家属身份的保密；调查与法庭作证阶段的特殊保护；对证人及其家属的人身和财产安全的保护；证人作证后，消除其受打击报复可能的保护措施。在证人保护种类上还应增加：作证期间保护；24 小时特别保护；改变身份、容貌、甚至迁移的彻底保护。并应增加对被告一方的限制及罚则：如规定被告一方不得直接与证人联络；不得诱导、胁迫、恐吓证人作伪证，否则以妨碍司法公正罪论处。

（四）给予证人经济求偿权

经济求偿权，是指证人因向公安司法人员提供证言或出庭作证而造成的经济损失，有要求司法机关给予适当补偿的权利。

目前我国立法上未规定证人享有这一权利，使证人求偿无据，而证人因作证所支出的旅行费、食宿费、误工费用却是客观存在的。给予证人适当的经济补偿，国外立法中均有类似的规定，如德国有专门的《证人鉴定人补偿法》，并且又在德国刑事诉讼法典第 71 条“对证人的补偿”中规定：“对证人要依照《证人、鉴定人补偿法》予以补偿。”[11] 如美国联邦刑事诉讼规则第 17（d）条规定向证人提供出庭的费用和交通费。[12] 又如美国纽约州刑事诉讼法第 610 段 50 条规定刑事诉讼中被传唤的证人有权得到和民事诉讼人同样的酬金和旅费；再如日本刑事诉讼法第 161 条第 1 项规定：“证人可以请求旅费，日费和宿费。”

为鼓励证人履行出庭作证的义务，我们应借鉴国外立法经验，设立一项证人出庭作证的基金，由法院负责管理，专款专用。对补偿对象、范围、条件、标准作出具体规定，使司法机关在对证人补偿时行之有据，便于操作。具体规定可包括下列内容：（1）任何单位和个人都应支持公民出庭作证，不得因作证扣发本人工资。（2）无固定单位的证人因作证而减少正常收入的，司法机关应予适当补偿。（3）因作证支出的交通、食宿等费用，司法机关应予补偿。同时，还可作出必要的限制性条款：对于一些经济困难的证人可以请求预支交通、食宿等必要费用；无正当理由拒绝宣誓、拒绝作证或作伪证的人无请求经济补偿的权利；预先要求给付交通、食宿费用的证人无正当理由拒绝作证或有意作伪证的人，应如数退还预支费用。

上述制度措施的完善，必将对刑事证人出庭作证程序的运作起到积极的推动作用。

（原载《法学家》2000 年第 2 期）

---

[11] 参见前引 1，李昌珂译书，第 21 页。

[12] 参见前引 7，卞建林译书，第 58 页。

专家辅助人制度研析

李学军　朱梦妮

引　言

社会的发展、科学的进步，在极大改善人们的生活品质、极大提高生产力的同时，也使得各类冲突、纠纷变得越来越多样化、复杂化、专门化。相应地，人类对冲突、纠纷的解决，也从荒诞地依靠神灵来裁判，逐渐演变为理性地利用人证、物证来认定纷争事实进而作出裁判的文明时代。但是，面对日益多样化、复杂化、特别是专门化的冲突、纠纷，基于社会分工的精细化，诉讼专门机关及当事人、其他诉讼参与人，对争议事实本身便是某专门性问题者，或者对争议事实的认定需要以某专门性问题的解决为基础者，往往束手无策——理解、判断、解释或认定这些专门性问题，需要拥有相应的专门知识和技能，并且，或者还要假借相关的科学原理、设备和技术手段！为了公正、合理地解决这些涉及专门性问题的冲突、纠纷，各国相应建立起专家证人制度或鉴定制度，我国也不例外，先后分别借三大诉讼法确立了诉讼中的专门性问题可引入具有专门知识的人来解决的基本原则，即1979年《刑事诉讼法》第71条“侦查人员对于与犯罪有关的场所、物品、人身、尸体应进行勘验或者检查。在必要的时候，可以指派或者聘请具有专门知识的人，在侦查人员的主持下进行勘验、检查”。第88条“为了查明案情，需要解决案件中某些专门性问题的时候，应当指派、聘请有专门知识的人进行鉴定”。1991年《民事诉讼法》第72条“人民法院对专门性问题认为需要鉴定的，应当交由法定鉴定部门鉴定；没有法定鉴定部门的，由人民法院指定的鉴定部门鉴定”。以及1989年《行政诉讼法》第35条“在诉讼过程中，人民法院认为对专门性问题需要鉴定的，应当交由法定鉴定部门鉴定，没有法定鉴定部门的，由人民法院指定的鉴定部门鉴定”。

无疑，我国已建立并正在逐步完善的鉴定制度，具体落实了我国三大诉讼法确立的“专门性问题由具有专门知识的人来解决”的基本原则。但具有专门知识的人介入诉讼进而解决专门性问题，是否仅仅能以“协助现场勘验、检查”或者“进行鉴定”这两种方式来完成？

修订于2012年的现行刑诉法和现行民诉法，很好地回答了前述问题。现行刑诉法第192条第2款和现行民诉法第79条分别规定，“公诉人、当事人和辩护人、诉讼代理人可以申请法庭通知有专门知识的人出庭，就鉴定人作出的鉴定意见提出意见”“当事人可以申请人民法院通知有专门知识的人出庭，就鉴定人作出的鉴定意见或者专业问题提出意见”。据此可以认为，具有专门知识的人介入诉讼，不仅可以通过“协助现场勘验、检查”或者“进行鉴定”这两种方式来实现，还可以通过“出庭就已有鉴定意见提出意见”的方式，或者“出庭就纯粹的专业问题提出意见”的方式来完成。即具有专门知识者介入诉讼的方式或者在诉讼中的功用目前有如下四种：

1. 协助侦查人员勘验、检查现场等；

2. 接受指派或委托、聘请，就专门性问题进行鉴定并给出鉴定意见（结论）；

3. 出庭就已有的鉴定意见提出意见；

4. 出庭就专业问题提出意见。

当然，如果单从刑事诉讼的视角来看，具有专门知识的人介入诉讼的方式得以扩展，是我国借 2012 年修订刑事诉讼法的机会而完成的。但不得不承认的是，如果从三大诉讼活动的维度看，具有专门知识的人“出庭就已有的鉴定意见提出意见”或者“出庭就专业问题提出意见”，并不是什么新鲜事儿，只是其初始露面，是以司法解释的方式呈现的，即 2001 年 12 月 6 日最高人民法院审判委员会通过、2002 年 4 月 1 日起施行的《最高人民法院关于民事诉讼证据的若干规定》（下称《民事证据规定》）第 61 条，以及 2002 年 6 月 4 日最高人民法院审判委员通过、2002 年 10 月 1 日起施行的《最高人民法院关于行政诉讼证据若干问题的规定》（下称《行诉证据规定》）第 48 条分别规定，“当事人可以向人民法院申请由一至二名具有专门知识的人员出庭就案件的专门性问题进行说明。人民法院准许其申请的，有关费用由提出申请的当事人负担。审判人员和当事人可以对出庭的具有专门知识的人员进行询问。经人民法院准许，可以由当事人各自申请的具有专门知识的人员就有案件中的问题进行对质。具有专门知识的人员可以对鉴定人进行询问。”“对被诉具体行政行为涉及的专门性问题，当事人可以向法庭申请由专业人员出庭进行说明，法庭也可以通知专业人员出庭说明。必要时，法庭可以组织专业人员进行对质。当事人对出庭的专业人员是否具备相应专门知识、学历、资历等专业资格等有异议的，可以进行询问。由法庭决定其是否可以作为专业人员出庭。专业人员可以对鉴定人进行询问。”

如此说来，具有专门知识的人早自 2002 年始，就能够依法在法庭调查阶段介入诉讼进而质疑鉴定意见或就专门性问题发表看法。只是刑事诉讼，对具有专门知识者介入诉讼的方式的扩展，不仅晚了 11 年，而且是未经类似于《民事证据规定》《行诉证据规定》这样的司法解释之过渡，便直接成为现行刑诉法的一个具体组成条款。

显然，构建具有专门知识者介入庭审以质疑鉴定意见或就专门性问题发表看法的制度有着积极的意义，否则，2012 年民事诉讼法修订时便不会将在《民事证据规定》这一司法解释中存在了10余年、并在实务中时有适用的相关规定上升至正式法律的高度，2012年刑事诉讼法修订时，也就不会“甚为迫切地”直接出台第192条第2款。但是，在诉讼的法庭调查阶段特别安置“具有专门知识者”“出镜”究竟有何意义，或者说只有在法庭的调查阶段才能介入诉讼的这类“具有专门知识的人”到底于诉讼有何功用？“坊间”为何称其为“专家辅助人”？这些“专家辅助人”的诉讼地位是什么，其与身为法定诉讼参与人之一且同样是具有专门知识者的鉴定人究竟有何异同？现行刑诉法、民诉法就此阶段才可以介入诉讼的具有专门知识者的规定有无差异？具有专门知识者在法庭调查期间表达的意见，其有否可能成为证据？无疑是该制度必须回答的问题。但是，就以上这些诸如称谓、立场定位、诉讼地位、意见的证据属性等问题，现行刑诉法、民诉法以及相关的司法解释均没有给出明确规定。称谓留白会使得该制度在适用时处于“不知所云”的境地；立场定位不当、诉讼地位设置不明以及就这类具有专门知识者给出的意见可否成为证据的观点不一致，则可能会使司法人员、诉讼参与人不知所措，进而使得该制度的立法意图难以实现；而这类“具有专门知识的人”与律师诉讼代理人、辩护人在质证环节的角色定位准确与否，还将关系到司法公正最终能否实现。为此，本文旨在从证据学视角对上述问题予以必要厘清和疏通，以期最大限度发挥具有专门知识者在诉讼中的作用，进一步完善我国的诉讼制度、证据制度以及鉴定制度、“专家辅助人”制度。

一、“专家辅助人”称谓的由来

如前所述，早在2002年4月1日及10月1日分别施行的《民事证据规定》和《行诉证据规定》便明确规定，具有专门知识的人，可在法庭调查阶段就鉴定结论（意见）提出意见或者就某专门性问题给出意见。但时至2012年民诉法得以再次修正，只能在法庭调查阶段才能介入诉讼的这类具有专门知识的人，仍然没有得到一个精炼、贴切的称谓。当然，这两个司法解释在称谓问题上也并非毫无建树：事实上，正是它们的出台和施行，才促使法学理论界及实务界称这类“具有专门知识的人员”或“有专门知识的人”为“专家辅助人”，才使得我们能将他们与在三大诉讼法中同样具有专门知识背景，但却在庭审之前、庭调查阶段都可介入诉讼，且有明确诉讼地位及特定功用的鉴定人作出基本的区分。

“专家辅助人”这样一个非法定术语最早是由谁提出的，现在已经无法考究，但其之所以能在法学理论界得到一定认可，并在相关的实务层面得以习惯性地使用，笔者认为主要有以下三方面的原因：

其一，《民事证据规定》的出台者著书立说时，明确提出了“专家辅助人”的概念，并就之给出了界定。从时间节点上看，《民事证据规定》是我国首次给出如下规定，即“具有专门知识的人员”可在法庭调查阶段介入诉讼以就鉴定结论（意见）提出意见，或者就某些专门性问题发表意见。随后最高人民法院民事审判庭就《民事证据规定》撰写的《民事诉讼证据司法解释的理解与适用》一书，其对此时才能介入诉讼的“具有专门知识的人员”的称谓、其对“具有专门知识的人员”之功用的解说，无疑对法学理论界及实务界均有不可抗拒的影响力：“专家辅助人”，“并不是法定的称谓，是我们对本条司法解释的理解所下的定义”，即指“在科学、技术以及其他专业知识方面具有特殊的专门知识或经验的人员，根据当事人的请托并经法院准许，出庭辅助当事人对讼争的案件事实所涉及的专门性问题进行说明或发表专业意见和评论的人”。[1]

其二，《民事证据规定》的起草者参照了日本民事诉讼法中“诉讼辅助人”的理念及称谓。有学者考证，《民事证据规定》的起草者们认为，这些“具有专门知识的人员”与日本民事诉讼法中的“诉讼辅助人”非常相似，他们在法庭上的活动，是以对有关专门性问题进行解释说明的方式，弥补当事人在专门知识能力方面的不足。[2]

其三，“专家辅助人”不仅在称谓上可以区别于我国的“鉴定人”，更重要的是，其文字表述还能初步明示其存在的本质功用。早在《民事证据规定》出台之前，我国三大诉讼法就确立了“专门性问题由具有专门知识的人来解决”的基本原则，并借 1979 年刑诉法第 71、88 条、1982 年民诉法第 72 条以及 1989 年行诉法第 35 条，含蓄地表明，“鉴定人”便是可以解决专门性问题的一类具有专门知识的人。但诉讼理论及大量的案例表明，仅仅有鉴定人，或者说具有专门知识的人仅仅借助鉴定制度，并不足以公正、合理、科学地解决诉讼中相关的专门性问题，还需要具有专门知识的人以异于鉴定人的角色出现在诉讼中，否则，出庭接受质证的鉴定人，难以得到实质性的质疑；尚未纳入现行鉴定制度管理范畴的某些专门性问题，也可能会因为没有既定的鉴定人进行鉴定而无法得以解决。因此，当《民事证据规定》《行诉证据规定》先后扩大具有专门知识的人在诉讼中的作用范围时，以“专家辅助人”这样的表述称呼只有在法庭调查阶段才能介入诉讼的这类特定的“具有专门知识的人”，无疑是妥帖、得当的：“专家”，突出了这类人的主体特点，即拥有专门知识；“辅助”，强调了这类人的本质功用，即服务于鉴定意见的质证、弥补鉴定种类的不全。

当然，“专家辅助人”一词还能区分于英美法系的“专家证人”和大陆法系的“技术顾问”或“技术专家”，进而凸显出我国此类制度的相对独特性。

---

[1] 参见黄松有主编、最高人民法院民事审判第一庭著：《民事诉讼证据司法解释的理解与适用》，中国法制出版社 2002 年版，第 296 页。

[2] 参见宋春雨：《〈民事证据规定〉第 61 条的理解与我国专家证据制度的完善和创新》，载黄松有主编：《民事审判指导与参考》（总第 20 集），法律出版社 2005 年版，第 102 页。

因此，笔者认为，在现行刑诉法和现行民诉法均对“具有专门知识的人”在诉讼中的功用进行立法扩充之后，可以继续用“专家辅助人”来指称这些执掌新功能的“具有专门知识的人”。

二、“专家辅助人”的价值解读

相较于1996年刑诉法的修订、2008年民诉法的修订，2012年修订的刑诉法及民诉法都在证据制度上有了很大的变动，其中一个重要举措便是两者均增设了专家辅助人这样一个角色，即刑诉法第192条第2款和民诉法第79条。那么，“专家辅助人”于诉讼到底有怎样的功用或价值？显然，贯彻、落实诉讼制度中的这一新制度，首先要明晰的便是专家辅助人的价值所在。

“伴随着过去50年惊人的科学技术进步，新的事实确认方式已经开始在社会各个领域（包括司法领域）挑战传统的事实认定法。越来越多对诉讼程序非常重要的事实现在只能通过高科技手段查明。”“与应用技术手段密切联系的是，对技术性专家意见的依赖也在增加。”[3] 早在1997年《漂移的证据法》一书中，耶鲁大学法学院教授达马斯卡先生就阐发了这样的感慨。如今，我们更是深刻体会到，科学技术的迅猛发展，在极大地便利了人们的生活、工作甚至是诉讼活动的同时，也给诉讼带来巨大的挑战：诉讼中涉及专门性问题的机会以及专门性问题的种类越来越多，且某些案件中，就这些专门性问题作出科学判断，是认定相关案件事实或争议事实不可缺少的基础！

基于某些问题的专门性和技术性，仅仅具有普通认知水平的人们，无论是事实认定时的一般参与者，如当事人、犯罪嫌疑人、被告人、受害人、诉讼代理人、辩护人等，还是公安、司法等诉讼专门机关的办案人员，如侦查人员、公诉人、法官，难免都无法凭一己之力自行解决这些问题。于是，由具有专门知识的鉴定人员，就这些专门性问题进行检验、鉴定并给出鉴定意见的鉴定制度便应运而生。在有了鉴定人以解决诉讼中的专门性问题之后，为什么还要设置“专家辅助人”？其与现行鉴定人、鉴定制度有何关联？这是专家辅助人制度得以有效贯彻落实的基础。而回答上述问题的理论前提便是，理解专家辅助人的价值功用。就笔者看来，专家辅助人的价值功用表现在如下四个方面。

（一）弥补现行鉴定制度的不足，保障当事人履行举证责任

我国现行的鉴定制度，有如下两大特点：

其一，鉴定的启动具有浓厚的职权主义色彩。具体来说，在刑事诉讼中，鉴定被视为侦查机关的重要侦查手段之一，公诉案件中如若涉及专门性问题，是否

[3] ［美］米尔建·R. 达马斯卡：《漂移的证据法》，李学军等译，中国政法大学出版社2003年版，第200页。

鉴定、委托哪个鉴定机构鉴定，均由侦查机关决定，犯罪嫌疑人、被告人只能消极等待鉴定意见的被告知，且至多只能在被告知将用作证据的具体鉴定意见后，就该鉴定意见提出补充鉴定或重新鉴定的申请。[4] 在民事诉讼中，2012 年的修正案虽然就鉴定的申请及启动作出了新的规定，以允许当事人申请鉴定的方式淡化了法院在启动鉴定方面的绝对控制权，但是否启动鉴定，最终仍由法院定夺，即当事人的申请只有获得法院同意后，鉴定才能依程序渐次展开；同时，即使当事人未申请鉴定，只要法院认为某专门性问题需要鉴定，鉴定也将被启动。

其二，国家对从事司法鉴定业务的鉴定机构和鉴定人实行登记管理制度。即鉴定机构只有经过相关的行政管理部门先行审查，在获得批准后才能开展鉴定业务，鉴定人只有经过资质审核才拥有对专门性问题的鉴定权。当然，如果这种“事前许可”的鉴定管理制度能够做到，将诉讼中可能需要通过鉴定才能解决的各种各样的专门性问题全部纳入管理范围内，那么也就没有什么遗憾。但事实上，社会分工的精细化，相关技术、理论等的复杂化、多样化，以及这些复杂、多样的技术、理论、知识、经验在诉讼中衍生出的专门性问题的多态化，导致这种“事前许可”式的鉴定管理制度难以做到“一网打尽”所有可能需要鉴定的鉴定事项。对照《全国人民代表大会常务委员会关于司法鉴定管理问题的决定》（以下称《司法鉴定管理决定》）第 2 条的规定，目前我国仅仅能对法医类鉴定、物证类鉴定、声像资料类鉴定和根据诉讼需要由国务院司法行政部门商最高人民法院、最高人民检察院确定的其他鉴定事项实行登记管理。所以，真正能由既定鉴定机构、鉴定人通过鉴定来解决的专门性问题，往往仅限于“法医类鉴定”“物证类鉴定”和“声像资料类鉴定”这三大类。显然，这三类鉴定事项的鉴定人，并不可能解决诉讼中涉及的种类繁多的各式专业性问题。例如，关于沉香、海南黄花梨之真伪或价值等的鉴定，关于翡翠、玉石、古玩之真伪或年代等的鉴定，在诉讼中时有需求，但我国却没有相关的鉴定机构及符合规定、具有鉴定资质的鉴定人，其结果必然是，众多诉讼有可能会因其所涉专门性问题无法经由鉴定的方式得以解决进而影响最终定案。[5]

---

[4] 2012 年《刑事诉讼法》第 144、146 条。

[5] 在“成都美美皇家名犬有限公司与叶族林一般买卖合同纠纷上诉案”中，上诉人成都美美皇家名犬有限公司的上诉理由之一便是：本案涉及专业技术问题，需要专业技术手段才能查清，在无专业鉴定机构的情况下，一审法院未穷尽必要的调查手段，形成了“糊涂案”——上诉人明确提出法院没有充分运用“专家辅助人”制度。该案表明，专家辅助人在解决专门性问题时很有必要。参见“成都美美皇家名犬有限公司与叶族林一般买卖合同纠纷上诉案”，载北大法律信息网，http://vip.chinalawinfo.com/case/displaycontent.asp？ Gid=117540643&Keyword=%B3%C9%B6%BC%C3%C0%C3%C0%BB%CA%BC%D2%C3%FB%C8%AE%D3%D0%CF%DE%B9%AB%CB%BE%D3%EB%D2%B6%D7%E5%C1%D6%D2%BB%B0%E3%C2%F2%C2%F4%BA%CF%CD%AC%BE%C0%B7%D7%C9%CF%CB%DF%B0%B8，最后访问时间：2014 年 4 月 1 日。

换言之，依照我国现行的鉴定制度，有的诉讼，当事人将无法启动鉴定；有的诉讼，即使可以开启鉴定的程序，但却可能无任何鉴定机构、鉴定人可受理该鉴定。

然而，在现代举证责任分配制度下，当事人必须对己方的事实主张提供证据并说服裁判者即法官，否则，在案件事实处于不清状态时，当事人需承担不利的诉讼后果。但通过上述对我国现行鉴定制度的分析可推知，面对诉讼中的专门性问题，很多当事人并没有将之交付鉴定的自由。这样的制度设计难以避免地将给当事人履行举证责任造成障碍——在法院不同意当事人鉴定申请的情况下，或者诉讼中的专门性问题无法被现行可以开展鉴定的事项范围囊括在内时，当事人便不能通过委托鉴定人实施鉴定、出具鉴定意见的方式就涉及专门性问题的事实主张履行举证责任，从而可能因“无法作为”而陷入败诉的危险境地。

“法庭的首要任务是保证诉讼程序的公正，保证当事人均有机会实现其诉讼权利。”[6]2012年修订的刑诉法和民诉法构建的专家辅助人制度，无疑能弥补、完善我国现行鉴定制度的一些不足：该制度的存在，为鉴定申请被法院驳回的诉讼当事人，或者无法借现行法律框架下的鉴定机构、鉴定人来解决专门性问题的诉讼当事人提供了另一解决问题的渠道，即申请法院通知专家辅助人出庭，就涉案专门性问题进行阐释说明，给出专家意见，以支持己方主张，履行举证责任。

（二）发挥质证的实质功效，解决庭审时质证的虚化问题

“如何避免证据被任意采纳为定案根据，如何为证据转化为定案根据设定必要的条件，属于证据法所要解决的头号问题。”[7]如果从动态的程序角度考虑该问题，那么，“质证”就是解决这一问题的最佳答案，因为，根据我国诉讼法和相关司法解释的规定，如现行刑诉法第48条第3款规定“证据必须经过查证属实，才能作为定案的根据”、《最高人民法院关于适用〈中华人民共和国刑事诉讼法〉的解释》第63条规定“证据未经当庭出示、辨认、质证等法庭调查程序查证属实，不得作为定案的根据，但法律和本解释另有规定的除外”、现行民诉法第68条规定“证据应当在法庭上出示，并由当事人互相质证。……”质证是诉讼证明的基本环节，是各种证据转化为定案根据的必经程序。

而具体到诉讼中的专门性问题，无论是鉴定人根据科学原理、采用科学方法、借助科学仪器设备进行检验鉴定后得出的鉴定意见，还是其他专业人士通过经验

[6] 周湘雄：《英美专家证人制度研究》，中国检察出版社2006年版，第35页。

[7] 陈瑞华：《刑事证据法学》，北京大学出版社2012年版，第70页。

判断、推理论证以分析报告和业务说明等形式给出的书证或其他证据，[8] 不过是具有专门知识的专家对涉案的专门性问题的一种主观看法、评判或推断，绝非必然正确、毋庸置疑的唯一定论。因为，“科学从不讲述完整的故事”，而且“法庭科学并非纯粹的科学”[9]，可以说，科学在回答诉讼中专门性问题时的准确率永远不可能达到 100%。所以，本质为专家意见而具体表现载体为鉴定意见及分析报告、检测报告等其他专家意见的这些证据，虽建立在科学知识、技术和其他专门知识的基础上，但也并不能跳过质证步骤而具有理所当然的证据能力和预设的证明效力。它们也不过只是具有普通证据地位的普通证据，对其证明价值的肯定和利用，同样要以审查判断为基础，要经质证程序的过滤或评判。

但是，由于这些鉴定意见或其他专家意见涉及五花八门的专门知识，故，专业的难度给围绕其展开的质证活动设置了重重难以逾越的屏障。此外，鉴定人和其他具有专门知识的人，基于对自己名誉声望和事业前途等的顾虑，通常会避免向法官提供与之得出鉴定意见或其他专家意见时所依托的基本原理、科学技术和逻辑论证等相反的背景知识，同时，也少有人愿意将相关检验鉴定、分析检测时可能出现问题的环节、步骤等告知法官，如此，法官无疑难以客观准确地把握围绕鉴定意见或其他专家意见所展开的争议其核心所在，更难以定夺相关鉴定意见或其他专家意见的真伪、可靠与否等问题。[10] 因此，需要有实质性的较量为法官审查鉴定意见或其他专家意见提供“场景”，使得法官能够发现相关证据在证据能力或证明效力方面存在的问题，进而对这些证据的证明价值作出理性判断。但是，由于对专门性问题所涉及的专门知识的不了解、甚至是完全无知，当事人及其诉讼代理人、辩护人往往在质证时只能针对这些鉴定意见或其他专家意见问几个不痛不痒的问题。如此这般“隔靴搔痒”般地提问，“聊胜于无”地作答，根本触及不到鉴定意见或其他专家意见的形成依据、科学原理、技术方法以及具体

---

[8] 我国现行鉴定管理制度的特点决定了，诉讼中有相当数量的专门性问题，因无法找到现成鉴定机构、现成鉴定人进行鉴定，所以只得由相关行业、领域的专门知识者，以出具分析报告、检测报告、业务说明等方式来加以解决。实务中往往将这些分析报告、检测报告、业务说明等视为书证来使用，但本质上而言，这些证据与鉴定意见一样，都是具有专门知识者给出的判断、推理，因而都归属专家意见的范畴。为表述方便，后文将统称这些分析报告、业务说明等为“其他专家意见”此外，实务中有大量的案件存在着公证书这种形式的证据，而专家辅助人的出现，旨在就这些公证书中所涉及的专门性问题提出意见。结合这些内容，可以看出，专家辅助人在法庭调查阶段出现在法庭，其针对的目标包括：鉴定意见、其他专家意见、公证书中的专门性问题等。为行文简洁，下文以“鉴定意见或其他专家意见”代替专家辅助人所针对的目标总和。

[9] ［英］麦高伟、杰弗里·威尔逊主编：《英国刑事司法程序》，刘立霞等译，法律出版社 2013 年版，第 241 页。

[10] 参见邵劭：《论专家证人制度的构建——以专家证人制度与鉴定制度的交叉共存为视角》，载《法商研究》2011 年第 4 期，第 90 页。

的可能左右最终专家意见的操作环节或处理过程等实质性问题，所谓的质证也就在所难免地虚化了。

而专家辅助人，恰恰可以胜任“弹劾”鉴定人或其他专门知识者的工作，其参与诉讼的主要任务，从立法本意来看，正是站在对立的角度，全方位审核针对诉讼中专门性问题而作出的鉴定意见或其他专家意见的“短板”所在。专家辅助人在质证环节往往能准确攻击它们的破绽，其削弱或直接否定鉴定意见或其他专家意见之证明价值的举措，无疑能使质证实质性地展开，并使法官能实质性地“受益”：其对相关鉴定意见或其他专家意见的证据能力、证明力的评断、取舍，无疑不再是无源之水、无本之木——这在下文中还将进一步论述。

（三）帮助法官解决专门性问题，为法官认证证据奠定基础

当争议事实本身便是某专门性问题时，或者对争议事实的认定需要以某专门性问题的解决为基础时，为了给出公正的裁判，法官不得不依赖相关的鉴定意见或者具有专门知识的专家给出的其他专家意见。但该鉴定意见或者其他专家意见是否具有证据资格、具有多大的证明力，却不是法官本人自行就可以简单作答的。事实上，“专门性问题由具有专门知识者来解决”的基本原则决定了，法官在认定是否采纳，或者在多大程度上采信指向专门性问题的鉴定意见或其他专家意见时，也就是法官在履行其认证职责时[11]，唯有进一步依赖具有专门知识的人才有出路：法官自身的知识结构及知识储备显然令其无法自行评判、认定相关鉴定意见或其他专家意见的“是与非”，而专家辅助人的出现，则使得法官可借专家辅助人的“心智”、也即专家辅助人对相关专门知识的熟谙，来完成其对鉴定意见或其他专家意见的认证。[12]法官坐镇庭审，主持质证依程序展开。专家辅助人围绕鉴定意见或其他专家意见，与出庭作证的鉴定人或其他具有专门知识的人展开的专业交锋，无疑是法官审查判断相关鉴定意见或其他专家意见之证据资格和证明力时不可匮缺的基础。鉴定人或其他具有专门知识的人依法出庭接受质证，相对方则由专家辅助人代为挑战鉴定意见，双方围绕相关专门性问题之专门知识、专门技术、科学原理、具体操作步骤及结果等展开针锋相对的论争，鉴定人或其他专家意见给出者的学识、经验、能力等，随之均会被呈现于法官面前；具体检

---

[11] “认证是法官对双方当事人提出的证据进行认定的职能性活动，是继取证、举证、质证之后的最后一个环节。法官认证包括对证据能力和证明力的判断和认定。”参见何家弘等主编：《简明证据法学》（第3版），中国人民大学出版社2013年版，第162页。

[12] 鉴定意见或其他专家意见，均属于意见证据。按照意见证据规则的相关理论，之所以允许专家证言或专家意见出现并发挥作用，根本原因在于，法官在专门知识方面的“无能”或者“无能为力”。参见李学军：《意见证据规则要义——以美国为视角》，载《证据科学》2012年第5期，第521页。据此，同样可以认为，在评判鉴定意见或其他专家意见的证据资格及证明力时，在专门知识方面“无能”的法官，唯借专家辅助人的帮助，否则难以做出准确的判断。

验、鉴定过程中可能存在的漏洞、不足等“内伤”，也会一览无余。试想，有了专家辅助人这样的角色设置并落实于庭审中，那么诸如湖南女教师黄静裸死案中“面对同一鉴定事项[13]出现的五个结论各不相同的鉴定书，我将如何取舍”这样的法官感叹也就不会再出现。

“认证是法官心证的过程”，[14]其心证的形成及巩固，显然不能空中楼阁般地没有根基。基于法官将要认证的证据的特殊性，即鉴定意见或其他专家意见具有高度的知识专门性，法官的心证基础或心证理由无疑也离不开专门性知识，否则，其心证理由便不具有正当性，其心证便难有说服力。专家辅助人，与鉴定人或其他专门知识者的专业能力、专门知识背景旗鼓相当、甚至是更胜一筹，其就鉴定意见或其他专家意见给出的质疑，或者是赞许，无疑具有权威性，以此为基础的法官认证结果，其心证理由也便自然有了理性裁判的基础和司法权威的味道。因此，有了专家辅助人的帮助，法官能更好地对鉴定意见或其他专家意见加以认证，进而圆满地完成司法证明过程的最后环节，为公正裁判圈定合法、有力的定案依据。

（四）充实当事人的诉讼权利，均衡当事人双方的诉讼力量

诉讼权利，是诉讼主体及其他诉讼参与人在诉讼中依法享有的权利，是保护当事人实体权益和程序权益时不可或缺的手段。诚然，法律制度的不同、诉讼性质的不同，当事人的诉讼权利会有所差异，但无论是我国、还是其他国家，无论是民事诉讼、还是刑事诉讼，当事人均拥有由律师代理或请律师辩护这一诉讼权利，且该诉讼权利是当事人切实维护其合法权益的核心手段和重要保障。

回顾律师制度的起源及发展史，我们不难看出，律师的存在价值，在于其能为当事人提供法律方面的专业帮助。[15]律师对实体法的熟谙，对诉讼程序的了然，以及对未来诉讼结果的合理预期，无疑使得律师能最大限度地维护其委托人的合法权益。显然，律师能够提供专业帮助，是基于其拥有法律知识，是因为当事人欠缺或者甚至没有法律知识。无疑，律师拥有的法律知识也属于专门知识——对不拥有此专门知识的当事人或其他人士而言，法律知识如同自然科学知识一样深奥、复杂。可以说，正是鉴于诉讼当事人不拥有法律这一专门知识，无法平等、有效地借诉讼活动维护自己的合法权益，所以，才设置了律师这一角色以弥补当事人知识结构的不足，帮助当事人合理、合法地追求诉讼利益，进而实现司法正义。

正如本文引言部分所述，伴随社会发展、科学进步而存在的现代冲突和纠纷，正在日益多样化、复杂化、专门化，诉讼时对这些冲突和纠纷的解决需要越来越

[13] 此案中，鉴定事项是黄静的死因。

[14] 何家弘等主编：《简明证据法学》（第3版），中国人民大学出版社2013年版，第162页。

[15] 参见庄庆生：《律师制度的历史发展》，载《法律科学》1992年第1期，第74–76页。

多地仰仗种种以自然科学、社会科学为基础的专门知识。显然，当事人很难人人均拥有这些以科学特别是自然科学为基础的专门知识，很难理解、更别说假借相关的科学原理、设备和技术手段去为自己的诉讼活动服务。因此，笔者认为，鉴定人和专家辅助人的出现，无疑如同律师在历史上的诞生一样，也是为了弥补诉讼当事人在知识储备上的缺憾：当事人在自然科学、社会科学等专门知识方面的欠缺，如同其在法律之专门知识方面的欠缺一样，会妨碍其正常、合理、公平、合法地维护其正当权益。

我国建立鉴定制度数十年，鉴定人已实质性地帮助公诉方或一方当事人合法有效地行使着相应的诉权，进而使得该方的诉讼力量相对增强。而另一方，因为缺少具有专门知识的人的帮助，无法从科学原理、技术方法、仪器设备等专业层面挑战相对方的鉴定意见，其诉讼力量自然相对弱小——试想，在美国的辛普森涉嫌杀害其前妻及前妻之现任男友的这一世纪大案中，如果辛普森不能聘请李昌钰等专家代其质疑公诉方的多个专家证据，那么辛普森定难获得无罪释放的判决！

因此，随着 2013 年 1 月 1 日起专家辅助人制度在我国三大诉讼制度中的全面建立，有权聘请专家辅助人的一方，不仅其诉讼权利会得以与时俱进地充实，其诉讼力量更将得以加强，进而能适应现代庭审的对抗制之需要，真正抗衡于相对方。

除了以上四大价值之外，专家辅助人还能消除当事人对鉴定意见或其他专家意见的疑虑，并能对个案形成监督。

就消除当事人对鉴定意见或其他专家意见的疑虑而言，该作用往往发生在开庭审理之前。为行使让专家辅助人出庭代其质疑有关鉴定意见或其他专家意见这一诉讼权利，当事人会在开庭之前寻求具有专门知识的人的帮助。当具有专门知识的人（也即潜在的专家辅助人）严格审查了鉴定意见或其他专家意见之后，如若发现，其所依据的原理科学有效、所涉及的检验鉴定步骤标准规范、所做的论证推理有理有据且合乎逻辑、所得结论经得起推敲、难以找出可资利用的质疑之处时，那么这些具有专门知识的人便不会受理辅助质证的委托。而在向当事人解释其不予受理的缘由时，鉴于在当事人心目中这些具有专门知识的人较鉴定人或其他专业人士而言，所处立场更为客观，故其专业解释更易于为当事人所接纳、更有助于打消当事人对鉴定意见或其他专家意见所持有的莫名疑虑，从而避免围绕真实可靠的鉴定意见或其他专家意见进行毫无意义的烦琐质证。[16]

尽管《司法鉴定管理决定》第 5 条第 3 项明文规定，法人或者其他组织申请从事司法鉴定业务的，应当“有在业务范围内进行司法鉴定所必需的依法通

---

[16] 参见常林：《司法鉴定专家辅助人制度研究》，中国政法大学出版社 2012 年版，第 208 页。

过计量认证或者实验室认可的检测实验室”。但《司法鉴定管理决定》自2005年10月1日生效至今，全国仅有北京、江苏、浙江、山东、四川、重庆六个省或直辖市的鉴定机构试点了相关的资质认定或实验室认可工作，余下省、市的鉴定机构依然缺少科学有效的质量管理体系。而即使是北京等六省或直辖市中通过了资质认定或实验室认可的那些鉴定机构，其建立并保持的相关质量管理体系及随后的周期性评查工作，也只能从宏观、总体上规范相应的鉴定活动，却无法对鉴定个案进行适时、有效的监督。而那些没有实行资质认定或实验室认可的鉴定机构，以及未纳入鉴定制度统辖范围之内、但却在出具分析报告等其他专家意见的那些具有专门知识的人，其行为更是缺少有效约束或规范。具有专门知识的人是否自律，极大程度地影响着相关鉴定意见或其他专家意见的真实可靠性。而庭审中，专家辅助人的出现，无疑能使诉讼中相关专门性问题的最终解决或认定，不再是一人或一方说了算！作为行家里手的专家辅助人，其对相关原理的科学性、技术方法的可靠性、检验鉴定程序的规范性、结果现象的真实性以及最终论断的唯一性等，均能全面加以评断。专家辅助人在个案中的这种“挑刺”，无疑是一种有效的“事中”监督行为，他必将“促使鉴定机构和鉴定人规范自身行为，严格程序管理，提高鉴定意见的准确率，也有效防止违法鉴定的发生”。[17] 同样，因为专家辅助人将可能出现在庭审的质证环节，将可能会对涉案专门性问题发表截然不同的看法，故出具分析报告等专家意见的其他具有专门知识的人，也必将慎重、严肃、认真地对待自己的每一份专家意见，以防学术颜面的可能丧失。

三、“专家辅助人”及其意见的法律解读

（一）“专家辅助人”的立场定位

不少学者强调，专家辅助人介入诉讼时必须保持中立的立场，不应带有任何倾向性。但笔者认为，这样的立场定位显然有违专家辅助人的设置初衷及其职业属性。

我国自20世纪90年代中期时，即将当事人主义的对抗制因素引入庭审、并逐步引入整个诉讼程序，以便借诉讼双方的抗衡更好地实现司法公正。不可否认的是，专家辅助人制度的设立恰恰是为了使诉讼一方或双方有力量与对方相抗衡。因此，就设置初衷来说，作为顺应我国诉讼模式从职权主义向当事人主义改革而诞生的产物，受聘于某方当事人的专家辅助人，其核心任务即是，将事实证明引向有利于己方当事人——即其雇主——的方向发展，因此，在专门知识领域，他们将不可避免地与给出不利于己方之鉴定意见的鉴定人、其他专家意见之作出者及对方委托的专家辅助人形成高度对抗的格局。而这种对抗，无疑为法官正确

[17] 赵杰：《论民事诉讼中专家辅助人的法律定位》，载《中国司法鉴定》2011年第6期，第7页。

评价、也即认证相关鉴定意见或其他专家意见之证据能力和证明力奠定了可靠的基础，是法官希冀存在的。而从当事人的角度来看，其也不可能花钱聘个倒戈者。可以说，在营造对抗制诉讼文化的立法本意下，再要求专家辅助人保持中立，显然与诉讼规律和基本人性相悖。

就职业属性来说，专家辅助人与当事人之间是一种委托与被委托、服务与被服务的关系。从这一意义上讲，专家辅助人与当事人的诉讼代理人或辩护人的诉讼地位并无二致。因此可以说，专家辅助人职业道德上的倾向性是支撑该职业得以存在并发展的基本特征之一。[18] 换言之，专家辅助人的职责便是，凭借自身在科学、技术和其他专业方面具有的特殊专门知识或经验，为己方当事人涉及专门性问题的事实主张和诉讼请求提供专业性的解释和说明，辅助当事人履行举证责任，使法官确信其当事人的相关事实主张具有专业根据。具体来说，无论是面对鉴定意见或其他专家意见，还是直接面对案件中的专门性问题，专家辅助人均应本着对其当事人负责的态度，利用自己的专门知识，根据事实材料和背景信息去审查相关的鉴定意见或其他专家意见是否客观可靠，是否对其当事人有利，是否需要从专门知识的视角进一步寻求解决方法和应对策略。一般来说，专家辅助人不应提出不利于其当事人的意见，否则，将严重影响诉讼的正常推进——试想，如若专家辅助人不为己方当事人提供具有倾向性的意见，或者不代表己方当事人的利益发表看法，那么，该方当事人怎会聘请他进而让其介入诉讼？！[19]

当然，必须强调的一点是，虽然专家辅助人在立场定位上具有一定的倾向性，但其在就鉴定意见、其他专家意见、其他专业问题提出意见时，仍然必须遵循以客观为依据、以科学为准绳的原则。应当认识到，纵使专家辅助人是因接受单方当事人的聘请或委托而参与诉讼活动，是从有利于己方当事人的角度出发介入举证和质证程序，但该专家辅助人绝不能毫无原则地成为己方当事人的“雇佣枪手”，不能为了迎合委托人即己方当事人的事实主张，而提出违背科学知识或

---

[18] 参见裴小梅：《论专家辅助人的性格——中立性抑或倾向性？》，载《山东社会科学》2008年第7期，第155页。

[19] “亨某先进材料（瑞士）有限公司诉上海某华染料工业有限公司侵害发明专利权纠纷案”中法官的观点便明确表明，专家辅助人是代表一方陈述技术问题的，理应存在倾向性——该案中，原告出具公证书以证明被告专家辅助人魏荣宝系被告方的核心技术人员，其不应作为被告方的技术专家出庭。对此，法官的认证结果和理由是：“虽然原告提供的《公证书》证明了被告专家辅助人与被告的关系，但专家辅助人系代表被告出庭陈述技术问题，其陈述属于当事人陈述，而非证人证言，无须是独立的第三人，故该《公证书》与本案不具有关联性，本院不予采信。”参见“亨某先进材料（瑞士）有限公司诉上海某华染料工业有限公司侵害发明专利权纠纷案”，载北大法律信息网，http://www.pkulaw.cn/fulltext_form.aspx？Db=pfnl&Gid=119494531&keyword=亨某先进材料（瑞士）有限公司诉上海某华染料工业有限公司侵害发明专利权纠纷案&EncodingName=&Search_Mode=accurate，最后访问时间：2014年4月1日。

其他专门知识之基本规律和基础规范的观点或看法，否则，其便将如同美国证据法学家 Langbein 所比喻的那样，可悲地异化为在当事人及其律师的演奏下仅仅是发出旋律的“萨克斯风”[20]。也就是说，专家辅助人作为在某一专业领域具有专门知识的“专家”，其对诉讼中涉及的专门性问题所作的阐释说明必须有科学根据，必须建立在逻辑分析和合理论证的基础上，即便是对己方当事人合法利益的维护，也应本着实事求是的精神，在符合科学的维度内、在尊重客观真实的条件下，保持一定程度的倾向性。换言之，专家辅助人的倾向性意见或观点，必须以尊重科学、尊重知识为前提。

（二）“专家辅助人”的诉讼地位

在我国目前的法庭上，设有原告席、被告席、证人席、诉讼代理人或辩护人席、翻译席等，却没有鉴定人席，更没有专家辅助人之席。受聘于当事人而出庭参与法庭调查活动的专家辅助人，在法庭上被安置于何处，完全取决于法官的随机安排和法庭的具体条件。笔者曾有多次作为专家辅助人参与法庭调查的经历——笔者有时被安排在证人席、原告人或被告人席，有时则被安排在旁听席。当然，实务中也不乏上海市第一中级人民法院那样为专家辅助人专门设置了专家席的，[21]但更有专家辅助人因原告方的强烈反对，而从被告席上被请了下来的实际案例。[22]

法庭上有无独立的席位，或者在法庭上就座于何处，表面上看似乎只是一个专家辅助人出席法庭调查活动时有没有位子坐的问题，但却击中了当前我国专家辅助人没有明确的诉讼地位这一要害。尽管我国刑事诉讼法及民事诉讼法均意识到专家辅助人的重要性，进而以专门条款明确了专家辅助人何时可以介入庭审、并在庭审中发挥怎样的作用，但这两大诉讼法均没有就专家辅助人在诉讼活动中的法律地位做出明确规定，即已经可以依法出现在法庭调查活动中的专家辅助人，究竟属于什么人？“当事人”“法定代理人”“诉讼参与人”还是“诉讼代理人”？就此，该两大诉讼法均没有涉及。无疑，两大诉讼法在这个问题上的缺失

[20] See J. Langbein, The German Advantage in Civil Procedure, University of Chicago Law Review. 1985, 52（4）, p. 835. 转引自汪建成：《专家证人制度研究》，载何家弘主编：《证据学论坛》（第15卷），法律出版社 2010 年版，第 25 页。

[21] 该院在 2002 年就为参加庭审的专家辅助人专门设置了专家席。诉讼中，双方当事人聘请的专家辅助人和法院聘请的专家辅助人并排而坐，面向原被告双方，接受当事人和审判人员的询问，就涉案专业性问题陈述意见。参见丁慧：《专家到庭论证，司法更加透明》，载《人民法院报》2002 年 3 月 18 日。

[22] 两位首次出现在东莞中级人民法院法庭上的专家辅助人在庭审开始之初，与己方当事人及其诉讼代理人一起坐在被告席上，但遭到原告方的强烈反对，并最终被请下被告席。参见《奔驰诉讼又开庭专家辅助人出庭被指不合法》，载南方网，http: //www.southcn.com/news/dishi/dongguan/shehui/200309100461.htm，最后访问时间：2014 年 4 月 1 日。

或留白，将直接关系到专家辅助人能否在诉讼中充分发挥其应有的作用。事实上，在2012年年底召开的证据科学全国博士生学术论坛上就有学者表示，因为不明了专家辅助人到底是“诉讼代理人”还是“诉讼参与人”，所以，他认为专家辅助人制度的出现可能是个灾难，没准使本已很复杂的现行鉴定制度更为复杂。[23]而司法实践中的做法更是混乱：有的将专家辅助人看成证人，适用回避制度，只有涉及专门性问题时才允许出庭；有的将其视作鉴定人，不能发问而只能回答；还有的认为专家辅助人的发言只是辩论意见，因此只有在进入法庭辩论阶段时，专家辅助人才可以发言。[24]

就专家辅助人具有何种诉讼地位这一问题，不少学者认为，基于专家辅助人在诉讼活动中的辅助性和附属性，故其并不应享有独立的主体地位。持此观点者的重要依据之一便是，2012年《刑事诉讼法》第106条有关“诉讼参与人”的界定并未提及专家辅助人，现行民事诉讼法的相关规定也未明示专家辅助人的法律身份属性问题，而专家辅助人又显然不可能是当事人、法定代理人或诉讼代理人。但笔者认为，刑事诉讼法或民事诉讼法在就“诉讼参与人”或“诉讼参加人”给出规定时，没有涉及专家辅助人，应该是修法时的一个疏漏——没有就相关条文进行协调性的修改。但不能因为这种疏漏或立法空白，便否定专家辅助人诉讼地位的独立性。本质上言，专家辅助人乃诉讼参与人之一——专家辅助人与案件结局没有直接的利害关系，其实体权益并没有因为诉讼的进行而处于待判定状态，也不会因诉讼的结束而受到有利或不利的影响；其之所以会参加诉讼活动中来，是受一方当事人的聘请或委托，旨在协助其委托人充分有效地行使相关的诉讼权利，为诉讼的顺利进行提供服务和帮助，而这些，显然与诉讼参与人中的辩护人或诉讼代理人、鉴定人等，没有二异。

但应当看到，专家辅助人与证人、鉴定人、诉讼代理人等传统的诉讼参与人又有明显的区别。（1）专家辅助人不同于证人。我国的证人概念是狭义的，即仅指因亲身耳闻目睹而了解案件事实情况的第三人，具有不可选择性和不可替代性，其证言为体验性的客观陈述。而专家辅助人因接受当事人的聘请而介入诉讼，当事人的聘请不同，介入诉讼的专家辅助人也就可能不同；专家辅助人对案件专门性问题的解释、说明从本质上而言，是一种推断性的意见陈述。（2）专家辅助人不同于鉴定人，两者在参诉方式和立场定位上存在很大差异。根据2012年《民事诉讼法》第76条的规定，在当事人的鉴定申请经法院同意

---

[23] 笔者并不认同该学者的观点。民事诉讼法及刑事诉讼法没有就专家辅助人具有何种身份给出明确的规定应是立法上的疏忽，但该疏忽并不意味着专家辅助人制度的出现是个灾难。事实上，专家辅助人制度的诞生恰恰可以解决现行鉴定制度自身无法解决的一些问题，能弥补一方当事人在专门知识方面的不足并为裁判者正确裁判奠定基础。

[24] 同注17，第8页。

后，虽然鉴定人是以双方协商为主、法院指定为辅的方式确定的，但鉴定人的委托主体却是法院，即鉴定人直接受聘于法院，这也决定了鉴定人必须保持中立性，应对法院负责。而在当事人请求通知专家辅助人出庭的申请获得法院同意后，是当事人而不是法院作为委托主体直接委任专家辅助人，法院无权介入；且正如前文所述，专家辅助人是可以有立场的倾向性的。（3）专家辅助人也不同于诉讼代理人、辩护人。他们之间的最大区别在于：诉讼代理人、辩护人是以委托人或当事人的名义，在授权范围内参与整个诉讼，解决各类诉讼事务；而专家辅助人则是凭借其掌握的专门知识，完全以自己的名义，并仅限于在庭审的举证阶段和质证阶段（即法庭调查阶段），辅助委托人或当事人就诉讼中涉及的专门性问题作出解释、说明，或者帮助委托人或当事人质疑、挑战有关的鉴定意见或其他专家意见。

可见，专家辅助人虽然与证人、鉴定人、诉讼代理人等其他诉讼参与人有着类似的功用，但也与这些诉讼参与人有着本质的区别，故其应独立存在，进而成为我国法定诉讼参与人中的新成员。

（三）"专家辅助人"之意见的证据属性

专家辅助人介入诉讼后，将依相关程序规定就诉讼中的鉴定意见或者专门性问题发表意见。那么，其所发表的意见，究竟只是辩论意见、质证意见，还是可归属于证据，具有证据效力？

在回答这一问题之前，我们首先分析一下专家辅助人就案件中专门性问题所给出的意见在诉讼中究竟发挥了怎样的作用。就此，笔者以"专家辅助人"作为关键词，在"北大法宝"上搜索相关司法案例，共检索到42个案例，再经过人工筛查，排除检索结果中重复、无关、指意不清的案例，最后共获得有效案例32个：其中民事案例30个，刑事案例1个，行政案例1个。[25] 经统计分析，这32个案例中共出现了专家辅助人51人，他们给出的意见主要从以下三方面帮助解决诉讼中的专门性问题。

---

[25] 所排除的10个案例情况分别如下：与专家辅助人无关的案例，2例；重复案例，2例；当事人在一审中申请法院通知专家辅助人出庭未获准许，遂以此作为理由之一提起上诉，但二审法院仍未同意该当事人聘请专家辅助人的申请，1例；判决书记述不详，1例；仅提到专家辅助人出庭了，但在法庭调查阶段具体进行了什么工作却没有载明，1例；双方对某专家究竟是作为专家辅助人身份还是作为普通证人身份到庭有异议，2例；法院已依法告知当事人相关权利，但当事人没有行使相关权利即申请和聘请专家辅助人就涉案专门性问题到庭进行说明、接受询问和进行对质，1例。

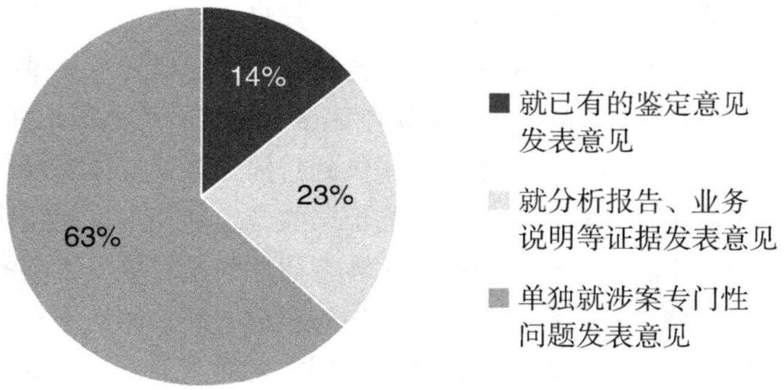

其一，7 位专家辅助人就已有的鉴定意见发表意见，占比 14%；

其二，12 位专家辅助人就旨在证明涉及专门性问题的案件事实的分析报告和业务说明等证据发表意见，占比 23%；

其三，32 位专家辅助人完全“脱离”鉴定意见、分析报告等证据，单独就无法依托任何证据载体形式发挥证明作用的专门性问题发表意见，占比达 63%。

可见，在 2014 年 4 月之前（检索北大法宝的日期），近 2/3 的专家辅助人意见是没有以鉴定意见、分析报告等证据为指向的。换言之，对诉讼中的某些专门性问题而言，可能只是“孤零零”地有专家辅助人的意见可资利用以解决之，除此之外，难以借助其他任何证据查明案件事实。

基于这一基本前提，笔者认为，应确认专家辅助人意见具有证据属性，认可其证据效力。具体理由如下：

首先，从证据的关联性、客观性及合法性视角考虑。专家辅助人意见与诉讼中涉及专门性问题的案件事实有关联性。专家辅助人就该专门性问题提出的意见，或驳斥案件中已有的鉴定意见或其他专家意见，或对之起到印证作用，或直接就专门性问题进行分析推断，总之，其具有某种倾向，能帮助法官合理决断，诉讼中关涉专门性问题的争议事实的存在，是更有可能或更不可能——离开了该意见，法官便无法做出相关的决断。这表明，专家辅助人意见符合成为证据的首要前提条件。此外，专家辅助人意见是具有专门知识者，根据自己的学识和经验，就诉讼中的专门性问题，或者独立，或者围绕已有的鉴定意见或其他专家意见，给出的判断、推理和推断等，它们与证人证言、当事人陈述、鉴定意见等证据一样，均以言辞为表现外衣，因而具有证据法学意义上的客观性。再者，专家辅助人介入诉讼并给出相关专业性意见，是在法律的规范下进行的，显然也就具备了合法性。故，专家辅助人意见完好地具备了相关材料成为诉讼证据的基本属性，即关联性、客观性和合法性。

其次，从诉讼证明的必要性视角而言。如果专家辅助人意见不是证据，在诉讼中不能作为证据使用，那么，一方面，当专家辅助人意见与案件中指向专门性问题的鉴定意见或其他专家意见形成对抗时，其难免陷入证明力被默认低人一等的尴尬境地。的确，在以证据说话的诉讼竞技舞台上，仅凭意见挑战证据，好比长矛对步枪[26]，无须正式开战，就已在裁判者心中留下了胜负高下的预断。另一方面，面对诉讼中无法付诸鉴定、亦无法提供分析报告等其他证据以起证明作用的专门性问题，若不认可专家辅助人意见的证据效力，则其将不能转化为可以写入判决书并具有较强说服力的定案根据，关涉专门性问题的争议事实的证明也将无证据支撑，那么，肩负裁判职能的法官将如何形成心证、如何作出令人信服、具有权威地位的判决？在我国再三强调证据裁判主义的当下，否认专家辅助人意见的证据地位，无疑是不明智的！

最后，从司法实践的需求性视角来看。笔者分析经“北大法宝”检索出的前述 32 个案例，发现有 20 个案例将专家辅助人的意见作为了定案依据之一，所占比例高达 62.5%。可见，在司法实务中，大部分法官均将专家辅助人的意见作为证据而采纳、采信了，即在认定或否定某些事实的存在时，均将相关专家辅助人意见视为认定或否定的基础了。例如，在一例因拆迁引起的财产损害赔偿纠纷案中，面对某茶叶商会就普洱茶受损后能否销售、陈茶价值几何等问题出具的说明材料等证据，法官同意一方当事人委托云南省普洱茶地方标准及国家标准专家审定委员会的委员作为专家辅助人出庭，就相关专门性问题进行说明，而法官在认定侵权损害赔偿的范围和数额时，明确表示自己是受该专家辅助人意见的影响而对上述说明材料的证明力产生确信的，并将出庭的专家辅助人所作出的专门说明也作为了裁判书中的定案依据之一。[27] 而在余下的案例中，法官虽未提及专家辅助人意见的证据属性问题，但却也在判决书中明确写明了不予认可专家辅助人之意见的原因。例如，在一例环境污染损害赔偿纠纷案中，法院在判决书中明确写到，因原告聘请的两位专家辅助人出具的评估意见相互矛盾，且无其他证据相佐证，故本院对原告方专家辅助人提供的评估意见不予采信。[28] 可见，若这两位专家辅助人出具的专家意见不矛盾，且有书证或其他证据相印证，那么法院是会将其作为证据采信的。而在一例信息网络传播权纠纷案中，一方当事人以“原审判

[26] 参见王俊民、沈亮：《诉讼辅助人意见与鉴定结论证据属性比较研究》，载《中国司法鉴定》2006 年第 6 期，第 27 页。

[27] 参见“云南六大茶山茶业有限公司诉昆明晓安拆迁经营有限责任公司财产损害赔偿纠纷案”，载北大法律信息网，http: //vip.chinalawinfo.com/Case/displaycontent.asp ？ Gid=117629136&Keyword=%E4%B8%93%E5%AE%B6%E8%BE%85%E5%8A%A9%E4%BA，最后访问时间：2014 年 2 月 13 日。

[28] 参见“张德喜诉扬子石化一巴斯夫有限责任公司环境污染损害赔偿纠纷案”，载北大法律信息网，http: //vip.chinalawinfo.com/Case/displaycontent.asp ？ Gid=117527017&Keyword=%E5%BC%A0%E5%BE%B7%E5%96%9C%E8%AF%89%E6%89%AC%E5%AD%90%E7%9F%B3%E5%8C%96%E4%B8&#key，最后访问时间：2014 年 2 月 13 日。

决将非证据材料作为证据采纳并作为认定事实的依据，违反了民事诉讼法和证据规定”为由提起上诉，其所称的“非证据材料”即专家辅助人意见，理由是民事诉讼法和证据规定所明确的 7 种法定证据[29]中并不包含专家辅助人意见。对此，二审法院认为，原审法院根据被上诉方聘请的专家辅助人提供的专家意见来支持相关事实主张的做法并无不妥，符合《民事证据规定》第 61 条的规定。可见，该二审法院是认可将专家辅助人意见作为证据采用的。二审败诉后，该当事人又向最高人民法院提起再审申请，理由正是二审法院没有纠正一审法院将专家辅助人的技术说明作为证据使用的违法行为。最高人民法院经审查，认为原审法院认定的事实基本属实。其在判决书中并没有特别就该当事人所质疑的、但司法实践中大量存在的将专家辅助人意见作为证据以及定案依据的做法究竟是否违法、应否禁止这一问题展开分析和论述，这说明最高人民法院也意识到司法实务中将专家辅助人意见作为证据使用的现实需求，所以，其并未推翻地方法院对专家辅助人意见证据属性的认定，而默许赋予之证据效力。[30]因此，笔者认为，既然专家辅助人意见事实上已在实务层面成为裁判的基础，那么再固执地否认专家辅助人意见的证据属性无疑是徒劳的。正确的做法是，认可专家辅助人意见的证据地位，以顺应实务的切实需要，而这种认可，显然与我国现行刑诉法第 48 条第 1 款的规定并不相悖，即“可以用于证明案件事实的材料，都是证据”。

（四）“专家辅助人”意见的特殊审查规则

既然已明确专家辅助人意见应被视作证据，那么，构建相应的审查规则以规范专家辅助人意见的采纳和采信就必不可少。总体来说，在审查认定专家辅助人意见的证据能力和证明力时，应当以鉴定意见为参考，因为从本质上言，专家辅助人意见与鉴定意见一样，均是具有专门知识者就专门性问题所给出的判断、推理、意见、观点等，均属于意见证据范畴之内。因此，对专家辅助人意见的审查判断，应着重审视、分析专家辅助人意见是否有科学可靠的原理作为支撑，是否为合理论证和技术理性的产物，以及专家辅助人是否将相关原理和方法恰如其分地适用于解决个案中的专门性问题。可以说，在评判专家辅助人意见的证据资格和证明力时，用于审查或评判鉴定意见的相关规则，大部分是适用的，故本文不

---

[29] 该案发生于 2008 年，所适用的民事诉讼法尚未将电子数据涵盖于法定证据种类中，故当时的法定证据只有 7 种。

[30] 参见“新传在线（北京）信息技术有限公司与中国网络通信集团公司自贡市分公司信息网络传播权纠纷上诉案”，载北大法律信息网，http：//vip.chinalawinfo.com/Case/displaycontent.asp？ Gid=117613810&Keyword=%E4%B8%93%E5%AE%B6%E8%BE%85%E5%8A%A9%E4%BA；“新传在线（北京）信息技术有限公司与中国网络通信集团公司自贡市分公司信息网络传播权纠纷申请再审案”，载北大法律信息网，http：//vip.chinalawinfo.com/Case/displaycontent.asp？ Gid=117627183&Keyword=%E4%B8%93%E5%AE%B6%E8%BE%85%E5%8A%A9%E4%BA；最后访问时间：2014 年 2 月 13 日。

再就这部分内容赘述。但基于专家辅助人的价值所在，围绕专家辅助人意见的审查规则应在以下三方面作出特殊规定。

1. 专家辅助人的资质不以“诉前确认”为依据

我国对鉴定人的资质实行的是“诉前确认”管理，即如果某具有专门知识的人没有经省级司法行政机关审核登记，未取得《司法鉴定人执业证》，则其不具有鉴定人资格，出具的鉴定意见不具有证据资格。而实行专家证人制度的英美法系国家，则多采用“诉中确认”的方式约束专家证人的资质。无论是依“有固定资格原则”而实行的“诉前确认”，还是依“无固定资格原则”而实行的“诉中确认”，显然均是将鉴定人或专家证人是否具备相关的专门知识、专门技能作为鉴定意见或专家意见可否被采纳的标准之一。因此，同样是以专门知识为诉讼的顺利进行提供支持的专家辅助人，其资质显然也应该成为审查判断其专家意见（即专家辅助人意见）时重点考量的因素之一。

在我国正式确立专家辅助人制度后，我们该如何确认专家辅助人的资质，或者说在诉讼中该如何审查专家辅助人的资质、如何决断专家辅助人意见的证据资格，无疑是一个绕不开的话题。

基于我国对同样是“具有专门知识”的鉴定人实行的是“诉前确认”，因此，不乏学者或实务工作者认为，应参照鉴定人的管理方式，对专家辅助人实行登记管理式的资格确认和规制制度。就此，笔者不敢苟同。因为，“诉前确认”的诟病有二：一是，“以身份定资格”“以名册看资格”“以证书评资格”的资格审查制度过于死板机械。那些没有受过较高学历教育、没有通过资质审定、不在登记管理名册上，但确实掌握某一领域的专门知识，且经验丰富、技能娴熟的“有专门知识的人”，往往能就诉讼中涉及的专门性问题给出中肯、贴切的意见。如果一定要以这种有证即有资格的方式管理并评判专家辅助人的资质，那么相当多具有专门知识的人将无法借专家辅助人制度服务于诉讼纠纷的解决。二是，“诉前确认”制无法针对所有门类的专门性问题无一遗漏地为具有相关专门知识的人进行审核、登记并颁证，而这恰恰是我国现行鉴定管理制度目前仅能对法医类、物证类、声像资料类等门类的专家实行诉前确认的缘由，更恰恰是我国建立专家辅助人制度的重要原因之一——当诉讼中的专门性问题没有现成的鉴定机构、鉴定人可以鉴定时，我们需要具有相关专门知识的人，但不见得事先获得了管理部门审核颁发的资格证书，以其特有的专门知识、专门技能为解决某专门性问题提供服务。

所以，审查专家辅助人的资质，不应以“诉前确认”为依据。换言之，专家辅助人是否经过审核登记、有无相关执业证书，并非决定其专家辅助人意见能否采纳、可否成为定案证据的条件。在建立、推行专家辅助人制度的当下，我们实际上是吸纳了英美法系国家的“诉中确认”——在法庭调查时段，动态而非机械地审核专家辅助人的资质，进而评判其提出的专家意见之证据资格和证明力。

2. 专家辅助人意见的存在以出庭为前提

基于我国诉讼制度的安排，我国鉴定人仅在满足相关条件后才会出庭作证。即在刑事诉讼中，只有当公诉人、当事人或者辩护人、诉讼代理人对鉴定意见有异议，人民法院认为鉴定人有必要出庭的，鉴定人才应当出庭作证；在民事诉讼中，也只有在当事人对鉴定意见有异议或者人民法院认为鉴定人有必要出庭时，鉴定人才必须出庭作证。换言之，并非每一案件中的鉴定人都负有出庭义务；若个案中未出现要求鉴定人必须出庭作证的情形，则即使鉴定人没有出庭，相关鉴定意见同样可以成为定案的根据。

然而，转向专家辅助人的出庭问题，则应当认识到，专家辅助人在任何情况下都负有出庭作证的义务。我国刑事诉讼法和民事诉讼法的相关法条均明确规定，当事人或其诉讼代理人、辩护人可申请法院通知有专门知识的人“出庭”就鉴定人得出的鉴定意见或者专业问题提出意见。依文义即可知，专家辅助人意见应当“当庭”发表，不能只提供书面意见。司法实践也支持这样的观点，即专家辅助人承担着无条件出庭作证的义务。笔者对前述 32 个案例、51 位专家辅助人进行统计后发现，其中仅有 3 位专家辅助人没有出庭，而无一例外地，这 3 位专家辅助人出具的书面意见均未被法官认可。且在一例海上货物运输合同纠纷案中，法官明确指出，专家辅助人应出庭接受询问，否则法庭难以判定其是否具有对专门性问题作出说明的资质及其说明的依据是否合理。该案的某专家辅助人未出庭接受询问，故法官对其提供的意见不予采纳。[31] 从法官的裁判理由可知，要求专家辅助人出庭并非因为当事人或其诉讼代理人、辩护人对该专家意见存有异议，而是为了帮助法官判定专家辅助人的资质是否具备，相应专家意见所依据的原理是否科学可靠、对案件是否具有个案适宜性以及推理论证是否合乎逻辑等。显然，任何案件中的专家辅助人意见都面临上述内容的审查判断，而基于前文的分析，正因无法对专家辅助人的资质加以“诉前确认”，那么，要求专家辅助人出庭，对之予以“诉中确认”便成为无法“省略”的必要程序。因此，专家辅助人唯出庭，才能给出专家辅助人意见；否则，某被称为“专家辅助人意见”的书面意见不得成为裁判依据。

[31] 参见“汕头市中星油脂有限公司诉艾科提斯运输有限公司海上货物运输合同纠纷案”，载北大法律信息网，http: //vip.chinalawinfo.com/Case/displaycontent.asp？ Gid=117453817&Keyword=%E6%B1%95%E5%A4%B4%E5%B8%82%E4%B8%AD%E6%98%9F%E6%B2%B9%E8%84%82%E6%9C%89%E9%99%90%E5%85%AC%E5%8F%B8%E8%AF%89%E8%89%BE%E7%A7%91%E6%8F%90%E6%96%AF%E8%BF%90%E8%BE%93%E6%9C%89%E9%99%90%E5%85%AC%E5%8F%B8%E6%B5%B7%E4%B8%8A%E8%B4%A7%E7%89%A9%E8%BF%90%E8%BE%93%E5%90%88%E5%90%8C%E7%BA%A0%E7%BA%B7%E6%A1，最后访问时间：2014 年 2 月 15 日。

3. 某些专家辅助人意见只能有限地被采用

如前所述，专家辅助人将在两种情形下发表意见，一是针对已有的鉴定意见，二是针对诉讼中某些无法借鉴定加以解决的专门性问题。无疑，就已有的鉴定意见发表意见，是专家辅助人发挥作用的主要形式，[32]而就诉讼中某些无法借鉴定加以解决的专门性问题发表意见，则是我国现行鉴定制度的一种补充，因此，专家辅助人意见通常“附属”于已有的鉴定意见而存在——这在刑事诉讼中表现得更为明显、突出——即专家辅助人是直接针对鉴定意见、间接针对案件中的专门性问题给出意见的。

但必须注意的一点是，我国目前的诉讼制度和证据制度，均尚未就专家辅助人意见的形成和得出给出程序性规范或提出实体性要求，因此，相较于鉴定意见的作出流程及最后结果（即具体内容），专家辅助人意见带有更大的随意性。在这样的背景下，面对鉴定意见与专家辅助人意见间的协同或对抗，如何更恰当地运用专家辅助人意见，更准确地认识其证据效力，更圆满地处理这些证据与其所共同指向的专门性问题之间的关系，直接决定着专家辅助人意见之证据价值的发挥程度和最终诉讼结果的公正与否。而“有限采用规则”（limited admissibility rule）将给我们提供一些有益启示和解决思路。

证据的“有限采用规则”是英美法系证据法中关于证据可采性的一个重要规则。从《布莱克法律词典》可知，该规则是指某些言词或实物证据只能为某个限定的目的而被采纳为证据。例如，某证人先前的矛盾性陈述可以用来对该证人进行质疑，但不能用来认定案件事实。[33]

诚然，法律对大多数证据的效力都不加限制。但就专家辅助人意见而言，笔者认为，当其为诉讼中某鉴定意见的“附属”时，也即该专家辅助人意见是针对某鉴定意见而发表时，应适用有限采用规则——该专家辅助人意见只能用来审查认定其所关联的鉴定意见的真实可靠性，而不能直接就该鉴定意见所指向的涉及专门性问题的案件争议事实提供证明。具体说来便是，当针对诉讼中的专门性问题，已存在鉴定意见时，以驳斥或印证该鉴定意见为存在价值的专家辅助人意见虽然可以采纳，但其只能用于质疑或佐证，即其只在影响裁判者认定是否采纳或在多大程度上采信某鉴定意见时产生效力。当然，就这部分专家辅助人意见的效力也可如此规定：如果专家辅助人意见试图“跨越”鉴定意见，成为能直接证明

[32] 虽然我们通过对在北大法宝上检索得到的32起案例进行统计获知，只有14%的专家辅助人是就已有鉴定意见发表意见，但需要指出的是，通过以上检索方法获得的只是一个小规模案例样本库，受制于北大法宝自身收录案件的局限性，尚不足以反映目前司法实践中涉及专家辅助人案例的全貌及绝对准确的比例。而且，应当承认，在立法者看来，就已有的鉴定意见发表意见，确实是专家辅助人发挥作用的主要形式，尤其是刑事诉讼中。

[33] See Black’s Law Dictionary（Eighth Edition），Thomson West，2004，p. 143.

专门性问题所关涉案件事实的证据，那么它需要其他证据补强。也就是说，“附属”于已有鉴定意见的专家辅助人的意见，不能单独作为认定某争议的专门性事实是否存在的根据。

四、“专家辅助人”与律师的质证分工

从我国现有的法律规定可以看出，出现于法庭调查阶段的专家辅助人，实质上是诉讼中已有鉴定意见或其他专家意见的重要质证人。但必须强调的是，即使构建了专家辅助人制度，但也并不意味着律师在针对鉴定意见或其他专家意见的质证中，可以不再费心、高枕无忧。两者需要妥善分工、相互协作，才能更好完成质证活动。

首先，专家辅助人只精通于技术问题。以其就鉴定意见提出意见并展开质证的活动为例，其在询问鉴定人、审查鉴定材料、原理方法、检验步骤和论证过程以及审阅鉴定意见书时，均为站在技术层面与鉴定人进行专门知识和专业技能的较量。而法律争议方面的问题，尤其涉及鉴定意见的关联性、合法性问题，仍需交由律师完成。苛求专家辅助人对鉴定意见所涉法律问题展开质疑，不仅超出了专家辅助人的功用范围，更有可能勉为其难。例如，在一起买卖纠纷案件中，原告出示了由被告下属项目经理部出具的欠条一张和代付款委托书一份，被告对欠条及其上公章并无异议，但却质疑委托书上的公章真实性，并委托有资质的鉴定机构进行了公章鉴定，所得鉴定意见为否定同一。就该印章印文鉴定意见来说，其鉴定主体、检验过程、技术方法、操作规程等各方面均符合相关法律规定，并满足印文鉴定的相关标准，且原告聘请的专家辅助人也认为从技术角度考虑，他无法就该鉴定意见找到质证突破口。但原告律师从法律的关联性视角出发，给出如下质证意见：合同采购的物资为被告承包的工地所用，经手人的采购行为是为被告工作的职务行为，既然原、被告双方对被告下属项目经理部出具的欠条的真实性均无异议，那么委托书上的印章是否真实并不影响本案的审理结果，故该印章印文鉴定意见与本案审理并无关联，应当排除。法官经审查判断也认可了该质证意见。[34] 从本案可知，围绕鉴定意见而展开的质证，专家辅助人与律师的角色差异决定了，专家辅助人只能从专门知识或技术的视角发现问题，而律师还需从法律的维度找寻相关鉴定意见存在的问题，否则，单纯依靠专家辅助人的努力，

---

[34] 参见“贵阳市市政工程公司与贵州息烽仁都建材有限公司买卖合同纠纷上诉案”，载北大法律信息网，http: //vip.chinalawinfo.com/Case/displaycontent.asp ？ Gid=117691602&Keyword=%E8%B4%B5%E9%98%B3%E5%B8%82%E5%B8%82%E6%94%BF%E5%B7%A5%E7%A8%8B%E5%85%AC%E5%8F%B8%E4%B8%8E%E8%B4%B5%E5%B7%9E%E6%81%AF%E7%83%BD%E4%BB%81%E9%83%BD%E5%BB%BA%E6%9D%90%E6%9C%89%E9%99%90%E5%85%AC%E5%8F%B8%E4%B9%B0%E5%8D%96%E5%90%88%E5%90%8C%E7%BA%A0%E7%BA%B7%E4%B8%8A%E8%AF%89%E6%A1，最后访问时间：2014 年 2 月 20 日。

显然无法动摇结论并没有错误、也就是结论可靠的鉴定意见之证据地位。[35]

其次，律师应当同专家辅助人共同商议质证策略，以确保在技术上、法律上以及技巧上均无缺漏，不放过任何一个细小、但可能至为关键的质证点。虽然专家辅助人确为保障当事人实质性地行使质证权而存在，但其与律师在质证职能承担问题上是否分工明确、配合默契，仍然是质证有关鉴定意见或其他专家意见能否获得成功的关键。之所以这么说，原因主要有二：（1）在角色定位上，律师仍然是质证舞台上的主角。从专家辅助人制度的设置本意可深刻领会到，专家辅助人的职能属性本质上言还是“辅助性”的，其存在的价值，主要在于，依托其丰厚的专业学识和经验积累辅助质证，避免质证环节的空洞化。在这一层面上，我国的专家辅助人可谓律师的“专业助手”。面对指向专门性问题的鉴定意见，具体制定怎样的质证策略、遵循什么样的质证路径、集中攻击哪一质证点，在咨询、听取、集合专家辅助人的专业化建议后，律师还是要自行定夺，而不能完全“承包”给专家辅助人，否则是极为不负责任、极为不慎重的表现。（2）在角色分工上，专家辅助人与律师的质证侧重点也各不相同。以鉴定意见的质证为例，针对鉴定意见的证据能力和证明效力，相应的质证策略应有所区别。在采纳层面，由于其多涉及“是非”定性问题，所以点到为止足矣，此时由律师严格依据法律规范提出鉴定意见的不符合之处即可，往往不需要专家辅助人发声；而在采信层面，由于其多涉及专门的理论、专门的原理、专门的仪器设备及专门的技术方法等，因此，非此行此业具有专门知识的人提出的异议，难以对裁判者的自由心证产生实质性的影响，故此时由专家辅助人唱主角才能产生更好的质证效果。

最后，专家辅助人出庭时的言行举止，需要律师从庭审的需要出发给予指导。英美法系优秀的专家证人不仅是在其专业领域具有权威、拥有良好声誉的专家，还必须有丰富的法庭经验，能适应对抗制的法庭氛围。原辩护研究所主席便称：“如果你让好莱坞的演员演物理学家，他会赢得陪审团的信任。相反，艾尔伯特·爱因斯坦做专家证人可能会败诉，因为他是不善言辞、三年都不理发的邋

---

[35] 实务中也不乏专家辅助人在回答涉案专门性问题的同时，连带作出相关法律判断的案例。例如，在“四川省盐业总公司等与蒲涛著作权侵权纠纷上诉案”中，盐业总公司申请四川省版权保护协会副理事长鲍志才作为本案专家辅助人出庭，主要就盐业总公司、盐业公司成都分公司、华盛印务公司使用专利产品包装袋是否构成对涉案摄影作品“大熊猫”的侵权问题进行陈述。对此行为，法官在判决书中明确表示，“是否构成侵权应该由法院根据案件事实及法律相关规定作出认定，故本院对四川省版权保护协会副理事长鲍志才的陈述意见不予采信”。可见，当专家辅助人“越界”，触及专门性问题背后的法律问题时，只会招来“出力不讨好”的结局。参见“四川省盐业总公司等与蒲涛著作权侵权纠纷上诉案”，载北大法律信息网，http: //www.pkulaw.cn/fulltext_form.aspx?Db=pfnl&Gid=117566008&keyword= 四川省盐业总公司等与蒲涛著作权侵权纠纷上诉案 &EncodingName=&Search_Mode=accurate，最后访问时间：2014 年 4 月 1 日。

遢家伙。”[36] 的确，专家辅助人要想发挥最大作用，必须先经熟悉庭审规则和法官喜好的律师之手，变身成为一个好的“演员”。关于这个问题，具体需要注意如下两个方面：（1）在法院外的正常讨论或辩论中，某人的风度也许并没有其陈述的观点重要。然而，在法庭上，法官对专家辅助人之可信度的判断在很大程度上取决于其行为举止。专家辅助人的态度应当严肃、谦虚且礼貌，在提出质疑和回答对方专家辅助人的询问时应当合理而坚定。试图以强势姿态、言辞渲染驳斥鉴定意见或其他专家意见的证明价值并非明智之举，毕竟，“就长期而言，与争强好胜相比，耐心而又高贵的人格魅力会给人留下明显更好的印象”。[37]（2）对演讲的听众来说，最反感的就是，演讲内容中有让他们无法理解的地方。对审判席上的法官同样如此。所以，除非极为必要，专家辅助人最好应避免使用晦涩拗口的专业术语。有些人认为，使用专业术语会给人以说话者较为权威的感觉，但是专家辅助人在法庭上的目的应该是，让法官清楚地知悉鉴定意见或其他专家意见的可靠或不可靠所在，并让法官们清晰地明了，他们是如何支撑或驳倒这些证据，而不是用法官们完全陌生的技术术语来使他们茫然，进而将法庭变成科学院的技术交流地或学术交锋处。“明智的非专业人士不会被愚弄到不相信阐明问题的证人而相信混淆事实的证人。”[38] 但专家辅助人也要避免过度简化，不可从一个极端走入另一个极端，否则会降低自身的可信度。总之，专家辅助人言行举止的拿捏有度无疑是影响质证成败的重要因素之一，而这些都需要深怀庭审经验、熟知庭审技巧的律师对其进行必要的指导，同时准确掌握庭审节奏和诉讼走向，以更好发挥专家辅助人之辅助质证的作用。

（原载《法学家》2015 年第 1 期）

---

[36] Expert Witness Found Credible by Most Jurors, National Law J. Feb. 22, 1999. 转引自刘晓丹：《论科学证据》，中国检察出版社 2010 年版，第 108 页。

[37] ［英］大卫·艾伦：《文件的科学检验：方法与技术》（第 3 版），黄建同等译，中国人民公安大学出版社 2012 年版，第 365 页。

[38] 同注 37，第 377 页。

论证明目的和证明标准

——兼论司法证明的概念和范畴

何家弘

司法活动中的证明标准，是当前我国证据法学领域内研讨十分热烈的一个问题。在这个问题上，笔者曾经断断续续地谈过一些想法，其中有些在今天看来已然是不够准确或不够全面了。如果有人因此批评我的思想缺乏一贯性，我肯定虚心接受，因为人的认识本来就不是一成不变的，而是会发展变化的。我绝不会因为自己以前曾经提出过某种观点，就固执地“从一而终”。坦言之，我昨天认识的“真理”并不完全等同于我今天认识的“真理”，而我今天认识的“真理”也未必就完全等同于我明天将要认识的“真理”。其实，在司法证明的认识活动中，也有同样的道理。

一、证明目的和证明标准

司法证明的目的和标准是两个密切相关的概念。虽然人们有时把这两个概念互相替用，但是二者的含义并不完全相同。司法证明的目的，是指司法证明主体追求的目标，是司法证明活动的标的。司法证明的标准，则是指司法证明必须达到的程度和水平，是衡量司法证明结果的准则。

诚然，在具体案件中，每个证明主体的目的并不完全相同。有人进行证明是为了让他人明确案件事实；有人进行证明是为了让自己明确案件事实。有人进行证明是为了明确客观发生的案件事实；有人进行证明是为了明确自己主张的案件事实，甚至是虚构的案件事实。但是，作为具有法律意义的证明活动，司法证明还具有超越个人目标的、统一并带有“应然”品格的目的。因此，本文讨论的证明目的不是具体个人的行为目标，而是抽象的司法证明活动应该追求的目标，是包括自向证明和他向证明在内的各种司法证明活动的统一目标。

证明目的和证明标准之间的关系表现在以下几个方面：首先，证明目的是确立证明标准的基础或依据；证明标准是证明目的的具体化。其次，证明目的是贯穿在整个诉讼过程中的，是证明主体始终要追求的目标；证明标准则主要是司法人员在做出批捕、起诉、判决等决定时考虑的问题。再次，在整个诉讼过程中，证明的目的应该是贯穿始终的，是不发生变化的；但是在不同的诉讼阶段，证明的标准则可以有所区别，如批捕阶段、起诉阶段、判决阶段的证明标准就不完全相同。又次，在各种案件中，证明的目的都应该是一样的；但是在不同种类的案件中，证明的标准则可以有所不同，如刑事案件和民事案件的证明标准就有所不同，严重犯罪案件和轻微犯罪案件的证明标准也可能有所不同。最后，无论判决的结果性质如何，证明目的都应该是不变的，但是证明标准则可以有所不同，如刑事案件中有罪判决和无罪判决的证明标准就可以不同，死刑案件和非死刑案件的证明标准也可以不同。由此可见，司法证明的目的是就行为过程而言的，体现了证明活动的追求和方向，是带有一定理想色彩的目标；司法证明的标准则是就行为结果而言的，是根据一定的价值观念和需要确定的，是法律所认可的具有现实性品格的衡量准则。在具体案件的司法证明活动中，司法证明的目的不是必须实现的，而司法证明的标准则是必须满足的。明确这两个概念的含义及其相互关系，对于下文的研讨具有特别重要的意义。

二、与司法证明目的和标准相关的几对范畴

（一）客观事实和法律事实

客观事实和法律事实是司法证明中一对重要的范畴。客观事实即客观存在的事实。就司法证明活动而言，是指确实在客观世界中发生的案件事实。法律事实是法律意义上的事实，是由法律规范所调整的，可以引起一定法律后果的事实。在司法活动中，法律事实指由证据证明的案件事实，是经过人的主观活动明确或确认的案件事实。

法律事实是以客观事实为基础的，是由客观事实所决定的。但是，法律事实并不完全等同于客观事实。在任何案件中，在任何司法活动中，法律事实和客观事实都存在着质和量的差异。首先，法律事实在质上并不完全等于客观事实。因为法律事实是由证据证明的事实，而用证据证明是一种人的行为，所以法律事实并不完全是客观的东西，其中或多或少都会掺杂一定的人的主观因素或作用。其次，法律事实在量上也不等于客观事实。一般来说，案件中客观事实的数量都会大于法律事实的数量，因为并非所有与案件有关的客观存在或发生的事实都可以由证据证明，都可以成为法律事实。由于各种各样的原因，案件中的一些客观事实会在证明的过程中遗失，甚至根本就没能获得进入司法证明过程的资格。

由此可见，法律事实带有主观的色彩、人为的品格。美国学者吉尔兹曾经指出："法律事实并不是自然生成的，而是人为造成的，一如人类学家所言，它们是根据证据法规则、法庭规则、判例汇编传统、辩护技巧、法庭雄辩能力以及法律教育等诸如此类的事物而构设出来的，总之是社会的产物。"[1]

中国也有学者认为，"诉讼中所呈现的并最终为法院所认定的事实，乃是经过证据法、程序法和实体法调整过的、重塑了的新事实。这种新事实因为不可避

---

[1] ［美］克列福德·吉尔兹：《地方性知识：事实与法律的比较透视》，邓正来译，载梁治平主编《法律的文化解释》，生活·读书·新知三联书店 1994 年版，第 80 页。

免地渗透了人的主观意志，因此可以称之为主观事实；又由于它是在诉讼活动过程中形成并成立于诉讼法上、仅具有诉讼意义的事实，因此也可以称之为诉讼事实或法律事实”。[2] 总之，法律事实不等于客观事实。

（二）客观真实和法律真实

客观真实和法律真实是以客观事实和法律事实为基础的一对范畴，但是客观真实和法律真实的概念并不完全等同于客观事实和法律事实的概念。客观事实和法律事实回答的是“什么是司法证明中的事实”的问题；客观真实和法律真实回答的是“司法证明中的认识怎样才为真实”的问题。二者不能混为一谈。

所谓客观真实，是说司法活动中人们对案件事实的认识完全符合客观的实际情况，即符合客观标准的真实。所谓“法律真实”，是说司法活动中人们对案件事实的认识符合法律所规定或认可的真实，是法律意义上的真实，是在具体案件中达到法律标准的真实。

法律是人制定的，法律真实的内涵和标准也是由人规定的，因此，在不同的国家和不同的历史时期，法律真实的内涵和标准自然也会有所不同。古代的“神明裁判”是一种法律真实；曾经在中世纪欧洲大陆国家盛行的“法定证据”也是一种法律真实；在当今西方国家占主导地位的“自由心证”仍然是一种法律真实。那么，我们国家要确立的是什么样的法律真实？笔者认为，应该是建立在辩证唯物主义认识论基础之上的法律真实。对此，笔者有三点说明：

第一，法律真实并不属于主观真实的范畴。所谓主观真实，是说司法活动中人们对案件事实的认识符合主观的标准，是脱离客观实际情况的真实。换言之，检验一个认识是否真实的标准不是客观实际情况，而是主观认识，是用具有权威性的认识去检验具体司法证明中的认识。然而，法律真实不是这种意义上的真实。法律真实是不能完全脱离客观真实的，是建立在客观真实基础之上的真实，是包含有客观真实内容的真实。

第二，法律真实虽包含有客观真实的内容，但是法律真实并不等于客观真实。二者的区别在于，客观真实必须是完全正确的，而法律真实的概念本身就隐含着误差的可能性。按照客观真实的要求，司法证明的结果都是符合客观实际情况的，那当然就是完全正确的，就不能有任何误差。而法律真实是法律认可的真实，其中既包含有符合客观实际情况的内容，也可能包含有不符合客观实际情况的内容。众所周知，法官认定案件事实离不开证据，但证据中存储的与案件事实有关的信息并不等于客观存在的案件事实。例如，张三说他看见李四用棍子打死了王五。这证言可能是真实的，也可能是虚假的，还可能是半真半假的。其实在大多数情况下，证言都是真实与虚假的结合。当然，有的证言中真实的成分多一

[2] 江伟主编:《证据法学》，法律出版社 1999 年版，第 117 页。

些，有的证言中虚假的成分多一些。即使是法官采信的证言，往往也包含有不真实的成分。这是不可否认的事实，也是法律不得不接受的事实。法律真实就是建立在这种证据基础之上的真实。

第三，法律真实在一定意义上是以概率为基础的真实，而这里所说的概率本身也具有客观的属性。英国牛津大学的祖克曼教授曾经举了一个例子：某人在一条公路上被汽车撞伤了，有关证据只能证明他是在那条公路上被一辆公共汽车撞的，但不知是哪一辆。经过调查得知 A 公共汽车公司的车辆占该公路上运营车辆总数的 80%。根据概率的计算，A 公司所属车辆撞伤那个人的可能性为 80%。而民事诉讼所要求的证明标准是“优势证据”，即一方的证明超过 50% 就可以胜诉，因此法院判 A 公司承担赔偿责任。

祖克曼教授接下来说道：“正如我已经指出的，这种观点是以客观性假设为基础的。该假设即：司法过程的唯一功能就是探求法律之外且独立于法律的客观真实。然而，正如希拉里·普特南所说，‘真实并非底线：真实自身也从我们那具有合理的可接受性的标准中获取生命，而且，如果我们希望去发现科学确实固有的价值，我们就必须正视这些标准’。通过考察，我们会发现有关诉讼事实的客观真实并不能与法律体系的其他部分截然分开。作为法律和事实之区别的形式，客观性的假设体现在司法进程的每一个重要阶段……”[3]

在上面的案例中，我们不能说本案中的肇事车辆肯定就是 A 公司的车，只能说它很可能是 A 公司的车。面对这种情况，人们往往会要求法院去查明“事实真相”，甚至会提出一些具体的建议，如寻找目击证人、检验现场痕迹、查找漆片等微量物证……但是，本案中没有其他证据。于是，法官不得不面对一种两难的境地：要么以证据不足为理由驳回原告的起诉，使被撞人得不到任何赔偿；要么根据概率做出赔偿判决，使 A 公司可能蒙冤，代人受过。一边是绝对得不到赔偿，一边是可能的冤枉，而且其蒙冤的可能性只有 20%。这就是法律不得不认可的真实。它当然不等于客观真实，但是它也在一定程度上包含着客观真实的内容，即被害人确实是在那条公路上被一辆公共汽车撞伤的，而且 A 公司的车确实占那条公路上运行的公共汽车的 80%。

从一定意义上讲，这是概率为 80% 的法律真实。那么，这种 80% 的真实，是不是等于说在法院审理的每 100 个案件中就会有 20 个错案呢？结论当然不会如此简单。法律所认可的案件事实虽然只有 80% 的真实性，但是裁决的结果仍然可能是完全正确的。理论上只有 80% 的出现概率，在现实中很可能就是确实存在的事实。例如，天气预报中说降水概率 80%，在现实生活中一般就是实实在在的下雨。

---

[3] Adrian A.S. Zuckerman：Law，Fact or Justice.〈Boston University Law Review〉，Vol. 66，p.488.

在上面的案例中，法官还可以采用另外一种处理办法。假设在那条公路上运行的公共汽车中，80% 属于 A 公司；15% 属于 B 公司；5% 属于 C 公司。法官可以让被害人把这三家公司列为共同被告，然后根据这种概率的比例，判决 A 公司承担赔偿金额的 80%；B 公司承担 15%；C 公司承担 5%。这实际上也是建立在概率基础上的法律真实，而且似乎是一种更为合理的处理办法。如果说前一种法律真实中的误差还只是一种可能性的话，那么在这种法律真实中，误差就是肯定无疑的了，因为在这三家公司中，肯定有两家是被冤枉的。

实际上，有些国家的法官在审理劣质产品造成的人身伤害案件时就曾采取过类似的处理办法。例如，某人在长期食用某种药品之后出现器官损害，但是因为服药的时间很长，而且病人吃的是多家工厂生产的同一种药品，所以无法查明究竟是哪家工厂生产的药品造成的损害。在这种诉讼中，法官允许受害人把该种药品的所有生产厂家作为共同被告人起诉，然后按照这些厂家所占的市场份额决定各自承担的赔偿金额。在这个问题上，客观真实与法律真实又衍生出司法证明的另一对重要范畴，即绝对真实和相对真实。

（三）绝对真实和相对真实

司法证明是人的认识活动，因而就存在着认识结论是否真实以及在何种程度上真实的问题。在这个问题上，绝对真实和相对真实是一对重要的范畴。所谓绝对真实，就是说司法证明所确认的案件事实完全符合客观发生或存在的事实，是 100% 的真实。所谓相对真实，是说司法证明所确认的案件事实只是在一定程度上符合客观发生或存在的事实，不是 100% 的真实，可能只是 90%、80% 或 51% 的真实。

考察司法证明中绝对真实与相对真实这两种观点之间的关系，必须以辩证唯物主义关于客观真理和相对真理的观点为指导。有人认为，承认司法人员认定的案件事实不一定完全属实，或者说存在着相对真实性，就是背离了马克思主义的认识论和真理观，就是陷入了“不可知论”的泥潭。这种观点不无偏颇。

辩证唯物主义认为，世界是可知的，人类是有能力认识一切客观真理的。但是，这并不等于说世界上的事物对每个具体的人来说都是完全可知的，并不等于说每个具体的人都有能力认识客观真理。恩格斯在《反杜林论》中曾经精辟地指出：“一方面，人的思维的性质必然被看作绝对的，另一方面，人的思维又是在完全有限地思维着的个人中实现的。这个矛盾只有在无限的前进过程中，在至少对我们来说实际上是无止境的人类世代更迭中才能得到解决。从这个意义来说，人的思维是至上的，同样又是不至上的，它的认识能力是无限的，同样又是有限的。按它的本性、使命、可能和历史的终极目的来说，是至上的和无限的；按它的个别实现和每次的现实来说，又是不至上的和有限的。”[4]

---

[4] 《马克思恩格斯选集》（第 3 卷），人民出版社 1972 年版，第 126 页。

司法人员对案件事实的认定属于认识的“个别实现”，是在完全有限地思维着的个人中实现的，是不可能无限期无止境地进行下去的，因此，就每一个具体案件来说，司法人员对案件事实的认定都不是“绝对真理”，只能是“相对真理”。换言之，人们对每个具体案件事实的认识都不是百分之百的“真实”，而只是在不同程度上的“真实”，都不是绝对真实，而只是相对真实。

恩格斯还指出：“认识就其本性而言，或者对漫长的时代系列来说是相对的而且必然是逐步趋于完善的，或者就像在天体演化学、地质学和人类历史中一样，由于历史材料不足，甚至永远是有缺陷的、不完善的，而谁要以真正的、不变的、最后的、终极的真理的标准来衡量它，那么，他只能证明他自己的无知和荒谬。真理和谬误，正如一切在两极对立中运用的逻辑范畴一样，只是在非常有限的领域内才具有绝对意义……对立的两极都向自己的对立面转化，真理变成谬误，谬误变成真理。”[5]

人类的认识能力具有相对性，司法证明的结果也具有相对性。只有在无限发展的认识进程中，人类的认识能力和司法证明的结果才能摆脱相对性的约束，进入绝对真实的王国。换言之，绝对真实不是在一次具体的认识活动中完成的，而是在无限发展的认识进程中实现的。由此可见，在任何一个具体案件中，司法证明的结果都只是相对真实，不是绝对真实。当然，相对真实与绝对真实并不是完全对立或截然分开的，相对真实中总会或多或少地包含着绝对真实的内容。正是在这个意义上讲，司法证明的结果中也包含有绝对真实的内容。

我们有必要再回到概率的问题上。正确的判决不一定要求所有案情细节都达到 100% 的真实。例如，在一起杀人案件中，被告人实施杀人的一些细节可能没有完全查清，但是这并不一定影响认定被告人就是杀人犯，依据这些证据做出的判决也就是正确的。虽然法官对案件事实的认识往往具有一定的相对性或模糊性，但是法官在每一个具体案件中做出的判决结论必须是确定的。就刑事诉讼的每项指控来说，法官要么判被告人有罪，要么判被告人无罪，绝不能判被告人有 80% 的可能性有罪；就民事诉讼的每项事实争议而言，法官或者判原告方胜诉，或者判被告方胜诉，不可能判原告方很可能胜诉。但是，法官在分析和判断证据的证明价值时却完全可以吸收和使用概率论的一些原则，而这也正是研究绝对真实与相对真实的关系所能给予我们的有益启示。

既然司法证明具有相对性，既然司法证明的结果属于相对真实的范畴，那么这种相对真实就应该具有合理性和正当性，才能被人们所接受。相对真实的合理性和正当性表现在两个方面：其一，证明的结果是合理的，或者就一般的知识和经验来说是真实可靠的；其二，证明的过程是正当的，或者说是按照法律规定的

---

[5] 《马克思恩格斯选集》（第 3 卷），人民出版社 1972 年版，第 130 页。

程序进行的。于是，我们又遇到了司法证明中的另一对重要范畴，即实质真实与形式真实。

（四）实质真实和形式真实

所谓实质真实，是指证明活动的结果在实质上符合客观事实，是实质内容的真实。所谓形式真实，是指证明活动的过程和形式符合证明规律的要求，是形式所表见的真实。在诉讼活动中，司法证明的形式真实通常表现为程序的正当与合理，因此又可以称为程序真实，或程序意义上的真实。

实质真实和形式真实，在一定程度上反映着司法证明活动的内容与形式之间的关系。在这个问题上，马克思曾经指出："审判程序和法二者之间的联系如此密切，就像植物的外形和植物的联系，动物的外形和血肉的联系一样。审判程序和法应该具有同样的精神，因为审判程序只是法律的生命形式，因而也是法律的内部生命的表现。"[6]

毫无疑问，实质真实与形式真实的关系是对立的统一。但是在具体的司法证明活动中，如何阐释或界定实质真实与形式真实的相互对应关系，学界主要有三种观点。这三种观点也在一定程度上反映了实质真实与形式真实之间对应关系的三种基本模式。

第一种模式：实质真实决定形式真实。在司法证明中，实体真实处于主导的、决定的地位；形式真实处于附属的、服从的地位。离开实质真实，形式真实没有任何意义，因为形式本身并没有预设的真实标准，它只是实现实质真实的工具和手段。于是，实质真实被奉为司法证明中唯一的而且是神圣的目标。这种模式强调的是结果意义上的真实。

第二种模式：实质真实和形式真实是相互融合、不可分割的。在司法证明中，实质真实和形式真实没有轻重之分、主从之分。二者在功能上是互补的，在地位上是对等的。没有实质真实，程序真实会迷失方向；没有形式真实，实质真实会成为空洞的幻象。这种模式强调的是过程意义上的真实。

第三种模式：形式真实决定实质真实。只要司法证明活动遵循了正当合理的程序，就是说在证明形式上满足了真实性的要求，那么其在实质上也就具有了真实性。在诉讼活动中，程序的正当性与合理性有其自身的独立价值，而且这种价值的实现和保障比实质真实更具有可操作性，因此，司法证明只要保证形式或程序的真实就可以了。换言之，司法证明的内容确定之后，形式的合理与否、程序的正当与否，就成为决定的因素。这种模式强调的是程序意义上的真实。

在实质真实与形式真实的对应关系问题上采用何种模式，体现了一定的价值取向。因此，在不同国家的诉讼制度和证据制度中，这三种模式有不同的地位，

---

[6] 《马克思恩格斯选集》（第1卷），人民出版社1972年版，第178页。

发挥着不同的作用。

三、司法证明的目的是客观真实，标准是法律真实

（一）“客观真实说”与“法律真实说”

证明标准既是证据法学理论中一个非常重要的问题，也是司法实践中一个非常重要的问题。多年来，我国学者一直坚持以“客观真实说”为诉讼活动的证明标准，司法实践人员也自觉或不自觉地在诉讼活动中把“客观真实说”作为指导原则。在当时的思想环境下，对“客观真实说”的任何质疑都是不可思议的。后来，随着思想的解放，有些学者对“客观真实说”作为证明标准的“适格性”提出了挑战，并提出了以“法律真实”作为司法证明标准的观点。于是，这两种观点之间爆发了言词相当激烈的争论。

持“法律真实说”的学者认为，“客观事实观在实践中不但无法实现，而且会带给我们一系列的严重后果，如任意司法、蔑视法律和法治等”。[7]但是坚持“客观真实说”的学者认为，法律真实无法代替客观真实标准，因为无论从认识论的角度看，还是从法律理论的角度看，法律真实说都不能成立。[8]

从表面上看，这两种观点大有水火不容之势，但仔细考较，二者之间也不乏相通之处。一方面，“法律真实说”的学者其实也承认在诉讼活动中追求客观真实的价值，而这恰恰是“客观真实说”的学者所极力主张的。例如，“法律真实说”的学者指出：“对于我们每个人来说，如果在诉讼过程中能够发现案件的客观真实情况，是最好不过的事情，或者说，再没有任何一种主张比这种主张更完美了。正因为如此，人们对于如何发现客观真实，不知道倾注了多少热情和精力。”[9]

另一方面，“客观真实说”的学者也承认在每个案件中都或多或少地会有一些客观事实是无法查明的，而这正好是“法律真实说”的学者所反复强调的。例如，“客观真实说”的学者说道：“司法实践中，并非对每个案件的证明均达到了客观真实的程度。其原因是多方面的，或因证据未及时收集而损毁消失，或因未深入调查没有获得必要证据，或因缺乏、没有运用必要的科学技术手段，或因办案人员思想方法主观片面作出错误判断，或因慑于权势、徇于私情故意歪曲事实，等等。”[10]

读者不难看出，“客观真实说”和“法律真实说”之间的分歧在一定程度上

---

[7] 参见樊崇义等：《刑事证据前沿问题研究》，载《证据学论坛》（第1卷），中国检察出版社2000年版，第206页。

[8] 参见张继成：《对“法律真实”和“排它性证明”的逻辑反思》，载《证据学论坛》（第2卷），中国检察出版社2001年版，第416-427页。

[9] 参见樊崇义等：《刑事证据前沿问题研究》，载《证据学论坛》（第1卷），中国检察出版社2000年版，第202-203页。

[10] 陈一云主编：《证据学》（第二版），中国人民大学出版社2000年版，第117页。

应归咎于概念使用上的不统一。这一方面表现为“事实”与“真实”的混淆；另一方面表现为“目的”和“标准”的混淆，特别是后者。由于笔者在前面已经阐明了这几对范畴之间的关系，所以不再赘述。

“客观真实”与“法律真实”的争论，也在一定程度上反映了司法理想与司法现实之间的冲突。作为理想的标准，司法活动当然最好追求“客观真实”，而且是百分之百的“客观真实”。但是面对现实，面对各种条件的限制，人们往往又不得不在司法活动中满足于“法律真实”。试举一例：

某城市巡警在午夜拦查了一个骑自行车的男子，并且在其车后架上的麻袋里发现了一具裸体女尸。该男子解释说，他在一个垃圾堆上见到这个麻袋，以为里面有什么值钱的东西，想驮回家去看看。关于女尸，他一无所知。警察不相信他的“鬼话”，便带回公安局讯问。经过一番“较量”，该男子“供认”了自己强奸杀人的“事实”。但是后来在法庭上，被告人翻供，声称受到了刑讯逼供。法官经过对看守所有关人员的调查，认定被告人确实曾经受到过刑讯逼供。在本案中，公诉方除了被告人口供笔录和证明被告人曾在深更半夜骑车驮着一具女尸的证据之外，没有任何能够证明被告人强奸杀人的证据。

在这起案件中，什么是客观事实，如何认定客观事实？既然法官无法亲眼看见或亲自感知发生在过去的事实，那么法官通过各种证据所认定的案件事实是否能等于客观存在的事实？根据已知的案件情况和证据，客观地说，该被告人很可能就是杀人凶手，但是任何一个有着正常思维能力的人也不会否认，被告人也有可能是无罪的，尽管这种可能性非常之小。换言之，尽管从垃圾堆里捡到女尸的说法总让人感觉有些荒唐，但是我们也不敢说这世界上就绝对没有这种荒唐的人。最为重要的是，公诉方的证据并不能 100% 地证明被告人就是强奸并杀害该女子的人。

也许有人会说，证据不足就再补充侦查嘛。但是在很多案件中，或者因为时过境迁，或者因为条件所限，再收集证据已然不能，本案就是一例。面对这种情况，法官却不能无所作为，必须做出判决。那么，无论法官判被告人有罪还是无罪，都应当以证据能够证明的案件事实为基础，而这些证据所证明的案件事实显然不能等于案件中的客观事实，显然没有达到客观真实的标准。换言之，法官判被告人有罪，不符合客观真实的要求；法官判被告人无罪，也不符合客观真实的要求。因此，本案判决所依据的只能是法律事实，本案判决所达到的证明程度或水平只能是法律真实。

为了解决案件事实不清状态下的裁判难题，很多国家的法律都采用了推定和拟制的做法。例如，我国《刑法》第 395 条规定的“巨额财产来源不明罪”就是一种法律上的推定；我国《民法通则》第 15 条规定的“公民……经常居住地与住所不一致的，经常居住地视为住所”，则属于法律上的拟制。如果说法律推定的事实还有可能符合客观实际情况的话，那么法律拟制的事实则显然不是客观存在的事实。由此可见，法律推定或拟制的案件事实应属于法律事实的范畴；依据法律推定或拟制做出的判决也是以法律真实为标准的。另外，法律的尊严和社会生活的稳定还要求司法判决具有既判力。一旦正当合理的审判过程结束，司法证明的结果也就具有了确定的效力，就是不能随意更改的法律事实。即使生效判决认定的案件事实中可能有不符合客观真实情况的地方，法律也会在一定条件下认可其效力，即认可以正当形式固定下来的法律事实。很多国家法律都采用的“一事不二审”原则，就是这种“法律真实说”的具体表现。总之，无论是否赞成法律真实的观点，人们都无法否认法律真实的存在及其合理内涵。

（二）检验真理的标准与司法证明的标准

有些学者认为，“法律真实说”违反了实践是检验真理的标准这一辩证唯物主义的基本原则，司法证明的标准只能是具有实践性质的客观真实。毫无疑问，实践是检验真理的唯一标准，这个论断是非常正确的。但问题是法官对每一个证据所做出的判断是否属于真理的范畴，法官在每一个案件中做出的判决是否属于真理的范畴。

真理就是真实或真正的道理或理论，是客观事物及其规律在人的意识中的正确反映，但是并非所有人的正确认识都是真理。例如，张三说他早上出门时看见了一只喜鹊；李四说他小时候当过班长；王五说他昨天晚上在收音机里听到了侯宝林说的相声。如果仅仅因为这些认识是正确的就称其为真理，恐怕是对真理的庸俗化。真理不仅是正确的认识，而且是对客观规律的概括和总结，是对人的活动有指导意义的理论。正是在这个意义上，我们才强调实践是检验真理的标准。“客观真实说”和“法律真实说”都是指导司法证明活动的理论，因此都属于真理层次的认识。究竟这两种学说中，哪一种正确，哪一种有利于指导司法证明活动，只有通过实践的检验才能做出回答。但是，张三、李四、王五的那些“认识”很难说是什么真理，也很难说去用实践检验。

人类的认识活动有两种基本的思维形式：一种是顺向思维；另一种是逆向思维。所谓顺向思维，是指主体的思维方向与客观事物的发展方向相同，即从原因去探索结果以及结果的结果。所谓逆向思维，是指主体的思维方向与客观事物的发展方向相反，即从结果去探索原因以及原因的原因。

司法证明中的认识活动一般都属于逆向思维，因为司法证明的客体一般都是发生在过去的案件事实。对于当事人来说是这样，对于办案的司法人员来说更是如此。从某种意义上讲，司法人员与历史学家的工作性质有很大的相似性，因为他们都必须通过现存的材料去认识发生在过去的事件。换句话说，他们的认识活动都具有逆向思维的特点，即从现在去认识过去，从结果去认识原因。

实践是检验真理的标准，这主要是就顺向思维的结果而言。对逆向思维的结果来说，特别是对那些无法再现的“历史事件”来说，实践是无法检验的。例如，中国辛亥革命的原因是什么？孙中山在辛亥革命中的作用是什么？如果我们做出判断说：辛亥革命的原因是清朝政府太腐败；孙中山在辛亥革命中起了决定性作用。那么，对这两个认识结论，我们却无法用实践去检验，因为我们无法再现历史的进程，无法用实践去验证在清朝政府不腐败的情况下还会不会发生辛亥革命，也无法用实践去验证没有孙中山的辛亥革命还会不会成功。

尽管现代科学技术非常发达，但是人类通过某种“时间隧道”回到过去的事情大概还只能存在于科学幻想之中。法官在审理案件的时候，根本无法直接感知发生在过去的案件事实，只能通过各种证据去认定案件的事实。其实，法官对案件事实的认定在性质上与张三、李四、王五的“认识”差不多，算不上什么真理，也很难用实践的方法去检验。例如，在上文提到的女尸案和辛普森案中，司法人员如何用实践去检验他们做出的判决是否正确？

也许有人会说，那就要看其与案件的“客观真实”是否一致。凡是符合客观实际情况的，就是通过了实践的检验并得到了实践的认可；凡是不符合客观实际情况的，就是没有通过实践的检验，或者说被实践否定了。然而，这种说法总让人觉得有些牵强，而且很难付诸实践。案件中的客观实际情况是无法再现于实践的，发生在过去的案件事实是不能再现于实践的。无法再现于实践，当然就无法接受实践的检验。这是不言而喻的。另外，“客观真实”总要体现在司法人员的判断之中。以判断作为衡量判断的标准，显然也有悖于实践检验标准的原意。

我们不要把真理的概念庸俗化。把人们关于“鸡毛蒜皮”的一切认识都上升到真理的高度，其实是对真理的亵渎。无论是当事人对案件事实的认识，还是司法人员对案件事实的认识，都没有必要归入真理的范畴，也谈不上用实践去进行检验。实践是检验真理的标准，但不是司法证明的标准，也不是检验司法证明结果的标准。

（三）司法证明目的的一元化与司法证明标准的多元化

如前所述，证明目的不是在每个案件中都必须实现的，证明标准则是在每个案件中都必须达到的。证明目的可以带有一定的理想性和抽象性，但证明标准必须具有现实性和可操作性。证明目的在各种案件的诉讼活动中以及在每个案件的各个诉讼阶段都应该是统一的，而证明标准则可以根据案件的不同和诉讼阶段的不同而有所区别，因此，司法证明的目的具有“一元化”的性质，司法证明的标准则具有“多元化”的品格。

司法证明的目的是明确案件事实，以便司法机关正确适用法律。笔者认为，这里所说的案件事实应该是客观事实，或者说，司法证明活动追求的目标应该是客观真实。我们不能把司法证明的目的界定为明确法律事实，因为法律事实是就司法证明的结果而言的。在司法证明的过程中，特别是在收集证据的开始阶段，侦查人员或其他有关人员甚至还无法明确具体案件的性质，就要求他们以查明本案的法律事实为目的，显然是不合适的。究竟什么是该案的法律事实尚难以确定，自然不能说证明的目的就是明确法律事实。再者，以法律真实为目的指导证据调查工作，也容易导致收集证据的主观性和片面性，违反客观全面收集证据的原则。总之，辩证唯物主义的认识论要求我们把客观真实作为司法证明的目的。而且，无论是在刑事诉讼中还是在民事诉讼中，无论是在侦查阶段还是在审判阶段，司法证明的目的都应该是明确案件的客观真实情况。我们不能说，刑事诉讼证明的目的是追求客观真实，民事诉讼证明的目的是追求法律真实。我们也不能说，侦查阶段的证明目的是追求客观真实，审判阶段的证明目的是追求法律真实。我们更不能说，在严重的刑事案件中，证明的目的必须是严格的客观真实，但是在轻微的刑事案件中，证明的目的可以是宽松的法律真实。目的就是目的，无论是什么案件，证明的目的都应该是统一的，贯穿始终的，否则就会步入实用主义的误区。这就是司法证明目的的一元化。

证明目的可以指引证明行为的方向，证明目的对证明行为有驱动力量。我们不应否认或忽视客观真实对司法证明活动的指引和驱动作用。不过，目的的作用主要表现在行为的过程之中，却不一定总能在现实中成为行为的结果。在一些案情简单而且证据完备的案件中，证明的结果可能完全符合客观实际情况；但是在多数案件中，证明的结果都会与案件真实情况有一定的误差。

虽然证明标准对证明行为也有一定的指引作用，但是其主要功能表现为规范证明的结果。同样，法律事实也不是行为的目的，而是行为的结果，是结果意义上的事实。换言之，法律真实不是司法证明活动要追求的真实，而是司法证明活动必须达到的真实。因此，任何一个国家的法律都必须为司法活动规定具有现实意义的证明标准。

在确定司法证明的标准时，人们既要考虑证明目的的需要，也要考虑其他价值目标的需要，如实现司法公正、加强权利保护、提高司法效率、降低诉讼成本等。因此，司法证明的标准不能是难以实现的客观真实，而应是切实可行的法律真实。法律真实中也恰恰体现了证明标准所要求的正当性与合理性。

证明标准可以有不同的等级或层次，如刑事诉讼的证明标准和民事诉讼的证明标准可以有所不同；不同诉讼阶段的证明标准可以有所不同；不同证明对象的标准也可以有所不同。这就是证明标准的多元化。在这个问题上，美国著名橄榄球运动员辛普森涉嫌杀妻案的审判可以给我们一些有益的启示。

1995 年 10 月，辛普森在所谓的“世纪审判”中被陪审团宣告无罪。毫无疑问，种族问题在辛普森案件的审判中起了非常重要的作用，或者像一些专家所指出的，辛普森的辩护律师们非常出色地利用了他们手中的“种族牌”。但是很多人在陪审团裁决问题上有误解，以为陪审团的无罪判决就意味着那些陪审员都相信辛普森不是杀人凶手。其实在那个由 12 个人组成的陪审团中，无罪判决的理由并不完全一样。其中，有人认为辛普森是杀人凶手，但是因为警察有伪造证据的行为，所以要判无罪；有人认为公诉方的证据不可靠，既然这个证据是伪造的，那么别的证据也很难说不是伪造的；还有的人认为，辛普森确实是无罪的；还有的人可能是出于种族同情的心理而判了辛普森无罪。总之，那个无罪判决在法律上的含义是：由于公诉方的证据没能"排除合理怀疑"地证明辛普森有罪，所以陪审团认为辛普森不一定是杀人凶手。换句话说，虽然陪审员们认为辛普森很可能就是杀人凶手，但是只要他们心中对此还有怀疑，而且根据人们的常识来说是合理的怀疑，他们就只能宣布其无罪。

在后来的民事审判中，基于同样的证据，另一个陪审团却判决辛普森"有罪"。为什么辛普森在刑事诉讼中胜诉，但是在民事诉讼中又败诉了呢？主要原因就在于美国民事审判和刑事审判中的证明标准不一样。刑事审判的证明标准是"排除合理怀疑"的证明，而民事审判的证明标准是优势证明。如果用百分比来解释，那么刑事案件中的证明标准是 90%以上；而民事案件的证明标准是 51%以上。用通俗的话说，在刑事审判中，公诉方必须证明辛普森无疑是凶手；但是在民事审判中，原告方只要证明辛普森是凶手的可能性大于不是凶手的可能性即可。

从法律规定上看，我国刑事诉讼和民事诉讼的证明标准没有区别，都是要做到证据的确实充分。但是在法学理论和司法实践中，人们一般都认为刑事案件的证明标准应该高于民事案件的证明标准。即使在刑事诉讼的侦查、起诉和审判等不同阶段，证明标准也应该有所不同。一般来说，起诉阶段的证明标准要高于侦查阶段的证明标准；审判阶段的证明标准又要高于起诉阶段的证明标准。在侦查机关移送检察院起诉的案件中，有一部分未能通过起诉审查是正常现象，因为满足侦查阶段证明标准的证据，未必都能满足起诉阶段的证明标准。同样，满足起诉阶段证明标准的证据，未必都能满足审判阶段的证明标准。

证明的对象不同，证明标准也可以有所不同。例如，实体法事实的证明标准要高于程序法事实的证明标准；案件主要事实或犯罪构成要件事实的证明标准要高于案件次要事实的证明标准。有些国家和地区的法律把证明分为严格证明和释明。前者是指对某些案件事实的证明必须达到很高的程度，需要较高的证明标准，如"案件事实清楚、证据确实充分"或者"排除合理怀疑"。后者是指对某些案件事实可以采用较低的证明标准，如有基本的"心证"或内心确信就可以了。这也表明了证明标准与证明目的之间的差异。

（四）关于我国司法证明标准体系的构想

综上所述，司法证明的目的是明确案件的客观事实，是探索案件的客观真实；司法证明的标准是用证据证明具体案件所要求明确的法律事实，即达到法律意义上的真实。按照我国现行法律的规定，三大诉讼的证明标准没有区别，都是“证据确实充分”。笔者建议从法律规定的基本精神出发，对三大诉讼中的证明标准做出不同的解释。

具体来说，民事诉讼和行政诉讼的证明标准可以表述为“优势概率的证明”，即在审查诉讼双方证据的真实性和证明力的基础上，评价双方证明结果的概率，其中概率占优势者即可胜诉或得到有利的裁决；刑事诉讼的证明标准可以界定为“排除合理怀疑的证明”[11]，即在审查诉讼双方证据的真实性和证明力的基础上，判断公诉方的证据是否能够排除合理怀疑地证明其指控的犯罪事实。这是刑事案件中做出有罪判决必须达到的证明标准。

无论是“优势概率的证明”，还是“排除合理怀疑的证明”，其实都不与“证据确实充分”的标准相矛盾，因为是从不同角度进行的规定。“证据确实充分”是就认定证据而言的，“优势概率的证明”和“排除合理怀疑的证明”是就认定事实而言的。虽然“排除合理怀疑”的证明标准高于“优势概率”的证明标准，但是二者所依据的证据都必须是“确实”的，都必须具有真实可靠性。只不过在民事诉讼和行政诉讼中，只要证明达到“优势概率”的程度，法律就认为其“充分”了；而在刑事诉讼中，只有当证明达到“排除合理怀疑”的程度，法律才认可其“充分”。

在刑事诉讼的过程中，不仅最后的判决需要有证明标准，在立案侦查、审批逮捕、移送起诉和提起公诉等阶段，也都应该有相应的证明标准。在此，我们可以借鉴国外的一些做法。例如，美国有学者把证明标准分为 7 个级别：第一个也是最低的级别是“无意义证明”（no significant proof），即没有事实依据的猜疑，适用于不限制人身自由的侦查活动；第二个级别是“合理根据”（reasonable basis），即嫌疑人确有实施犯罪的可能性，适用于临时性限制人身自由的措施，如在街头“阻留拍查”嫌疑人；第三个级别是“盖然性理由”（probable cause），即嫌疑人具有实施犯罪的实质可能性，适用于逮捕罪犯的决定；第四个级别是“优势证据”（preponderance of evidence），即基于全部已知证据，嫌疑人实施犯罪的可能性大于其没有实施犯罪的可能性，适用于交付预审等决定；第五个级别是“表见证据”（prima facie case），即仅根据公诉方的证据可以排除合理怀疑地相信被告人有罪，适用于提起公诉的决定；第六个级别是“排除合理怀疑的证明”（proof beyond a reasonable doubt），即根据所有证据可以排除合理怀疑地相信

---

[11] 由于国内一些学者已经对英美国家的“排除合理怀疑”标准有所成见，所以笔者认为我们也可以再选择带有中国特色的表述方式，如“确信无疑”的证明标准。就语词所传达的信息而言，“确信无疑”似乎可以理解为对世界两大法系刑事证明标准的概括与综合，因为其中既有“内心确信”的含义，也有“排除合理怀疑”的含义。

被告人有罪，适用于有罪判决的决定；第七个也是最高级别是“绝对有罪证明”（absolute proof of guilt），即可以排除包括无理怀疑在内的一切怀疑的证明，这是刑事诉讼一般不用达到的证明标准，也有人认为在判处死刑的案件中应该达到该标准。[12]

按照我国《刑事诉讼法》的有关规定，立案侦查的证明标准是“认为有犯罪事实需要追究刑事责任”；逮捕的证明标准是“有证据证明有犯罪事实”；侦查终结移送起诉、提起公诉和做出有罪判决的证明标准都是“证据确实充分”。由于这些规定比较抽象，在实践中难以把握，而且不易区别不同诉讼阶段的证明标准。

我建议把刑事诉讼中的证明标准规定为四个级别：立案侦查的证明标准是“合理犯罪嫌疑”；逮捕的证明标准是“优势概率的证明”；侦查终结移送起诉和提起公诉的证明标准都是“明确证据的证明”（考虑到我国侦查机关与检察机关的关系，侦查终结和提起公诉采用相同的证明标准比较合适）；有罪判决的证明标准是“排除合理怀疑的证明”。如果用概率来解释，这四级证明标准的概率依次为 40%、51%、80%、90%。诚然，这些概率只是为了说明上述标准之间的区别，并非严格统计和计算的结果。

（原载《法学研究》2001 年第 6 期）

[12] 参见何家弘编：《法律英语》，法律出版社 1997 年版，第 339-340 页。

司法证明标准与乌托邦

——答刘金友兼与张卫平、王敏远商榷

何家弘

在2003年第4期《法学研究》中，有两篇文章使我特别感兴趣。其一是刘金友教授的“实践是检验司法证明真理性的唯一标准”；其二是张卫平教授的“证明标准建构的乌托邦”。另外，在2003年12月出版的《公法》第4卷中，也有一篇标题就非常吸引我眼球的文章，即王敏远教授的“一个谬误、两句废话、三种学说——对案件事实及证据的哲学、历史学分析”。刘金友教授是我尊敬的学长。虽然由于本人性好闲散，不喜热闹，连学术会议也尽量逃避，所以至今尚无缘与刘教授谋面，但是，我很早就拜读过他的大作，如他主编的《证据理论与实务》（1992年）和《证据法学》（2001年），可称文交已久。这次仔细拜读刘教授的文章，感受其深厚的理论功底，更觉受益匪浅。张卫平教授是我的同道学友，我们有多次合作的经历，如共同主编《外国证据法选译》，近日还并肩在政法大学同台论法[1]。王敏远教授也是我的旧识，我们曾同游欧洲六国，并于2004年年初在中央电视台的“央视论坛”上两度联手且配合默契，被女主持戏称为“哥俩”。刘教授的文章是标明与我商榷的，因此我理应写一篇文章作为应答，而张教授和王教授的文章恰好与我要讨论的问题相关，于是，我野心勃勃地决定“一箭三雕”。不过，我射出的绝非“射雕英雄”之箭，而是爱神丘比特之箭，希望它能使三位中箭者结合——当然，我指的是学术思想的结合。

刘教授的文章是针对我发表在2001年第6期《法学研究》上的“论司法证明的目的和标准”一文而作的。在那篇文章中，我提出了“实践是检验真理的标准，但不是司法证明的标准，也不是检验司法证明结果的标准”的论点。刘教授不同意我的观点，引经据典地进行了批驳。刘教授与我的争论主要围绕两个问题：第一，司法证明的结论或法院的判决是否属于真理的范畴；第二，司法证明的结论或法院的判决应否且能否通过实践进行检验。虽然我在“论司法证明的目的和标准”一文中阐述了我的基本观点，但是在认真拜读了刘教授的文章之后，我认为还有必要进行补充说明如下。

---

[1] 2004年3月10日，我和张卫平教授等人应中国政法大学研究生会的邀请，作为“法之苑”论坛的嘉宾，共同讨论了中国证据立法的问题。

一、司法证明结论或法院判决不属于真理的范畴

笔者本不喜欢咬文嚼字地进行语词概念之争，因为那往往是费了很大力气也说不太清楚的事情。但是，刘教授与我争论的第一个焦点就是司法判决是否属于真理，因此要回应刘教授的商榷，必须首先明确“真理”的概念。刘教授认为：“人的认识或思维只要与客体相符合，就是正确的，而不是谬误的，它就具有真理性，它就是真理，不管这种认识或思维属于规律性的认识还是非规律性的认识。”[2] 简言之，凡是正确的认识，都是真理。笔者以为不然。

语言是约定俗成的。虽然人们在社会生活中使用一些语词的时候，含义可能并不完全一样，但是应该有基本的认同，否则语言就很难实现其作为人类交流媒介的功能了。假如我说的“真理”是这种含义，你说的“真理”是那种含义，我们交流起来自然就有障碍。用张卫平教授的话说，我们可能都是在“自言自语”。那么，我们应该如何去把握某个语词被人们基本认同的含义呢？我以为，词典中的解释应该作为讨论这类问题的基点。顺便说一句，我们这里讨论的是汉语中“真理”的概念。至于外国语言中使用的词汇，有的虽然可以翻译成汉语的“真理”，但是两种文字中的语词未必完全等同。譬如，在英语中，“真理”（TRUTH）一词又包含“真实”“真相”的含义，其外延要大于汉语中的“真理”。笔者不懂德语和俄语，不知道恩格斯和列宁那些经典论述中被翻译成中文之“真理”的词在原文中的概念与汉语中的“真理”是否完全等同。因此，我们这里关于“真理”概念的讨论局限在汉语范围之内。

笔者无从查考汉语中“真理”一词的确切起源，但是根据《辞源》上的解释，“真理”一词最初应是佛教术语，“指宗教教义，即所谓最纯真的道理”；后来才“泛指正确的道理。”[3]《汉语大词典》也首先把“真理”解释为“最纯真的道理”，多指佛法，如唐诗中有“闻僧说真理，烦恼自然轻”之句；然后才解释其作为哲学名词的含义是“指客观事物及其规律在人们意识中的正确反映”，并引用了艾思奇在《辩证唯物主义历史唯物主义》第九章中的一句话——“人们的认识，符合于客观规律的就是真理。”[4]《辞海》中对“真理”的解释是：“客观事物及其规律在人们意识中的正确反映。人们通过实践而发现真理，又通过实践而证实真理和发展真理。”[5] 简言之，真理一词的本意就是纯真或真正的道理，也可以说是正确的道理。

由此可见，真理首先是一种道理。如果人们对客观事物的认识不属于“道理”

---

[2] 刘金友：《实践是检验司法证明真理性的唯一标准——与何家弘教授商榷》，载《法学研究》2003 年第 4 期，第 112 页。

[3] 参见《辞源》（合订本），商务印书馆 1988 年版，第 1198 页。

[4] 参见罗竹风主编：《汉语大词典》（第二卷），汉语大词典出版社 1988 年版，第 148 页。

[5] 《辞海》（修订本 · 语词分册），上海辞书出版社 1979 年版，第 117 页。

的范畴，那么，即使是正确的，也不属于真理。在此，我们又面临了另外一个必须明确的概念——道理。按照《汉语大词典》中的解释，道理就是“事理，事物的规律”。[6] 由于人们关于“事理或事物规律”的认识往往表现为某种理论，所以真理也可以解释为正确的理论。

毫无疑问，人们对客观事物的一切认识都有一个正确与否的问题，即使是一些非常简单的判断。例如，“今天是 2004 年 3 月 16 日”；“张三昨天晚上吃了三大碗面条”；“张三今天早上起床之后去了厕所而且放了一个大屁”。如果这些认识都符合客观发生的实际情况，那当然就是正确的认识。但问题是，这些正确的认识能归入真理的范畴吗？当然不能。我想，任何人在以严肃认真的态度使用“真理”这个语词的时候，都不会将上述判断纳入其中的。倘若连张三出恭和放屁之类的判断都可以称为真理，那难道还不是“把真理的概念庸俗化”，还不是“对真理的亵渎”吗？

再以司法证明活动为例。刘教授在其文章中讲述了一个他亲自经办的伤害案例。在该案中，他亲自调查取证，查明被害人刘某在案件发生以后“用右手持烟、拿杯，抽烟、喝茶”，以及“将自己的 28 型自行车用右手从家中小房搬出”等事实，并进而证明指控被告人王某的伤害罪行不能成立。最后，法院判定被告人无罪。[7] 我非常赞成刘教授的调查方法，也完全相信刘教授在该案中对上述事实的认识是正确的，因而也相信法院的判决是正确的。但是，我们能因此就宣布刘教授关于刘某抽烟、喝茶、搬车等动作的认识是真理吗？我们能因此就宣称法院就该案做出的判决是真理吗？

笔者并不想否认这些认识具有正确性，我只是觉得把这一类正确认识都称为真理，既不恰当，也无必要，因为这些认识并没有反映事物的规律，算不上“真正的道理”。其实，刘教授在其文章中也同意我这种观点，认为没有必要把这些都称为真理，尽管其表述给人一种“犹抱琵琶半遮面”的感觉。他说，“恩格斯首先肯定人们对于简单事物的正确认识，如‘巴黎在法国’是属于真理范畴，只不过认为对于这种反映简单事物的真理性认识，用真理或‘永恒真理’这样的大字眼来表述是‘不聪明的’，是对人们在通常意义上称之为真理的正确认识的一种‘庸俗化’。因为在通常意义上人们称之为真理的认识，不仅应当是正确认识，而且应当是对人们具有某种神圣意义的、有普遍性的重大指导意义的认识，而且这些被称之为真理的认识多半属于‘何文’所讲的‘理论性的’、‘规律性’的认识。”[8]

---

[6] 罗竹风主编:《汉语大词典》(第十卷)，汉语大词典出版社 1988 年版，第 1076 页。

[7] 参见刘金友:《实践是检验司法证明真理性的唯一标准——与何家弘教授商榷》，载《法学研究》2003 年第 4 期。

[8] 同上注，第 113 页。

然而，刘教授在这个问题上的论述似有些自相矛盾。他说："一个正確的认识可以不叫它是'真理'，但是它本身却是'真理'，起码是属于真理范畴。同理，在司法证明中所追求的当然并不是具有普遍指导意义的案件发生的规律，而是发生案件的客观真实，我们可以而且应当不将它称之为通常意义上的'真理'，而应称之为通常意义上的'真实'。但是只要它属于真实，即属于正确认识，它就属于真理，或者说，属于真理范畴。"[9] 不叫真理，却是真理；不是通常意义上的真理，但是就属于真理。刘教授这种说法很有哲学的思辨色彩，但是似乎终未讲明它究竟是不是真理，容易让读者糊涂，特别是像我这种"半痴"之人。诚然，如果刘教授的意思是说，尽管人们通常都只把具有普遍指导意义的规律性的正确认识称为"真理"，但是他就愿意把所有的正确认识都叫作"真理"，那么我也就无话可说了，因为这种纯属个人使用语词之习惯的问题，争论起来并没有什么实际意义。譬如说，人们都只把炎黄子孙称为"中国人"，但是我就愿意把世界上所有的人都叫作"中国人"。你管得着嘛！

王敏远教授在其文章中也表述了与我相近的观点："我们关于案件事实的认识，只是某种事实是否发生以及该事实是如何发生的认识，而这种特定的认识所对应的只是特定的（历史）事实，与真理这种普遍的认识对应于众多的事实完全不同。对真理我们固然可以实践予以检验，并且可以反复检验，但对特定的（历史）事实的认识，我们是无法用实践予以检验的。因此，人们关于案件事实的认识，与可以被实践检验的真理，完全是两回事，对这种认识，绝不是'对简单的事物'应不应该用真理这样的'大字眼'的问题，也不是用了真理这样的'大字眼'是否聪明的问题，而是绝对不能用真理这样的'大字眼'。"[10] 王教授这段话并不是针对刘教授讲的，但是却正面回应了刘教授的观点。也许，这只是一种巧合。

在此还有一个问题需要澄清。刘教授在其文章中对我在真理的定义中使用"意识"一词提出质疑。他说："'何文'认为：真理'是客观事实[11] 及其规律在人的意识中的正确反映'，我认为这一理解基本上是正确的。但是确切来说应当用'认识'或'思维'来取代其中的'意识'二字。"[12] 读者可以看出，上述定义并非我生造的，其实是我引用了词典中对真理一词的解释。而我以为，上述词典在真理的定义中使用"意识"一词是比较准确的，因为意识是与物质相对而言的，是与客观事物相对

[9] 刘金友：《实践是检验司法证明真理性的唯一标准——与何家弘教授商榷》，载《法学研究》2003 年第 4 期，第 113-114 页。

[10] 王敏远：《一个谬误、两句废话、三种学说》，载《公法》（第 4 卷），法律出版社 2003 年版，第 208 页。

[11] 在我的原文中，"事实"本为"事物"，估计是刘文排版之误。

[12] 刘金友：《实践是检验司法证明真理性的唯一标准——与何家弘教授商榷》，载《法学研究》2003 年第 4 期，第 112 页。

而言的。诚然，认识是人的意识活动的一部分，而且真理在人的意识中的表现形式应该是认识，不是情绪和情感等，但是在上述语境中用“认识”来代替“意识”并不合适。人的认识就是客观事物在人的意识中的反映。如果说真理是客观事物及其规律在人的认识中的反映，那就等于是说，“正确的认识”是客观事物及其规律在人的“认识”中的正确反映。从语言逻辑上讲，这种表述显然不够严谨。至于用“思维”来代替“意识”，从语言逻辑上讲当然是可以的，因为二者在一定语境下是可以互换的，但是“思维”一词在此仍不如“意识”一词恰当。由此可见，在真理的定义中使用“意识”一词并无不妥。不过，这不是本文要讨论的实质性问题。

综上所述，真理是人们对客观事物的正确认识，但是并非所有正确认识都可以称为真理，只有那些反映事物之客观规律的正确认识才是真理，只有那些称得起“真正的道理”或“正确的理论”的认识才是真理。司法证明结果或法院的判决可以是对客观事物的正确认识，但是不属于真理的范畴。另外，司法证明并非纯粹属于认识论领域的问题，还要受社会价值观念等因素的影响。为了追求一定的价值目标，法律有时甚至会放弃对客观真实或正确认识的追求，如限制被告人口供的证明力和法律上的拟制。不过，这已经超出了本文讨论的主题。

二、实践不是检验司法证明结论或法院判决的标准

虽然司法证明结论或法院判决不属于真理的范畴，但是，任何认识都有正确与否的问题，也都要面对如何检验和检验标准的问题。那么，实践可以作为检验司法证明结论或法院判决的标准吗？在回答这个问题之前，我们有必要先考察一下人类评断认识正确与否之标准的历史沿革。

（一）从权威到理性：认识评断标准的变迁

人类在很长的历史时期内，都把某种权威或权威的话语作为评断认识正确与否的标准。这既符合当时社会生活的需要，也符合人类认识发展的规律。对于人类早期的评断认识正确与否的标准来说，权威性比合理性或科学性更为重要。没有权威性，这个标准就不能被人们普遍接受。而不能被人们普遍接受的标准就无法发挥标准的功能。当人类还无法通过客观的科学的途径确立认识评断标准的时候，树立权威并遵从权威就是评断认识的自然路径。当然，这也是人类幼稚或不成熟的表现。犹如孩子们在证明自己观点正确的时候往往会借助于大人的权威一样——因为这是我爸说的，所以就是正确的；因为这是老师说的，所以就是正确的。当然，随着年龄的增长，人们不再简单地以“我爸说的”或“老师说的”作为评断认识的标准。不过，在老百姓中，“咱姥姥说的”，仍然在社会生活中具有一定的权威性，并在一些场合下发挥着认识标准的作用。这大概也可以看作人类幼年之思维习惯的一种延续。

人类最初在评断认识正确与否时借助的权威往往都带有神的色彩，而这显然是与早期人类对神的崇拜和信仰一脉相通的。把神的权威作为评断认识正确与否

的标准，可以通过神的示意或“显灵”，也可以通过前人流传下来的神的“语录”。当然，神的“语录”实际上也是人创造出来的。在很多国家的历史上，统治者往往会假借神的力量来维护自己的权威。中世纪欧洲国家的专制君主就高喊“君权神授”的口号。中国古代也流行皇帝乃“天子”之说。因为皇帝或国王“受命于天”，所以他们的话就是上帝或神的旨意，就具有了权威性。另外，神的权威往往与宗教有密切关系。各种宗教的教义都代表着上帝或神的旨意，当然也就是检验其他认识是否正确的标准。在封建社会的欧洲，教会法是重要的法律渊源，而《圣经》具有最高的法律效力。教会法庭在审判中以《圣经》为裁判标准的做法屡见不鲜。另外，在很多国家历史上都曾经流行过的“神明裁判”也是这种权威标准的体现。例如，按照古代巴比伦王国的《汉穆拉比法典》中的有关规定，如果某自由民的妻子被人告发有通奸行为，但是她自己不承认，那么法官就会让人在严格的宗教仪式下将该女子扔到河里去。如果该女子沉到水里，就证明她有罪；如果她浮在水面，就证明她无罪。诚然，这种“水审法”的结论未必是正确的，但却是权威的，因为当时的人都相信那结果就是神的旨意。在中国古代，皋陶治狱用神羊和商王断案用占卜，也都带有借助神的权威进行裁判的性质。

随着人类认识能力的提高，虽然宗教信仰仍然存在于社会之中，但是神作为认识标准的权威性逐渐受到了科学的挑战。不过，在神的权威日益衰落的同时，人类遵从权威的习惯又创造出另外一种权威，即人的权威。在15—16世纪的欧洲，尊崇先贤或哲人的权威是流行的思维模式。人们要证明自己的观点正确，往往都会引经据典，用某个贤人或先哲的话语来证明其观点的正确性。换言之，检验认识正确与否的标准从神的“语录”转化为权威性人物的“语录”。这种思维模式也影响着当时的法学研究和司法实践。例如，在罗马法学的复兴运动中，意大利的注释法学派和评论法学派的流行观点都在不同程度上体现了对权威的崇拜和追随。另外，当时在一些欧洲大陆国家流行的法定证据制度其实也在一定程度上是这种思潮的产物。例如，在16世纪的法兰西王国，法律对刑事诉讼中可以使用的各种证据都“明码标价”，分别为二分之一、四分之一、八分之一、十六分之一的证明等，法官在审判中通过证据认定案件事实的时候，只要把所有证据按其价值加在一起，如果达成一个完整的证明，就能判被告人有罪，否则就不能判有罪。这种制度可以提升判决的权威性，有利于统一司法证明活动，尽管其可能导致个案中证据认定的偏差甚至判决的错误。在当时人的观念中，权威的判决比正确的判决更为重要，因此，法定证据制度反映了当时人们对权威的崇拜。

随着科学技术的进步，随着认识能力的提高，人类社会中评断认识的标准发生了重大的变迁。这种变迁表现为从遵从权威的标准转向崇尚理性的标准，从愚昧标准转向科学标准，从主观标准转向客观标准。16世纪开始在法兰西王国兴起的人文主义法学派试图用人权否定神权，用理性反对蒙昧，并开始向封建专制的权威挑战。与此同时，德国的宗教改革运动也在一定程度上解放了人们的思想。马丁·路德举起“信仰得救”的旗帜，唤起德国大众，攻击教会的权威。而在17世纪席卷欧洲的文艺复兴运动和启蒙运动，进一步在人们的思想观念上改变了尊崇权威的习惯。这一切都推动人们认真思考认识标准的问题，开始寻求科学的合理的认识检验标准。19世纪在欧洲兴起的以马克思主义为代表的辩证唯物主义认识论，为人类确立了科学的认识标准，即客观标准。这种标准是以理性和科学为基础的，是与“权威标准”有本质区别的。按照“权威标准”，一种观点的正确性并不取决于其内容的合理性或科学性，而取决于其来源的权威性。换言之，一句话是否正确，不在于说的是什么，而在于是什么人说的。只要是权威人士说的，就是正确的，就是真理。归根结底，这是一种主观的评断标准。但是，按照客观标准，人的认识正确与否，关键要看其是否符合客观实际情况。而在人类认识最高层次的真理问题上，检验正确与否的标准则应该是也只能是人类的社会实践。实践是检验真理的唯一标准，这一论断凝聚了辩证唯物主义认识论的基本内涵。

然而，崇拜权威乃是人类一种根深蒂固的思维习惯，特别是在有着长期封建专制统治历史的中国。即使在封建王朝被推翻之后，即使在中华人民共和国成立之后，崇拜乃至迷信权威的思想仍然深刻地影响着中国人的社会生活。在“文化大革命”期间，这种崇拜也史无前例地达到了极端。于是，人们把革命领袖捧到了神的位置，狂热地高喊“毛主席的话句句是真理”，“一句顶一万句”。从七岁小儿到七旬老翁，人人都要背诵毛主席语录，不仅要牢记在脑海里，而且“要融化在血液中”。在当时各路“造反派”的斗争或大辩论中，对立的双方往往都会引用“毛主席语录”来证明自己观点的正确性，因为毛主席的话就是评断一切认识正确与否的标准，尽管“他老人家的话”也有前后不一致的地方。正是在这样一种社会历史背景下，重提和强调实践是检验真理的唯一标准，对中国的发展才具有了特别重要的现实意义。

中国实行“改革开放”20多年以来的社会发展，使人们深切地认识到“实践标准”的伟大意义。但是，即使在今天，权威人士的话语作为评断认识正确与否的标准依然在一定程度上影响着我们的生活。从各个领域的学术权威到各个级别的政治权威，他们的话语被引用，被传达，在不同的范围内发挥着认识标准的作用。于是，在我们的身边便出现了各种各样的“话语霸权”。也许，这是一种根本就无法改变的社会现象。人的身份和地位不同，其语言的分量和作用也就不同。即使在崇尚自由和鼓励创造的学术研究中，人们也无法彻底摆脱权威的影响，甚至会情不自禁地以权威的话语作为标准。例如，刘教授在其文章中为了证明自己观点的正确性，也不由自主地援引了许多伟人的论述，从马克思和恩格斯到列宁和毛泽东，似乎因为这些伟人都如此说过了，所以其观点就是正确的，就是真理。这确实是一个令人困惑乃至头痛的问题。一方面，我们不能因为某些结论是恩格斯或者列宁说的，就肯定其一定是真理，否则，人类的认识就不能发展了。另一方面，我们在学术研究中往往也要引经据典，以保证言之有据。每个人都不可能直接从客观世界或社会生活中获得所有知识，必须从前人和旁人那里去学习和借鉴。因此，在进行学术研究时，认真考证是必要的；在撰写学术论文时，旁征博引也是必要的。但是笔者以为，客观的引证只是表明话语或论据的出处，并不以前人或他人的话语作为评断认识正确与否的标准。马克思曾经说过，毛泽东曾经说过，孔夫子曾经说过，刘教授曾经说过，如此而已，并不能因为某人说过，就表明该观点一定是正确的。诚然，借助权威的话语来证明自己观点的正确性是一种比较省力的研究方法，但是倘若以此为治学之道，则与幼儿的思维模式相去不远，因为从本质上讲，"马克思说的"和"老师说的"并没有太大的差异。

（二）从碎片到镜子：实践检验标准的泛化

"实践"一词的本意是实行、履行，即按照一定的要求、理论或道理去做事，如实践诺言、躬行实践；引申为人类能动地改造自然和社会的活动，如社会实践、生产实践等。[13] 按照辩证唯物主义的观点，实践是人类认识的基础，是人类获取知识的源泉。这里所说的实践，既包括自己个人的直接实践，也包括前人或他人的间接实践。我们说实践是检验真理的标准，就是说，任何理论或道理都只有经过实际履行的检验才能确定其是否为真理。因此，作为检验真理之标准的实践，并非泛指人类的一切活动，而是指按照一定的理论或道理去行事，以检验其是否正确，是否具有指导意义。

正如王敏远教授所指出的，"当我们说'实践是检验真理的唯一标准'时，一方面，从实践的含义来说，是指通过（为了一定的认识目的、确定相应的认识范围）对特定的认识对象所进行的观察，或通过所设计并具体操作（操纵）相关的实验以认识特定的事物及其变化的过程、变化的状况、变化的结果，以此来检验人们关于该事物的某种认识正确与否；另一方面，从真理的性质而论，则是从认识的过程这个角度界定'真理'（性的认识）的"。[14]

实践是检验真理的标准，但是这并不等于说实践是检验人的一切认识正确与否的标准。一般来说，人们关于过去事件的判断性认识正确与否，就不能用实践进行检验。例如，前文提到的关于张三出恭和放屁的认识，我们怎么用实践去检验其正确与否？即使后来有其他证据证明该认识是符合实际情况的，也不能说就是通过了实践的检验。譬如，我后来在街上遇到一个邻居，闲聊之中，他告诉我

[13] 参见罗竹风主编：《汉语大词典》（第三卷），汉语大词典出版社 1988 年版，第 1620 页；《辞海》（修订本・语词分册），上海辞书出版社 1979 年版，第 1071-1072 页。

[14] 王敏远：《一个谬误、两句废话、三种学说》，载《公法》（第 4 卷），法律出版社 2003 年版，第 206 页。

今天早上确实看到张三去了厕所而且在厕所里放了一个大屁。邻居的话证实了我那关于张三出恭和放屁的判断，但这能说是我通过实践检验了该认识的正确性吗？当然不能。在此，我们不能简单地把实践等同于客观实际情况。我们确信某个判断符合客观实际情况，但这不一定是实践检验的结果，也可能是经其他途径或方式进行证明的结果。

在此，我怀着复杂的心情引用王敏远教授的一段话："首先需要说明的是，'认识符合事实'这种说法，与'实践是检验真理的唯一标准'，是完全不同的两回事。两者的差异不仅仅因为事实根本不同于实践，即事实是事物的一种状态，而实践则是人的一种主动性的活动；而且由于，'认识符合事实'中的事实，只是指当下的事实；而'实践是检验真理的唯一标准'中的实践，则不仅指现实的实践，而且包括过去及将来的实践。"[15]

我同意王教授"首先需要说明"的内容，即"认识符合事实"并不能等同于"实践是检验真理的标准"。但是，对于"'认识符合事实'中的事实只是指当下的事实"的说法，我却不敢苟同。实际上，这是王教授在其文章中的主要观点之一。他在文章第二部分的开头就明确指出："'认识符合事实'、'事实胜于雄辩'，虽是人们在日常生活中常用的话，但在关于案件事实和证据的讨论中，这往往是两句无意义的废话。"[16] 王教授在引用了我在《法学研究》2001 年第 6 期上发表的"论司法证明的目的和标准"一文中关于"司法证明结论无法用实践检验"的一段话之后又评论道："这段说明虽然存在着论述不够精细的问题，如未能分辨'认识符合事实'与'实践是检验真理的唯一标准'这两种说法的含义及其差异，但仍属透彻之论，足以说清所谓'认识符合事实'，在我们讨论关于案件事实的认识时，根本就是一句毫无意义的废话。"[17] 在此，王教授对我那段文字的含义可能有一点误解。

我的基本观点是，人们无法用实践去检验司法人员对案件事实的认识正确与否，但是，我并没有说'认识符合事实'在司法证明活动中是一句"毫无意义的废话"。我以为，人们对于过去的事实、现在的事实、将来的事实的认识，都有一个是否符合或者是否正确的问题。例如，我们对于张三是否在今天早上去过厕所的认识也有一个是否符合事实的问题；我们关于明天会不会下雨的认识也有一个是否符合事实的问题。诚然，审查关于过去事实的认识正确与否的方法和难度与审查现在事实有所不同，但是，如何审查以及审查的难度是另外一个层面的问题。我们不能因为对于过去事实的认识难以审查，就从根本上否定该认识存在着

---

[15] 王敏远：《一个谬误、两句废话、三种学说》，载《公法》（第4卷），法律出版社2003年版，第204页。

[16] 同上注，第 189 页。

[17] 同上注，第 206 页。

是否符合事实的问题。否则，人们对于过去事实的认识就无正误可言了。

王教授的那篇文章在理论的深度和广度两个方面都令我叹为观止。虽然我细读了两遍，但是坦率地说，我并没能完全把握其文中的思想。不过，分析一下他在文章中关于“案件事实”的颇有哲学韵味的论述，对于上述问题的研讨还是很有裨益的。王教授主张在讨论“案件事实”时应该超越“本体论意义上的客观存在”，要从“认识论”的角度进行评价，而且强调“作为历史的案件事实与当下正在发生的事实的含义是大不相同的”。对此我没有异议。不过，他在介绍一种哲学观点（看来他是赞同这种观点的）时关于事实的阐述似有偏颇。他说：“事实并不是指未被认识的‘客观存在’的事实，而是被主体知觉到的经验的事实……可见，事实是人对呈现于感官之前的事物或其情况的一种判断，是关于事物（及其情况）的一种经验知识亦即是关于客观事物的某种判断的内容，而不是客观事物本身。”[18]

笔者以为，当我们使用“事实”这个概念的时候，其基本含义应该是客观存在的事物，而不是人们关于该事物的判断。在这个问题上，我们不能把事实与对事实的认识或知觉混为一谈。如果把“事实”解释为人们关于事物的经验知识或判断，那么“认识符合事实”当然就成为“毫无意义的废话”。但是，这种解释显然不符合辩证唯物主义的基本原理，也不符合人们使用“事实”的语言习惯。案件事实应该是客观存在的，司法人员对案件事实的认识因此也有一个是否符合事实的问题。当然，如何评断司法人员的认识是否符合案件事实，那是我们在下面还要讨论的问题。

至此，我又该把“箭”射给刘教授了。笔者认为，司法证明中对发生在过去的案件事实的认识都属于逆向思维的判断，对于这种判断性认识，人们无法通过实践去检验其正确与否。刘教授不同意我的这种观点，认为人类对“历史事件”的认识也是可以通过社会实践来检验的。他说：“历史是一面‘镜子’，‘镜子’在历史上虽早已破碎，人们迄今还无法还原这面‘镜子’，但‘镜子’破了，其‘碎片’尚在。我们后人是可以搜集这些历史‘镜子’的‘碎片’，对这面‘镜子’的面貌做出推断结论的，而这些结论的正确与否归根结底也要靠后人通过社会实践去进一步搜集这些‘镜子’的‘碎片’来加以检验。”[19]笔者也很喜欢“镜子”的比喻。但是我以为，把“历史事件”比喻为“镜子”，把证明“历史事件”的材料比喻为“镜子的碎片”，其实并不合适。“历史事件”已然过去，不复存在了，那些能够证明“历史事件”的材料——无论是文字材料还是实物材料——并不是

[18] 王敏远：《一个谬误、两句废话、三种学说》，载《公法》（第4卷），法律出版社2003年版，第175页，脚注1。

[19] 刘金友：《实践是检验司法证明真理性的唯一标准——与何家弘教授商榷》，载《法学研究》2003年第4期，第115页。

"历史事件"的组成部分，而是以各种方式记录着与"历史事件"有关之信息的证据。因此，我更喜欢把"历史事件"比喻为"镜中之花"，而记录着历史事件之信息的材料才是"镜子"，当然也可以说是"镜子的碎片"。我们看不到真实的"花"——无论是整朵的"花"还是破碎的"花瓣"，而只能通过"镜子"去看"花"。由于"镜子"的质量和功能有所不同，我们看到的"花"的影像往往是模糊的，甚至是扭曲的。哈哈镜也是一种镜子。

从时间的角度来看，案件事实也是"历史事件"。因此，对于司法人员来说，发生在过去的案件事实就相当于"花"，而案件中的各种证据则相当于一块块"镜片"。诚然，这些"镜子的碎片"是需要通过人的活动去发现和收集的，而且通过这些"镜片"去认识"花"的任务也是要由人来完成的，但是这种人的活动是在形成对案件事实的认识，或者按照刘教授的说法，是在"做出推断结论"，并不是在用实践对认识进行检验。即使是后人又搜集到新的"镜子碎片"，从而修正甚至推翻了原来的"推断结论"，也仍然是在通过"镜片"去认识"花"，并不是在用实践对原来的认识进行检验。这种情况，在司法证明活动中是屡见不鲜的。例如，2003 年曾经在中国社会中引起广泛关注的沈阳刘涌案件中，一审法院的判决是死刑立即执行；二审法院的判决是死刑缓期二年执行；最高法院的再审判决又是死刑立即执行。在该案中，三级法院对被告人刘涌在那起伤害致死案中有无指使行为以及警察在审讯中有无刑讯逼供等事实的认识并不完全一致，或者说，三级法院的审判人员通过"镜片"所看到的"花"并不完全一样。在此案中，我们能说后来的判决是在用实践对前面的判决进行检验吗？答案当然是否定的。那么，假如判决生效之后又发现了新的证据，证明原来的判决是错误的，这是否就是用实践对原来的判决进行了检验呢？

刘教授在其文章中举了一个案例，即 2000 年 12 月 22 日《法制日报》上报道的"惊世冤案"。在该案中，妻子被杀，丈夫被判死缓；但是 14 年后，侦查人员在调查另外一起案件的时候，发现该案嫌疑人才是杀死前案女子的真凶。于是，司法机关宣布那位丈夫无罪，纠正了一起冤案。刘教授认为，这就是实践对司法判决结论的检验。笔者以为不然。司法人员通过某种途径发现了新的证据，推翻了过去对案件事实的认识，这仍然属于通过"镜片"去认识"花"的推断，并不等于用实践去检验前面的判决。作为检验认识正确与否之标准的实践应该是一种带有明确目的性的活动，而这里的目的就是要验证某个理论是否正确。在上述案例中，侦查人员在审理另外一起案件中"意外"地发现了新的证据，并非有目的地针对原来的判决进行实践，因此谈不上是用实践进行检验。

其实，刘教授自己也承认这一点。他在其文章中说道，"实践作为人们在一定思想支配之下的物质性的活动，只有它才能把人们的主观见之于客观，只有通过它才能鉴别这种主观与客观是否符合，是否具有真理性。'如果我们达到了我们的目的，发现事物符合我们关于该事物的观念，并产生我们所预期的效果，这就肯定地证明，到此为止，我们对事物及其特性的知觉符合存在于我们之外的现实。’对于作为‘顺向思维’的指导实践的理论，我们可以通过其实践的效果性，检验其是否具有真理性，即用该理论的实践效果性的‘果’，证明该理论的真理性的‘因’”。[20] 由此可见，作为检验认识正确与否之标准的实践应该具有目的性和预期的效果，并非泛指人的一切活动。

另外，刘教授还说：“尽管我们强调由实践标准的确定性所决定，实践是检验司法证明真理性的唯一标准，但并不是主张一切诉讼案件事实的认定，都必须事先以实践标准来检验，而且经检验均需达到客观真实的程度，这是由实践标准的不确定性决定的。因为这样做，诚如‘何文’所主张的，这是既不可能的，也是不必要的。我们主张，实践标准对于司法证明，主要不属于事先操作标准，而主要是属于事后检验标准。认定案情虽然往往要依赖实践检验，但并不是都以实践检验为前提条件，因为认定案情主要靠‘内心确信’，尤其是法院判决更是如此。”[21] 在此，刘教授的观点又让我感到了困惑。既然说实践是检验司法证明的标准，而且是唯一标准，那就应该用这个标准去检验所有司法证明的结论。为什么又说并非所有司法证明都要以实践标准来检验呢？为什么又同意说这样做既是不可能的，也是不必要的呢？说它是标准，却又不用或者不能用它去检验，这样的标准还有什么意义呢？

刘教授在其文章中试图通过明代王妃木乃伊的头像复原问题，说明逆向认识结论也可以通过实践进行检验。他在介绍了中国刑警学院的一位教授开发出来的头像复原系统之后说，“让这位教授根据现在一具老年人的腐烂的尸体，利用该系统复原其不同年龄的头像，然后再将该老人生前相应年龄的照片对照检验，该系统的可靠性问题就会得到检验”。[22] 笔者同意这属于实践检验的范畴，但问题是这里通过实践检验的是什么？是逆向认识的结论吗？否。这里检验的是该系统的科学原理或依据。该系统的科学原理或依据属于规律性的认识，当然是可以通过实践检验的。实际上，在司法活动中运用证据证明案件事实的时候，人们经常要依据一些科学原理或客观规律。对于这些原理和规律，人们是可以通过实践来检验的，但是这并不等于用实践去检验具体案件中对事实的认定结论。举一个简单的例子。如果我们说“张三每天早上都是7点钟起床”，这属于规律性的认识，是可以通过实践去检验的，因为我们可以实际考察他是否每天7点钟起床。但是，如果我们说“张三昨天早上是7点钟起的床”，这就属于逆向的判断，而对这个

[20] 刘金友：《实践是检验司法证明真理性的唯一标准——与何家弘教授商榷》，载《法学研究》2003年第4期，第115-116页。

[21] 同上注，第121页。

[22] 同上注，第116页。

判断是不能通过实践去检验的。诚然，我们可以根据上面的规律推断出“张三昨天早上是 7 点钟起的床”，但是这并不等于用实践对该认识进行了检验。

刘教授在其文章中列举了司法证明实践检验的方法，包括综合比较分析法、逻辑证明法和实践验证法。他认为，推断验证法、现场试验法、辨认法、旁证核实法、鉴定法、对质法、质证法、勘验检查法、实话检验法、原地核实法等实践验证法“无疑都是实践检验的直接方法”；至于综合分析比较法，“其实是对实践中掌握的全案证据结合其与案件事实结论的证明关系进行综合分析比较，以便核对证据与证据之间、证据与案件事实结论之间有无矛盾，是否协调一致。其实发现矛盾、排除矛盾，就是实践验证的一个重要环节”；至于逻辑证明法，“我们检查司法证明是否违反逻辑规则（逻辑的式），本质上就是以实践检验其证明结论是否正确，是否达到客观真实的过程”。[23]

司法人员在审查证据和认定案件事实的时候需要使用这些方法，笔者对此没有异议。但问题是这些方法是否属于实践检验？通过推断和旁证进行验证是实践检验吗？通过对质和质证进行验证是实践检验吗？通过综合分析和比较认定证据和事实是实践检验吗？根据逻辑规则进行证明是实践检验吗？刘教授认为：“这些方法都是建立在实践的基础之上的，因而这些方法既是审查判断证据的方法，同时在本质上也是实践对司法证明验证的方法。”[24] 啊，我终于明白了！在刘教授的眼中，只要是产生于实践的方法，甚至只要是和实践有关联的东西，就都属于实践检验。按照这个逻辑，在司法活动中运用的所有方法就都是实践检验了。逻辑规则是实践的产物，数学、化学、物理学、生物学的原理和定理也是实践的产物，法学、医学、心理学、经济学的原理和原则也是实践的产物，那么，人们在司法活动中运用各种自然科学和社会科学的理论检验证明结论是否正确，也都是用实践进行检验了。这样一来，实践标准的适用范围似乎是扩大了，但是却降低了该标准的地位，而且隐伏着架空乃至否定实践检验真理标准的危险。既然逻辑规则是实践的产物，用逻辑规则检验认识结论就是用实践进行检验，那么马克思主义也是实践的产物，用马克思主义的原理来检验中国“改革开放”的理论不也就是用实践检验真理了嘛！毛主席说的话也是实践的产物，刘教授说的话也是实践的产物，那么用毛主席的话或者刘教授的话来检验一个认识是否正确也就不违反实践检验标准的原则了。倘如此，实践标准恐怕也就名存实亡了。

我相信刘教授的本意绝不是要架空实践标准。也许，刘教授太熟悉甚至太偏爱这个标准了，因此便自然而然地把它引用到自己的专业研究领域之中。另外，

[23] 刘金友：《实践是检验司法证明真理性的唯一标准——与何家弘教授商榷》，载《法学研究》2003 年第 4 期，第 117-118 页。

[24] 同上注，第 117 页。

这里大概还有一个思维习惯的问题。多年来，我们习惯于把哲学理论泛化到一切学科领域，甚至把政治性理论泛化到社会生活的犄角旮旯。当这个习惯达到极致时，吃喝拉撒睡的问题就都要“上纲上线”了。其实，司法活动中对案件事实的认定就是个判断性认识问题，没有必要把它抬到真理的高度，也没有必要套用实践是检验真理的标准。强行拔高，生搬硬套，不仅会让别人感到牵强，而且会让自己难圆其说。抱歉，我这话似乎也有点儿“上纲上线”的味道了。

三、建构司法证明的标准不是乌托邦

与司法证明有关的标准包括两层含义：其一是司法证明的标准；其二是检验司法证明结论是否正确的标准。在上文中，我主要讨论了第二个标准问题。下面，我将把话题转向第一个标准，即司法证明的标准本身，而这也是对司法活动来说更有实际意义的标准。在这个问题上，刘教授主张司法证明要坚持“内心确信”标准与“客观真实”标准相统一。“内心确信”应该属于“主观真实”的范畴，如何将其与“客观真实”统一起来，恐怕不是一件容易的事情。由于我在“论司法证明的目的和标准”一文中已经全面阐述了自己在这个问题上的观点，所以不再赘述。于是，我把“箭”转向张卫平教授和王敏远教授——他们都对证明标准进行了彻底的否定。前者认为，要建构一种抽象的、又依赖于法官主观认识的证明标准其实不过是一种“乌托邦”式的空想。后者则声称，具有可操作性的证明标准并不存在，“法律真实说”与“客观真实说”根本不可能为这种不存在的证明标准提供正当性的基础。

行文至此，我不禁联想到一段关于禅宗的传说故事。五祖弘忍的得意弟子神秀曾作了一首参悟佛法的诗：“身是菩提树，心如明镜台；时时勤拂拭，勿使惹尘埃。”神秀的师弟慧能听说之后，对了一首诗：“菩提本无树，明镜亦非台；本来无一物，何处惹尘埃？”慧能后来成为禅宗六祖。拜读了张、王两位教授的大作，我觉得他们颇有慧能之风范。当学者们在面红耳赤地争论什么是客观真实标准和法律真实标准时，当我和刘教授也在非常认真地探讨实践是不是检验司法证明之标准时，二位却在一旁说道：根本就没有什么标准，纯粹是乌托邦。那种超凡脱俗，堪与六祖齐肩。我情不自禁地替二位教授草拟一偈：“证明本无度，心证亦难量；本来无标准，何言主客观？”不过，我不能同意他们的观点。

（一）司法证明标准具有不同的层次

在讨论司法证明的标准问题时，我们必须首先明确标准的概念。张教授在其文章中指出：“所谓标准，必须具有统一性、外在性、可识别性。要求标准具有可识别性，就要求作为标准的尺度必须是具体的、明确的。”[25] 他又说，“作为证明的标准只能是能够具体衡量个案证明度的准则。如果我们只是在抽象意义上谈标准就丧失了作为个案适用的意义，抽象意义上的标准不过是一种指导性和导向性

[25] 张卫平：《证明标准建构的乌托邦》，载《法学研究》2003 年第 4 期，第 64 页。

的路标，如同强调在审理案件中要实事求是、公平诚信地认定案件事实一样，仅仅是一种道德的、自律性要求。"[26] 他还指出："将'高度盖然性'作为一种'度量'尺度，无论如何都只能是一种抽象的概念，而无法作为一种具体的尺度。而如果标准不是具体的，也就无法使该度量规范具有可操作性。"[27] 王敏远教授则指出："所谓具有可操作性的证明标准，应是一个明确的概念。其内涵应包括两个方面：一是证明标准作为衡量关于指控的证明是否符合要求的准则，对指控的主体、判断指控的主体等相关主体而言，应是外在的、客观的、因为可量度而具有确定性的准则。据此，任何只是对认识主体的主观认识状况、相信程度所作的规定，都不是证明标准。"[28] 他在下文又明确说道："根据上述对证明标准所作的界定，显然，现代的刑事诉讼法中并不存在具有可操作性的证明标准。'犯罪事实清楚，证据确实充分'、'超越合理怀疑'以及'内心确信'等，只是对特定主体的主观相信程度所作的要求，因而不是证明标准。因为这些'证明要求'根本不能作为外在的、确定的衡量准则，并不具备因为可量度而具有的确定性等基本特点，因而不具有可操作性。"[29] 总之，按照张、王两位教授的观点，不具体的标准，不具有可操作性的标准，就不是标准。

那么，我们究竟应该如何理解"标准"一词的含义呢？按照《汉语大词典》的解释：标准就是"衡量事物的依据或准则"。[30] 我们说"实践是检验真理的标准"，就是把实践作为衡量一种理论或道理是否为真理的依据或准则。作为标准而言，"实践"当然也是一个抽象的概念，不是具体的尺度，但是人们并不因此而否定其作为标准的资格。顺便说一句，张教授把抽象意义上的标准等同于"实事求是"和"公平诚信"的说法也值得商榷。"实事求是"和"公平诚信"是司法活动的原则，不是标准，而"高度盖然性"等虽然抽象，却属于司法证明的标准。诚然，原则和标准都包含着一定要求，都对活动具有指导意义，但是二者不能混为一谈。

其实，标准是可以有不同层次的，标准的抽象和具体也是相对而言的，或者说，从抽象到具体之间可以划分许多不同的等级。例如，选拔人才的标准可以很抽象地规定为"德才兼备"；也可以比较具体地规定为，"德"是指忠于祖国、忠于人民、勤勤恳恳、老老实实，"才"是指熟悉相关业务，具有较强的工作能力或具有组织领导才能等；还可以更为具体地规定为，中共党员、学历在本科毕业以上、身高在 1.70 米以上、年龄在 35 岁以下、从事本职工作在 5 年以上等；甚

---

[26] 张卫平：《证明标准建构的乌托邦》，载《法学研究》2003 年第 4 期，第 66 页。

[27] 同上注，第 64-65 页。

[28] 王敏远：《一个谬误、两句废话、三种学说》，载《公法》（第 4 卷），法律出版社 2003 年版，第 229 页。

[29] 同上注，第 230 页。

[30] 罗竹风主编：《汉语大词典》（第 4 卷），汉语大词典出版社 1988 年版，第 1266 页。

至还可以规定所谓的“无知少女”标准，即无党派人士、知识分子、少数民族、女性。“忠于祖国”等标准对于“德才兼备”来说是比较具体的标准，但是对于“中共党员”等标准来说又属于抽象的标准了。在张、王教授的眼中，“忠于祖国”之类的标准显然还不够具体，因为它们仍然不具有张教授所说的那种“可识别性”或王教授所说的那种“可操作性”，仍然需要运用者根据个案的具体情况进行主观判断。于是，只有“中共党员”和“本科以上学历”之类的标准才能算标准，而“德才兼备”和“忠于祖国”等标准就都不能归入“标准”的范畴了。笔者对此不敢苟同。语言是约定俗成的。人们在使用“标准”这个语词的时候，绝不会把“德才兼备”和“忠于祖国”之类的标准排斥在外的。其实，张、王教授在其文章中也提出了一个界定标准的“标准”，即标准必须是具体的、明确的，必须具有可操作性。但是，什么是具体的、明确的？怎样才算具有可操作性？人们对这些问题的回答也离不开个人的主观判断。这样一来，张、王教授自己提出的界定标准的“标准”也就算不得标准了。

所谓司法证明的标准，是指司法证明必须达到的程度和水平。它是衡量司法证明结果正确与否的依据和准则。司法证明的标准也可以有不同的层次：（1）客观真实与法律真实所强调的是证明标准的性质，可以视为第一层次或最抽象的标准；（2）证据确实充分、排除合理怀疑、高度盖然性、优势证据等是关于证明标准的不同表述，属于第二层次的证明标准；（3）具有张、王教授所说之具体性、明确性或可操作性的标准属于第三层次的标准。对于这种标准，我将在后面专门讨论。

我们首先应该肯定，第一层次和第二层次的证明标准也是标准，而且具有存在的必要性。其实，张教授在文章中也没能彻底否定上述证明标准，只不过他有时将这种标准加上了引号，如其文章第二部分的标题就是“民事诉讼中的所谓‘证明标准’”。在该部分中，张教授介绍了各国法律或法学界关于证明标准的主要观点，如客观真实说、盖然性说、排除合理怀疑的证明标准、证据优势标准、高度盖然性标准等。由于这些标准都是抽象的或比较抽象的，所以显然都不符合张教授提出的标准的“标准”。然而，倘若这些都不属于司法证明的标准，那么，不仅各国学者关于司法证明标准的论述都没有了意义，张教授自己在文章第二部分的论述也就显得有些无的放矢了。

王教授在其文章中关于“客观真实”与“法律真实”的论述，也一再表明是“就证明标准而言”的。他在文章的最后部分提出的“科学的刑事证明理论”中，也不止一次地从正面对“证明标准”问题进行了阐述，并明确指出“证明标准的作用毋庸置疑”。当然，他有时也将这种标准加上了引号，或者称之为“证明要求”。例如，他在谈到1996年刑事诉讼法关于法院审查起诉的修改时指出：“这样修改，虽然解决了法院和检察院之间因在案件事实是否清楚、证据是否确实充分问题上意见分歧而产生的矛盾，但也昭示了所谓‘案件事实清楚、证据确实充分’，并不是具有确定意义的标准，而不过是一个类似于‘超越合理怀疑’及‘内心确信’的‘标准’，只是一种对特定的认识主体的关于相信程度的要求。”[31] 由此可见，王教授在行文中也间接承认了第一、第二层次上的证明标准。

张教授在文章中还对证明标准的说法提出了质疑。他在谈到我国诉讼法中规定的“证据确实充分”的标准时指出，“其实这与其说是证明标准，还不如说是法院认定事实、作出裁判的标准。这种认识并没有从当事人证明的角度去考虑，而是从法院认定事实的角度去考虑，如果要说这是关于证明标准的界定，也不过是一种迂回和间接的界定”。[32] 首先，张教授在此并没有否定“证据确实充分”是个标准，只是认为将其称为法院的标准更为准确，并主张应该从当事人证明的角度去考虑证明标准问题。其次，张教授的观点不无道理。过去，受职权主义诉讼模式的影响，我们习惯于把证明视为司法人员的职能，法律规定和证据理论也不可避免地带有职权主义的色彩。现在，我国的诉讼制度在向当事人主义的抗辩式诉讼转化，而在这种诉讼制度下，证明主要是当事人的责任，因此，强调从当事人的角度研究证明标准，确有一定道理。不过，笔者以为，对案件事实的认定最终是要由法官完成的，当事人的证明最终也要转化为法官的认定，因此，法官认定事实的标准与当事人的证明标准是相通的。从这个意义上讲，把法官认定证据的标准和认定案件事实的标准称为证明标准，亦无不可。

（二）司法证明标准体系的建构

如上所述，司法证明的标准可以分为三个层次。如何建构这三个层次的证明标准，是当前我国证据制度改革的重要任务之一。笔者认为，第一层次的证明标准是定性问题，建构的任务并不复杂，主要是解决客观真实标准与法定真实标准之争。近年来，我国的学术界越来越倾向于法律真实的标准，而且这种观点已经在一定程度上得到了司法界的认同。例如，在最高人民法院近年颁布的《关于民事诉讼证据的若干规定》和《关于行政诉讼证据若干问题的规定》中，均规定有“人民法院应当以证据能够证明的案件事实作为依据依法作出裁判”[33] 的内容。这说明我国民事诉讼和行政诉讼规则已经吸纳了“法律真实”的思想。

目前我国法律关于第二层次证明标准的规定是“证据确实充分”。但是，近年来学界对这种“一元化证明标准”提出了批评，认为应当针对不同种类的诉讼活动来规定不同的证明标准。例如，刑事诉讼的证明标准可以表述为“排除合理

---

[31] 王敏远:《一个谬误、两句废话、三种学说》，载《公法》(第4卷)，法律出版社2003年版，第227-228页。

[32] 张卫平:《证明标准建构的乌托邦》，载《法学研究》2003年第4期，第63页。

[33] 参见《关于民事诉讼证据的若干规定》第405条与《关于行政诉讼证据问题的若干规定》第53条。

怀疑的证明”[34]；民事诉讼和行政诉讼的证明标准可以表述为“优势证据的证明”。这也在最高人民法院颁布的《关于民事诉讼证据的若干规定》中有所体现。例如，其第 73 条规定：“双方当事人对同一事实分别举出相反的证据，但都没有足够的依据否定对方证据的，人民法院应当结合案件情况，判断一方提供证据的证明力是否明显大于另一方提供证据的证明力，并对证明力较大的证据予以确认。”这说明，“优势证据”的证明标准，或称为“盖然性占优势”的证明标准已经在我国的司法解释中得到了认可。[35]

第三层次的证明标准是张、王教授认为根本不可能建构或存在的。张教授说，“一种为我们所掌握、适用的，同时又是外在的、客观统一的、具体的证明尺度”是不存在的。他在介绍了英美法系国家的学者在事实认定中运用统计学和概率理论的努力之后指出：“诚然，以上概述并非对证明标准的具体方法的穷尽，但已经可以看出，人们对‘高度盖然性’标准使用的两个路径：一是细化，试图使盖然性这一抽象化标准能够具体化；二是客观化，试图使证明度能够摆脱证明判断者的主观意识。但笔者认为这些努力都只能归于失败，证明标准化本身就是一个不可能完成的任务，这种企望只能是一种空想。”[36] 他在介绍了大陆法系国家的学者寻求对法官的“内心确信”进行制约的努力之后，又说道：“尽管人们在寻求确信的客观化方面作出了种种努力，但是这些努力同样是徒劳的。心证本身是判断者的主观活动，是无法加以外在化和具体化的。对于依靠主体认知形成的判断结果，我们无法寻求具体的、统一的外在标准。”[37] 王教授在其文章中也有类似的观点。他说道：“另一类证明标准是真正意义上的证明标准，即我们可以据此作为区别不同证明的具有可操作性的证明标准……在神明裁判与法定证据消失之后，法律就不再可能对这类证明标准作出规定。从可操作性的证明标准来说，法律已经不再有自己的判断真实的标准了，而只能服从于科学或者常识的关于真实的判断标准。”[38]

诚然，再具体的证明标准也不可能完全取代法官认定案件事实的“心证”，换言之，法官对证据的认定工作不可能完全由计算机代替。但是，现代法治原则

---

[34] 由于国内一些学者已经对英美国家的“排除合理怀疑”标准有所成见，所以我们也可以选择带有中国特色的表述方式，如“确信无疑”的证明标准。就语词所传达的信息而言，“确信无疑”可以理解为对世界两大法系刑事证明标准的概括与综合，因为其中既有“内心确信”的含义，也有“排除合理怀疑”的含义。

[35] 李国光主编：《最高人民法院〈关于民事诉讼证据的若干规定〉的理解与适用》，中国法制出版社 2002 年版，第 462 页。

[36] 张卫平：《证明标准建构的乌托邦》，载《法学研究》2003 年第 4 期，第 66 页。

[37] 同上注，第 68 页。

[38] 王敏远：《一个谬误、两句废话、三种学说》，载《公法》（第 4 卷），法律出版社 2003 年版，第 268 页。

要求司法证明活动法制化、规范化，特别是在法官队伍的道德修养和专业水平参差不齐的情况下。张教授认为，“当一个素质低下的法官手持法槌时，再好的规则也无济于事”。[39] 笔者以为不然。虽然好的规则不一定能提高法官的素质，但是可以约束法官的行为，可以提高法官的办案质量。法官的素质越低，就越需要好的规则。因此，建构统一规范的司法证明标准，在当前的中国具有特别重要的意义。尽管我们不可能把司法证明标准规定得像“1 加 1 等于 2”那么简单明确，但是制定具有可操作性的具体证明标准绝非“乌托邦”式的空想。

笔者认为，具体的证明标准或第三层次的证明标准又包括两层内容：其一是单种证据的采信标准；其二是全案证据的采信标准。在具体案件中，无论是单个证据的采信还是全部证据的采信，都必须从两个方面对证据进行考查，即证据的真实可靠性和证据的证明力。尽管我们还不能就所有证据采信问题都制定出具体明确的标准，但是分别或部分地建构第三层次的证明标准则不仅是可能的，而且是必要的。

司法证明中运用的证据有很多种类，如当事人陈述、证人证言、物证、书证等。对每一种证据如何进行审查评断，能否制定出具体的采信标准，这是我们首先要研究的问题。诚然，我们现在还难以制定出采信证人证言等人证的具体标准，但是制定各种实物证据的具体采信标准却是完全可能的。过去，我们在这方面所做的努力是很不够的，其原因既有技术和能力层面的，也有观念和态度层面的。譬如在指纹证据的采信标准问题上，由于我们过去片面强调“具体问题具体分析”和“数量与质量并重”的原则，所以我们一直反对为指纹同一认定确定一个统一的细节特征符合数量的标准。但是，世界上很多国家对此都有明确的规定，如至少有 12 个细节特征相符合，才能做出指纹同一认定的结论。近年来，美国的一些执法机关和法庭科学专家正在联手研究并制定一套针对各种科学证据的采信标准，包括指纹、足迹、枪弹痕迹、笔迹、DNA 等。例如，美国司法文书检验科学工作组（The Scientific Working Group for Forensic Document Examination）包括了来自联邦调查局等联邦和州执法机关以及民间鉴定机构和法律职业的代表共 45 人。经过认真研究并广泛征求文书检验专家的意见，该工作组于 2002 年 3 月 9 日颁布了文书检验标准的草案。其目的就是要规范文书检验工作并为司法活动中采信这些专家证言提供统一、具体、明确的标准。外国在这方面积累的经验，值得我们认真学习和借鉴。

其实，我国目前已有一些类似的标准，如《人体重伤鉴定标准》和《人体轻伤鉴定标准》等。我国有关部门的专家和学者也在着手制定各种物证的检验和鉴定标准，以及电子证据的采信标准。如果我们能够首先针对各种科学证据（实物

[39] 张卫平:《证明标准建构的乌托邦》，载《法学研究》2003 年第 4 期，第 68 页。

证据及其相关的鉴定结论）制定出具体明确的采信标准，就可以促进证据审查和运用的标准化，也就可以促进司法证明的标准化。在某些案件中，科学证据对于证明或认定案件事实起着关键的作用，因此该证据的采信标准实际上发挥着案件证明标准的作用。例如，在一起杀人案件的现场上发现了一枚血手印，根据该手印在现场遗留的位置以及手印上血与被害人的血的DNA鉴定结论，可以肯定该手印就是杀人凶手遗留下来的，那么在发现犯罪嫌疑人之后，其指纹与现场手印是否同一的鉴定结论就是关键的证据。又如，在一起合同纠纷或债务纠纷中，有关文书的笔迹鉴定结论可能就是案件中证明或认定案件事实的关键证据。如果我们有了采信DNA证据、指纹证据和笔迹证据的具体标准，那么在这些案件中，证明标准的问题也就迎刃而解了。当然，为各种科学证据制定统一、具体、明确的采信标准是一项浩大且复杂的工作，需要众多专家学者的共同努力。

制定全案证据的采信标准，或者说司法证明的统一标准，大概是人类历史上众多司法官员和证据学者梦寐以求的事情。张教授在其文章中对此也做了一些介绍，尽管其个人对这些努力持否定的态度。其实，人类历史上也曾经出现过具体明确的司法证明标准。例如，在很多民族的历史上都曾经采用过的“神明裁判”就是一种具体明确的证明标准；15世纪、16世纪在法兰西等欧洲大陆国家实行的“法定证据制度”也属于具体明确的证明标准。诚然，这些证明标准缺乏科学性，但它们毕竟都确实存在过，并非“乌托邦”式的空想，而且它们从不同角度反映了人类社会对具体明确的司法证明标准的需要与追求。今天，我们当然不能重复“神明裁判”和“法定证据”的做法，但是运用信息理论、概率理论、信度理论[40]等现代科学理论和方法来研究证据的证明力，并在此基础上建构具体明确的司法证明标准——至少按照张教授的说法，建立“一个指导性的标准”，应该是证据法学界的同人们共同努力的方向。

综上所述，司法证明标准是一个由不同层次上的标准构成的体系；建构司法证明的标准不仅局限在第三个层次上；即使在第三个层次上，建构证明标准也不是“乌托邦”。最后再说一句，既然是学术争鸣，就希望自己的声音大一些，给读者留下的印象深一些，因此，我在文中的用语可能有些夸张乃至唐突，不敬之处，请三位教授海涵。

（原载《法学研究》2004年第6期）

[40] 信度理论是以概率原理为基础的研究证据对“内心确信”的影响程度的理论。参见何家弘主编：《刑事审判认证指南》，法律出版社2002年版，第99-100页。

我国刑事证明标准的反思

刘晓丹

我国的证明标准经历了从客观真实向法律真实（或实质真实）的转变。新刑事诉讼法移植了英美法系的“排除合理怀疑”，并将之作为“证据确实充分”证明标准的组成部分，使其成为一种证伪方法充实到证明标准之中。然而，由于证明标准背后的认识论、真理观及诉讼价值取向上并没有做出相应的调整和转向，“证据确实充分”证明标准仍然有未肃清的客观真实情结。

一、从“融贯论”标准向盖然性信念观的转变

我国刑事诉讼证明标准经历了漫长的自我发展过程。在新中国成立后的1956年，最高人民法院发布的《各级人民法院刑、民事案件审判程序总结》中指出：“在法庭调查阶段，必须把案情彻底查清，取得确凿的证据……被告人的供词，必须经过调查研究，查明确实与客观事实相符的，方可采用。”[1] 此规定为后来我国刑事诉讼证明标准采客观真实说奠定了基础。1979年的刑事诉讼法首次确立了“案件事实清楚，证据确实充分”的刑事证明标准。1997年的刑事诉讼法仍然沿用了“案件事实清楚，证据确实充分”的刑事证明标准。这一证明标准建立在客观真实说的基础上，要求诉讼证明必须达到客观真实的程度，法院判决中所认定的案件事实与实际发生的事实完全一致。然而，随着理论研究的深入和司法实践经验的总结，客观真实说受到质疑，学者们提出并展开了关于法律真实说的大讨论。

法律真实说论者从人认识能力的有限性、诉讼的时空局限性、证据的短缺性，以及证据规则和诉讼程序的限制性等角度出发，指出客观真实只是可望而不可即的理想，在案件调查中只能最大限度地接近客观真实，达到法律上的真实。“事实清楚，证据确实充分”的证明标准忽视了司法人员认定案件事实的主观性，看似客观，但过于模糊，缺乏现实的可操作性。因此，如果将英美法系的“排除合理怀疑”的证明标准引入我国的证明标准中，则体现了主客观相结合的司法证明理念，使其更具有可操作性。

在此背景下，2013年的刑事诉讼法将证明标准由过去的“事实清楚，证据确实充分”修改为“证据确实充分”的证明标准，将“排除合理怀疑”作为“证

---

[1] 韩延龙主编：《中华人民共和国法治通史》（下），中共中央党校出版社1998年版，第61页。

据确实充分”标准的组成部分。然而，“排除合理怀疑”与“证据确实充分”在真理观上存在较大差异。我国“证据确实充分”的证明标准建立在以“符合论”为“真”之定义、以“融贯论”为“真”之条件的真理观基础上，然而这种经典的真理观既存在合理的一面，也有着不可克服的理论缺陷。

关于什么是“真”，哲学上最悠久、最传统、影响最广的真理理论是“符合论”。“符合论”假设存在一个独立于人的心灵、感知之外的客观实在，认识的对象独立于人的意识而存在。只有认识与客观实在符合，才是发现了真理和真相。没有符合，便没有真理。命题的真假取决于命题与客观实在的关系，一个命题与客观实在相符合，则命题为真，否则为假。

传统的“符合论”最合乎常识和直观，但在理论上存在许多困难。符合是什么与什么的符合？是命题与事实的符合？或命题与客观实在的符合？

如果是命题与事实的符合，那么什么是“事实”？其性质和特点是什么？是外在的客观实在、认识的对象？还是关于外在对象的陈述、记载或知识？抑或关于外在对象的感觉经验？在后几种情况中，命题与事实的符合蜕变成命题与其他主观认识的符合或命题与其他命题的符合，符合则成为命题间的关系，远离了“符合论”的基本立场，即符合是命题与事实的符合。

根据什么方法、途径和标准去检验这种符合？命题或认识在内，事实或客观实在在外；命题或认识在我，而事实或客观实在在客。两者如何符合？符合是命题与客观实在结构的同型、一一对应，还是关联、相应等。持“符合论”的学者们关于“符合”的阐释均不令人满意。“符合论”只能用“真假”二值描述命题，然而含有评价、价值、道德因素的命题不属于“真假”二元逻辑范畴。

正是由于传统“符合论”存在缺陷，我们以法律真实说取代了客观真实说。然而，“证据确实充分”标准以融贯作为“真”之条件和标准，仍然存在着不可克服的缺陷。根据我国证明标准，证据需满足确实性、充分性、证据之间一致性（相互印证性），无矛盾性，证据体系是闭合性的、封闭的系统，具有唯一性和排他性，且排除合理怀疑，案件事实为“真”。这是以“融贯论”作为“真实”的标准。

“融贯论”从整体主义立场出发，把真理看作一个由一系列相互关联的逻辑命题构成的完整体系。一个命题或语句的“真”取决于该命题或语句与同一集合系统内其他命题或语句的关系。根据“融贯论”的观点，一个命题或语句必定属于某一命题或语句系统；说某一命题或语句“真”，就是说该命题或语句与本系统内的其他命题或语句相容。[2]

---

[2] 参见胡泽洪：《“真”之逻辑哲学省察》，载《哲学研究》2007年第5期。

“融贯论”依赖于相容性（一致性）、关联性和充分性三个概念。相容性是指一组命题之间互不矛盾，具有一致性。弱意义的关联性是指都不独立于系统内的所有其他命题；强意义的关联性是指系统内的任何一个命题在逻辑上必须能推衍出其他命题及被其他每个命题所推衍。[3]充分性指的是命题系统的推衍能力。若能把在一定范围内真的命题都推衍出来，该系统就是充分的，否则是不充分的。例如，我国对证据的采信以融贯为标准。《办理死刑案件证据规定》第32条规定，证据之间具有内在的联系，共同指向同一待证事实，且能合理排除矛盾的，才能作为定案的根据。

“融贯论”强调真理的整体性无疑是正确的，外在世界是一个普遍联系的整体，我们对它们的认识也应当是整体性的。谎言或臆造的理论也可能编得天衣无缝、自身逻辑一致，但它们不是真理而是谬误。我国许多冤假错案，其证据之间均能满足关联性、相互印证性（彼此之间无矛盾），并构成一个封闭的证据锁链，但却是在谬误基础上的虚假的一致。

例如，“孙万刚案”中，警方认为：孙万刚的4次有罪供述对作案过程的活动范围及路线的叙述，与现场勘查及其现场指认的情况基本吻合，对杀人、切割尸体等的过程、方法手段的供述与尸检结果基本吻合；血型鉴定结果也能印证；孙万刚具备作案的时间和空间条件。警方认为孙万刚故意杀人一案证据确实充分，形成相互印证的证据体系。孙万刚在庭审过程中翻供，法院认为他的翻供没有其他证据予以印证。一审孙万刚被以故意杀人罪判处死刑。[4]在此案中，不难发现证据间相互印证成为判明证据是否确实充分的标准。就警方提出的这些证据看，似乎证据之间相互印证，并指向同一事实，案件事实清楚。但仔细研究该案证据不难发现，这些所谓相互印证的证据并非独立取得的证据，警方为了达到证据之间相互印证的标准，有意选择与现场勘查及其现场指认（在警方逼迫下进行的虚假指认）的情况基本吻合的那部分通过刑讯逼供获得的供述作为证据。而且，关于孙万刚具有作案的时间和空间条件，也只是可能性证据；血型鉴定的检材不能排除被污染的可能。因此，这种相互印证是虚假的一致。融贯是“真”的必要条件，将融贯作为“真”之充分必要条件是导致冤假错案的原因之一。

互不相容的两个或多个命题系统之中的每一个系统本身内部一致而无逻辑矛盾完全可能。根据“融贯论”，每一个系统及其中每一命题都是真的。同样按照“融贯论”，这每一系统及其中的命题又不可能都“真”，其中必有为“假”者。

---

[3] 参见陈波：《语句的真、真的语句、真的理论体系——“truth”的三重含义辨析》，载《北京大学学报》（哲学社会科学版）2007年第1期。

[4] 参见何家弘：《迟到的正义：影响中国司法的十大冤案》，中国法制出版社2014年版，第133页下。

例如，在一起伤害案中，被告人王某以故意伤害罪被起诉。[5]公诉机关认为：其妻被害人张某与被告人王某婚后因财产问题发生过矛盾，被害人张某在死前一日由娘家返回自己家中，当夜被告人王某及被害人张某在一起居住期间，被告人王某对被害人张某进行殴打，第二天清晨，被害人因头痛就医，后经抢救无效死亡。法医鉴定表明，“张某系因头部多次遭受钝性外力作用致重度颅脑损伤而死亡”。

公诉方的证据链条为：被害人姐姐、父母、亲属的证人证言，证明被害人张某夫妻关系不好，被告人王某与被害人张某婚后因财产问题发生过矛盾，平时身体健康。被害人从娘家回来后，到第二天早上说头痛，这期间王某出去过两小时，王某家里没有去过外人，当夜王某夫妻二人在一起过夜。被害人张某看病过程中，曾被看到张某眼部发青或有问题，问过她怎么回事，被害人说是被王某打的。法医鉴定证实，被害人头部受多次钝性外力作用，造成重度颅脑损伤死亡，致伤物应为手拳类，跌倒不易形成。现查勘查笔录记载了现场方位，室内物品陈设等情况，说明现场没有符合成伤机制的致伤物存在。证人王某某证明，在案发前一天傍晚，在回家的路上，目睹被害人与他人厮打，但厮打是否造成伤害、伤害程度、被害人的死亡与王某某陈述的打斗是否存在因果关系都缺乏证据证明。虽然张某死前手术记录表明脑出血部位位于脑血管畸形部位，但两份鉴定均没有提及这一点，也没有证实脑血管畸形与脑出血之间的因果联系。

辩护方的证据链条为：被告人王某与被害人张某夫妻关系很好。被害人张某在死亡当日曾对被告人王某说，昨天晚上铺被摔倒过。送张某看病的司机称听张某及其姐姐说伤是摔的（被告人张某姐姐否认曾说过此话）。法医鉴定及相关医务人员均不能证实被害人眼部有伤的事实。乡医院医生郭某某、护士霍某证实被害人就医时无明显外伤，仅一侧瞳孔散大。证人王某某证实，在案发前一天傍晚，在回家的路上，目睹被害人与他人厮打一节。虽在质证时，公诉方对路线、车费提出疑义，但辩护方提供了路线和车费等证据后，侦查机关进行了复核，未表明王某某的证言内容不属实。经法医分析，致伤物应为手拳类，任何人均可形成。张某手术记录表明张某大脑额颞位存在脑血管畸形，脑出血部位位于畸形部位。

以上案例说明当公诉方和辩护方各自的证据命题系统本身相容、一致，但两个证据命题系统不可能都“真”，必定有虚假的证据命题。这样，“融贯论”就陷入了自身不可解决的矛盾中。

如果一个命题的真理在于它同一个命题系统内的其他命题的融洽或无矛盾，那么这个命题系统本身的真理性就只有取决于在更大的系统与其他命题系统之间

---

[5] 金丽娜：《从王某故意伤害案证据梳理看疑罪从无原则在刑事诉讼中的运用》，http://anli.lawtime.cn/xsxfal/20111101221216.html，最后访问时间：2015 年 2 月 5 日。

的一致性。那个更大的系统本身的真理性又如何确定呢？融贯性只能限于无穷倒退。归根结底，“融贯论”的理论基础是矛盾律和“系统”概念，而不在于命题与实在的符合。[6]

为了克服“融贯论”的缺陷，我国证明标准要求证据确实，证据在确实的基础上融贯，则待证的案件事实必然为“真”。然而，一个证明命题的“真”若是以融贯为标准，则证据命题的真实就需要与其他证据命题相融贯，必将导致无限循环论证。

此外，证据“确实”是个含义模糊的概念。证据的审查判断包括对证据资格和证明力的审查。证据资格是非有即无的二元逻辑问题。而证据的证明力指的是具有证据资格的证据与待证事实的关联程度。证据证明力的判断以经验常识为基础。经验证明的有效性显然是或然的，任何证据（定案根据）都被判断者根据经验赋予一定的主观概率，不是真与假的二元逻辑问题，而是“信念度”和“真假度”的盖然性问题。

有学者主张实物证据具有毋庸置疑的确实性。事实上，无论是（已具备证据资格）言词证据还是实物证据的证明力都不是非真即假的二元逻辑，而是被判断者赋予一定的盖然性。实物证据似乎都是确实存在的，具有确实性。事实上，这里的确实性实际指的是特定性，而非证明力。作为物理对象的实物证据，不能单独存在，它在证明其自身来源的真实性和合法性、关联程度方面都必须依赖于言词证据即命题的存在。正如帕特森（Patterson）所言，任何证据的真正基础并不是实物本身，而是描述这个实物或真实事件的命题。证据由基础命题以及根据它做出的支持某个主张或结论的推论所组成。[7]

莱勒尔（K. Lehrer）认为：“一个句子是否被选为证据，将由这一句子的主观概率以及它为了证据地位而与之竞争的那些句子的主观概率来确定。某一句子的主观概率，以及它与哪些句子相竞争，取决于这个语言的句子之间的概念上和语义上的关系。当这些关系改变时，新的句子变作为证据出现，而原有句子的证据作用随之失效。”对证据选择仅仅依赖于这些主观概率以及句子之间在逻辑上和语义上的关系。[8] 美国分析哲学家迈克尔·达米特（Michael Dummett）指出，“证据”实际上是指那些用以规定被讨论的命题所具有的真值条件的一切外在环境，尤其是对于过去时态的命题以及关于心灵状态或内部性格的命题并非非真即假，也可能非真非假。[9]

---

[6] 参见前引 3，陈波文。

[7] 参见［美］道格拉斯·沃尔顿：《法律论证与证据》，梁庆寅等译，中国政法大学出版社 2010 年版，第 228 页。

[8] 参见江天骥：《科学哲学名著选读》，湖北人民出版社 1988 年版，第 351 页下。

[9] 参见张庆熊、周林东、徐英瑾：《二十世纪英美哲学》，人民出版社 2005 年版，第 224 页。

正是由于“确实”这个概念具有模糊性，导致在许多案件中，司法人员以印证作为判断证据为“真”的依据，从而导致许多冤假错案。

我国证明标准反映了以实在论为基础的实证主义真理观，即追求目标事物的永恒规律性，其结果是一种绝对主义的叙事。我们重视案件“真实”的条件，认为满足那些客观条件，案件事实自然为“真”。

然而，证明标准的本质是法官对证据审查判断后对案件事实认识达到什么信念程度才可以做出有罪判决。所谓信念是一种以命题方式表示同意的态度，是一种心理倾向性，可以决定行为的方向和方式。法官对案件事实命题的某种信念才是导致他做出有罪或无罪判决的最直接的动机。金岳霖先生指出，当判断者将怀疑思考一扫而空时，判断者就断定了某一命题为“真”。断定包括了四种主要成分，分别是自称或自认、自我中心的情感、赌博性和客观化。[10]哲学家皮尔士认为，真理是研究者通过探究所确立的稳固的信念，是坚定的、完全稳固的和不可移易的信念。探究始于怀疑，终于信念。[11]

相信可以分为不同的等级。在理性的前提下，认识主体对案件事实的相信程度与案件事实为“真”的盖然性等级成正比。裁判者排除了合理怀疑，就从判断过程走到了判断的终点——断定案件事实命题为真。排除合理怀疑不仅是一种思维方法，它更是一种最高等级的信念，是一种做出有罪判决行为前的坚定持久的信念。

美国经典的“排除合理怀疑”定义是“根据案件情况，在对全部证据比较和考虑后，陪审员们的思想状态是他们不能说他们对指控的犯罪事实达到持久的确信状态（Abiding Conviction）”。[12]在 Victor 一案中，法庭认为“合理怀疑”是这样一种怀疑：使理性和谨慎的人，在办理生活中较为重大和更为重要的事务时，在将提出的事实看作真实可信的事实并准备采取行动之前，行动的暂停和内心的犹豫不决。排除合理怀疑是在充分、公正、无私地考虑所有的证据之后，使你对被告有罪产生的持久的确信状态或达到道德确定性。[13]在 Hopt 一案中，法庭对合理怀疑的定义是，“如果公平地比较和考虑所有证据后，你可以深信不疑地说，你永久性地确信被告有罪，就像面对与你自己有关的重大和重要的事情时，你愿意采取行动的确信状态，那么你就没有合理怀疑”。[14]

大陆法系的“内心确信”的证明标准表达的是裁判者在审判终结后，对被告

[10] 参见金岳霖：《知识论》，商务印书馆 2004 年版，第 859 页。

[11] 参见邱忠善：《皮尔士的真理观初探》，载《江汉论坛》2013 年第 5 期。

[12] Commonwealth v. Webster，59 Mass.295（1850），p.320.

[13] Victor v. Nebraska，114 S.Ct.1239（1994），p.1242.

[14] Hopt v. Utah，120 U.S.430，（1887），pp.439-440.

做出有罪判决前，对案件事实为真应达到的信念状态。无论是排除合理怀疑，抑或内心确信都是信念的最高等级，是对命题的真实性或案件事实的真实性即被告有罪达到的稳定持久的信念。

良心和理性就是要求需要判断者排除非理性因素的怀疑，如任意的妄想、过于敏感的悬想、臆测的怀疑、吹毛求疵、强词夺理的怀疑及无根据的怀疑等，在正当程序基础上以经验常识和逻辑对案件事实做出判定，那种没有合理怀疑的，便是当下最有说服力的合理的可接受的"真实"。在这一点上，大陆法系的"内心确信"与英美法系的"排除合理怀疑"有异曲同工之处。

我国的证明标准以证据的确实充分、印证作为案件真实的标准。这些标准不仅表述模糊而且只能作为案件"真实"的必要条件，而非充分条件。外在的条件如果不能转化为认识主体内在的信念，则不可能对裁判行为产生直接的影响。

二、从价值中立向道德责任的转变

证明标准不仅仅是法官相信案件事实为真的信念标准，而且也是法官判决行为的道德标准，是案件事实真实性标准与法官裁判的道德标准的统一体。英美法系将刑事诉讼证明标准视为裁判者最高等级的道德责任。刑事诉讼的证明标准不仅折射了那个时代的真理观，更反映了那个时代的刑事诉讼价值。

基督教对西方社会的政治、法律及人们的思维、生活方式等各个方面都具有深广的影响。在基督教世界里，错误地判决无辜者有罪被认为是一种原罪。因此审判是令人敬畏的任务，是上帝赋予人类的一份道德责任。

英国早期将"满意的良知"作为法官判断罪与非罪的标准。根据天主教，良知是上帝放置在人类灵魂中判断人是否有原罪，行为正确与错误的标准。以"满意的良知"作为证明标准，裁判者的判决行为获得来自上帝的绝对的权威，他们的灵魂才不会因为判决被告有罪而感到焦虑。

17 世纪至 18 世纪末"道德确定性"的证明标准取代了"满意的良知"的标准。"道德确定性"是根据有限的信息足以采取行动的确定性的水平。[15] 道德确定性是事实判断的最高水平的确定性。在这一水平的确定性，良知是安全的。法官依此标准对被告做出有罪判决，不会引起良心上的不安和焦虑，不必害怕发生错误，仍然有原罪的焦虑是不合理的。道德确定性的概念，大大降低了行动者在道德上的超负荷。[16]

詹姆士 · Q. 惠特曼（James Q. Whitman）教授认为，中世纪关于确定性的四个著名的等级——道德确定性、意见、猜测和怀疑，不仅代表了一个事实证明的比例等级，也可以被视为道德责任的比例等级。力图避免危及其灵魂的基督徒被

---

[15] The Renaissance conscience，Harald E. Braun & Edward Vallanc eds，2011，p.113.

[16] Aristotle，Aristotle，The Nicomachean Ethics，Penguin Classics rev. ed.1976，p.56.

命令要超越怀疑、猜测和意见的等级，最终获得“道德确定性”。这种怀疑神学为审判提供了这样的构架：它旨在通过允许法官在做出有罪判决之前实现道德上的确定性，来保证法官的救赎。[17]

由“道德确定性”演变而来的“排除合理怀疑”证明标准同样是为了道德成本的最小化。“排除合理怀疑”不是为了最大化地实现准确的事实发现，而是确保判决无辜者有罪的错误比释放真正罪犯的错误更少发生。[18]“排除合理怀疑”的证明标准被视为降低错误判决的风险，使无罪推定具体化的基本机制。

由于调查技术和人类知识的限制，法庭不可能做出百分之百正确的判决。证明标准的设定反映了一个社会愿意容忍多大的错误判决率，以及如何在控制犯罪的社会利益和不会错判无辜者的社会利益之间取得平衡。“排除合理怀疑”这一证明标准恰当地反映了刑事诉讼中错误判决风险分配的价值取向——对无辜者的有罪判决比释放有罪的人更糟糕。错误地认定和惩罚无辜者意味着更深刻的道德伤害。错误判决有罪的概率越大，公众对有罪判决的信任度越低，对惩罚的正义性的怀疑越深，对刑事制度的正当性和权威性的破坏越大。

联合国人权事务委员会在 1984 年通过的关于《公民权利和政治权利国际公约》第 14 条的一般性意见中指出：“有罪不能被推定，除非指控得到了排除合理怀疑的证明。”没有“排除合理怀疑”标准的保障，无罪推定无法真正发挥作用。

由于文化背景、社会环境、法律制度等因素的巨大差异，尽管新刑事诉讼法将“排除合理怀疑”纳入证明标准中，但是与英美法系的“排除合理怀疑”显然不是同义语。“证据确实充分”的证明标准以还原主义和本质主义为认识论基础，证据满足了质和量的要求，案件事实（不要求全部事实）即被“还原”。这种证明标准的背后反映的是“不放过一个坏人，也不冤枉一个好人”的中立价值理念。

然而“不放过一个坏人，也不冤枉一个好人”是个伪命题。证明标准存在的前提就在于人的认识能力和理性是有限的，判决可能发生错误。证明标准的设立就是要在错误地判决无辜者有罪，还是错误地释放真正的罪犯之间进行选择。然而，在我国的司法实践中，价值中立转变为有罪推定。含义模糊且仅为“真”之必要条件的“案件事实清楚、证据确实充分”的证明标准在司法实践中成为“基

[17] 参见［英］詹姆士·Q. 惠特曼：《合理怀疑的起源——刑事审判的神学根基》，佀化强、李伟译，中国政法大学出版社 2012 年版，第 251 页下。

[18] Michael S. Pardo，Book Review，On Misshapen Stones and Criminal Law’s Epistemology，86 Tex. l. Rev.347，354（2007）.

本案件事实清楚、基本证据确实充分";"案件事实基本清楚，证据基本确实充分"和"虽有疑点，也能定案"弹性的证明标准。

"排除合理怀疑"证明标准的移植，意味着裁判者应当以良知为底线、以无罪推定为价值选择。在证据的选择上，坚持合理怀疑有利于被告；在案件事实认定上，坚持疑罪从无，从而将冤假错案降低到最低限度。

三、从实证主义向社会建构论的转变

根据我国证明标准，从证实的角度，证据确实充分、证据之间具有一致性，证据链条具有排他性、唯一性。那么案件事实必然成为不可错的事实。根据不可错论，S 知道 P，当且仅当 S 的证据能排除非 P 的每一种可能性。

我们对于案件事实的认定仍然没有摆脱认识主体与认识客体两分的二元本体论的实证主义的思维模式。实证主义从根本上是一种"还原论"，将司法证明看成一种形式逻辑意义上的理智游戏。非观察命题都可以被保真地还原为观察命题的逻辑联结物，非观察命题和观察命题之间的关系看成是静态的逻辑演算关系，演算结果可以预测。[19]

以实证主义的真理观为基础的"证据确实充分"标准忽视了认识主体的个人因素、价值判断，以及认识主体所处的社会环境等社会性因素在证据的选择、判断和事实认定中的重要作用。社会建构论作为一种认识论全面解构了主客符合论。康德被认为是当代社会建构主义的先驱。康德指出：理智的（先天）法则不是理智从自然界得来的，而是理智给自然界规定的。[20]这意味着知识不是从世界中发现和识别的，而是建构的。任何客观只能是经验中的客观，是经验与主观的结合而成就的。

"社会建构"一词由皮特·伯格（Peter Bergger）和托马斯·卢克曼（Thomas Luckmann）在 1966 年提出。他们认为，日常生活的世界以人们解释的事实呈现自身，并且是生活中的人在主观上认为具有意义和生活一致性的世界。日常生活的知识基础（所谓"社会"）是主观过程的客观化以及透过客观化过程而建构的互为主观的常识世界。表现为客观实在的社会现实除了由行动者构成的客观内容之外，更是由思想、信念、知识等主观过程所进行的社会建构。

笔者认为"排除合理怀疑"证明标准的认识论基础应当是社会建构论。根据社会建构论，任何知识或其他人造物，都不是个人的产物，而是"集体智慧的结晶"。知识来源于人们之间的互动，尤其是语言的互动。语言本身就是一种社会实践，它是人们互动的一个动态社会产品，当人们相互交流时，世界被建构。只有通过商谈与互动，通过语言实践，才能实现客观与主观、个人系统和社会系统

[19] 参见前引 9，张庆熊等书，第 255 页。

[20] 参见［德］康德：《未来形而上学导论》，庞景仁译，商务印书馆 1978 年版，第 93 页。

之间的相互转化。通过对话、商谈等认识工具使各种认识、思想、价值观或利益在对话过程中争辩、冲突、让步和达成共识。在英美法系的对抗制中，几乎所有的证据都是言词证据，通过直接询问和交叉询问，控辩双方展开论辩，指控的案件事实是否达到“排除合理怀疑”，就是在这种言词的辩论、解释中产生的。

社会建构论主张从本质主义转向建构主义，就是从知识的本质判断转向知识的发生过程，即从“知识是什么”的问题转向“知识是如何发生”的问题；主张从真理发生形成的过程中理解真理是什么。正如哲学家杜威（John Dewey）所言指出，真与假乃是出现在探究过程终端的东西，而不是一开始就被给予的。一个特定假设的真 / 假就是公共的探究机制的产物，而所谓的“主观经验材料”，也只是由于向这一公共机制提供操作素材才变得有意义。[21] 案件事实不是一开始就被给予的，如何发现真实决定了真实是什么。对于过去的案件事实，我们无法看到它过去本身真正是什么样子，而只能说目前我们掌握的证据使得我们能够说它是这样的。证据总是不充分的。我们重建的过去只是那种能够用现在的思维活动从现在的客观世界分辨出来的过去。我们只能用“手上的证据表明它是这样的”。[22]

依据同样的证据，在过去案件事实被认定为排除合理怀疑。随着科学技术的发展，经验的不断积累，在今天或许被认定为存在合理怀疑。例如，美国的无辜者计划，利用现代的法医 DNA 分析技术，使许多已被定罪的无辜者得以无罪释放。我们对发生在过去事件的重建只能立足于现在的认知能力和科学技术。

不仅如此，案件事实确立的背后还隐藏着权力关系和价值选择等社会要素，它是刑事诉讼制度和诉讼过程的产物。收集证据的能力、各方资源的强度、经济因素、政治因素、价值因素、辩护能力、科学技术等因素都融入到对证据的解释和选择中，也必然影响到对案件事实的认定。以美国著名的“辛普森杀妻案”为例，如果没有辛普森以高价请来了最有名、最有能力的律师团队，运用他们的智慧和经验，利用控方犯罪现场采集血样程序存在的瑕疵；利用美国社会黑白种族对立及 12 名陪审员中有 8 位黑人妇女的背景，大打“种族牌”，使陪审团对指控事实产生合理怀疑，辛普森又怎能幸运地被无罪释放。尽管大多数美国人并不相信辛普森是无辜的，大家不得不承认审判坚持了程序正义。排除合理怀疑的真实应当是正当程序下的真实。

我国长期实行案卷笔录中心主义的审判模式。定案的依据主要是公诉方提供的被法庭直接采信的各种笔录。许多的冤假错案都表明，公诉方向法庭提供的证

[21] 参见前引 9，张庆熊等书，第 256 页。

[22] 参见［英］柯林武德：《历史的观念》（增补版），何兆武等译，北京大学出版社 2010 年版，第 400 页。

据之间具有相关性，一致性、印证性、排他性。至于证据的“确实性”，如果以证据之间的印证作为证据“确实”的标准的话，公诉方的证据可谓“确实”。在循环论证的融贯标准下，案件事实得以证成。而在证人、鉴定人、侦查人员不出庭的情况下，辩护方无力进行有效的质证，相反的证据或意见无法在法庭上提出或被采信，案件事实成了公诉方单方面论证的产物。只有等真凶出现或“亡者”归来，公诉方原来构建的“不可错”的事实大厦才彻底崩塌。

最近颇有影响的念斌一案的标杆意义在于实现了正当程序下的“排除合理怀疑”，这是建立在证据裁判主义、直接言词原则、证据开示、心证公开、非法证据排除等刑事诉讼原则和证据规则基础上的案件事实的建构。“念斌案”的最后两次开庭，证人、鉴定人、侦查人员和专家辅助人均出庭，当面对质，法庭也给予了控辩双方充分的时间发表意见。[23] 整个庭审贯彻了直接言词原则。而在此之前的庭审中，辩护人只能面对各种笔录证据。尽管辩护方针对这些笔录也提出了合理怀疑，但是证人、鉴定人、侦查人员和专家辅助人不出庭，使得案件中的大量疑问得不到解决。根据控辩双方的论辩，法官依据证据裁判主义，对不具有证据资格的证据，如刑讯逼供的供述、未按操作规程操作的鉴定意见、来源不明的物证、不合法的勘验检查笔录予以排除。法官对控辩双方争议的焦点逐一进行了评断，说明了疑点不能合理排除的理由，做到了心证公开，并最终贯彻了疑罪从无，宣判念斌无罪。

通向真实之路是由正确的方法决定的。以社会建构论为基础的“排除合理怀疑”，只有建立在控辩双方论辩式的论证过程中，才能发挥作用。我国刑事诉讼引入了部分对抗的成分，具有了控辩双方之间的论辩式论证交流形式。公诉方通过举证证明指控事实成立，而辩方只需要对控方试图证明的案件事实提出质疑，表明对公诉方待证命题的真实性存在一个合理怀疑即可。论辩式的论证交流形式是质疑和反驳对方证据和论证弱点最有效的形式。论辩式的论证交流需要各种诉讼角色的共同参与，通过语言的互动、争辩、对质，为最终形成或排除合理怀疑提供依据。在对案件事实存在争议的前提下，没有证人、鉴定人、侦查人员或专家辅助人的出庭，仅通过对书面证词的质证确认其真实性，并认定案件事实的，不是真正的排除合理怀疑。正当程序不仅保证了程序正义，也为通过语言媒介与语言实践，实现客观与主观，个人系统和社会系统之间的相互转化，为发现或排除合理怀疑提供了条件，排除合理怀疑的真实应当是建立在社会建构主义基础上的正当程序下的案件真实。

（原载《科技与法律》2015 年第 3 期）

---

[23] 福建省高级人民法院（2012）闽刑终字第 10 号刑事判决书。

刑事证明标准的维度分析

刘晓丹

2012年刑事诉讼法移植了英美法系的“排除合理怀疑”，将其作为“证据确实、充分”标准的组成部分，从法官作为认识主体的角度确立证明标准，将对案件事实真实的客观化要求与裁判者的主观心态相结合。然而，“证据确实、充分”的客观化要求与“排除合理怀疑”标准在认识论维度和价值维度上存在较大的差异，本文在对证明标准认识论维度和价值维度分析基础上，对我国证明标准进行反思与检讨。

一、两大法系证明标准的认识论维度分析

诉讼虽以利益争端和纠纷的解决为最终目的，但是刑事诉讼仍需以案件事实的真实发现作为可接受的纠纷解决的基础。“真”一直以来就是认识论的目标所在，一切研究和探索都是为了追求和发现真理和真知。关于什么是“真”，从古至今上演着各种哲学思想。证明标准的确立总是以那个时代主流认识论哲学思想为基础。英美法系和大陆法系的证明标准正是西方近现代真理观在法律中的反映。

（一）大陆法系证据标准与其真理观

19世纪的实证主义哲学奠基人奥古斯都·孔德将西方知识分为三个时期：神学时期、形而上学时期和实证主义时期。与此同时，大陆法系的证据制度经历了神示证据制度、法定证据制度和自由心证证据制度三个阶段。每一个时代的真理观决定了那个时代的证明标准。

神示证据制度时期正是经院哲学在思想领域占统治地位的时期。神或上帝是世界的主宰。神学相信世界是上帝创造的，上帝通过启示使人类发现绝对的真实。人可以因“信”而“知”，因此真理是被给予的，它不需要被发现，上帝的启示是真理的终极检验标准。教会则是真理的代表和守护者。法学相较于经院哲学更是受到“真理给予说”以及内在协调说的支配。[1]司法证明的方法是固定的火审法、水审法、热油审、毒审法、圣水审等神明裁判法。司法判决受到这些既有证明方法的约束，裁判的目的不是发现真相，而是在已有的证明规则中探明已被给予的

[1] ［英］梅特兰等：《欧陆法律史概览——事件、渊源、人物及运动》，屈文生等译，上海人民出版社2008年版，第295页。

真相，司法裁判也因此获得了权威性。以神的启示作为证明标准是一种认识上的独断论，它适应了司法证明的童年时代。

即使在中世纪神学统治一切的时代，人们对理性的渴求、反思和批判精神也从未停止，中世纪后期反抗权威和对经院体系的反思和批判精神逐步掀起了文艺复兴运动、思想启蒙运动和宗教改革运动。国家取代教会，理性反对权威，自然科学得到发展。人们普遍认为真实不是通过权威传递下来的，而是通过自由和客观的探索去获得和实现的。[2]

16—17 世纪的欧洲大陆，以笛卡尔为代表的唯理论哲学开始在西欧大陆各国占据统治地位，唯理论哲学不仅一定程度上促进了近代文明的发展，而且也影响了当时司法证明制度的变革。法定证据制度取代了神示证据制度，以机械决定论取代了神的启示。

笛卡尔的目标是发现确定、自明的真理。他认为一切通过感觉得来的东西都是可疑的、错误和片面的，只有运用理性才能获得普遍和必然性的知识。只有那些清楚明白的观念才符合客观实际，才是真理的标准。一切或然性知识都是谬误。数学方法是发现真理的方法，数学所研究的“次序和度量”乃是各门学科共有的特点。必须把数学方法加以泛化和扩展，“移植”到其他学科中去。[3]

在笛卡尔的唯理论真理观以及社会等级观念的社会背景下，以证人的身份和地位为基础，证据被赋予以具体的数值。被告人自白或刑讯逼供取得的被告人供述是完全的证明；一个可靠的证人证言、证明一方当事人诚实性的誓言均是二分之一证明；与当事人有利害关系或者个人信誉有瑕疵的证人证言是四分之一证明；如果四分之一的证明受到对方有效质疑，则证明减半成为八分之一证明。对于完全证明、二分之一证明、四分之一证明、八分之一证明的划分便是理性思维的结果。如果起诉方的证据相加构成一个完整的证明，则应当作出有罪判决，如果相加的结果不等于一个完整的证明，应当做出无罪判决。通过理性思维和数学的加减，可以获得必然的“真”。在笛卡尔时代，自然中的一切事物甚至心理过程和情感都必须以机械方式进行解释，而无须借助于形式或者本质。[4]

无论是宗教神学还是笛卡尔主义的唯理论哲学都是以追求绝对的知识为目的。相信绝对真理的存在。案件真实追求的也是“客观的真实”，而且通过人的理性可以达到的“永恒的绝对的真实”。

欧洲的宗教改革运动使得怀疑主义盛行，笛卡尔的唯理论是在反对权威的经

---

[2] ［美］弗兰克·梯利：《西方哲学史》（增补修订版），贾辰阳，谢本远译，光明日报出版社 2014 年版，第 239 页。

[3] 参见徐瑞康：《欧洲近代经验论和唯理论哲学发展史》，武汉大学出版社 2007 年版，第 144–145 页。

[4] 参见前引 2，弗兰克·梯利书，第 279 页。

院哲学和否定怀疑主义基础上建立起来的。笛卡尔反对独断论，而其又陷入了另一种独断论和决定论的泥潭，将人的经验、情感、意志和价值选择完全排除在真理之外，将其视为一部只剩下理性思维而没有感觉的机器，希望以纯粹的机械原理解释外部物质世界。当然，笛卡尔主义适应了当时欧洲资产阶级向封建势力妥协的意向和要求。

笛卡尔的机械论和决定论的世界观，将个人的理智、自由和价值消解于纯粹的理性之中，同样受到理性的批判。欧洲大陆的唯理论学派后来受到英国经验主义哲学的影响，吸收了经验主义哲学的积极因素，认识到完全否认感觉经验在认识中的作用是荒谬可笑的。德国哲学家莱布尼茨提出了两种真理学说："推理的真理"（又称"必然真理"）和"事实真理"（又称"偶然的真理"）。必然真理建立在"矛盾原则"基础上，通过理性推理而获得的，属于比较清楚明晰的认识如数学。事实的真理是"靠经验来建立"，是对具体事物的判断。事实的真理具有偶然性，因此，不遵循矛盾原则。相反的两个命题都具有可能性。在两个相反而本身同为可能的命题中，具有充足理由的才能被证明为真理。事实真理的证明依赖于感觉经验。[5]

在反对权威和决定论的声浪中，个人独立思考和理性主义精神被提倡。人们在认识上诉诸理性，在信念和行为上诉诸良知。案件事实是通过自由、理性和不偏不倚的探究获得和实现的。除了数学，其他科学的知识以及历史事实都不具有绝对性和确定性。一切知识必须建立在观察和实验的经验事实基础上。经验是知识的唯一来源和基础，人的认识能力只限于经验范围。人的理智的不确定性、认识手段的局限性使得我们永远也不能达到绝对的知识。

在通过神灵裁判和机械的法定证据制度可以使案件事实达到绝对真实的前提下，没有确立证明标准的需要，案件的真实已经被预先给予或决定。如果我们承认对案件事实的认识不可能取得绝对的真实，案件事实只能是或然的，证明标准的确立就成为法律亟待解决的问题。

在国家取代教会后，宪政主义和民主制度日益强大，要求权利平等和社会公正。自由心证的证据制度正是在这一背景下形成。在追求案件事实的过程中，不再追求绝对的必然的"真"，代之以法官通过自由判断，依据良心和理性达到内心确信。内心确信作为大陆法系的证明标准，要求法官对每一个证据依据它们的固有性质和它与案件的关联进行自由判断，依据该案的一切情况和全部证据，达到内心确信不疑的信念状态。

（二）英美法系证据标准与其真理观

由于特殊的地理位置以及政治、法律文化背景的差异，英国从神示证据制度

[5] 参见前引 3，徐瑞康书，第 361–362 页。

后确立了知情陪审团制度。早期的知情陪审员们根据知道的信息认定案件事实，陪审员们既是证据的收集者又是证据的评估者，这一时期的法庭对证据规则和证明标准没有需要。随着社会的日渐复杂和人口流动性的增加，陪审员们不再熟悉案件事实，而越来越依赖证人证言和书证等其他证据。16世纪中期，英国确立了强制证人出庭作证制度和伪证罪，证人证言的可靠性标准和案件事实的证明标准问题应运而生。"满意的良知"和"道德确定性"作为英国最早的证明标准正产生于这一时期。

包括英国在内的整个欧洲具有深厚的基督教传统，人们的思想观念起源于基督教，对《圣经》的解读标准直接成为对世俗事务的判断标准。"满意的良知"是基督教对道德事实的判断标准。根据基督教教义，良知是上帝放置在人类思想和灵魂中的法则，人的行为由这些法则管理。良知作为上帝的监督者指导人的行为。良知是行为正确与错误、合法与不合法的充分的衡量标准，良知具有权威性。[6]宗教改革之前，服从良知就是服从天主教会。个人的良知毫无例外地服从教会的权威。16—17世纪古希腊的理性主义复苏。清教徒提出良知是理性，良知本身就是最高的判断，每一个个体依据良知的判断是神圣不可侵犯的，即使是司法裁判官也不例外。[7]这一时期被称为良知的时代，也是基督教决疑法鼎盛的时期。神学家威廉姆·铂金斯（William Perkins）提出良知是理解力。理解力包括理论理解力和实际理解力，这两个术语分别来自希腊语良知（synderesis）和拉丁语良知（conscientia）。[8]前者指对真实与虚假的思考，后者是探求每个特定行为的好与坏。良知是理性的能力，因此，良知的判断与服从教会权威无关。

当时的神学家们认为只有正确的满意的良知（satisfied consience）才能做出正确的判断。法庭借用了当时日常生活中人们对道德事实判断的方法与标准作为对案件事实及被告人是否有罪的判断标准，由于良知具有权威性，事实认定者的裁判也因此获得了司法的权威性。例如，16世纪初，托马斯·莫（Sir Thomas More）勋爵指出，陪审员们必须"根据自己来自理性的良知，形成肯定的具有说服力的信念"。[9]17世纪初，英国上议院大法官弗兰克·培根（Frances Bacon）

---

[6] John Morrell, Paul Slack and Daniel Wolff (eds.), Public Duty and Private Conscience in Seventeenth Century England, Clarendon Press (Oxford) 1993, p.29.

[7] T.F. Merill, William, Perkins, His Pioneer Words on Casuistry, The Hague University Press 1966, p.32.

[8] 参见［英］詹姆士·Q. 惠特曼：《合理怀疑的起源——刑事审判的神学根基》，佀化强、李伟译，中国政法大学出版社2012年版，第152-153页。

[9] Barbara Shapiro, Symposium: Origins of Reasonable Doubt: Evidentiary Standards From Christian Theology to Guantanamo: Changing Language, Unchanging Standard: From "Satisfied Conscience" to "Moral Certainty" and "Beyond Reasonable Doubt", in 17 Cardozo J. Int'l & Comp. L. (2009), p.262.

提出“证言的充分性和可靠性完全留给陪审团根据良知和理解力进行判断”。[10] 杰里米·泰勒（Jeremy Taylor）认为，令人信服的或确定的良知须有充分的说服力，尽管不能达到肯定性的证明程度，但是也可以达到“非常高的可能性”。依据满意的良知确定的“真”与其他科学上的“真”没有区别。[11]

“满意的良知”与“道德确定性”作为刑事诉讼证明标准经常并用。满意的良知就是道德确定性。“道德确定性”这个概念早在 15 世纪初由法国神学家甄·格尔森（Jean Gerson）提出。格尔森提出这一概念时正值欧洲宗教大分裂和古代怀疑主义复兴的时期。格尔森指出的“道德确定性”并非具有数学证明的绝对可靠性，而是指即使根据有限的信息，人们也不必因此而焦虑或犹豫不决地采取行动的确定性。“道德确定性”的概念减轻了行动者因行为依据的事实并非绝对可靠而产生的道德压力。[12] 这一概念在 15 世纪后很快传播开来，经常在宗教和非宗教背景下使用。

“道德确定性”的概念以亚里士多德实践哲学为基础。亚里士多德认为，“在实践事项上确保理论的精确性是不可能的，因为道德判断乃明智（实践智慧）之事，而非科学之事。”[13] 无论是“满意的良知”还是“道德确定性”都不是绝对的肯定而是建立在可能性基础上的排除合理怀疑的足够的确信。例如，神职人员安格利亚（Anglican）认为，为了判断一个人良知的正确性，并不必然需要绝对肯定性的证明。如果事实建立在令人信服的可能性的基础上，排除所有合理怀疑就足够了。[14] 罗伯特·波义耳（Robert Boyle）指出，确定无疑的知识只可以在数学和形而上学中取得。一个人可以期望的最高的可能性是道德确定性，是排除合理怀疑的足够的确信。[15] 道德确定性是一种确定性，可以确保法官对被指控的当事人作出死刑判决。[16]

神学家威廉姆·奇林沃思（William Chillingworth）在其 17 世纪英国最有影

---

[10] Barbara J. Shapiro，“Beyond Reasonable Doubt” and “probable cause”：Historical Perspectives on the Anglo-American Law of Evidence，University of California press 1991，p.11.

[11] Alexander Taylored.，The Rule of Conscience in The Whole Works of the Right Reverend Jeremy Taylor ⅩⅤ，Longman Group LTD.1851，pp.51-52.

[12] Harald E. Braun and Edward Vallanc，The Renaissance Conscience，Blackwell Publishing 2011，p.13.

[13] ［古希腊］亚里士多德：《尼各马可伦理学》，苗力田译，中国人民大学出版社 2003 年版，第 127 页。

[14] 前引 10，Barbara J. Shapiro 文。

[15] Richard G. Olson，Science and Religion，1450-1900：From Copernicus to Darwin，Johns Hopkins University Press 2006，pp.89-92.

[16] Robert Boyle，Some Considerations About the Reconciliableness of Reason and Religion，Oxford University Press 1675，pp.94-96.

响力的作品之一《清教徒的宗教》(*Religion of the Protestants*)中指出，建立在证人证言基础上的信念只能产生道德确定性。道德确定性是通过推理和证据可能性的强度和数量构成的盖然性的证明，是最高程度的可能性。奇林沃思认为英国的法官对指控的犯罪事实做出的判断并不是绝对的肯定，但他们根据证据足以做出确定的、正确的判断。[17]这种观念对后世产生了巨大的影响，成为应对怀疑主义挑战的策略，最终被法律所接受。

英国的刑事诉讼证明标准除了受英国决疑论传统的影响，还受到英国经验主义哲学思想的影响。17世纪英国经验主义代表人物约翰·洛克(John Lock)在《人类理智论》一书中以盖然论为基础，提出了同意程度理论。洛克认为盖然性与信念、同意和意见相关联。洛克认为，我们讨论的大部分命题是我们对其真实性存在怀疑的知识，但是其中一些知识是如此接近确定，我们对它们根本不会有怀疑，而是坚定地同意它们，并可以在此基础上坚定地采取行动，就如同它得到了完整正确的证明。洛克认为事实可能性的程度依赖于证据的质和量。评断他人证言的可靠性时，需考虑：证人的数量；证人的诚实性；举证的技巧；举证的目的；证言的逻辑性；与过去相关情况的一致性；无相反的证据。如果经验和证据发生冲突，则盖然性可产生无数的等级和相应的同意程度。[18]洛克关于盖然性和同意等级的论述为现代英美证据法中证明标准体系的确立提供了哲学基础。英美法系最早的证据法学家杰弗里·吉尔伯特(Geoffrey Gilbert)的证据法著作就是以洛克的认识论思想为基础。[19]当时美国最高法院的大法官也提出，法律必须遵从认识论中的“真实”性理论。[20]

17—18世纪末，“满意良知”“道德确定性”和“排除合理怀疑”作为刑事诉讼证明标准经常被混合使用。例如，西门·格林力弗(Simon Greenleaf)在其证据法论文中指出，案件事实真实性的唯一法律标准是案件事实的证明达到无偏见地排除合理怀疑的程度，足以使普通人的思想和良知感到满意，产生确定性以至于敢于采取行动，做出有罪判决。[21]19世纪初，“排除合理怀疑”的证明标准已经确立。英国法庭已经不再使用“满意良知”和“道德确定性”的概念作为刑事证明标准。

---

[17] Robert Pasnau, Medieval Social Epistemology: Scientia for Mere Mortals, Edinburgh University Press 2010, p.11.

[18] 参见［英］洛克:《人类理解论》(下册)，关文运译，商务印书馆1959年版，第702页下。

[19] ［美］约翰·W.斯特龙主编:《麦考密克论证据》(第5版)，汤维建等译，中国政法大学出版社2004年版，第10页。

[20] Thomas V. Mulrine, Reasonable Doubt: How in the World is it defined？, 12 Am. U.J. Int' L.& Pol' y(1997), p.272.

[21] 前引10，Barbara J. Shapiro文。

“排除合理怀疑”成为英美法系国家刑事诉讼证明标准还与英美法系的对抗制有关。在 18 世纪之前，英国刑事诉讼辩护律师的权利长期受到限制，尤其在重罪审判中，辩护律师几乎不起任何作用。[22] 直到 18 世纪末，英国法庭逐步允许辩护律师在重罪审判中发挥作用。[23] 辩护律师在法庭上对控方的证据提出“怀疑”，符合被告人的利益。“排除合理怀疑”和无罪推定作为证明标准和起诉方的证明责任不断地被辩护律师使用。辩护律师在法庭提示陪审团，“如果你对被告人有罪存疑，你必须做出无罪判决，这既是法律原则，也是人性原则”。[24]

而英美法系的法学家们一直致力于使证据法与当时最先进的哲学思想保持一致。“排除合理怀疑”的证明标准确立同时受当时盛行的苏格兰常识学派的影响。苏格兰常识学派代表人物托马斯·里德（Thomas Reid）提出了确定性与排除合理怀疑的关系。“信念或多或少地与怀疑交织在一起，直到达到最高程度的证明，当所有的怀疑消除，信念坚定不可动摇，此即为确定性。”[25] 19—20 世纪实用主义哲学关于“真理”的解释，为“排除合理怀疑”的含义注入了新的思想。美国实用主义哲学家约翰·杜威（John Dewey）认为，“真与假乃是出现在探究过程终端的东西，而不是一开始就被给予的。而所谓“实用主义真理观”的堂奥正在于此：这种新真理观的要点，并不像某些别有用心的人所污蔑的那样，在于主张“对我有用即真”，而在于辨别哪些假设可以更好地得到实验结果的支持，并因此成真。一个特定假设的真或假就是公共的探究机制的产物。[26] 皮尔士（Charles S. Peirce）认为，采用科学方法进行的探索能促使人们最终达成意见的一致，这种性质的一致意见便是真理。真理是稳定可靠的信念，它免除了怀疑的干扰，那种你根本不怀疑的东西，你就应该把它当作完全可靠的真理。[27] 实用主义真理观特别强调真理对行动的指导作用，强调了真理和价值的统一以及它对行动的影响。

虽然英美法系和大陆法系国家在法律文化背景以及诉讼模式上存在差异，但在刑事诉讼证明标准的演变过程中，存在诸多相似之处：无论是英美法系还是大陆法系的证明标准都是在经历资产阶级思想启蒙运动以及反对 16 世纪盛行的怀疑主义的立场中发展而来，反对权威和决定论。不同的是大陆法系走上了以笛卡

[22] John M. Beattie，Scales of Justice：Defense Counsel and the English Criminal Trial in the Eighteenth and Nineteenth Centuries，9 Law & Hist. Rev.（1991），p.221.

[23] Jhon H. Langbeink，The Historical Origins of the Privilege Against Self-Incrimination at Common Law，92 Mich.L.Rev.（1994），p.1048.

[24] 前引 10，Barbara J. Shapiro 文。

[25] Thomas Reid，Essays on the Intellectual Powers of Man，Cambridge University Press 1850，p.413.

[26] 转引自张庆熊、周林东、徐英瑾：《二十世纪英美哲学》，人民出版社 2005 年版，第 256 页。

[27] 邱忠善：《皮尔士的真理观初探》，载《汉江论坛》2013 年第 9 期。

尔唯理论为认识论基础的法定证据制度的道路，以绝对的机械论和决定论反对怀疑主义；而英美法系根据经验主义认识论以乐观的理性主义反对怀疑主义。两大法系最终都认识到案件事实属于经验范畴，绝对的肯定是不可能的，随着证据的累积可以在经验范畴中达到最高程度的确定性。两大法系都主张以良知和理性形成裁判者个人的判断即内心确信和排除合理怀疑，强调了对裁判者理智的尊重，同时以正当程序对裁判者案件事实认定形成的信念加以约束，以保证案件事实认定的真实性和可接受性。证明标准的确立始终力图以当代的自然哲学的先进思想作为认识论的基础。不同的是英美法系实行陪审团制度和对抗制，18 世纪末辩护律师参与庭审中，一定程度上推动了“排除合理怀疑”证明标准的确立。辩护方重在对控方证据提出“怀疑”以保护被告人的利益，而控方强调的是如果陪审团对被告人有罪足以排除合理怀疑，就应当毫不犹豫地作出有罪判决。

二、两大法系证明标准的价值维度分析

如果说证明标准的认识论维度是为了追求“真”，那么证明标准的价值维度则是为了追求“善”。早在古罗马时期，“怀疑有利于被告”理念就与刑事诉讼公诉方的证明责任和证明标准联系在一起。公元 382 年的罗马帝国宪法规定，所有指控者必须以可靠的证人、文书证据或毋庸置疑的事实提出指控，指控的事实应当比日光更清楚。如果证明是不完全的或者无结论的，怀疑的利益给予被告。[28] 英美法系不仅将无罪推定视为人权保障原则，而且始终作为一种证据规则，被视为“排除合理怀疑”的另一种表述。证据法学家威格摩尔（John H. Wigmore）认为，无罪推定仅仅是起诉方证明责任的另一种表述形式。[29]

在现代意义上，证明标准的功能之一在于错误风险的分配。在承认案件事实的认定具有或然性的证明制度下，证明标准的确立旨在减少哪种类型的错误可以使道德成本最小化。法庭不能保证每个案件都能做出正确的判决。因此，存在两种错误判决：无辜者被宣判有罪或有罪者被宣告无罪释放。前者称为假阳性错误，后者称为假阴性错误。这两种错误不可能同时减少，假阳性高则假阴性低，反之亦然。

一种选择是设立较低的证明标准，减少假阴性错误，疑罪从有。理由是释放有罪者可能导致犯罪率的增加，并且可能对法律的威慑作用降低，虽然可能牺牲一些无辜者，但可换取社会利益的最大化。另一种是设立最高的盖然性标准——“排除合理怀疑”或“内心确信”，疑罪从无。从道德成本的角度考虑，判决无辜

---

[28] Francois Quintare-Morenas，The Presumption of Innocence in the French and Anglo-American Legal Traditions，58 Am. J. Comp. L.（2010），p.112.

[29] Jeff Henry，Punishing the Innocent，the Need for Due Process and he Presumption of Innocence Prior to Trial，Wis.L. Rev.（1978），p.461.

者有罪的道德成本高于释放有罪者，因为被告人有无罪不被治罪的权利。冤枉无辜者不仅损害了无辜者的生命自由权利，错误判决无辜者的概率越大，整个社会对国家司法系统的信任度越低。社会从对无辜者是否有罪的怀疑立即转变为对国家刑罚正义性的怀疑。证明标准降低导致疑罪从有，不仅侵蚀了社会公众对刑事司法制度的信任，进一步破坏了刑事司法制度的正当性和权威性。[30]

证明标准作为裁判者对案件事实真实的信念尺度还与裁判者对错误风险的价值考量密切相关。裁判者犯某种类型的错误招致社会或自身利益的损害程度越大，法官冒险的倾向就越小，以通过减少这种错误风险发生的概率来抵消其损害程度的增加。

裁判者如果认为释放潜在的罪犯意味着更大的社会伤害，为了避免这种错误风险，必然通过降低案件事实真实的信念尺度而选择“疑罪从有”。反之，如果认为错判无辜将导致对司法权威、社会、当事人甚至法官更大的伤害，则为了避免这种错误风险，法官会选择“疑罪从无”，通过减少错判无辜者有罪的概率以抵消这种损害程度的增加。例如，惠特曼（James Q. Whitman）教授通过历史考察提出，无罪推定源于古老的基督教教义，裁判者杀戮无辜和正义之人，他将负有血罪。为了避免这种道德风险，裁判者遵从安全之道——“怀疑之事，勿行动，尤其在性命攸关的案件中”。[31] 裁判者为了避免错判无辜，获得灵魂的救赎，必须严格遵守正当程序，仔细斟酌和考量全部证据和所有事项，当对被告人有罪存有怀疑时，宁可让罪犯逃脱，也不能判决无辜者有罪。案件事实确定性的四个等级即道德确定性、意见、猜测和怀疑，同时也是裁判者道德责任的比例等级。法官必须排除怀疑、猜测和意见，最终达到最高等级的道德确定性。[32]

当然多虑的怀疑会影响公共利益，所有的怀疑都要接受理性的检验。安东尼·莫拉诺（Anthony Morano）就坚持认为“排除合理怀疑”证明标准的确立是使控方更容易完成说服责任。[33] 在理性的前提下，陪审团排除了合理怀疑，就应当毫不犹豫地做出有罪判决，如果这时裁判者为了获得灵魂的安全犹豫不决，不对有罪的人做出宣判，必将对社会造成巨大伤害。

与基督教教义不同，基于现代刑事诉讼原则英美法系国家将“排除合理怀疑”证明标准宪法化是基于对被告人权利的保护。[34] 无论是提供道德慰藉以保护审判

[30] Charles Nesson，The Evidence or the Event？ On Judicial Proof and the Acceptability of Verdicts，98 Harvard LR（1985），p.1362.

[31] 前引 8，詹姆士·Q. 惠特曼书，第 266 页。

[32] 前引 8，詹姆士·Q. 惠特曼书，第 251 页。

[33] Randolho N.Jonakait，Finding the Original Meaning of American Criminal Procedure Rights：Lessons from Reasonable Doubt’s Development，10 U.N.H.L.r EV.（2012），p.99.

[34] 前引 33，Randolph N. Jonakait 文。

者的灵魂避免来自上帝的惩罚，还是保护无辜的被告人免受有罪判决，“排除合理怀疑”或“内心确信”作为案件事实认定所能达到的最高标准都体现了对人生命与自由尊重的价值理念。英美法系将“排除合理怀疑”和无罪推定视为镜像关系。美国最高法院指出，“排除合理怀疑”为无罪推定提供了具体的根据，没有“排除合理怀疑”的保障，无罪推定无法真正实现。[35]

三、我国“证据确实、充分”证明标准认识论维度解析

（一）我国刑事证明标准及其真理观的演变

我国1979年的刑事诉讼法首次确立了“案件事实清楚，证据确实、充分”的刑事证明标准。1996年修订的刑事诉讼法仍然沿用了这一刑事证明标准。直到2013年实施的新刑事诉讼法将“排除合理怀疑”引入到“证据确实、充分”的刑事诉讼证明标准之中。在证明标准演变过程中，作为证明标准认识论基础的真理观也经历了从“客观真实说”向“法律真实说”的转变。

我国的刑事证明标准源于1956年最高人民法院发布的《各级人民法院刑、民事案件审判程序总结》（以下简称《总结》）。该总结指出：“在法庭调查阶段，必须把案情彻底查清，取得确凿的证据，被告人的供词，必须经过调查研究，查明确实与客观事实相符的，方可采用。”[36]此规定为后来我国刑事诉讼证明标准采客观真实说奠定了基础。1979年和1997年的刑事诉讼法皆将“案件事实清楚，证据确实、充分”作为我国的刑事证明标准。虽然确立了“案件事实清楚，证据确实、充分”的刑事证明标准，但是何为案件事实清楚？“证据确实、充分”的含义和条件是什么？1979年和1997年的刑事诉讼法及其司法解释并没有明确规定。

“案件事实清楚，证据确实、充分”的证明标准以客观真实说为认识论的基础。诉讼证明必须达到客观真实的程度，法院判决中所认定的案件事实与实际发生的事实完全相符。客观真实说主张案件的真实应当是绝对的真实，是在一定范围内不能被推翻的正确认识。因此，司法机关一直被要求将案件办成铁案，也就是要求司法机关发现绝对真实的、不可被推翻的、经得起历史和时间检验的符合客观实际的案件事实。承认诉讼证明中绝对的真实，才能确立认定案件事实是否正确的科学标准，从实体上分清办铁案与办假案，公正司法与司法不公的根本界限。[37]

随着理论研究的深入和司法实践经验的总结，客观真实说受到质疑，学者们

---

[35] In re Winship，397 U.S. 358（1970），p.363.

[36] 韩延龙主编：《中华人民共和国法治通史》（下），中共中央党校出版社1998年版，第61页。

[37] 陈光中、陈海光、魏晓娜：《刑事证据制度与认识论——兼与误区论、法律真实论、相对真实论商榷》，载《中国法学》2001年第1期。

提出并展开了客观真实或与法律真实说，绝对真实与相对真实，形式真实与实质真实的大讨论。

法律真实说的主张者对客观真实说进行了批判。法律真实说认为，司法裁判中认定的事实是经过程序法、证据法和实体法调整过了的、重塑了的事实。[38]经过证据证明的案件事实并非客观事实本身，而是由证据重构的案件事实，其与客观事实总是存在或多或少的差异。[39]刑事诉讼中发现的案件事实应当达到从法律上的角度认为是真实的程度。[40]法律真实只能达到最大限度的盖然性。

法律真实说尊重法律和法律程序的独立价值，强调刑事实体法和程序法、证据法对证据和案件事实的规制作用，要求法官在证据合法性和真实性基础上，根据经验和逻辑，通过合理的自由心证认定案件事实。法律真实以辩证唯物主义认识论为立场，认为人的认识活动是主客体的对立矛盾运动，客观真实说仅仅片面地从客观方面去理解司法证明，缺乏对认识主体主观方面的研究。[41]

最高人民法院前院长肖扬在 2001 年 12 月 17 日《在全国高级法院院长会议上的讲话》中指出："人民法院应当努力做到法律事实与客观事实的一致，但由于司法机关和当事人收集证据的局限性，人民法院通过公正、公平程序，根据证据、事实和法律作出的裁判结果可能与客观实际不完全吻合。但是，在正常情况下，只要做到了法律上的真实，裁判结果就应当认为是公正的。"[42]

法律真实说只是一种司法证明的真理观，并不是具体的刑事诉讼证明标准。1997 年刑事诉讼法没有对"案件事实清楚，证据确实、充分"的证明标准进行具体的阐释，以及不断被披露的严重刑事错案，2010 年最高人民法院颁布实施了《关于办理死刑案件审查判断证据若干问题的规定》（以下简称《规定》）。规定第 5 条对于办理死刑案件提出了更严、更细的证据标准，对什么是"证据确实、充分"，有了具体、明确的判定与衡量尺度。[43]其内容包括：（1）定罪量刑的事实都有证据证明；（2）每一个定案的证据均已经法定程序查证属实；（3）证据与证据之间，证据与案件事实之间不存在矛盾或者矛盾得以合理排除……（4）根据证据认定案件事实的过程符合逻辑和经验规则，由证据得出的结论为唯一结论。

---

[38] 罗国良：《犯罪构成事实是刑事诉讼中的主要证明对象》，载《人民法院报》2010 年 2 月 10 日，第 5 版。

[39] 汪建成、孙远：《自由心证新论——"自由心证"之自由与不自由》，载何家弘主编：《证据法学论坛》（第一卷），中国检察出版社 2000 年版，第 330 页。

[40] 樊崇义：《客观真实管见——兼论刑事诉讼证明标准》，载《中国法学》2000 年第 1 期。

[41] 锁正杰、苏凌：《"法律真实"理论与"客观真实"理论比较》，载《国家检察官学院学报》2003 年第 5 期。

[42] 李奋飞：《对"客观真实观"的几点批判》，载《政法论丛》2006 年第 3 期。

[43] 张军主编：《刑事证据规则理解与适用》，法律出版社 2010 年版，第 5 页。

“证据确实、充分”标准贯彻了证据裁判原则，作为定案根据的证据应当具有合法性、真实性；证据之间相互印证、无矛盾；全案证据形成完整的证据体系；结论的排他性。这些规定被有的学者称为“客观化”的证明要求，是“恢复事实原貌”和“实事求是”的另一种表达。[44]

2012年修正的刑事诉讼法又将“排除合理怀疑”的概念引入到证明标准中，成为“证据确实、充分”证明标准的组成部分。“排除合理怀疑”被认为是“证据确实、充分”证明标准的主观化要求。

（二）对“证据确实、充分”客观化要求的认识论维度解析

对于“证据确实、充分”客观化的证明要求与“排除合理怀疑”的关系，学者们认识不一。有的学者认为，“证据确实、充分”与“排除合理怀疑”两者是一回事，是相同的证明标准。[45]有的学者认为我国的刑事证明标准已经被“排除合理怀疑”标准取代。[46]有的学者认为，“排除合理怀疑”有时比“证据确实、充分”证明标准低，“证据确实、充分”包含了“排除合理怀疑”[47]

笔者认为“证据确实、充分”的客观化要求与“排除合理怀疑”在认识论维度上并不统一。“证据确实、充分”的客观化要求与“排除合理怀疑”是基于不同的真理观。“证据确实、充分”标准是以融贯论作为真理观，仍然是以真假二元逻辑为基础；而“排除合理怀疑”标准是以盖然论和社会建构论为真理观。

任何刑事证明标准都以一定的真理观作为认识论的基础。在规定颁布之前，理论界和实务界对“案件事实清楚、证据确实、充分”证明标准都以客观真实说作为其认识论的基础，之后客观真实说受到法律真实说的批判。客观真实说是以哲学上最悠久、最传统也影响最广的真理符合论为基础。符合论假设存在着一个独立于人的意识之外的客观实在，认识的对象独立于人的意识而存在。只有认识与客观实在相符合，便发现了真理和真相。没有符合，则没有真理和真相。

传统的符合论最合乎直观和常识，然而存在不可克服的缺陷。认识在内，客观实在在外；认识在我，客观实在在客，两者如何符合？人的主观认识是通过命题进行表达，符合是命题与客观实在的一一对应还是关联？“事实”的性质是什么？事实是客观实在还是认识主体对认识对象的感觉经验，如果是后者，以命题表达的主观认识与事实的符合，就成了一个命题与其他命题的符合，则偏离了符合论的基本立场。而且符合论只能用真假二值描述命题，不含有价值评断。正是基于传统符合论的缺陷，我们以法律真实说取代了客观真实说。

[44] 陈瑞华：《刑事证明标准中主客观要素的关系》，载《中国法学》2014年第3期。

[45] 李蓉：《从法定证据证明标准之兴衰看我国新刑事诉讼法的证明标准》，载张仁善主编：《南京大学法律评论》（秋季卷），法律出版社2013年版，第269-273页。

[46] 前引44，陈瑞华文。

[47] 龙宗智：《中国法语境中的排除合理怀疑》，载《中外法学》2012年第6期。

然而，“证据确实、充分”的客观化要求实质上是以融贯、一致作为符合的标准，也就是作为案件事实“真实”的标准，没有完全摆脱客观真实的情结。

融贯论依赖于关联性、相容性和充分性三个概念。融贯论从整体主义立场出发，把真理看作一个由一系列相互关联的逻辑命题构成的完整体系。一个命题或语句的真取决于该命题或语句与同一集合系统内其他命题或语句的关系。[48]相容性是指一组命题之间具有一致性，互不矛盾。关联性是指系统内的任何一个命题都不独立于系统内的所有其他命题，或者在逻辑上必须能推衍出其他命题及被其他每个命题所推衍。[49]充分性指的是命题系统的推衍能力。若能在一定范围内把真的命题都推衍出来，该系统就是充分的，否则是不充分的。

融贯主义作为一种真理观，有其合理的一面。融贯论强调真理的整体性，世界是一个普遍联系的整体，我们对它的认识也应当是整体性的。然而，融贯主义有其局限性。谎言也可以编制得天衣无缝，保持自身逻辑的一致融洽，但它们不是真理而是谬误。例如，在滕兴善案件中，公诉方提供的证据满足了以下条件：（1）每一个案件事实都有证据证明，如作案动机是因为被害人拿走了滕兴善的钱而激情杀人。就作案技能而言，被害人被碎尸，作案人应当具有肢解尸体的技能，加害人可能是外科医生或屠夫，滕兴善是屠夫。滕兴善交代了作案的时间、地点、杀人经过，碎尸及抛尸的方式和地点。滕兴善指认了凶器，即家中的斧头和弟弟家的一把刀；斧头上发现的头发，经检验为A型血，与被害人血型一致；颅骨重合和颅骨复原鉴定结论证实无名尸体是杨晓荣（化名）；鉴定结论证明斧头在实验样本上的砍痕与尸体肱骨上遗留的砍痕吻合一致。（2）证明被告人滕兴善有罪的证据之间均相互印证、一致。即使辩护律师提出了一些疑点也被排除。例如，刑讯逼供的口供不真实，滕兴善法庭上翻供，但这些均被认为被告人抱有侥幸心理，企图逃脱罪责。尸检报告显示死者颧骨骨折，说明死者头部遭钝器打击，但不能排除摔打或抛尸形成。虽然颅骨重合结论中提到“有些部位不太一致”，但“相貌特征相符”的结论说明颅骨重合倾向于认定无名尸体是杨晓荣。[50]（3）口供证据有其他物证及证人证言的补强。（4）结论排他性。我国的冤假错案有着惊人的相似性。公诉方编织的完全闭合性的证据体系内，都做到了证据之间能相互印证、一致、证据链条完整、结论唯一性。然而，这个封闭的印证的证据体系却在“亡者归来”或“真凶显现”后支离破碎。

根据融贯论，在一个证据锁链的命题系统内，各个证据命题之间能够相互印

---

[48] 胡泽洪:《“真”之逻辑哲学省察》，载《哲学研究》2007年第5期。

[49] 陈波:《语句的真、真的语句、真的理论体系——“truth”的三重含义辨析》，载《北京大学学报》（哲学社会科学版）2007年第1期。

[50] 何家弘:《迟到的正义——影响中国司法的十大冤案》，中国法制出版社2014年版，第2-12页。

证，则各个证据命题的真实性即被证实了。在“案卷中心主义”的审判模式下，公诉方只宣读能够相互印证的那部分案卷材料，将存在矛盾之处回避掉，使得自身封闭的命题系统符合融贯的要求，而辩护律师对公诉方证据链条提出的质疑被法官认为纯属主观、片面的推论，辩护意见不予采纳。法官将辩护方相反的命题系统完全排除在外。公诉方由口供衍生出其他的证据，如物证、鉴定意见、证人证言等。这些证据之间的相互印证、一致、无矛盾，排他，本质上是一种循环论证。一个证据的确实性需要靠其他证据证明。换句话说，证据总是需要一个标准来确定其真实性，而这个标准又需要一个证据来确定其真实性。标准和证据二者都卷入循环论证之中，两者都依赖对方的可靠，每一个都和对方一样缺乏可靠性。[51] 事实上，互不相容的多个命题系统之间的每个命题系统本身内部一致、无逻辑矛盾完全可能。因此，融贯只是“真”的必要条件，而非充分条件。

四、对“证据确实、充分”客观化要求的价值维度分析

“证据确实、充分”的客观化要求以融贯作为符合的条件，仍然以真假二元为逻辑基础，本质上仍然是一种还原主义，即只要深度挖掘证据，就一定能还原历史真相。我国刑事诉讼法规定，公检法三机关分工负责、相互配合、相互制约。司法实务中，相互配合远远大于相互制约。相互配合以最大限度地充分发挥司法人员的主观能动性，发现确实、充分的证据，从而发现案件事实真相，实现司法正义。至于被告方的辩护常常被视为阻碍事实发现的行为。只要公诉方的案件事实证明符合融贯的条件，案件事实即被“还原”。证人、鉴定人、被害人、勘验检查笔录制作人是否出庭接受质证，有无实质性的辩护对发现案件事实都显得无关紧要。

案件事实证明的本质主义和还原主义导致我国长期以来坚持“不枉不纵”“既不冤枉一个好人，也不放过一个坏人”的中立的司法理念。即使审判人员对证据的合法性和真实性产生合理怀疑，认为事实不清、证据不足，法院也只是要求补充侦查或者发回重审，通过补充调查证据，达到“证据确实、充分”的证明标准，还原事实真相。再或者对于法官的疑问，公诉方提交一份侦查机关的“情况说明”，就可以使得证据锁链看上去更加“完整”，法官全面采信案卷中的证据是为了防止有罪的人逃脱犯罪制裁，绝不放纵一个坏人。

“证据确实、充分”的客观化要求一方面旨在防止法官在主观认识上的任意性，避免法官恣意妄断，坚持主观认识应当符合客观实际。然而，人类认识能力的有限性，可能出现的证据短缺，诉讼时空的局限均可能导致错误的裁判。作为认识主体的法官有判断有思考就有相信也有怀疑，进一步产生价值选择问题。绝

---

[51] ［古希腊］赛克斯都·恩披里克：《悬搁判断与心灵宁静》，包利民等译，中国社会科学出版社 2004 年版，第 25 页。

对无立场的思考是不可能的思考，绝对无立场的怀疑不是合理怀疑。在可能导致错误裁判的前提下，法官总是要在疑罪从有还是疑罪从无之间进行价值选择。当案件事实存疑时，法官不可能以“无立场”的态度进行自由裁量，做到“不枉不纵”。

证明标准的价值维度就在于承认存在错判风险的前提下，通过证明标准的设定决定错判风险的分配。“证据确实、充分”证明标准所坚持的不错放有罪的人也不冤枉无辜者的价值理念，不存在错误风险分配的问题。然而，无论看似多么完美的司法制度，均有可能出现裁判错误。司法实务中，为了防止释放有罪者导致社会公共利益受损以及为了完成限期破案和维护社会秩序的政治任务，司法实务中常常选择的是“疑罪从轻”和“疑罪从有”，这种有罪推定的价值选择在证明标准的运用中表现为证明标准的降低。“案件事实清楚、证据确实、充分”标准演变为“基本案件事实清楚，基本证据确实充分”或“案件事实基本清楚，证据基本确实充分”。[52]“证据确实、充分”的标准成为弹性的下降的标准。

五、“排除合理怀疑”的引入对我国刑事证明标准认识维度和价值维度的重构

（一）回归刑事证明标准的本质

证明标准一词包括两个含义：一是指判定真假的信念尺度；二是指行为的标准——一个人根据这个信念尺度采取或不采取某种行为。[53]信念是一种心理倾向性，是行为的动机。信念决定着行为的方向和方式。[54]迷信虽没有根据，但也是相信，所相信的命题不一定为真，但相信者大都以所信为真，并会成为行为的动机。[55]证明标准的本质是认识主体在认识终结后形成的相信命题为“真”的心理状态。因此，刑事证明标准是法官在审判终结时对指控的犯罪事实是否为“真”的信念尺度。这种信念是法官做出有罪或无罪判决的直接动因。无论英美法系还是大陆法系都以最高等级的信念状态作为证明标准。“证据确实、充分”是案件事实为“真”的条件，不是裁判者判断终结后形成的信念状态，也不涉及裁判者裁判有罪和无罪的行为动机。

英美法系将“排除合理怀疑”视为持久的确信（abiding conviction）。“排除合理怀疑”的经典定义是“根据案件情况，在对全部证据比较和考虑后，陪审员们的思想状态是他们对指控的犯罪事实达到持久的确信状态（abiding conviction）”。[56]在Victor v. Nebraska案中，法官也使用了“持久的确信”这一表述。“合理怀疑”是这样一种怀疑，使理性和谨慎的人在办理生活中较为重大和更为

---

[52] 何家弘:《刑事错判证明标准的名案解析》，载《中国法学》2012年第1期。

[53] 前引51，赛克斯都·恩披里克书，第8页。

[54] 陈嘉明:《信念与知识》，载《厦门大学学报》（哲学社会科学版）2002年第6期。

[55] 参见金岳霖:《知识论》，商务印书馆2004年版，第216页下。

[56] Commonwealth v. Webster，59 Mass. 295（1850），p.320.

重要的事务时，在将提出的事实看作真实可信的事实并准备采取行动之前，行动的暂停和内心的犹豫不决。“排除合理怀疑是在充分的、公正的、无私地考虑所有的证据之后，使你对被告人有罪产生的持久的确信或达到道德确定性。”[57]Hopt v. Utah 的法庭提出“如果公平地比较和考虑所有证据后，你可以深信不疑地说，你永久性地确信被告有罪，就像面对与你自己有关的重大和重要的事情时，你愿意采取行动的确信状态，那么你排除了合理怀疑”。[58]

夏皮罗（Barbara Shapiro）教授通过对英美法系证明标准历史演变的研究，指出从早期的“满意的良知”“道德确定性”到现代的“排除合理怀疑”，表达的是相同程度的信念。16 世纪“满意的良知”是指坚定而稳固的同意（an assent that is firmed and settled）。“排除合理怀疑”的含义是持久的确信（abiding conviction）和道德确定性，而持久（abiding）的含义是稳固而坚定的（settled and fixed）的意思。英美法系证明标准，变化的是语言，由宗教术语转变为世俗化的语言，不变的是标准——持久而稳固的信念。[59]

在我国引入“排除合理怀疑”证明标准之前，为了保证证明标准的具体和可操作性，同时为了防止裁判者的主观臆断，自由裁量权过大，我国立法机构不断地进行立法努力，规定了达到证明标准的若干具体条件，这些客观化的证据要求具有积极的一面，要求案件事实的证明以证据裁判主义为原则，依据矛盾律、常识和逻辑对证据和案件事实的真实性进行认定。这些规定只是事实判断的必要条件，不能囊括具体案件认定的所有情况。而且，无论我们如何在证明标准的客观化要求上努力，都逃不开裁判者在认识过程终结后内心对证据或案件事实的真实程度所能达到的相信程度问题。

哲学家皮尔士指出，真理是研究者通过探究所确立的坚定的、完全稳固的、不可移易的信念。探究始于怀疑，终于信念。当稳固的信念得以确立，探究的目的就彻底完成了。[60] 当然，探究的目的不只是确定信念，而是追求真实。在排除了意志、想象、猜测等非理性因素的情况下，认识主体基于理性和科学的方法所确立的主观信念的盖然性与证据命题或案件事实命题真假的盖然性成正比。

大陆法系的“内心确信”和英美法系的“排除合理怀疑”不过是一枚硬币的两面。内心确信是从正面解释相信的最高等级，而排除合理怀疑是从反面解释内心确信的信念。从正面解释相信是非常之不容易的事；从反面说，相信总有不怀

---

[57] Victor v. Nebraska. 114 S. Ct. 1239（1994），p.1249.

[58] Hopt v. Utah，120 U.S. 430（1887），pp.439-440.

[59] 前引 9，Barbara Shapiro 文。

[60] 前引 27，邱忠善文。

疑不尝试的成分。[61] 裁判活动是一种判断活动。思考或怀疑与判断过程相关，与断定不相关。因为等到判断者断定一命题，它已经把怀疑思考一扫而空。[62]

“排除合理怀疑”标准的引入有助于回归证明标准的本质。“证据确实、充分”的客观化要求强调的是案件事实为“真”的条件而忽视了裁判活动中最重要的部分，作为认识主体的法官的内心状态。认识活动是客观见之于主观的过程。司法证明是司法人员通过内心的认识活动在充分考虑了案件中的所有证据、相关情况和司法政策等许许多多因素后进行的判断活动，这种判断的终点是对案件事实形成的相信程度。

对“排除合理怀疑”持否定态度的人认为其为裁判者主观擅断和恣意妄断打开了方便之门。事实上，我们只是根据已经取得的证据、现有的知识总量和价值考量建构了一个我们深信不疑的案件事实。所谓“证据确实，充分”，也是裁判者确信证据是真实的和充分的。不存在与信念无任何关系的真理与真实，离开信念的确定去寻求超越的真理，是完全不可能的。[63] 证明标准只是认识主体在认识过程终结后应达到的相信的程度，是认识结果问题；认识主体应当如何认识则属于认识过程问题。法官形成排除合理怀疑的内心确信要受到内外双重约束。外在的限制包括证据裁判主义、审判中心主义、审判公开、心证公开、合议制度、上诉程序、无罪推定、非法证据排除规则、补强规则等刑事程序法、证据法和实体法的限制；内在的要求如良心、理性、经验和逻辑等。法官在内外双重约束下通过自由心证完成对案件事实的认定。自由心证是大陆和英美法系在摆脱权威和机械证明制度后，相信并发挥裁判者的主观能动性的必然选择。这些对法官裁判的内外制约因素将使法官的内心确信有着令人信服的理由，而正是这些令人信服的理由使得裁判者的内心确信客观化。[64] 案件事实的真实程度与法官对案件事实的确信程度相一致。

排除合理怀疑的令人信服的理由不仅仅包括证据的合法、印证、无矛盾、一致和排他。任何证据的不合法、证据之间存在矛盾、不能相互印证或不具有排他性都将使法官内心产生合理怀疑，但是合理怀疑产生的原因远不止这些。我国长期以来的庭审虚化，以案卷为中心的刑事审判模式，导致许多程序规则和证据规则并无适用的空间，辩护律师的权利受到限制，辩护方的证据不被采纳，公诉方证据锁链形成虚假的印证和唯一性。排除合理怀疑的理由包括但不限于“证据确实、充分”的客观化要求。

---

[61] 前引 55，金岳霖书，第 217 页。

[62] 前引 55，金岳霖书，第 859 页。

[63] 前引 27，邱忠善文。

[64] ［奥］路德维希·维特根斯坦：《论确实性》，张金言译，广西师范大学出版社 2002 年版，第 43 页。

（二）“排除合理怀疑”有助于我国刑事诉讼制度由“侦查中心”向“审判中心”转移

任何时代的证明标准都是那个时代主流认识论和价值观的反映。“证据确实、充分”客化观要求仍然没有摆脱认识主体与认识客体两分的二元论的思维模式。归根结底是一种本质主义和还原论。为了还原事实真相，我国刑事诉讼一直以侦查为中心。侦查机关享有几乎不受限制的侦查权，并以各种考评制度最大可能地调动司法人员的主观能动性，法官成为公诉机关的同盟军，刑事辩护受到限制。在以最大限度地发现案件事实的理念下，庭审形同虚设。正如陈瑞华教授所言，“我国刑事司法制度是在以一种‘哲学上的完美主义’，表达着‘为实现国家刑罚权，不惜一切代价’的司法正义观”。[65]

“排除合理怀疑”则是以社会建构论作为认识论的基础。社会建构论作为一种认识论全面解构了主客符合论。康德被认为是当代社会建构主义的先驱。根据康德的理论，知识是建构的。任何客观只能是经验中的客观。社会建构论主张从还原论和本质主义转向建构主义。客观实在的社会现实除了由行动者构成的客观内容之外，更是由认识者的思想、信念、知识等主观过程所进行的社会建构。[66]社会建构学家并不否认客体先于主体的反应而存在，但对人而言，具有意义和价值的实在并非独立于人而客观存在着的，而是人与对象之间的相互作用过程中的关系性的产物。[67]

社会建构论主张从真理发生形成的过程中理解真理是什么。正如美国哲学家葛提尔（E. Gettier）曾指出任何人完全确证地相信 P，仅仅从认识主体内在意识中把握的确证的信念是不可靠的，而是依赖于他或他知道 P 是由可靠的信念所产生的机制、过程和方法在正常环境下的正常功能的产物。假如这些机制、过程方法在通常情况下总是倾向于产生真信念而不是错误的信念，则他们是可靠的。[68]哲学家杜威（John Dewey）指出，真与假乃是出现在探究过程终端的东西，而不是一开始就被给予的。[69]过去的事件已经湮灭在时间和历史中。在诉讼中，我们知晓的只是在诉讼程序下“建构”的案件事实而已。不是过去事件本身而是探寻“真实”的方法和途径，不是纯粹的认识而是充满价值选择的认识，决定了“真实”是什么。

案件事实本身是在刑事诉讼制度中被发现，那么这一过程中不同的参与者的

---

[65] 陈瑞华：《刑事诉讼的中国模式》（第二版），法律出版社 2010 年版，第 285 页。

[66] Bergger P，Luckman T.，The Construction of Reality：A Treatise in the Sociology of Knowledge，Doubleday Publishing Group 1966，pp.77-80.

[67] 郑震：《另类视野——论西方建构主义社会学》，中国社会科学出版社 2014 年版，第 59 页。

[68] 谷娴、李侠：《关于知识确证的可靠论研究评述》，载《洛阳师范学院学报》2009 年第 3 期。

[69] 前引 26，张庆熊等书。

各种各样的立场、价值观、利益诉求以及诉讼程序、证据规则、政策性因素等都必然会影响对案件事实的认识。刑事司法人员应当从还原“客观的”案件事实的问题转向案件事实如何形成的问题。在科学证明中，实验结果的可靠性取决于实验方法的可靠性。司法证明同科学证明一样，案件事实是否为“真”取决于司法证明的机制、过程和方法本身的可信赖性。司法证明过程的可信赖性保证了案件事实认定的真实性和司法裁判的可接受性。

“以侦查为中心”的诉讼模式和“以案卷为中心”的庭审模式下，公诉方有选择地宣读案件笔录，证人和鉴定人大多数情况下都不需要出庭，即使被告人在法庭上的翻供，公诉人可以以询问笔录加以反驳，以证明被告人的翻供没有理由、不诚实、缺乏事实根据，庭审中的公诉方的证据材料往往未经有效质证。法官通常不会对公诉方的证据形成怀疑，也不给辩护方留下提出质疑的机会和空间。这种审判模式在某种程度上只是对侦查结果的确认。这种单方确证的、缺少诉讼参与人共同参与和被告方有效辩护的事实发现的方法与过程，本身就是不可靠的司法证明方法。以不可靠的司法证明方法作出的裁判结果缺少令人信服的理由。

现代刑事诉讼的原则、制度、证据规则力图在实现刑事诉讼多元价值的基础上，最大限度地接近“客观真实”。准确的事实发现才能保证司法审判结果获得权威性和社会的可接受性。只是在追求精准事实发现的途径上，各国遵循的路径不同。大陆法系以职权主义为主，而英美法系以当事人主义为主。在各自司法改革的过程中都有相互吸收的趋势，即职权主义吸收当事人主义，当事人主义吸收职权主义的趋势。两大法系都确立了裁判中立、控审分离、控辩平等、直接言辞原则、公开审判等诉讼原则以及非法证据排除规则、专家证人规则、意见规则、补强规则等诸多通过经验积累确立的证据规则。这些人类长期经验积累中确立起来的原则、制度和规则本身就具有多重价值，既有利于发现真实，又能实现其他社会价值。即使是特免权规则，从长远来看也有利于事实发现。律师委托人之间的特免权规则，虽然可能导致特定案件中潜在证据的丧失，但如果没有这种特免权，被告人可能会隐瞒案件事实中至关重要的信息。[70]只有在极少数案件中，出现为实现程序正义而牺牲实体正义的情形。那种忽视人类认识规律和人性原则而追求所谓客观真实和实体正义，最终的结果往往是实体正义与程序正义的两败俱伤。正基于此，美国最高联邦法院指出，“排除合理怀疑”标准是不能低于宪法正当程序条款要求的标准，这是“排除合理怀疑”标准的底线。[71]

我国虽已经在刑事诉讼法及司法解释中确立诸多诉讼制度、证据原则与规则，如辩护制度、非法证据排除规则、鉴真规则、证人、鉴定人、被害人出庭作

---

[70] Frank Michelman，Law’s Republic，97 Yale L.J.（1988），p.1493.

[71] Victor，511. U. S. p.22.

证规则等以确保证据的合法性和真实性。然而，这些从英美法系借鉴的证据规则只有在“以审判为中心”的诉讼模式下，通过法官中立地直接地听取控辩双方的当庭询问、质证和辩论，才能发挥作用并确保法官对案件事实形成排除合理怀疑的信念。

“排除合理怀疑”要求从社会建构论的立场出发，回归到司法证明的认识活动的本质，以审判为中心，在诉讼参与人尤其是辩护方的积极参与下，按照现代司法证明的理念和司法证明规律，发现案件事实。“在裁判活动中，为有不同观点的人所适当组织的讨论最有可能达致真实。你越让他们争论、自由地提问、证明其立场的正当性，你越能对结果的精确性抱有信心，不但在斟酌价值和规则时如此，在确定有关事实主张的真实性时也是如此。”[72]

之前颇有影响的“念斌案”[73]的标杆意义在于实现了正当程序下的排除合理怀疑，以审判为中心，证据裁判主义、直接言词原则、证据开示、心证公开、非法证据排除等刑事诉讼原则和证据规则均在案件审理中发挥了作用。“念斌案”的最后两次开庭，证人、鉴定人、侦查人员和专家辅助人均出庭，当面对质，充分辩论，整个庭审贯彻了直接言词原则。而在此之前的庭审中，辩护人只能面对各种笔录证据。尽管辩护方针对这些笔录也提出了合理怀疑，但是证人、鉴定人、侦查人员和专家辅助人不出庭不能解决证据中存在的大量疑点。根据控辩双方的论辩，法官依据证据裁判主义和证据规则，对不具有证据资格的证据如刑讯逼供取得的供述、未按操作规程操作取得的鉴定意见、来源不明的物证、不合法的勘验检查笔录予以排除。法官对控辩双方争议的焦点逐一进行了评断，说明了疑点不能合理排除的理由，做到了心证公开，并最终贯彻了疑罪从无的理念。

（三）“排除合理怀疑”标准要求法官独立

从英美法系和大陆法系证明标准的历史演变来看，无论是“内心确信”还是“排除合理怀疑”的证明标准，都是在反对权威和机械论，强调裁判者遵从自己的良知和理性，独立作出裁判。

在刑事诉讼中，控辩审三方根据他们不同的职业要求、利益诉求和价值观对司法证明活动采取不同的态度和立场。侦查人员和公诉人员基于职业关系和利益诉求，更倾向于相信犯罪嫌疑人有罪。“相信是取舍的工具，利取其重，害取其轻，同时也是接受和应对的工具。”[74] 因此，侦查人员有意无意地收集和证明犯罪嫌疑人有罪的证据，而忽视或轻视对犯罪嫌疑人无罪或罪轻的证据。辩护律师则致力

---

[72] 易延友：《证据法学的理论基础——以裁判事实的可接受性为中心》，载《法学研究》2004年第1期。

[73] 福建省高级人民法院（2012）闽刑终字第10号刑事判决书。

[74] 参见前引55，金岳霖书，第218页下。

于收集犯罪嫌疑人和被告人无罪或罪轻的证据，并对公诉方证据锁链予以质疑以符合其利益诉求。控辩双方对证据的收集和解释都具有一定程度主观倾向性和价值考量。正如哲学家波普尔指出的，经验知识所假定的实体无论得到多么强大的经验资料的支持也不可避免地包含了建构的特征，它必须接受证伪的检验。[75]对控辩双方主张的案件事实和证据的检验就是控辩双方在庭审中接受对方的质疑，并接受中立的法官的审查。法官保持中立和独立，才能身兼二职，既是相信者，又是怀疑者，排除预决的判断，形成理性的排除合理怀疑。

理性的排除合理怀疑要求改变我国审判委员会“审”“判”分离的模式。我国刑事诉讼法及相关司法解释规定，案件重大、复杂、疑难，合议庭意见存在重大分歧的，应当经院长批准提交审判委员会讨论决定后，再由合议庭做出判断。审判委员会在查阅案卷和听取汇报的基础上作出对案件事实的认定，案件的判决并未听取控辩双方的质证和辩论，无法做到“兼听则明”，这种“审”“判”分离的模式形成或排除的怀疑很难说是理性的。

“排除合理怀疑”的标准还要求改变对法官不合理的考核要求和业绩考评制度。我们长期以来相信案件事实和证据资料是一种客观存在，只要充分发挥我们的认识能动性，经过努力就一定能发现案件事实。业绩考核考评制度在一定程度有助于调动司法人员查办案件的积极性和主动性。但是，对法官不合理的考核考评制度和错案责任追究制度与法官个人独立裁判的理念相背离，法官将基于自我保护产生“避害反应”。“避害反应包含相信的成分，但所信不是理性的。避害反应同相信一样也是取舍的工具，或者说它虽不是取的工具，它也是积极的舍的工具。”[76]审判人员即使存在合理怀疑，也不得不做出“留有余地”的判决。不消除违背诉讼规律的不合理的业绩考评、错案追究责任制度，没有审判人员的独立，“排除合理怀疑”的证明标准将没有实现的空间。

（四）“排除合理怀疑”标准使无罪推定具体化

证明标准的确立是认识论和价值取向的辩证统一的反映。一方面，“排除合理怀疑”标准的认识论基础在于司法证明不能达到绝对、客观的真实，承认经验证明的有效性是或然的，不是真假二元逻辑，而是信念度和真假度的盖然性问题。另一方面，人类认识能力的局限性使得司法裁判存在错判的可能，只判决有罪的人是不可能的。“排除合理怀疑”作为盖然性的最高等级，将错判无辜的风险最小化，保障无罪推定得以实现。只要公诉方证明被告人有罪不能排除合理怀疑，法官就应当宣告被告人无罪。

“排除合理怀疑”是一种持久而坚定的内心确信状态，是理性而谨慎的人在

[75] 前引 26，张庆熊等书，第 522 页。
[76] 前引 55，金岳霖书，第 219 页。

处理重大事务时足以使行动者采取行动的心理状态和行为动机，而内心任何的合理的有根据的怀疑都会使行动者出现行动的暂停和犹豫。“排除合理怀疑”的标准被英美法系视为“非常人性化的证据规则”，它可以使无罪推定具体化。一方面，当对公诉方指控被告人有罪存在怀疑时，仍然做出有罪判决是不道德的。另一方面，法律不要求法官排除一切怀疑，只要基于理性的无偏见的合理怀疑被排除，就足以安全地做出有罪判决。“排除合理怀疑”要求以良知和理性为底线，遵循“疑罪从无”的理念。法官在对被告人生死攸关的问题上，只有排除了合理怀疑，才足以做出有罪判决。“排除合理怀疑”要求公诉方对任何一个犯罪构成要件都要达到“排除合理怀疑”的标准，而法官对任何一个犯罪构成要件存在合理怀疑时，法官都必须做出有利于被告人的解释，做出无罪判决。

结 语

大陆法系经历了神示证据制度、法定证据制度到现代的内心确信证明标准的嬗变。英美法系刑事证明标准从早期“满意的良知”“道德确定性”演变为现代的“排除合理怀疑”。任何刑事证明标准都是那个时代主流认识论和价值观的反映。两大法系都认识到经验范畴中，绝对的肯定是不可能的，只能达到最高程度的可能性。基于准确的事实发现和无罪推定的理念，刑事证明标准只能是最高等级的信念即内心确信或排除合理怀疑。裁判者的内心确信或排除合理怀疑的信念，一方面受到内在的良知和理性的约束，另一方面受到外在的正当程序的限制，以排除猜测、臆想和偏见等非理性因素，裁判者最终的主观信念程度与案件事实的真实程度成正比。

我国刑事诉讼法将“排除合理怀疑”引入到原刑事证明标准中，“证据确实、充分”证明标准包含了两方面内容，一方面为“证据确实、充分”的客观化要求，另一方面是法官对案件事实形成的排除合理怀疑的主观信念要求。“证据确实、充分”的客观化要求是以融贯论为认识论基础，是还原主义和本质主义的反映，它只是案件事实为“真”的必要条件，而非充分条件。证明标准的本质是裁判者在案件审理终结后对案件事实形成的信念尺度，是做出有罪或无罪判决的行为动机。离开信念的确定去寻求超越的真理，是完全不可能的。“排除合理怀疑”标准引入有助于回归刑事证明标准本质，并可确保无罪推定具体化。“排除合理怀疑”以社会建构论为真理观，以正当程序为底线。我国正在进行的从“以侦查为中心”向“以审判为中心”转变的司法改革为“排除合理怀疑”标准提供了有效适用的空间。

（原载《中国刑事法杂志》2016 年第 3 期）

第三部分

司法改革

我国检察权的反思与重构

——以公诉权为核心的分析

陈卫东

近几年来，无论在理论界还是实务界，司法改革都已成为一个热门话题，随着理论研究的不断深入，我国检察机关的定位和检察权的正当性与合理性也引起了广大学者的普遍关注。笔者思考这个问题由来已久，而且也曾就其中的一些具体问题专门发文予以讨论过。[1] 本文拟对我国检察权以及检察机关的地位进行系统的思考与整理，同时将本人以前的基本观点作进一步的诠释，以期为我国的司法改革尽绵薄之力。

一、检察权的性质——众说纷纭而又不容回避的问题

谈论中国的检察体制，探讨检察机关的职能以及检察机关的改革，首要的问题就是对检察权的性质给出一个科学的解释。目前学界对这个问题已经作了初步的探讨，但是意见颇多分歧，归纳起来大致存在以下四种主要观点。

观点一：行政权说，认为检察权就是行政权。[2] 理由有二：首先，检察机关的组织体制和行动原则具有行政特性。检察机关组织与活动的一项基本原则是“检察一体制”，检察机关上下形成一个整体。具体体现为“阶层式建构”和上级的“指令权”，上级检察官对下级检察官有指挥监督的“指令权”，而下级则有服从义务，这是典型的行政关系；职务转移制，上级有权亲自处理属于下属检察官承办的案件和事项，同时上级检察官有权将下属检察官承办的案件和事项转交其他下属检察官承办；官员代换制，参与诉讼的检察官即使中途替换，对案件在诉讼法上的效力并无影响；首长代理制，在德国、俄罗斯等国，各级检察机关所属检察官在对外行使职权时，系检察首长的代理人。其次，立法、行政、司法的三权分立与制衡，是西方政制的基本结构。在这一构造中，检察权不属于立法，也不属于具有依法裁判功能并受宪法独立性保障的司法，检察官是政府在诉讼中的“代言人”，是代表第二权（行政）对第三权实施监督制衡的机关。

---

[1] 参见陈卫东、郝银钟：《侦、检一体化模式研究——兼论我国刑事司法体制改革的必要性》，载《法学研究》1999年第1期；陈卫东、郝银钟：《实然与应然：关于侦检权是否属于司法权的随想》，载《法学》1999年第6期；陈卫东、刘计划：《谁有权力逮捕你——试论我国逮捕制度的改革》，载《中国律师》2000年第9、10期。

[2] 龙宗智：《论检察权的性质与检察机关的改革》，载《法学》1999年第10期。

观点二：司法权说，认为检察官与法官同质但不同职，具有等同性，检察官如同法官般执行司法领域内的重要功能。[3] 理由是检察权与审判权的“接近度”及检察官与法官的“近似性”。检察官具有法律守护人的地位，对检察官及法官而言，事实的查明与法律的判断，应依同一目标行事，这是二者可以相提并论的有力论证。尤其明显的例证是检察官在侦查终结后，依据侦查结果做出的、是否对犯罪嫌疑人提起公诉的决定与法官的裁判决定极为相近。甚至有学者指出，检察官担当刑事追诉，比非诉讼法官更接近司法权。还有学者针对检察对审判的影响指出，检察官与法官的密切契合，犹如相互牵动的钟表齿轮一般，所谓独立的司法仅在检察官作为司法官并有相应保障的前提下才有可能，才能防范行政不当干预刑事司法。

观点三：行政司法双重属性说，承认检察权和检察官兼具司法与行政的双重属性。[4] 这种观点认为检察机关的上下级领导关系，突出体现了检察权的行政性；检察机关直接组织检察院官员实施侦查行为，有严密的组织结构和监督指挥关系，且突出行为的实效（破案），也具有明显的行政性质。另一方面，检察官的起诉活动以适用法律为目的，同时检察机关的活动具有一定的独立性，检察官在诉讼活动中也具有一定的独立性，不是长官的附庸，而能独立地作出诉讼判断并付诸实施，在这种意义上检察权具有司法权特性。

观点四：法律监督权说，认为法律监督才是检察权的本质特点，司法属性和行政属性都只是检察权的兼有特征和局部特征。[5] 该种观点认为在社会主义国家，检察机关不仅拥有西方国家检察机关的各项监督权力，而且还拥有监督行政执法和审判活动的权力，法律监督的性质更加突出。

以上四种观点基本反映了现阶段中外学界对检察权性质的定位，而长期以来，缘于宪法体制上我国检察机关并不属于行政机关序列，因此我国理论界很少有人直接指出检察权在本质上应为行政权，而且一些人还以我国检察机关是司法机关为据，指出检察权应是司法权。我们认为，且不说我国尚没有任何一部法律规定哪些机关为国家的司法机关，即使宪法及其他法律明确规定了现阶段检察院为国家的司法机关，那也只是说明法律将其规定为司法权，而不能就此说明检察权在理论上就是司法权。现行法的规定是实然法的层次，而对检察权的性质进行理论上的定位属于应然法的层次，这是两个问题。法律的规定有许多值得研究的地方，随着时间的推移，法律会逐步去除不合理的部分而趋于完善，因此不能以合法性来说明理论上的应然性，这是我们探讨检察权的性质时首先应当注意的一点。

---

[3] 前引 2，龙宗智文。

[4] 前引 2，龙宗智文。

[5] 谢鹏程：《论检察权的性质》，载《法学》2000 年第 2 期。

笔者在以前的文章中曾就司法权与行政权比较而言的特点进行过论证，认为司法权的本质属性与行政权相比具有几个明显的特性：其一，终局性。司法的任务是通过其判断裁决确定事件的是非曲直，然后正确适用法律确定有关主体的权利义务责任。在实质意义上，司法活动即一种裁判活动，它以纠纷冲突的存在为前提。司法是国家为解决社会冲突、保障社会主体权益的最后一道防线，法治原理假设了这个活动的权威性并依规律设计了保障其裁判正确的司法程序，但不允许司法机关以外的国家机关直接对司法机关的裁决做出具有法律效力的否决，因而司法对社会冲突所作的裁判是最终的裁判，具有终局性。依据行政权做出的决定是否合法不能由其自身来判断，司法机关对此有最终的审查权。当然依照现行法律我国的行政权在少数场合具有终局性，比如商标法就规定了对商标公告、异议方面的争议最终需由商标复审委员会做出终局决定，但这毕竟是少数，而且这种规定与立法时的价值取向、社会条件及时代背景有关，随着社会的进步，类似的规定将逐步被合乎理论规律的司法最终审查制度所替代。[6] 其二，中立性。正是因为司法是社会主体权益的最后一道保护防线，其要对社会冲突做出权威的最终的裁判，因此司法权只有中立才能承担这个重任，司法权一旦与冲突的一方具有某种价值取向和利益上的偏异倾向，就会使人对裁判的公正性产生怀疑，因此法官在诉讼中必须保持中立，对控辩双方的主张和利益给予同样的关注，在诉讼中只能根据双方提供的证据去判断“是”与“非”，而不能身体力行主动举证去证明冲突一方的“是”与“非”，严禁法官先入为主，对冲突一方产生偏见。其三，独立性。如果司法权没有排斥抵御外来干预的独立性，则法官作为最终的裁判者的权威性就荡然无存了。奥地利法学家凯尔逊说过：“当司法官执行属于其权限的法律之时，个别规范的命令之约束是不存在的，此所谓个别规范的命令系由其他机关发出，特别是由非审判机关发出的。换句话说，司法官执行职务时，无须服从上级机关。反之，当行政机关执行属于其权限内的法律时，却必须受上级机关个别指示的约束。”[7] 司法如果不能够排除非法律力量的干涉，则所谓不偏不倚的公正判断与裁决便不可能存在。其四，消极被动性。为了保证司法权中立、公正地对冲突做出判断，必须坚持司法的不告不理原则，只有当冲突纠纷被提请到法官面前时，司法官才能依据法律对当事人的诉求进行裁判。

基于司法权的上述本质特点，经过对检察权的考察，我们认为检察权在本质属性上应该归并于国家行政权，尽管有人对我们的观点提出了反对意见，但是时

---

[6] 我国2000年8月修改专利法，将原来“专利复审委员会对申请人关于实用新型和外观设计的复审请求所作出的决定为终局决定”的规定改为“可以自收到复审决定通知后3个月内向人民法院提起诉讼”即为例证。

[7] 转引自龚祥瑞主编：《西方国家司法制度》，北京大学出版社1993年版，第17页。

至今日，笔者仍然坚持这一符合现代司法体制中通行的“司法权”观念，而且也愿意与不同意见者进行有益于学术进步和体制改革的商榷。《人民检察》连续两期发表了无锡市人民检察院倪培兴先生的文章（以下简称倪文），[8] 对拙文中的观点提出了不同的看法，真诚感谢倪先生促使我们对这一问题进行更深入地思索与研究，借此机会再谈一下我们的看法。笔者肯定司法权终局、中立、被动等特性，并不是为了简单地作某种概念的诠释，而是希望借司法权这个在现代法治国家里含义已十分明了的词语来指出检察机关行使的公诉权与法院行使的审判权之间的区别，因为在这些国家，司法权就是只能由法院行使，专指审判权。正是站在这个角度上说，司法权具有上述几个特性。但是倪文认为：“司法权则是人民及其国家机关依宪法和诉讼法取得的依照法定的程序进行诉讼以维护个人、集体和国家合法权益的权利和权力的总和。狭义的司法权则专指依法主持和进行诉讼的国家权力”；“国家司法权的消极性和被动性只明显地表现在民事法律的司法实践上”，“司法机关追诉犯罪的积极性和主动性是由犯罪行为的特性决定的。”而且倪文进一步指出：“如果从人民是司法权主体的角度来看，本质上不是司法人员在行使国家司法权，而是实体权利的拥有人或广义上的被侵权人在行使国家司法权。因此，在主体意义上，任何权力都是主动的，只有在权力与其主体相对分离的条件下，权力才可能表现为某种被动的东西。在这个意义上，侦、检权也是被动的，侦、检权的主动性只不过基于法律对人民惩治犯罪的必然要求的推定罢了。”[9] 这样的讨论实际上已经违背了我们探讨的具体制度构建的宗旨，这种对司法权的界定不仅根本无益于区分审判权与检察权的不同，无益于具体制度的设计，也使得双方因基本立论的分歧而无法交流沟通。但是为了便于解决问题，也为了清楚地表达笔者的观点，我们愿意换一种说法。我们不妨仍依习惯用审判权与检察权来说明法院所行使的权力与检察机关所行使的权力的不同，进而来论证公诉权运作的特性。

研究检察制度的历史发展不难发现，检察机关是为适应公诉制度的需要而建立发展起来的。国家掌握了追究犯罪的主动权，但是又不能让裁判机关同时握有追诉权，因而就设置了专门的追诉机关。追诉机关要对社会上发生的各种社会冲突和危害国家秩序的案件进行侦查、审查、分析、认定，以决定是否诉诸审判权来追究某人的刑事责任，从而维护国家社会的整体利益和正常秩序。由此看检察机关的基本职能是公诉，基本任务是代表国家追诉犯罪、将犯罪嫌疑人提交司法机关并举出证据证实犯罪。在公诉活动过程中，检察机关各项权能的运作不同于法院审判权的运作，公诉机关与被追诉方是对立冲突的，它要将双方的对立提交审判机关作出最终

---

[8] 倪培兴：《论司法权的概念与检察机关的定位——兼评侦检一体化模式》，载《人民检察》2000 年第 3、4 期。

[9] 前引 8，倪培兴文。

的裁决；对于实践中的各种涉嫌犯罪的行为，法律要求公诉机关必须代表国家进行审查追究，而不是作为中立的第三方对冲突进行无偏倚地裁断；同时为了实现维护公共秩序、维护国家社会整体利益的目的，出于对追究犯罪的需要，公诉机关实行上下一体化的组织活动原则，即学者通常所说的“检察一体”原则。而按照科学的司法规律，为了保证法院、法官公正地完成审判裁决任务，法院的组织体系是按审级、案件、地域等进行管辖上的分工，并不形成从上到下的组织体系，只构成一个个单独的官署似的独立的组织，而且每个法院的法官之间都应是相互独立的。由此看，以公诉权为基本内容的检察权不可能具有笔者所说的终局性、中立性、被动性、独立性的特点，检察机关的设置也不同于审判机关的组织体系，在这个意义上我们认为检察权在本质属性上、在终极意义上应该属于行政权。

但是我们必须看到，检察权虽然因承担追诉犯罪、执行法律的机能而在本质上属于行政的特性，可毕竟检察权与审判权直接关联，毕竟检察权的行使是涉及公民个人人身权利、财产权利和民主权利的，因而检察权的行使还有不同于一般行政权的特殊性。为了保证执行法律的检察机关不受外来势力，尤其是来自现实的政治权力的不当影响，必须保证不受检察部门以外的人的指挥与命令，必须保障检察官的身份，保护他不受来自任何方面的间接压力，并且必须使检察官行使每一权限的职务行为的效力，不受其他内部条件的干扰。也就是说，在检察事务方面，必须保证检察官能够依自己的意志行使检察权。检察官是依法律来审查办案，具有相对的独立性，上级的指挥监督必须与检察官的独立性相协调，也就是说检察权在运行时带有部分司法的特性，关于这一点，已经有文章作出了论述，本文不再赘述。正是在这个意义上，现行的旨在加强检察官独立性的主诉检察官制度改革才具有其存在的依据和可行性。但是需要注意的是，检察官的独立只是相对的，具有司法的相对独立性这一特点并不能改变检察权的本质特性，不能认为检察权在本质上同时属于行政权和司法权。所以，我们不同意检察权在本质上具有行政与司法双重属性的观点。

综上所述，我们认为，检察权只是带有部分司法的特点，而且这个特点也只是相对的、不全面的，不能将其所具有的一些特点当作其本质属性，检察权在本质上应当且也只能归属于行政权。当然，我们认为检察权在本质上属于行政权，并不是否认其具有部分司法权的特点，相反，在制度设计中必须充分尊重检察权运行的独特性，遵循这个规律才能保证检察权的正常运作和检察活动的正常进行。从这个意义上说，无论在组织体系上将检察机关归为行政机关还是司法机关，都不会也不应当因此而改变检察权的运作特点，套用倪文中的一句话，这“与任何对立法、行政和司法概念的钻牛角尖式的诠释没有多大关系”。[10] 我们所关注

[10] 前引 8，倪培兴文。

的是权力的具体运作特点，而不是行使权力的机关的所谓“格级”，就好比在美国、法国、德国、日本等，虽然检察机关隶属于司法行政机关，但却具有不同于一般行政机关的权力；同样的道理，即使千方百计论证司法的范畴应该有多宽多大、检察机关也应属于司法机关云云，检察院的权力也不可能像审判权那样处于“诉讼终极的、最高的地位”。确立审判的中心地位是建设法治国家的必然选择，是历史发展的趋势，这是诉讼的规律使然，是不以人的意志为转移的。至于有人主张检察权在本质上是法律监督权的观点，我们将在后文对其予以讨论。

二、检察机关的职能——相对明了而又十分复杂的话题

前面我们讨论了有关检察权性质的各种观点，实际上对这一问题认识上的不一致，很大程度上缘于对检察机关的职能认识不清、定位不准而引起，对检察机关应当是作为一个什么样的机关存在、基本职能应当是什么，缺乏一个正确的理解。下面这部分笔者将对检察机关的职能作一分析，对这一问题的研究将直接决定检察机关的改革走向和权力配置，因而是目前很多人关注、但也是争论很大的一个话题。在目前司法改革的大趋势之下，现行法律规定的检察机关的权力配置已招致了很多的责难，甚至有人建议取消检察院体制，[11] 尽管这种主张有其过激之处，明显缺乏理性，但检察权确实应当尽快改革却是不争的事实。

我国现行检察体制受到非议最多的便是检察机关在行使公诉权的同时又行使所谓的法律监督权。长期以来，我国检察机关都以法律监督机关自居，对本身行使的职权正如上面所分析的：偏爱于统统以法律监督权称之，仿佛如此就比单单称行使公诉权更有地位、位阶更高。刑事诉讼法修改后，更强调了法院在诉讼中的中心地位，同时更加注重控诉与辩护的平等，因而突出了检察机关的公诉职能，这即为各方对检察机关的权力配置进行质疑埋下了伏笔。随着对庭审礼仪的争论，[12] 检察机关既行使公诉职能、在法庭上与辩护方对抗、希望法官采纳自己的主张，同时又以法律监督者的身份对辩护方、法官进行法律监督的做法越来越遭到多数人的质疑。[13] 那么，暂时撇开目前法律对检察机关权力的规定，在理论层面上究竟如何定位检察机关的主要职责进而为其配置权力呢?

首先，从检察制度的发展来看，检察机关以及检察体制是为代表国王君主及后来的国家政府利益控诉犯罪而建立发展起来的。检察制度起源地之一的法国在12 世纪末有了“国王代理人”，主要代理国王在各地提起民事诉讼，不过此时的

---

[11] 夏邦：《中国检察院体制应予取消》，载《法学》1999 年第 7 期。

[12] 龙宗智：《检察官该不该起立》，载《法学》1997 年第 3 期；贺卫方：《异哉，所谓检察官起立问题者》，载《法学》1997 年第 5 期。

[13] 有关文章可参见董皞：《我国司法机关多重职能改革之思考》，载《中国法学》1997 年第 4 期；陈吉生：《论公诉权与法律监督权的独立行使》，载《政法论丛》1998 年第 1 期；宋炉安：《司法权辨析——法律监督权是司法权吗？》，载《研究生法学》1996 年第 3 期。

"国王代理人"还不是专职的国家官吏。到了 1302 年，国王颁布敕令规定，代理人可以以国王名义参加有关国王利益的一切民事刑事诉讼。到 16 世纪，法国才明文规定检察官制度，并规定了上下级的隶属关系。17 世纪，国王敕令增设了总检察官一职，在各级审判机关设检察官，对刑事案件行使侦查权、起诉权，初步建立了检察制度。英国的检察制度主要起源于负责起诉的大陪审团和担任王室法律顾问的国王律师。1461 年，国王律师改名为英国检察长，1515 年，又设副检察长，形成了英国的检察制度。[14] 我国近代意义上的检察制度应当说开始于清朝末年的修宪改制，而非古代的御史监察制度，因为御史监察机关并不具有公诉机关的特点，不承担对一般百姓犯罪的追诉职责，只是为了控制百官，加强君主王权，说它类似于今天的行政监察制度好像更合适。

从上述考证可知，检察官是从代理国王参与民事诉讼，继而发展到代表国家和社会利益负责侦查刑事案件、提起刑事诉讼而走上历史舞台的。历史发展的过程表明，检察制度的产生和发展与刑事诉讼从封建社会纠问式到资本主义混合式模式的发展是相适应的，符合近现代刑事诉讼控审分离、国家追诉的客观需要，符合国家打击犯罪、维护统治秩序、巩固政权的要求。检察机关从诞生之日起便是一种新型的代表国家追诉犯罪的专门机关，设立检察机关的目的就是行使公诉权，检察机关是应国家公诉的需要而产生发展起来的。作为国家公诉机关，检察机关代表国家和社会利益追诉犯罪、控告犯罪，代表国家和社会将犯罪提交司法机关裁决，带有强烈的国家主动追究的特性，因而一开始检察机关是典型的行政机关。中国古代没有近现代意义上的检察制度，现行的检察制度在中国是名副其实的"舶来品"。而且由于当年照抄照搬苏联及由于我国缺少法治的传统思想，再加上某些部门存在的"位阶""格级"的观念，致使我国现行的检察制度在定位上已经偏离了其本来的面貌。

其次，从现代各国司法制度的设计来看，检察机关基本上都是作为国家公诉机关而存在的，莫不以代表国家对犯罪提起公诉为首要任务；在权力的配置上，法律也都根据公诉的需要而赋予检察机关各种特定的职能，其职权大都围绕着对刑事案件进行侦查、起诉、支持公诉等需要，以便能正常完成国家的公诉使命，这方面，各国检察机关大体相同。在日本，"检察官的职权比较广泛，但最主要的职权是提起公诉"；在德国，"检察官的主要职权是领导警察机关对刑事案件进行调查，查明案件事实。对嫌疑犯提出公诉"；在美国，"检察官的职权主要有以下几项：有权对刑事案件起诉或者撤诉；有权对刑事案件进行调查或者派人调查；有权代表政府出席法庭，并提出证据"；[15] 在我国台湾地区，"检察机关的职权主

---

[14] 以上历史考证可参见程荣斌主编：《检察制度的理论与实践》，中国人民大学出版社 1990 年版，第 18 页以下；张穹、谭世贵：《检察制度比较研究》，中国检察出版社 1990 年版，第 1 页以下。

[15] 程荣斌主编：《检察制度的理论与实践》，中国人民大学出版社 1990 年版，第 82 页以下。

要是在刑事诉讼活动中对于犯罪的追诉权。这一追诉权具体表现为检察官所担负的各项职权，包括：实施侦查权、提起公诉权、实行公诉权、协助自诉权、担当自诉权、指挥刑事裁判执行权及法律规定的其他职权”。[16]不同国家和地区的刑事诉讼法也都明确具体地规定了检察机关行使上述诸权力的程序、方式，在司法实践中尽职尽责地扮演着国家公诉机关的角色，可以说，作为国家的公诉机关，是现代奉行法治的国家中检察机关的基本定位，公诉职能是其基本的职能。

最后，从我国社会发展的必然趋势上来看，公诉职能也应作为检察机关的基本角色定位。现在学界的共识是我国的人民检察制度是在学习苏联的基础上建立的，“我国的人民检察制度是根据马克思主义关于无产阶级专政的理论，特别是列宁关于社会主义检察制度的理论，结合我国的实际情况，并吸收了苏联等社会主义国家的有益经验，而逐步建立起来的”，“我国坚持了列宁关于社会主义检察监督的原则”，把人民检察院明确规定为国家法律监督机关；“同时，我国的人民检察制度又立足于自己的实际情况，总结和肯定了长期的检察工作经验，因而具有自己的特色”。[17]这种说法对我国人民检察制度的建立与发展变化过程的认识是客观的，也解释了我国现行检察机关法律监督地位的理论依据。但是作为理论的研究者，我们还应当看到一点：我国人民检察制度从建立、发展到二十年前的恢复重建并不是一成不变的，检察机关领导方式的多次反复变更即为这方面的例证。[18]这说明我们必须根据社会的发展和环境的变化及时考虑调整有关检察机关职能方面的问题，死死抱住以前的某个教条显然不是历史唯物主义，社会形势已经有了相当大的变化，我们必须用一个正确的学术态度去探讨有益于我国制度建设的各种理论问题，这里面包括去除部门利益干扰和不乱扣政治帽子，唯如此才能保证学术讨论的规范化，进而促进我们社会的全面进步。在中央明确提出加快司法改革的要求下，对检察机关的职能进行理性反思可以说是顺理成章的事，这也是一个学人的基本职责和应有品格，从这个意义上讲，随便将一种理论观点称为“某某思潮的前奏”是不负责任的。

我国1979年的刑事诉讼法虽然规定检察机关承担着公诉职能，但在司法实践中特别重视检察机关与审判机关的一致性，在刑事审判中本应由公诉人承担的职能很大一部分由法官代行了，检察机关的公诉职能处于萎缩的状态。在以前我国计划经济体制下，在中央权力相对集中的情况下，在比较强调公检法作为无产阶级专政工具的时代里，这样的权力配置模式在某种意义上起到了一定的积极作用。随着改革开放的不断深入、我国市场经济体制的确立和大量法律法规的制定，社会个体的

---

[16] 朱勇、李育编著:《台湾司法制度》，时事出版社1989年版，第37页。

[17] 张穹、谭世贵:《检察制度比较研究》，中国检察出版社1990年版，第34页。

[18] 关于我国人民检察制度的产生、发展及变化可参见各类有关检察理论方面的著述。

权利意识不断增强，国家立法也越来越注重对个体权利的保障。1996年刑事诉讼法的修改吸收了无罪推定原则的精神、加强控辩双方的对抗、增加了公诉机关的证明责任，1997年刑法的修订规定了罪刑法定原则，党的十五大明确提出了保障人权、加强司法改革，这些都说明我国越来越注意国家权力与个体权利之间的协调，单纯地强调权力而忽视对权利的保护已经不符合现代国人和社会的要求。尤其是1996年刑事诉讼法修改后，更加突出了法院在诉讼中的中心地位，更加强化了程序的正当性，更加体现了控诉与审判的分离，更加注重了辩护方与控诉方的力量与地位的平衡（尽管这方面还有待于加强），强调了检察机关的庭审举证责任，平等地处理公诉人、当事人和辩护人、诉讼代理人对证人、鉴定人的发问权。总的来说，这次修改就是要改变过去由法官作为法庭上的实际控诉者代替公诉人举证、控诉的状况，从程序设计上增加控诉方的难度和辩护方防御的力度，使检察机关成为真正的刑事诉讼的控诉方。这样，检察机关的控诉、举证责任比以往任何时候更大，检察机关的公诉职能也就比以往任何时候都更处于凸显的地位。而不论从理论还是从实践上说，这样的变化也只是正处于过程当中，理论上的研究远没有达到应有的高度，司法实践同司法规律要求的程度还有相当的距离，我国的司法改革还在不断摸索探讨中推进深入，而发展的方向也必然是沿着本次刑事诉讼法修正的趋势，找准检察机关应有的位置，继续强化检察机关的公诉职能，在法律上使检察机关的职能定位更加符合现代刑事诉讼的司法理念，这是我们建设伟大的法治国家的必然要求。

所以，笔者认为，不论从检察机关产生发展的过程来看，还是从现代各法治国家的实践以及我国建设法治国家的要求和发展趋势来看，公诉职能都应当是检察机关的当然定位，检察权在本质上主要表现为公诉权。偏离了这个基本的角色定位的检察机关不可能是现代法治国家的检察机关，只可能是有其名而无其实，并且会影响其基本职责的实现。至此我们再回过头来看我国检察机关的法律监督权问题，法律监督职能是否与公诉职能相冲突的问题，一直是一个争论不休的话题，对于这样一个不甚复杂的问题，站在不同的立场，从不同的角度出发，会得出不同的结论。本文不打算在这个问题过多地纠缠，而主要是从考察检察机关法律监督权的由来、在我国的发展及检察机关所享有的具体权力的性质出发，来阐明我们主张取消检察机关“法律监督者”身份的观点。

正如前文所考证的，检察制度是为适应公诉制度的需要而产生发展起来的，而苏联按照列宁的法律监督理论将检察机关定位为法律监督机关，行使一般监督权。但是苏联的这一体制是有着其深刻的历史原因的。“十月革命”建立起苏维埃政权初期，国家一直处于不稳定时期，而苏联当时是由多个加盟共和国组成的，为了巩固新政权，维护全苏联法制的统一，列宁主张建立专门的机关负责法律监督工作，在苏维埃政权建立初期，国家监察委员部、司法人民委员部及其他地方机构担负了法律监督的若干职能。检察机关建立起来后，除履行公诉职能外，逐步承担了法律监督的全部职责，而此时的法律监督权有其特定的内容，包括：监督各加盟共和国中央执行委员会及其主席团的决议是否符合苏联宪法和全联盟立法的规定；监督苏联各人民委员部和其他中央机关以及全联盟的组织活动是否合法；监督各加盟共和国最高法院全体会议的决议是否符合全联盟的立法等。[19]也就是说在苏联，并不是检察机关的所有职权都是法律监督权，检察院在刑事诉讼中的职权在本质上依然是公诉权，而且苏联承担法律监督职能的机关的变化也有力地说明了法律监督职能并不必然与检察机关相联系，当年的苏联只是由于形势的需要才根据列宁的设想使检察机关除履行公诉职能外又承担了法律监督职能而已。在新中国成立后的一段时期，以列宁的法律监督理论为指导，全面学习苏联的国家体制，规定了检察机关为国家的法律监督机关，行使一般监督权。如新中国成立后的最高人民检察署的职权之一是“检察全国各级政府机关及公务人员和全国国民是否严格遵守人民政协共同纲领及人民政府的政策、方针与法律、法令”；1954 年的《人民检察院组织法》规定“最高人民检察院和地方各级检察院分别对国务院所属各部门和地方国家机关的决议、命令和措施是否合法，国家机关工作人员是否遵守法律实行监督”。到了 1978 年检察院恢复重建时，尽管组织法仍然规定其为国家的法律监督机关，但是已取消了检察机关的一般监督权，检察机关在刑事诉讼中的各项权力都是明确的、可操作的。从诉讼的角度来分析，这些权力在刑事诉讼程序中都是各有其归属，都是一个个具体的诉讼权力，与所谓的法律监督机关、法律监督权并没有一定的、必然的关联。我们不妨来分析一下。

按照法律监督论者的观点：法律监督特指人民检察院通过运用法律赋予的职务犯罪侦查权、公诉权和诉讼监督权，追诉犯罪和纠正法律适用中的违法行为来保障国家法律在全国范围内统一正确实施的专门工作。[20]从这一界定来看，法律监督权是由多部分权力组成的，包括侦查权、公诉权和诉讼监督权。可是侦查权与公诉权是法律监督的应有之义吗？有人认为，监督表现为两种基本的职能形式，一是对违反者具有强制性的揭露和移交裁决职能（如立案、侦查、逮捕、起诉），二是对违反者不具有强制性的提出纠正意见。因此法律监督权与侦查权并不矛盾。[21]还有人说检察机关对“犯罪的追诉本身就包含了对违反刑事法律的监督”，[22]“检察官以公诉人身份出庭控诉犯罪，就是对被告人监督”，[23]“检察机关依据刑法规定监督一切公民、单位必须在遵守刑律的轨道上行动，任何触犯刑律的行为都要受到追究。这种侦控犯罪的工作属于法律监督的

[19] 前引 15，程荣斌主编书，第 42 页以下。
[20] 张智辉：《法律监督辨析》，载《人民检察》2000 年第 5 期。
[21] 王琰：《全国首届检察理论研究年会综述》，载《人民检察》2000 年第 2 期。
[22] 徐益初：《析检察权的性质及其运用》，载《人民检察》1999 年第 4 期。
[23] 徐益初：《从我国检察机关的发展变化看检察机关定位》，载《人民检察》2000 年第 6 期。

范畴，理应由专司法律监督的检察机关行使”，[24] “公诉的最大特点就是提交法庭裁判，其职责仅在于发现、证明和检举违法犯罪行为，说明作为检察权主要内容的公诉权实质上是一种监督权，因此，法律监督是检察权的本质特点”。[25] 可是为什么公安机关对违法犯罪行为的发现、证明、检举即侦查、追诉就不是法律监督呢？为什么公安机关“依据刑法规定监督一切公民、单位必须在遵守刑律的轨道上行动”、对任何触犯刑律的行为予以追究的活动就不是法律监督呢？为什么同样是负责发现、证明和检举违法犯罪行为、提交法庭裁判的西方国家检察机关的活动就不是法律监督呢？没人回答这些问题，反正只要是我国检察机关的权力就必然具有法律监督的性质，至于其他国家机关、其他国家的检察机关也行使这项权力应如何定性则不予考虑，这样的论证显然难以使人信服。实际上，侦查权和公诉权的实质就是刑事诉讼中最一般、最普通的诉讼程序上的权力，无论其行使机关为谁，它们的性质都是不应该也不可能会改变的，所以实在没有必要硬给其套上个法律监督的外衣。至于诉讼监督权，需要具体分析。实际上，虽然《刑事诉讼法》第 8 条规定：“人民检察院依法对刑事诉讼实行法律监督”，但是该法在规定检察院在诉讼各阶段的权力时，并没有使用“监督”的字样，而这些权力诸如：要求公安机关说明不立案理由或要求立案、审查批捕及通知公安机关纠正违法情况、向人民法院提出纠正意见等，都是诉讼中应有的制约机制，属于正常的诉讼程序。这在没有什么法律监督机关的其他国家的刑事诉讼中同样存在，有些属于司法审查权，有些属于公诉权的一部分。至于检察机关对审判机关的所谓监督，比如请求法院正确定罪量刑、对法庭的违法行为提出意见、对判决裁定提出抗诉等，都是公诉权中的必然含义，是作为诉讼当事人（也许检察机关不喜欢这样的称谓）必然拥有的权能，就好比被告人也有权请求法庭正确定罪量刑或从轻减轻处罚、有权对法院的违法行为提出意见、有权对判决提起上诉一样。对此，法律监督论者也与我们有同样的看法，“这是对公诉方作为国家代表履行职能活动的最起码要求，是其分内之责，无须人为拔高，至多可以把它看作一种广义的监督，与被告人、当事人对审判活动的监督没有根本区别”，[26] 所以也根本没必要将这种正常的诉讼权力也装进

[24] 刘树选等:《法律监督理论和检察监督权》，载《国家检察官学院学报》1999 年第 4 期。

[25] 前引 5，谢鹏程文。

[26] 张宏思:《人民检察院基本诉讼角色定位论》，载《法学》1997 年第 9 期。该文认真分析了公诉职能与法律监督职能的本质差异，并指出二者必须分开行使，与我们的认识相似。只是该文主张检察机关应当以监督作为基本角色定位，而且认为检察机关作为监督机关的同时可作为公诉机关行使公诉职能，解决公诉与监督之间的矛盾可以用内部制约的方式解决，并不排除成立独立的公诉机关专司公诉的可能性。这种观点值得商榷，没有搞清检察机关正是作为公诉机关才发展起来的，公诉才应当是其基本角色。

法律监督这个袋子（用诉讼监督这个名词也容易使人产生误解）。由于本文主要是从刑事诉讼中控、辩、审三方的关系出发，对检察机关的应然权力进行研究，故对判决、裁定执行的监督以及检察机关在民事、行政案件中应享有哪些权力、这些权力应如何定性等，均非本文研究主旨之列，不予讨论。

由此看来，在刑事诉讼中，法律监督论者所称的侦查权、公诉权及诉讼监督权与他们所津津乐道地看似地位很高的法律监督权实际上并没有必然的联系，不论检察机关是否拥有法律监督者这样的"桂冠"，法律都应当赋予其上述诸项权力（当然，侦查权是可以探讨的），因为这是一个公诉机关所必须拥有的最基本的权力。检察机关应当以公诉作为其基本的任务与职能，寻求诉讼之外的高于裁判方的所谓法律监督权是不适当的，而诉讼内的其他主体也享有的诸如对法庭的异议权、对判决不服的抗诉权等都没有必要打上法律监督的旗子。在这个意义上说，我们主张取消刑事诉讼中检察机关法律监督者的身份，并不是要求取消检察机关的上述权力，而是因为按照诉讼的规律，在三角形诉讼结构中，审判应当处于中心的位置，作为控诉一方的检察机关可以以诉讼一方主体的身份对审判方予以监督，但不能以高于（哪怕是形式上的高于）审判者的所谓法律监督者的身份对审判者实施监督。有人洋洋洒洒以约两万字的篇幅论述了监督法律关系，指出现在的监督机关没有与审判权相对抗的地位，对"检察机关的抗诉权在本质上只是一个改判建议权"非常不满；并指出应当加强立法，使法律监督者拥有对被监督者的纠正权、否决权、列席合议庭合议权、查阅合议庭笔录权等。[27] 我们认为，且不说在诉讼中设置一个可以否决、纠正审判者裁决的机关是否合乎诉讼规律，即使有必要设置这样一个拥有庞大权力的机关，那也只能由检察机关以外的机关来承担这个任务，因为如果控诉方还拥有对审判者的裁决予以直接纠正、否决的权力，所谓居中、公正的裁判便根本不可能存在了。

三、我国检察权的内容——规定不明而又分歧严重的命题

探讨了检察权的性质及检察机关的基本职能之后，有必要再审视一下我国现行法律关于检察权的规定。在我国，检察权是一个与审判权相对使用的概念，它出现在现行的多部法律及同一部法律的多个条文中，如《宪法》第131条的"人民检察院依照法律规定独立行使检察权……"《人民检察院组织法》第4条的"人民检察院通过行使检察权，镇压一切叛国的、分裂国家的和其他反革命活动……"《刑事诉讼法》第3条的"检察、批准逮捕、检察机关直接受理的案件的侦查、提起公诉，由人民检察院负责"；《刑事诉讼法》第5条的"人民检察院依照法律规定独立行使检察权……"等，而且在众多的法

---

[27] 李桂茂等：《我国法律监督制度的改革与完善——论监督法律关系》，载《中国社会科学》1997年第2期。

学论著中，如“人民法院行使审判权”“人民检察院行使检察权”的表述也到处可见。

但是，与审判权相比较，在实然法的层面上检察权的具体内容究竟为何却鲜有一个相对固定的说法，不同的著述主张各一。从现实的情况看，有一种观点应当引起我们的注意。这种观点认为检察权就是检察机关的法律监督权，二者是一致的，其内容就是法律规定由人民检察院行使的所有职权。该种观点认为法律监督职责基本上分为三个方面：一是通过对国家机关工作人员的职务犯罪以及与执行职务有关的犯罪进行侦查，以保障国家机关执法的公正和准确。二是公诉职责，即侦查终结的案件，都由检察机关依法做出起诉或不起诉决定，这是用刑事法律监督的职权对犯罪行为实施的法律监督。三是诉讼监督职责，即对诉讼活动是否合法实行法律监督。[28] 这种观点已经成为当前检察机关极力主张的观点，这从一系列有关法律监督权的文章尤其是检察工作人员的论文著述中可见一斑。但是，这种观点却是值得商榷的。

首先，仅仅从法律条文来分析，该观点便存在明显的漏洞。主张检察权与法律监督权等同者的最主要依据便是《宪法》第 129 条和《人民检察院组织法》第 1 条的规定：“中华人民共和国人民检察院是国家的法律监督机关。”由于人民检察院是国家法律监督机关，因而行使的是法律监督权，而人民检察院行使的权力又是检察权，所以人民检察院的法律监督权就是检察权，检察权也就是法律监督权。这样的论证与推理逻辑所得出的结果实在令人难以信服，而且，这些偏爱于法律条文的论者好像忘了也还有这样一条法律，《人民检察院组织法》第 5 条规定：“各级人民检察院行使下列职权：（一）对于叛国案、分裂国家案以及严重破坏国家的政策、法律、法令、政令统一实施的重大犯罪案件，行使检察权。（二）对于直接受理的刑事案件，进行侦查。（三）对于公安机关侦查的案件，进行审查，决定是否逮捕、起诉或者免予起诉；对于公安机关的侦查活动是否合法，实行监

[28] 周士敏：《论我国检察制度的法律定位》，载《人民检察》1999 年第 1 期。类似的观点：“检察权即法律监督权是从统一的国家权力中分离出来的、与国家的行政权、军事权、审判权并列的一项国家权力”“在我国，法律监督特指人民检察院通过运用法律赋予的职务犯罪侦查权、公诉权和诉讼监督权，追诉犯罪和纠正法律适用中的违法行为来保障国家法律在全国范围内统一正确实施的专门工作。”参见前引 21，张智辉文。“在刑事起诉中，检察机关参与诉讼不是与法官一起对被告人定罪量刑，而是以国家公诉人的身份提起、支持或停止诉讼，防止诉讼中可能出现的对犯罪的放纵和对人权的侵犯，在警察与法官之间增加一个独立的检察机关，意义就在于通过检察机关指挥侦查、批准逮捕、提起公诉、出庭支持公诉、监督审判、监督判决执行等一系列诉讼活动，对整个诉讼活动进行制约与监督”“这说明作为检察权主要内容的公诉权实质上是一种监督权”“因此，法律监督是检察权的本质特点”，前引 25，谢鹏程文。不过也有人提到了“检察”一词作为法律术语一般有两种含义，一是与法律监督相同，二是检察的概念小于法律监督的概念。参见张穹主编：《人民检察院刑事诉讼理论与实务》，法律出版社 1997 年版，第 9 页。

督。（四）对于刑事案件提起公诉，支持公诉；对于人民法院的审判活动是否合法，实行监督。（五）对于刑事案件判决、裁定的执行和监狱、看守所、劳动改造机关的活动是否合法，实行监督。”

笔者之所以不厌其烦地将上述条文全部抄录，是因为从条文的编排中我们可以看出，只有在本条第1项中才使用了检察权，而在后几项中都回避了这一概念。从条文来看，诸如侦查权、审查批捕权、起诉权、支持公诉权等在形式上与检察权是并列的；同时，对于侦查监督和审判监督的规定，在条文第2项和第3项中都用分号与前一部分隔开，这也表明法律规定的监督权与审查批捕权、审查起诉权、提起公诉权等在形式上是相并列的。不论这种表述是否科学合理（因为第1项中的检察权在排除了审查批捕权、审查起诉权、公诉权、法律监督权等之后还有没有其他具体内容值得研究），但至少我们从条文中推导不出有人所主张的检察权即等同于法律监督权，法律监督权即包括审查批捕权、审查起诉权以及提起公诉和支持公诉权的含义。

法律条文对该种观点的不支持还可从刑事诉讼法中找到证据。该法第3条规定：“检察、批准逮捕、检察机关直接受理的案件的侦查、提起公诉，由人民检察院负责。”此条也表明了检察权与批捕权、公诉权及法律监督权的关系并非如某些论者所讲的那样简单。

其次，审查批捕权、审查起诉权、提起公诉权、支持公诉权是否属于法律监督权的范畴，前文我们已经对此作了论述。在现代实行侦、控、审分离的国家，审查批捕、审查起诉、提起公诉以及支持公诉是刑事诉讼程序中的常态，是每一个奉行现代刑事诉讼理念的国家最普通不过的正常诉讼行为。可是到了我们国家，这些诉讼行为的本质竟然都发生了变化，全都变成了法律监督行为：不但审查批捕是法律监督，[29] 而且审查起诉、提起公诉、支持公诉等都成了法律监督。更让人难以理解的是，刑事案件侦查权本是刑事诉讼中相当明确的一种权力，但因为我国检察机关是法律监督机关，因而这个权力到了检察机关那里也就不是一般的侦查权而是法律监督权了。种种这样的论述给人的感觉是无限制地扩大、提高了法律监督的范围和地位。实际上，诉讼行为、诉讼权力有其自身的本质属性，也许在不同的国家、不同的法系会有不同的表现形式，比如行使机关、行使方式的不同，但不应该出现也不会出现在美国、日本等国是侦查权、公诉权，而到了中国就成了法律监督权的现象。从这个意义上说，《人民检察院组织法》第5条后4项在规定检察院享有对侦查活动、审判活动实行监督的权力和审查批捕、审查起诉、提起公诉、支持公诉的权力时，用分号将前后两部分隔开，并列编排，是认识到了前后两部分是不同性质的权力职能，这种语言表述是科学的，表达的

[29] 参见前引8，倪兴培文。

意思也是清晰明了的。但是实践中出于认识上的原因及某种利益的考虑，这种意思被人为地扭曲了，检察机关对自侦案件的侦查权、审查批捕权、公诉权以及法律监督权都被人为地复杂化了。

有意思的是，即使有些极力主张法律监督权的论者也不得不承认法律监督只是检察机关职权中的一个方面，与公诉权是不同的。检察机关的职权包括法律监督权、侦查、起诉和出庭支持控诉权、参加民事诉讼权、参加行政诉讼权和其他职权。“在社会主义国家，对刑事案件进行侦查、起诉和出庭支持控诉，仅是检察人员一个方面的职权，而且从根本上来说，它们是实现检察机关法律监督职责的一种手段。”这说明他们也认为侦查权与公诉权与法律监督权是不同的，只是实现法律监督权的手段。[30]“人民检察院在刑事诉讼中主要行使四项职权，即对刑事诉讼实行法律监督权、批准逮捕权、侦查权和公诉权。”[31]“检察机关法律监督职能的有效行使是不能脱离开具体的诉讼职能的，监督是内容，是目的，诉讼是形式，是载体。监督职能必须以诉讼职能为基础，为条件，诉讼职能是监督职能借以发挥的必要途径和手段。”“检察机关法律监督职能和公诉职能是一种职能的两面，一个问题的两个方面。”[32]“刑事审判监督本质上是超然于具体审判活动之上的独立的诉讼职能……也应与公诉职能相分离”，“此类观点（指公诉具有审判监督性质——引者注）的根本缺陷在于以偏概全，夸大了公诉职能的广义上的监督性质，混淆了发起诉讼的公诉职能与对包括公诉方在内的所有参诉方活动进行整体监督的审判监督职能的区别，将自己置于监督者的地位，只对审判方等其它诉讼主体实施监督，自身则无须受到监督，从而导致这两种职能混同一体”。[33]这些文章尽管在法律监督权的观点上还存在可商榷之处（笔者已在本文第二部分作了讨论），但是它们无疑也从一个方面承认了法律监督权不等于检察权，也与检察机关的侦查、公诉权等没有包含与等同的关系。

所以笔者认为，将检察权等同于法律监督权，同时等同于检察机关的各项诉讼权力的观点，不仅不符合法律规定的原意，而且在理论上也是说不通的。要对我国的检察体制进行改革，有必要对各个法律规定的检察权的含义予以统一，首要的是统一法律中的用语，然后对“检察权”的内容作出明确的界定。按照我国的语言习惯，也为了与审判机关行使审判权相对应，我们认为，宜将检察权理解为“法律规定的由检察院行使的职权”为好（我们也正是在这个意义上对检察权性质进行了探讨）。现行宪法、人民检察院组织法及刑事诉讼法中都规定了“人

[30] 参见前引 17，张穹、谭世贵书，第 89 页以下。

[31] 前引 28，张穹主编书，第 9 页以下。

[32] 沈丙友：《公诉职能与法律监督职能关系之检讨》，载《人民检察》2000 年第 2 期。

[33] 参见前引 26，张宏思文。

民检察院依法独立行使检察权”，这些规定中的“检察权”应理解为检察院的职权，并可以作为我们统一法律用语的基础；而《人民检察院组织法》第5条和《刑事诉讼法》第3条中将检察权与检察院的批准逮捕、提起公诉等其他职权相提并论的规定，给人以检察权也只是检察机关职权中一个部分的感觉，应当在适当的时候对这些法律的表述方式进行修正。同时在刑事诉讼法中去掉“法律监督”的字样，取消检察机关法律监督者的身份，明确规定人民检察院是国家的公诉机关，履行公诉职能。检察权的内容应当是符合其公诉职能需要的、符合其性质的各项权力的总称，具体说检察权中应当包括指挥、领导侦查活动权、审查起诉权、决定起诉与不起诉权、支持公诉权、举证质证权、提出意见权（或称异议权）、抗诉权等各项权力。对于现阶段检察机关拥有的侦查权、审查批捕权、决定逮捕权、决定拘留权、批准延长羁押期限权等是否应当属于检察权的内容，我们将在下文进行讨论，但在目前，这些权力也属于检察权的内容。

四、检察机关的改革——十分迫切而又困难重重的课题

上文我们论述了检察机关在刑事诉讼中的基本角色应当是国家的公诉机关，代表国家将犯罪提交法庭裁判，行使控诉职能。围绕这个主题，检察机关的改革及其权力配置都应当以公诉职能为中心。有鉴于此，我们认为，对检察体制的改革应当从下面几个方面去着手：

1. 建立以公诉为龙头的检察职权体系

改革就应该朝着检察机关就是公诉机关的思路去构建我们的整体司法制度。对于行使公诉职能应有的各种权力，应当通过法律赋予检察机关，并且要设计出合理、正当的程序规则来规范检察机关行使公诉权的行为。综合各方面的论述可以知道，承担公诉职能是实行国家追诉主义以来各国检察机关的本职任务，检察机关应当以公诉作为自身的基本职能，在国家体制中应当以公诉机关为定位寻求自己的位置，不能舍本逐末去谋求什么高地位的、高身份的其他角色。在权力的配置上，检察机关的职权体系应当以公诉作为龙头，同时可以根据形势的需要，使检察机关也承担一部分其他职能，比如监督监狱、劳教、看守所等劳改劳教和临时羁押场所，在民事、行政案件中也承担一些必要的职能等。但这些都不是主要的，也不是必须由检察机关承担的。检察机关职权体系的核心只能是公诉权。公诉活动应当包括检察机关对享有侦查权的机关或部门侦查终结移送起诉的案件，经过全面审查酌量，以决定是否将犯罪嫌疑人提交法院审判追究刑事责任，以及将犯罪嫌疑人起诉至法院并出席法庭举证、质证，请求法庭对被告人定罪量刑的诉讼活动。在这样一个诉讼活动中，承担公诉职能的检察机关所应然享有的权力包括：审查起诉权、决定不起诉权、决定起诉权、提起诉讼权、出庭支持公诉权、法庭举证、质证权、辩论权、声明异议权、抗诉权等。在目前阶段，我国的检察机关已经基本上享有了上述各项权力。需要注意的是声明异议权，实际上

这项权力对我国的检察官来说并不陌生，就是在审判过程中，检察机关认为法官的诉讼行为违法或不当时，提出自己的意见请求法官作出适当的处理的权力。只不过实践中我国的检察机关在指出法官的不当行为时，往往喜欢将此理解为行使法律监督权，其实这只是一项审判过程中的诉讼权力，控诉方和辩护方都享有这项诉讼权力与权利，包括被害方、被告方都可以提出该种异议。《日本刑事诉讼法》第 309 条就对此专门作了规定，可以作为我国的参考。

2. 建立以公诉机关为核心、主导的审判前程序

长期以来，由于我国的庭审方式存在着走形式、走过场的现象，因此，确立庭审中心地位成为理论界和实务界关注的焦点。1996 年刑事诉讼法修改时，在这方面做了大量的修正。但是，庭审方式改革后，一个突出的问题便摆在了人们面前：公诉机关在法庭上举证不力，或者证据不严密，这就使得公诉人在法庭上很是被动。但是，公诉机关并不是不注重证据，关键是侦查机关移送的材料不能有力地支持公诉，而检察院行使法律赋予的退回补充侦查权并不是那么简单，很多案件退回时是哪些材料，再移送来依旧是那些材料。形势要求我们必须重新审视和改进现行的侦查职能与公诉职能、侦查机关与公诉机关的关系。鉴于此，笔者提出了侦检一体化模式，[34] 希望能对当前侦检之间存在的不正常的关系有所裨益。

正如前面所揭示的，检察机关在刑事诉讼中的职责是代表国家起诉犯罪，出席法庭举证、质证，而现代刑事诉讼的理念及发展趋势都要求以审判为中心。因此，起诉的成功与否很大程度上取决于检察机关在法庭上的举证、质证，取决于检察机关所拥有的证据材料，而这些证据材料在多大程度上能够支持公诉则取决于侦查的质量。侦查活动正是查获犯罪并取得犯罪证据的活动，因此，在刑事诉讼中，侦查机关与公诉机关共同承担追诉职能，侦查活动实际上是为检察机关的公诉职能服务的，侦查权与公诉权在本质上是相互统一的，彼此之间有着内在的密不可分的联系。但是，由于现行体制下我国的公安与检察院之间以分工负责、互相配合、互相制约为原则，侦查程序基本上由公安机关一手操办，且公安还可以制约检察机关，使得公安与检察之间的扯皮不断：公安机关往往专注于“破案”，在取得证据、固定证据、保全证据方面，与检察机关在法庭上举证、质证的要求还有不小的距离，正如美国人琼·雅各比女士所说的：“警察以被告可能有罪为根据认为某个人违反了法律而实行拘留；检察官则必须提出具有更高质量的证据以便在审判室内将同一个人定罪。”[35] 同时，“由于警察没有受到像律师那

---

[34] 参见陈卫东、郝银钟：《侦、检一体化模式研究——兼论我国刑事司法体制改革的必要性》，载《法学研究》1999 年第 1 期。

[35] ［美］琼·雅各比：《美国检察官研究》，周叶谦等译，中国检察出版社 1990 年版，第 134 页。

样的培训（有时根本没有受到培训），有关证据的发现和保护（对检察官的工作来说，这是必不可少的）可能是草率的、不完整的和有缺陷的”；“检察官们的一种普遍的抱怨是，警察在进行调查中往往是草率从事，遗漏了重要的证据，以及不适当地扣押或标注被搜采到的物品”；“他们认为，警察所作调查的质量确实关系到检察官的行动”。[36] 再加上我国的检察机关无法对侦查活动进行实际上的指挥、控制，也使得法律规定的退回补充侦查制度的实施效果并不理想。所以基于侦查与公诉的共同追诉职能，我们认为在法庭审判前的程序中，应当建立以公诉机关为核心主导的机制，侦查应当服务于公诉这样一个总的目的，公诉机关为了公诉的需要应当有权指挥、指导侦查活动的进行，这里主要是指对侦查机关、侦查人员收集证据、固定证据方面予以指挥指导，尽量减少司法实践中将侦查结果做成“夹生饭”的情况。

一些论者不是从公诉职能与侦查职能具体的、微观的特性出发，不是考虑二者在实务中的具体诉讼关系与本质属性，而是从所谓“公诉权在本质上只是法律监督借以实现的一种基本形式”出发，认为“把对侦查的检察职能与对侦查的领导、指挥混为一谈，完全可能使检察法律监督功能被具体的侦查工作所吸收、所消化”，因而也反对检察机关指挥侦查活动。[37] 该论者还指出：“在一定意义上可以说，司法本身就是一种法律监督形式。”我们不知道这里的“一定意义”到底是哪种意义，但是按照该论者“所谓司法乃是以诉讼形式进行的执法”的观点，[38] 侦查工作也是司法，当然其“一定意义上”也应当是法律监督，既然侦查也是法律监督，凭什么检察机关的法律监督就一定要监督着侦查机关的法律监督呢？凭什么检察机关就理所当然地高于别人呢？显然，要回答检察机关对侦查工作领导、指挥的依据，必须到二者的具体诉讼关系以及各自的活动目的中去寻找，什么都能往里装的法律监督并不能给出有说服力的答案。还需要说明的是，由于我国当前实然的司法权概念与我们所探讨的应然的司法权概念不一致，因此给行文上带来一定的麻烦，尽管我们已经作了说明，但仍有读者对我们有一些误解，在此愿摘录如下，以答疑者：“虽然我们对这一概念（指我国当前实然层面上的司法权概念）也持否定态度，但在对现行司法体制，特别是对其弊端进行描述的时候，当然要以中国法的实然性为基础”；“侦查权、检察权在本质意义上应当隶属于国家行政权，检察机关也应当定位为行政机关。当然，这是对侦查权检察权之应然性的学术探讨。在现行法的构架内，检察机关仍然为司法机关”，[39] 突然与应

[36] 前引 35，[美] 琼·雅各比书，第 138 页以下。
[37] 前引 8，倪培兴文。
[38] 参见前引 8，倪培兴文。
[39] 参见前引 34，陈卫东、郝银钟文。

然不同，由此清晰可见，怎么会导致“这些主张前后不一、自相矛盾”呢？

3. 改革现行的逮捕和其他侦查措施的审批制度

逮捕是最严厉的一项刑事强制措施，因而对逮捕制度的研究直接关系到每个公民的切身权利。[40] 依我国现行体制，刑事公诉案件审前阶段的审查批准逮捕权归属人民检察院，检察机关享有剥夺犯罪嫌疑人人身自由的权力；同时人民检察院作为公诉机关，本身又承担着控诉职能，承担着在法庭上举证、质证的任务。这种权力配置模式的危险性是显而易见的。检察机关作为控方完全有可能为了控诉的需要“以权谋私”，作出剥夺被指控方人身自由的逮捕决定。重要的是我国刑事诉讼中的逮捕不仅作为行为动词使用（意为“捕获”），而且兼具状态动词的用法（意为“羁押”）。易言之，它包含两方面的内容：捕获和一段时间的羁押，并且羁押是逮捕的必然结果和主要内容，逮捕的目的就是羁押。而外国一般采逮捕与羁押分离制度，逮捕实施后是否羁押须另行审查决定。这种制度具有重要的理论和现实意义。因为逮捕与羁押决定要分两次作出，（有证）逮捕往往是由法官（或预审法官）根据侦检机关的书面申请作出的；而对于是否羁押，则须听取犯罪嫌疑人及其辩护人与控方的意见后才能作出决定。这种做法体现了法官裁判权力对侦查程序的控制，有利于实现侦查程序中的控辩平衡和避免不必要的羁押，有利于保障嫌疑人的权利。我国实行逮捕与羁押一体制，逮捕由处于控方的检察机关进行书面审查后批准或决定，并不听取嫌疑人的意见，完全是单方职权行为。而且根据刑事诉讼法的规定，对于一个非罪犯身份的公民，可以由公安机关决定拘留后被羁押长达 37 日，足见侦查机关对一个公民人身权利的影响有多大。至于逮捕后的羁押期限，虽然法律也作了限制，但是由于法律同时规定了几种可延长的情形，决定权和批准权同样是属于行使公诉职能的侦检机关，因此实践中被以各种表面上的合法理由超期羁押的犯罪嫌疑人不在少数。[41] 再加上检察机关在羁押期间并不进行合法性审查，获释（包括取保候审）的渠道并不畅通，因此对绝大部分犯罪嫌疑人来说，一经逮捕即意味着将长时间处于被羁押状态，因而造成不必要的羁押大量存在，也使得完全置于侦控机关控制之下的被逮捕者沦为侦讯的对象，逮捕则变成了一种重要的侦查方法，导致实践中以捕代侦、刑讯逼供等违法现象屡禁不绝。这无疑使犯罪嫌疑人的诉讼主体性荡然无存，公民的人身自由权利得不到应有的保护。这一切都源于控方即为逮捕和延长羁押期限的批准者或决定者，没有第三方来对此作出裁断，程序应有的正当性缺失。为了

---

[40] 关于逮捕制度的探讨可参见陈卫东、刘计划：《谁有权力逮捕你——试论我国逮捕制度的改革》，载《中国律师》2000 年第 9 期、第 10 期。

[41] 如 1996 年《刑事诉讼法》第 128 条规定，发现犯罪嫌疑人另有重要罪行的，重新计算羁押期限；羁押期限自查清犯罪嫌疑人身份之日起计算等。实践中一些部门在掌握了犯罪嫌疑人的多种罪行、掌握了其具体身份后，故意装作不知，以备随时凭此作为延长羁押的理由。

防止刑事诉讼中控辩双方力量的严重失衡，避免出现犯罪嫌疑人诉讼地位的客体化趋势，有必要强化诉讼制约，修改完善现行的逮捕制度。

笔者认为，对犯罪嫌疑人的逮捕羁押应当非常严格，只有为了保障刑事诉讼的顺利进行、实现对犯罪的有效追诉、保护社会安全，才能对犯罪嫌疑人的人身自由予以限制。这种措施的采取必须贯彻程序正当以及最低限度和必要性原则，而且在司法实践中应当尽量减少乃至避免羁押，以充分保障人权，这应成为设计逮捕制度的出发点和归宿。为了保持控辩平衡，防止被指控人客体化，要求在判断是否有逮捕乃至羁押被指控人的必要时，必须由独立、中立于控辩双方的裁判者作出决定，而不能由侦控方决定。唯如此，犯罪嫌疑人的诉讼主体性和裁判中立、控辩平衡的现代刑诉机理方能得以体现。

我们主张，改革我国逮捕制度的最终方向应该是借鉴他国合理有效的审查批准制度，在侦查起诉阶段引入一个第三方，同时实行逮捕与羁押分离制度。按照诉讼的规律，让专职的法官担当裁断的职位是恰当的，这也应该是我国司法改革努力的目标。但是，就我国现行的体制及现实情况来看，这样的设想也许在近期内无法得到实现。作为过渡性的措施，我们认为可以在现行制度的基础上作些变化：首先，将现行的逮捕即羁押改为逮捕与羁押分离制度，允许逮捕后是否羁押应当经再次审查后作出；其次，将检察机关的内部结构进行调整，配合主诉检察官的改革，设置检察事务官，负责对侦查机关的提请批准逮捕书和是否对被捕获的犯罪嫌疑人羁押作出审查决定；最后，将逮捕分为有证逮捕与无证逮捕，无证逮捕可在现在拘留制度的基础上改造而成。不论是有证逮捕还是无证逮捕，都应当在规定的短时间内（如 48 小时）将捕获的犯罪嫌疑人送至检察官处，检察官在充分听取侦辩双方意见后，作出是否予以羁押的决定。这些设想也许暂时不能为一些人所接受，但是我们相信，随着时代的发展，我国的刑事诉讼制度无论是在科学性上还是在民主性上都将会迈上一个新的台阶。

理论上的研讨是枯燥的，推动法律的进步是吃力的，而其中的过程却是充满幸福的，尽管不时会感到一些无奈，但笔者却始终坚信：一切先进的、符合人类基本正义思想、符合基本司法规律的制度都将会被伟大、聪明的中华民族所选择。

（原载《法学研究》2002 年第 2 期）

检察机关内部机构设置改革研究

甄　贞

一、检察机关内部机构设置的历史沿革[1]

新中国检察机关内设机构的依据最早可追溯至《中央人民政府最高人民检察署试行组织条例》(1949年12月)，依此，高检院下设三个业务处，一处对应一般监督、抗诉和刑事申诉三项职权；二处对应着办理普通刑事案件、监所监督；三处对应着民行监督。带有一定的半军事化、半神秘主义倾向，这让人自然联想到战争遗痕以及围绕政权展开的斗争。不过，建章立制工作到1955年就已初具规模，按照苏式“监督”定位，内设机构多含有“监督”字样，以高检院为例，除了办公厅、人事厅、研究室和侦查厅以外，其他的都冠之以“监督”字样，如一般监督厅、侦查监督厅、审判监督厅和劳改监督厅[2]。笼统言之，与理论上明确的“法律监督机关”定位相适应，此时的检察机关内设机构原则上围绕监督开展工作，以监督立足。但问题是，在监督名目之下，机关的实然状态却是专注于一般刑事诉讼活动，如参与肃反。也就是说，分权意义上的消极监督更多，而针对其他机关的执法司法行为违法的积极监督较少，机关配合、加强专政体现得更为充分。

“文革”以后检察机关恢复重建，1979年新修订的《人民检察院组织法》规定最高人民检察院设五个业务部门和若干综合部门，就业务部门而言，一反1955年“监督”贯名，改采“工作对象”标准，分别是刑事检察厅、经济检察厅、法纪检察厅、监所检察厅、信访厅。在其职权划分上同时突出了工作场所，以监所检察为例，它兼有对监管场所发生犯罪予以追究的综合性权力，类似于一个县级检察院。与1955年相比，以工作对象为区分标准的设置模式具有简明易知的特点，又切合了重建法制所要求的诉讼化转向，除了因一般监督职能的废除而导致一般监督部门取消之外，把在诉讼活动中不易理解的监督置换为工作对象，自有其便于社会认知上的优势。但是工作对象的区分标准过于简略，在内部逻辑关系上，经济检察与法纪检察所含有的侦查职权也应属于刑事检察的

---

[1] 关于该沿革的一般处理方法是分段分期，笔者认为如果笼统分期的话，可以1955年和1979年两个点作划分，中间一段近似于空白期。下面以此为据，采取评述的方式概括整个过程。

[2] 参见孙谦主编:《人民检察制度的历史变迁》，中国检察出版社2010年版，第262页。

范围，因为“检察”本身不是特定的职权，而是检察活动的概称，由此，将自侦排除于刑事活动显然于理不合。进言之，其与1955年相比采取了差别化的设置原则，是否意味着弃监督而求诉讼？这为理论研究上质疑检察机关法律监督定位埋下了伏笔。总的来说，1979年的设置原则奠定了此后检察机关内设机构的基础，虽然在1982年高检院内设机构一度又恢复到数字命名的方式上来，即分为一（刑检）、二（法纪与经济检察）、三（监所检察）、四（信访）厅[3]。但到20世纪90年代初就又回到1979年架构上来，现行的几乎所有部门都是在此基础上衍生或分化出来的，如经济检察厅发展为贪污贿赂检察厅（1989年），再发展为反贪总局（1995年），反贪又进一步分化出职务犯罪预防（2000年），区别于侦查、大要案指挥中心。法纪检察变更为反渎职侵权检察厅，再更名为反渎局（2005年）。信访厅更名为控告申诉检察厅（1987年），再一分为二，分设控告厅和申诉厅[4]。刑事检察厅在1999年也裂变为审查批捕厅和审查起诉厅，在2000年开始的新一轮机构改革中，前者改名为侦查监督厅，后者改名为公诉厅（2001年）。因职权扩张，随着民事诉讼法和行政诉讼法引入检察监督，1988年又增设民事行政检察部门。当这种分化趋势进一步加强，原先以工作对象或场所为标准的设置原则逐渐淡化，开始呈现出混杂的景象，职权定向进一步凸显，如审查批捕（侦查监督）、公诉、职务犯罪预防，以诉讼为主兼顾监督，显示出多重性的标准，也在一定程度上反映了对于检察院这个“未完成的机关”[5]，改革者和决策者徘徊于何种取向的犹疑和困惑。

检察机关内部的业务部门分布如是，从大的范围来讲可进一步统摄，按检察机关刑事检察（一般刑事犯罪）、查办职务犯罪（反腐）与诉讼监督的三大职能，即侦查监督中的审查批捕、公诉归于刑事检察，而反贪、反渎、预防归于查办职务犯罪，而侦查监督、公诉中的审判监督、监所检察和民行检察归于诉讼监督。相当程度上，控告申诉带有窗口意义[6]。此外，综合性（业务）部门有政治部（下设干部处、组织宣传处、教育培训处、机关党委或工会、离退休干部处）、办公室、行政装备处（或计划财务处）、监察处、研究室、法警处。这就是2002年左

---

[3] 详细的过程参见曹东：《检察职权内部优化配置与检察管理的基本视角》，载湖北省人民检察院发展研究中心编：《检察管理的理论与实践》，湖北人民出版社2012年版，第274–277页。

[4] 据《关于地方各级人民检察院机构改革组织实施过程中几个问题的意见》，省院的控告申诉处与举报中心、刑事赔偿工作办公室一个机构挂三个牌子，若分设，控告检察处与举报中心一个机构两个牌子，刑事申诉检察处与刑事赔偿工作办公室一个机构两个牌子。

[5] 此为德国学者罗克辛（C.Roxin）语。

[6] 通常所说的一个窗口对外，即指控申的此种作用，但从其职权配置来说，愈来愈趋于综合，既有参与对不服法院生效刑事裁判申诉案件抗诉出庭之责，又有复查刑事申诉案件加强内部监督、发现诉讼监督线索的功能，所以，又不能视之为窗口。此处的窗口仅指其对外性。

右检察机关机构改革完成后的基本图景[7]。机关内部平行层面上的机构设置大致如是，在上下级检察机关之间，业务部门亦基本相互对应，只是因案件量分布上的差异，负荷量大的下级院个别业务部门再进一步分化，由一个处室分设几个处室，此以公诉部门最为典型，所以，条线业务部门在案件量大的下级院，向上呈金字塔形；若该下级院案件量少，则向上呈纺锤形，中院级别的检察院业务部门因集中对下会呈凸起状，而基层院则由于严格的上下对应关系会变得“麻雀虽小，五脏俱全”，不过，在综合部门上却有一定的缩编，如政治部。总体说来，越到上一级，综合性部门越繁复，内部分设的层级越多。10年来，这一设置模式保持稳定，保证了检察职权的正常行使和检察业务效能的提升。近两年随着新一轮检察改革方案的提出以及检察工作专业化的加强，围绕检察业务工作的变化，内设机构出现了新的特色，如设立未成年人专门工作机构、案件管理机构、民行检察机构分设等。此外，个别省份探索监督职能与诉讼职能的适度分开，设立了专门的诉讼监督部门，并打破上下级对应的机构设置模式，对基层院或下级院的内设部门进行整合，如批捕合一、职务犯罪侦查预防合一、诉讼监督合一，案件管理统合控申、内部监督、法警和人民监督员工作，以综合管理部门统合办公室、政工、纪检监察、计财装备、研究室和技术[8]，改革开始往纵深发展。

二、检察机关内设机构设置的类型分析

内设机构是检察机关的组织分解和检察官的行政组合形态，从世界各国来看，检察机关内设业务机构大体有四种类型：一是以法律监督为中心设置内部机构，如苏联和东欧国家；二是以公诉为中心设置内部机构，如日本；三是含有相当数量的刑事警察组织的内设机构设置模式，如意大利；四是弹性编组模式，如美国[9]。若更进一步，着眼于各国不同的职权配置和政治生态，可以对我国检察机关内设机构做更细致地区分。笔者将其归纳为三种类型：机构对应型、职能适应型和监督回应型，并以此为基础进行分析。当然，必须注意这种分类只具有相对的意义，因为“任何复杂的法律秩序或它的一部分都永远不会构成一种绝对一贯

---

[7] 另派出机构和铁检的情况不赘。最高人民检察院内设机构的改革于2000年完成，地方各级人民检察院内设机构的改革在2002年前完成。参见《检察改革三年实施意见》(2000年)。考虑到检委会只是一个内部议事决策机构，不具有对外性，而检委会办公室以服务检委会议事为主，故均不视为一个独立的业务部门。

[8] 参见湖北省人民检察院检察发展研究中心编：《努力构建更加健全完善的检察工作体系——湖北检察机关的实践探索》，湖北人民出版社2011年版，第333页以下。

[9] 参见孙谦主编：《中国检察制度论纲》，人民出版社2004年版，第109–111页。另一种类型分析是：以追求案件真相为目的的机构设置模式、以实现诉讼功能为目的的机构设置模式和混合式的机构设置模式，参见李哲：《中国检察机关组织机构设置研究——以各国检察机关组织机构设置模式为基础》，载《中国刑事法杂志》2010年第9期。

的体系。任何特定的法律秩序或法律制度都可能具有一种‘混合性’特性”[10]。现实中，这三种类型常常有交叉和重叠，不过亦有主次之分。

（一）机构对应型

所谓机构对应型指检察机关的内设机构上下一贯，高检院确立基本架构，其他下级检察机关平行复制。1979 年《人民检察院组织法》第 20 条规定："最高人民检察院设置刑事、法纪、监所、经济等检察厅，并且可以按照需要，设立其他业务机构。地方各级人民检察院和专门人民检察院可以设置相应的业务机构。""相应"二字实际上就是"对应"的意思。1983 年修法时不再列举具体部门，只原则规定为"若干检察厅"，但"相应"二字未改。"目前，从最高人民检察院、省级院、地（市）级院到基层县（区）院，机构设置基本上都是上下对口。人员编制几百人的省级院一般有内设机构 18 个左右，而人员编制仅百余人甚至几十人的基层院，一般也有内设机构 16 个左右。"[11] 笔者认为，导致对应模式的原因有三：一是检察机关带有一定的行政性，依照法定的上下级领导关系，上命下从自然会导致上下对应。二是上下对应有利于工作贯彻、部署、指导和统筹协调，上级机关通过条线监控可有效掌握全面工作情况，防止下级误断和僭越，保障法律的统一正确实施。三是"路径依赖"的惯性思维，当上级机关确立了一种模式，下级移植时无须再支付制度成本，直接复制即可，这对于地域广袤而各地区法治意识和水平参差不齐的我国而言，确有其现实意义。职是之故，上下对应设置模式成为一种易于为各方接受的"主流"模式。内设机构上下对应模式最大的好处是能够保证检察权的平稳、有序运行。

（二）职能适应型

上下对应型的机构设置基本上是一种机械的和静态的对应，从检察职能行使的角度来看，这种对应不免偶有缺乏目的性和动态性之嫌。特别是 1996 年《刑事诉讼法》修改明确和强化了检察机关在刑事诉讼中的法律监督地位，适应职能调整，内设机构改革也拉开了帷幕。1996 年高检院《关于地方各级人民检察院机构改革意见的实施意见》明确指出，"地方各级检察机关要科学配置职能、通过职能分解，理顺内设机构间的关系。省级人民检察院的必设机构一般应与高检院对口。市（地）级人民检察院和县级人民检察院的必设机构不强求与上级院对口。……上级检察院各业务部门不应对下级检察院业务部门的机构设置和人员配备提出具体要求"。2001 年高检院政治部、中编办一司《关于地方各级人民检察院机构改革组织实施过程中几个问题的意见》进一步明确，地（市）级和县级人

---

[10] ［美］诺内特、塞尔兹尼克：《转变中的法律与社会——迈向回应型法》，张志铭译，中国政法大学出版社 1994 年版，第 19 页。

[11] 吴建雄：《检察机关业务机构设置研究》，载《法学评论》2007 年第 3 期。

民检察院机构的设置不要求与上级检察院内设机构相对应。各地可根据区域、人口、经济发展水平、工作量大小等情况，从工作需要出发，实事求是地确定内设机构。

如果说职能适应型模式是对机构对应型的调校，那么这种调校的方向则是以检察权的分布为基础，参酌检察机关回应经济社会发展的需求，一方面依托单项的职权更细致地划分业务部门，大致是一职权、一工作领域对应一个部门；另一方面回应监督者更要接受监督，通过加强内部制约规范检察权行使的要求，出现了职务犯罪侦查与预防的分离、线索受理与分流指导的分离、批捕与公诉的分离、民事检察与行政检察的分离等。此外，反贪升格及内部细分自然会让我们联想到服务廉政建设、遏制腐败犯罪的社会背景，而控申部门分离出检务接待中心也透射出当前的信访压力，整合内部业务监控职能归口案件管理中心，一定程度上凸显了信息化对检察管理的影响。

总的来说，职能适应型反映了检察机关基于诉讼专业化的宏观趋势，重新认识自身定位和功能的内在冲动，自恢复重建以来，重建法治同时意味着拨乱反正，越来越强化的诉讼功能使检察机关一定程度上超越了“专政工具”。随着社会转型期犯罪高发和社情渐趋复杂，检察机关也要在诉讼专业化的基础上更深地介入社会生活，发挥法律专业者和专业监督者的双层作用，服务经济社会发展大局，体现其自身价值。服务科学发展与自身科学发展的双重要求迫使检察机关一方面依托职权进一步开拓、深化工作领域，另一方面以适当的功能整合（如承担综合职能的办案中心）更有效率地回应社会需求。可以说，职能适应型还原了一个处于社会关系和社会网络中的检察机关形象，使我们认清检察机关是社会系统的一个有机组成部分，也要通过充分发挥其功能获取自身发展的能量，既有身份的焦虑，也有取舍的挣扎。

（三）监督回应型

职能适应型的设置模式是一把“双刃剑”。提取单项检察职能设置相应的部门虽然深度发掘了该项职权的内涵，但依职权分化势必造成一股离心力，导致法律监督宪法定位的碎片化，使检察机关面目模糊，无法形成一种内在统摄的力量，对外呈现为一个整体和组织合理的系统。

在我国，宪法明确规定检察机关是国家的法律监督机关，这就决定了检察职能要围绕法律监督而展开。从 1954 年检察院组织法出台以来，法律监督对于我国检察机关而言如影随形，成为一个极具特色的身份符号[12]，从 1979 年组织法的明确化再上升为宪法规定，法律监督已然涵摄检察工作的全部。2003 年以来，高检院提出了“强化法律监督，维护公平正义”的检察工作主题，《2009—2012

[12] 参见王桂五：《王桂五论检察》，中国检察出版社 2008 年版，第 180 页。

年基层人民检察院建设规划》指出，“科学设置基层检察院内设机构，规范基层检察院各业务部门之间职能划分，优化检察职能配置，整合检察资源，使基层检察院的法律监督能力得到进一步增强”。以监督为本位、以强化监督为依归的内设机构改革思路愈发彰显。监督意味着权力制约，与中央加强对司法权监督制约的要求相适应，2008 年以来检察改革以强化法律监督与强化自身监督双峰并立，对外和对内均着眼于监督，而共同目的则指向打造一支能为、有为、信得过的司法体制内部监督力量，这无疑对于扭转当前“大侦查、大审判、小监督”的刑事诉讼格局具有极其重要的意义。

为避免出现监督与诉讼两张皮的现象，解决因部门分设导致的职能交叉重叠、环节过多、合力不强、力量内耗等问题，部分检察院效仿国家大部制改革的思路和实践，依托职务犯罪案件的侦查权、公诉权和诉讼监督权等主要权能，开展“小院整合”试点，将内设机构分为批捕公诉部、诉讼监督部、职务犯罪侦查部、案件管理部、综合管理部等部门。亦有主张应将目前反贪、反渎、控告、侦查监督、公诉、民行检察、监所检察等主要业务部门，按照法律监督三项基本职能进行机构和职权调整，构建三个副院级的机构即反贪局（厅）、公诉局（厅）、诉讼监督局（厅）的检察机关业务机构设置模式[13]。

三、当前检察机关内部机构设置存在的问题

机构设置作为载体，其存在的问题当然反映在检察机关工作效能上。统而言之，不外是行政化过强，内设机构过多，纵向管理较为强劲，但横向联动相对薄弱，设置原则与标准不清晰，职能交叉同时又存在碎片化行使的迹象，人为架设机构间的区分，片面强化某项职权，而未必有实益。

内设机构的行政化直接体现在机构名称上，即无论是厅、处、科、局等[14]，无不与行政机关的设置相对应，其负责人对应为某长或某主任，对应相应的行政级别和待遇，称一个内设部门为一个行政性部门亦不为过。除独具检察职权特色的业务部门外，综合性部门亦与行政机关相似，在较高等级的检察机关内部，综合部门量多人少。即便业务部门实施内部裂变，分设为多个平行部门，由于检察决策体系呈金字塔式，过度集中于上一级，检察官履职也表现为一种行政化的样态，汇报请示、上传下达，在检察一体化的名义之下，检察官的独立性被削弱。进而言之，业务部门内部的平行裂变一定程度上为了克服案多人少的矛盾，但一旦分设，便要建立一套人事班子，虽然办案人员的总量增多，不过，由于采取的是“摊大饼”式的平行移植法，被广为诟病的是，增加了领导职数，也增加了部门内的综合性人员（如内

---

[13] 参见前引 11，吴建雄文。类似见解参见谢鹏程：《论检察机关内部机构的设置》，载《人民检察》2003 年第 3 期。

[14] 有关机构命名的讨论，参见前引 13，谢鹏程文。

勤），在机关本身行政化较强的情况下，因行政化所滋生的协调成本同时分摊到每个新设的部门上[15]。笔者认为，这种行政化趋势很大程度上在于检察机关没有独立的管理体制，薪酬待遇依赖于行政职级，其人员升迁与行政匹配，这必然导致行政最大化的倾向，即将行政空间利用到最大限度，强化了部门分裂和增加职数的内在动力。所以，虽然中办关于印发《地方各级人民检察院机构改革意见》的通知（中办发〔2001〕9 号）中明确规定省级人民检察院内设机构一般设置为 15 个左右，但就省院而言，处级单位则翻了近一翻。同时，由于整合的需要，不得不在部门之上架设部门，如反贪局和政治部。若持悲观论调，不遏制行政化的趋势，不改变检察官职级与行政挂钩、依检察官等级提供薪酬的现状，只能选择机构裂变的方式来解决人员发展问题，并可以罔顾“分工合理、权责明确、相互配合、相互制约、运行高效”的总体要求。反过来，行政化的加强也进一步恶化了检察机关的决策环境，致使协调成本上升，部门自主、检察官独立裁量的能力下降。行政主导又必须进一步增加行政辅助决策力量，综合性部门加强，业务部门作为办案信息终端被动提供信息的压力增大，相应地也要加大内部的综合性力量，以应对这种要求，进而削弱办案力量。这是一种司法化退步、行政化增强的两极化趋势。

内设机构过多必然导致案件或信息在内部流转的环节过多，如一条举报线索到成案，往往要经过控告申诉分流、反贪或反渎侦查、侦查监督部门审查批捕、公诉部门审查起诉，还要加上检察长领导、管理、协调，名为分工明确、强化内部制约，但对外的其实是作为单位的检察院，而不是哪一个部门，如果检察机关整体的效能体现不出来，再繁复的内部制约也不能回答对工作低效的质疑。特别是随着检察人员整体素质的大幅提升，知识专业化程度加深，以往靠经验办案、靠集体智慧审定的模式已无太大必要，相反，其弊端越来越令人不能容忍。

四、优化检察机关内设机构配置的几点思考

科学设置检察机关的内设机构必须遵循一定的原则，对此机构改革的指导性文件已规定得极为明确，择其大要，主要有以下三条：保障依法独立行使检察权，精简、统一、效能，优化队伍结构、提高人员素质[16]。但据此尚无法作出具体取舍，笔者主要以前述机构设置的类型分析为基础，从类型化的角度结合存在的问题，提出改进设置的建议。

（一）职能适应与检察一体

职能适应型以细化具体检察职权为原则，通过尽可能多地配置机构使各检察权能发挥至最大化。对抗因机构林立而产生的离心力，避免整个检察机关分崩离析的内在约束力是“检察一体”。所谓检察一体指“各级检察机关基于领导关系，

[15] 如参加协调时，此前只要一个负责人即可，现在每个部门的负责人均要参会。

[16] 参见中办发〔2001〕9 号、中办发〔2000〕3 号。

构成有机统一整体，检察官在上命下从的关系中根据上级检察官的指示命令执行职务。按照这一原则，检察权的行使必须保持整体的统一，所有检察机关被视为一个命运共同体”[17]。检察一体的核心在于通过相关权力义务的设定，使检察机关对内构成一个统一的、科层制的组织，对外为一个不可分的整体。检察一体最好地诠释了检察机关行政性的一面，从比较研究上看，检察机关内部的上命下从不应过分绝对化，一旦绝对化将使检察官蜕变为行政官，无法以一个司法能动主体作出应有的裁量，进而违背司法工作规律，无人负责、效率低下，最后毁损整个司法的公信力。换言之，检察一体是尊重检察官自主性基础上的一体。一体是程序内的一体，而不是不依诉讼程序、一切唯上是从的一体，这是前提性认知。当前真正有检察一体意义的是：第一，自侦的跨管辖集中办案模式；第二，上级院主动启动审监抗诉表达对统一刑事司法政策及法律适用的主张，因为审监抗一定程度上带有无时效限制、跨审级等非常救济的特点；第三，跨区划设置的管辖特定类型案件的办理中心；第四，诉讼监督中针对下级监督无效的事项，由上级进行非程序性的提级纠正或建议纠正。其中，第一是检察机关自侦权所隐含的，第二、第四是多属例外情形，第三应成为常态。

涉及机构设置，就表现在：一是自侦及民行检察部门向上级集中。在这两个工作领域内将常设机构集中到地市级检察院以上，加强机关内部机构之间的横向联动，并尽量将机构间的横向协调内部化，即当横向联动频繁且成为常态，有必要将机构进行整合，使其从属于一个更大的组织体，抽离出其共性的部分让一个分设部门或小组承担，非共性的部分依业务专业化的方向分设或分组。二是以专业化为中心，设立承担复合职能的办案机构。近年来，以突出专业化为特征的工作整合与部门分设同时成为趋势，前者表现为设立案件管理中心，后者表现为民行检察分设、成立专门管辖特定类型犯罪的办案中心（如知识产权、金融、毒品、网络电信犯罪案件）及未成年人案件专门办理机构等。随着特定类型案件的指定管辖及特定监督事项的指定监督，建议在特定的检察院设立专案办理中心或部门，打造成为专业性案件的集中办理中心、研究中心和监督中心。专业化办案机构突破了现有机构设置所采取的平行、横向分割模式，进行了一定程度的职能整合，或者捕诉合一，或者诉讼职能与监督职能一并行使，而未成年一体化办案机构甚至跨越刑、民，兼行“捕、诉、监（监督）、防（预防）”。作为过渡，可先在业务部门设专门办案组，集中处理诉讼监督、刑事和解、审查羁押等必要性事项，对外国人犯罪案件指定集中管辖。三是借鉴域外经验，从金字塔式决策模式向扁平化管理模式变迁。要适度减少内部决策层级，避免组织架构日趋烦琐、科层级数日趋密复，尽量实行扁平化管理，大幅减少检察官、部门负责人、检察长

---

[17] 李忠诚、张建伟：《论检察一体化原则》，载《国家检察官学院学报》1996 年第 3 期。

之间的过渡环节，逐渐让部门负责人成为行政上对外协调的首脑。

（二）监督回应与“二元论”

监督与诉讼的紧张关系贯穿了检察机关内部机构设置的始终，这条隐含的主线时偏监督、时偏诉讼，导致检察机关更换内设机构名称、分设或增设机构，呈现出摇曳多姿的样态。法律监督一元还是诉讼与监督二元不只关乎具体的检察职权，更涉及检察定位的根本判断。从法律监督的宪法定位解析出诉讼（公诉）职能，并将之与法律监督的上位概念相对应，一方面有偷换宪法概念之嫌，即将宪法定位降格为具体的职权；另一方面也是将目的意义上的法律监督与手段意义上的诉讼（公诉）职权相混同，手段与目的不分。如果径直改造60年来堪称定论的法律监督定位，个别青睐一个具体的公诉职能，将置其他检察职权于何地？既然法律监督是目的，那么是否其他作为手段的检察职权也都可以单独挑出来与目的对应，从二元演变为三元、四元乃至多元？一定程度上可以说，把法律监督的目的视为职权意义的“督促或纠正”，也是对目的的降格处理[18]，其潜在影响是，当彰显检察机关正当性的“法律监督”无法作为理念约束住检察机关的行政性，那么，检察机关就有可能因其过度强化指控变为刑事诉讼活动中的一方当事人，并由于握有公权资源而致使刑诉架构失衡。同时，一旦抹杀宪法定位消除检察机关模糊形象的必要性，以职权和手段认知“法律监督”，《宪法》第129条也就失去了意义。

简而言之，检察（机关）从其词源上看指国家律师（代理人），代表国家参与特定诉讼过程[19]。法律监督是其履职过程中的定位，即要通过职权行使监督、保障法律统一实施，充当法律的守护人。它不是一项具体职权，而是一种功能意义上的抽象定位，是检察职权行使过程中所呈现出来的价值取向。在现代意义上，由于法律守护人过于笼统，已让渡为“客观性”一词，即忠实于法律、恪守法律、追求正义。基于明确的宪法定位，检察机关应坚持“法律监督”对检察职能的统领作用，立足消极的诉讼分工和积极的程序纠错，从正反两个方面防止诉讼权力专断，促进执法司法公正，使各项具体诉讼职权及诉讼过程中的监督纠正权（诉讼监督权）相互调和、相互补充、齐头并进。要发挥诉讼活动中每案亲历的优势，使诉讼成为发现监督线索的渠道，同时，通过诉讼监督提升诉讼层次，确保检察机关恪守客观义务，不会蜕变为只追求胜诉的当事人。在履行诉讼监督职能过程中，不宜将职能等同于部门，在诉讼部门之外设立单一的诉讼监督部门，而要在

[18] 对这种目的与手段关系的辨析，可参见甄贞、王志坤：《诉讼监督地方立法的反思》，载《国家检察官学院学报》2011年第1期。该文以诉讼监督为例，但分析路径一致。

[19] 从比较法上对“检察”的考析，参见邵晖：《“检察”一词的语义学探析》，载《国家检察官学院学报》2012年第2期。但该文没有从其中解析出“守护”之义，进而没有将“检察”与法律守护人联系起来，以致武断地宣称检察一词“任何阶段都不曾出现过指涉‘监督’的词义”。

维持现有部门格局的基础上，通过正面的激励措施和管理上的优化提升监督效果。一方面，在诉讼部门中确定专人或设立专门的监督工作组集中管理监督线索，跟踪、督促监督意见的执行与反馈；另一方面，在专门的办案机构中整合进诉讼监督职能，使监督随着诉讼的专门化而更有针对性。

（三）机构对应与不对应

检察机关上下级之间内设机构相对应称得上是一条原则，不过，中办发〔2001〕9号也指出，地市级以下可以不搞一刀切。不对应的不妥或不方便之处在于，当上级业务部门以纵向一体化的名义指导协调时，下级院可能没有明确对应的部门，若下级院的某些业务综合于一个部门，那么该部门就得向上对应多个部门，便有可能在多管齐下的情势之下不堪重负。当下级院业务部门平行裂变，若不设综合性的机构予以统筹，在对上协调时可能出现多对一的局面，造成内部损耗。所以说，在业务管理体制不变的前提下，纵向行政化就容易演变成维系上下对应关系的重要惰性力量。

笔者认为，上下级检察机关内设机构原则上不必对应，特别是地市级检察院以下应以不对应为原则[20]。检察机关的管辖等级越高，业务部门越少而综合部门越多；管辖等级越低，在部门总量精简的前提下，业务部门与综合部门之比就越高。具体来说，自侦部门、民行检察、监所检察在基层院可不设或采取集中管辖模式，若不设的话原有配置可上移到地市级检察机关，审查批捕与审查起诉合一，依案件类型或犯罪主体类型分设多个专业化的办案中心或机构，实行捕诉合一，综合性部门可进一步合并。例如，职务犯罪侦查。鉴于侦查管辖不受审判管辖的拘束，不必因案件发生在基层就应由基层院来办理，而且由于基层院难以脱离地方政治生态的影响，自侦工作不易保持客观中立，所以宜将查办力量向上集中，形成一定的规模，反而更能发挥规模效应，保持人员的机动性，扩大社会认知。若基层院单兵作战，除因综合业务造成损耗外，还有上下协调、与外部其他机关的横向协调，费时费力，影响效率。

（原载《河南社会科学》2013年第1期）

[20] 有意见甚至认为地区之间可以不一致，如在西藏、宁夏、青海等省和自治区的一些县级院可实行检察长加检察官模式，机构大幅简化。参见前引13，谢鹏程文。

检察官办案责任制改革探索

杜 磊

一、历史徘徊中的检察官办案责任制改革

检察官办案责任制改革在20世纪90年代逐渐在一些基层检察院萌芽。1993年，检察院开始探索办案制度改革，最高人民检察院还曾经试行过“检察员会议制度”，赋予承办人相当大的自主性。1997年刑事诉讼法修改之后，检察系统开始探索新的办案机制。例如，河南检察院推行了“主诉检察官制度”，上海市杨浦区人民检察院实行了“等级公诉人制度”，北京市海淀区检察院试点了“检控分离”改革。在此基础上，最高人民检察院通过调研论证，采纳了主诉检察官办案责任制度，于1999年印发了《关于试行主诉检察官办案责任制的工作方案》，并开始在北京、上海等十个省市试点，2000年后最高人民检察院下发了《最高人民检察院办公厅关于在审查起诉部门全面推行主诉检察官办案责任制的工作方案》，开始向全国推行。[1]这项改革的核心内容集中在以下几个方面：（1）赋予主诉检察官部分自主决定案件的权力；[2]（2）调整主诉检察官和检察机关其他主体之间的关系；[3]（3）明确主诉检察官

---

[1] 参见林世钰:《专访：主诉检察官制度仍然具有重要意义》，载《检察日报》2008年8月13日，第1版。

[2] 但是改革方案并没有明确提出主诉检察官的独立权限范围，仅指出应当由检察长和检察委员会决定的案件事项范围。这些属于检察长或者检察委员会的职权主要包括：（1）需要采取、变更、撤销逮捕措施的；（2）需要改变管辖的；（3）拟作不起诉决定的；（4）变更起诉的；（5）决定抗诉、撤回抗诉的；（6）需要对有关单位提出书面纠正违法意见或者检察建议的；（7）下级人民检察院书面请示和公安机关提请复议、复核的案件中需要检察长决定的事项；（8）上级交办的案件以及本地区有重大影响的案件中需要检察长决定的事项。参见《最高人民检察院办公厅关于在审查起诉部门全面推行主诉检察官办案责任制的工作方案》。

[3] 关于主诉检察官和部门负责人之间的关系是主诉检察官制度构建中的重点问题。对此，改革方案要求部门负责人要转变职能定位，由原来的审核承办人员的办案转变为“监督、检查、协调”主诉检察官及其助手的办案工作。但是，这并不意味着部门负责人完全丧失了对案件发表意见的权力。根据方案的安排，如果部门负责人对主诉检察官承办的案件有意见时，应当主动同主诉检察官交换意见，或者自己提出意见报检察长。对于需要由检察长决定或者由检察长提交检察委员会讨论决定的案件或者事项，部门负责人的职责与以往相似，主诉检察官需要经由部门负责人报检察长同意。如果部门负责人不同意主诉检察官的意见的，可以自己提出意见一并呈报检察长，但不能改变主诉检察官的意见。

的办案责任。[4] 此次主诉检察官办案责任制改革初期具有一定的成效，但后续发展中主诉检察官制度要么又回到原来的老路上，要么名存实亡。[5]

党的十八大之后，检察官办案责任制改革再次成为改革的重要议题。很多地方检察院也对检察官办案责任制进行了试点。例如，深圳市福田区检察院启动了检察权运行机制改革试点项目，上海市检察机关启动了主任检察官办案责任制改革，湖北检察院也推出了主办检察官办案责任制改革，而最高人民检察院则通过调研论证推行了主任检察官办案责任制改革。2014 年中央全面深化改革领导小组第三次会议审议通过了《关于司法体制改革试点若干问题的框架意见》和《上海市司法改革试点工作方案》，其中上海市试点的一项重要内容即为主任检察官办案责任制。与以往主诉检察官办案责任制改革仅适用于公诉部门所不同的是，主任检察官办案责任制改革则扩展至所有的办案部门。以上海市闵行区检察院试点的主任检察官办案责任制改革为例，改革的主要内容为：（1）构建主任检察官办案组，形成以主任检察官为核心的办案组织，为主任检察官配备若干名检察官和书记员，辅助主任检察官办理案件；（2）主任检察官根据检察长的授权对部分案件具有决定权，对于其他的案件则需要由检察长或者检委会决定，主任检察官办案组内的检察官对于案件则没有决定权；（3）主任检察官对其所决定的案件承担主要责任，如果承办检察官在案件事实方面存在过错以致主任检察官作出错误决定的，承办检察官承担主要责任。对于报请上级决定的案件，如果因为主任检察官报告的案件证据、事实失实，以致检察长或者检委会作出错误决定的，由检察长或者检委会承担责任。

比较两次检察官办案责任制改革，可以发现实际上是“求同存异”：（1）在本质上，两次改革都未能够明确提出具体承办案件检察官的独立自主权；（2）改革的一项重要内容都是塑造位于承办检察官之上的“主任检察官”或者“主诉检察官”，并赋予其一定的独立自主性以取代承办检察官的独立自主性，承办检察官办案需要“主任检察官”或者“主诉检察官”审查决定；（3）在权力的分割方面，两次改革都严格明确维持检察长或者检委会的固有职权，仅在较小范围内授权给“主任检察官”或者“主诉检察官”，与此同时，“主诉检察官”以及“主任检察官”的责任范围则扩大，不仅局限于自己决定的事项，还要对提交检察长或者检委会决定事项的事实部分承担责任；（4）两次改革在处理承办检察官与“主任检察官”“主诉检察官”以及他们与检察长、检委会在办案意见分歧下采用的

---

[4] 改革之后，主诉检察官、检察长和检察委员会的责任更加明确：由主诉检察官决定的案件或者诉讼中的事项，主诉检察官负全责；由主诉检察官提请检察长或者检察委员会决定的案件或者诉讼中的事项，则由主诉检察官对案件事实和证据的认定负责，检察长或者检察委员会对决定负责。

[5] 参见前引 1，林世钰文；邓思青：《主诉（办）检察官制度改革回顾及启示》，载《人民检察》2013 年第 14 期。

都是“刚性”处理方式，即下级没有独立性，要服从于上级的领导，不存在下级异议的可能性。

由此可见，历经十余年之后的检察官办案责任制改革实际上仍旧未能走出传统“窠臼”而获得突破，值得反思。本文尝试从我国司法特质入手，对这一问题进行分析，阐述隐藏在改革背后的深层次因素及其作用机理。认为是特殊的政策实施型司法特质构成了我国检察官办案责任制改革屡屡“误入歧途”的深层原因，政策实施型司法所要求的权力控制与办案质量需求从整体上形塑了我国检察官办案责任制并最终影响到检察官办案机制改革的效果。

二、政策实施型司法的中国实践

政策实施型司法是中国司法的一项特色。司法的核心目标是为“中心工作”服务。司法不仅承担着纠纷解决的功能，同时还担负着社会治安综合治理、法制宣传、社会稳定等功能，从而演变为秉具“初创性、继承性、阶级性、民主性、党性、程序次位性、依据非实在性等特点”的具有一定专门性的活动。[6] 司法除了纠纷解决之外则被赋予了社会维护、政策宣传的功能，特别是后一功能逐渐演变为司法的核心功能。由此可见，政策实施型司法的本质是追求司法的社会效果与政治效果，在必要的时候法律效果需要服从于司法的社会效果与政治效果。[7]

司法要以“中心工作”为中心，自然要服从“中心工作”领导者的领导。因此，党对司法工作的直接或间接领导就不是一种例外现象。新中国成立之前，党内领导人对案件的审批就已成为一项惯例。新中国成立之后，“党内审批制”延续适用，凡是有关逮捕、审判的决定，特别是对于判处死刑的案件，都必须得到一定级别的党委的审批才能够作出最终决定。对于某些案件，特别是那些特别重要的案件，则必须报党中央批准同意才可以。[8] 政法委的诞生使得党对司法的领导机制更加固化，[9] 不仅宏观上对司法工作加以领导，而且还要协调案件的处理。

政策实施型司法的另一大特点是法律之外的各种政策因素也是司法依据，甚至此种依据具有更高的效力。成文法律可能在个案处理中得以适用，但其适用效果，则很大程度上受制于法律之外的政策、指示以及作为司法者积极能动性体现的非法定纠纷解决方式的影响。政策、指示不仅是司法者应当予

---

[6] 参见高其才、左炬、黄宇宁：《政治司法：1949—1961 年的华县人民法院》，法律出版社 2009 年版，第 37 页。

[7] 关于司法的社会效果、政治效果与法律效果的统一，参见陈卫东：《司法机关依法独立行使职权研究》，载《中国法学》2014 年第 2 期。

[8] 参见范恒山主编：《政治体制改革词典》，中国物资出版社 1988 年版，第 305-306 页。

[9] 关于政法委的历史演变，参见周永坤：《政法委的历史与演变》，载《炎黄春秋》2012 年第 9 期；钟金燕：《政法委的历史与演变再思考》，载《炎黄春秋》2012 年第 12 期。

以考虑的，而且是首先应当予以考虑并加以执行的。

而司法者的政治素养、大局意识以及自觉维护“中心工作”的积极性是政策实施型司法所不可或缺的，在法律理念上的体现即为“能动司法”。[10] 司法者不能刻板地适用法律，要发挥个人的积极能动性，“司法”要做到政治效果、社会效果与法律效果的有机统一，以维护社会的稳定性。[11] 由此可见，能动司法的根本追求并不在于司法，也不在于司法者的积极能动性，而是在于司法的社会效果与政治效果，在于司法对达到维护社会和谐稳定的社会治理目标的积极意义。正是在此意义上，学者指出“司法能动”并不是在学术意义上加以运用的，而主要是一个政治话语，其政治性诉求要求法官讲政治，服务于政治大局。[12] 这是执政者基于对中国社会问题的判断而对司法者提出的要求。[13]

这种政策实施型司法特质也特别强调上级对下级的质量管控以及下级的办案责任。司法是为“中心工作”服务的，其自身当然不能成为“中心工作”的包袱。因此，提升司法自身的质量就成为一种必需。加强下级的办案责任不仅有助于提升办案质量，必要时也可以成为化解司法危机，维护社会稳定的“利器”。基于此，政策实施型司法构建起了从办案流程管控到办案质量管控[14] 以及科予责任[15] 的完整的质量监控体系。

此外，政策实施型司法还强调民主性，如决策过程中的民主决策机制，以及吸收群众代表参与决策过程等。

三、政策实施型司法与检察科层体制

政策实施型司法作为“中心工作”的附庸以及其追求法外效果的本质决定其更倾向于科层化的检察体制安排。政策实施型司法需要一种“紧密型”组织体制结构，在必要时能够实现对司法的统一领导，并且将法外政策因素纳入到司法运作之中。如前所述，政策实施型司法是为“中心工作”服务的，其必然要接受统

[10] 这种概念界定与法律方法论中对司法能动的界定是不同的。后者是对法律应用方法所提出的要求，要求司法者不能机械司法，主张要用目的解释、价值衡量和法律论证等实质解释方式来弥补文义解释、体系解释、法律推理等形式解释方式的弊端，避免法律应用的形式僵化，不能把形式解释方法绝对化。参见陈金钊:《“能动司法”及法治论者的焦虑》，载《清华法学》2011 年第 3 期。

[11] 参见苏力:《关于能动司法与大调解》，载《中国法学》2010 年第 1 期。

[12] 参见前引 10，陈金钊文。

[13] 参见苏力:《关于能动司法》，载《法律适用》2010 年第 Z1 期。

[14] 《人民检察院办理起诉案件质量标准（试行）》和《人民检察院办理不起诉案件质量标准（试行）》对案件质量做了不同层次的划分，明确了具体的绩效考核标准。

[15] 例如，近些年来，强化检察官办案责任的努力一直在持续。特别是在前一段时间因为一些冤假错案的曝光，公安司法机关对办案责任的强调又提升到了新的高度，中央政法委就防止冤假错案发布了指导意见，就法官、检察官、人民警察对办案质量终身负责提出了要求。就检察院而言，发布了《关于切实履行检察职能防止和纠正冤假错案的若干意见》，要求深化检察官办案责任制改革，建立健全办案质量终身负责制。

一的领导，方能更好地服务于“中心工作”。而政策实施型司法的灵活性特征与以遵守既定规则为己任的司法官之间存在着紧张关系，这也需要寻求一种合理的体制安排以便政策因素能够顺利进入司法领域并在特定条件下取代既有的规则。

而科层体制有着与“紧密型”组织最相契合的结构和性质。[16] 科层体制的一大特征即为等级制。在科层制中，个体有着明确的职责分工，按照等级原则组织成为一个金字塔型的体系结构。在金字塔形结构中，上级具有监督和控制下级的权力，而下级都位于上级的管控之下，上命下从是基本的要求。科层体制通过等级原则，将具有各种专长的官职组织成为一个强大的组织体系，以便有效地、合乎逻辑地完成一项工作目标。科层制意味着等级的设置和上司的监督、控制，而为了诸如效率等目的，此种监督控制最终将权力集中在少数人手中。而且，在科层体制中，上级掌握着决策权，下属对于事件的处理结果并不感兴趣，因此科层制也导致了判断性决策的集中化。[17]

科层体制在权力集中、决策集中方面的优势可以从大陆法系国家检察体系建构中得到诠释。在大陆法系国家，检察体系普遍采用的是科层体制。此种体系结构，能够最为有效地确保政策意志的实施。我国台湾学者就曾明确地指出，“大陆法系国家检察制度之所以维持‘检察一体’原则，乃因其将检察机关编建成金字塔型之阶层组织，以利居于顶尖地位之长官得掌握全国之检察官之同时，并得收一级监督一级、一级控制一级之效”。[18] 法国是典型的集权制国家，与英美法系国家不同，采取科层式的权力构建有助于强化国家的控制，也与其集权的传统文化相契合。德国的政治文化与司法文化使得法国式的检察科层制在德国的引入能够获得成功，[19] 并且在权力的构建上更加体现出金字塔型结构。在职权主义司法制度之下，科层制的检察机关对于体现国家意志、统一执行政策来讲无疑是非常重要的，也更有助于国家对执法的控制。当然，作为科层体制在权力与决策集中方面更有力的极端例证则是纳粹德国时期的检察制度。在这一历史时期，检察体系成为纳粹政权打击异己的“政府鹰犬”。尽管这是检察体系非常极端的不幸事例，但是其在某种意义上代表了科层制检察体系在确保政策执行，实现国家特

---

[16] 参见王亚新、李谦:《解读司法改革:走向权能、资源与责任之新的均衡》，载《清华法学》2014 年第 5 期。

[17] 参见［美］彼得·布劳、马歇尔·梅耶:《现代社会中的科层制》，马戒等译，学林出版社 2001 年版，第 144 页。

[18] 黄东熊:《中外检察制度之比较》，中央文物供应社 1986 年版，第 200 页。

[19] 学者认为在法国社会背景中，包含集权和等级化两大突出特质的科层官僚体制不只存在于检察体制之中，而且广泛存在于法国国家制度的方方面面，乃是一种具有深厚社会根基的法国文化现象。法国的检察体制在德国获得成功也有大致相类似的情形，详见黎敏:《西方检察制度史研究——历史缘起与类型化差异》，清华大学出版社 2010 年版，第 412、434-445 页。

定目标方面的有效性。

我国的检察体制是在借鉴苏联检察体系的基础上发展起来的。苏检察体制恰恰是利用科层体制的权力与决策的集中这一特点来实现检察系统的一体化建设，实现社会主义法制的统一性。要保证社会主义法制的统一性，没有来自统一中心的领导就不可能实现这一点。因此，列宁指出，必须“规定地方检察机关只受中央的领导……”[20] 尽管列宁这一思想的目的是要反对地方主义，但究其实质，反对地方主义而强化中央集权恰恰有助于政策的统一执行。

当然，我国检察体制采用科层体制还受到特定历史实践和现实需要的制约。从历史经验来看，在革命年代，上令下从的科层体制不仅更有效率，也更能够实现中央的统一领导和政策的统一执行。党的组织体系建设和军队建设的经验对检察机关体系建设产生了很大影响。而且，检察制度建构过程中，检察机关需要由政府部门抽调人员组织建设，并接受政府部门的领导，以解决人力、经费等各方面的问题。[21] 在此种行政、司法尚难以区分的法制环境之下，采用科层体制建构似乎是顺理成章的。而新中国成立之后的特定政治环境也决定了很难采用权力与决策较为分散的体制安排，即便是法院建制也难逃科层化的体系安排。此外，政治因素也是检察体制建构中必须予以注意的问题。出于政权稳定性的考虑，需要强化党对执法、司法的控制，以便尽快建立起社会主义制度，改造旧的社会制度。这就更加需要一种能够有效控制监督执法、司法的机制。科层制无疑是非常理想的选择。就检察体制建设而言，尽管在执行的过程中对垂直领导还是双重领导产生过反复，[22] 但是总体上仍是一种科层式的体系建构。

四、政策实施型司法、科层体制与三级审批制：权力监督之维

政策实施型司法需要权力的集中，科层体制则提供了权力集中的体制安排，而检察官办案的三级审批制则更好地契合理念与体制的要求。在权力监督理念之下，“不受审查的权力在下层官员中的广泛分布会损害关于整个权力结构的启发性预设”，“官员的自由裁量权是一种应当尽量避免的东西”。[23] 因此，在科层体制基础上，检察官办案机制采取了与行政机关相同的行政审批机制。行政审批对

[20] 《列宁全集》（第 33 卷），人民出版社 1957 年版，第 328 页。

[21] 我国检察机构组织建设的历史，参见程荣斌主编：《检察制度的理论与实践》，中国人民大学出版社 1989 年版，第 69-79 页；李六如在《关于〈最高人民检察署暂行组织条例〉和〈各级地方人民检察署组织通则〉的说明》中，在论述检察机关由垂直领导改为双重领导的原因时，实际上也指出了这一问题。

[22] 我国检察领导体制的变迁及其争论，参见王桂五：《王桂五论检察》，中国检察出版社 2008 年版，第 213-220 页。

[23] ［美］米尔伊安·R. 达玛什卡：《司法与国家权力的多种面孔》，郑戈译，中国政法大学出版社 2004 年版，第 29-30 页。

于检察官权力的管控具有极大优势。

在大陆法系国家，通常以检察一体制度实现对检察官办案权力的监督，检察一体具体监督方式包括发布检察指令，检察首长的职务移转权和职务收取权。[24]但是此种监督受到各方面的掣肘，最终可能导致监督的“流产”。首先，就检察指令而言，检察首长的指令受到程序规制。例如，在德国，要求检察指令的明确化、书面化。更为重要的是，检察官拥有一定的独立自主性，也即检察指令不具有完全的强制力，检察官对于检察首长的指令可以不予遵从。这样的检察一体机制使得检察指令的发布不仅非常烦琐备受制约，而且更为重要的是其尊重检察官独立性的特点，特别是赋予检察官对抗检察首长指令权的特点使得检察首长对检察官的监督在某种程度上被削弱了，特殊情况下还可能失去对检察官的控制。其次，就检察首长的职务收取权和职务移转权行使而言，这也受到特定条件的制约。而且，从本质上来看，这仅是一种事后监督机制，是对检察官的不服从所提供的救济途径。此外，就职务移转权而言，其仍旧面临着检察官不服从检察指令的可能性。因此，总体来看，尽管检察一体是为实现权力监督而生，但是其面临着非常严重的权力监督效果难题。

与之不同的是，行政审批制在权力监督效果方面更为有效。一方面，在行政审批制中，承办检察官位于权力的最底层，其没有所谓的独立自主性，案件办理的决定权完全掌握在检察首长手中，所有决定必须由检察首长签署。只有经过检察首长批准的决定才能对外发生法律效力。另一方面，在制度设计上，行政审批制下没有确保检察官独立性的制度机制建设，承办检察官并没有抗衡检察首长审批权的权力和可能性，对于检察首长的行政审批决定，必须予以服从。行政审批制的上述两方面特点在制度上消除了承办检察官抗衡检察首长命令的可能性。

行政审批制所带来的权力集中更加契合政策实施型司法的需求。首先，权力的集中更有助于实现对检察权运作的管控。要实现对每个个体检察官的控制并非易事，但对下级检察首长的控制却相对容易，而且成本更低，效率更高。更为重要的是，下级检察首长在职务晋升等方面的需求更为强烈，容易受制于上级，更具有接受领导的积极能动性。因此，将检察权集中于检察首长有助于更为有效、直接地控制检察权的运作。这不仅局限于来自检察系统内部的指挥、监督，也来自检察系统外部的指挥监督。其次，权力的集中也有助于更灵活地应对纠纷，以实现司法的政治效果、社会效果与法律效果的统一。一方面，检察首长作为检察院领导层，更容易考虑司法之外的政治、社会因素，而非单纯的法律因素；另一

[24] 检察指令权指检察首长对下级属官针对职务上的事项作一般或者个别指示的权力。职务移转权指检察首长在特定条件下将案件由承办检察官移转给其他检察官办理的权限。职务收取权指检察首长在特定条件下，将案件办理权限由承办检察官收归自己，由检察首长亲自办理的权限。

方面，如前所述，权力集中也有助于将检察工作纳入到“中心工作”的统一领导下，纠纷解决过程中的政治、社会因素考量不仅是一种必要，还是一种必需。

需要说明的是，集体决定作为行政审批制的一种形式，亦有助于贯彻政策实施型司法。集体决定本身所代表的民主性即为政策实施型司法的重要内容。而且，集体决定本身也是一种特殊形式的行政审批机制，有助于实现对权力的监督，这是由检察委员会委员在其所处的科层体系中的顶层位置所决定的。构成检察委员会检察官的自身政治角色，决定其在实现权力监督方面的积极意义。按照我国《检察委员会组织条例》，检察委员会由本院正副检察长、检察委员会专职委员以及部分内设机构负责人组成。实践中，检委会委员也主要是由检察系统的正、副领导组成。[25] 作为检察院的领导层，无论是议案还是议事，首先考虑到的是党政政策的实施以及对检察工作的政治大局和方向的把控。这是由检察领导的政治敏感度所决定的。检委会组成人员的政治角色决定了检委会作为权力控制一环的重要作用。

五、政策实施型司法、科层体制与三级审批制：质量控制之维

政策实施型司法借助于科层体制不仅要实现权力的集中，还要发挥上级在案件质量方面的管控作用。正因如此，有学者指出：“这样的组织结构可能更易于发挥对司法的‘产品质效’进行控制的作用。紧密型组织的这种功能，或许就是近三十年来我国法院组织维持乃至强化科层制、行政化特点一个重要的内在动因。”[26] 在科层体制下，“上级审查不仅是常规的，而且还是全面深入的”。[27]

应当指出的是，大陆法系国家的检察一体制也有质量控制的功能，检察一体重要作用即为监督下级的决定。但是如同检察一体在权力监督方面的局限性一般，检察一体的质量控制要受到检察官独立性的制约。承办检察官可以自主决定案件的处理结果，而检察首长大多数情形下并不会干预承办检察官的处理结果。即便是检察首长不同意承办检察官的意见，也不能直接更改此种决定，而只能通过发布检察指令的形式要求承办检察官采纳自己的意见，而承办检察官则可能拒绝此种指令，由此，检察首长只能通过将案件办理权限转交其他检察官或者收归自己的方式来解决此种冲突。与之不同的是，我国的质量控制则采取行政审批的方式，与行政审批制在权力控制方面的特质相同，未经上级审批的任何决定都不具有法律效力；下级即便对上级的决定存有不同意见，也只有服从上级意见这一种可能。

[25] 参见胡捷等：《基层检察院检察委员会制度改革研究》，载张智辉主编：《检察理论课题成果荟萃》，中国法制出版社 2011 年版，第 281 页。

[26] 前引 16，王亚新、李谦文。

[27] 前引 23，米尔伊安·R. 达玛什卡书，第 74 页。

不可否认，行政审批制在提升办案质量方面的作用是积极的。这是由我国特殊的国情所决定的。我国的检察官养成机制存在着一定的缺陷，检察官整体素质有待提升。我国法律职业教育起步于20世纪末，早期的检察院工作人员大都来自部队，没有受过正规的法律教育。这就决定了检察从业人员的法律职业素质普遍偏低，尽管后来这些检察从业人员的职业水平有所提升，但大都不是通过系统的法律教育获得。[28] 近些年来，尽管检察官的整体职业素质不断提升，但是职业化、专业化的队伍尚未建立起来。[29] 在此情况下，依然需要依靠行政审批的办案方式实现提高办案质量的要求。而且，我国检察官培养机制也决定了行政审批制办案模式的优势地位。一线检察官大多为尚未有实务经验的法科毕业生，由于理论与实践的脱离以及实务经验的匮乏，需要上级、前辈的提点，以确保办案质量。

而在检察系统内部，部门负责人以及领导层大部分是由办案经验丰富的人员担任，对法律的把握比较精准。特别是部门负责人一般都“身经百战”，拥有较强的职业素质和能力。因此，从理论上讲，案件由部门负责人审核、检察长（主管副检察长）批准，能够保证法律适用的准确性。学者的实证研究也表明部门负责人的“把关”对于提高案件的质量确实有积极作用。[30] 这其中，检察体系的中间阶层在三级审批体制中往往发挥着决定性作用。

就案件质量控制而言，集体决定机制与行政审批机制具有相似性。从司法实践来看，检察委员会不仅是一种民主的象征，其讨论决定案件也有助于保证法律的正确实施和统一适用，对提升办案质量具有积极意义。[31] 此外，在政策实施型司法背景下，集体决定也是一种风险化解机制。集体决定意味着由“集体”承担责任。但是集体承担责任在中国的司法实践却意味着任何人都不承担责任。因此，集体决定是一种非常有效的风险转移形式。特别是对于一些重大、复杂的案件，集体决策不仅是为了提升办案质量，也在于通过民主的形式化解此类案件办理过程中存在的风险。

六、检察官办案责任制改革困境及其出路

综上发现，政策实施型司法趋向于权力与决策的集中，检察首长被赋予极其重要的角色定位。当然，从理论上讲，随着权力的增加，检察首长的责任也在不

---

[28] 具体数据请参见林有海、陈凯津、陈若溪、张培田：《赣皖苏三省检察教育情况的调查报告》，载《国家检察官学院学报》2001年第2期。

[29] 参见唐莹玲、谢小剑：《检察委员会制度的成因解析》，载《学术论坛》2012年第1期。

[30] 参见马静华：《侦查权力的控制如何实现——以刑事拘留审批制度为例的分析》，载《政法论坛》2009年第5期。

[31] 参见林少平、蒋森林：《南宁市基层检察院检委会运行情况调查》，载《中国刑事法杂志》2011年第2期。

断增加，检察首长的这种权力配置决定了其应当为自己和下属的行为负责。当办案责任并不突出的时候，行政审批制的检察官办案机制并不会遭受过多的诟病。但是随着社会对司法关注度的提升，对司法公正的期待也在增强，而实践中陆续曝光冤假错案给司法带来了极大的负面影响。在此情况下，需要追究办案者的责任以化解社会舆论的压力。从应然的层面应当追究检察首长的办案责任，但这不仅会遭到检察首长的抵制，在程序上很难启动，而且也会造成检察系统的不稳定。而如果追究承办者的责任，又会遭受底层检察官的抗议。底层检察官无权，却要承担办案的风险，显然是不公平的。而具有办案风险化解功能的检委会集体决策机制也面临着危机。

由此可见，明确办案责任与政策实施型司法所需要的权力与决策集中之间从理论上来讲存在着一定的紧张关系。也正是这种紧张关系导致了自上而下推动的改革，这样一种路径改革的目的，在于降低检察机关整体及其领导集体的责任风险，将责任风险转向具体的承办者。[32] 因此，自 20 世纪末期就开启了一场以化解办案责任为核心的检察官办案责任制改革。时隔十多年，这道难题再次作为司法改革的重要内容。但是，从整体上看，检察官办案责任制改革仍旧受制于我国政策实施型司法本质的影响，重视权力与决策的集中化，这也就从根本上决定了改革路径的异化以及前后两次改革方式的相似性。

首先，政策实施型司法强调权力与决策的集中，强调上级的作用，与之相适应需要不断地削弱下级初级决策的地位，弱化检察官的独立自主性。尽管需要明确办案责任，但是，又不可能从根本上放弃行政审批制，因此，想方设法科以下级办案者责任就成为政策实施型司法在新时期的发展。受制于这种司法特质的影响，检察办案责任制改革的路径发生了异化。无论是主诉检察官办案责任制改革还是主任检察官办案责任制改革都不可能将权力完全赋予最底层的直接办理案件的检察官。因此，我们会发现两次改革都在很大程度上保留了三级审批制和变相的行政审批制，即主诉或者主任检察官审批制。

其次，检察官办案责任制改革的目的在于明确办案者的责任，释放检察首长的办案责任压力。因此，权力的适当让渡也是一项可供选择的选项。如何协调政策实施型司法与权力的适当让渡两者之间的关系，特别是维持政策实施型司法的特质则是一项核心内容。从两次改革来看，权力的适当让渡都成了改革的重要方式。这种权力的适当让渡是通过两种方式而加以实现的：其一，在继续强调传统的三级审批制的同时，允许部分案件不实行三级审批制；其二，塑造了承办检察官之上的“主诉检察官”或者“主任检察官”以承担起检察长、检委会权力隐退之后的审查职责。这种改革举措既满足了释放部分办案压力的需求，也从根本上

[32] 参见前引 16，王亚新、李谦文。

维持了政策实施型司法的特质。从整体上来看，实行三级审批与集体决定的案件仍旧占到检察官办理案件的绝大多数，仅有部分案件可以授权给“主诉检察官”或者“主任检察官”，三级审批制从整体上得以保留。而主诉检察官或者主任检察官实际上也是行政审批制的延续。相对于检察首长而言，中间阶层发挥着重要作用，这成为检察官办案责任制改革之整体思路的重要组成部分。因为，如果赋予直接承办案件的检察官以独立自主权，将危及上级检察官的质量控制权限，在取消检察长、检委会案件审批权限的同时，强化中间阶层对承办检察官办案的审查监督，既有利于发挥领导层的监督作用，也使得承办案件检察官仍旧处于行政化的管控之下。[33]

最后，我国未从根本上放弃政策实施型司法，也不可能完全舍弃三级审批制办案模式，而适当地让渡权力也仅能够部分转移办案责任，不能完全消解检察首长的责任。因此，探寻在保证权力集中于检察首长的同时而办案责任风险能够有效化解的改革路径就是检察官办案责任制改革的核心内容。对此，两次改革都采用了相同的技术举措，即区分事实认定责任和法律适用责任，在此基础上明确由承办检察官承担事实责任，而由决策者承担法律适用责任。众所周知，事实责任要比法律责任更为严重，在事实方面的责任风险要远大于法律方面。诸如所见到的已经得已洗冤的案件，其中最大的问题在于事实认定问题，而非法律适用问题。通过责任的区分，检察首长的责任风险得以化解。这种技术解决方案使得办案责任流向处于权力末端的承办检察官的同时，也没有使得处于权力顶峰的领导者的权力受到太大的减损。这种转移办案责任的方式与行政审批制完美地融合在一起，行政审批制的办案模式并未根除，而领导层的办案责任风险却通过责任确认机制得以化解。

综上可以发现，政策实施型司法从根本上影响了检察官办案机制的形成，制约了检察官办案责任制改革，使各种改革方案无法获得实质性突破。因此，检察官办案机制改革要想获得突破性进展，首先就是要逐步淡化政策实施型司法理念，唯其如此，才有可能疏离政策实施型司法、科层体制与行政审批制之间的紧密关系，为构建权力与责任相协调的办案机制奠定基础。同时，除了转变理念之外，改革路径上还应当放弃固守行政审批制的改革思路，大胆借鉴大陆法系国家检察一体与检察官独立的办案机制。

第一，应当指出的是，在满足权力与决策集中方面，并非只有行政审批制这

[33] 在主任检察官与具体办案的检察官之间仍旧存在着行政性的管控关系。我国的检察官办案责任制改革并不是将依法取得检察官资格的“检察官”作为基本的权力单位，而是在这些检察官之上设置了“主任检察官”这一“检察官之上的检察官”。这种情况下，承办案件“检察官”仍旧只是“事务官”，没有最终的决定权。“主任检察官”发挥着案件的把关与决定作用。这仍旧是一种行政性的决策机制。

一种模式可循。大陆法系国家检察一体与检察官独立办案机制也能够满足权力与决策集中的需要。在检察一体与检察官独立办案机制下，检察首长拥有检察指令权、职务移转权和职务收取权。检察首长可以通过向承办检察官发布检察指令来实现其目的，在承办检察官拒绝遵从检察指令的情况下还可以行使职务移转权将案件移转给其他检察官承办或者行使职务收取权将案件收归自己办理，这就足以贯彻检察首长的意志，从而实现权力与决策集中的目的。当然，如前所述，检察一体与检察官独立办案机制并不能像行政审批制那样实现所有案件的权力与决策集中。但实际上这种全面的权力与决策集中是不必要的，检察官日常处理的大部分案件都是普通案件，只有少部分案件需要检察首长的“把关”，而检察一体与检察官独立的办案机制完全能够满足此种需要。

第二，大陆法系国家检察一体与检察官独立办案机制在满足权力与决策集中需要的同时，也强调了承办检察官的独立性。与行政审批制不同，在检察一体与检察官独立办案机制下，承办检察官是办案的主体，其能够自主决定案件的处理。而且，尽管检察首长有权发布检察指令，但并不是所有的案件检察首长都会发出检察指令，这就意味着承办检察官在大部分案件中都具有自主决定权。此外，即便是检察首长发布了检察指令，承办检察官也可以不执行，这在很大程度上尊重并肯定了承办检察官的独立性。

第三，更为重要的是，与行政审批制相比，大陆法系国家检察一体与检察官独立办案机制可能更有助于协调权力集中与办案者责任之间的紧张关系。一方面，检察首长拥有发布检察指令的权力，而且必要时还可以行使职务移转权或者职务收取权。这也就意味着此种办案机制下存在着权力与决策集中的途径。另一方面，在此种办案机制之下办案责任明确且分配合理，承办检察官具有办理案件的独立自主性。这种独立自主性意味着通常情况下，承办检察官要对自己的决定负责。即便是在收到了检察指令的情况下，也不能改变承办检察官自我答责原则的效力，仍需要为自己的决定承担责任。[34] 因为，其既然服从了检察首长的指令，也就意味着认同检察指令并自主承担办案责任。可见，此种办案机制具有将办案责任向承办检察官转移从而化解检察首长责任的功能。当然，在承办检察官坚信检察指令不当时，强令其遵守检察指令也不符合权责相符的要求。由此可见，检察一体与检察官独立办案机制不仅满足了特定情形下权力与决策集中的需要，也实现了办案责任向承办检察官转移的目的，并有效地协调了权力集中与办案责任之间的紧张关系。

因此，从比较的视角看，应当放弃固守行政审批制的改革思路，分割并下放属于检察首长的权力，真正赋予承办检察官办案自主性，在此基础上构建检察一

[34] 参见林钰雄:《检察官论》，法律出版社 2008 年版，第 202 页以下。

体与检察官独立相协调的办案机制，这或许才是我国检察官办案责任制改革的真正出路。具体方案：

一是明确赋予承办检察官独立办案的权限。因为，在承办检察官之上塑造“主诉检察官”或者“主任检察官”以决定案件的处理仍旧是行政审批制的延续。只有确认承办检察官具有独立自主决定案件的权限才是构建权力与责任相协调的办案机制的逻辑起点。但需要说明的是，明确赋予承办检察官独立办案的权限，意味着也要转变检察首长、主任检察官（主诉检察官）的角色。在检察首长、主任检察官自己办理的案件中，其具有承办检察官的身份，可以自主决定案件的处理。但在其他承办检察官办理的案件中，检察首长仅是监督者的角色，而不是决定者。主任检察官则是根据检察首长授权监督承办检察官案件的办理，也不是决定者的角色。[35]

二是明确检察首长的检察指令权。应当承认，承办检察官办理案件，有检察首长介入从而实现权力与决策集中的需要。例如，在便宜主义之下需要统一追诉标准，在承办检察官滥用职权违法办案的情况下也需要检察首长介入。这对于提升案件办理质量、保证法律的正确适用具有重要意义。因此，应当赋予检察首长指令权，允许其在必要时可以介入案件的办理；而且必要时还可以行使职权移转权和职务收取权，以实现贯彻检察指令的目的。当然，如何协调检察官的独立性与检察首长的指令权之间的关系是非常关键的问题，这需要从程序和实体方面对检察首长的指令权给予规制，以既满足检察官独立办案的需要，也满足检察首长必要时介入案件办理的需要。[36]

三是合理界定检察官的办案责任。在赋予承办检察官独立自主决定案件权限的基础上，明确由承办检察官承担责任，即实行承办检察官自我负责原则，即便是在检察首长发布指令但其接受了指令的情况下。而当检察首长亲自办理案件的时候，其身份相当于承办检察官，承担检察官的责任，主任检察官也是如此。在此种办案机制下，主任检察官主要承担监督职责，也不对承办检察官办理的案件承担责任。

（原载《环球法律评论》2015 年第 3 期）

---

[35] 具有启发意义的我国台湾地区的主任检察官制度，参见施庆堂、林丽莹：《台湾地区的主任检察官制度》，载《国家检察官学院学报》2014 年第 6 期。

[36] 鉴于本文的研究主旨，对检察指令权的规制问题在此不展开。具体讨论参见前引 34，林钰雄书。

审判权运行机制改革中的三权分置模式研究

杜　磊

自 2013 年以来，以中国共产党十八届三中全会、四中全会决定为标志，我国启动了新一轮司法体制改革。最高人民法院根据改革部署，研究制定了《关于全面深化人民法院改革的意见》，作为《人民法院第四个五年改革纲要（2014—2018）》（法发〔2015〕3 号）（以下简称"四五改革纲要"）。在这份文件中，首次提出了"完善以审判权为核心、以审判监督权和审判管理权为保障的审判权力运行机制"这一表述，并就健全院、庭长审判管理机制，健全院、庭长审判监督机制，健全审判管理制度提出了具体的改革要求。这也是官方文件中第一次出现"审判监督权"这一提法。随后，《最高人民法院关于完善人民法院司法责任制的若干意见》（法发〔2015〕13 号）（以下简称"司法责任制改革意见"）以及《最高人民法院关于落实司法责任制完善审判监督管理机制的意见（试行）》（法发〔2017〕11 号）（以下简称"完善审判监督管理机制意见"）都对如何健全完善审判管理、审判监督机制进行了具体规定。按照改革文件的规定，在我国的审判权力运行机制改革中，分离出了三种相关联的权力即审判权、审判管理权和审判监督权。如何认识这一改革是理论和实践共同面对的重要课题。党的十九大报告提出要"深化司法体制综合配套改革，全面落实司法责任制，努力让人民群众在每一个司法案件中感受到公平正义"。当前，按照十九大报告的要求，实践中在推进司法体制综合配套改革，对于如何全面落实司法责任制还尚未形成共识，也并未见到有效的应对举措。在此背景下，对司法责任制改革中的审判权、审判管理权和审判监督权分立模式进行研究，探索其背后的逻辑规律，对于推动下一步全面落实司法责任制改革具有重大意义。

一、审判权、审判管理权和审判监督权的分际

（一）审判权、审判管理权和审判监督权的分际

1. 审判权

审判权，是对案件进行审理和裁断的权力。在我国，通常认为，审判组织包括合议庭、独任法官以及审判委员会[1]。也就是说，审判权是由合议庭、独任法官

[1]　审判委员会，是人民法院内部对审判工作实行集体领导的组织形式，由院长、副院长、庭长、审判员等组成，其任务主要是总结审判经验，讨论重大的或者是疑难的案件，以及其他的与审判工作相关的事项。

以及审判委员会来行使的。

但在以往的实践中，审判权的共享主体是多元的。一个案件在经过独任法官或者合议庭审理并作出初步的裁判文书后，案件的裁判文书需要经过副庭长或庭长[2]的审核，如果副庭长、庭长不同意独任法官或者合议庭的处理意见，有权改变或者要求法官改变该处理意见，经过副庭长或庭长审核的裁判文书随后需要提交由法院院长通常是分管副院长签发，如果院长或分管副院长不同意该处理意见，则可以改变该处理意见或者提交审判委员会讨论，经过审委会讨论，将形成一份决议，该决议对独任法官或者合议庭具有约束力，独任法官或者合议庭必须执行。除这种裁判文书的签发程序外，有时候独任法官或者合议庭在审理完案件后，会作出一份审理报告，向副庭长或庭长、副院长或院长乃至审判委员会请示汇报，然后再作出裁判文书。这种司法权运行的模式在中国被称作行政审批制审判权运作模式。在这种运行模式之下，院长或者主管副院长（下文统称院长）以及庭长或副庭长（下文统称庭长）实际上都分享了案件的审判权，对案件的裁判结果都有施加影响甚至是决定的权力。

现在，根据中共十八大以来启动的司法体制改革的部署和要求，最高法出台的文件已经明确要求废除裁判文书的行政审批，独任法官或者合议庭做出的裁判文书不再需要由庭长、院长或主管副院长审批同意后再签发。对于独任法官自己办理的案件，由独任法官直接签署。合议庭审理案件形成的裁判文书，由承办法官、[3]合议庭其他成员、审判长[4]依次签署；审判长作为承办法官的，由审判长最后签署。除审判委员会讨论决定的案件外，院长、庭长对其未直接参加审理案件的裁判文书不再进行审核签发，也不得以口头指示、旁听合议、文书送阅等方式变相审批案件。此外，按照改革的安排，即便是在某些特定案件中，院长、庭长可以行使下文中将要阐述的审判监督权，但也无权直接改变独任法官或者合议庭的裁判意见。

按照这种改革安排，现在在大多数案件中，审判权是归属于办案的独任法官或者合议庭的；在一些重大疑难案件中，院长、庭长也无权直接改变案件的裁判结果，只能提交审判委员会讨论决定，审判委员会的讨论结果合议庭必须执行，

---

[2] 庭长，是一种职务。在我国，法院内部设置民事审判庭、刑事审判庭等庭，每庭设置庭长、副庭长。

[3] 承办法官，是主要负责案件审理的法官，在独任制审理下，独任法官就是承办法官，在合议制审理下，合议庭中的一名法官会被指定为具体负责案件审理的法官，即承办法官，案件的阅卷、提审、裁判文书的起草等主要由其负责。

[4] 审判长，是合议庭中负责组织审判活动的法官，主持案件的庭审和合议庭的评议等工作。按照人民法院组织法的规定，合议庭由院长或庭长指定审判员一人担任审判长，院长、庭长自己参加案件审理时，自己担任审判长。

此时审判委员会分享了案件的审判权。

现在实践中，根据官方的统计数据显示，绝大多数的案件都由合议庭或者独任法官自身签发裁判文书，由独任法官、合议庭直接签发裁判文书的案件数量占到案件总数的 98% 以上。[5]

2. 审判管理权

审判管理权是本轮司法体制改革明确提出的概念。以往在理论和实践中，有审判管理的概念，并就加强审判管理而设置了审判管理办公室。对于何为审判管理，根据最高人民法院发布的《关于加强人民法院审判管理工作的若干意见》的规定，审判管理是运用组织、领导、指导、评价、监督、制约等方法，对审判工作进行合理安排，对审判过程进行严格规范，对审判质效进行科学考评，对司法资源进行有效整合，确保司法公正、廉洁、高效的活动。审判管理权，则是可以进行上述活动的权能，具体包括七项基本权能，即案件信息管理、案件质量评估、案件质量评查、审判流程管理、审判运行态势分析、审判绩效考核、审判委员会事务管理。审判管理权的行使主体则包括审判委员会、院长、庭长、审判长、审判人员以及专门审判管理机构。[6] 其中，院长、庭长是履行审判管理职责的重要主体。

新一轮司法体制改革以来的改革文件中，特别突出了院长、庭长的审判管理职责。“四五改革纲要”明确提出，要完善以审判权为核心、以审判监督权和审判管理权为保障的审判权力运行机制，同时，专门就健全院、庭长审判管理机制进行了规定。“司法责任制改革意见”也是如此。“完善审判监督管理机制意见”则主要就如何完善院、庭长的审判监督管理机制进行了规定。因此，本文所讨论的审判管理权专指院、庭长的审判管理权，而且此种审判管理权乃是相对于审判权和审判监督权而言的。

对于何为院、庭长的审判管理权，“四五改革纲要”中指出：“健全院、庭长审判管理机制。明确院长、庭长与其职务相适应的审判管理职责。规范案件审理程序变更、审限变更的审查报批制度。健全诉讼卷宗分类归档、网上办案、审判流程管控、裁判文书上网工作的内部督导机制。”根据该规定，院长、庭长的审判管理职责包括审理程序变更、审限变更的审查报批以及诉讼卷宗分类归档、网上办案、审判流程管控、裁判文书上网等内部督导职责。

总结可以发现，院长、庭长审判管理职责的内容非常丰富，但总结来看，主

[5] 参见周强：《最高人民法院关于人民法院全面深化司法改革情况的报告》（2017 年 11 月 1 日在第十二届全国人民代表大会常务委员会第三十次会议上）。

[6] 参见《最高人民法院关于新时期进一步加强人民法院审判管理工作的若干意见》（法发〔2014〕8 号）。

要包括两部分内容：一部分是对单纯的行政性事务的管理；另一部分则是关于案件自身程序问题的裁决，即依照法律规定的权限和程序对案件审理中各类程序性问题作出决定，比如回避、审判公开、强制措施、审限、文书上网、司法救助等。鉴于本文所要探讨的是微观的审判权运行机制，即在个案处理过程中，院长、庭长、独任法官或者合议庭对案件的实体和程序所施加的影响，因此，在本文中，笔者对“审判管理权”这一概念的使用是在狭义层面上来使用的，主要是针对第二种内容，即根据法律规定的权限和程序对案件审理中的各种程序性问题作出决定的权力。

3. 审判监督权

在传统上，我国也不存在“审判监督权”这一概念。在诉讼法律和实践中，涉及“审判监督”这一概念的是“审判监督程序”这一法律术语。审判监督程序，也即再审程序，是对已经生效的裁判再次启动审判程序予以救济的程序。在这一程序中，检察院享有的权力通常被称作“抗诉权”；当事人享有的权利被称作“申诉权”。需要说明的是，按照我国的法律规定，法院自身也可以启动再审程序，最高人民法院对地方各级人民法院、上级人民法院对下级人民法院的生效裁判有权提审或指令再审，本级人民法院院长对本院作出的生效裁判必须提交审判委员会处理，由审判委员会决定是否提起再审。但法院自身启动再审程序的权力，在理论上也不被称为“审判监督权”。

在本轮司法体制改革中，“四五改革纲要”首次提出了“审判监督权”的概念。“四五改革纲要”规定：“健全院、庭长审判监督机制。明确院、庭长与其职务相适应的审判监督职责，健全内部制约监督机制。完善主审法官会议、专业法官会议机制。规范院、庭长对重大、疑难、复杂案件的监督机制，建立院、庭长在监督活动中形成的全部文书入卷存档制度。……”根据该规定可以判断，所谓的院长、庭长的审判监督权，实际上是院长、庭长对重大、疑难、复杂案件进行监督的权力。而根据“司法责任制改革意见”和“完善审判监督管理机制意见”的规定，审判监督权的运行机制为：对于“四类”案件，[7] 院长、庭长有权要求独任法官或者合议庭报告案件进展和评议结果，而独任法官或者合议庭在案件审理过程中，发现符合个案监督情形的，应当主动按程序向院庭长报告；院长、庭长对上述案件的审理过程或者评议结果有异议的，不得直接改变合议庭的意见，但可以

[7] 根据“司法责任制改革意见”的规定，“四类”案件是指：（1）涉及群体性纠纷，可能影响社会稳定的；（2）疑难、复杂且在社会上有重大影响的；（3）与本院或者上级法院的类案判决可能发生冲突的；（4）有关单位或者个人反映法官有违法审判行为的。

决定将案件提交专业法官会议[8]、审判委员会进行讨论；专业法官会议的讨论意见是一种咨询意见，仅供合议庭参考，是否采纳由合议庭自主决定，但审委会的讨论意见合议庭必须执行。

这种院长、庭长的审判监督权和诉讼程序中的审判监督有着本质的区别，院长、庭长的审判监督所针对的是正在形成中的裁判，而诉讼程序中的审判监督所针对的是已经生效的裁判，而且，院长、庭长的审判监督的结果是，院长、庭长在裁判形成之前介入个案，借助于专业法官会议、审判委员会等组织来避免出现冤假错案，而诉讼程序中的审判监督的结果是启动再审程序。

这种院长、庭长的审判监督权也有别于院长、庭长的审判管理权。审判监督权所针对的是案件的实体事项，而审判管理权所针对的是案件的程序性事项；审判监督权的效果是监督与被监督，并不直接决定案件的实体结果，而审判管理权的效果是命令与服从，可以直接决定案件的程序。正如最高人民法院审判委员会专职委员贺小荣所指出的："如果说审判权和审判管理权是人民法院内部为解决程序性事项而设定的一种决定与服从的垂直关系，那么审判权与审判监督权便是为解决程序与实体事项而设定的一种相互制约、彼此独立的平行关系。"[9]

4. 小结

在我国，从宏观层面来看，对审判权的运行形成了实践中所谓的"点""线""面"三个纬度的管控。在"点"上行使对重大、疑难、复杂案件的实体监督权；在"线"上对程序性事项进行审批和推进案件审判流程的顺畅进行；在"面"上针对案件审判中出现的问题，不断总结审判经验，统一裁判尺度，行使对案件的综合指导和监督职责。[10]

从微观层面来看，在个案的处理上，形成了以独任法官或者合议庭行使审判权，院长、庭长在程序性事项上行使审判管理权，在实体性事项上行使审判监督权的微观审判权运行模式。也就是说，我国的审判权运行机制改革中，在授权法官或者审判组织独立处理案件的同时，也构建起了以审判管理权和审判监督权为支点的双重监督管理机制，这种双重监督管理机制不仅在宏观层面发挥作用，更可以使得院长、庭长从实体和程序两方面入手切入到个案的处理之中，只不过在

---

[8] 专业法官会议也是本轮司法体制改革的一项重要改革任务，"四五改革纲要"提出要"完善主审法官会议、专业法官会议机制"。其中，专业法官会议是人民法院内部分别设置的由民事、刑事、行政等审判领域法官组成的专业法官会议，其功能是为合议庭正确理解和适用法律提供咨询意见，当合议庭认为所审理案件重大、疑难、复杂而存在法律适用标准不统一时，可以将法律适用问题提交给专业法官会议研究讨论，该讨论意见仅供合议庭参考，采纳与否由合议庭自主决定。

[9] 贺小荣：《如何牵住司法责任制这个牛鼻子》，载《人民法院报》2015年9月23日，第5版。

[10] 参见《最高人民法院关于全面深化人民法院改革的意见（读本）》，人民法院出版社2015年版，第162页。

介入的程度和效力方面有所区别。可以说，这是一种以监督管理为特色的审判权运行机制。更深入而言，这种监督管理是法院内部的具有一定行政和业务级别的人所进行的，是一种内部监督管理机制。

（二）三权分置模式下审判权运行机制与传统行政审批制审判权运行模式的区别

如前所述，在传统的行政审批制审判权运行模式下，一个案件的处理是需要由处于独任法官或者合议庭之上的庭长、院长以至审判委员会层层审批的，最后案件的裁判结果不是审理案件的独任法官或者合议庭所决定的。

在三权分置模式之下，院长、庭长的审判管理权并未有实质变化，最大的变化在于将审判权运行中对案件裁判结果具有决定力的行政性质的权力剥离出来建构为院长、庭长的审判监督权，并将此种“命令—服从”式的行政审批权力重新定位为“监督权力”，院长、庭长对案件的裁判结果不再直接决定，而只能通过提请专业法官会议或者审判委员会的形式来施加影响，院长、庭长的行政审批权转变为了具有监督性质的程序启动权，而非实体处分权。[11] 这是三权分置下审判权运行模式与传统行政审判制下审判权运行模式最大的区别所在。可以说，将审判监督权剥离出来进行权力的重新定位是本轮司法体制改革的一次重要变革，被视作审判权内部监督制约的转型与革命。

需要说明的是，与行政审批制相比，审判监督权并不是针对所有案件而进行的。行政审批制下，任何案件都需要院长、庭长的审批，而只有在法定的四类案件情形中，才会有审判监督权运用的空间，也就是说审判监督权的运用是有前提条件和范围限制的。

与行政审批制模式相比，三权分置模式下，院长、庭长对案件裁判结果的影响方式也发生了重要变化。在传统行政审批制模式下，院长、庭长既可以以审判委员会的形式对案件的裁判结果施加决定性作用，也可以直接以个人的权力改变案件的裁判结果。但在三权分置模式下，院长、庭长无权以个人的名义直接对案件的裁判结果施加影响，只能借助于专业法官会议、审判委员会，以集体的名义对案件的裁判结果施加影响。这是一种由个人到集体的行权方式的转变。这种转变一方面可以集中法院内部法官集体的智慧，也可以避免院长、庭长对案件裁判结果的直接干预。

经过改革，院长、庭长在审判权运行中的角色发生了变化，由传统行政审批制下的决策者转变为了三权分置模式下的实体监督者和程序管理者。

---

[11] 参见田成有：《审判权、审判管理权及审判监督权的分立与制衡》，载《法制日报》2016 年 12 月 28 日，第 10 版。当然，对审判监督权的性质，存在不同认识，有人认为审判监督权仍然应当归属于指令权的范畴，因为院长、庭长有权否决合议庭的意见并将案件移至审判委员会，等于是变相剥夺了独任法官、合议庭的定案权。参见万毅：《“审判监督”之惑——解读院庭长审判监督权》，载《人民法治》2016 年第 6 期。

二、审判权运行机制改革中的主要争议

在我国的审判权运行机制改革过程中，存在着诸多的争议。这些争议的背后体现的一是我国社会转型时期面临的诸多客观问题的复杂性和艰巨性，在其他国家或地区不成问题的事项在我们国家却可能是一个大问题，也就是说我们有与其他国家地区相一致或类似的情况，也有自己的特殊情况；二是这些诸多争议的背后体现的是不同的理念的冲突。梳理我国审判权运行机制改革中的争议，可以更好地展示我国审判权运行机制改革的逻辑。

（一）法官完全独立自主改革思路 vs. 微观审判权运行机制改革思路

在审判权运行机制改革过程中，始终存在着两种对立的改革思路。一种思路主张我国的审判权运行机制改革应该塑造完全独立自主的法官，即法官完全独立自主改革思路；另一种思路则相反，认为我国审判权运行过程中所体现出来的问题不是法官独立不独立的问题，而是审判权运行机制中的权责划分不明的问题，也就是院庭长和办案的独任法官、合议庭的权力、职责不明确问题，改革既要明确独任法官或合议庭的职责，也要明确院长、庭长的职责，而非让法官完全独立自主，即微观审判权运行机制改革思路。

在法官完全独立自主改革思路看来，我国传统的行政审批制审判权运行模式存在着诸多弊端，必须塑造独立自主的法官，其理由包括：[12] 第一，法官独立自主作出裁判是司法的中立性、亲历性原则的必然要求；第二，法官独立自主作出裁判也是司法效率的必然要求，否则，如果法官不能独立自主决定相关事项，必将降低司法活动的效率；第三，如果法官不能独立自主作出裁判，而受到各种外部的干预，可能会导致不公平的裁判结果，也会伤害人们对法官的信任，增大纠纷解决的难度；第四，法官不能独立自主作出裁判会为不正当权力干预司法活动提供便利；第五，法官不能独立自主作出裁判会导致办案责任设置的不科学，如果让办案者承担责任，会导致权责不一致，而如果让法院集体承担责任，则会导致谁都负责，结果就是谁都不承担责任。

在微观审判权运行机制改革思路主张者看来，上述思路是不当的，其理由包括：[13] 第一，行政审批制审判权运行模式并非审判权运行存在的主要问题，不能

---

[12] 代表作品可以参见贺卫方：《中国司法管理制度的两个问题》，载《中国社会科学》1997 年第 6 期；陈卫东、韩红兴：《以法官独立为核心推动我国法官制度的现代化》，载《人民司法》2002 年第 2 期；陈卫东：《司法机关依法独立行使职权研究》，载《中国法学》2014 年第 2 期；龙宗智、袁坚：《深化改革背景下对司法行政化的遏制》，载《法学研究》2014 年第 1 期。

[13] 代表作品参见顾培东：《人民法院内部审判权运行机制构建》，载《法学研究》2011 年第 4 期；顾培东：《再论人民法院审判权运行机制的构建》，载《中国法学》2014 年第 5 期；顾培东：《中国特色司法制度微观基础塑造的重要探索》，载《法制资讯》2010 年第 12 期；蒋安杰：《“两权改革”：中国审判运行机制的微观样本》，载《法制资讯》2010 年第 12 期。

以偏概全。级别越高的法院、案件量越大的法院行政化程度越低；即便存在层层把关，院长、庭长的作用并非“审批”，主要是“审核”，合议庭或独任法官并非一定是下级服从上级；行政审批在实践中只是有名无实。第二，行政审批制审判权运行模式有其优势，院长、庭长及审判委员会的把关和监督，对各级法院的审判质量起到了不可忽略的保证作用。第三，司法的亲历性并不等同于“面对面接触”“近距离观察”，阅读案卷材料、听取承办法官汇报以及对案件进行讨论等围绕了解案情所进行的一切活动，都有助于了解案情，都应当被视作“审理”的过程和“审理”的方式。第四，法官独立不适合我国的国情。我国法官队伍数量庞大，无法实现法官的小众化、精英化；我国法官的业务素质不高仍旧是一个不争的事实；法官违法违纪问题仍旧较严重；法官的职业保障的加强和改善水平不足难以支撑法官独立；我国的文化观念不支撑给予特殊的精英群体以特殊社会地位，从一些国家的教训来看一旦实行法官独立则可能导致司法失控、法官失控。第五，我国的司法制度决定了审判主体是作为机构的法院，审判权既不能简单归属于合议庭或独任法官，也不能完全依托于院长、庭长，必须发挥法院的整体效能。第六，合议庭或独任法官并不一定比院长、庭长更少受到外部影响，院长、庭长在吸纳社会积极影响、排斥消极影响方面可能更具优势。

在微观审判权运行机制改革思路主张者看来，我国审判权运行过程中主要的问题在于审判权运行秩序的混乱，也就是独任法官、合议庭、副庭长、庭长、副院长、院长以及审委会的职责范围、相互间的权力边界、彼此关系在制度和实践中并不明确，也不统一。具体而言，院长、庭长是否介入特定案件不确定；案件裁判究竟谁说了算也不确定；某一特定案件在法院应当经历什么程序或环节也不确定。这就导致实践中审判权运行机制产生了一些问题：法院内部各主体对审判过程和审判结果都不承担责任或者说谁承担责任并不明晰；案多人少背景下审判资源的运用与解决案件的实际需求不匹配；为法院内部人员以权谋私和舞弊提供了机会和条件。[14]

从实践来看，早就有司法机关在践行微观审判权运行机制改革思路。例如，成都中院进行的“两权”改革即审判权和审判管理权改革。[15]本轮司法体制改革实际上是借鉴了成都中院的“两权”改革思路，采纳了微观审判权运行机制改革思路，将“两权”改革进行了进一步科学化改造，将审判监督权从审判管理权中分离出来并进行了重新塑造，在完全废除行政审批制审判权运作模式的同时，以审判监督权发挥监督独任法官或者合议庭办案的作用。

（二）完全废除行政审批制 vs. 建立裁判文书核阅制

关于第二个争议，完全废除行政审批制和构建裁判文书送阅制度的争议。在

[14] 同上注。

[15] 前引13，蒋安杰文。

改革过程中，有人提议，在废除行政审批制后，可以参考我国台湾地区过去的做法构建裁判文书送阅制度。有的试点法院在实践中探索建立了裁判文书送阅制度，规定在裁判文书付印前，庭长对没有把握的少量疑难复杂案件，可提交分管副院长审阅，副庭长可提交庭长审阅，其他法官可提交庭长或副庭长审阅，但审阅意见仅供法官签发时参考。

在“司法责任制改革意见”制定过程中，也有此种提议，但最后出台的文件并没有采纳这种意见。据透露，之所以没有采纳构建裁判文书送阅制定的提议，主要考虑司法责任制改革的目标之一是去行政化，在目前司法行政化色彩较为浓厚特别是很多院长、庭长“保姆式”把关裁判的传统思想根深蒂固的环境下，将审批改为审阅，很容易在实践中变成“换汤不换药”。而且在人案矛盾日益突出，院长、庭长职能从个案审批向宏观管理和直接办案转变的条件下，事实上即使送阅制也很难适应办案量增长和决策主体分散化的现实，更不利于院长、庭长将有限的精力放在办案和宏观管理上。最终，改革采取了完全废除行政审批制办案模式的做法，但同时推进了通过专业法官会议、审判管理监督制度以解决法官司法能力不足的问题。[16]

（三）不设置院长、庭长审判管理权、审判监督权 vs. 设置院长、庭长审判管理权、审判监督权

在审判权运行机制改革中，是否保留院长、庭长的审判管理权、审判监督权存在争议。这种争议应当说是法官独立自主改革思路和微观审判权运行机制改革思路之争的延续。

不应当保留院长、庭长的审判管理权、审判监督权的观点认为，既然要明确“让审理者裁判，由裁判者负责”，院长、庭长如果不是案件的承办法官，就不能以任何方式影响案件的裁判，也不得行使审判监督权和审判管理权。

而赞同应当保留院长、庭长的审判管理权和审判监督权者认为，我国宪法和组织法明确规定人民法院依法独立行使职权，而非法官个人独立行使职权，院长、庭长作为各级人大选举和任命的且负有监督和管理职责的人员，依法对审判活动享有审判管理权和审判监督权。[17] 而且，人民法院长期面临着超负荷的大量案件，对有助于协调审判资源、疏通审判流程、提高审判效率问题的审判管理是有现实诉求的。此外，实践中外部不当干预与法院内部激励的匮乏使得对法官审判行为的约束极为必要，有必要通过审判管理和审判监督加强对审判行为的约束。[18] 因

[16] 参见马渊杰：《坚持司法责任制下放权与控权的统一》，载《人民法院报》2016年12月7日，第8版。

[17] 参见前引9，贺小荣文。

[18] 参见13，顾培东文。

此，赞成者认为，问题的核心是如何正确界定院长、庭长的审判管理权和审判监督权，包括权力的边界和行使方式。

显然，本轮司法体制改革最终选择的是保留院长、庭长的审判监督权和审判管理权，只是界定了审判监督权和审判管理权的范围和行使方式。

三、走向权责平衡？——对我国三权分置审判权运行机制改革的评析

我国在审判权运行机制改革问题上采取的是微观审判权运行机制改革的思路，而非朝向塑造完全独立自主的法官这一方向。这种改革思路从根本上决定了不可能完全放弃院长、庭长对独任法官、合议庭的控制或施加影响，审判监督权、审判管理权的设置便是由此而设置的。

尽管改革仍旧强调“控权”，但我们也看到在改革的过程中也存在着“放权”的改革举措。一方面，我们看到，改革完全废除了行政审批制，即裁判文书不需要院长、庭长签发，这在制度上废除了院长、庭长直接插手、干预案件裁判结果的手段。另一方面，尽管本轮改革也强调了对独任法官、合议庭的“控权”，设置了审判监督权，但这种“控权”与以往的行政审批完全不同，不能直接对独任法官或者合议庭施加命令更改裁判的结果。

从整体上来看，这种改革改变了以往将法院作为审判权的机构主体，院长、庭长、审委会、独任法官或者合议庭在审判权运行中共同参与审判权行使的认识和做法，将审判权主要赋予独任法官、合议庭行使，而院长、庭长则在审判权之外行使审判管理权和审判监督权，也就是从以往的审判权、审判管理权、审判权监督权都涵盖于作为机构主体的法院的审判权之下，变为审判权、审判管理权、审判监督权并列。对独任法官或者合议庭而言，这实际上是一种进步。可以说，在我国的微观司法权运行机制改革中，始终存在着“放权”与“控权”的角力。从现实来看，这种角力的结果实际上是，尽可能地扩大了独任法官、合议庭的独立自主性，在某种意义上已经承认了需要由独任法官、合议庭独享审判权。

这种权力变革的结果在很大程度上是由案件办理背后的责任所导致的，隐藏在这种权力配置背后的实际上是责任的配置。在以往的司法实践中，审判权运行中出现的一大问题就是案件出了问题之后，到底办案责任归谁承担并不明确，因为审委会、院长、庭长、合议庭或者独任法官任何一个主体都可能参与到了裁判的形成。因此，本轮司法体制改革提出了“司法责任制改革”，目的是要界定院长、庭长、合议庭或者独任法官的责任，进行审判权能改革。[19] 这可以称之为司法领域的承包责任制改革。

按照“司法责任制改革意见”的安排，对于审判责任，主要是由独任法官或者合议庭承担，在案件是由审判委员会讨论决定的时候，合议庭需要对其汇报的

---

[19] 参见傅郁林：《司法责任制的重心是职责界分》，载《中国法律评论》2015 年第 4 期。

事实负责，审判委员会委员对其本人发表的意见及最终表决负责。也就是说，院长、庭长不再承担案件的审判责任。按照该意见，院长、庭长承担的是审判监督责任和审判管理责任。这与审判权、审判监督权、审判管理权的分立设置是相一致的，即“权—责”一致。这似乎实现了权责的平衡。

但需要注意的是，司法责任制改革与土地承包责任制改革不同。土地承包责任制改革名曰责任，实际上带来的更多的是权利和利益，即对土地利用的权利，而所带来的责任或风险几乎是不存在的，因此激发了中国农业经济的活力。而司法责任制改革，独任法官、合议庭虽然获得了独立自主判断的权力，但随之而来的责任或者说风险则是相当明显的。一旦发生错案或者案件被上诉、上访，对独任法官、合议庭所带来的都是负面评价。特别是在一些疑难复杂案件中，这种负面影响更是超出了独任法官或者合议庭的承受范围。可见，两者在改革的动力方面是不同的，农村土地承包经营责任制改革顺应了农民的需要，获得了广泛支持并得到了农民的切实遵循，而在司法责任制改革方面，法官的动力是不足的，积极性不高，是被动介入到这场改革运动之中，在某种意义上而言可能还会有一些抵触。正因如此，我们可以看到，司法体制改革在改革的思路上采取的是自上而下的改革方式，是由顶层驱动的，而中国的经济改革特别是农村经济改革采取的则是自下而上的方式，是由基层驱动的。

当然，我们可以看到，改革中也设计了相应的对策，在一定程度上疏解法官的办案责任，即设置了院长、庭长的审判监督权，借由院长的审判监督权，或者可以借助于法官会议给予智识帮助，避免案件的不当处理，或者可以将案件交由审判委员会讨论决定，由此实现办案责任的转移。这是一种“权力—责任”转移机制。这样，在我国便形成了以法官责任为主、以集体责任为补充的一种审判责任承担形式。

即便是可以借助于一定的机制实现办案责任的消解或者转移。但总体而言，独任法官或者合议庭是否愿意享有独立自主判断的权力进而承担办案责任，实际上是有疑问的。这种权力—责任转移机制可能会被经常性地使用，进而替代法官的独立自主判断权，恰如以往改革中所面临的那样。[20]

特别是，现有的激励机制是否足以激励独任法官或者合议庭承担办案责任也是不明确的。本轮司法体制改革在司法责任制改革之外，进行了员额制改革。[21]

---

[20] 例如，我国法院在“一五”“二五”改革中，强调还权于合议庭，淡化法官办案的行政化色彩，但鉴于实践中的种种问题，改革要淡化的行政化办案模式在实践中却被广泛适用，改革的目标没有达成。

[21] 员额制改革是法院根据办案数量、辖区人口、经济发展水平等因素确定法院法官的人员限额，只有经过严格选拔的法官才能入额，成为“员额法官”，为员额法官配备法官助理、书记员等辅助人员，确保最优秀的法律人才留在办案第一线。

据统计，我国已经从原来的211990名法官中遴选产生120138名员额法官。[22] 员额制改革与法官在法院的地位、薪酬待遇密切相关。这可能是一种激励机制。但当前员额制改革本身的效果也仍需要评估。员额制改革需要为员额法官配备大量的法官助理、书记员，这在实务中存在一定的困难；而且，个别法院领导干部办简单案、挂名案的情况仍然存在，加之新增案件数量较大，加剧了一线法官办案负担，等等。[23] 可以说，这种改革是否足以激励独任法官或者合议庭独立自主办案并独立承担责任还有待评估。

此外，这种表面的内部权责平衡是否经得住外部体制环境的考验也是值得进一步观察的。在我国，法院的审判工作对社会的影响日益增大，执政党和政府机关对法院审判工作也高度重视。这种重视的结果就是，案件的审判无论是从整体上还是个案都可能影响法院院长等领导的政绩，进而影响到其职务的升迁。法院院长等领导不可能忍受“权力在法官、压力在法院、责任在院长”这种格局或状态。从这个视角看，法院院长等领导对于审判无论是从整体上还是从个案审判都有干预、介入的诉求。尽管这个问题是本轮司法体制改革所要解决的问题，也进行了内部制度设计和改革，但在外部体制环境的塑造方面我们并没有看到有根本性的改观，这可能会反过来影响内部制度设计的运行效果。因此，被废除掉的行政审批制是否会以其他形式“复活”、审判监督权是否会被扩大适用值得担忧。

或许正如我国有论者所指出的，审判权、审判监督权、审判管理权分置的改革实际上是一种过渡性的改革举措，显示出了改革者的无奈，既想放权实现法官独立办案、独自担责，但又担心违法审判或出现冤假错案，因而又不得不将一部分案件管起来，试图通过一“放”一“管”，在审判独立和审判质量之间寻找某种平衡，对于改革者和被改革者而言，都是一种无奈。[24]

四、司法责任制综合配套改革背景下三权分置模式的走向

2017年，党的十九大报告提出要“深化司法体制综合配套改革”。实践中，早在2017年9月，上海根据中央深改小组的批准，率先进行了司法体制综合配套改革的试点。上海的试点为我们提供了一份观察司法体制综合配套改革的模本。按照上海的司法体制综合配套改革做法，审判权运行实践中，上海根据中央深改小组的批准，率先进行了司法体制综合配套改革的试点，总共提出了规范权力运行、深化科技应用、完善分类管理、维护司法权威四方面25项举措、117项任务。[25] 上海的试点为我们提供了一份观察司法体制综合配套改革的模本。按

---

[22] 参见前引5，周强文。

[23] 同上注。

[24] 参见万毅、杨春林：《论院庭长的审判监督权》，载《思想战线》2016年第4期。

[25] 参见简工博：《上海率先开展司法体制综合配套改革：四方面25项举措117项任务，2019年完成》，https：//www.jfdaily.com/news/detail？ id=66635，最后访问时间：2019年5月17日。

照上海的司法体制综合配套改革做法，审判权运行机制改革的一项重要内容是加强审判监督管理。[26] 但是，对于法官独立行使职权的激励方面并没有任何新的举措出台。与此相一致的是，最高人民法院于 2018 年年末出台了《关于进一步全面落实司法责任制的实施意见》，这份意见一方面重申了废除行政审批制审判权运行机制的改革，另一方面也进一步强化了审判监督管理责任和错案责任。而且，在新一轮的司法体制综合配套改革中，并不区分审判监督权和审判管理权，而是将审判监督权和审判管理权一起称之为审判监督管理。[27] 与实务上的改革相一致的是，理论界也认为在深化司法体制综合配套改革的背景下，司法责任制改革应当加强审判监督管理制度建设。[28]

正如上文所分析的，在审判权和审判监督权、审判管理权的三权分置改革中，这一结构本身就是不平衡的。法官独立承担审判权意味着更大的责任，基于趋利避害的本能，在缺乏有效激励的前提下，很难做到让法官独立行使审判权。特别是，当前的改革进一步强化了办案人员的办案责任，法官独立行使审判权将意味着可能承担更多的办案责任。当然，在存在着外部利益，法官滥用独立审判权而为他人牟取利益的情况下，法官是因为受到外部利益激励而行使独立审判权，这种情形恰恰反映了在没有有效激励的情况下，法官不会独立行使审判权，在激励足够大时，即便冒着承担办案责任的风险，其也会独立行使审判权。因此，在没有有效的制度激励下，除那种存在牟取私利的情形外，让法官独立行使审判权并承担办案责任是非常困难，也不现实的。

就司法实践而言，目前的司法实践中迄今为止并未出现一件追究法官办案责任的情形。出现这种情形有很多可能的解释。尽管中国的司法改革在不断推进，司法更为公正，但毫无疑问，中国的司法实践并未公正到这种地步，这种解释并无说服力。随着惩戒机制的构建，制度建设不足也无法合理解释这一现象。实际上，在笔者看来，不追责体现的是法院内部在审判权运行中仍旧是铁板一块，无论是院长、庭长还是办案法官，都共同应对办案中的风险和危机，不仅是领导层不愿意追究办案法官的职责，而且，在办案过程中，院长、庭长可能或积极或被动地介入到案件的处理，行政审批如果不是死灰复燃，也必然会是以潜规则式的请示报告形式存在。借助于请示汇报等各种方式，办案责任由办案法官的责任又转化为法院整体的责任。追究整体责任既缺乏动力，也无法确定各自的职责。这

---

[26] 这项改革是放在规范权力运行这一方面下展开的。

[27] 至于这种转变的原因，尚未见到权威的解读，在一次研讨会下，一位资深的司法系统研究人员对笔者讲到，这一提法在法院系统也不怎么再提了。在笔者看来，这在某种程度上意味着这一改革可能面临着诸多困难，能否真正得到落实在政策制定者看来也是没有底气的。

[28] 参见刘强：《理清改革思路，勇于探索创新——深化司法体制综合配套改革重点问题探讨会综述》，载《人民法院报》2018 年 7 月 13 日。

种解释可能更能解释为什么司法实践中没有追究法官办案责任的案例。按照这种理解，显然，改革决策者所设计的审判权、审判监督权、审判管理权三权分置、有独立有监督管理的模式在实践中并未能落地生根，被改革了的行政审批制又在以各种形式复活，当然也可能行政审批制压根就没有被清除出审判权的运作。

在笔者看来，如果不能打破法院内部的铁板一块，如果不能提供法官足够的激励以唤起其职权的独立，这种改革能够走多远值得担忧。当前，推进司法体制综合配套改革提供了反思和改进的时机，能否厘清审判权运行机制中问题的实质并采取有效的应对措施是审判权运行机制改革成功与否的关键。这需要引起决策者足够的重视。毫无疑问，中国的审判权运行机制改革仍旧任重道远。

五、结语

党的十八大开启了中国新一轮的司法体制改革，这一改革将司法责任制改革作为改革的牛鼻子给予了高度关注。司法责任制改革的核心是界分院长、庭长和办案法官的权能，由此，在改革中形成了一种审判权、审判管理权、审判监督权分置的审判权运行机制，以替代传统上的行政审批制审判权运行模式。这一新的审判权运行机制改革在某种意义上是一种无奈的妥协，在结构上并不稳定，能否得到切实的遵循并不容乐观。当前，我国在推进司法体制综合配套改革，这为完善审判权运行机制改革提供了契机，但能否在审判权运行机制改革上找准问题并采取有效的应对举措，打造一种稳定的结构是这项改革能否走得长远的重要因素，也值得学术界和实务界投入更多的热情和精力。

（原载中国人民大学诉讼制度与司法改革研究中心编：《程序正义与司法改革要论：陈卫东教授六十华诞祝贺文集》）

以审判为中心的刑事诉讼制度改革

魏晓娜

中共十八届四中全会通过的《中共中央关于全面推进依法治国若干重大问题的决定》(以下简称《决定》)首次提出了"严格司法"的概念。从实现司法公正和进一步完善司法制度机制的角度,《决定》对严格司法提出一系列具体的任务和举措,其中之一便是"推进以审判为中心的诉讼制度改革"。在党的重要文献中对司法工作和诉讼制度改革作出如此具体、明确的部署,这种情况相当少见,也使得"以审判为中心"尤为引人注目。然而,"以审判为中心"究竟所指为何,目前尚未形成统一的见解。为顺利推行《决定》提出的各项诉讼制度改革,贯彻"严格司法"的要求,从理论角度厘清"以审判为中心"的内涵十分必要;如何推进"以审判为中心",也需要从制度层面破题。本文不揣冒昧,对上述问题作尝试性探讨,以求教于方家。

一、引言:"以审判为中心"何以成为问题?

21 世纪初,刑事诉讼法学界即有"审判中心论"与"诉讼阶段论"之争。前者着眼于英美传统的"诉讼即审判"的观念,认为审判为整个诉讼程序当之无愧的中心;后者则认为,随着诉讼职能的不断分化,刑事诉讼的阶段逐渐增多,因此,传统的"审判中心论"应为"诉讼阶段论"所取代。[1] 从历史的视角来看,"诉讼阶段论"的确描述了一个事实,即近代以来,欧洲大陆和英美的刑事司法虽然路径不同,但殊途同归,都经历了一个诉讼阶段从无到有,并逐渐分化、成形的过程。从这个角度来看,英美和欧洲大陆刑事诉讼最终都走向了"诉讼阶段论"所描述的格局。然而,可以继续追问的是,在审判和审前各阶段分化形成之后,它们之间是一种什么样的关系?是相互平行,还是"以审判为中心"?

在西方发达国家的学术语境中,很少有"以审判为中心"或者"审判中心主义"之类的表述。[2] 但是,专业术语的阙如并不必然意味着制度实践的缺失,[3] 因

---

[1] 关于"审判中心论"与"诉讼阶段论"之争,参见陈瑞华:《刑事诉讼的前沿问题》,中国人民大学出版社 2000 年版,第 132-134 页。

[2] 本文所谓"审判中心主义",皆在"以审判为中心"意义上使用。

[3] 例如,英国没有"自由心证"的概念,却一直有"自由心证"的实践。法国大革命后,议员杜波儿在第一届国会上提出"自由心证"(1' intime conviction)的概念,即借自英国的制度实践。由于此前法国盛行法定证据制度,为了与旧制度决裂,有必要标新立异创造出一个新的术语,"自由心证"一词就此产生。

为，专业术语往往产生于一定的问题意识。换言之，西方学术语境中“以审判为中心”术语的缺失，并不代表西方不存在“以审判为中心”的制度实践，[4]相反，更可能的情况是因为“以审判为中心”已经内化为日积月累的制度实践，早已不成为问题了。至于“以审判为中心”观念何以根深蒂固地扎根于西方司法实践，则与基督教文化的影响有关。早期基督教有所谓“血罪”观念，即任何形式的杀人、流他人血的行为，无论合法还是非法，包括法官判决他人死刑，都被视为罪孽，要遭受地狱之灾。[5]为了帮助法官逃避“血罪”，早期基督教区分法官的“公共身份与私人身份”，确立了“法官以公共身份杀人不是罪”的原则。因此，中世纪的法官，为了保证自己免受地狱之灾，谨守“公共身份与私人身份”的界限，从来不敢迈出法庭大门调查犯罪，也从不动用自己的个人知悉判决案件，这是西方审判中心主义司法传统的神学渊源。[6]

然而，在中国，无论是立法还是司法，无论是宏观的诉讼结构还是微观的制度和技术，“以审判为中心”的观念基本上是缺失的。在立法层面，如对于“证据”一词的理解，《刑事诉讼法》第48条第1款规定，“可以用于证明案件事实的材料，都是证据”。这一证据定义贯穿于整个第五章，从而也贯穿于从立案、侦查、审查起诉、审判等整个诉讼过程。《刑事诉讼法》第50条的规定更为明显：“审判人员、检察人员、侦查人员必须依照法定程序，收集能够证实犯罪嫌疑人、被告人有罪或者无罪、犯罪情节轻重的各种证据。”又如《刑法》第305条关于伪证罪的规定，“在刑事诉讼中，证人、鉴定人、记录人、翻译人对与案件有重要关系的情节，故意作虚假证明、鉴定、记录、翻译，意图陷害他人或者隐匿罪证的，处……”可见，无论是“证据”还是“伪证”的概念，在中国立法上都并非仅局限于审判阶段，也并非仅针对法庭或法官。在诉讼的纵向结构上，宪法和刑诉法确定的三机关分工负责、互相配合、互相制约原则，在司法中落实成了侦查、审查起诉、审判等诉讼阶段相互平行、首尾相继的“流水线”型诉讼结构，审判只是在侦查、审查起诉阶段工作的基础上对案件的深加工，对案件事实的再认识。在制度和技术层面，如《刑事诉讼法》第54条第2款规定：“在侦查、审查起诉、审判时发现有应当排除的证据的，应当依法予以排除，不得作为起诉意见、起诉

[4] 例如，德国刑事诉讼法第261条规定，法庭应当根据审判全过程确立自由心证，根据由此得出的证据调查结果作出判决。参见李昌珂译：《德国刑事诉讼法典》，中国政法大学出版社1995年版，第106页。又如，意大利刑事诉讼法第526条规定，法官在评议中不得采用不是依法在法庭审理中调取的证据。参见黄风译：《意大利刑事诉讼法典》，中国政法大学出版社1994年版，第186页。

[5] See James Q. Whitman, The Origins of Reasonable Doubt, Yale University Press, 2007, pp.32-33.

[6] 参见侣化强：《形式与神韵——基督教良心与宪政、刑事诉讼》，上海三联书店2012年版，第80页。

决定和判决的依据。”非法证据排除规则的适用阶段不限于审判阶段，适用主体也不限于法庭。“以审判为中心”观念在立法、诉讼结构、制度和技术层面的缺失，其实际效果是审判偏离了整个诉讼程序的“中心”，呈现出“离心化”倾向。

审判的“离心化”倾向，在司法实践中产生了一定的后果。例如，侦查、审查起诉、审判之间相互平行、首尾相继的“流水线”型诉讼结构，一旦进入公安机关在中国政法系统中居于强势地位的法制传统，再结合公、检、法机关内部不尽合理的考评机制，在实践中异化成了“侦查中心主义”。对于侦查中犯下的错误，很难期待通过法庭审判纠正。中国近年来发现的一系列冤案，究其原因，公安机关在侦查过程中的行为偏差固然是祸首，但是，根据中国宪法和刑诉法“分工负责、互相配合、互相制约”的结构设计，即使侦查结论错误，如果审判的制约机制有效发挥作用，也不至于演变成板上钉钉的冤案。所以，冤案的发生，无一不是审判的制约作用失灵所致。实践中，侦查反而“倒逼”审判，法院根据羁押期限“量体裁衣”地判处刑罚的现象也并不鲜见。

中国“流水线”型诉讼结构之所以能够形成，关键在于诉讼案卷在侦查、审查起诉、审判三个不同诉讼阶段之间发挥勾连作用，这意味着，侦查案卷可以无障碍地进入审判，如果不对侦查案卷的使用有意识地施加限制，侦查案卷势必会对法庭裁判产生实质性影响。这样一来，法庭裁判并非完全建立在法庭上出示的证据的基础上，法庭审判就难以在查明事实、认定证据中发挥决定性作用；审判中的辩护活动也很难得到法庭的足够重视，质证权也没有机会充分发育，证人、鉴定人出庭率低的问题也不可能得到根本解决。此外，在法庭审判中，一旦辩护律师对事实、证据提出不同意见，则不仅是挑战公诉人，也是对法官依据侦查案卷形成的“先见”提出挑战，法官与律师之间就难免关系紧张。中国刑事法庭上奇特的法官与律师冲突的现象，难说与此无关。

从水平的侦查、审查起诉、审判三者关系中观察到的审判“离心化”倾向，如果转换一下观察视角，在垂直的一审、二审，以及死刑案件中的死刑复核程序之间，又转化成一审的“失重”现象。第二审程序和死刑案件中的死刑复核程序均实行“全面审查”原则，[7] 这意味着第二审法院或者死刑复核法院可以在事实认定、法律适用或者刑罚量定中的任何一个方面否定前一个审级的判决。可见，

[7] 对于死刑复核程序的审查范围，2012 年刑事诉讼法没有明确规定，但《最高人民法院关于适用〈中华人民共和国刑事诉讼法〉的解释》第 348 条规定：“复核死刑、死刑缓期执行案件，应当全面审查以下内容：（一）被告人的年龄，被告人有无刑事责任能力、是否系怀孕的妇女；（二）原判认定的事实是否清楚，证据是否确实、充分；（三）犯罪情节、后果及危害程度；（四）原判适用法律是否正确，是否必须判处死刑，是否必须立即执行；（五）有无法定、酌定从重、从轻或者减轻处罚情节；（六）诉讼程序是否合法；（七）应当审查的其他情况。”可见，死刑复核程序奉行的实际上也是“全面审查”原则。

中国的刑事程序体系中存在一种上行的权威，审级越高，权威越大，整个程序体系的重心也经由第二审程序、死刑复核程序逐级上行。其结果，是第一审程序失去“重心”地位。与此互为因果的，则是第一审程序中存在的证人出庭率不高、被告人质证权发育不充分等诸多问题。

因此，“以审判为中心”的提出，带着鲜明的问题意识，触及中国刑事诉讼宏观结构中一个由来已久的症结。正是因为中国刑事司法在不同层面、不同方向上存在不同程度的“离心”和“失重”现象，所以，即使是西方缺失这一术语，在中国当前的语境下，“以审判为中心”作为概念提出仍然是有意义的。基于同样的原因，所谓“推进以审判为中心的诉讼制度改革”，也需要在不同的层面、不同的方向上展开。

二、侦查、审查起诉与审判之关系：实现“审判中心主义”

以审判为中心，其核心要求是作为裁判根据的案件信息，形成于并仅仅形成于审判程序。所以，以审判为中心，并非忽视侦查、审查起诉程序，侦查和审查起诉是审判的准备，其收集和运用证据的质量关乎审判之公正，高质量的侦查和起诉，可以从源头上防范冤假错案于未然。然而，从结构角度考虑，为了保证作为裁判基础的案件信息形成于审判，须人为割断侦查和起诉信息顺利进入审判程序的通道。仅就“以审判为中心”而言，对抗制诉讼结构较之非对抗制诉讼结构更为成功，就是因为在对抗制结构之下，由于一系列制度和规则的存在，阻断审前信息流动显得更为卓有成效。[8] 这一点，在由非对抗制诉讼传统向对抗制诉讼结构转型的国家，尤其明显，因为这种转型是否成功，在很大程度上取决于能否成功地阻断审前信息进入审判程序。

以日本为例。日本“二战”之前在法国法和德国法的影响之下确立了职权主义诉讼结构，战后在美国的强烈影响下转向对抗制诉讼结构，为此，日本采取一系列举措阻断审前信息向审判阶段的自由流动。例如，实行起诉状一本主义，禁止起诉时移送案卷和证据，也不得在起诉书中添附可能使法官对案件产生预断的文书及其他物品，或者引用该文书等的内容。[9] 又如，在提起公诉后到第一次公审期日前，关于羁押的处分，必须由负责审判的法官以外的法官作出，以防止有

---

[8] 例如，对抗制造成了控辩双方之间的信息隔绝，因为“对抗”的前提假设阻断了自愿的审前信息交流；又如“禁止单方接触”原则阻却了法官单方面通过当事人对案件信息的获取。所谓“单方接触”（Ex Parte Communications），是指在正式审判之前，一方当事人在另一方当事人不在场的情况下与法官单独接触。See Michael D. Bayles，Procedural Justice，Boston：Kluwer Academic Publishers（1990），p. 35。

[9] 参见日本刑事诉讼法第 256 条第 6 款。参见宋英辉译：《日本刑事诉讼法》，中国政法大学出版社 2000 年版，第 60 页。

关法官通过羁押处分，对案情产生预断。[10] 再如，确立传闻证据排除规则，排除形成于法庭之外的陈述成为证据。[11]

1988 年，立足于职权主义诉讼传统的意大利通过新的法典，开始向对抗制全面转型。在欧洲大陆传统中，警察和当事人在审前的侦查阶段收集的所有证据都被放入一个官方的案卷，该案卷会对审判产生非常重要的影响。1988 年以前，审判形同对审前收集的证据进行确认的程序。1988 年通过新法典有意对案卷的作用作出限制。审判法官根本不接触侦查案卷，侦查案卷的作用是供对立双方查阅。法官受理案件后，要准备一个新的审判案卷，在开庭前，审判案卷应当是空白的，只有在法庭上出示和调查过的证据才能记入审判案卷，审判法官只能根据审判案卷中有记载的证据作出判决。这就是意大利独特的“双重案卷”制度。[12] 新法典严格限制自动提交审判法官的案卷材料的范围，任何一方当事人想要审判法官接触一项额外证据，就要由另一负责预备聆讯的法官（giudice dell’udienza preliminare）举行听证，由他决定是否将证据提交给审判法官。1988 年以后，审判成为整个诉讼的核心。

中国 1996 年刑事诉讼法第一次修正时也曾经有过向抗辩制审判转型的努力。为此，1996 年刑事诉讼法借鉴日本的“起诉状一本主义”，改革了起诉方式和公诉审查方式，从原来的“案卷移送主义”的起诉方式和实体性审查的公诉审查方式，[13] 转向“复印件主义”和程序性审查为主，[14] 以尽量控制审前信息向审判程序的流动。然而，由于制度环境不相契合，实施效果并不理想。[15]2012 年刑事诉讼

[10] 参见铃木茂嗣：《日本刑事诉讼法的特色及解释上的诸问题》，载［日］西原春夫主编：《日本刑事法的形成与特色》，李海东等译，法律出版社（中国）、成文堂（日本）联合出版 1997 年版，第 54 页。

[11] 日本刑事诉讼法第 320 条规定，除第 321 条至第 328 条规定的以外，不得以书面材料作为证据代替公审期日的供述，或者将公审期日外其他人的供述为内容所作的供述作为证据。参见宋英辉译：《日本刑事诉讼法》，中国政法大学出版社 2000 年版，第 72 页。

[12] 关于意大利的双重案卷（double dossier）制度，参见 Antoinette Perrodet，The Italian System，Mireille Delmas-Marty and J.R.Spencer（ed），European Criminal Procedures，Cambridge University Press（New York），2002，p.369.

[13] 1979 年《刑事诉讼法》第 108 条规定：“人民法院对提起公诉的案件进行审查后，对于犯罪事实清楚、证据充分的，应当决定开庭审判；对于主要事实不清、证据不足的，可以退回人民检察院补充侦查；对于不需要判刑的，可以要求人民检察院撤回起诉。”人民法院在开庭前的公诉审查环节即对证据的充分性作出初步判断，这是一种实体性的公诉审查方式。

[14] 1996 年《刑事诉讼法》第 150 条规定：“人民法院对提起公诉的案件进行审查后，对于起诉书中有明确的指控犯罪事实并且附有证据目录、证人名单和主要证据复印件或者照片的，应当决定开庭审判。”

[15] 比较权威的说法是，这一改革在司法实践中的效果并不好，主要是法官在庭前对大部分案卷材料并不熟悉，不了解案件主要争议的问题，难以更好地主持、把握庭审活动，而且由于检察机关不在庭前移送全部案卷材料，辩护律师也无法通过到法院阅卷了解全案证据，特别是对被告人有利的证据。参见王尚新、李寿伟主编，全国人大常委会法制工作委员会刑法室编著：《〈关于修改刑事诉讼法的决定〉释解与适用》，人民法院出版社 2012 年版，第 175 页。

法第二次修正，放弃了向“起诉状一本主义”转型的努力，重回“案卷移送主义”。[16] 综合上述，无论在过去十几年的时间里立法上如何规定，在实务层面，法官在开庭前，或者在第一次开庭后均有机会阅览全卷。[17]

表 1 某市检察机关 2004—2013 年起诉、不起诉和移送单位撤回案件情况

年份	起诉受案（人）	起诉（人）	起诉率（%）	不起诉（人）	移送单位撤回（人）	不起诉率（%）	不起诉和移送单位撤回率（%）
2004	31543	28261	89.6	443	1574	1.40	6.39
2005	28669	25108	87.6	466	1601	1.63	7.21
2006	29922	26581	88.8	522	1751	1.74	7.60
2007	31054	28541	91.9	666	1686	2.14	7.57
2008	28967	26793	92.5	481	898	1.66	4.76
2009	28850	27383	94.9	524	790	1.82	4.55
2010	28839	26485	91.8	695	734	2.41	4.96
2011	28398	26058	91.8	955	742	3.36	5.98
2012	31504	27361	86.8	1527	1707	4.85	10.30
2013	26165	22178	84.8	2302	15	8.80	8.85
总计	293911	264749	90.1	8581	11498	2.92	6.83

表 1 是笔者在某市检察机关调研得到的该市检察机关起诉、不起诉、移送单位撤回案件情况的统计数据。如该表所示，2004 年 -2013 年，该市检察机关受案人数整体稳定，维持在年均 29000 人左右，其中 2013 年起诉受案人数有较为明显的下降，受案人数减少 5339 人，比上年下降了 16.95%。2004 年 -2013 年，该市检察机关起诉率、不起诉和移送单位撤回率等核心数据，波动明显。这种波动，一方面反映了该市检察机关在不同时期对维护社会稳定的需求在起诉政策上的回应，另一方面反映了实体法在罪名上的变化。例如，2008 年、2009 年由于

[16] 2012 年《刑事诉讼法》第 172 条规定：“人民检察院认为犯罪嫌疑人的犯罪事实已经查清，证据确实、充分，依法应当追究刑事责任的，应当作出起诉决定，按照审判管辖的规定，向人民法院提起公诉，并将案卷材料、证据移送人民法院。”

[17] 1996 年刑事诉讼法修正后，最高人民法院 1998 年据此发布了司法解释（法释〔1998〕23 号），第 152 条规定，“对于公诉人在法庭上宣读、播放未到庭证人的证言的，如果该证人提供过不同的证言，法庭应当要求公诉人将该证人的全部证言在休庭后三日内移交。”此条规定在实践中演化成了第一次开庭后移送卷证。

要为奥运会、60年国庆营造稳定的社会环境，这两年的起诉率明显较高，不起诉率明显较低。2009年后，这种适度从严的执法尺度得到逐步调整，起诉率开始走低。又如，《刑法修正案（八）》降低了盗窃罪的入刑门槛，将醉驾、飙车、拒不支付劳动报酬等行为入刑，《刑法修正案（八）》于2011年5月1日生效，这一立法变化导致2012年、2013年该市检察机关的起诉率下降比较明显。但总体而言，10年间该市检察机关不起诉和移送单位撤回率虽有波动，最低4.55%，最高10.3%，但整体上维持在较低比率。同时，起诉率基本保持在较高水平，尤其是2007—2011年5年间起诉率都保持在91%以上的高位。这意味着，侦查机关移送审查起诉的案件中，绝大多数都做出了提起公诉的决定。

表2　某市检察机关2006—2013年提起公诉、无罪判决、撤回起诉情况

年份	提起公诉（人）	无罪判决（人）	撤回起诉（人）	无罪判决（撤回起诉）率（%）
2006	26581	3	120	0.46
2007	28541	5	64	0.24
2008	26793	4	26	0.11
2009	27383	7	36	0.11
2010	26485	6	39	0.17
2011	26058	11	65	0.29
2012	27361	11	38	0.18
2013	22178	13	42	0.25
合计	211380	60	430	0.23

表2是笔者在该市检察机关调研得到了2006—2013年该市检察机关提起公诉、得到无罪判决的情况。鉴于司法实践中人民法院在不认可检察机关的起诉时往往会商请检察机关撤回起诉的做法，因此，笔者也收集了相应年份该市检察机关在审判阶段撤回起诉的数量，本表所统计的无罪判决率属广义的无罪判决率，即将撤回起诉的案件数量也计算在内。从表2反映的情况来看，该市检察机关起诉到人民法院的案件中，被判决无罪（含撤回起诉）的比率，在2006—2013年8年的时间里有一定波动，如2008年、2009年无罪判决和撤回起诉的比率最低，只占0.11%，这在一定程度上反映了奥运会和国庆60周年维护社会稳定的需要，但是，总体而言，无罪判决（含撤回起诉）率一直徘徊在很低的水平，平均只有0.23%。这意味着，检察机关起诉到人民法院的刑事案件，绝大多数都做出了有罪判决，无罪判决（含撤回起诉）只是少见的例外。

综合表1和表2反映的情况，在2004—2013年10年的时间里，在该市检察机关接受侦查机关移送审查起诉的犯罪嫌疑人，绝大多数（平均 90.1%）都作出了起诉决定；在 2006—2013 年 8 年的时间里，由该市检察机关向人民法院提起公诉的被告人中，绝大多数（约 99.77%）都作出了有罪判决，作出无罪判决或者撤回起诉的，只是少见的例外（0.23%）。鉴于该市检察机关、人民法院在执法理念和执法规范性方面在全国都属先进，由此推测全国的起诉率、有罪判决率只会更高，不会更低。[18] 以表 1 和表 2 反映的情况为基础，基本可以得出结论，一旦侦查机关作出犯罪嫌疑人有罪的认定，绝大多数都会被检察机关提起公诉；一旦检察机关提起公诉，绝大多数都会被人民法院宣告有罪。二者联动的结果是，侦查结论在某种程度上决定着判决的结果。因此，现实的中国刑事诉讼实践状况更接近“侦查中心主义”，高企不下的有罪判决率反映了审判阶段的尴尬地位——不是“以审判为中心”，相反，审判是“离心”的。

究其原因，人们经常会提及诉讼机制之外的司法体制问题——法院、检察院、公安机关配合有余、制约不足，以及三机关内部片面追求起诉率、无罪判决率的考评指标设置不尽合理、违背诉讼规律。这对中国司法实践中的高起诉率、高有罪判决率当然会起到推波助澜的作用。如前文所述，从历史上看，诉讼阶段之分化，其根本原因在于诉讼职能之分化，因此，各诉讼阶段之关系，在一定程度上也折射出各诉讼职能执掌主体之关系。在中国刑事诉讼中执掌侦查、审查起诉和审判三大重要职能的公安机关、检察机关和人民法院，公安机关由于历史原因成为政法系统的“龙头老大”，检察机关稳居法律监督机关之宪法地位，其监督对象包括人民法院。长期以来，公安机关、检察机关在中国现实政治生态中的地位均高于人民法院。由于在刑事诉讼流程中居后的机关相对“弱势”，对前一诉讼流程的制约不免“乏力”，于是形成了“和为贵”的诉讼局面。

然而，特殊的司法体制形成的法院、检察院、公安机关“和谐”共生关系在一定程度上已经通过上述表 1 和表 2 中记载的审查起诉阶段“移送机关撤回案件”和审判阶段检察机关“撤回起诉”等灰色司法实践得到表达。问题是，中国法院系统超高的有罪判决率是否可以完全归咎于司法体制？诉讼内的案卷移送制度在这个过程中起到什么作用？

德国学者贝恩德·许乃曼教授曾在 1979—1986 年主持过一项检验案卷信息对

---

[18] 直接统计全国检察机关起诉率以及人民法院无罪判决率存在一个技术上的障碍：无论中国法律年鉴还是历年最高人民法院、最高人民检察院工作报告，均不反映移送审查起诉的侦查机关撤回案件的数字，以及审判阶段检察机关撤回起诉的数字。根据最高人民法院 2015 年 5 月 7 日在《人民法院报》发布的《2014 年全国法院审理刑事案件情况分析》，2014 年全国法院判决发生法律效力被告人 118.4 万人，宣告无罪 778 人，占比 0.07%。而根据常识，审查起诉阶段侦查机关撤回案件的数字远高于作出不起诉决定的数字，审判阶段检察机关撤回起诉的数字也远高于作出无罪判决的数字。表 1 和表 2 提供的数据也反映了这一点。

判决的影响的实证研究。[19] 该研究试图解决的问题是，德国刑事诉讼程序允许职业法官审前获知案卷信息，这是否会妨碍法官在审判程序中不带偏见地加工信息？一共 35 位刑事法官参与此项研究，他们被随机分配到不同的实验条件：（1）知道案卷信息 / 有机会询问证人；（2）不知道案卷信息 / 有机会询问证人；（3）知道案卷信息 / 没有机会询问证人；（4）不知道案卷信息 / 没有机会询问证人。供受试者评判的案卷是基于 20 世纪 70 年代末慕尼黑法院审理的一个真实案件。研究针对每个受试者单独进行，向受试者呈现相同的审判记录。在具备询问证人机会的实验条件下的受试者可以从出庭的 7 位证人中选择 2 位，在他们做完陈述后对他们提出有关案情的问题。受试者不知道的是，他们可以询问的永远是案件中的第一位和第三位证人。所有受试者没有通过亲自提问获得的信息都会在之后的检察官和辩护人对证人的询问中出现。也就是说，无论受试者是否有询问证人的机会，他（她）们所获得的有关案情的信息量其实是相同的。表 3 反映了受试者在不同实验条件下的分布，表 4 提供了刑事法官在不同实验条件下判决行为的概况。[20]

表 3　受试法官分布

	具备询问证人的机会	不具备询问证人的机会
侦查案卷 + 审判程序	8	9
只有审判程序	11	7

表 4　受试法官的判决行为

		具备询问证人的机会	不具备询问证人的机会
侦查案卷 + 审判程序	有罪判决	8	9
	无罪判决	0	0
只有审判程序	有罪判决	3	5
	无罪判决	8	2

[19] 关于该项实证研究的详细介绍，参见［德］贝恩德·许乃曼等：《案卷信息导致的法官偏见：关于与英美模式比较下德国刑事诉讼程序优缺点的实证研究》，刘昶译，载何挺等编译：《外国刑事司法实证研究》，北京大学出版社 2014 年版，第 74 页。

[20] 表 1 和表 2 均根据许乃曼教授主持的该项研究提供的数据整理而成，由于原始研究还关注刑事法官和检察官对侦查案卷的不同评价，因此实验涉及受试检察官的判决行为。因主题所限，本文只呈现涉及刑事法官判决行为的数据。参见［德］贝恩德·许乃曼等：《案卷信息导致的法官偏见：关于与英美模式比较下德国刑事诉讼程序优缺点的实证研究》，刘昶译，载何挺等编译：《外国刑事司法实证研究》，北京大学出版社 2014 年版，第 91–92 页。

表 4 呈现的实验结果令人惊异：接触侦查案卷的所有刑事法官都作出了有罪判决，无论是否具备询问证人的机会！相反，当法官不接触侦查案卷，仅知道审判程序中出现的信息，在没有询问证人机会的这一条件下，大部分法官还是判决被告人有罪，但有机会询问证人的条件下，大部分法官会作出无罪判决。就能否看到侦查案卷而言（表 4 左边一栏），两组之间的差别非常显著（有侦查案卷：8 人判决有罪 / 无人判决无罪；无侦查案卷：3 人判决有罪 /8 人判决无罪）。在不能询问证人这一条件下，侦查案卷信息对判决结果的影响没有特别显著地表现出来（表 4 右边一栏）。这一结果也容易理解，因为即使没有侦查案卷信息，大部分法官也会作出有罪判决（5 人判决有罪 /2 人判决无罪）。但引人注意的是，在不接触侦查案卷的条件下比较有机会和没有机会询问证人的两组：有机会询问证人的一组里更多法官判决被告人无罪，不能询问证人的一组中更多法官判决被告人有罪（3 人判决有罪 /8 人判决无罪 vs. 5 人判决有罪 /2 人判决无罪）。

上述结果告诉我们一个结论：侦查案卷信息对法官判决行为的影响之大，超出了我们的想象，即使法官有机会亲自询问证人，也很难修正侦查案卷信息带来的决定性影响。只有在没有条件接触侦查案卷的情况下，是否有机会询问证人才会对法官的判决行为产生重要影响。在不能询问证人的情况下，法官倾向于作出有罪判决，在能够询问证人的情况下，法官更倾向于作出无罪判决。

如果上述结论成立，回到中国刑事诉讼的背景中，在过去或明或暗的案卷移送实践之下，实难期待审判法官在如此强大的有罪提示面前作出其他判决选择，更遑论刑事法庭上证人绝大多数都不出庭，法官根本就没有询问证人的机会。所以，中国超高有罪判决率的背后，或许有司法体制问题作为推手，但是，如果不改变传统案卷移送制度之下案件信息的呈现方式，超高的有罪判决率不可能有实质性改变，侦查决定起诉、起诉决定审判“联动”造成的“侦查中心主义”就不可能松动，“以审判为中心”也就成了一句空话。

因此，回归“审判中心主义”，其根本解决之道仍是对侦查案卷信息与裁判信息进行必要的切割，要么走向起诉状一本主义，要么对公诉审查主体和审判主体进行适当的分离，何去何从，只能依赖未来的立法修正作出选择。然而，在刑事诉讼法刚刚修正不久，立即启动刑事诉讼法的再修改不太现实的情况下，可以考虑充分利用现有的制度资源，强化法律实施，为“审判中心主义”发掘更大的制度空间。

例如，从修正后的《刑事诉讼法》第 159 条和第 170 条的规定，[21] 可以推知

[21] 《刑事诉讼法》第 159 条规定，在案件侦查终结前，辩护律师提出要求的，侦查机关应当听取辩护律师的意见，并记录在案。辩护律师提出书面意见的，应当附卷。《刑事诉讼法》第 170 条规定，人民检察院审查案件，应当讯问犯罪嫌疑人，听取辩护人、被害人及其诉讼代理人的意见，并记录在案。辩护人、被害人及其诉讼代理人提出书面意见的，应当附卷。

立法者之良善用意，即本次刑事诉讼法修正虽然重拾案卷移送制度，但案卷中所包含的信息之结构已经悄然发生变化。以往的案卷基本上是一边倒的对犯罪嫌疑人、被告人不利的信息，现在的案卷则同时包含了辩方的意见。但是，这种设计真正发挥作用，在很大程度上依赖于审前阶段，尤其是侦查阶段辩护律师参与的常态化和实质化，最终取决于侦查、审查起诉阶段辩护律师合法权益的保障。当然，实践中如果按照这种思路继续推进，则可以考虑借鉴意大利单独设立辩护律师案卷的做法，[22] 将辩护律师的调查取证和辩护意见单独立卷，待案件将来提起公诉后与公诉案卷一起移送至人民法院。

此外，还可以借鉴欧洲大陆国家为限制侦查案卷对审判的影响而采取的一系列措施。在法国，刑诉法第347条规定重罪法庭不能将案卷带入评议室。[23] 在德国，虽然采案卷移送制度，但案卷之内容原则上不得用为裁判之根据。[24] 在阅览案卷的主体方面，立法也有严格的限制：由于担心陪审员不自觉地受到影响，因此陪审员原则上不得接触案卷；审判长和制作裁判文书的法官也不得阅览案卷。德国还有所谓的“询问本人原则”，即刑诉法第250条规定的，对事实的证明如果是建立在一个人的感觉之上，要在审判中对他进行询问。不允许以宣读以前的询问笔录或者书面证言代替询问。上述规定未来如果能够以司法解释的形式引入到中国的刑事司法实践，也可以在一定程度上限制侦查案卷信息对审判的影响。

三、审判：实现“庭审中心主义”[25]

“以审判为中心”的命题，表述了“审判”与其他诉讼阶段的基本关系。在刑事案件的办理过程中，人民法院、人民检察院和公安机关都对案件实施认识活动，都依法对案件作出处理，如此才能推进诉讼活动的深入和发展，然而，为何只是以“审判”为中心，更为何“未经人民法院依法判决，不得确定任何人有罪”？换句话说，何以人民法院对案件的认识、对案件的处理具有高于人民检察院、公安机关的权威性？一言以蔽之，因为人民法院所主持的庭审活动具备程序正义的最完整形态，人民法院对案件的认识和处理是建立于庭审活动中控辩双方对证据、法律意见的充分讨论和辩驳之上的。在庭审中，被告人的程序参与权、辩护权得到最有效的保障，公开审判、直接言词、集中审理等基本原则得到最充分的贯彻和体现，各种证据、主张、观点、意见都得到来自正反两个方面的充分

---

[22] 根据2000年第397号法律，意大利开始设立单独的辩护律师案卷。参见Antoinette Perrodet，The Italian System，Mireille Delmas-Marty and J.R.Spencer（ed），European Criminal Procedures，Cambridge University Press（New York），2002，p.369。

[23] 参见［法］贝尔纳·布洛克：《法国刑事诉讼法》，罗结珍译，中国政法大学出版社2009年版，第487页。

[24] ［德］克劳思·罗科信：《刑事诉讼法》，吴丽琪译，法律出版社2003年版，第430页。

[25] 本文所谓“庭审中心主义”，皆在“以庭审为中心”意义上使用。

讨论和反驳，在此基础上的事实认定和法律适用是最科学和公正的。因此，法院判决的权威性来自庭审程序的公正性和认识活动的科学性。

然而，这也说明，“以审判为中心”不能等同于以“法院”为中心，法院判决的权威性来自公正的庭审，法院自身也不能游离于庭审活动之外进行事实认定活动，相反，人民法院对于案件事实的认识活动应该“以庭审为中心”，杜绝、限制开庭之前、法庭以外的信息对判决产生影响。例如，我国 2012 年刑事诉讼法修正案对开庭前的准备程序作出修改，增加了“在开庭以前，审判人员可以召集公诉人、当事人和辩护人、诉讼代理人，对回避、出庭证人名单、非法证据排除等与审判相关的问题，了解情况，听取意见”的规定，[26] 成为在开庭之前召开庭前会议的基本法律依据。庭前会议制度之设，其基本功能在于为庭审的集中、顺利进行做充分的准备，明确控辩双方争议的焦点，解决案件中的程序性问题。然而，这种“充分”是有限度的，即庭前会议活动不得损害被告人的审判权。因为庭前会议虽然是控辩审三方到场的场合，但毕竟与正式审判程序不同，缺乏正式审判程序提供的诸多程序性保障。因此，与被告人的定罪、量刑密切相关的实质性问题，不应当在庭前会议中讨论。此外，我国立法目前尚未完全贯彻“以庭审为中心”的原则，在一定条件下赋予合议庭“庭外调查权”。[27] 为强化“以庭审为中心”，最高法院作出两点解释对此加以限制和补充：一是如果庭外调查作为“取证”的手段，则“法庭庭外调查核实取得的证据，应当经过当庭质证才能作为定案的根据”，除非经庭外征求意见，控辩双方均没有异议；[28] 二是如果庭外调查作为“核实”证据的手段，则“必要时，可以通知检察人员、辩护人、自诉人及其法定代理人到场”。[29] 这样解释，具有将“庭外”调查一定程度上转化为“庭上”调查的效果，即在合议庭对证据有疑问，需要通过勘验、检查、查封、扣押、鉴定、查询、冻结对证据进行调查核实时，事先通知控辩双方到场，对所调查核实的证据发表意见。因为“庭审”并非一个地理概念，其本质上是一个“场合”概念，即在控、辩、审三方到场的“场合”下解决争议的活动。实践中应进一步强化该解释的刚性，将法庭调查核实证据时“通知检察人员、辩护人、自诉人及其法定代理人到场”作为一般原则，只有在例外的情况下才可以不通知控辩双方到场。

“以庭审为中心”也是西方发达国家刑事诉讼的基本惯例。英美对抗制审判

---

[26] 参见我国《刑事诉讼法》第 182 条。

[27] 我国《刑事诉讼法》第 191 条规定：“法庭审理过程中，合议庭对证据有疑问的，可以宣布休庭，对证据进行调查核实。人民法院调查核实证据，可以进行勘验、检查、查封、扣押、鉴定和查询、冻结。”

[28] 参见《最高人民法院〈关于适用中华人民共和国刑事诉讼法〉的解释》第 220 条第 2 款。

[29] 参见《最高人民法院〈关于适用中华人民共和国刑事诉讼法〉的解释》第 66 条。

借助陪审团认定案件事实，即使不特设规则，也足以保证判决信息基本上完全出自庭审。欧洲大陆由于在中世纪有比较悠久的书面审传统，且进入现代后仍实行案卷移送制度，因此立法上需特设规则防范庭外信息影响判决。比较典型的如德国刑诉法第 261 条规定，法庭应当根据审判全过程确立自由心证决定证据调查的结果，[30] 以及意大利刑诉法第 526 条规定，法官在评议中不得采用不是依法在法庭审理中调取的证据。[31] 此外，法官私下对犯罪行为有所知悉，只能以证人身份接受询问，不能在本案中继续担任法官职务，也不能将该私下知悉径行用作判决之根据。其他诉讼程序中获得的证据结果也不能径用为证据。[32]

不过，同样是以庭审为中心，欧洲大陆和英美的理论支撑点并不完全一致。欧洲大陆刑事诉讼奉行职权主义，对参与刑事诉讼的所有机关施加发现真相的义务，[33] 其思想基础在于有关机关在作出决定时应当寻找和占有完整、准确的信息。[34] 因此，职权主义审判最典型的特征是法官对“实体真实”的追求以及为此所享有的广泛职权，检察官和当事人在审判中居于相对次要的地位。因此，欧洲大陆的法庭审判以法官的认知结构为基础确立规则。在诉讼中，法官对于案件事实的认识是以证据为中介的，形成“法官—证据—案件”的认知结构。为了最大限度地发现案件真相，在这一认知结构的两个环节均要求无介质而具有直接关系。就“法官—证据”环节而言，要求法官以直接的方式面对被告人、证人、鉴定人和其他证据，能够实时地对被告人、证人、鉴定人进行追问和直接交流，对审判材料形成基于个人感受的印象，并在这种个人印象的基础上形成裁判。就“证据—案件”环节而言，则要求作为法官认知手段的证据，必须直接产生于案件事实，或者最大限度地接近案件事实的第一手资料，以此保证发现案件真相。前者基本对应于德国刑诉理论上的“形式的直接审理原则”（die formelle Unmittlebarkeit），后者大致对应于“实质的直接审理原则”（die materielle Unmittlebarkeit）。[35] 法律所希望达到的效果是，法官要对被告人与见证犯罪事实

---

[30] 参见李昌珂译：《德国刑事诉讼法典》，中国政法大学出版社 1995 年版，第 106 页。

[31] 参见黄风译：《意大利刑事诉讼法典》，中国政法大学出版社 1994 年版，第 186 页。

[32] ［德］克劳思·罗科信：《刑事诉讼法》，吴丽琪译，法律出版社 2003 年版，第 435 页。

[33] 例如，德国刑事诉讼法第 160 条第 1 款规定检察院的职责：“通过告发或者其它途径，检察院一旦了解到有犯罪行为的嫌疑时，应当对事实情况进行调查，以决定是否提起诉讼。”德国刑事诉讼法第 244 条第 2 款规定审判法院的职责：“为了调查事实真相，法院应当依职权将证据调查延伸到所有对于裁判具有意义的事实和证据上。”

[34] ［德］托马斯·魏根特：《德国刑事诉讼程序》，岳礼玲、温小洁译，中国政法大学出版社 2004 年版，第 2 页。

[35] 参见李文伟：《论德国刑事诉讼中直接言词原则的理论范畴》，载《山东社会科学》2013 年第 2 期，第 137-138 页。

的证人的“人的现实”有一种亲身体验。[36]

英美法同样严格区分“法庭上”和“法庭外”的陈述，实际上这一区分正是“传闻”概念产生的基础。所谓传闻，是在审判中作证的人以外的人作出的“法庭外”陈述，提供该陈述的目的是证明陈述中所断定的事实的真实性。[37] 根据证据规则，传闻证据不可采，除非它属于传闻规则的例外。在 2004 年的克劳弗诉华盛顿案中，[38] 联邦最高法院又认定，如果一项庭外陈述是“证言性陈述”（testimonial），[39] 那么，除非作出陈述的人曾经（或者现在正在法庭上）接受交叉询问，否则，根据对质条款，禁止采纳该庭外陈述作为证据。可见，美国的庭审中心主义，其基本的立足点在于被告人的对质权。在美国当事人主义背景下，这一点并不难以理解。英美刑事诉讼中程序推进和证据调查皆依赖于当事人，法官和陪审团相对消极，主要通过控辩双方的攻击防御活动获取案件信息，这是当事人主义之下形成作为判决基础的案情信息的基本结构。因而当事人是否享有呈现有利证据、质疑对方证据，即交叉询问的机会，无论对于被告人还是裁判者，都至关重要，交叉询问一直被视为“迄今为止为发现真相而发明的最大的法律引擎”。[40] 而只有对质权得到有效保障才能够使被告人对证人的交叉询问成为可能。美国联邦最高法院也一直认为对质条款的主要目的是防止用书面证言“代替对证人本人的询问和交叉询问”，要求证人本人当庭作证。[41]

可见，虽然认知结构和立足点并不相同，欧洲大陆和英美“以庭审为中心”的核心要求却是近似的，即强调裁判者的亲历性和证人亲自出庭两大要素。关于法官的亲历性，正是目前中国正在全面推进的司法体制改革和审判运行机制改革着重要解决的问题，篇幅所限，此不赘述。而证人出庭问题，正是中国各项诉讼制度改革能否顺利推进的关节点。

然而，不可否认的现实是，长期以来，中国刑事审判中的证人出庭率，一直徘徊在极低的水平，即便是 2012 年刑事诉讼法修正后，这种局面也没有任何改

---

[36] 参见［法］贝尔纳·布洛克：《法国刑事诉讼法》，罗结珍译，中国政法大学出版社 2009 年版，第 487 页。

[37] See Fed. R. Evid.801（c）.

[38] Crawford v. Washington，541 U.S. 42（2004）.

[39] 所谓“证言性陈述”，根据联邦最高法院的表述，如果一项陈述是“出于在法庭上使用它的目的而作出时”，就很可能会被认定为“证言性陈述”，它至少包括预审、大陪审团程序，或者在以前的审判中作出的先前证言，也包括警察讯问。但是，911 接警员的电话录音，报案人为了让警察帮助应对正在发生的紧急情况而作出的陈述，不属于“证言性陈述”。See Joshua Dressler & Alan C. Michaels，Understanding Criminal Procedure（Ⅱ），Matthew Bender & Company，Inc.（2006），p.244.

[40] See California v. Green，399 U.S. 158（1970）.

[41] See Joshua Dressler & Alan C. Michaels，Understanding Criminal Procedure（Ⅱ），Matthew Bender & Company，Inc.（2006），p.223.

观。[42]《刑事诉讼法》第 60 条第 1 款规定：“凡是知道案件情况的人，都有作证的义务。”但是，2012 年增设的第 187 条又把证人应当出庭作证的情况限定为“公诉人、当事人或者辩护人、诉讼代理人对证人证言有异议，且该证人证言对案件定罪量刑有重大影响，人民法院认为证人有必要出庭作证的。”证人是否应当出庭作证，很大程度上取决于法院对于出庭必要性的判断。就这一点而言，中国刑事审判的职权主义底色仍十分浓厚。如同欧洲大陆一样，中国刑事诉讼法赋予各专门机关以查明真相的职责并为此赋予其较为广泛的职权，这在中国“重实体”的文化传统中似乎是必然之选。但是，正如我们不能把“以审判为中心”简单归结为法院、检察院、公安机关三家之间的事，同样也不能把“以庭审为中心”认为只是法院一家的事。“以审判为中心”的诉讼制度改革如果不能最终落实到被告人的权利保障上，就不可能真正破题，也不可能走得太远。司法实践中早已常态化的超低证人出庭率就是明证。中国要真正实现“以庭审为中心”，就必须适当承认并强化被告人的对质权。

中国刑事诉讼法中涉及对质的主要条文是 2012 年增设的第 187 条和第 188 条。但是，从保护对质权的角度来看，这两个条文所构建的保障机制却包含着严重的缺陷。其一，没有明确承认对质的权利属性，相反，证人是否应当出庭很大程度上取决于人民法院的裁量，即人民法院是否“认为证人有必要出庭作证”，这就带来很大的随意性，被告人对质的机会可能会被轻易地剥夺。其二，证人不出庭作证的，其庭外证言是否可以采用没有明确说法。《刑事诉讼法》第 188 条第 2 款规定了证人不出庭的后果，“证人没有正当理由拒绝出庭或者出庭后拒绝作证的，予以训诫，情节严重的，经院长批准，处以十日以下的拘留。”但是，证人不出庭在诉讼法上的后果，刑事诉讼法以及相关的司法解释只字未提。相反，《刑事诉讼法》第 190 条却规定“对未到庭的证人的证言笔录……应当当庭宣读”，这等于变相肯定了庭外证言的证据资格。上述两个问题的存在，使得被告人的对质权基本上丧失了有效的法律保障。

为了提高证人的出庭率，2012 年刑事诉讼法修正案也曾作出过努力，即在《刑事诉讼法》第 188 条增加了强制证人出庭的规定，即“经人民法院通知，证人没有正当理由不出庭作证的，人民法院可以强制其到庭”，同时“被告人的配偶、父母、子女”可以免于强制出庭。立法者的初衷是吸收西方亲属免证权维系家庭关系和谐的精神，[43] 但由于只承认特定亲属“可以免于强制出庭”，并不承认“拒

[42] 根据最高人民检察院办公厅 2014 年 11 月 28 日印发的《关于以十八届四中全会精神为指引进一步贯彻执行好修改后刑事诉讼法的通知》，2013 年至 2014 年 9 月，全国一审公诉案件证人出庭 3086 件，鉴定人出庭 992 件，分别占起诉案件数的 0.18% 和 0.06%。

[43] 参见王尚新、李寿伟主编，全国人大常委会法制工作委员会刑法室编著：《〈关于修改刑事诉讼法的决定〉释解与适用》，人民法院出版社 2012 年版，第 189 页。

证权”，更不认为被告人是“拒证权”的主体，这在实践中带来了意想不到的效果。以薄熙来案为例，薄熙来妻子薄谷开来在 2013 年 3 月曾提供不利于薄熙来的证言，其作证视频中在庭审过程中被当庭播放，薄熙来要求证人薄谷开来出庭，合议庭以《刑事诉讼法》第 188 条规定的“被告人的配偶”免于强制出庭为由加以拒绝。在该案中，亲属免于强制出庭的效果，是被告人对质权的落空。被告人对质权保护之薄弱，可见一斑。

对质权起源于一个简单的命题：被指控犯罪的人，有权当面挑战、质疑指证他的人。所以，对质权的核心在于“刑事被告人”与“不利证人”之间的关系，即被告人享有的让证人当庭作证的权利。所谓“当庭作证”，必须包含四个完整的要素：（1）可以接受交叉询问；（2）在伪证罪威胁下提供；（3）提供的方式使陪审团能够观察证人的情态举止；（4）证人与被告人“面对面地”提供证言。[44] 对质权并非美国对抗式审判程序的专利。对质条款在《欧洲人权公约》列于第 6 条“公正审判”条之下的第 3 款第 4 项，属于公平审判权的一部分，也是其最低限度的要求。近年来，欧洲人权法院结合《欧洲人权公约》第 6 条“公正审判”条款，以案例的形式确认，对质权应当包含以下几个方面的保障：（1）调查证据（包括询问证人）应当在被告人在场时进行；（2）询问证人的程序必须是对审式的（adversarial）；（3）在不利证人陈述当时或者稍后程序阶段，必须赋予被告人向不利证人提问质疑的充分而适当的机会。[45] 美国和欧洲在对质条款的具体表述上可能有所不同，但其基本前提都是被告人享有要求不利证人出庭作证的权利。在中国的语境下，明确赋予被告人对质权具有两个方面的意义：一是从工具主义的角度，对质权赋予被告人与不利证人当庭对质的机会，可以从反面检验证人证言的可靠性，提高事实认定的准确性，防止冤假错案的发生；二是从程序公正性的角度，赋予被告人以充分的辩驳机会，对于可能遭受不利裁判的被告人而言，也是审判公正性的基本要求。这对于提高被告人对于裁判结果的接受度，实现判决的终局性，具有现实的意义。因此，为了强化对质权的法律保护，我国立法一方面要明确承认被告人享有与不利证人对质的权利；另一方面，对于被告人无法行使对质权的庭外陈述，除符合法律明确规定的例外情况，应当排除其成为法庭证据的资格。只有如此，对质权才能成为被告人“硬邦邦”的权利。

当然，这只是实现“以庭审为中心”的第一步。“以庭审为中心”的关键在于实现庭审的实质化，归根到底要落实被告人的有效辩护权，而对质权只是实现被告人有效辩护的必要环节之一。被告人在法庭上还应当享有申请“有利证人”

---

[44] See Joshua Dressler & Alan C. Michaels, Understanding Criminal Procedure (4th ed., vol.2), Matthew Bender & Company, Inc., 2006, p.245.

[45] 参见林钰雄：《对质诘问与上级审》，载《月旦法学》2007 年 4 月，第 143 期，第 5-30 页。

出庭的权利，对于被告人的申请，除非具备法律明确列举的例外情形，法庭不得随意拒绝。[46] 此外，我国目前刑事审判中律师辩护率仍然比较低，在 30% 左右，发达地区一般不超过 50%。在面临被定罪处刑的关键阶段，被告人的律师辩护权理应得到充分和有效的保障。目前我国刑事诉讼法将应当提供法律援助的情形从刑罚上限于“可能被判处无期徒刑、死刑”的案件，范围明显过窄，十八届四中全会《决定》提出“完善法律援助制度，扩大援助范围”，应当尽快扩大法律援助范围。

四、审级构造：实现“一审重心主义”

鉴于第一审程序存在上述诸多问题，现行刑事诉讼法在审级制度的设计上，对第一审裁判质量也是抱持相当的不信任态度。中国刑事审判实行两审终审制，上诉程序不仅是对被告人的救济，同时也被设计为上级法院对下级法院判决进行监督审查的机制。立法对当事人的上诉持鼓励态度，上诉被设计为一种低成本、低风险的诉讼行为——不仅上诉不需要说明理由，而且上诉审实行“上诉不加刑”原则以消除当事人的后顾之忧。在死刑案件中，在普通的两个审级之外，还设置一个自动启动的强制性的死刑复核程序，由最高法院统一对死刑的适用进行审核。在审理范围方面，第二审实行“全面审查”，可以对第一审判决认定的事实、适用法律甚至量刑进行全面、综合地审查，不受上诉范围的限制。因此，第二审不仅是对案件的重新审判，同时也是第二审的继续，可以接受新的证据，审理新的事实。死刑复核程序的审查范围刑事诉讼法并没有明确规定，但根据最高人民法院有关司法解释，其审查范围涵盖了案件事实、证据、情节、法律适用、诉讼程序等可能影响死刑适用的方方面面。

逐级的上行审查使得刑事案件形成一种等级化的权威结构。普通刑事案件的第一审、第二审程序和死刑案件中的死刑复核程序构成了不同的权威层级。同时，由于第二审和死刑复核程序均在法律上或者实践中贯彻“全面审查”原则，其审查范围不限于法律问题，这意味着第二审法院或者死刑复核法院可以在事实认定、法律适用或者刑罚量定中的任何一个方面否定前一个审级的判决。因此，审级越高，权威越大，整个刑事案件程序体系的重心也随之逐级上移，相应地，第一审则失去程序重心地位。

第一审重心地位的失落，可能带来两个方面的问题。其一，第二审法院以及死刑案件中的死刑复核法院是否有能力纠正一审判决的事实错误？根据一般常

---

[46] 在我国，申请证人出庭作证的权利规定于《刑事诉讼法》第 41 条，表现为辩护律师的调查取证权。但是，由于刑诉法对于人民法院可以拒绝传唤证人的具体情形没有明确限制，导致这一权利在司法实践中形同虚设。为此，可以参考德国刑事诉讼法第 244 条的规定，明确规定法庭可以驳回被告人申请的具体情形，除此之外，法庭不得拒绝被告人的调查证据申请。

识，在认定事实的能力方面，上诉法院并不优于初审法院。与初审法院相比，上诉法院进一步远离了犯罪的时间和地点，案发时遗留下来的痕迹和物品损毁或者灭失的可能性更大，残存在证人记忆中的印象也将进一步淡化。证据的进一步减少使得上诉法院“对于发生在离犯罪时间更远的几个月后的新的审判能更好地查明事实这一点，令人怀疑”。[47] 我国台湾学者陈朴生也指出：“第二审之审理，其距离犯罪时间与场所较第一审为远，其获得之诉讼资料未必较第一审为优。加之，证据易因时间之经过失其真实性。使为重复之调查，徒增程序繁剧，证据纷乱，影响证明力之判断。”[48] 死刑复核程序距发案地和发案时间更为遥远，在事实判断方面居于更加不利的地位。另一方面，在第二审开展的方式上，除法律明确列举的“被告人、自诉人及其法定代理人对第一审认定的事实、证据提出异议，可能影响定罪量刑的上诉案件；被告人被判处死刑的上诉案件；人民检察院抗诉的案件；其他应当开庭审理的案件”四种情形下，法院应当组成合议庭开庭审理外，其他案件均由法院裁量决定是否开庭审理。[49] 死刑复核程序则根本不开庭。第二审和死刑复核审的“全面审查”必然造成审判重心从第一审移向第二审和死刑复核审，而第二审和死刑复核的“不开庭审理”又加剧了对这种重心上移的合理性质疑：第二审法院和死刑复核法院以书面案卷为基础作出的事实认定，何以优于第一审法院开庭审理作出的事实认定？

其二，程序重心的上移可能会带来特殊的风险。这一点在死刑案件中表现得尤为突出。依据常识，再完美的司法制度也难以完全避免错案。日本法学家团藤重光曾针对日本的司法状况指出，“目前……一、二审比从前慎重多了，所以误判比以前大为减少是可以预见的。但是，谁又能断言今后就绝无误判？固然在事实认定上，法官是受有训练，且积有经验，但只要是人就不可能断言他绝不会犯错。”[50] 台湾女作家张娟芬在访谈过程中发现刑事法官有“三怕”：一怕有关机关伪造证据，二怕无辜者顶包替罪，三怕阴差阳错各种巧合。尤其是后者，各种几乎不可能发生的巧合，加上刑讯得来的认罪供述，简直就是承办法官的噩梦。[51] 在当代世界，死刑本身就是一个极富争议的政治法律议题，死刑的错判更会给一个

---

[47] ［德］托马斯·魏根特：《德国刑事诉讼程序》，岳礼玲、温小洁译，中国政法大学出版社 2004 年版，第 222 页。

[48] 陈朴生：《刑事证据法》，台湾海天印刷厂有限公司 1979 年版，第 62 页。

[49] 参见《刑事诉讼法》第 223 条。

[50] ［日］团藤重光：《死刑废止论》，林辰彦译，商鼎文化出版社 1997 年版，第 7 页。

[51] 2010 年，中国台湾地区爆出“江国庆冤杀案”。当年定罪的关键证据，除了刑讯后的认罪口供，就是一张同时沾有疑犯精液与受害女童血液的面巾纸。而实际的情况可能是，江国庆在厕所自慰，事毕用面巾纸擦拭精液，并随手丢进废纸篓，真凶奸杀女童时，鲜血恰好喷溅在这张纸上。参见张娟芬：《杀戮的艰难》，中国人民大学出版社 2013 年版，第 9 页。

国家的社会政治体系带来激烈的冲击。而中国目前刑事案件中的权威结构，不仅是把死刑案件中的权威汇集于最高法院，更是把错判无辜者的风险以及针对死刑本身的各种责难汇集于最高法院。这与刑事诉讼中设计审级制度的初衷完全背道而驰。各国司法制度设计审级制度的出发点之一是将社会矛盾分散化处理，增加社会不满的吸纳点和吸纳能力，尽量避免将大量社会矛盾引向中央政府。而目前中国刑事程序中“上行”的权威结构正是一种将死刑案件与生俱来的各种责难和错判风险引向中央司法机关的结构，是一种高风险结构。

综观西方发达国家审级制度，可以发现一个明显的趋势：在法律适用问题上是上行的权威，即审级越高，权威越大，但是，在事实认定问题上，则存在相反的趋势，权威总体是趋于下沉的。例如在美国，一审是整个刑事程序体系当仁不让的重心。在事实认定方面，一审判决有着一锤定音的效果，初审后的直接上诉原则上只能针对法律错误而提起，对事实问题几乎没有置喙的余地。即便是法律错误，在上诉审查中也未必总是能够得到救济。在美国联邦系统，有三个重要的规则保护着一审判决的核心地位，许多州也遵循着类似的规则：（1）如果被告人没有在初审法院对一项裁定或者程序错误提出异议，那么被告人不得在上诉中（第一次）提出，除非该错误属于“显而易见的错误”（plain error），这就是所谓的“未提出视为放弃”的规则（raise-or-waive rule）。[52]（2）对一审中的错误要进行“无害错误”分析（harmless error analysis），据此，一个错误并不要求撤销定罪，除非该错误具有影响结果的充分可能性。[53]（3）二审法院只能审查原审卷宗，不得调查卷宗以外的材料，不考虑新的事实和证据。上述规则的综合效果，使得第一审成为名副其实的程序重心。在欧洲大陆传统影响下的法国、德国、意大利、日本和我国台湾地区，对初审法院作出的判决，事实争议至多在第一次上诉时提起，[54]第二次上诉则只能针对法律问题。因此，事实问题在初审或者第一次上诉之后即不再讨论。

---

[52] “未提出视为放弃”规则的理论基础在于贯彻当事人主义和确保司法经济：（1）在当事人进行主义下，诉讼之争点和证据应由当事人自行提出，然后再由法院裁判。（2）下级审未发生错误，上级审不应干预。当事人在一审中从未主张并提出的问题，一审当然没有做出正确裁判的机会，如果因此指摘下级审裁判错误，于理不合。（3）如果没有该规则，败诉一方可以提出上诉，若上诉审发回重审，造成国家和他造当事人必须负担重新审判的费用。如果当事人当初在一审中就提出主张，则可以在一审解决争点，可以节省当事人和国家上诉审和重审的费用。所以该规则迫使当事人在一审中提出所有主张，提升审判程序的效率。See Wayne R. LaFave & Jerold H. Israel, and Nancy King, Criminal Procedure（2ed）, West Publishing Co.（1992）, p.1158.

[53] See Joshua Dressler & Alan C. Michaels, Understanding Criminal Procedure（4th ed., vol.2）, Matthew Bender & Company, Inc., 2006, p.380.

[54] 并非所有的案件都可以对事实问题提起上诉。例如在德国，对于州法院判决的可能判处四年以上监禁的重罪案件，只能向州高等法院提起法律审上诉。

物理学上有“重心越低越稳定”的定律，司法制度亦同此理。根据中国刑事诉讼法，享有刑事案件初审权的基层法院在数量上居于绝对优势，遍布全国各县级单位，对死刑案件享有初审权的中级法院在全国也有400多家，高质量的第一审程序可以成为刑事司法系统分散而坚实的支撑点，有效缓解中央司法机关的压力。确立第一审程序的重心地位，除了以对质权为核心打造坚实的第一审外，还应当合理界定和调整刑事案件第二审和死刑复核程序的功能。

（一）强化刑事案件第二审的救济功能

一般认为，上诉制度目的有二：一是保证法院对个案的决定是根据适当的程序和实体法作出的，保障当事人的合法权利；二是借由审级制度的运作，上级法院得以撤销、纠正下级法院违法或者不当之审判，减少下级法院擅断、误判的机会。[55] 在第二审功能的设定上，中国历来偏重借助第二审贯彻上级法院的审判监督，鼓励当事人提出上诉，不要求当事人提供上诉理由并实行“上诉不加刑”免除其后顾之忧。这种定位对第二审的程序结构产生了重大影响，在第二审程序规则的设置上，往往是立足于监督的视角，并不突出其救济功能。比如，目前的第二审程序，在立法上实行“全面审查”原则，即如《刑事诉讼法》第222条第1款规定的，“第二审人民法院应当就第一审判决认定的事实和适用法律进行全面审查，不受上诉或者抗诉范围的限制”。这种设计造成的问题已如前述。

笔者认为，解决问题的根本之道，在于突出第二审程序的救济功能，允许当事人或者人民检察院仅就第一审判决的一部分提起上诉或者抗诉，第二审法院受其约束，原则上其审理范围仅限于对原审判决提出上诉或者抗诉的部分。这样处理有三个理由：首先，从当事人的角度来看，允许对判决的一部分提起上诉既合乎上诉的目的，又有利于当事人的攻击防御。上诉既然是对原判决声明不服，上级审如果集中于当事人不服而有争执的部分，当然更符合当事人提起上诉的目的。而且，当事人可以借部分上诉突出攻击防御的焦点，主动限定第二审法院的审理范围，增加上诉结果的可预期性，不至于发生对原判决服判的部分却被第二审法院改判的危险。其次，从法院负担来看，“全面审查”意味着第二审法院必须依职权对原判决控辩双方已无争执的部分重复审理，重新调查证据、认定事实。这种做法，浪费司法资源，没有实际利益，而且可能会对有实质争执案件的开庭审理产生消极影响，拖累第二审案件的整体审判质量。以当事人上诉约束第二审法院的审理范围则可以节省司法资源，将有限的司法资源投入在对于一审判决确实有争执的部分，有助于提高二审开庭的比例和审判质量。最后，从审级结构来看，第二审“全面审查”可能会架空第一审，导致诉讼重心上移。相反，以当事

[55] 参见［德］托马斯·魏根特：《德国刑事诉讼程序》，岳礼玲、温小洁译，中国政法大学出版社2004年版，第215页；林钰雄：《刑事诉讼法》（下册），中国人民大学出版社2005年版，第216页。

人上诉或者检察机关的抗诉限制第二审法院的审理范围，则可以避免程序重心移往上级审，保证第一审的程序重心地位。

（二）发挥死刑复核程序的统一死刑适用功能

由最高法院统一核准死刑，在中国单一制的政治体制下是必要的，因为死刑的适用在同一个司法体系内应该保持标准的统一性。这也决定了最高法院死刑复核程序与死刑案件第一审程序、第二审程序的着眼点应该有所不同。死刑案件第一审程序重在死刑适用在个案中的妥当性，包括认定事实、适用法律、诉讼程序是否合乎法律规定，适用死刑是否合法与妥当。第二审程序的重点应当是在个案中对第一审判决出现的错误提供具体的救济。而统领全局的最高法院，应当侧重于把握案与案之间在适用死刑是否标准统一，是否合法、公平并合乎比例。

上诉审理论上可以分为"复审""续审"和"事后审查审"三种类型。[56]目前最高法院在死刑复核程序中实行全面审查，但这种审查并不是"复审"，因为最高法院在死刑复核程序中并不是取代原审法院自行审理案件，而是审查原审判决在认定事实、适用法律、量定刑罚和诉讼程序上是否存在重大瑕疵。如果实行复审制，上诉审法院会"一律对案件本身为审理，进而依审理之结果，对于案件本身自为判决。于自为判决外，上诉审法院认为上诉有理由时，应将原审判决经上诉部分加以撤销"。[57]《刑事诉讼法》第239条规定，"最高人民法院复核死刑案件，应当作出核准或者不核准死刑的裁定。对于不核准死刑的，最高人民法院可以发回重新审判或者予以改判"。这种先裁定不核准，再发回重审或者予以改判的做法更接近"事后审查审"。所谓"事后审查审"，是指"上诉审之审判并非针对案件本身进行审查，而是……审查该案件所为之判决妥当与否，或者审查所为判决之程序有无违误之审判方式"。[58]德国、日本、中国台湾地区的第三审，以及英美的上诉审，皆属"事后审查审"。

但是，中国目前的死刑复核程序与典型的"事后审查审"相比，仍有两点不同：一是"事后审查审"的调查范围一般仅限于上诉理由指摘事项。中国的死刑复核程序不待当事人提出上诉，而是对死刑案件自动且强制启动，因此不存在上诉理由问题。二是"事后审查审"基本上是法律审。如前所述，中国的死刑复核程序实际上奉行的也是"全面审查"原则。结合实践中死刑复核的重点目前仍集中于事实问题的现实，因此，将中国的死刑复核程序改造为"法律审"的想法似乎背离了这一基本事实。

然而，所谓的法律审并不绝对排除对事实问题的审查。在德国，如果上诉理

[56] 参见林钰雄：《刑事诉讼法》（下册），中国人民大学出版社2005年版，第239页。

[57] 黄朝义：《刑事第二审构造及其未来走向》，载《月旦法学》2007年4月，第143期，第35页。

[58] 同上注，第35页。

由为违反实体法，那么第三审法院就要审核原审法院认定的事实，以确定是否正确地适用了实体法。[59] 德国联邦法院近年来的一个发展趋势是，扩大基于法律错误的上诉对原审法院事实认定的审查范围，具体方法是当事人主张原审法院违反了刑诉法第 244 条第 2 款所规定的收集所有相关证据的义务，因而判决的事实基础不充分。这是一种程序违法主张。根据法律错误的上诉对原审法院事实认定进行审查的另一种方式是对判决的内在一致性进行审查，尤其是事实认定是否符合逻辑法则，以及法官在评判证据时是否考虑了全部的可能性。如果判决没有考虑其他“明显的”可能性，因而不能给判决一个一致而全面的解释，那么就应当撤销原判。[60] 在日本，当事人提出上告（第三审）的理由仅限于违反宪法和违反判例，但是，上告审一旦发动，在“量刑显著不当”和“给判决带来影响的重大事实认定有错误”等情况下，上告审法院可以依职权撤销原判决。实践中，当事人提出上诉多是为了促使法院发动这种职权，从而实现事实审查的效果。[61] 即便在美国，法律审也未能阻止上诉法院对事实认定问题的审查。被告人在上诉中经常提出的一种主张是，支持被告人有罪判决的证据不充分。联邦最高法院对此确立的标准是，“从最有利于控方的角度审查全部证据后，任何理性的事实裁判者是否都会排除合理怀疑地认定犯罪要素的存在”。[62] 可见，法律审并不完全排除对原审判决的事实认定进行审查，但这种审查又和初审法院的事实认定的侧重点有所不同，即基本不触及证据的“质”的问题，只审查证据的“量”和形式性问题，即证据的充分性和事实认定的内在逻辑性。这是因为上诉审法院并没有审查证据可靠性的条件，不能调取新的证据，只能在原审法院移送的案卷基础上作出判断。

上述国家通过“法律审”审查事实问题的特点对改革中国的死刑复核程序有一定的启发意义。在中国现阶段，完全排除死刑复核法院对于事实问题的审查并不现实。但是与原审法院相比，中国的最高法院同德日等国的第三审上诉法院一样缺少“核实”证据的必要手段，其在事实审查方面并不占优势。以最高法院目前可以借助的调查手段而言，将审查重点集中于证据的充分性、事实认定的内在逻辑性以及死刑案件之间标准的一致性与统一性是比较合理的——这种审查，实际上已经无异于“法律审”了，但对于死刑复核程序统一死刑适用的功能定位来说，其实已经足够。这样一来，既节省了时间、成本、资源和复核法官的精力，又实现了死刑复核程序与第一审、第二审基本功能的合理分化，也保护了第一审程序的重心地位。

---

[59] 参见［德］克劳思·罗科信：《刑事诉讼法》，吴丽琪译，法律出版社 2003 年版，第 515 页。

[60] 参见［德］托马斯·魏根特：《德国刑事诉讼程序》，岳礼玲、温小洁译，中国政法大学出版社 2004 年版，第 226-227 页。

[61] 参见［日］松尾浩也：《日本刑事诉讼法》，张凌译，中国人民大学出版社 2005 年版，第 269 页。

[62] Jackson v. Virginia，443 U.S. 307（1979）.

当然，要将死刑复核程序改造成完全的“法律审”，一个必要的前提是法律援助制度必须同步跟进，法律援助的质量必须执行更高的标准。现行刑事诉讼法允许辩护律师参与死刑复核程序，但是对于死刑复核程序中的被告人是否应当提供法律援助则没有明确规定。在死刑案件第一审、第二审程序中能够得到保障的获得法律援助的权利，在被告人生死攸关的最后关头——死刑复核程序中更应该得到保障。1984 年联合国通过的《关于保护面对死刑的人的权利的保障措施》第 5 条规定：“只有在经过法律程序提供确保审判公正的各种可能的保障，至少相当于《公民权利和政治权利国际公约》第 14 条所载的各项措施，包括任何被怀疑或被控告犯了可判死刑之罪的人有权在诉讼过程的每一阶段取得适当法律协助后，才可根据主管法院的终审执行死刑。”可喜的是，中共中央办公厅、国务院办公厅近日印发了《关于完善法律援助制度的意见》，提出要在现有立法基础上扩大法律援助范围，特别提出“建立法律援助参与……死刑复核案件办理工作机制，依法为更多的刑事诉讼当事人提供法律援助”，同时要求提高法律援助质量，推进法律援助标准化建设，“严格办理死刑、未成年人等案件承办人员资质条件，确保案件办理质量”。[63] 上述意见如果能够切实得到落实，我国的法律援助制度状况将会得到显著改善，也为死刑复核程序改造成“法律审”创造良好的制度环境。

结论

综上，十八届四中全会《决定》提出“以审判为中心”的概念，在当下中国的刑事诉讼背景下具有重要的理论和实践意义。推进以审判为中心的诉讼制度改革，也需要在两个方向上同时进行。在水平方向上，在侦查、审查起诉和审判阶段的关系上，应当确立审判程序的核心地位，其关键在于适当阻断侦查案卷信息对于审理判决产生的影响；在审判阶段，则应当贯彻以庭审为中心，其关键在于确保重要证人出庭作证，归根结底应当强化被告人的对质权保障。在纵向的审级结构上，则应当适当调整第二审和死刑案件中死刑复核程序的功能，确保第一审程序在事实认定问题上居于整个程序体系的重心地位。

（原载《法学研究》2015 年第 ∠ 期）

[63] 参见中共中央办公厅、国务院办公厅：《关于完善法律援助制度的意见》第 4、6 条，载人民网，http: //legal.people.com.cn/n/2015/0629/c188502-27226467.html，最后访问时间：2015 年 7 月 2 日。

从“顺承模式”到“层控模式”

——“以审判为中心”的诉讼制度改革评析

李奋飞

引言：诉讼模式的第三次理论突破

不得不说，中国学者对研究刑事诉讼模式问题有着难以割舍的热衷，因而该命题始终能够占据前瞻性地位。围绕中国刑事诉讼的模式定位，至少曾有过两次理论学说层面的重大突破。第一次关于诉讼模式的争鸣肇始于20世纪90年代，其以程序推进的方式及诉讼目标为切入点，并以“当事人主义—职权主义”“对抗制—纠问制”以及“侦查中心—裁判中心”等对称性概念作为分析工具。本轮研究不仅直接促成了结构分析方法在程序法学研究中的风靡，更为1996年刑事诉讼法（以下简称旧法）的修改明确了价值取向。众所周知，旧法是以英美的对抗制模式为蓝本，通过强化控辩平等、控审分离等基本原则在程序推进层面的投射，力求实现功能目标上从“注重效率”到“公正优先”的转变。当时，就刑事诉讼构造究竟应为“线性”还是“三角”，抑或“正三角”还是“等腰三角”的争论甚嚣尘上。[1] 这既可以代表诉讼模式研究的繁荣景象，也为刑事程序设计提供了更多可供参考的选项，并最终促成了一种复合的、统一的刑事诉讼结构形态。[2] 客观说，这次诉讼模式理论的重大进展，是以刑事程序的现代化为驱动力的。而从各种纷繁的理论观点中，我们大致可以循着美国学者帕克“犯罪控制”与“正当程序”的模式界分方法加以归纳。[3]

第二次模式理论的突破，则与恢复性司法的引入有着千丝万缕的关联。其发轫大概在2007年前后，伴随着刑事和解运动的勃兴，借助实证研究的系列成果，“对抗—合作”的模式分类出现在了人们的视野中。[4] 这是一种全新的司法哲学，建立于趋利避害的现实主义基础上，力图通过多元机制实现司法正义。较之前次诉讼模式研究高潮，合作模式的提出带有鲜明的经验性色彩，让人不禁联想到约

---

[1] 参见陈卫东主编：《刑事诉讼基础理论十四讲》，中国法制出版社2011年版，第55–57页。

[2] 龙宗智：《相对合理主义》，中国政法大学出版社1999年版，第88页。

[3] See Herbert Packer, “Two Models of the Criminal Process”, 113 *University of Pennsylvania Law Review* 1 (1964).

[4] 参见陈瑞华：《司法过程中的对抗与合作》，载《法学研究》2007年第3期。

翰·格里菲斯的“家庭模式”论说。[5]事实上，二者都注意到了刑事司法的教育功能，突破了国家与个人利益所谓的不可调和性，[6]具有异曲同工之处。这一理论创设带有显著的后现代特征，而2012年刑事诉讼法（以下简称新法）明确规定“当事人和解的公诉案件诉讼程序”在某种程度上可视为立法层面的呼应。

毋庸置疑，这两次诉讼模式理论的重大突破，均推动了刑事诉讼法的品质提升。然而，无论是向对抗制的努力靠拢，还是以合作模式为目标的积极拓展，都在司法领域遭遇了“排异反应”，与预期追求尚存在很大差距。旧法力图打造控辩审之间的稳定格局，以横向主体关系逐步取代公检法分头掌控的线性结构，实现从“犯罪控制”向“正当程序”的模式转型。但是，这场轰轰烈烈的诉讼关系变革在效果上却差强人意，阶段论的主导作用依旧雷打不动。不少制度设计在实施中被规避和架空，难以对诉讼模式转型有所建树。而合作模式尽管贯彻在“和解程序”中，但前景仍不容乐观。更不容忽视的是，“私力合作”始终难以摆脱“花钱赎刑”之类的指摘，给司法主体带来的困扰亦与日俱增，因和解而妨碍诉讼正常推进的例证比比皆是。[7]总之，真正意义上的诉讼模式分野，在中国的刑事诉讼中从未完全实现过，种种理论假说仍难脱“乌托邦”式的幻想。究其原因，脱离法治的本土资源而完全遵循西方的诉讼模式分类，并不能将中国刑事司法引入现代化轨迹。

十八届四中全会明确提出“推进以审判为中心的诉讼制度改革”，从而为中国刑事诉讼模式的理性转型提供了“破局”契机。表面上，“以审判为中心”似乎并未超脱诉讼模式的原有讨论范畴，但从改革全局着眼，就会发现具有鲜明中国特色的诉讼模式界分正悄然形成。预期的“审判中心”与当前的“侦查中心”之间，将横亘出一道“分水岭”。而伴随着司法改革的不断深化，这道“分水岭”两侧将清晰展现“顺承模式”和“层控模式”——两种既存在共性基础又具有个性差异的诉讼形态。“顺承”从字义上带有服从、接受的含义，代表目前中国的刑事程序推进从侦查到起诉再到审判环节，始终处于接力传承的状态。这就如同流水一般自上而下，作为源头的侦查一旦成型，就将左右后续程序的走向；处于“下游”的起诉、审判通常只能承接侦查结论，很难作出颠覆性改变。这种曾被学者归纳为“流水作业”的诉讼模式（参见陈瑞华：《从“流水作业”走向“以裁判为中心”——对中国刑事司法改革的一种思考》，载《法学》2000年第3期），凸显了侦查在刑事诉讼的中心地位，并形成了“头重脚轻”的格局。“顺承模式”的形成虽有诸多复杂原因，但法检公三机关的职能及关系异化却是核心症结。解

[5] See John Griffiths, “Ideology in Criminal Procedure”, 79 *Yale Law Journal* 359（1970）.

[6] 参见李心鉴：《刑事诉讼构造论》，中国政法大学出版社1997年版，第46页。

[7] 参见陈卫东：《构建中国特色刑事特别程序》，载《中国法学》2011年第6期。

构“顺承模式”的关键在于矫正法检公之间的内在关系，将诉讼的重心从侦查转向审判，以确保案件可以随着程序的推进而接受更为严格的审查。这就是说，侦查、起诉以及审判分别代表了不同的层控阶段，处于后位的程序主体有权对之前环节的工作成效加以把关。如果发现不符合法律标准，则可做出否定性评价并给予相应处置。这种革新后的诉讼形态，我们可以称之为“层控模式”。在这种模式下，审判将毫无争议占据诉讼主导地位，并形成“头轻脚重”的稳定结构。这两种模式的演进过程无疑超越了中外比较研究的偏狭性，建构于本土制度环境的需求，[8]是对前两次模式讨论成果的“否定之否定”。更为重要的是，司法改革的顶层设计使本轮模式升级不再局限于理论研讨，而直接完成了同实然领域的融合。

一、两种模式的中国叙述

“顺承—层控”的模式分类之所以能超然于西方的理论框架，与中国特有的司法语境密切相关。特别在全面深化改革的大背景下，体制内的政策性因素已为其发展脉络设定了边界，即“一个国家实行什么样的司法制度，归根结底是由这个国家的国情决定的”。[9]以审判为中心的诉讼制度改革固然推进了模式转型，但并不意味着前后两种模式的迥然对立。政治体制影响下的本土经验决定了二者具有共性基础，这也是“顺承—层控”模式有别于传统理论的别致之处。从系统论出发，“顺承模式”与“层控模式”的差异其实存在于功能层面，源自内部分子间重新的排列组合。具体而言，两种模式的共性主要体现以下几个方面：

（一）以犯罪控制为主导的价值诉求

“一项制度之创建，必先有创建该项制度之意识与精神。”[10]同样，一种诉讼模式的形成也是某种价值的自然产物。确切地说，文化观念形态促成了国家层面的法律价值标准，进而影响诉讼模式的发展方向。长期以来，刑事司法在中国都被视作实现社会控制的重要手段，以体现国家权力的动员统筹能力。在这种精神的主导下，确保案件客观真相的准确还原，通过严厉打击犯罪维系社会秩序稳定，必然成为刑事诉讼的首要诉求。因而在程序流转中，线性结构的效率特征得以张扬，侦查在诉讼中也占据了举足轻重的位阶，从而塑造了“顺承模式”的现实合理性。如果套用帕克的诉讼模式分类标准，其显然归属于犯罪控制模式的范畴，即“抑制犯罪行为显然是刑事诉讼程序要履行的最重要的功能”。[11]

尽管中国当下的改革力图实现“侦查中心”向“审判中心”的转化，却并不

---

[8] 参见黄宗智：《经验与理论：中国社会、经济与法律的实践历史研究》，中国人民大学出版社2007年版，第454页。

[9] 孟建柱：《深化司法体制改革》，载《人民日报》2013年11月25日，第6版。

[10] 钱穆：《国史大纲》，商务印书馆2010年版，第415页。

[11] 前引3，Herbert Packer文。

意味着作为主导精神的犯罪控制理念会被取代。即便构建“层控模式”的设想付诸实践，仍然不会脱离犯罪控制这条主线，而只是引入了相当的程序正义因子，以平衡公正与效率之间的现实关系。再进一步说，中国的刑事诉讼不会放弃对实体真实的追求，仍会尽最大努力还原事实真相，以“不枉不纵”作为司法核心利益。对此，中国最高裁判机关已在阐释改革精神时表达得非常清楚，[12] 或许可以视作对犯罪控制思想的宏观诠释。而公诉机关在 2013 年重提“两个基本”的案件审查标准，也充分流露出对提升侦控效能的急迫心态，表明惩罚犯罪的意识始终都没有脱离司法改革的主流基调。[13] 在“层控模式”的自洽性逻辑中，对于犯罪活动的控制仍优位于程序价值的维护，只不过人权保障理念得到了强化，以避免诉讼结果失真。由此，改革语境下从“顺承模式”到“层控模式”的转变，在价值观层面并未脱离犯罪控制的基本脉络。而这种价值观投射到刑事诉讼构造上，则表现为“流水作业”的诉讼构造的延续。

（二）以流水作业为特征的诉讼构造

中国当下的刑事诉讼构造之所以被冠以“流水作业”称谓，就是因为法检公在三个迥异的程序环节各自承担了“操作员”职责。[14] 这种纵向性特征突出了不同程序主体之间的接应关系，倾向于犯罪控制的价值维度。在刑罚的效率性与妥当性目标之间，纵向构造优先考虑前者。鉴于西方法律体系中，以裁判机关为中心的横向构造具有普遍性，[15] 以“三角”布局代替线性模式，似乎早已占据了通说地位。然而，人们对横向模式的趋之若骛，并不等同于其具备现实必然性。“以审判为中心”事实上维护了诉讼结构的原有形态，换言之，脱胎于“顺承模式”的“层控模式”仍以“流水作业”为基础。

如果对十八届四中全会决定加以整体把握，就不难发现法检公之间的配合制约关系并未弱化，反成为健全司法权力运行机制的关键环节。而所谓的“既配合又制约”，恰恰是“流水作业”形成的溯因。本轮改革在维持上述关系的前提下强调审判中心地位，并非不明就里的矛盾行径。法检公之间的配合制约关系以宪法第 135 条为渊源，本质上是国家权力配置运行的基本遵循，并自成完整的逻辑和规范体系。[16] 而事实上，宪法条款已经排斥了“流水作业”被取代的潜在可能性。“层控模式”只是通过解释宪法条款的内涵预设，让法检公机关的权力配置趋向合理，从而扭转裁判机构的被动地位，并消除“顺承模式”的结构性缺陷。

---

[12] 参见周强：《必须推进建立以审判为中心的诉讼制度》，载《人民日报》2014 年 11 月 14 日，第 6 版。

[13] 参见余啸波：《正确认识和贯彻“两个基本”》，载《检察日报》2014 年 4 月 21 日，第 3 版。

[14] 参见陈瑞华：《刑事诉讼的前沿问题》，中国人民大学出版社 2005 年版，第 333 页。

[15] 参见前引 6，李心鉴书，第 26 页。

[16] 参见韩大元、于文豪：《法院、检察院和公安机关的宪法关系》，载《法学研究》2011 年第 3 期。

（三）以官方掌控为基调的主体关系

达马斯卡曾以官僚制的发达与否为切入点，形成了“阶层模式”与“同位模式”的分类理论。[17] 这两种权力构造形态的认知，涉及诉讼参与主体之间的基本关系。在很多人看来，程序的正当性价值需要诉讼参与主体之间的权利义务关系趋向平等，且共同起到诉讼推进的作用。特别是那些不具有公权属性的诉讼主体，诸如辩护律师，如果能够与侦控、裁判主体形成互动性的三角关系，将有助于产生具有较高品质的司法产品。然而，无论“顺承模式”还是“层控模式”，以辩护权为代表的非国家属性权力形态，只能在法检公掌控的不同诉讼阶段中起到补充作用，而难以与其形成同位关系。即便新法赋予了律师更多的权利，也不能从根本上扭转其在诉讼中的从属地位。例如，侦查机关在采用侦查手段或强制措施时，具有较大的灵活性，适用条件宽松，限制因素极少。根据需要还可以在一定范围内采取秘侦手段，对有关场所和人员进行监控、跟踪、窃听、盯梢等。[18] 而律师调查取证权受各种主客观条件限制在力度上显然无法与之相提并论。以审判为中心的诉讼制度改革尽管要求强化律师的介入力度，以促进司法行为规范化，却无法打破业已定型的主体关系格局。

同理，公民参与司法能防止公权力专断恣意，但在本质上并不属于分权手段。这种改革进路带有鲜明的政治导向，与其盼望产生务实成效，倒不如默认司法民主的象征意味。[19] 无论是人民陪审员还是人民监督员，都无法构成分割审判权和检察权的真实力量。前者只能在法官的专业优势面前唯唯诺诺，后者则从未被允许施展刚性权力。这也佐证了法检公在程序推进中无可替代的主导作用，来自社会的力量尚不能与之“平起平坐”，而只能通过有限的参与起到协助、补充作用。“顺承模式”与“层控模式”的差异只体现在多元力量的介入程度，而不涉及参与个体的“流品”变化。[20]

（四）以案卷材料为媒介的程序流转

“阶层”特征显著的诉讼模式，需要微观的媒介物来联结不同的程序阶段，而案卷的价值就体现在此。“起诉状一本主义”曾被视作实现审判中心的必然选择。不过，旧法并没有完全采取“起诉状一本主义”，而是采取了折中的“复印

---

[17] See Mirjan Damaska, “Structures of Authority and Comparative Criminal Procedure”, 84 *Yale Law Journa* 481 (1975).

[18] 参见谢佑平：《刑事程序法哲学》，中国检察出版社 2010 年版，第 82 页。

[19] 参见蔡定剑主编：《公众参与：欧洲的制度和经验》，法律出版社 2009 年版，第 35 页。

[20] “流品”是个极具中国传统特色的词汇，本指“官阶”，泛意上则代表了品类、等级。参见钱穆：《中国历代政治得失》，生活·读书·新知三联书店 2001 年版，第 124–125 页。

件主义”[21]。然而，这种公诉方式在现实中却暴露了重大缺陷，迫使新法又恢复了“全案卷宗移送主义”。这其实是立法者在理想和现实之间作了倾向于后者的抉择，向“起诉状一本主义”靠拢的努力已然碰壁。既然刑事诉讼依赖于法检公之间的程序接力，那就决然需要一定的媒介承转，而案卷笔录恰恰起到了“接力棒”效用。现在来看，案卷笔录在中国诉讼实践中具有不可或缺性。法检公尚难在缺少案卷笔录的条件下履行职责，更不会以放弃案卷笔录为代价来换取“以审判为中心”的实现。中国刑事诉讼的权力配置特征，必然要求以某种公文形式作为职权衔接的凭借。故而，即便旧法试图调整案卷笔录的诉讼地位，也难在司法实践中如愿以偿。事实上，以权力为主导的诉讼模式大都不能排除对案卷的影响。[22]在权力布局未变的前提下，“层控模式”亦不能将案卷束之高阁，而只能着眼于在技术层面削弱其对司法官心证的不当干扰。在这点上，“层控模式”与“顺承模式”一样，都需要通过案卷完成不同诉讼环节之间的“串联”。试图将“起诉状一本主义”纳入审判中心范畴的努力，目前既得不到立法层面的支持，也难以在司改文件中找到依据。

二、两种模式的要素表达

“顺承模式”与“层控模式”均处在中国本土化的司法体系循环之中，展示出高度的现实合理化成分，而不是简单复制域外的诉讼模式，这也符合决策层对于本轮司法改革的预期。但需要注意的是，“顺承模式”与“层控模式”尽管存在共性基础，却不意味着二者不存在本质区别。无论是基本内涵抑或外在表现，“顺承模式”与“层控模式”释放了迥然不同的信号，构成了诉讼制度改革能否付诸实现的关键指标。

（一）优先地位的归属方

在“顺承模式”中，“侦查中心主义”的倾向异常明显，即便刑事诉讼法明确了检察机关的法律监督地位以及法院的统一定罪权，程序运转依然在很大程度上遵循着侦查机关的喜好厌恶。侦查序幕一旦拉开，其他诉讼环节的价值就体现为保障前者的目标实现。在这种模式下，强制措施不再单纯服务于诉讼保障，而升级为特殊的侦查手段。特别是未决羁押措施，基本沦为保证侦查起诉成功的手段，而不具有最低限度的中立性。[23]在实践中，“报捕”的成败往往是侦查人员最在意的诉讼节点，也是侦查优势地位所面临的最大考验。如果能将

---

[21] 参见李奋飞：《从“复印件主义”走向“起诉状一本主义”》，载《国家检察官学院学报》2003 年第 2 期。

[22] See Marcelo Fernando et al., *European Sourcebook of Crime and Criminal Justice Statistics*, Boom Juridische Uitgevers 2006.

[23] 参见陈瑞华：《未决羁押制度的理论反思》，载《法学研究》2002 年第 5 期。

被追诉人置于羁押状态，不仅现行体制下的看守所隶属模式会助力侦讯效能，[24] 随后的程序进程也将一片“坦途”。为确保强制措施的侦讯效果，侦查机关往往不遗余力争取审查逮捕方面的支持，这也使检察机关的侦监部门在“对外”上平添了底气。等到侦查阶段告终，同属检察权能的起诉部门通常也就不得不包容前述活动的各种流弊。

无论是证据提取方面的瑕疵，抑或事实认定角度的缺陷，起诉部门只能尽量查漏补缺，以便案件顺利推进至下个程序环节。当然，对于侦查活动的刻意支持，也是本单位批捕决定的一种自然延续。在此影响下，一些极具中国特色的词汇就在审查起诉阶段诞生了，形象展示了侦诉关系的现状，即“带病”起诉、“硬诉”等。假如案件在这种情况下进入审判，检警利益紧绑在一起，即便有辩护方作为防御力量的介入，亦无法有效阻击“硬判”发生。宪法明确规定的“配合制约”，此时便只剩“配合”而无“制约”可言了。面对证据并未达到法定标准的案件，法院所能做的大多也只是让有罪判决看起来更合理，有时甚至不得不采取庭外调查方式，[25] 自行收集不利于被告人的证据，以完成事实认定的“最后拼图”。因而在“顺承模式”中，侦查走向直接决定了案件的最终命运，起诉与审判只起到有限的补充作用。一旦犯罪嫌疑人被立案侦查，尤其伴随批准或决定逮捕的完成，其距离有罪结果往往只有“一步之遥”了。基于侦查的优势地位，处在流水作业“下游”的诉讼环节大多只能“仰人鼻息”。

在“层控模式”下，案件一旦进入程序，就将面临来自侦查、起诉、审判的逐级控制，且审查标准趋向严格。这种动态模型提升了审判在诉讼过程的中心地位，毕竟司法产品只有经此环节才能最终形成。十八届四中全会决定“确保侦查、审查起诉的案件事实证据经得起法律的检验”之表述，恰恰暗含了审判机关的最终裁决身份，也相应弱化了侦查机关的主导地位。其实，检警机构在办案中出差错并不可怕，可怕的是面对错误法院却无力纠正，以致酿成大祸。因为，“其产生出来的东西会危害到宪法原则本身”。[26] 为了保障诉讼结果的正义性，“层控模式”下优势地位归属方的后移不可避免。相应地，虚化的乃至带有表演性质的审判是不能被接受的，[27] 且救济审的实质价值也将得到充分发挥。同时，这种优势转移伴随个体办案责任的加重，相关过错追究将集中于法官群体。由于裁判者负有责任排斥前置程序中的不当结论，如发生冤假错案等重大司法事故，且无情有

---

[24] 参见程雷、孙皓等：《看守所立法问题研究》，中国法制出版社 2014 年版，第 95 页。

[25] 参见李奋飞：《刑事诉讼中的法官庭外调查权研究》，载《国家检察官学院学报》2004 年第 1 期。

[26] ［美］亚伦·德萧维奇：《最好的辩护》，李贞莹、郭静美译，南海出版公司 2002 年版，第 116 页。

[27] 参见李奋飞：《论“表演性辩护”》，载《政法论坛》2015 年第 2 期。

可原的例外情形存在，其就须为自己的判断承担不利后果。为避免责任的追究，裁判者必然要针对案件事实和证据承担起最大限度的注意义务，不再以各种法外因素为由对正义“打折”，“勉强逮捕”“带病起诉”“硬诉硬判”也就随之沦为历史名词。

需要澄清的是，以审判为中心不等于以法院为中心，也不等于以法官为中心，更不等于以法官的意见为中心。宪法规范下的法检公关系，是以地位相互平等作为权力配置基础的。任何机关都不具有凌驾于其他机关之上的权力，三机关在各自的程序阶段内均呈现出独立性。这种平等关系具有的静态特征，决定了任何机关都不能向其他主体恣意“发号施令”。同时，鉴于法律要求的权力行使者均局限在单位主体范畴，排除了个人与司法权的等质性，以法官或法官的意见为中心并不具有现实意义。“以审判为中心”指代的是一种工作程序上的主从关系。[28]其意味着侦查活动不能再游离于审查起诉之外，公诉活动必须服从审判程序的运行逻辑，这样才能奠定“层控模式”下审判程序的动态核心地位。

（二）程序推进的流畅度

“顺承模式”往往不能保证一气呵成的阶段衔接，却时常饱受“程序倒流”引发的困扰。刑事诉讼法有关退回补充侦查的制度设计，本是一种例外情形下的补救措施，具有非常态性属性。[29]然而在“顺承模式”下，侦查的中心地位客观上助长了案卷材料形成的随意性，导致后续诉审活动无法进行正常的司法甄别，有时甚至不得不面对如何“收场”的难题。尽管从诉讼程序的本质出发，案件在任何诉讼阶段都可由相应的主导机关依法予以终结（这也是撤案、不起诉等机制存在的理论依据），但侦查主体的内在需求却难以接受“半途而废”的结局。故而以“退回补充侦查”为代表的回流手段异化为常态，该现象背后隐含了诉审主体对侦查机关的迁就。当程序基于事实层面的模糊或源自证据采集上的缺失而无法顺利推进时，诉审主体很难直接给予否定性评价；而只得借助“程序倒流”方式，将案卷材料转回“上游”环节，并尽可能通过材料补充来矫正案件瑕疵。由于此过程往往伴随推诿、扯皮甚至激烈的争辩，“退而不补”或“消极怠工”都是司空见惯的现象。即便如此，检察机关或者审判机关在“程序倒流”手段穷尽的情势下，常不敢轻易给出否定结论。由于考核机制等内在管控手段影响，无罪结论为侦控主体所忌讳，以至于借助各种方式向法院施压，达到消灭无罪判决目的。

“层控模式”是以审判的中心地位作为价值导向的，在客观上削弱了影响程序流畅度的诸项干扰力。一方面，退补机制将被严格限制在法律框架内，检察机

[28] 参见前引 16，韩大元、于文豪文。

[29] 参见樊崇义主编：《刑事诉讼法学》，中国政法大学出版社 1996 年版，第 290 页。

关不再甘心充当侦查机关的“保姆”角色，会逐渐强化对侦查的监督和控制。侦查行为失范将遭受程序机制上的制裁后果，直至诉讼进程的强制终止。而随着诉讼及时理念的植入，程序推进的草率和拖沓都将为法治氛围所不容。为避免不必要的麻烦甚至惩戒，侦查权的运转必须回归严谨高效的轨迹：准确把握立案标准，及时收集证据材料，制作符合移送程式的案卷材料，尽量减少退补机制的启动频率和次数。对于检察机关而言，起诉裁量权必须摆脱备而不用的尴尬局面，果断终结不必要的程序推进。既然这种诉讼模式强调逐层强化的控制力，就不能容许对侦查行为的过分迁就，任何法外因素都不成为干扰程序流畅度的理由。另一方面，“疑罪从无”不应再接受任何权宜之举。无罪判决将体现不可替代性，而违背司法规律的考评机制也不再有“容身之地”。在消除对无罪裁决的非理性恐惧后，侦诉主体会丧失迫使案件“程序倒流”的主观意愿。[30]

（三）庭审价值的权重比

作为司法权的核心表征，庭审通过控辩审三方的交互作用，实现实体公正和程序公正的高度统一。如果以权力属性加以甄别，侦查、起诉均具有鲜明的行政权特征，表现为阶层式的组织建构及上令下效的行为推进模式；而审判基于庭审机制的存在，则展示出典型的司法权本质，特别是运行方式的中立性与被动性，[31]必然被定位为诉讼的权威环节。无论是“顺承模式”还是“层控模式”，都不能忽视庭审程序的存在意义。只不过在价值权重上，二者呈现出大相径庭的境况。

“顺承模式”强调了侦查活动的主导地位，造成刑事程序的行政化运作倾向异常明显，势必削弱庭审在诉讼全局中的影响力。“本来功能不同的侦诉程序与庭审程序，也无可避免地变异为接力赛关系，即由侦诉主体先跑完前段，再交棒给法院，由后者接力跑完后段。”[32]裁判者的主要工作就是依法确认案卷材料的周延性，而且大多并非通过庭审来完成。定期宣判与庭外阅卷的相互呼应，确保了由侦查主体制作并经检察机关整理补充的案卷笔录，可以轻而易举地转化为“定案的根据”。庭外裁判机制的发达，干扰了庭审的规范化运行，造成法庭调查的虚无倾向。同时，证人出庭始终是最为严峻的问题之一。[33]言词证据的认证过程转化为笔录的当庭宣读，而该现象恰恰是庭审活动在“顺承模式”中实际价值的缩影。该诉讼模式下的法官群体，对于案卷笔录的依赖度远远超过庭审，证人出庭往往被看作成本的无谓消耗，口头原则的泛化不会受到欢迎。由于控方宣读

---

[30] 2015年年初，在中央政法委的要求下，中央政法各单位和各地政法机关对各类执法司法考核指标进行全面清理，取消刑事拘留数、批捕率、起诉率、有罪判决率、结案率等不合理的考核项目，可以视为转向“层控模式”的配套举措。

[31] 参见陈卫东：《程序正义之路》（第1卷），法律出版社2005年版，第165页。

[32] 参见林钰雄：《严格证明与刑事证据》，新学林出版股份有限公司2002年版，第51–52页。

[33] 参见易延友：《证人出庭与刑事被告人对质权的保障》，载《中国社会科学》2010年第2期。

案卷笔录成为证据调查的主导形式，审判程序也就基本异化为案卷笔录的书面复核，庭审的流于形式最终导致高速度与高定罪率的司法运行态势。[34]

在“层控模式”中，庭审活动将成为审判的中心，庭外活动只能作为补充形式。[35] 作为诉讼中具有决定性意义的环节，审判的推进需要最完备的事实认定机制。庭审基于多方参与的形式特征，无疑是适宜的事实认定模型。唯有庭审实质化得到保障，检警机构犯下的错误才可能在审判环节被及时发现并纠正。具体而言，就是“事实调查在法庭、证据展示在法庭、控诉辩护在法庭、裁判说理在法庭”。[36] 尽管“层控模式”也采用了纵向的诉讼构造，但在审判阶段，以庭审为中心的“三角形”结构是立体呈现的，法庭提供了一个相对独立于外部环境的决策的“隔音空间”。[37] 在严格的时空环境限制下，裁判者要借助其中立身份，辅之以必要的调查手段，经过证据规则和经验良知的洗礼，最终形成对案件事实的心证重塑。而通过短暂且必要的法律加工，大部分裁决都能当场完成，庭外活动的边际影响也会降至最低。案卷纵然存在于审判阶段的程序流转中，却在直接言辞原则的影响下丧失了原有的地位，只能起到有限的验证作用。在此诉讼模式下，证人出庭作证不再是可有可无的，裁判者也不会再轻易否定其对于维护庭审完整性的价值。较之“顺承模式”，“层控模式”给予了庭审更加重要的地位，以程序运转的实质化代替了形式化，以证据展示的口头化代替了书面化，以心证形成的集中化代替了琐碎化。

（四）证据裁判的实现力

证据是诉讼活动通往真相的阶梯，任何具备现代化特征的司法体系都不会忽视证据裁判原则作为“帝王条款”的价值。[38] 然而在实然层面，不同诉讼模式却可能展现原则履行力度的差异。两种模式所依存的诉讼构造，客观上凸显了供述在证据链条中的作用。侦查权具有的天然攻击性，在同个体的单向互动进程中，不自觉会将受力对象的屈服作为诉求目标。加上案卷在诉讼中是以信息媒介形式存在的，口供的佐证价值也就极易表现为其中最关键的元素。因此，即便在法律上确立“不得强迫任何人自证其罪”的国际通行原则，也不妨碍如实供述作为被追诉人必须履行的义务存在。然而，这样的客观现实却能助长侦查主体以非法方法获取口供的心理动机。非法证据排除规则在中国的适用前景，也由此成为各方关注的焦点。结合诉讼模式的个性，中国非法证据排除规则的构建渲染了本土色彩。其中，最显著者当属排除非法证据的权力并不限于法院，而依不同诉讼阶段

---

[34] 参见李昌盛:《缺乏对抗的“被告人说话式”审判》，载《现代法学》2008 年第 6 期。

[35] 参见兰荣杰:《刑事判决是如何形成的》，北京大学出版社 2013 年版，第 29 页。

[36] 刘惠:《坚持角色定位，推进庭审实质化》，载《检察日报》2014 年 1 月 27 日，第 3 版。

[37] 参见季卫东:《程序比较论》，载《比较法研究》1993 年第 1 期。

[38] 参见林钰雄:《刑事诉讼法》，国家图书馆 2003 年版，第 400 页。

分配至法检公三机关。这种明显区别于西方国家的权能布局，与中国特有的诉讼结构相得益彰，不失现实合理性。

在“顺承模式”中，侦查权占据优先地位，相应降低了非法证据排除规则的实现盖然性。起诉、审判只是作为侦查的延伸存在，又怎能被寄望于纠正证据资格上的缺漏？该模式对于证据可采性的硬性要求趋向低位，非法证据排除规则的适用空间表现出偏狭性。“层控模式”是以审判为中心的诉讼制度改革的产物，有包括非法证据排除在内的具体措施保障不同阶段的逐级监控。在该模式中，裁判者对于证据能力的有效审查成为把握案件的主要抓手，形成“对不同的利益关系在个案中区别加以分析的个别的举证禁止”。[39] 由此，非法证据排除规则可以从休眠转向激活状态，从根本上遏制侦查人员非法获取口供的思想倾向。[40] 就非法证据排除的具体方式而言，随着诉讼程序的不断深入，也呈现愈加精密的趋势。侦查、起诉环节的证据排除仍带有行政化色彩，并以证据禁止进入后续程序作为制裁性后果；而到了审判阶段，非法证据排除规则的运用完全融入司法场域，包括独立的合法性审查程序、证明责任的分配等琐细机制，完全符合“层控模式”的内在自洽性需求。

除证据可采性指标外，相关性规则的严谨度在两种模式之间也有不同的反响。“确实充分”均是两种模式所掌握标准的字面表述，但如何操作却是不折不扣的主观认识问题。即便立法改用英美式的“排除合理怀疑”表述也概莫能外。[41] 在“顺承模式”中，证明标准的运用是非层次性的，起诉、审判环节对于关联性标准的把握未必高于侦查环节。当侦查人员把传闻证据、品格证据、意见证据等作为指证被追诉人的利刃之际，通常不会担心法检日后提出异议。即使证据链条的衔接不够牢固，后续程序也会为证明其可靠性尽可能提供支持依据。反观“层控模式”，为了同审判中心的诉讼格局相对应，证明标准必然随程序的流转而逐级升高。满足侦查终结要求的案件，未必符合审查起诉的证据标准；而提起公诉的案件，也并非都能在审判环节获得“有罪”结果。到了审判环节，所有证据材料都要接受控辩双方的质证。标准的“高下”“宽严”之分在此时将达到顶峰，证据材料的证明力较低无疑会导致待证事实的局部甚至大范围模糊化。一旦无法通过补强手段弥补，案件事实的真伪不明状态就将不可避免，进而引发证明责任分配机制的应激反应，最终影响司法裁判的结论认定。“证明力—证明标准—证明责任”之间形成的这种关联体系，则是证据裁判原则在“层控模式”中由浅入

[39] ［德］克劳思·罗科信：《德国刑事诉讼法》，吴丽琪译，法律出版社2003年版，第214、216页。

[40] 参见袁定波：《新刑诉法以制度遏制刑讯逼供，保障案件质量》，载《法制日报》2012年3月21日，第5版。

[41] 参见王敏远：《重新认识“排除合理怀疑”》，载《检察日报》2013年11月26日，第3版。

深递进发展的必然结果。

（五）资源配置的合理性

作为动态的刑事司法活动，并非一味以快速推进为宜，也不会单纯把“慢工出细活”作为褒奖原因。诉讼进程的快与慢，并不是一成不变的，而取决于案件具体情况。在事实清楚、证据翔实且情节轻微的状况下，需要程序运作的行云流水，保证在较短时间内终结。而对那些案情较为复杂且牵涉面广、取证难度大的情形，过分要求效率未免不切实际，需要审慎、精细推进诉讼。在司法资源投入方面，后者无疑要明显多于前者。如何对案件复杂程度加以分类，并且适宜投入与之相称的诉讼成本，实现程序运转的效率性价值，正是把握诉讼节奏的关键。[42]

“顺承模式”在诉讼节奏的把握上有不尽合理的一面，原因就在于侦查权的膨胀。侦查主导增大了案件质量方面的潜在风险，不仅非法取证现象屡禁不止，而且取证不全面、不细致的问题也较为突出。随后的审查起诉以及法庭审理，也就不得不投入重复性劳动进行反复核实。即便对于那些案情简单、情节轻微的案件，法官亦不敢掉以轻心，仍对所有事实证据进行推敲核对，以免忽视某些影响实体真实的细节。新法虽扩大了简易程序的适用范围，但却难消除裁判者内心的焦虑感。裁判者仍不得不事无巨细地履行那些本可省略的职责，以防不明就里承担恶性后果。如果再结合法官对于“初判 / 审批”以及“阅卷 / 核实”等基本工作方法的依赖，就不难理解简易程序与普通程序高度同质化的现状了。[43] 不仅如此，法检公之间互生的不信任感也衍生出花样翻新的扯皮、推诿，审前裁量功能基本无从发挥，诉讼资源配置的非理性也在各种内耗中陷入失序。甚至“顺承模式”运行成本的多寡，有时还要受制于司法人员之间的私交好坏，大大增加了诉讼节奏把握的不可控性。

“层控模式”强调审判的中心地位，却并不意味所有案件最终都要流入审判程序。事实上，相对发达的审前功能和繁简分流的程序设计，既是实现审判中心的必要前提，也是缓解司法资源与正义需求剧烈冲突的重要手段。正如有人曾指出的，“以审判为‘中心’是指在一起案件横向经历的各诉讼阶段中应当以审判阶段为核心，但其并不否定刑事诉讼审前程序的重要性”。[44] 在十八届四中全会的改革计划出台前，速裁机制的试点启动早为诉讼模式的转型做好了铺垫。通过在审判中心与速裁机制之间建立联系，不难发现对诉讼节奏加以调控的宏观设计。对于轻微刑事案件，“层控模式”力图用最小的成本消耗，换取最大程度的

[42] 参见谢佑平：《刑事程序法哲学》，中国检察出版社 2010 年版，第 416 页。

[43] 参见前引 35，兰荣杰书，第 184 页。

[44] 王守安：《以审判为中心的诉讼制度改革带来深刻影响》，载《检察日报》2014 年 11 月 10 日，第 3 版。

合理化处置。速裁程序试点如果能够成功，将提供便捷的程序分流渠道。此外，随着程序倒流问题的妥善解决，起诉裁量权也将得到释放。唯有如此，才能有效保障普通审判程序仅适用于那些疑难、复杂的案件。要理顺法检公之间的主体关系，必须使各方在诉讼衔接上取得真正意义的互信，排除成本投入的重复烦冗部分，司法效能才能在快与慢之间介乎于理性值。

三、两种模式的关系互动

无论决策者在完成顶层设计之际是否有所意识，以审判为中心的诉讼制度改革客观上构成了诉讼模式转型的决定变量。这种转型的特色之处，在于其完成了从理想主义到现实主义的蜕变，"在新获得的事实与一系列依赖陈旧、狭隘的实证基础的学说之间搭建一座桥梁"。[45] 同帕克、格里菲斯以及达马斯卡等人总结的若干对立模式相较，"顺承模式"与"层控模式"之间有某种天然的血缘关系，而不是处在截然对立的地位。对于两种模式之间的微妙关系，有如下几个关键词需要予以把握。

（一）关键词："纽带"

诉讼模式的转型，是在立法完善与司法进步的协调中实现的。而新法的实施为模式转型的发轫创设了基础，是促成上述变化的纽带。假如没有新法的实施，审判中心的诉求只能被视作纸上谈兵，或者说诉讼机制的变化仅会产生于局部环节。旧法试图向对抗制积极靠拢，却平添了理想主义色彩。之前的刑事审判方式属于典型的职权主义模式甚至是超职权主义模式，而旧法是在总体上并未摆脱1979年的时代背景和认知水平下形成的框架体系，[46] 甚至衍生诸多似是而非的条款内容。由于旧法在立法技术上存在的先天缺陷，[47] 尤其是程序性制裁机制的缺位比比皆是，导致其基本上丧失了作为法律所应当具有的约束力，甚至沦为规则的简单宣示或告诫。[48] 立法技术的缺陷，也为司法实践的无序打开了豁口，旧法在实施中被架空也就不足为奇了。试想，如果以这样的立法文本为基础，又怎么能指望裁判权发挥强有力的制约功能呢？例如，面对刑讯获得的有罪供述，"层控模式"要求裁判者将其排除在定案根据之外。然而，旧法却未就非法证据排除规则有只言片语，又让裁判者凭借什么去排除非法证据呢？

新法不仅基本完成了系统性的规范建构，如延长审判期限、加强律师辩护能力、填补非法证据排除规则的制度空白等；还在遵循普世价值与立足中国国情之间找到了恰当的结合部，接受了不得强迫任何人自证其罪等国际通行原则，并在

---

[45] ［美］虞平、郭志媛编译：《争鸣与思辨：刑事诉讼模式经典论文选译》，北京大学出版社2013年版，第98页。

[46] 陈卫东主编：《刑事诉讼法修改条文理解与适用》，中国法制出版社2012年版，第4页。

[47] 陈瑞华：《刑事诉讼法的立法技术问题》，载《法学》2005年第3期。

[48] 参见李奋飞：《通过程序制裁遏制刑事程序违法》，载《法学家》2009年第1期。

公诉方式等方面回归现实需要。然而，如果司法行为模式仍旧处于原有的停滞状态，立法目标也难以在实践中产生及时回应。例如，新法的颁布实施尽管对审判制度做出了富有新意的变动，却仍然难以阻止个别裁判者将事实审置于形式化的倾向。尤其在第一审程序中，裁判者还是有机会依靠阅卷、庭外调查、行政审批等庭外活动来形成对案件事实的认识，架空为规范法庭审判而设置的机制。[49] 侦查权的独大会限制程序流转的有序性，新法的意图无法得到有效贯彻。作为“纽带”，相对完备健全的立法只是提供了充分条件，却并不必然导致司法运行的规范化。只有在“必要条件”有效介入后，“化学反应”才能真正形成。而这里的“必要条件”，恰恰就是以审判为中心的诉讼制度改革。当宪法所设定的权力配置在刑事诉讼领域得到严格体现，立法设计与司法运行之间就会相应完成由龃龉到和谐的关系质变，两种模式转换的逻辑自洽性将导入恒定值。

（二）关键词：“升级”

要理解两种模式的转型关系，必须先摆脱二者必然存在对立的思维窠臼。归根结底，“层控模式”是“顺承模式”的升级形态，通过弥补、修复前者存在的漏洞，构筑既反映宪法诉求又符合中国实际的诉讼体系。从全局着眼，“顺承模式”的确存在诸多缺陷，制约了诉讼程序的功能发挥，进而危及司法公正的实现。但是这并不代表“顺承模式”一无是处，而应当予以全盘推翻。在共同体中被公认为有效的规范不一定都形成预期的约束力，实际的效力影响可能是各种原因所致。[50] 我们认为，“顺承模式”与“层控模式”在相当程度上具有同源性。毕竟，诉讼结构所依托的权力分配格局从未出现过大的变动。不过，前者却在实践层面基于各种变量干预而产生异化，暴露出了诸多事与愿违的矛盾点。概言之，可归纳为如下：（1）配合制约失灵，即侦查机关占据“龙头”，检法两家只重配合而轻制约，尤其是检察监督职能形同虚设；（2）侦查行为失范，即过分依赖侦查讯问手段，强制措施功能扭曲，非法取证现象屡禁不止；（3）资源调配失衡，即人财物投入不合理，比例原则无从体现，裁量空间被挤压殆尽；[51]（4）诉讼结论失真，即对证据可采性及相关性规则把关不严，疑罪从无让位于疑罪从有、疑罪从轻，在定罪问题上的“留有余地”，明显存在刑事误判的风险；[52]（5）司法权威失信，即当事人反复质疑裁判合法性及合理性，特殊救济程序频繁启动，既判力缺乏应有的程序保障。上述种种问题与制度设计的原始初衷相去甚远，也揭示了“顺承模式”逐步被边缘化的历史必然性。

---

[49] 陈瑞华：《论彻底的事实审》，载《中外法学》2013 年第 3 期。

[50] 参见［德］马克斯·韦伯：《论经济与社会中的法律》，张乃根译，中国大百科全书出版社 1998 年版，第 25 页。

[51] 参见左卫民等：《中国刑事诉讼运行机制实证研究》，法律出版社 2007 年版，第 233 页。

[52] 参见陈瑞华：《留有余地的判决》，载《法学论坛》2010 年第 4 期。

“层控模式”的确立并不是一种推倒重来的颠覆性建构，其立足点仍然没有脱离宪法设定的法检公关系。其试图通过微观解构及行为范式的重新整合，在操作领域形成符合预期“图纸”的动态进路。一方面，对不同诉讼阶段之间的衔接关系重新予以定位，形成逐级递进且层层把关的程序推进方式，修补因程序前后“倒挂”所造成的配合过当与制约不力。据此，三机关之间的配合制约关系将呈现符合宪法文本原意的客观投影，以侦查为中心的局面即可转化至以审判为中心的程序格局；另一方面，作为精神指引的司法理念得到更新，突破“顺承模式”形成的行为惯性，激活刑事诉讼法中的“休眠性”条款，促成程序正义与庭审活动的高度融合，铲除异化诉讼价值的制度土壤。[53]但应警惕的是，“顺承模式”向“层控模式”的转型将是个漫长的进程，其间必将伴随着相当程度的阵痛。

（三）关键词：“渐进”

诉讼模式的表现形态必然是一国法治发展水准的现实写照，延续了传统文化习惯的内在需求，而不以任何主观倾向为转移。从“顺承模式”到“层控模式”的升级更新，并未摆脱犯罪控制的价值引领，正是维护社会秩序这一传统观念形态的自然延伸。“统一是一个宿命般的、带有终极意义的中国文化，是考察所有治理技术的边界”，[54]而两种模式所展现出的“自上而下的控制”特征，恰恰符合这种历史传承。遵循这样的逻辑脉络，“层控模式”才能够在维持“顺承模式”合理成分的前提下，完成更趋近于现代法治诉求的局部改造。然而，这样的过程绝缘于外科手术式的法律移植，却依托一国法治文化的内生力量。换言之，模式转型既不可能在朝夕之间完成，也不会同人类的理性设计完全吻合。即诉讼模式升级能否实现，并不取决于官方的主观臆断。盲目加快革新变量的转换，追求“快变”“速变”未必能换来新模式的一蹴而就，反而更可能导致改革折戟沉沙。因而，两种模式的转化并无“时间表”可循。

人们对于本国法治的完善有着急迫的憧憬，是出自本能的当然反映，但司法规律是不能人为超越的底线。否则，诉讼模式的进化便极易陷入司法的“大跃进”困局，导致模式之间内在关系的人为中断。所以，从“顺承模式”到“层控模式”的转化，总体上是与社会经济发展的潮流大势相辅相成的，断不可能培植出超越客观历史阶段的程序形态。长期以来，在立法者与司法者、实务界与学术界之间，始终存在着隔膜与怀疑，甚至夹杂着责难、非议。对于诉讼制度的完善而言，这无疑不是积极的力量。就司法发展方向、人权保障程度等基本价值观问题，法律

---

[53] 具体而言，应当体现为十八届四中全会决定所提出的“全面贯彻证据裁判规则，严格依法收集、固定、保存、审查、运用证据，完善证人、鉴定人出庭制度，保证庭审在查明事实、认定证据、保护诉权、公正裁判中发挥决定性作用”。

[54] 吴晓波：《历代经济变革得失》，浙江大学出版社 2013 年版，第 4–5 页。

职业共同体各方要达成基本共识也需时日。而“层控模式”的实现，要求在各方之间达成必要的共识和谅解，避免各说各话的矛盾格局。具体来说，立法者的程序设计能够照顾到司法者在个案操作中的现实处境；而司法者亦可以体谅立法者的精神诉求并予以合理地裁量实施。学术界能够从实际出发演绎自然正义，为诉讼实践提供有价值的理论指导；而实务界亦不再对“学者思维”嗤之以鼻，运用普适性的法治观念推进个体公正。实现上述诸点，需要法律职业共同体在内部关系上不断地自我调适与融合，非有时间的打磨而难以成型。时下，司法人员对于“顺承模式”的主观依赖，并不会因诉讼体制的改革论调而迅速瓦解，“层控模式”的徐徐形成也必然会伴随某些反动。不过，历史的经验告诉我们，变革出现某些局部的反动是司空见惯的，断不可因此而否认变革的价值。[55]

（四）关键词：“障碍”

强调从“顺承模式”走向“层控模式”的渐进属性，并不是否定必要的人为建构，而本轮司法改革无疑提供了这样的平台。“顺承模式”之所以能在司法实践中具有生命力，是因为其受各种力量互相影响作用。因此，“头痛医头脚痛医脚”的改造思路，不仅无法治本，甚至能否治标都值得怀疑。例如，对刑讯逼供这个司法毒瘤的剪除，就不是孤立的问题。没有相关软硬件保障和配合，新法条款的实施只能是镜花水月。大体而言，制约模式转型的变量因素可以归结为内外两个方面，前者是法检公之间业已形成的行为模式惯性，后者则是客观环境衍生出的强大干预力。要克服这些障碍，仅突出审判中心的诉讼体制是远远不够的，对改革深度及广度的硬性需求便呼之欲出了。[56]

静态的制度唯有同动态的人事相配合，才有可能形成善治。[57]就内因而言，公权力所产生的向心力，促成了法检公之间配合照顾多于制约监督的心理倾向。如警察在办案中出现纰漏，法官、检察官从私人情感角度更愿意加以遮掩，因为公事公办容易授人以柄，被指责为不近人情抑或宣泄私愤等。毕竟，司法人员并不是生活在真空中，人情关系的影响不可避免会弱化职业操守的遵循。而公安机关在政治体制中的优越性又增添了其施压的资本，使法检机关在对不当侦查行为进行否定性评价时不得不有所顾忌。尽管“公安局长进常委”的风潮已然褪去，但公安首脑政治排序普遍高于法院院长与检察长却依旧是不争的事实。这样的人事布局或许有助于公共安全的强化，却易干扰法检公之间应然的关系范式。当公安机关欲在程序推进上达成某种意愿时，法检通常都要顾虑前者的政治优先地

[55] 参见前引10，钱穆书，第25–26页。

[56] 参见孟建柱：《完善司法管理体制与司法权力运行机制》，载《人民日报》2014年11月7日，第6版。

[57] 参见前引10，钱穆书，第1页。

位，行为趋向亦有所权宜。而与个人利益密切相关的业绩考评体系，也夯实了侦控权力在诉讼进程中的私利诉求，并事实上恶化了不同阶段程序主体之间的诚实信用关系。于是，本应正常的工作交涉，异化为暗藏玄机的“过招”。法律设定的以保障程序衔接为目的之“明规则”，也就不得不让位于考评机制左右下的“潜规则”。“实际上，进入何种规则体系的决定因素，正是对不同规则背后的利害得失的计算。计算并比较不同规则体系带来的成本风险和收益，便是过招的实质。”[58] 为了避免自身利益受损，检警机关都会不遗余力向法院施加某些法外影响。而为了避免“撕破脸皮”，以换取其他事项上的配合与支持为对价，法院有时也乐于做“顺水人情”。由此，程序运行应遵循的刚性标准面临被软化乃至架空的风险。因而，司法潜规则的破除是模式转型中不容忽视的关键因素。一则，政治体系的架构务必要平衡法检公之间的位阶权重，不能为侦控权能的膨胀留有余地；二则，必须全面清理各类考核指标，使之重新回归“数据参考”的理性状态，[59] 消除利益博弈对于诉讼公正产生的不当影响。

四、两种模式的转化坐标

目前，从“顺承模式”到“层控模式”的转型正处于“进行时”，而远非“完成时”。这将是个持续的过程，何时完成尚不敢妄断。当然，最理想的状态是随着改革路线图的全面贯彻，诉讼模式的转型也相应完成。但是，这极有可能是个可望而不可即的奢求。而无论模式转型的过程是否顺畅，都毋庸怀疑其不可逆性。该过程的完结，也是以符合若干指数标准为界值的，因此具有可评估性。

（一）公正指数

“理想的制度，当然希望能完全避免错误裁判，但为现实上不可能。”[60]2014年，全国法院系统启动再审程序改判刑事案件共1317件，相当一部分冤假错案得以纠正。[61] 这也从侧面反映了如下事实：原有诉讼模式较易滋生冤错案件。“层控模式”在内部要素设计时，希冀通过公正的程序追求客观真相，偏向接受“宁纵勿枉”的诉讼理念。当定罪标准无法达到时，作为诉讼中心环节的审判不会脱离证据实际去追求犯罪控制的目标，似是而非或勉为其难的裁决都不会被接受。故在“层控模式”中，定罪量刑的准确度将大幅度提升，误判发生的概率亦将大幅下降。换言之，模式转型带来的是办案质量的显著提升。这既可通过

---

[58] 吴思：《血酬定律——中国历史中的生存游戏》，中国工人出版社2003年版，第61页。

[59] 2014年年底，最高人民法院为更好地尊重司法工作规律，尊重法官主体地位，进一步调动广大法官办案积极性，决定取消对全国各高级人民法院的考核排名；除依照法律规定保留审限内结案率等若干必要的约束性指标外，其他设定的评估指标一律作为统计分析的参考性指标，作为分析审判运行态势的数据参考；坚决杜绝以保证结案率为由，年底不受理案件的做法。

[60] 王兆鹏：《刑事诉讼讲义》，元照出版公司2005年版，第5页。

[61] 参见周强：《2015年最高人民法院工作报告》，新华社2015年3月12日。

各类救济程序的启动频率得到宏观验证，又能借助裁判结论的合理性与合法性予以微观支持。

公正程序的建构还体现在诉讼主体的多元化层面，尽管公权力主导的基本格局并未颠覆，但其他主体的参与力度却呈现出增强态势。特别是辩护律师的参与频率及深度都会持续增强，阅卷难、会见难、调查取证难等现象将不复存在，从而更有效协助司法办案人员“忠实于事实真相”。不管在哪个诉讼阶段，办案人员都会给予律师充分尊重，并认真听取其辩护意见。律师帮助的功能路径将贯穿诉讼全程，附着于每个程序环节，并强烈排斥“庭审虚化”倾向。在庭审的场域内，“等腰三角”式的局部诉讼构造能够稳定呈现，辩护方基于平等原则与控方进行有效互动。“辩护方尽其所能地进行抗辩，直至其权力的边界，这种抗辩将包括辩护律师的所有任务。”[62]

被害人的理性参与也为新模式的公正内涵提供了诠释，通过有选择吸收格里菲斯“家庭模式”学说，培植诉讼程序的后现代化萌芽。在“层控模式”中，公诉案件的和解程序竭力避免越过“罪刑法定”原则，而演变为被害人与被追诉人甚至司法机关之间讨价还价的“易市场所”。[63] 无论是社会和谐的政策导向，还是赔偿金数额的利益纠葛，都不能成为削弱程序正当性的借口。被害人的观点和意见对于诉讼全局的作用，应当体现为一种真正的可调和性。[64] 此外，作为公民参与司法的直接力量，人民陪审员和人民监督员也将在新模式中发挥更大的作用，拒绝延续“花瓶”的尴尬角色。[65] 鉴于中国诉讼模式的纵向特征，公民参与司法活动的空间不仅仅局限于审判环节，而体现在每个诉讼环节，这自然与域外经验大相径庭。[66] 在新模式给予的宽松环境中，人民陪审员会集中于案件的事实认定问题，以对职业法官形成必要的制约；而人民监督员也将摆脱对检察机关的依附性，朝着刚性监督的方向渐进。随着上述制度由纯粹的象征意味转向实质的诉讼参与，程序的公正维度将会逐步增添有分量的砝码。

（二）效率指数

“没有认罪答辩制度的刑事诉讼程序就像没有投降制度的战争一样显然是不

[62] 前引 45，虞平、郭志媛书，第 88 页。

[63] 参见前引 7，陈卫东文。

[64] “可调和性显然不能意味着利益的和谐，除非在一个完全神秘的和分析性的无益的感觉里，完全的和谐从来不可能存在于一个惩罚的情形中。可调和性，如果它确实存在，必须与一些利益的冲突，或至少是差异，相一致。”参见前引 5，John Griffiths 文。

[65] 2015 年，中央全面深化改革领导小组先后审议通过了《深化人民监督员制度改革方案》和《人民陪审员制度改革试点方案》，进一步提升“两员”选任的广泛性和代表性，并试图加强其参与诉讼活动的力度，说明了决策层以公民参与来促进司法公正的心理预期。

[66] 参见陈卫东：《把群众参与司法落到实处》，载《人民日报》2015 年 2 月 9 日，第 5 版。

可想象的。"[67]决策层显然已经认识到，繁简分流机制的建立对于以审判为中心的诉讼制度改革的意义。倘若此项机制不能"落地生根"，司法资源配置就会呈现失衡状态，以审判为中心的诉讼模式转型不可能牢固。"高效"是司法权运行必不可少的评价指标，意义并不亚于"公正"与"权威"要素。而繁简分流机制特别是认罪从宽制度的存在，恰好是公认的调控诉讼效率的妥当手段。其实，中国刑法早已设定了如实供述换取从宽处刑的逻辑模型，却始终苦于缺少适宜的运作平台。新法公布后，立法机关的解读曾经为中国式认罪答辩创造了契机。[68]但遗憾的是，其并未在实践中激起"涟漪"。资源配置不合理的状态表明了"顺承模式"的韧性。十八届四中全会决定从规范司法权力运行体系的视角，明确提出探索"认罪认罚从宽制度"，[69]结合先期启动的轻微刑事案件速裁机制试点，打造符合中国实际繁简分流的规划已然"跃然纸上"。我们认同上述方案的正当性，却还不能过早断言试点实验的成败。任何观点的验证都是持续的过程，基于某个阶段的发现而迅速得出论断，都是值得怀疑的草率之举。[70]考虑到中国诉讼构造的特殊性，"成本—收益"比值的衡量绝不能囿于审判阶段，而应以诉讼全程为基本单位。倘若轻刑案件抑或认罪案件仅仅在庭审环节快速终结，却消耗了更多的审前资源，显然是得不偿失的。中国的繁简分流机制应当立足于"层控模式"的个性特征，通过优化配置法检公资源，使认罪案件在适当的程序阶段及时终结。这样，完备而充分的程序保障将尽可能投入到疑难、复杂的案件中，体现出诉讼资源配置的"能量守恒"原理。当诉讼资源的投入与案件的难易程度合乎比例的呈现正相关，基本可以断定诉讼模式转型的效率值已然达标。

（三）信度指数

本轮司法改革的成功与否，司法公信力的提高应视作根本的衡量尺度。[71]从另一个角度分析，这也揭露了"顺承模式"运行期间存在的信度缺失问题。由于案件

[67] 前引 5，John Griffiths 文。

[68] 2012 年 3 月 8 日，全国人大常委会法制工作委员会副主任郎胜在回答记者提问时表示："不得强迫任何人证实自己有罪，这是我们刑事诉讼法一贯坚持的精神，因为现在的刑事诉讼法里就有严禁刑讯逼供这样的规定。为了进一步防止刑讯逼供，为了进一步遏制可能存在的这样一种现象，这次刑事诉讼法明确规定不得强迫任何人证实自己有罪，这样的规定对司法机关是一个刚性的、严格的要求。至于规定犯罪嫌疑人应当如实回答是从另外一个层面，从另外一个角度规定的。就是说，我们的刑法规定，如果犯罪嫌疑人如实回答了问题，交代了自己的罪行，可以得到从宽处理。刑事诉讼法作为一部程序法，要落实这样一个规定，它要求犯罪嫌疑人如果你要回答问题的话，你就应当如实回答，如果你如实回答，就会得到从宽处理。这是从两个角度来规定的，并不矛盾。"

[69] 前引 56，孟建柱文。

[70] See Roethlisberger. F. J. William J. Dixon., *Management and the Worker*. Cambridge, Mass: Harvard University Press, 1939.

[71] 参见习近平：《以提高司法公信力为根本尺度，坚定不移深化司法体制改革》，载《人民日报》2015 年 3 月 25 日。

办理进程的不透明，加之人情案、关系案、金钱案等司法不公现象确有发生，涉案当事人甚至普通民众都对诉讼程序的公平性充满怀疑，涉诉涉法信访的频发也就不足为奇了。刑事诉讼事关公民的人身、财产等事项的基本自由，自然备受瞩目。即便公权力的运作只是出现了微小差池，也会给民众心理造成巨大的冲击。因此，尽管冤错案在法检公办案总量中只占极小的比例，但对司法公信力的伤害却是致命的。

"层控模式"的建立必须将司法公信力的恢复作为关键指标，这也是新模式获得持久生命力的根本保证。民众对于司法的信任，只能构建于充分掌握必要信息的基础之上。维持过分封闭的状态，只能增添外界对于"暗箱操作"的狐疑。故而我们可以发现，"阳光司法"的平台建设始终与其他改革事项保持了同步性。伴随着信息技术的不断发展，司法公开的进程势必会驶入高速轨道。特别是裁判文书的对外公开，无疑将审判活动置于全社会的监督之下，对于其中心地位的确立将起到催化作用。而在构建"阳光司法"的背景下，审判机关不必再担心来自侦查权的压力，反能借助舆论监督倒逼侦查行为的规范化。与"层控模式"相协调，公开机制也涵盖了任一诉讼环节。当然，前提是侦查秘密原则不会遭到破坏。[72] 通过各种公开机制，无论是当事人及其他利害关系人，还是普通社会公众，对于司法主体都会持更加积极的态度。司法公信力的显著提升，也将成为模式转型的重要量化指标。

（四）人权指数

"层控模式"不会改变犯罪控制的价值诉求，但并不意味着要以牺牲个人权利为代价，这也是"顺承模式"的短板所在。新法增设了"尊重和保障人权"的原则性条款，目的在于适度调整公共安全与公民自由之间的失衡关系，纵然二者之间的完全协调似乎总是难以企及。[73] 这代表着一种趋向和潮流，"顺承模式"往往忽视个体利益，而"层控模式"则更加注重在不侵犯公民利益的前提下实现犯罪控制目标。这种变化将主要体现在人身、财产权利的改善以及诉讼权利的强化。

就人身权利的保障力度而言，最显著的改变会集中于强制措施的适用。[74] 众所周知，中国羁押候审的比率相当之高，即便在某些发达地区也高达 90% 以上，[75] 直接导致取保候审等羁押替代措施形同鸡肋。侦查机关在办案环节经常不自觉将

---

[72] 参见孙长永：《侦查程序与人权——比较法考察》，中国方正出版社 2000 年版，第 34 页。

[73] 参见左卫民、周长军：《刑事诉讼的理念》，法律出版社 1999 年版，第 111 页。

[74] "被控犯罪的人并不是罪犯。必须看到，被告人的地位与已经被认定犯有某罪的人的地位之间存在明显的区别。或许二者之间最为重要的，当然也是最明显的运作上的区别，就在于人身限制问题。"参见前引 3，Herbert Packer 文。

[75] 参见刘勇：《90% 高羁押率，取保候审何时能不难为外地人》，载《检察日报》2007 年 10 月 10 日。

羁押措施等同于侦查手段，从而制造“押人还供”现象。高羁押率还衍生出了超期羁押、长期羁押等问题，逮捕演变成刑罚的预演。作为未决羁押场所的看守所本就存在“重管理而轻保障”的先天不足，加上人满为患的客观现实，再考虑到隶属体制与公安机关的纠缠不清，被追诉人的境遇必然较国际标准存在较大差距。[76] 近年来，中国政府连续发布《国家人权行动计划》，将改善诉讼程序中的人权待遇水平作为其中的重要组成部分。随着审判中心逐渐取代侦查中心的诉讼运行模式，比例原则的裁量基准将主导被追诉人的人身状态。换言之，对于无羁押必要的被追诉人，取保候审等羁押替代措施必然成为首选。新法规定的逮捕适用条件、羁押必要性审查机制等内容正好有“用武之地”，而这种积极变化正通过不批准逮捕数量以及强制措施变更比值的缓缓升高而初步显现。[77] 当模式转型完成时，刑事程序中的人身权利保障将达到新的水平，并趋向稳定状态。除人身权利外，诉讼当事人的财产权保障也能在“层控模式”中上升到前所未有的高度。以往这是权利保障的盲点，被追诉人的财产被办案人员无端据为己有的现象并不鲜见。甚至有些侵犯被追诉人财产权利的行为还出自公权力机关，严重损害了司法权威。值得庆幸的是，涉案财物问题并未游离于本轮司法改革的范畴之外，并且受到相当程度地重视。[78] 对于诉讼模式的良性转换而言，所具有的配套价值不言而喻。

显然，如果不能给予被追诉人充分的救济手段，其就会在诉讼实力对比严重失衡的情况下陷入彻底被动。“在刑事诉讼程序中，纠正滥用国家权力行为的第一场所便是法庭。”[79] 以审判为中心的诉讼制度改革凸显庭审实质化的功能导向，也为诉讼权利救济提供最具权威的官方平台。对于检警机构违反法定程序、侵犯诉讼参与人诉讼权利的行为，法庭将根据侵权行为程度适用相应的程序性制裁措施。此外，新法建立了诉讼权利救济的投诉渠道，勾勒出检察机关诉讼监督功能的发展方向。检察机关如果能够践行客观义务理念，充分运用法律监督职权，保护诉讼参与人尤其是被追诉人的权利免受侵害，或许能为“层控模式”增加某些亮色和特色。

结语：大历史格局下的诉讼模式分野

就历史经验而言，任何制度都是利弊共生的，也不会一成不变。当前中国的

---

[76] 关于看守所内人权保障情况，参见孙皓：《看守所规范化研究》，中国人民大学 2013 年博士学位论文。

[77] 参见曹建明：《最高人民检察院工作报告》，载《检察日报》2015 年 3 月 12 日。

[78] 2015 年 3 月初，中共中央办公厅、国务院办公厅印发《关于进一步规范刑事诉讼涉案财物处置工作的意见》，要求坚持公正与效率相统一、改革创新与于法有据相统一、保障当事人合法权益与适应司法办案需要相统一的原则，健全处置涉案财物的程序、制度和机制。

[79] 参见前引 3，Herbert Packer 文。

诉讼模式也难例外。“顺承模式”有自身的存活环境及生长条件，即便呈现出了诸多弊端，却也并非一无是处。就特定时代背景下的社会经济秩序维护而言，“顺承模式”最大限度展现了自身价值。然而，历史总是要向前发展的，任何模式终究有落伍的时候。国家治理模式的现代化变革已被最高决策层提上议事日程，而司法权的运行轨迹应伴随经济社会的全局转型有所调整。在十八届四中全会所定的改革方略中，依法治国成了贯穿始终的主线，“推进以审判为中心的诉讼制度改革”虽只是其中一项内容，却蕴含着宏大的历史转变契机，刑事诉讼模式的中国化转型也将就此拉开帷幕。故而，“顺承模式”基于种种弊端告别历史舞台已无可避免。

作为接替者的“层控模式”恐怕不会如有些人预期的那样，能够从西方诉讼格局中寻找到自身原型。即便遵循“同位模式”“家庭模式”等西方经典理论进行程序构建，也终会落入“南橘北枳”的法律移植陷阱之中。制度的生命力来源于理论预设同实践操作的高度统一，这也是认知两种模式之间关系的基本前提。“层控模式”并非“顺承模式”的对立面，二者之间从来就不存在竞争关系，而归属于历史发展进程的不同阶段。为了配合国家治理模式的重大转型，必须逐步修复“顺承模式”存在的漏洞直至“层控模式”最终确立。从本质上看，两种模式的分野乃时代发展规律下的必然产物。

诉讼模式问题的模糊不清，只会增添司法实践中的混乱以及无谓的学术争执。这是个绕不开的领域，其对于刑事诉讼程序的构建具有纲领性作用，也无怪乎能引发多年经久不衰的热烈讨论。与以往不同的是，本轮模式思辨与源自顶层设计的改革进程相伴而生，更会在司法实践中得到密切关注。优良的模式设计必定与其所处的人事环境相互作用，化学反应是否能如愿产生，改革的全局性效果至为重要。一旦这样的类型化思路得到现实认证，将加速东方化诉讼模式理论的“异军突起”。作为中国司法实践经验的客观产物，“顺承—层控”的诉讼模式界分，或许还会为世界范围内的诉讼模式学说增添新亮色。

（原载《中外法学》2016 年第 2 期）

刑事裁判文书繁简分流问题研究

王新清

最高人民法院发布的《关于全面深化人民法院改革的意见——人民法院第四个五年改革纲要（2014—2018）》（以下简称《四五改革纲要》）指出，“根据不同审级和案件类型，实现裁判文书的繁简分流”。所谓裁判文书的繁简分流，是指根据不同案件情况和审判程序，制作不同格式和内容要求的裁判文书，克服裁判文书格式和内容同质化的现象。通俗地说，就是有的案件裁判文书要“繁”写，有的案件裁判文书要“简”写，案件不同、程序不同，裁判文书的内容和格式也应当有所区别。

繁简分流后的裁判文书，分别应该怎样命名？这是法律界和法学界较少论及的问题。我认为，裁判文书繁简分流后，与“简式裁判文书”相对应的裁判文书，可以称作“要式裁判文书”。从字面意思看，“要”是指“重大、值得重视的”，如“要术、要言、要务、要事”。“要式裁判文书”不仅可以与“简式裁判文书”相对应，还可以表达这种裁判文书有“重大、值得重视的”意思，又能避免使用“繁式裁判文书”带来的不必要的负面印象。从法律层面理解，“要式裁判文书”是指法律上有明确要求的、格式上要素齐全、内容上释法说理充分的裁判文书；“简式裁判文书”是指格式简便，释法说理简化的裁判文书。

一、刑事裁判文书繁简分流的根本原因

近几年来，法学界和法律界对裁判文书繁简分流问题的研究，是伴随“加强裁判文书释法说理”问题的研究而展开的。

长期以来，我国的刑事裁判文书“不讲理”的现象比较严重。刑事裁判文书对当事人的诉求不做回应，对诉讼中控辩双方争议的焦点不做归纳，对适用的法律不做解释，对裁判的理由不做论证，对公众的疑惑不做说明，给人一种“不讲道理、直接下判”的霸道感觉。司法界也承认“裁判说理一直存在欠缺，饱受学界诟病”。[1] 在这种情况下，加强裁判文书的释法说理成了全社会的共识。党的十八届四中全会通过的《中共中央关于全面推进依法治国若干重大问题的决定》也明确规定“要加强裁判文书的释法说理”。

然而，有不少法官担心，如果所有的裁判文书都要加强释法说理，将大大增

---

[1] 庄绪龙:《裁判文书“说理难”的现实语境与制度理性》，载《法律适用》2015 年第 11 期。

加法官的工作量，在当前法院“案多人少”[2]矛盾异常尖锐的情况下，将是法院，特别是基层法院、中级法院不可承受之重。在这种情况下，有法官、学者提出，要加强裁判文书的释法说理，首先应当对裁判文书繁简分流，以“缓解当前法院日益突出的‘案多人少’的矛盾”。按照这个逻辑，对裁判文书进行繁简分流的原因，主要是为了减轻法官的工作量，缓解当前存在的“案多人少”的矛盾。

我认为，对刑事裁判文书实行繁简分流的根本原因，是目前我国的刑事裁判文书同质化的现象比较严重，与刑事诉讼法规定的多元化审判程序不匹配，需要说理的没有充分深入说理，不需要深入说理的也得“八股式”地列举“裁判理由”，导致“该繁者不繁、该简者不简”，不利于司法资源的优化配置。刑事裁判文书繁简分流以后，可以适当减轻法官的工作量，缓解当前“案多人少”的矛盾。但这不是根本原因，也不是终极目的。缓解“案多人少”的矛盾只是裁判文书繁简分流带来的一个效果，不能作为裁判文书繁简分流的逻辑起点。

刑事裁判文书的同质化问题，表现在两个方面。一是最高人民法院制定的“法院刑事诉讼文书样式（样本）”同质化，二是实践中各地各级人民法院制作的刑事裁判文书也存在同质化。

我国当前各级人民法院使用的“法院刑事诉讼文书样式（样本）”最早发布于1999年，它规定了“刑事诉讼文书样式共9类164种，其中裁判文书45种”[3]。此后，最高人民法院办公厅又陆续印发了一些裁判文书样式，比如“一审未成年人刑事案件适用普通程序的刑事判决书样式和一审未成年人刑事公诉案件适用简易程序的刑事判决书样式”等裁判文书样式。这些刑事裁判文书，涵盖了一审、二审、死刑复核、再审、执行等各种程序中的判决和裁定。这些裁判文书的种类看起来不少，但是格式和内容大体雷同。下面以一审判决书为例来说明这个问题。

最高人民法院先后发布的法院刑事诉讼文书样式（样本）共有9种一审判决书，包括自诉反诉并案审理用判决书、单位犯罪用判决书、公诉案件适用普通程序用判决书、公诉案件适用简易程序用判决书、公诉案件适用简易程序审理“被告人认罪案件”用判决书、公诉未成年人案件适用普通程序用判决书、公诉未成年人案件适用简易程序用判决书、公诉案件适用普通程序用刑事附带民事判决书、自诉案件用刑事附带民事判决书。[4]这9种判决书虽然适用于不同的一审案件，但其格式基本相同，都包括以下要素：控诉方（公诉机关或自诉人及其代理人）、辩护方（被告人及其辩护人）基本情况；控方意见和辩方意见；经审理查明

---

[2] 费元汉、郭文东:《裁判文书要不要繁简分流》，载《民主与法制》2015年第26期。

[3] 最高人民法院办公厅编:《法院刑事诉讼文书样式（样本）》，人民法院出版社1999年版，第2页。

[4] 参见司法文书研究中心编著:《人民法院诉讼文书样式、制作与范例（刑事卷）》，中国法制出版社2015年版，第1-122页。

的事实；支撑事实的证据；本院认为（判决理由）；判决主文（判决的具体内容）；最后是审判人员的落款。在判决理由方面，一般要求写上："根据查证属实的事实、情节和法律规定，论证被告人是否犯罪，犯什么罪，应否从宽或从严处理。对于控、辩双方关于适用法律方面的意见和理由，应当有分析地表示采纳或予以批驳。"[5] 即使是公诉案件适用简易程序审理"被告人认罪案件"用的判决书，也要求这么写，和公诉案件适用普通程序（被告人不认罪案件）用判决书的写法大体一样。

由于最高人民法院制定的《法院刑事诉讼文书样式（样本）》存在同质化现象，司法实践中的刑事裁判文书也是同质化的。"长期以来，裁判文书在我国被强调为公文，法官拘泥于公文的程序化和格式化，裁判文书千篇一律，稍有变化即引来争议。"[6] 不论是什么案件，也不论在什么程序中，裁判文书的格式大体相当，内容基本一样。最高人民法院审判委员会委员、第二巡回法庭庭长胡云腾博士曾指出："当前对裁判文书说理的批评，归纳起来有以下几点：一是认为千篇一律，空话、套话较多，应当说这比较符合实际。"[7]

刑事裁判文书的同质化现象，会给刑事诉讼法治建设带来以下两点危害。

第一，刑事裁判文书的同质化，不能反映不同刑事审判程序的特点，造成裁判文书和刑事审判程序相脱离，影响刑事审判程序功能作用的发挥。

刑事审判程序是多元化的。改革开放以来，随着我国法治建设水平的不断提高，我国刑事诉讼法规定的刑事审判程序的种类越来越多，也呈现出了多元化的特点。我国 2012 年修订的《刑事诉讼法》规定的刑事审判程序，就有一审程序、二审程序、死刑复核程序、审判监督程序、特别程序。在刑事一审程序中，又有公诉案件的审判程序和自诉案件的审判程序、简易程序和普通程序之分。在普通程序中，又有当事人达成和解的一审程序与当事人没有达成和解的一审程序之分。随着司法改革的不断深入，还会有新的刑事审判程序不断涌现。例如，2014 年 6 月 27 日，十二届全国人大常委会第九次会议通过决定，授权最高人民法院、最高人民检察院在北京、天津、上海、重庆等 18 个城市开展刑事案件速裁程序的试点工作，2016 年 8 月底试点工作结束，刑事案件速裁程序呼之欲出。2016 年 7 月 22 日，中央全面深化改革领导小组第二十六次会议审议通过了《关于认罪认罚从宽制度改革试点方案》，同年 9 月 3 日，全国人大常委会通过了《关于授权最高人民法院、最高人民检察院在部分地区开展刑事案件认罪认罚从宽制度试点工作的决定》，刑事案件认罪认罚从宽制度拟在京津沪等 18 个城市试点，试

[5] 前引 4，司法文书研究中心书，第 107 页。

[6] 罗灿：《推进裁判文书说理改革要避免的五大误区》，载《人民法院报》2015 年 2 月 6 日。

[7] 胡云腾：《裁判文书的说理艺术》，载《法制日报》2007 年 6 月 17 日。

点期限为两年。这 18 个城市也是刑事案件速裁程序试点的城市。认罪认罚从宽制度，是我国宽严相济刑事政策的制度化，也是对刑事诉讼程序的创新，该试点工作结束后，还会有新的审判程序出现。

不同的刑事审判程序根据不同的刑事案件而设立，本身带有鲜明的特点。刑事裁判文书是对应刑事审判程序的法律文书，应当反映相应审判程序的特点。例如，刑事诉讼法规定的简易程序，是为了简便快捷地处理一些基层法院管辖的一审刑事案件，在保证司法公正的基础上，提高刑事诉讼的效率。如果适用于简易程序的判决书和适用于普通程序的判决书一样，有相同的格式和基本一样的释法说理（判决理由论证），将使法官在裁判文书的制作上花费过多的时间，影响简易程序功能的发挥。再如，二审程序是因为人民检察院的抗诉、当事人的上诉而引起的，抗诉、上诉一般是针对个别问题而提起的，二审法院应当围绕抗诉、上诉问题展开审判，一般不再对全案的证据审查、事实认定、法律适用做全面的审判。但是，如果适用于二审的驳回上诉、维持原判裁定书和一审判决书一样，陈述二审法院对全案的事实查明、证据认定，对一审法院的判决进行全面的分析论证，说明为什么维持，与二审程序的功能发生冲突，不利于提高二审的诉讼效率。

第二，刑事裁判文书的同质化，造成司法资源的浪费，影响了司法资源的科学化、合理化配置。

根据案件的不同情况设置不同的诉讼制度和程序，并为不同的诉讼制度和程序配置合理的司法资源，是国家司法制度、程序设置时重点考虑的内容之一。我们知道，“诉者告也，讼者争也”，处理诉讼案件审判程序的直接目的，就是要在保证实现公平正义的前提下解决具体的纠纷。犯罪嫌疑人、被告人不认罪的案件，由于控辩双方在诉讼中争议较大，对证据的审查认定，对事实的查明，对案件性质的确定，对量刑的决定都必须慎之又慎，需要制定严格而且细致的制度和程序，并相应投入更多的人力、财力和物力资源；对于犯罪嫌疑人、被告人认罪的案件，由于控辩双方对证据、事实、适用法律没有争议或者争议较小，因而只需要简单的程序就可以解决，相应也不需要投入较多人力、物力和财力。

在保证司法公平正义的基础上，根据案件的不同情况，从节约诉讼成本出发，我国 1996 年在对《刑事诉讼法》修订时，开始进行普通程序和简易程序分类设置的尝试。2012 年的《刑事诉讼法》完善了简易程序，新设立了和解程序，2014 年又进行速裁程序的试点，目前又正在进行认罪认罚从宽制度的试点工作。简易程序、和解程序、速裁程序和认罪认罚从宽制度[8]有共同的特点，即这些程

[8] 从理论上说，简易程序、和解程序、速裁程序都应该包含在认罪认罚从宽的制度中。由于目前认罪认罚从宽制度还在构建过程中，法学界目前把这四者并列。本文遵循了目前的通说。

序都建立在犯罪嫌疑人、被告人认罪的基础上，诉讼中控辩双方没有争议或者争议较小，裁判文书就不需要就证据审查、事实认定、裁判理由阐释等方面着墨太多，只需要在保证被告人认罪是客观、自愿的情况下，可根据具体情况直接对案件作出裁决，没有必要细致分析证据、事实，详细阐述裁决理由。然而，我们目前使用的简易程序裁判书，并没有简化证据审查、事实认定、判决理由阐释等内容，使得司法实践中审理的控辩双方争议不大甚至没有争议的案件，也要像制作普通程序裁判书那样，详述证据、事实和裁判理由，让审判案件的法官花费大量的时间和精力制作本来不需要详细论述的裁决书。这一方面造成司法资源的浪费，另一方面又使法官不能把更多的精力投入到被告人不认罪、控辩双方争议较大案件裁判书的制作上，影响了司法资源的科学化、合理化配置。

二、刑事裁判文书繁简分流的标准

刑事裁判文书繁简分流的标准，是刑事裁判文书繁简分流的分水岭。这个标准设立得正确与否，是刑事裁判文书能否成功分流的关键。

最高人民法院发布的《四五改革纲要》对裁判文书繁简分流的标准做了一些规定。该纲要第 34 段指出："根据不同审级和案件类型，实现裁判文书的繁简分流。加强对当事人争议较大、法律关系复杂、社会关注度较高的一审案件，以及所有的二审案件、再审案件、审判委员会讨论决定案件裁判文书的说理性。对事实清楚、权利义务关系明确、当事人争议不大的一审民商事案件和事实清楚、证据确实充分、被告人认罪的一审轻微刑事案件，使用简化的裁判文书，通过填充要素、简化格式，提高裁判效率。"这个规定明确的裁判文书繁简分流的标准是"不同的审级和案件类型"。根据这个规定，我们可以归纳出最高人民法院倡导的刑事裁判文书繁简分流的情况如下：需要制作"要式裁判文书"的案件包括以下几种：（1）再审案件；（2）二审案件；（3）控辩双方争议大、法律关系复杂、社会关注度高的一审案件；（4）审判委员会讨论决定的案件。可以制作简式裁判文书的案件有：事实清楚、证据确实充分、被告人认罪的一审轻微刑事案件。

从严格意义上来说，最高人民法院《四五改革纲要》第 34 段的这个规定，并不是一个刑事裁判文书繁简分流的科学标准。首先，"审级和案件类型"不能成为确定裁判文书繁简分流的直接标准。因为审级是指审判的层级，同一审级审判的案件，有的复杂，有的简单，故同一审级有不同的审判程序，比如，我国的一审程序中就有普通程序和简易程序的设置。根据审级是不能对裁判文书进行繁简分流的。案件类型对裁判文书的繁简分流有决定作用，但它也不能直接作为裁判文书繁简分流的标准，如果一个国家的刑事诉讼法不根据案件类型设置不同的程序，裁判文书也无法做到繁简分流。例如，我国 1979 年的《刑事诉讼法》就没有普通程序和简易程序的分野，所有的一审案件都按普通程序处理，裁判文书也就无法繁简分流。其次，这个规定不周延。这个规定明确了需要加强刑事裁判文书说理（也是需要制作要式裁判文书）的四类案件，可以制作简式裁判文书的一种案件。至于其他的案件需要制作什么样的刑事裁判文书，并没有明确。再次，按照这个规定，“简式裁判文书”适用的案件范围过窄，仍然无法解决裁判文书与审判程序不匹配、不利于司法资源优化配置的问题。根据《四五改革纲要》的规定，通过简易程序处理的案件，只有属于“轻微案件”的才能使用简式裁判文书，其他通过简易程序处理的不属于“轻微案件”的案件，不能使用简式裁判文书，仍然需要像普通程序那样制作裁判文书。这样，法院当前面临的“案多人少”的矛盾无法缓解，也会影响需要加强释法说理案件的要式裁判文书的制作质量。最后，这个规定中使用的“事实清楚、证据确实充分”的限定语，主观色彩浓厚，缺乏客观性，无法作为标准使用。在刑事诉讼中，控、辩、审三方由于所处的诉讼地位不同，往往对同一个问题有不同的认识。在司法实践中，法官、检察官认为事实清楚、证据确实充分的案件，被告人、辩护人往往不那么认为。用这种主观性较强的词语来表述一个标准，往往容易出现歧义而无法使用，同时还为司法人员行使“司法强权”提供了借口。因此，我们有必要就刑事裁判文书繁简分流的标准进行深入探讨。

我认为，对刑事裁判文书进行繁简分流的标准，要本着案件类型以及由它所决定的审判程序这个线索去寻找。

“控辩双方在审判中的对抗程度”是审判程序、裁判文书繁简分流的决定因素。刑事案件是很复杂的，根据不同的标准可以把它们划分为不同的案件类型。从通过审判程序解决法律纠纷这个角度，我们可以把审判阶段的刑事案件划分为控辩双方就控诉事项达成“合意”的案件和达不成“合意”的案件。[9]控辩双方达成合意的案件（下称合意性案件），双方争议不大甚至是没有争议，法院审判这类案件的难度低，工作量小，立法可以为这类案件的处理配置一些“以效率为主”的简便快捷的审判程序，以保证案件的迅速解决，尽快恢复受到犯罪行为侵害的社会秩序。同时，法院对这类案件制作的裁判文书，因为控辩双方对很多问题的认识是一致的，因而不需要对证据审查、案件事实认定和法律适用做详细阐释，不需要就裁判理由进行细致的论证，可以使用简式裁判文书。控辩双方达不成“合意”的案件。（下称对抗性案件），双方争议的问题多，对抗程度高，同时也可能产生较大的社会影响，法院对这类案件的审判，需要投入较大的人力、物力和财力，国家也要为这类案件的处理，配置一个系统、细致、周全，以保障人权和实现公平正义为主要目的的审判程序。在这个审判程序中，法官制作的裁判书，必须对控辩双方存有争议的所有问题给予关注和回应，必须详细阐释裁判的

[9] 参见王新清、李蓉：《论刑事诉讼中的合意问题——以公诉案件为视野的分析》，载《法学家》2003 年第 3 期。

理由，以说明法院裁判的正当性，保证裁判的顺利执行。所以，对于对抗性案件，应当制作“要式裁判文书”。为了充分保障被告人的人权，实现司法的公平正义，对于那些控辩双方虽然达成合意（被告人认罪认罚）、但依法可能被判处无期徒刑或者死刑的重大案件，也应适用普通程序（正当程序）进行审判，制作“要式裁判文书”。

根据控辩双方是否就控诉事项达成“合意”，是设置审判程序的主要参考因素。我国2012年修改的刑事诉讼法，把基层人民法院管辖的刑事案件的审判程序，划分为普通程序和简易程序。适用简易程序审判的案件，把“被告人承认自己所犯罪行，对指控的犯罪事实没有异议的”“被告人对适用简易程序没有异议的”作为基本条件。这两个“没有异议”，实质上是控辩双方就刑事案件的实体问题、程序问题达成了“合意”。对于不具备这些条件的，则适用普通程序进行审判。除此之外，刑事诉讼法还在特别程序中规定有“公诉案件的和解程序”。对于犯罪嫌疑人、被告人和被害人自愿、合法达成和解协议的，实体上可以从宽处理，程序上可以作出不起诉决定。在此之前，最高人民法院还通过司法解释，设置过“普通程序简易审”的程序，这个程序也以被告人认罪为前提，审理过程中可以简化法庭调查的某些环节。从2014年开始试点的速裁程序、目前正在试点的“认罪认罚从宽制度”，都以被告人承认指控的犯罪事实为基本条件。在最高人民法院发布的《四五改革纲要》中，提出“构建被告人认罪案件和不认罪案件的分流机制，优化司法资源配置”。可以预见，在不久的将来，我国将根据控辩双方的对抗程度设立两类不同的审判程序。

我认为，控辩双方的对抗程度决定审判程序的繁简分流，审判程序的类型决定裁判文书的繁简分流。审判程序类型是确定刑事裁判文书繁简分流的直接标准。所以，在确定刑事裁判文书繁简分流之前，必须完成审判程序的繁简分流。审判程序繁简分流之后，刑事裁判文书的繁简分流就容易多了。

当前，我国刑事审判程序繁简分流的改革已经启动，亟须进行科学的设置。[10]我认为，一审公诉案件的审判程序，根据控辩双方是否达成“合意”，原则上可以分别设置“合意式审判程序”和“对抗式审判程序”。凡是控辩双方就指控的犯罪达成“合意”（被告人客观、自愿认罪的）的，适用“合意式审判程序”审理，凡是控辩双方没有达成“合意”，或虽达成“合意”但依法可能判处无期徒刑以上刑罚的严重案件，适用“对抗式审判程序”。适用“合意式审判程序”的案件，制作“简式裁判文书”，适用“对抗式审判程序”的案件，使用“要式裁判文书”。

在司法实践中，被告人认罪认罚的程度是不同的。根据认罪认罚的不同程度，

[10] 详细论证我国刑事审判程序繁简分流、科学设置这个问题，不是本文的主旨，我这里只是稍作论证，我将在另一篇论文详细说明这个问题。敬请期待。

我们可以设置若干个“合意式审判程序”。起诉后被告人对指控的犯罪没有异议，也同意公诉机关的量刑建议的（如果有附带民事诉讼，还对被害人的物质损失进行了赔偿的），控辩双方达成辩诉协议的，通过“速裁程序”[11]进行处理，裁判文书可以使用包括“表格化裁判文书”在内的“简式裁判文书”；起诉后被告人对指控的犯罪没有异议，但是不同意公诉机关的量刑建议的，或者对附带民事诉讼请求有异议的，通过“简易程序”审判，省略法庭调查环节，直接进行法庭辩论，裁判文书使用只就量刑或赔偿问题陈述理由的“简式裁判文书”。

对于按照对抗式审判程序审判的案件，如果被告人承认指控的犯罪事实，对控方举出的证据也没有异议，只是对是否构成犯罪或者对于构成何种犯罪有异议的，审判时也可以简化对证据、事实的查证，在制作“要式裁判文书”时，也可以简化相关内容。对于按照对抗式审判程序审判的重大刑事案件（含可能判处无期徒刑以上刑罚的案件），被告人认罪认罚的，可以简化法庭调查和法庭辩论，适用“普通程序简易审”进行审判，在制作“要式裁判文书”时，也可以根据审判的情况，对有关内容进行简化。

二审程序是由公诉机关抗诉或当事人上诉而引起的，一般对抗性明显，应当适用“对抗式审判程序”进行审判，裁判时使用“要式裁判文书”。但是，如果在上诉审程序中，当事人放弃了上诉要求，或者控辩双方就上诉、抗诉的事由达成了合意，也可以适用合意式审判程序进行审判，裁判时使用“简式裁判文书”。

按照上述标准对刑事裁判文书繁简分流后的功效到底如何，虽然还需要司法实践进行检验，但是，理论预测的效果应该是明显的。有论者认为按照意大利经济学者帕累托的“二八定律”公式，繁简分流可以达到“二八开”，[12]国外的经验也能证明繁简分流对司法资源合理配置和法官减负有明显的作用。在美国“联邦地方法院的刑事案件大多数采取辩诉交易。根据美国司法部统计局的资料，截至 2010 年，全美联邦法院中平均每 100 件定罪的刑事案件中有 97 件是通过辩诉交易结案的。联邦巡回上诉法院也不是都制作长篇大论的裁判文书，在 2002 年 9 月 30 日至 2003 年 9 月 30 日，美国联邦第九巡回上诉法院仅 15% 的裁判内容刊登裁判汇编，绝大多数裁判是以精简方式做成的”[13]由于缺乏全国性的司法统计数据，我们不好对司法实践中“合意性案件”的数量妄加揣测，但根据国外的经验，如果我们的“合意式审判程序”设置得当，至少有 60%—80% 甚至更多的案件得到快速处理，也就是说，在法官制作的刑事裁判

[11] 这里说的速裁程序，是今后可能重新设置的速裁程序，不是进行试点的速裁程序。

[12] 参见前引 1，庄绪龙文，第 87-88 页。

[13] 转引自罗灿：《美国裁判文书说理的微观察——从费尔南德斯案的司法意见书切入》，载《人民司法》2015 年第 7 期。

文书中，有 60%—80% 可以制作“简式裁判文书”，这可以较好地实现司法资源的优化配置，缓解眼下的“案多人少”矛盾，同时为加强对抗式审判裁判文书的释法说理提供可能。

三、刑事裁判文书繁简分流后的释法说理

在最高人民法院发布的《四五改革纲要》中，把“实现裁判文书的繁简分流”，放在了“推动裁判文书说理改革”这个标题之下。这种行文方式令人深思。我认为，从整体来看，实现裁判文书的繁简分流是为了推动裁判文书的释法说理改革。作为裁判文书，释法说理是其基本的要求。也就是说，所有的裁判文书都是需要释法说理的，只是根据审判程序和案件的具体情况不同，释法说理的程度、侧重点是不同的。有的案件需要从实体到程序进行全面的释法说理，有的仅需要就程序或某一个实体问题进行重点说理；有的需要系统、细致的释法说理，有的需要简单的释法说理。一般而言，“要式裁判文书”需要细致、深入的释法说理，“简式裁判文书”需要简单的释法说理。

（一）要式裁判文书释法说理的基本要求

要式裁判文书是对抗式审判程序中使用的刑事裁判文书。对抗式审判程序是刑事诉讼中的普通程序，也是基准程序，合意式审判程序是以它为蓝本进行简化而形成的。适用对抗式审判程序审判的案件，是对抗程度高、案情重大复杂、可能判处的刑罚重的刑事案件，在审判过程中，控辩双方将进行激烈，甚至是全面的对抗，法官要进行精细化的审判，由此形成的裁判文书必须是格式规范、要素齐全、释法说理充分的裁判文书，不如此就不能发挥审判的定分止争的功能，不如此就不能保证当事人服判息诉，不如此就不能平息社会舆论，安定社会秩序。

我们说要式裁判文书应当释法说理充分，也不是提倡“文字多多益善，篇幅越长越好”，而是要针对当事人和社会公众的疑点和困惑，围绕“为什么如此下判”把道理说透。司法实践中，“有的判决书洋洋洒洒近万言，可往往下笔千言，却不知所云”。[14] 有的裁判文书迟缓且冗长，成为当事人投诉的焦点之一。[15]

要式裁判文书应当格式规范，要素齐全。格式规范、要素齐全的裁判文书应当反映案件审判的过程，呈现法官心证的全貌。当前人民法院适用的普通程序裁判文书格式，有对控辩双方意见的叙述，有对证据的罗列，有对法院认定的案件事实的陈述，有对判决理由的简单解释。但是，这些要素之间没有形成一定的逻辑关系。在这样的裁判文书上，看不出控辩双方的争执焦点在哪里，看不到控方是否完成了举证责任，不能得知案件中有没有非法证据被排除，更看不到法官形成心证的依据和过程。裁判文书罗列的证据和法院认定的案件事实之间，没有形

[14] 前引 2，费元汉、郭文东文，第 13 页。

[15] 前引 2，费元汉、郭文东文，第 13 页。

成紧密的逻辑关系。所以，这样的刑事裁判文书没有说服力，难以实现裁判文书应当具有的展示审判过程、心证形成过程的功能，难以实现裁判说服功能。

根据上述论证，我认为“要式裁判文书”至少应当具备以下要素：第一，控诉方（公诉机关或自诉人、代理人）、辩护方（被告人及其辩护人）基本情况；第二，控方意见及其举出的证据；第三，辩方意见及其提交的证据（或提出的证据线索）；第四，控辩双方争议的焦点（包括对证据、事实认定、案件定性、量刑建议等方面）；第五，审理查明的问题（包括对有争议证据审查的情况、有无证据被排除、控方举出的证据能否形成证明犯罪的证据锁链等）；第六，法官根据合法有效的证据对案件事实的推导过程和对案件事实的认定；第七，已查明的案件事实与指控的犯罪是否存在对应关系；第八，法官对控辩双方意见的采纳情况及其理由；第九，判决主文（判决的具体内容）；第十，审判人员的落款。只有具备了这些要素，才可以全面展现对抗式审判程序的全过程，展示法官的心证历程，才能解决当事人和社会公众的困惑，才能具备充分的说服力。

要式裁判文书应当释法说理充分。这里说的释法说理充分，并不是要求对审判中涉及的所有实体问题、程序问题进行面面俱到的释法说理，而是要根据具体的案件情况，针对重点问题进行充分的释法说理。一般来说，要式裁判文书释法说理的重点，主要有以下三个方面。

第一，针对裁判主文（裁判要点）的释法说理。在这方面，要针对被告人是否构成犯罪、构成何种犯罪、为什么如此量刑进行充分的论证，为判决主文的成立提供充分的依据。特别是在法院对控方、辩方的意见没有采纳或部分没有采纳的情况下，必须说明不予采纳的理由。对裁判主文释法说理必须充分，应当展现审判的全部过程。法院的刑事判决有一个结构严谨的逻辑关系，它要根据合法有效的证据认定案件事实，根据认定的案件事实适用法律，根据适用的法律形成判决。裁判文书要展现“证据→事实→适用法律→裁判”的过程。在这个过程中，容易受到忽视的是对事实的认定。有法官认为，“事实是判断，不能说理”。我认为这种观点是不对的。因为一些冤错案件的判决书就是因为没有把“从证据到事实认定的转化过程”说清楚，才酿成错案，或者把错案掩盖了。法官认定案件事实，不是由法官臆断的，而是法官根据证据和推理得来的。由证据到事实的转化，需要在证据理论的指导下，运用证据法、程序法来证明和推导。由证据到事实的过程，就是法官心证形成的过程，把这个过程在裁判文书中展现出来，可以让当事人、社会公众判断法官形成的心证是否符合法律，是否符合逻辑，是否有根据，是否正确。如果说事实认定不需要说理，裁判文书的释法说理性就会大大降低，就会助长法官对事实的认定产生臆断。在多数案件中，事实认定是审判工作的中心环节。事实认定完成后，适用法律就容易了，一般不会形成颠倒黑白的错案。

第二，针对审判过程中控辩双方争议的焦点问题（即诉讼争点），进行充分的释法说理。案件不同，控辩双方的诉讼争点也不同。一般来说，控辩双方可能在证据取舍、事实认定、案件定性、量刑轻重等问题上形成争点。再深入下去，诉讼争点可能在某一个证据是否应当排除，是否属于正当防卫、紧急避险，是构成此罪还是构成彼罪，甚至某个量刑情节是否存在等问题上。只要审理结束时控辩双方对这些争点的认识没有达成共识，这些争点没有解决，裁判文书就应当对此有所回应，在这里必须坚持回应一切争点的原则。古人有一副对联，讲读书和求知的要求，联曰“读书当将万卷过，求知不叫一疑存”。我觉得我们的审理和裁判也应当有这种精神，做到“审理当将万证过，裁判不叫一疑存”。

第三，针对公众疑惑的问题进行释法说理。有的案件，社会舆论非常关注，公众会提出一些疑惑性问题需要司法人员解答。比如，发生在2006年的邱兴华案件，公众对邱兴华是否有精神疾病展开了热烈的讨论。有人提出了“邱兴华有精神病，不应当负刑事责任”这样尖锐的问题，引起了社会公众对起诉、审判邱兴华公正性的怀疑。[16]一般来说，公众对案件事实了解不多，提出的问题可能是片面的甚至是可笑的，但是，一旦形成了舆论，如果在裁判文书中不予回应，定会影响裁判的执行，甚至会降低司法公信力。所以，对于公众疑惑的问题，应当在裁判文书中亮明观点并说明理由，解答公众的疑问，为裁判的执行创造良好的社会环境。

法律应当对要式裁判文书提出明确的要求。当前，适用普通程序审判案件形成的裁判文书，一个普遍的问题是“不说理”或“说理不充分”，其原因主要不是法官不会写，而是出于各种顾虑，法官不愿写、不敢写。[17]所以，法律应当对要式裁判文书的制作规范提出要求，“完善裁判文书说理的刚性约束机制”，为裁判文书说理营造良好的制度环境，督促法官制作说理充分的裁判文书。此外，和“要式合同”一样，“要式裁判文书”也应当是法律对其有要求的裁判文书，如果法律对它没有任何要求，也不能成为“要式裁判文书”。除法律对“要式裁判文书”进行规范外，借助裁判文书公开上网的契机，在全社会建立裁判文书说理的评价体系，表扬奖励优秀“要式裁判文书”的制作者，为推动裁判文书说理改革营造良好的社会环境。

（二）简式裁判文书释法说理的基本要求

简式裁判文书是“合意式审判程序”中使用的刑事裁判文书，它不是指一种刑事裁判文书，而是指一类刑事裁判文书。“合意式审判程序”应当是“认罪认罚从宽制度”的重要内容。当前，我国正在进行“认罪认罚从宽制度”的改革试点工作，试点过程中，可能探索若干个以认罪认罚为前提条件的“合意式审判程

---

[16] 参见孙大明:《对邱兴华杀人案的司法鉴定学反思》，载《犯罪研究》2008年第5期。

[17] 参见前引1，庄绪龙文，第85-87页。

序”。我相信，在不久的将来，我国会出现以“速裁程序”“简易程序”为代表的若干个合意式审判程序。根据裁判文书与审判程序相匹配的原则，每一个合意式审判程序，都会有一种“简式裁判文书”相配套。每一种“简式裁判文书”都将会有自己的格式和独特内容。

我们知道，作为“认罪认罚从宽制度”重要组成部分的“合意式审判程序”，其适用的条件是被告人的“认罪、认罚”。正是由于被告人的认罪、认罚，控辩双方可能就案件的实体问题、程序问题达成一定的合意（控辩协议）。在这样的审判程序中，一个重要的问题是查明被告人认罪、认罚是出于自愿而不是被迫、被欺骗，是基于客观的认识而不是基于错误的认识。所以，“合意式审判程序”的一个主要任务，是要审查被告人的认罪认罚是否出于自愿，是否存在错误的认识。作为这种审判程序“文字载体”的裁判文书，也必须有对被告人认罪认罚自愿性、客观性审查的记载。

“简式裁判文书”适用的案件是合意性案件，存在于“合意式审判程序”之中，一般来说，控辩双方没有争议或者争议不大，因此释法说理的任务不重。但是，“简式裁判文书”并不是不需要释法说理，而是其释法说理以简单的形式进行，一般不需要长篇大论式的阐述裁判理由，只要把有关事项，特别是对“认罪认罚”“控辩协议”等情况进行真实的记载，就是在为裁判主文阐述理由。

“简式裁判文书”可以有灵活多样的格式。有论者提出的“令状式裁判文书”“表格式裁判文书”[18]都可以作为“简式裁判文书”的表现形式。我建议，在对“认罪认罚从宽制度”进行改革试点的过程中，伴随着“合意式审判程序”的设计，也要把一些论者建议的裁判文书格式作为试点的内容，检验这些裁判文书格式是否符合实践的要求。在试点结束后，我们应当根据实际情况，制定与有关“合意式审判程序”匹配的刑事裁判文书格式。

（原载《法学家》2017年第5期）

[18] 邵海林：《裁判文书如何繁简分流》，载《人民法院报》2015年7月26日。

确定先例规则的理论及其对适用指导性案例的启示

——基于对美国相关学说的分析

邓矜婷

引言：问题的提出

2010年11月底，最高人民法院出台了关于案例指导工作的规定，确立了指导案例的预期作用、筛选标准和参考效力。2011年12月底至2015年2月，最高院根据上述规定陆续发布了八批共44个指导性案例，标志着正式构建我国案例规则体系的开始。不过在此之前，学界对于案例规则体系构建和解读的研究已有多年，在此之后则涌现了更多的研究成果。其中有不少是针对作为判例法传统国家的美国的研究。在宏观制度层面上，有很多研究关于美国判例法的形成过程、原因、背景、特点，[1] 理论基础及研究方法，[2] 与成文法以及司法解释的关系，[3] 优缺点分析，[4] 对英国判例法的继承与发展，[5] 以及判例法的运行机制。[6] 在微观判例层面上，亦有很多研究关于美国的判例法是怎样的规则体系，[7] 不同

[1] 参见麻帅等：《论英美法系中的遵循先例原则》，载《商业文化》2010年第5期，第285-286页；夏成福：《判例法与制定法：英美、大陆国家两种选择之原因透视》，载《现代法学》1995年第5期，第89页。

[2] 参见何然：《司法判例制度论要》，载《中外法学》2014年第1期，第234页；张志铭：《司法判例制度构建的法理基础》，载《清华法学》2013年第6期，第91页；谢晖：《判例法与经验主义哲学》，载《中国法学》2000年第3期，第68页；王玧：《英美法系的判例法》，载《人民司法》1998年第6期，第49-51页；邓矜婷：《新法律现实主义的最新发展与启示》，载《法学家》2014年第4期，第1-20页。

[3] 参见李盛：《法治实践过程中的功能区分——从美国成文法与判例法的互动关系谈起》，载《中国发展观察》2012年第3期，第52-53页；艾佳慧：《要"一刀切"的司法解释还是要类型化的判例制度》，载《法学》2012年第1期，第81页；龚向和：《通过司法实现宪法社会权——对各国宪法判例的透视》，载《法商研究》2005年第4期，第131页；沈敏荣：《从"微软"案看成文法与判例的关系》，载《法商研究》2001年第2期，第30页。

[4] 参见刘国庆：《浅析美国先例制度的优缺点》，载《韶关学院学报》2006年5月，第27卷第5期；张骐：《判例法的比较研究》，载《比较法研究》2002年第4期，第79页。

[5] 参见骆群：《英美案例不同罚》，载《学术探索》2010年第2期，第96-98页。

[6] 参见郑重：《论美国判例法制度的运行——以历史进程为视角的考察》，载《法律文化研究》2002年第20期，第295页。

[7] 参见王力：《美国判例法文献》，载《法律文献信息与研究》1999年第1期，第8页；邓矜婷：《美国判例体系的构建经验——以居间合同为例》，载《华东政法大学学报》2014年第2期，第132-144页。

判例的效力，[8] 判例的具体构成是怎样的，[9] 判例不同部分的区分和效力，[10] 判例适用与解释的原则、方法和技术，[11] 以及社会价值和生活经验等在先例规则的演变中的作用。[12] 这些成果对于我们了解美国判例法提供了丰富的基础。

本文在这些研究的基础上，希望在微观层面，针对如何确定和解读先例的规则方面提出更加先进的方法理论。在这一方面，已有成果已经得到：判例中对其根本性法律问题进行回应的部分构成其具有效力的 ratio 或 holding 部分（下称为先例规则），[13] 先例的适用是对该部分的演绎推理和相应事实部分的类比推理来进行，[14] 演绎推理是对先例规则按照三段论的步骤进行，而类比推理则是对前后案例事实异同的分析，运用区别技术来确定是否类似，[15] 先例规则在适用中可能被扩大、缩小解释，发现隐含前提，推翻，而社会价值、政策和生活经验会在这一过程中产生影响。[16] 但是这些研究中鲜有确定先例规则的系统理论。本文在借鉴美国及我国学者已有的相关学术成果基础上，希望进一步研究确定先例规则的更为先进良好的方法理论，并将其应用于我国指导性案例，从而可以提供一种能够良好地确定和解读指导性案例规则的方法。

一、美国确定先例规则理论及演变的分析

在美国判例法理论中关于如何区分 ratio（决定意见）和 dictum（附带意见）从而确定先例规则有比较丰富的讨论。但是国内学者对这些学说没有系统地介绍，而只是零星、泛泛地提及，[17] 这些学说按照提出的先后顺序主要有必要理由说、规则性阐述说、事实结果说、关键事实说，以及较新的三步骤说。

必要理由说最早由 Gray 教授提出。其意义是只有那些对于得到判决结果必要的法官的理由和观点才构成先例规则。[18] 可是 Gray 教授并没有具体给出什么样的理由才是必要的，应该必要到什么程度，等等。所以对于这一学说，有学者指出：一方面，“必要”一词很模糊，难以确定，指导意义很弱；另一方面，又存

[8] 参见肖永平：《论英美法系国家判例法的查明和适用》，载《中国法学》2006 年第 5 期。

[9] 参见朗贵梅：《美国联邦最高法院判例汇编制度及其启示》，载《法律文献信息与研究》2008 年第 2 期。

[10] 参见关倩：《法官视角中的能动司法》，载《法律科学》2012 年第 1 期，第 30-34 页。

[11] 参见余高能、代水平：《美国判例法的运作机制》，载《西安电子科技大学学报》2007 年 7 月，第 17 卷第 4 期，第 105-109 页。

[12] 同前引 6，郑重文。

[13] 同前引 6，郑重文。

[14] 参见陈兴良：《法系与推理》，载《人民检察》2005 年 4 月上刊，第 54 页。

[15] 同前引 11，余高能、代水平文。

[16] 参见梁治平：《英国判例法》，载《法律科学》1991 年第 1 期，第 10 页。

[17] 王力：《美国判例法文献》，载《法律文献信息与研究》1999 年第 1 期，第 8 页。

[18] John Chipman Gray，The Nature and the Sources of the Law（2d ed. 1921），p. 261。

在很多判决，虽然基于错误的或者不合理的理由或逻辑，但是却得到了正确的判决，并很好地发展了当时的法律原则或理论，从而认为必要理由说不能用以确定先例规则。[19] 该学说之后的发展也是沿着如何确定必要的路线来展开，但始终难逃“必要”本身的模糊性限制。

而几乎同时期由 Morgan 教授提出的规则性阐述说，则是指法官在判决中抽象出的能够普遍适用的进而被适用到具体案件得出结果的规则性阐述才是先例规则，类似于指导性案例中的裁判要点。[20] 该学说的缺点在于，一来当时很多判决并没有给出这样的抽象法律规则，即使到今天撰写这样的规则性阐述来表达先例规则对法官来说也是很高的要求；而且即便是给出了规则的，那些规则也常常是过于宽泛或过于狭窄，从而使得如果后来的法院严格按照这些给出的规则来确定先例规则的话，后来的法院将会得出明显不合理的判决结果。[21] 比如在 Rex v. Fenton 一案中，犯人放纵地将一块大石头扔进煤矿里砸死了矿里的一个人。法官在认定其犯了杀人罪时说道：“如果一个人的错误的行为造成了另一人的死亡，并且这种行为不能通过其他理由得到正当化，[22] 那么这个死亡就不是事故而是杀人。”这个规则阐述被认为是过于宽泛的，并在之后的 Regina v. Franklin 一案中体现出来。该案中，犯人将一个属于装修厂看门人的箱子扔进大海里，结果砸死了一个游泳者。后来的法官就没有按照之前法官过于宽泛的规则性阐述来确定先例的规则，而是对比事实，认为将属于别人的箱子扔进大海虽然是错误的，但是是民事性的，不同于之前的肆意将大石块扔进施工煤矿的错误，从而与 Rex 案区分，认为该先例不适用于 Regina 案。[23]

此后，Oliphant 教授提出了事实结果说。该学说是指先例的规则不在于法官判决的理由和观点而在于他对怎样的事实作出了怎样的判决，从而仅通过事实和

---

[19] Arthur L. Goodhart，Determining the Ratio Decidendi of a Case，the Yale Law Journal，Vol. 40，No. 2（Dec.，1930），pp. 162-164.

[20] Edmund Morries Morgan，Introduction to the Study of Law，p. 109，published by Callaghan and Company（1926）。原文写道 “Those portions of the opinion setting forth the rules of law applied by the court，the application of which was required for the determination of the issues presented，are to be considered as decision and as primary authority in later cases in the same jurisdiction.” 译作：“法官观点中对于适用法律规则的阐述部分，即那些解决案件争议所必须适用的法则，应当成为相同管辖区域的后来案件的法律渊源。”

[21] 同前引 19，Goodhart 文，第 165 页。

[22] 比如正当防卫，紧急避险等抗辩事由。

[23] 关于这个例子以及关于规则阐述过于狭窄的例子，请详见 Goodhart，1930，第 165-168 页。

结果来确定先例规则。[24] 他论述到，既然理由和规则性阐述都可能是不正确的，那么我们就不应该依靠它们来确定先例规则。他进而说到，其实在判决中有个部分是恒定的，那就是事实，所以应该依据具体发生的事实和处理的结果来确定先例规则。[25] 事实结果说似乎为大家提供了一条确定先例规则的捷径，使得先例的编撰更加简便效率，只需要有事实和结果就行；又使得后来法院阅读起来更加容易；还能简单明了地确定和适用先例规则，即相同事实相同判决。可是该方法有个重要缺陷，即事实不是恒定的而是相关的；相同的一组事实在不同的人眼中是不同的；法官只是基于案件事实中的一部分他认为相关的事实来进行判决的，而这些事实可能在其他人看来是不相关或者不重要的。[26] 所以仅有事实和结果是不足以确定先例规则的，后来法官无从确定应当以哪些事实为基础。

为了克服这一缺点，Goodhart 教授提出了关键事实说，即法官应当以关键事实为基础来确定先例规则，通过关键性来指导后来法官确定哪些事实是重要的，哪些是不重要的。[27] 对于如何确定关键事实，他提出了六条方法，总结如下：法官明示或默示为重要的、基础的、相关的或关键的，都是关键事实；明示或默示为不重要的、不相关的或不关键的，都是非关键事实；没有明示或默示时，所有事实都是关键事实，除了具体的人物、地点、数量、时间和种类的事实。[28] 正如其所说的，不是事实有多重要，而是法官对事实的选择形成了先例规则。所以上述方法都是以发现和确定法官的选择为出发点。这种方法也受到后来学者有力的驳斥。主要有两方面。一是事实的不恒定性不仅在于其可选择性，还在于其多层次抽象性，也就是说，即使是同一个事实也可以有扩大或缩小地解读。[29] 二是仅以法官的选择来确定先例规则的方法过于专断。[30] 这样，先例法官可以任意选择需要的事实来构建其想达到的规则。这种专断也被认为是与法治的理念不符合，因为法官应当是发现和解释已有的普遍规则，而不是创制法则；虽然先例构建了

---

[24] Herman Oliphant，A Return to Stare Decisis，14 A.B.A. J. 71，p.159（1928）. 原文写道："The predictable element in it all is what courts have done in response to the stimuli of the facts of the concrete cases before them. Not the judges' opinions，but which way they decide cases，will be the dominant subject matter of any truly scientific study of law." 译作："先例中具有可预测性的部分应当是法院针对具体案件事实的回应。任何真正科学的法学研究都应当以法官如何判决案件而非法官的观点为研究对象。"

[25] 同上注，第 159 页。

[26] 同上注，第 169 页。

[27] 同上注，第 169-173 页。

[28] 同上注，第 174-179 页。

[29] 同上注，第 169 页，原文写道："It is by his choice of the material facts that the judge creates law." 译作："正是通过对关键事实的选择，法官才创造了法律。"

[30] Julius Stone，The Ratio of the Ratio Decidendi，22 Mod.L.Rev. 597，p. 603（1959）.

规则，但是这种规则不是法官任意创制的而是被发现的具有普遍适用意义的。[31] 另外，由于这种选择就构成了规则，那么将这种选择阐述出来其实就是判例的规则性阐述，如此，关键事实说其实就还原为规则性阐述说，也就存在过宽过窄的问题。[32]

因此，关键事实说并没有得到广泛的认同。美国法官仍然继续撰写详细的裁判理由论述如何通过现有相关法则与案件事实的结合来得到判决结果。之后又发展了相应的理论来确定与事实结果有怎样关系的规则性阐述和判决理由会构成先例规则。[33] 其中较新较有影响的是 Abramowicz 和 Stearns 教授提出的三步骤说。主要是指通过以下三步来确定先例规则：一是法官实际上作出了决定的；二是基于案件的事实而作出的；三是通向判决结果的。[34] 三步骤说尝试以事实结果为基础结合判决理由和规则性阐述来确定先例规则，比之前的学说更加明确，但是仍然存在不明确的地方。首先，“实际上作出了决定”是比较模糊的，是法官在判决中明确考虑了的，还是当事人提出了的，且任何法官在判决中的陈述其实都可以算作是被“实际作出决定了”的；然后，这些陈述即使满足了这三个条件仍然可能会是错误的，如 Oliphant 教授对 Morgan 教授的必要理由说的批判一样。再者，“通向判决结果”就更加模糊，有时一些陈述即使是反向的，也可能有反作用，所以怎样的“通向判决结果”的作用才算合格仍然不明确。

回顾美国关于确定先例规则的这些理论及演变，我们看到仅单独以判决理由、规则性阐述或者事实结果是不足以确定先例的规则的。不结合判决结果无从确定怎样的理由是必要的；不结合理由和结果无从确定如何才是正确地理解规则性阐述以及哪些规则性阐述才是规则的一部分；不结合判决理由无从确定哪些事实才是关键事实以及事实的哪些特性是关键的。事实上，美国近期发展的三步骤说也是在强调规则阐述、判决理由和事实结果相结合来确定先例规则。“基于案件事实”和“实际作出了决定”都强调事实结果在确定先例规则中应起到的基础性作用；而“通向判决结果的”则是强调判决理由中形成的能够导出最终结果的链条上的各种决定都应当构成先例规则的一部分；而最终导出的规则性阐述自然是先例规则的主要部分。但是如前段论述，三步骤说仍然存在不明确的地方。而且这些不明确的地方是无法通过先例自身来明确的。不管先例法官如何明确哪些事实是关键的，哪些理由是必要的，哪些规则阐述是实际作出的，这种明确在

---

[31] Michael Abramowicz & Maxwell Stearns，Defining Dicta，57 Stan.L.Rev. 953（2005），p.1054.

[32] Jeremy Waldron，Stare Decisis and the Rule of Law：a Layered Approach，111 MILR 1，pp. 3–14（2012）.

[33] A.W.B. Simpson，The Ratio Decidendi of a Case，20 Mod.L.Rev. 413，pp. 413–414（1957）

[34] Michael Abramowicz & Maxwell Stearns，Defining Dicta，57 Stan.L.Rev. 953，pp. 1045–1065（2005）.

不同的后案法官中都可能被不同地解读；而且由于先例中所包含的丰富信息和语言，使得这种可解读的空间更大。本来，判例法因为拥有更多的信息而更加具体、更具限制，所以比成文法更加明确，更能规范司法裁量；但是这些信息如果不能有机地结合并约束后来的解读，那么更多的信息带来的是更大的解读空间，更肆意的裁量，但是如果能被良好地约束，那么就能得到更具有灵活性，更能适应社会变化同时又更具有约束力的判例法。由此得到，先例规则通过静态先例自身是难以良好地确定；而应当结合后案的解读和适用来进一步明确。正如 Waldron 教授所论述的，没有后案的适用，就没有先例的规则。[35] 因此，本文提出在先例的适用过程中结合判决理由确定先例规则的方法理论。

二、在先例适用过程中结合判决理由确定先例规则的方法理论——先例的适用过程

（一）先例的适用过程是基于类比的演绎过程

国内不少学者的研究已很好地将先例的适用过程归纳为先例推理和类比推理。[36] 先例推理类似于演绎推理，即将先例的规则按照成文法规则的适用一样，通过三段论的演绎，适用到之后类似的案件中，得到与先例类似的结果。类比推理则是比较后案与先例的异同，类似的事实应当得到类似的判决。类比推理往往用以区分后案与先例，发现后案的不同点，使得先例无法适用，从而后案的判决不需要受到先例规则的约束，可以得到与先例不同的判决。虽然没有明确指出，但是国内学者的研究往往认为如果后案要适用先例，那么就会运用演绎推理；如果后案不要适用先例，那么就会与先例相区分，此时运用的就是类比推理。当然，在创设先例规则时，还会运用到归纳推理的方法，即如果后案不适用任一先例或既有法则，那么后案往往会结合归纳推理的方法来创设新的规则。[37] 不过，这一方法在适用先例时往往不会用到。

上述表达容易让人觉得演绎推理与类比推理在先例的适用中是独立分离存在的。但实际并不是这样的。这两个推理是不可分割，相互联系的。这种联系体现在先例适用的整个过程中。首先，在运用演绎推理前需要通过类比来确定后案是否与先例类似，以确定先例规则是否能适用后案。一般的三段论的演绎逻辑过程是：1. 大前提为：$X \rightarrow A$；2. 小前提为：$x \in X$；3. 则有结论：$x \rightarrow A$。而在先例的演绎推理中，判断 $x \in X$ 是否存在有时不是通过后案是否满足先例规则性阐述的构成要件，而是通过类比后案与先例是否类似来确定的。在确定是类似时再适

---

[35] Waldron J. STARE DECISIS AND THE RULE OF LAW：A LAYERED APPROACH［J］. Michigan Law Review，2012，111（1），pp. 21-26.

[36] 同前引 11，余高能、代水平文。

[37] 李安：《归纳法在判例主义法律推理中的有效性与论证》，载《法律科学》2007 年第 2 期，第 40 页。

用先例规则得到类似判决。这种情况往往在先例规则性阐述的构成要件不明确时出现。此时就形成了基于类比而演绎的三段论，即如果 X（先例事实）→ A（先例结果），Y（后案事实）≈ X，那么 Y → B（后案结果），B ≈ A（即后案结果应类似于先例结果）。其次，类比推理用来检验演绎推理的结论，修正被演绎的先例规则。当先例规则性阐述明确给出时，或者能够从先例中明确读出其构成要件或关键事实时，后案法官会直接根据该规则来判断后案是否满足其适用条件，是否具有其规定的关键事实，然后直接演绎该规则得到判决。但是在此之后必然会运用类比推理来检验所得到的结论是否符合同案同判的要求。这是因为，判例法的根本特点在于其是具有事实结果的规则，该规则是否得到正确适用的直接体现是是否类似案件得到类似判决。规则性阐述也是基于先例的事实结果的，是先例规则的暂时表现形式，其不能代表完全的先例规则，是需要不断被修正的。这与成文法是不同的，成文法规则是没有事实结果的，它仅以法规阐述来表现，检验也只能通过法规阐述、立法意图和法律体系等来进行。所以在判例法中，如果类比推理得到明显不一致的结论，那么原先被演绎的先例规则及演绎过程都需要得到审查，如果无法消除，那么至少这种不一致的结论应当得到合理的解释，并修正之前确立的先例规则。最后，在初步判断是否需要运用类比推理与先例相区分时需要用到演绎推理。类比，即比较异同，是必须在一定的衡量标准下才能进行的。所以，需要先从先例中得到初步的规则性阐述或关键事实；然后根据该阐述判断后案是否满足其构成要件，或者是否具有规定的关键事实，从而初步确定后案是否与先例类似，以及在哪些方面上存在不同，从而确定是否需要运用类比进一步加以区分。如果根据该阐述得到后案是类似的，但是在演绎后得到的结论是明显不当的，那么就需要运用类比推理进一步确定如何判决。因此，先例规则是在后案法官的这些推理及其相互作用的过程中被进一步解读、修正而得到明确，而不是仅由先例自身静态来明确，也不仅由某单个推理过程来明确。先例在后案的适用过程不是仅有演绎或类比推理，而是二者的结合，主导的是基于类比的演绎过程。

（二）先例的适用过程可以细化为五个步骤

根据上述分析，按照先后顺序，先例适用的类比—演绎过程大体可分为五个步骤。

1. 第一步是比较先例与后案的异同。在不同的比较标准下得到的两个案件的异同有可能会不同。标准十分粗略时，只能得到明显的相同点和不同点，而更具体的不同点会被忽略；标准比较精细时，更具体的不同也会被观察到。所以在初步比较异同时，先要确立量度的标准。此时，往往是以初步确定的先例规则或可能适用的其他既有法则作为尺度来测量。这时的先例规则往往根据先例的情况通过上述介绍的各种理论方法来初步确定。比如，有时，先例中会以规则性阐述较完整明确地确立先例规则，那么这种阐述就可以被作为初步确定的先例规则；有时，先例中没有明确确立规则，但是却以明确的方式确定了关键事实，那么可以以这些关键事实来初步构建先例规则；有时，先例中明确给出了判决本案所依据的必要理由，这其实是变相地以规则性阐述确立了先例规则，那么这种必要理由可以作为初步的先例规则。之所以称之为初步的先例规则，就是因为它会在接下来的步骤中被进一步解读和修正，从而最终确定，用以判决后案。然后，依据初步确立的先例规则来比较异同，就是看后案是否具有符合先例规则适用前提和结果的事实，或者是否具有先例确定的关键事实；后案中符合的、具有的那些地方就是与先例的相同点，而不符合、不具有的那些地方就是与先例的不同点。

2. 第二步是分析不同点是否可以消除。为何依据先例规则确定的不同点会可以被消除？照理说，先例规则中确定的关键事实都应当是必要的，有存在意义的，所以后案与之不同的事实就当然会形成有意义的不同点，这种不同点照理应当是不能被消除的。但实际中往往会出现可以被消除的不同点。这里的原因是此处所依据的先例规则是初步被确立的，是粗糙的、待解读和修正的。这样的先例规则往往要么使得某些非关键事实包括在其规则性阐述中，要么对于关键事实的含义和内容不明确，要么规则性阐述的前提和结果的意义不明，从而使得某些表面上看似不同的地方经过分析而被化解。所以，不同点的消除其实就是使得上述理论初步确立的先例规则的某些不准确或者不明确得到明确，从而消除某些没有意义的不同点。

3. 第三步是评价有意义的不同点具有的突破先例约束的力量。当某个不同点的存在是无法化解，而是必要的、有意义的、那么这个不同点就有可能导致先例与后案实质性的不同，从而使得后案不受先例的约束，可以得到与先例不同的判决。某个有意义的不同点有可能不足以突破先例的约束而仍然得不到不同的判决，从而扩大了先例的适用范围，但也有可能足以突破而导致不同的判决，从而限制了先例的适用范围。这些不同点所具有的突破先例约束的力量，所能造成的后案与先例的不同，均需要进一步的分析。

4. 第四步是分析评价新对抗事实。在分析评价完不同点后，就应当考虑后案中是否出现了对抗先例的新事实，使得其他先例或既有法则得以适用，对抗该先例。这种事实有可能就是通过上述理论初步确立的先例规则的适用前提或者关键事实，也有可能是其他先例或既有法则的构成要件，使得后案初步满足其他先例或既有法则的适用条件，与前先例发生对抗。值得注意的是，这里的其他先例或法则与前先例发生的对抗应当是不同于在前先例确立时发生的对抗，即（1）发生对抗的是不同的其他先例与法则；（2）如果是相同的其他先例或法则发生的对抗，那么对抗的方面是不同的。对抗应当不同的原因是先例约束的根本特点是相同的情况应当得到相同的处理，所以在前先例规则确立时已经对同样的对抗经过适当的分析作出了判断和处理后，在后案中遇到同样的对抗时也应当作出同样的判断，而不需要也不应当作再次分析。[38] 如果后案中出现了使得新对抗产生的事实，那么该对抗有可能会使得其他先例或法则适用，而原本可以在该后案中适用的先例规则不能适用，所以该事实就可能会影响先例规则的适用范围，导致对初步确立的先例规则的突破和修正，形成与先例有意义的差别。所以需要对这些事实进一步地分析，评价其具有的突破先例的力量。

5. 在分别评价不同点和对抗事实的突破力后，第五步就需要综合考虑，确定被作为初步衡量标准的初步确立的先例规则是否能适用该后案，或者是否在修正后能适用该后案。此时的初步确立的先例规则很可能已经在消除某些无意义的不同点时被修正过了，所以现在的综合考虑是在此基础上看是否要再次修正。这里主要是考虑一方面不同点对先例规则的突破力有多强，另一方面对抗事实所带来的其他规则的碰撞力有多强。经过综合考虑，初步确立的先例规则再次得到修正，“同案”最终得到确定，“异案”得到区分，然后如果能适用，则根据修正后的先例规则经过演绎推理判决后案。

三、在适用过程中结合判决理由确定先例规则的方法理论——判决理由对确定先例规则的意义

根据上面论述的先例适用过程的五大步骤，下面阐述在这些步骤中如何结合判决理由来达到明确先例规则的目的。值得注意的是，虽然该理论标题上受字数限制仅显示是结合判决理由，但实际上是指结合先例的各部分，重点是判决理由部分，来确定先例的规则。在后面的分析中也体现出各部分都对规则的确定发挥了作用，但是判决理由的作用尤其显著。虽然同样强调判决理由的作用，该理论与美国学者的必要理由说是不同的，因为必要理由说是指仅靠判决理由来确定先例规则，而该理论是指结合后案的适用动态地明确先例规则，同时，在这个过程中结合先例各部分，只是重点是判决理由部分，来确定先例规则。另外，由于我国主体是成文法，所以关于演绎推理的讨论较丰富，但是对于类比推理或基于类比的演绎推理，特别是先例与后案如何区分，国内鲜有系统的研究。[39] 而其实先例规则的确定过程也就是确定先例是否能适用该后案，或者与该后案相区分的过程。所以下文对先例规则如何确定的阐释也体现了对先例与后案如何区分的阐释。

---

[38] 至于在后案突破先例约束后，先例中对某一对抗的判断和处理对于后案中同样对抗的约束力这一问题，有很多学者都有研究，不过多是从确立先例规则的角度来进行的。影响约束力的因素多认为包括该对抗与所立先例的关系，该对抗的判断所依据的原则和逻辑推理，等等。

[39] 关于先例的类比推理，国内的研究止于认识到其是比较先例与后案之间的异同，但对于怎样比较，如何认定不同点，如何评价异同等没能找到进一步的研究。参见前引 9，朗贵梅文。

（一）比较异同为判决理由的介入作铺垫

在第一步的比较异同后，并不能直接得出“相同的案件就得到相同的判决，而不同的就得到不同的判决”。一方面是因为这里是以初步确立的先例规则为标准来比较，但这个先例规则是可以被进一步解读和修正的，而修正后的标准可能会得到不同的异同。另一方面是因为先例规则本身是会发展变化的，有一定的包容性，所以可以使得某些略有不同的案件仍然受到先例约束从而得到相同的判决，所以要看后案是否与先例足够不同以至于能够突破先例的约束。再者是因为先例的约束不是绝对的，某个先例的约束就更不是绝对的了，所以某些相同的案件可能因为其他先例或法则的约束强于该先例的约束，而适用其他先例或法则，从而得到与该先例相异的判决，所以初步相同的也不一定就得到相同的判决。因此，在初步比较异同后，要进一步确定怎样的不同才是不可消除的有意义的不同；怎样的不同才足以突破先例的同案同判的约束，并导致不同的判决结果；反之则不足以突破相同性而使得后案与先例仍是类似的，仍然受到先例的约束；或者，其他先例或法则对该后案的约束怎样，是否足以对抗该先例的约束，从而限制先例规则的适用范围。而判决理由可以为回答这些问题提供重要的信息和指导。所以，虽然第一步没有结合判决理由，但是为之后判决理由的介入留出了空间。

（二）通过判决理由判断不同点是否可以被消除

第二步中分析不同点是否可以说被消除时是通过解读初步确立的先例规则来进行的。这种解读有时是通过结合先例的判决理由来使规则性阐述或关键事实的内容得到明确，有时则是通过对规则性阐述或关键事实的文字进行解释来进行。这里主要对前者进行讨论，即如何通过判决理由来消除某些没有意义的不同点。要解决这个问题，首先要理解判决理由的意义。判决理由是先例规则之所以被确立的原因，是其存在的价值，是支撑先例规则的背后理由。先例之所以如此规定就是为了实现先例载明的判决理由。而与先例类似的后案也应是基于类似的理由得到与先例类似的判决，所以如果后案的不同点会导出先例判决理由的不同效果，使得后案按照先例判决失去了判决理由的支持，那么后案就不再受到先例的约束。反之，如果后案的不同点不会导致先例判决理由的不同效果，即先例的判决理由在后案中仍然存在，那么，该不同点不会造成先例与后案的实质性不同，是可以被消除的。因此，判决理由可以用以检验不同点是否有意义，排除掉无意义的不同点。假设先例中仅指明一个判决理由，那么如果某个不同点不会造成该判决理由上的不同效果，那么后案与先例就存在相同的判决理由，从而要求相同的判决，那这个不同点就不会导致不同的判决结果，所以这个不同点就是无意义的不同点，不会造成后案与先例实质的不同。现实中先例往往指明多个判决理由，那么如果某个不同点不会造成任一个判决理由上的不同效果，那么依据同样的逻辑，这个不同点也是无意义的，没有实质影响的。因此，当某个不同点不能造成先例任一判决理由的不同效果时，这个不同点就是没有意义的，也就是可以被判决理由消除的。

（三）通过判决理由确定不同点的突破先例约束的力量

在消除掉无意义的不同点后，如果仍存在会造成先例存在的理由的不同效果的不同点，那么这些不同点就是有意义的不同点，第三步就应当评价这些有意义的不同点各自具有的突破先例约束的力量。还是从简单的情况入手。当判决理由只有一个时，有意义的不同点会造成后案在该判决理由上的不同于先例的效果，使得后案依据先例判决的唯一理由不存在，所以此时的不同点具有极强的突破先例约束的力量。当判决理由有多个时，较简单的情况是某个不同点仅造成一个判决理由的不同效果，而在其他理由上的效果是与先例一致的。此时，该不同点使得仅一个判决理由不支持与先例的相同判决，而其他理由仍是支持的。所以该不同点的突破力量取决于该判决理由对于先例规则的重要性。

对于确立先例规则的理由的研究学说繁多，这里引用艾森伯格在《普通法的本质》一书中的结论，即认为先例规则确立的理由可以分为三大类：规则的理由、法律体系的理由和社会的理由。[40] 规则的理由是指之前存在的规则通过类比或演绎推理要求在该后案中要适用该先例规则，以确保规则的稳定性。法律体系的理由是指之前存在的既有法则的体系一致性需要要求确立该规则。[41] 社会的理由是指当下的社会价值、习惯、政策等要求确立该规则。根据艾森伯格的结论可知，这三大类理由对所立规则的重要性没有绝对的位阶，而是受到很多因素的影响的，是在具体案件中不断平衡较量的。[42] 这些因素包括诸如：所立规则对于实现某判决理由的意义，某判决理由对于当下社会的作用和价值，某判决理由本身是否具有宪法性或根本性的意义，等等。这些因素综合在一起共同决定某判决理由对于所立先例规则的重要性。为了简化研究，这里仅将这种重要性分为必要的和不必要的理由。必要的理由是指对于所立规则的成立是必要的，缺少这个理由就不需要或者不应当确立该规则了；不必要的理由是指对于所立规则的成立虽然构成理由，但不是必要的，是可以被替代的，缺之不会导致该规则就不应当被确立了。

所以，当某个不同点造成多个判决理由中的一个的不同效果时，如果该理由是所立规则的必要理由，那么该不同点会使得该必要理由不存在，从而使得该规则在后案中适用的必要理由不存在，所以该不同点的突破力量是很强的。但如果该理由只是可替代的理由，那么该理由的不存在不会导致该规则就不应当被确立了，而其他理由的相同效果可以替代该理由的不同效果，从而仍可能使得先例规

---

[40] ［美］艾森伯格：《普通法的本质》，张曙光等译，法律出版社 2004 年版，第 1-3 页。

[41] 同上注，第四章。

[42] 同上注，第五章。

则得以在后案中适用，所以该不同点的突破力量就较弱了。当有多个有意义的不同点时，就需要综合考虑这些不同点聚在一起的突破力量。如果它们聚在一起可以否定所有的判决理由，那么就否定了先例适用的所有理由，构成极强的突破力量；如果它们一起可以否定先例的必要的判决理由，那么它们就否定了先例在后案中适用的必要理由，也构成极强的突破力量；如果它们一起仅否定个别不必要的理由，而其他理由仍然支持先例的适用，那么就不足以否定先例的适用，具有较弱的突破力量。

（四）通过判决理由评价新对抗事实的突破先例约束的力量

分析不同点之后，就是分析评价新对抗事实。这些事实之所以具有突破先例的力量是因为它们能够使得其他先例规则或法则适用于该后案，得到不同于前先例规则要求的结果，而与前先例发生对抗，产生突破前先例约束的力量。所以这些事实的突破力量取决于其代表的其他先例规则或法则。其中，基于其他先例规则的突破力量应当包括两方面，一是其他先例规则对类似后案的先例性约束力，二是其他先例规则本身的价值所含的力量。第一种力量的性质与前先例对该后案的先例约束是同样的。因为存在新对抗事实使得该后案不仅满足前先例，还满足其他先例，从而不仅受到前先例的约束，还受其他先例的约束。因此，评价这些事实的这种力量的方法与前面评价与前先例有意义的不同点的突破力量是一样的，也是通过这些事实折射到其他先例判决理由上的效果程度以及相应的判决理由对其他先例的重要性来确定。但是与之前不同的是，新对抗事实的这种突破力量是其对其他先例突破力量的反面，即其对其他先例的突破力越强，其对前先例的突破力就越弱；其对其他先例的突破力越弱，其对前先例的突破力越强。第二种力量是其他规则本身的力量，取决于其背后支撑的判决理由的价值。而之前艾森伯格的结论同样地可以用来分析评价这些判决理由。所以先例规则之间的碰撞取决于它们背后的判决理由之间的碰撞。而这种碰撞的结果也受到多种因素的影响，这些因素同样包括诸如：所立规则对于实现某判决理由的意义，某判决理由对于当下社会的作用和价值，某判决理由本身是否具有宪法性或根本性的意义，等等。所以在评价新对抗事实的突破力量时应当同时考虑其受其他先例规则的约束力和其所代表的其他规则判决理由的价值。当新对抗事实不会造成其他先例规则重要判决理由的不同效果时，其受到较强的其他先例规则的约束，对前先例具有较强突破力；当其对应的其他先例规则的重要判决理由价值重大，受该对抗事实影响重大时，其对前先例的突破力较强。

（五）综合评断，修正初步确立的先例规则

在第五步中，上述判决理由对不同点的消除，不同点所具有的突破力量，以及新对抗事实的突破力量的影响在综合考虑中最终形成了对初步确立的先例规则的修正，实现对先例规则的最终确定。具体说来，可以分为四种情况：

1. 当不同点较弱时，先例约束就较强，如果此时其他规则的碰撞力也较弱的话，先例就能够约束该后案，通过该后案明确了原先先例适用的模糊地带，扩大了先例的适用范围，从这个方面修正了初步确立的先例规则。究其原因，可能是不同点引起的判决理由上的不同效果程度较轻，或者支撑该先例的重要判决理由价值优于其他规则的非重要价值，或者新对抗事实引起的其他规则判决理由上的不同效果程度较重；而第二种情况则反映了社会价值的碰撞和变化，是先例规则顺应社会发展而变化的重要方式和重要体现。

2. 当不同点较强时，先例约束就较弱，如果此时其他规则的碰撞力也较强的话，先例就不能约束该后案，通过该后案明确了原先先例适用的模糊地带，缩小了先例的适用范围，从这个方面修正了初步确立的先例规则。究其原因，可能是不同点引起的判决理由上的不同效果程度较重，或者支撑该先例的非重要判决理由价值次于其他规则的重要价值，或者新对抗事实引起的其他规则判决理由上的不同效果程度较轻；而第二种情况也反映了社会价值的碰撞和变化，也是先例规则顺应社会发展而变化的重要方式和重要体现。

3. 当不同点较弱时，先例约束就较强，如果此时其他规则的碰撞力较强的话，该后案就较集中体现了先例与其他规则的碰撞。如果碰撞后，先例完全获胜，那么其他规则原先明确的适用地带被抢占；如果先例完全失败，那么先例原先明确的适用地带被抢占；如果介于之间，则各自被修正一部分。所以碰撞会同时修正先例和其他规则。以先例完全失败为例，导致其他规则得以对抗和胜利的那些对抗事实就可能被作为初步确立的前先例规则的遗漏的前提，或者是隐含的适用前提，或者是经对抗被新增的适用前提。究其原因，可能是不同点引起的判决理由上的不同效果程度较轻且新对抗事实引起的其他规则判决理由上的不同效果程度较重，或者支撑该先例的重要判决理由价值次于其他规则的重要价值；而第二种情况也反映了社会价值的碰撞和变化，也是先例规则顺应社会发展而变化的重要方式和重要体现；同时第二种情况的出现也说明该先例淘汰于其他规则。

4. 当不同点较强时，先例约束就较弱，如果此时其他规则的碰撞力较弱的话，该后案就较集中体现了先例自身的变化。如果先例仍能够约束该后案，则原先明显不能被先例适用的地带变成可以适用的，从而修正了前先例，扩大其适用范围。如果先例不能约束该后案，则原先先例适用的模糊地带被明确不能被适用的，修正了前先例，缩小其适用范围。究其原因，可能是不同点引起的判决理由上的不同效果程度较重，或者其对应的判决理由的价值变得更加重要；而第二种情况也反映了社会价值的变化，也是先例规则顺应社会发展而变化的重要方式和重要体现。

四、在适用过程中结合判决理由确定先例规则的理论对指导性案例的意义

前文是关于确定先例规则的理论。虽然我国建立的是案例指导制度，而不是普通法的判例制度，但是两种制度均是通过具体的判决根据同案同判的原理来约

束后案的判决。只不过，在普通法中具有先例约束力的是判例，而我国则是指导性案例。虽然判例的约束力来源和地位与指导性案例的不同，但是二者均对相同后案有着事实上的要求得到相同判决的约束力。所以，指导性案例也是前文所称先例的一种。指导性案例也要研究如何从具体的判决中确定该判决的规则，如何确定后案是同案或异案，以及如何解读和适用指导性案例的规则。虽然我国在建立案例指导制度时明确具有效力的部分是指导性案例的裁判要点部分，但是也同样存在规则性阐述说的缺点，需要结合裁判理由予以明确。所以前文论述的在先例适用过程中结合判决理由确定先例规则的理论可以同样适用于指导性案例规则的确定和解读。

首先，前文分析总结得到的“仅有事实结果，或者判决理由，或者规则性阐述不足以明确判决规则”的结论应同样适用于我国的指导性案例。在指导性案例的各部分中，裁判要点是以规则性的语言总结指导性案例的规则，相当于前文所指的规则性阐述部分；裁判理由是支撑指导性案例判决结果和裁判要点的理由，是指导性案例之所以如此裁决的原因，相当于前文所指的判决理由部分；基本案情和裁判结果则是简述主要的案件事实和判决结果，是最高院在编撰指导性案例时认为对本案的裁决必要了解的或者有重要意义的事实及结果，所以经过了一定的选择，相当于前文所指的关键事实。根据前文的结论，指导性案例规则的确定应当结合各部分来进行，而不是仅靠裁判要点，或者裁判理由，或者事实结果，或者关键事实就能够明确的，而是需要动态地在后案对指导性案例的适用过程中结合各部分来进行。仅有裁判要点无法准确把握其规则的构成要件、适用范围；仅有基本案情和裁判结果无法确定哪些事实是关键的以及事实的哪些特征是关键的。

其次，前文的理论进一步阐释了如何结合各部分，特别是判决理由，来明确先例的规则。应用于我国，则是如何结合指导性案例的裁判理由来明确指导性案例的规则。具体而言，先将指导性案例在后案的适用过程细化为包含五个步骤的类比—演绎过程；再在这些步骤中具体分析如何结合裁判理由来最终确定适用于后案的指导性案例的规则。具体分为如下几点：

1. 以初步确立的指导性案例规则为基准，比较异同。由于指导性案例统一的都具有裁判要点部分，并且最高院明确该部分代表指导性案例的规则，具有约束力，所以不同于普通法中的判例需要通过其他方法确立初步的先例规则，指导性案例的初步规则就是其裁判要点。值得注意的是，这里指裁判要点是初步确立的待修正的指导性案例规则，并不是说裁判要点是可以被修正的，这显然有违最高院要求的指导性案例所具有的对后案的约束力，而是指对裁判要点意义的把握和解读是待明确的，特别有时裁判要点的文字表面含义不明确时，对该含义的理解是待确定的。所以先以初步确立的裁判要点的含义为基准，比较后案与指导性案例的异同。

2. 通过分析不同点在裁判理由上的效果以及裁判理由本身对先例的重要性，消除无意义的不同点，评价有意义不同点对指导性案例的突破力。一方面，这提醒我们，指导性案例的裁判理由的撰写应当注意：（1）体现其对裁判要点的支撑，即哪些理由环环相扣导出最终的裁判要点；（2）体现出若干理由的重要性层次，即这些理由中哪些是必要的，哪些是重要的但可替代的，哪些是附带的；（3）分析是否存在与这些理由相对抗的其他理由，即有哪些理由是不支持裁判要点的规则的，这些理由为何不足以对抗那些支持的理由。另一方面，在结合裁判理由把握裁判要点的含义时，要注意分析裁判要点中的陈述里：（1）哪些陈述代表了环环相扣导出裁判要点的裁判理由；（2）这些理由的重要性顺序是怎样的，哪些是必要的理由；（3）哪些陈述代表了不支持裁判要点的理由，它们不足以对抗那些支持性理由的原因是什么。如此，在分析不同点时，就可以通过其造成的支持裁判要点的裁判理由的不同效果来判断该不同点是否有意义，所具有的突破力有多强。

3. 确定能使其他规则适用的对抗事实，再根据裁判理由分析对抗事实的突破力。这里的其他规则在美国多指其他也可能适用的判例，因为在普通法制度下作为先例的判例数量繁多，涉及范围既广又深，多有重叠。但是指导性案例制度初始，目前仅有 44 个，范围实难重叠。不过，如果把最高院公布的其他案例也算进来，比如审判要览和公报案例，那就有可能重叠。由于我国是成文法国家，有大量的成文法形式的法则，包括法律法规，规章制度和司法解释，所以这里的其他规则在我国多指其他可能适用于此案的成文法形式法则。当重叠的是其他指导性案例时，同样都是具有约束力的先例，其法律效力的位阶是一样的，所以跟普通法制度中重叠的是其他先例一样，进行第四步的对对抗事实及理由的分析。而当重叠的是其他成文法形式法则时，其法律位阶与指导性案例就不一定相同，有些还带有争议，此时就跟普通法下的先例之间的重叠不一样了，就不能直接进行第四步的分析了。如果与其他指导性案例重叠，同样地就要分析是哪些事实使得其他指导性案例可以适用，这些事实是基于怎样的裁判理由使得其他指导性案例能够适用，这些事实或其他事实基于怎样的裁判理由要求前指导性案例的适用，等等。

4. 综合考虑，并依上述步骤的分析修正初步确立的指导性案例规则，也即初步确立的裁判要点的含义。如此，裁判理由就能够为指导性案例规则的确定提供指导，并且使得指导性案例顺应社会价值的发展而变化，平衡稳定性、可预测性和灵活性。

综上，在先例的适用过程中结合判决理由确定先例规则的理论应用于指导性案例，得到：（1）指导性案例的规则不能仅靠裁判要点来确定，或简单比较基本案情及裁判结果来确定；（2）裁判理由在明确裁判要点的含义中可以发挥重要的作用；（3）裁判理由在撰写和解读时应明确对裁判要点支持的理由及其重要性程度；（4）根据后案的不同点和对抗事实折射到裁判理由上的不同效果，可以确定这些不同点是否可以消除，这些不同点和对抗事实是否可以突破指导性案例的约束；（5）根据这些分析的结果可以最终确定裁判要点的含义，即指导性案例的规则，规范指导性案例的适用范围及结果；（6）在这个过程中，指导性案例规则顺应社会价值的变化而发展。

五、结语

本文以研究出更为先进良好的确定先例规则的方法为出发点，基于对美国有关确定先例规则学说及演变的分析，得到“单独先例各部分，或者静态先例，均无法良好确定先例规则”的结论，进而提出在先例的适用过程中结合判决理由确定先例规则的理论。该理论首先将先例的适用过程细化为包含五个步骤的类比一演绎过程，然后在这些步骤中阐释先例的判决理由如何被结合以确定先例的规则。该理论不仅弥补了美国相关学说的不足，动态展现了判决理由对于先例规则的确定和变化范围的指导和限制，还分析了先例与后案的区分技术，体现了先例规则顺应社会价值发展而变化的路径。最后本文论述了该理论可以应用于指导性案例，以指导裁判理由的撰写，以及结合裁判理由来明确裁判要点的含义。

（原载《法商研究》2015 年第 3 期）

图书在版编目(CIP)数据

探寻至善的刑事法治：中国人民大学刑事法律科学研究中心专职研究员代表作选集．刑事程序法学卷：1999–2019 / 中国人民大学刑事法律科学研究中心编．—北京：中国法制出版社，2020.6

ISBN 978-7-5216-1057-4

Ⅰ．①探… Ⅱ．①中… Ⅲ．①刑事诉讼—诉讼程序—研究—中国 Ⅳ．①D924.04 ②D925.218.04

中国版本图书馆CIP数据核字（2020）第083469号

责任编辑：侯鹏　　封面设计：李宁

探寻至善的刑事法治：中国人民大学刑事法律科学研究中心专职研究员代表作选集．刑事程序法学卷：1999–2019

TANXUN ZHISHAN DE XINGSHI FAZHI: ZHONGGUO RENMIN DAXUE XINGSHI FALÜ KEXUE YANJIU ZHONGXIN ZHUANZHI YANJIUYUAN DAIBIAOZUO XUANJI. XINGSHI CHENGXUFAXUE JUAN: 1999–2019

编者 / 中国人民大学刑事法律科学研究中心

经销 / 新华书店

印刷 / 北京京华虎彩印刷有限公司

开本 / 710毫米 × 1000毫米　16开　　印张 / 31.5　字数 / 600千

版次 / 2020年6月第1版　　2020年6月第1次印刷

中国法制出版社出版

书号 ISBN 978-7-5216-1057-4　　定价：109.00元

北京西单横二条2号　邮政编码 100031　　传真：010-66031119

网址：http://www.zgfzs.com　　**编辑部电话：010-66060794**

市场营销部电话：010-66033393　　**邮购部电话：010-66033288**

（如有印装质量问题，请与本社印务部联系调换。电话：010-66032926）